拿破仑大帝

Napoleon the Great

〔上〕

〔英〕安德鲁·罗伯茨 / 著
（Andrew Roberts）

苏 然 / 译

社会科学文献出版社
SOCIAL SCIENCES ACADEMIC PRESS (CHINA)

献给我的弟弟妹妹

阿什莉·格登·罗伯茨

马修·罗伯茨

埃利奥特·罗伯茨

目　录

插图说明 …………………………………………… 001

地图目录 …………………………………………… 013

致　谢 ……………………………………………… 015

波拿巴家族家谱 …………………………………… 026

引　言 ……………………………………………… 032

第一部　发奋为雄

第一章　科西嘉 …………………………………… 003

第二章　大革命 …………………………………… 036

第三章　渴望 ……………………………………… 065

第四章　意大利 …………………………………… 091

第五章　克敌制胜 ………………………………… 129

第六章　和平 ……………………………………… 168

第七章　埃及 ……………………………………… 195

第八章　阿克 ……………………………………… 225

第九章　雾月 ……………………………………… 251

第二部　文治武功

第十章　执政 …………………………………………………… 281

第十一章　马伦戈 ……………………………………………… 304

第十二章　正法直度 …………………………………………… 328

第十三章　阴谋 ………………………………………………… 345

第十四章　亚眠 ………………………………………………… 369

第十五章　加冕 ………………………………………………… 397

第十六章　奥斯特利茨 ………………………………………… 435

第十七章　耶拿 ………………………………………………… 475

第十八章　受阻 ………………………………………………… 513

第十九章　蒂尔西特 …………………………………………… 542

第二十章　伊比利亚半岛 ……………………………………… 563

第二十一章　瓦格拉姆 ………………………………………… 605

第二十二章　登峰造极 ………………………………………… 641

第三部　尘埃落定

第二十三章　俄国 ……………………………………………… 675

第二十四章　进退维谷 ………………………………………… 704

第二十五章　大撤退 …………………………………………… 739

第二十六章　重整旗鼓 ………………………………………… 773

第二十七章　莱比锡 …………………………………………… 805

第二十八章　困兽犹斗 ………………………………………… 837

第二十九章　厄尔巴 …………………………………………… 868

第三十章　滑铁卢 ……………………………………………… 902

第三十一章　圣赫勒拿 ………………………………… 937

结语：拿破仑大帝 ……………………………………… 980

尾　声 …………………………………………………… 992

注　释 …………………………………………………… 1001

参考文献 ………………………………………………… 1049

索　引 …………………………………………………… 1079

译后记 …………………………………………………… 1117

插图说明

衬页：路易·拉菲特，波拿巴将军像（局部）。Bibliothèque Thiers，Paris. Photograph © RMN-Grand Palais/Agence Bulloz

文中插图

页边码 xxxiv – xxxv 页：雅克 – 路易·大卫，拿破仑像草图，1797 年。Musee d'Art et d'Histoire，Palais Masséna，Nice. Photograph：Giraudon/Bridgeman Images

页边码 204 页：多米尼克·维旺 – 德农男爵，《埃及记》封面，1809 年。Photograph：akg-images/Pietro Baguzzi

页边码 632 ~ 633 页：夏尔 – 约瑟夫·米纳尔，解释 1812 ~ 1813 年俄国战局中法军连续损失的图表，1869 年发布。Photograph：© Bibliothèque Nationale，Paris

页边码 804 页：塞夫勒制造厂制作自安托万·德尼·肖代，皇帝拿破仑一世半身像，1806 年。Bibliothèque Marmottan，Boulogne-Billancourt，Paris. Photograph：Giraudon/Bridgeman Images

彩图页

1. 大安德烈·阿皮亚尼，《拿破仑一世·波拿巴》，1796 年。Pinacoteca Ambrosiana，Milan. Photograph：De Agostini

Picture Library / © Veneranda Biblioteca Ambrosiana-Milano / Bridgeman Images

2. 莱昂纳尔－亚历克西斯·达利热，《阿雅克肖波拿巴宅》，1849 年。Photograph：© RMN-Grand Palais（musée des châteaux de Malmaison et de Bois-Préau）/ Jean Schormans

3. 保利和波拿巴的漫画，出自学生瓦古迪的地图册，约 1785 年。Photograph：Archives Nationales，Paris

4. 路易－弗朗索瓦·勒热纳，《洛迪之战》，约 1804 年。Photograph：© RMN-Grand Palais（Château Versailles）/ Daniel Arnaudet / Gérard Blot

5. 安托万－让·格罗男爵，《拿破仑在阿尔科莱桥》，1796 年。Photograph：© RMN-Grand Palais（Château de Versailles）/ Gérard Blot

X 　6. 路易－弗朗索瓦·勒热纳，《金字塔之战》，1806 年。Photograph：© RMN-Grand Palais（Château de Versailles）/ Gérard Blot

7. 安托万－让·格罗男爵，《拿破仑在雅法探望伤员》（局部），1804 年。Photograph：© RMN-Grand Palais（musée du Louvre）/ Thierry Le Mage

8. I. 埃尔曼与 J. 迪普莱西－贝尔托描画自夏尔·莫内，《1799 年雾月十八日政变》，1800 年发布。Photograph © Bibliothèque Nationale de France，Paris

9. 弗朗索瓦－格扎维埃·法布尔，吕西安·波拿巴像。Photograph：The Art Archive / Napoleonic Museum Rome / Gianni Dagli Orti

10. 让－巴蒂斯特·维卡尔，约瑟夫·波拿巴像，1808 年。

Photograph：© RMN-Grand Palais（Château de Fontainebleau）/ Gérard Blot

11. 弗朗索瓦·热拉尔男爵，玛丽亚－莱蒂齐娅·拉莫利诺像（局部），1803 年。Photograph © RMN-Grand Palais（musée des Châteaux de Malmaison et de Bois-Préau）/Daniel Arnaudet/Jean Schormans

12. 萨洛蒙－纪尧姆·库尼，玛丽－安妮·埃莉萨·波拿巴像，1813 年。Photograph © RMN-Grand Palais（musée du Louvre）/Gérard Blot

13. 查尔斯·霍华德·霍奇斯，路易·波拿巴像（局部），1809 年。Photograph：© Rijksmuseum, Amsterdam

14. 弗朗索瓦·热拉尔男爵，奥尔唐斯·德·博阿尔内像。Private collection. Photograph：Bridgeman Images

15. 罗贝尔·勒菲弗，波利娜·波拿巴像，1806 年。Photograph：© RMN-Grand Palais（Château de Versailles）/Droits réservés

16. 弗朗索瓦·热拉尔男爵，卡罗琳·缪拉像，1800 年代。musée des Beaux-Arts, Palais Fesch, Ajaccio. Photograph © RMN-Grand Palais/Gérard Blot

17. 弗朗索瓦·金松，热罗姆·波拿巴与其妻符腾堡的卡塔琳娜的画像。Photograph：© RMN-Grand Palais（Château de Versailles）/Franck Raux

18. 安托万－让·格罗男爵，约瑟芬皇后像，约 1809 年。Photograph：© RMN-Grand Palais（musée des Châteaux de Malmaison et de Bois-Préau）/Daniel Arnaudet/Gérard Blot

19. 大安德烈·阿皮亚尼，欧仁·德·博阿尔内像，1810

年。Photograph：© RMN-Grand Palais（musée des Châteaux de Malmaison et de Bois-Préau）/Daniel Arnaudet/Jean Schormans

20. 费利克斯·勒蒙制作，约瑟芬皇后的盒子（Nécessaire）。Photograph：© RMN-Grand Palais（musée des châteaux de Malmaison et de Bois-Préau）/Gérard Blot

21. 安托万 – 让·格罗男爵，《第一执政拿破仑》。Photograph：© RMN-Grand Palais/Gérard Blot

22. 法国画派，《〈政教协定〉讽喻》，1802 年。Bibliothèque Nationale, Paris. Photograph：Bridgeman Images

23. 路易·卡龙描画自普瓦松，《法兰西学院院士服》，约 1802～1810 年。Private collection. Photograph：Archives Charmet/Bridgeman Images

24. 让 – 巴蒂斯特·格勒兹，让 – 雅克·德·康巴塞雷斯像。Photograph：© RMN-Grand Palais/Agence Bulloz

25. 大安德烈·阿皮亚尼，《路易 – 夏尔 – 安托万·德塞向两名埃及人宣读波拿巴将军的命令》。Photograph：© RMN-Grand Palais（Château de Versailles）/Gérard Blot

26. 弗朗索瓦·热拉尔男爵，让·拉纳像。Private collection. Photograph：Giraudon/Bridgeman Images

27. 亨利 – 弗朗索瓦·里瑟内（描画自他人）让 – 巴蒂斯特·贝西埃像，1805 年。Photograph© Paris-Musée de l'Armée, Dist. RMN-Grand Palais/image musée de l'Armée

28. 阿内 – 路易·吉罗代·德·鲁西 – 特里奥松，热罗·克里斯托夫·米歇尔·迪罗克像。Musée Bonnat, Bayonne. Photograph © aRMN-Grand Palais/René-Gabriel Ojéda

29. 法国画派，小威廉·皮特和乔治三世观察法国海军分舰队的漫画，1803 年。Musée de la Ville de Paris, Musée Carnavalet, Paris. Photograph：Giraudon/Bridgeman Images

30. 米迪，拿破仑计划的侵英行动的庆功勋章复制品，1804 年。Photograph© Ashmolean Museum, University of Oxford

31. 让－巴蒂斯特·德布雷，《1804 年 7 月 14 日首次封授荣誉军团星章》，1812 年。Photograph © RMN-Grand Palais (Château de Versailles) /Droits réservés

32. 雅克－路易·大卫，拿破仑自己加冕为皇的草图，约1804 ~ 1807 年。Photograph：© RMN-Grand Palais (musée du Louvre) /Thierry Le Mage

33. 弗朗索瓦·热拉尔男爵，《1805 年 12 月 2 日奥斯特利茨会战》，1808 年。Photograph：© RMN-Grand Palais (Château de Versailles) /Droits réservés

34. 皮埃尔－米歇尔·阿利克斯描画自安托万－让·格罗男爵，路易－亚历山大·贝尔蒂埃元帅像，1798 年。 xii
Photograph© Paris-Musée de l'Armée, Dist. RMN-Grand Palais/Pascal Segrette

35. 弗拉维·雷诺描画自安托万－让·格罗男爵，安德烈·马塞纳元帅像，1834 年。Photograph：© Paris-Musée de l'Armée, Dist. RMN-Grand Palais/image musée de l'Armée

36. 弗朗索瓦·热拉尔男爵，米歇尔·奈伊元帅像，约1805 年。Photograph：© Christie's Images

37. 路易·亨利·吕德尔，让－德－迪厄·苏尔特元帅像（局部）。Photograph：© RMN-Grand Palais (Château Versailles) /Franck Raux

38. 蒂托·马尔佐基·贝卢基，路易－尼古拉·达武元帅像（局部），1852 年。Photograph：© RMN-Grand Palais（Château Versailles）/Gérard Blot

39. 雷蒙 – 坎萨克·蒙瓦森，1792 年的尼古拉 – 夏尔·乌迪诺像。Photograph：© RMN-Grand Palais（Château Versailles）/ Daniel Arnaudet/Jean Schormans

40. 罗贝尔·勒菲弗，夏尔 – 皮埃尔 – 弗朗索瓦 – 奥热罗元帅像（局部）。Photograph：© RMN-Grand Palais（Château Versailles）/Droits réservés

41. 安托万 – 让·格罗男爵，若阿基姆·缪拉像（局部）。Photograph：© RMN-Grand Palais（musée du Louvre）/Jean-Gilles Berizzi

42. 埃德姆·博维内描画自雅克 – 弗朗索瓦·斯韦巴克，《1806 年 10 月 14 日耶拿会战》。Photograph：JoJan

43. 乔治·道，陆军元帅、格布哈特·莱贝雷希特·冯·布吕歇尔亲王像，约 1816 年。The Wellington Museum, Apsley House, London. Photograph：Bridgeman Images

44. W. 赫尔比希，普鲁士国王弗里德里希·威廉三世像（局部）。The Wellington Museum, Apsley House, London. Photograph：Bridgeman Images

45. 雅克 – 路易·大卫，《身着御袍的拿破仑一世》，1805 年。Palais des Beaux-Arts, Lille. Photograph：© RMN-Grand Palais/ Philipp Bernard

46. 雅克 – 安托万 – 西梅翁·福尔，《1807 年 2 月 8 日埃劳会战》。Photograph：© RMN-Grand Palais（Château Versailles）/ Droits réservés

47. 托马·诺代，《弗里德兰会战，1807 年》，约 1807 ~

1812 年。Photograph：Anne S. K. Brown Military Collection，Brown University Library，Providence，RI

48. 阿道夫·勒恩，《1807 年 6 月 25 日拿破仑一世与沙皇 xiii 亚历山大一世在蒂尔西特会面》。Photograph：© RMN-Grand Palais（Château Versailles）/ Franck Raux

49. 弗朗索瓦·热拉尔，沙皇亚历山大一世像，约 1814 年。Musée Cantonal des Beaux-Arts，Lausanne. Photograph：akgimages/ André Held

50. 弗朗索瓦·热拉尔，德西蕾·克拉里像。Photograph：Alexis Daflos. The Royal Court，Sweden

51. 让－巴蒂斯特·伊萨贝，波利娜·富雷斯像。Photograph：© RMN-Grand Palais（musée du Louvre）/ Droits réservés

52. 费迪南多·夸利亚，朱塞平娜·格拉西尼像。Photograph：De Agostini Picture Library/ A. Dagli Orti/ Bridgeman Images

53. 皮埃尔－奥古斯特·瓦夫拉尔，玛格丽特·魏默尔（乔治小姐）像，1805 年。Photograph © Collections Comédie-Française/ P. Lorette

54. 让－巴蒂斯特·伊萨贝，玛丽·瓦莱夫斯卡伯爵夫人像。Photograph Fine Art Images/ Heritage Images/ Scala，Florence

55. 马耶尔与皮尔逊，亚历山大·措隆纳－瓦莱夫斯卡的相片。Photograph：© Musée d'Orsay, Dist. RMN-Grand Palais/ Patrice Schmidt

56. 皮埃尔－保罗·普吕东（据说），《据说名唤埃莱奥诺尔·德努埃勒·德·拉普莱涅的女士与其子的画像》，1814年。Private collection. Photograph© Christie's Images/Bridgeman Images

57. 让－巴蒂斯特·伊萨贝，安妮·伊波利特·布泰·萨尔韦塔（火星小姐）像，1819 年。Photograph：© By kind permission of the Trustees of the Wallace Collection，London.

58. 阿尔比娜·德·蒙托隆。Photograph：Roger-Viollet/ Topfoto

59. 塞夫勒制造厂，太后的纺锤形花瓶，上绘跨越阿尔卑斯山脉大圣伯纳德山口的拿破仑，1811 年。Photograph：© RMN-Grand Palais（musée du Louvre）/ Droits réservés

60. 弗朗索瓦－奥诺雷－乔治·雅克－德马尔特、贝尔纳·普瓦耶和阿古斯坦－弗朗索瓦－安德烈·皮科，立法院会议中拿破仑的御座，1805 年。Photograph：© Les Arts Décoratifs，Paris/ Jean Tholance. Tous droits réservés

61. 亨利·奥古斯特，皇帝的舟碟，1804 年。Photograph：© RMN-Grand Palais（Château Fontainebleau）/Jean-Pierre Lagiewski

xiv　　62. 法国画派，《建造旺多姆柱》，约 1803 ~ 1810 年。Musée National du Château Malmaison，Rueil-Malmaison. Photograph：Giraudon/ Bridgeman Images

63. 亨利·库瓦西耶－瓦赞，《证券交易所公馆》（*The Palais de la Bourse*），约 1826 年。Musée de la Ville de Paris，Musée Carnavalet，Paris. Photograph：Giraudon/Bridgeman Images

64. 克洛德－弗朗索瓦·德·梅纳瓦尔。Photograph：Mary Evans Picture Library/ Epic

65. 勒梅西埃，阿加顿－让－弗朗索瓦·费恩像。Bibliothèque Nationale de France, Paris. Photograph：Roger-Viollet/ Topfoto

66. 弗朗西斯科·何塞·德·戈雅－卢西恩特斯，《英雄业绩与死者!》,《战争之灾》插图，1863 年出版。Photograph：Index/ Bridgeman Images

67. 阿道夫·勒恩，《1809 年 7 月 5～6 日夜，瓦格拉姆战场上拿破仑的营地》（局部）。Photograph：© RMN-Grand Palais (Château Versailles) / Gérard Blot

68. 安托万－让·格罗男爵，《1805 年 12 月 4 日拿破仑与弗朗茨二世于奥斯特利茨会战后会面》（局部）。Photograph：© RMN-Grand Palais (Château Versailles) / Daniel Arnaudet

69. 托马斯·劳伦斯爵士，克莱门斯·梅特涅亲王像（局部），1815 年。Royal Collection Trust © Her Majesty Queen Elizabeth II, 2014. Photograph：Bridgeman Images

70. 托马斯·劳伦斯爵士，施瓦岑贝格亲王卡尔·菲利普像，1819 年。The Royal Collection © 2014 Her Majesty Queen Elizabeth II. Photograph：Bridgeman Images

71. 弗朗索瓦·热拉尔男爵，玛丽·路易丝皇后像，1810 年。Photograph：© RMN-Grand Palais（musée du Louvre）/ Hervé Lewandowski

72. 弗朗索瓦·热拉尔男爵，罗马王像。Photograph：© RMN-Grand Palais（Château Fontainebleau）/ Daniel Arnaudet/ Jean Schormans

73. 大约瑟夫·兰泽代利，亚当·阿尔贝特·冯·奈佩格像（局部），约 1810 年。Photograph：© Stadtverwaltung,

Schwaigern

74. 安托万·夏尔·奥拉斯·韦尔内描画自艾蒂安·亚历山大·巴尔丹,《一名战列步兵和一名准旗手的制服》,巴尔丹规章的插图。Photograph:© Paris-Musée de l'Armée, Dist. RMN-Grand Palais/ Pascal Segrette

75. 克里斯蒂安·约翰·奥尔登多普,《1812 年 9 月莫斯科大火时所见克里姆林宫景象》。Photograph:De Agostini Picture Library/ M. Seemuller/ Bridgeman Images

76. 法布尔·迪福尔,《1812 年 11 月 8 日离普涅瓦不远的路上》,《1812 年战局中我的公文包里的作品》插图,约 1830 年代。Photograph:Anne S. K. Brown Military Collection, Brown University Library, Providence, RI

77. V. 亚当(描画自他人),《渡过别列津纳河》。Brown University Library, Providence, RI. Photograph:Bridgeman Images

78. 皮埃尔·保罗·普吕东,夏尔-莫里斯·德·塔列朗·佩里戈尔像(局部),1817 年。Purchase, Mrs Charles Wrightsman Gift, in memory of Jacqueline Bouvier Kennedy Onassis, 1994. Accession Number:1994.190.© The Metropolitan Museum of Art, New York

79. 法国画派,约瑟夫·富歇像。Photograph© RMN-Grand Palais(Château Versailles)/Gérard Blot

80. 弗朗索瓦·热拉尔男爵画室,夏尔-让·贝纳多特元帅像,1811 年。Photograph © RMN-Grand Palais(Château Versailles)/Gérard Blot

81. 让-巴蒂斯特·保兰·介朗,奥古斯特·德·马尔蒙元帅像，1834 年。Photograph：© RMN-Grand Palais（Château Versailles）／Gérard Blot

82. 佚名，《1814 年 4 月 20 日拿破仑在枫丹白露城堡庭院告别他的军队》。Bibliothèque Nationale，Paris. Photograph：Roger-Viollet／Topfoto

83. 乔治·克鲁克香克，《拿破仑随向导逃离滑铁卢战场》，1816 年。Private collection. Photograph：The Stapleton Collection／Bridgeman Images

84. 路易－约瑟夫－纳西斯·马尔尚伯爵，《长林景象》（局部），1820 年。Photograph：© RMN-Grand Palais（musée des châteaux de Malmaison et de Bois-Préau）／Gérard Blot

85. 佚名，圣赫勒拿岛上生命还剩最后几周的拿破仑像。© Bodleian Library，Oxford（Curzon Atlantic a1 folio 19）

86. 查尔斯·约瑟夫·赫尔曼德尔描画自指挥官弗雷德里克·马里亚特，《平躺的拿破仑·波拿巴遗体》，1821 年。Photograph：Wellcome Library，London

地图目录

1. 大革命和拿破仑时代的法国 …………………… 023

2. 拿破仑时代的巴黎 …………………………… 024

3. 北意大利，1796～1797 年 ………………… 094

4. 《坎波福米奥和约》签订后的中欧 ………… 184

5. 埃及与叙利亚战局，1798～1799 年 ……… 198

6. 北意大利，1796～1800 年 ………………… 308

7. 马伦戈会战 …………………………………… 316

8. 《吕内维尔和约》签订后的欧洲，1801 年 ………… 354

9. 大军团从英吉利海峡沿岸向莱茵河的进军，
   1805 年 8～10 月 …………………………… 448

10. 从乌尔姆到奥斯特利茨 …………………… 460

11. 奥斯特利茨会战 …………………………… 470

12. 莱茵邦联，1807 年 ……………………… 492

13. 普鲁士与波兰战局，1806～1807 年 …… 496

14. 耶拿战役与战场，1806 年 ……………… 506

15. 埃劳会战 …………………………………… 536

16. 弗里德兰会战 ……………………………… 549

17. 西班牙与葡萄牙 …………………………… 578

18. 兰茨胡特战役，1809 年 ………………… 612

19. 瓦格拉姆会战 ……………………………… 632

20. 拿破仑时代的欧洲，1812 年 ······················ 678

21. 拿破仑进军、撤离莫斯科的路线，1812 年 ········· 706

22. 博罗季诺会战 ································· 730

23. 1813 年战局 ································· 788

24. 德累斯顿会战 ································· 810

25. 莱比锡会战 ································· 824

26. 1814 年战役 ································· 846

27. 拿破仑之路，1815 年 ····················· 894

28. 滑铁卢战役 ································· 916

29. 滑铁卢会战，1815 年 6 月 18 日 ············· 928

致　谢

　　我进行研究与创作这本书的时间已超出拿破仑本人在圣赫　　xviii
勒拿岛和厄尔巴岛度过的岁月，现在我要感谢一大群人一贯的
慷慨、善意、时间与帮助，他们的人数多得令我心下难安。这
些人包括：尼古拉·萨科齐总统，感谢他针对今日法国人回忆
拿破仑的现象提出的深刻见解；戴维·卡梅伦与罗德尼·梅尔
维尔，感谢他们允许我查阅契克斯的拿破仑通信集；法兰西学
术院院士、法兰西学院院士格扎维埃·达尔科，感谢他在巴黎
时替我做介绍；默文·金，感谢他对拿破仑战争中英法债务融
资的看法；卡罗勒·奥普瓦，感谢他给我看了一只虱子，这种
昆虫传播斑疹伤寒，摧毁了拿破仑在俄国的军队；已故的奥
托·冯·哈布斯堡大公，感谢他对玛丽·路易丝"屈尊"嫁
给拿破仑一事的观点；玛丽·贝里女士，感谢她给我看了维也
纳会议时使用的椅子；杰恩·赖茨曼，感谢她给我看了她收藏
的拿破仑时代书籍的装帧设计；罗伯特·皮里，感谢他鼓励了
我；已故的亚历山德拉·戴克女士，感谢她的欧亨妮皇后回忆
录；奥斯特利茨的杜尚·弗里博特，感谢他让我用他的拿破仑
时代的滑膛枪射击；埃文·拉蒂默女士，感谢她给我看了据说
是拿破仑的"肌腱"的东西；夏尔－亨利·特拉尼耶与让－帕
斯卡尔·特拉尼耶；杰里·德尔·米西尔与简·德尔·米西尔，
感谢他们在日内瓦湖畔盛情款待我；尼古拉斯·斯蒂德，感

谢他对拿破仑的马耳他岛事迹所做的报告；卡那封伯爵夫妇，感谢他们给我看了拿破仑在枫丹白露宫的座椅以及在杜伊勒里宫的书桌；罗宾·伯利，感谢他的极其慷慨之举；罗斯伯里伯爵夫人，感谢她给我看了皇帝的移动图书馆；亨利·基辛格博士，感谢他对维也纳会议的看法；查尔斯·埃斯代尔教授，感谢他在 2007 年邀请我去利物浦大学出席他的"巅峰时期的拿破仑"讨论会，这次会谈极其精彩；德博拉·埃德尔曼；鲁里克·英格拉姆；我的表亲菲利普·恩格伦与桑德拉·恩格伦，感谢他们在我的圣赫勒拿岛之旅（我的旅程花了两周，其间大部分时间我都在王家游轮上）经过开普敦时供我食宿；扎克·格特勒，感谢他在特拉维夫给我的招待和表现出的慷慨；卡罗琳·达尔梅尼，感谢她借给我一绺拿破仑的头发，它一直待在我的书桌里，激励着我；法国巴黎银行的博杜安·普罗，感谢他允许我参观拿破仑和约瑟芬结婚时的房间。我还要向热罗姆·特雷卡和枫丹白露宫员工致以深深歉意，因为我在陈列拿破仑御座的房间里至少三次弄响警报。

　　不考察战场的军事史学家好比懒得勘查犯罪现场的侦探。在为本书做研究的过程中，我去了拿破仑的 60 处战场中的 53 处，杰出的军事史学家约翰·李陪伴我造访了大部分战场遗址。创作本书的最大乐趣之一就是和李一同走在蒙特诺特、蒙多维、洛迪、曼托瓦、阿尔科莱、卡斯蒂廖内、里沃利、罗韦雷托、代戈、马伦戈、乌尔姆、奥斯特利茨、耶拿、埃劳、弗里德兰、阿本斯贝格、兰茨胡特、埃克米尔、雷根斯堡、阿斯佩恩－埃斯灵、瓦格拉姆、小雅罗斯拉韦茨、吕岑、包岑、德累斯顿、莱比锡、赖兴巴赫、布列讷、拉罗蒂埃、尚波贝尔、蒙米拉伊、蒂耶里堡、沃尚、蒙特罗、克拉奥讷、拉昂、兰

xix

斯、奥布河畔阿尔西和圣迪济耶的土地上。我们之间通了海量的电子邮件，它们蕴藏着约翰无与伦比的建议与洞见。事实证明，他对拿破仑征途所做的战斗记录全都非常宝贵。他的友谊也令我快乐。约翰的妻子西莉亚容忍他如此频繁地陪我探访战场，我对他们感激不尽。

研究过程中，我在 15 个国家走访了 69 个档案馆、图书馆、博物馆和研究机构，在那些地方，我遇上的全是帮助和友谊。我尤其想感谢以下人士：

法国：巴黎国家档案馆的萨沙·托帕洛维希和弗洛朗斯·塔尔诺；法国国家图书馆托尔比亚克馆的 Y. 邦拉塔和黎塞留馆的洛朗斯·勒布拉；拉库尔讷沃外交档案中心的安妮·若尔容－利斯凯纳；万塞讷国防部历史司的克洛德·波努和蒂西奥·贝尔纳；梯也尔图书馆的西尔维·比耶和达妮埃勒·沙尔捷；卡纳瓦莱博物馆的热拉尔·莱里斯；英国驻巴黎大使彼得·韦斯特马科特爵士和他的管家本·纽威克，感谢他们带我参观了波利娜·博尔盖塞在巴黎的宅邸，如今它是英国大使馆；德国驻巴黎大使苏珊·瓦苏姆－雷内，感谢她给我看了自己的住所博阿尔内公馆，那是约瑟芬给其子欧仁的完美礼物；圣约瑟夫－德－卡姆教堂的莱奥诺尔·洛瑟朗；前圣克卢宫馆长达维德·德芒若；巴黎王家军校的奥萝尔·拉科斯特·德·拉瓦尔；美国驻巴黎大使馆首席秘书克里斯托弗·帕尔默和塔列朗公馆元帅中心的主任罗班·斯密特夫人；布列讷堡拿破仑博物馆的安格利克公爵；荣军院和陆军博物馆的范妮·朱布古；蒂埃里·伦茨和彼得·希克斯教授，感谢他们在杰出的拿破仑基金会如此热情地欢迎我；马尔迈松城堡的阿兰·普热图；王家宫殿（原保民院所在地）内的参政院的格扎维埃·

XX

卡永；拉纳元帅的迈松拉耶特城堡的玛丽安娜·朗贝尔；伯努瓦·德·阿邦维尔夫妇；汝拉省茹堡的康坦·艾莫尼耶；我的儿子亨利和女儿卡西娅，感谢他们陪我去了科西嘉岛；巴黎荣勋宫博物馆工作人员；巴黎警察局博物馆；圣但尼的荣誉军团学校；先贤祠；科西嘉阿雅克肖的费施博物馆、波拿巴宅国立博物馆。

俄罗斯：博罗季诺国立博物馆的亚历山大·苏哈诺夫和埃尔薇拉·丘拉诺娃，感谢他们带我参观博罗季诺战场遗址；三鲸旅游公司的奥列格·亚历山德罗夫，感谢他带我去了小雅罗斯拉韦茨战场遗址；城市事件公司的马切伊·莫拉夫斯基，感谢他带我去了俄国飞地加里宁格勒的埃劳和弗里德兰战场遗址；小雅罗斯拉韦茨军事史博物馆的康斯坦丁·纳扎罗夫；埃劳战场遗址上的巴格拉季奥诺夫斯克历史博物馆的亚历山大·潘琴科；莫斯科的俄国国家军事史档案馆的瓦列里·沙巴诺夫和弗拉基米尔·乌基维奇·卡茨；莫斯科博罗季诺全景博物馆的玛丽娜·兹博耶夫斯卡娅。

白俄罗斯：伊戈尔·格鲁佐教授，感谢他带我看了别列津纳战场遗址；鲍里索夫联合博物馆的拉霍维奇·纳塔利娅·斯捷帕诺芙娜。

以色列：埃阿多·赫克特博士，感谢他带我看了卡孔、雅法和塔博尔山战场遗址；阿隆·克布兰诺夫博士，感谢他带我看了阿克围攻的遗迹；特拉维夫大学的阿扎尔·加特教授；泰勒多尔考古博物馆的利亚特·马尔戈利特。

圣赫勒拿岛：极其勤奋的法国名誉领事与长林管理员米歇尔·当夸纳·马蒂诺，感谢他让我在那儿度过了非常愉快的时光；阿伦·莱格，感谢他带我参观了快乐山、黛安娜峰、普罗斯珀勒斯湾、荆园、沙湾与詹姆斯敦；安德鲁·韦尔斯，前圣赫勒拿布政司。

比利时：伊恩·弗莱彻和约翰·休斯·威尔逊上校，感谢他们带我观看了滑铁卢；利尼之战博物馆长伯努瓦·伊斯塔斯，感谢他带我参观了利尼战场故地；拉艾圣的主人弗朗索瓦伯爵和苏珊·科尔内·德尔丘斯伯爵夫人。

大不列颠：牛津大学罗德楼图书馆的露西·麦卡恩；牛津大学博得林图书馆特藏品阅览室的利·麦基尔南；牛津大学阿什莫林博物馆赫伯登钱币室的尼克·梅林教授；剑桥大学丘吉尔档案馆的艾伦·帕克伍德；阿普斯利邸宅的约瑟芬·奥克斯利；大英博物馆的保罗·罗伯茨；国家陆军博物馆的凯蒂·卡纳勒和皮姆·多德；切尔西王家医院的希拉里·伯顿和约翰·罗切斯特；伦敦传媒学院的理查德·丹尼尔斯；英国军事史委员会的理查德·坦南特；朴次茅斯皇家海军博物馆、大英图书馆和伦敦图书馆的工作人员。

意大利：里沃利博物馆的拉里奥·泽尔比尼；我的女儿卡西娅，感谢她陪我去了厄尔巴岛；厄尔巴岛马尔恰纳山上马东纳圣殿的内洛·安塞尔米；米兰塞尔贝洛尼宫的塞尔贝洛尼基金会的伊丽莎白·拉拉塔；曼托瓦总督府的里卡尔多·比安切利；罗马拿破仑博物馆、斯皮内塔马伦戈的马伦戈博物馆、蒙扎的雷阿莱别墅、厄尔巴圣马蒂诺别墅的工作人员。

捷克：和平纪念博物馆石标处的西莫纳·利波夫斯卡；奥斯特利茨斯拉夫科夫城堡的亚娜·斯卢科娃。

奥地利：阿斯佩恩与埃斯灵博物馆的赫尔穆特·蒂勒；瓦格拉姆博物馆的鲁珀特·德比克；维也纳的美泉宫与军事史博物馆的工作人员。

葡萄牙：马克·克拉索恩和路易斯·萨尔达尼亚·洛佩斯，感谢他们带我看了托里什韦德拉什防线的40、41、42、95号要塞；里斯本军事博物馆的工作人员。

德国：英戈尔施塔特的拜恩陆军博物馆、耶拿科斯佩达的1806博物馆、莱比锡战场遗址上的马克－克莱贝格门房博物馆的工作人员。

美国：纽约公共图书馆艾伦室的杰伊·巴克斯代尔和福兹海默室的伊丽莎白·登林格；皮尔庞特·摩根图书馆的德克兰·凯利；耶鲁大学的拜内克图书馆的凯瑟琳·詹姆斯和斯特林纪念图书馆的史蒂夫·罗斯；康奈尔大学卡尔·A.克罗克图书馆手稿藏品室的伊莱恩·恩斯特和劳伦特·费里；梅里尔一家，我在康奈尔大学做访问教授时，他们给予我慷慨赞助；康奈尔大学的巴里教授和马西娅·斯特劳斯博士，感谢他们的周到招待；我在康奈尔大学的学生，就拿破仑为何侵略俄国给出了自己的理由；拿破仑和法国大革命研究所所长雷夫·布劳法布教授，感谢他让我的佛罗里达州立大学之行如此愉悦；纽约历史社会图书馆的埃里克·鲁宾逊；佛罗里达州立大学罗伯特·曼宁·斯特罗齐尔图书馆特藏品室的凯蒂·麦考密克；耶鲁大学英国艺术中心的伊丽莎白·费尔曼；俄克拉荷马州塔尔萨的吉尔克里斯博物馆馆长罗伯特·皮克灵博士；海军战争实验室战争推演部部长威廉·J.拉德曼博士。

瑞典：阿维瓦·科恩－西尔伯，感谢他带我看了斯德哥尔摩王宫的贝纳多特室。

瑞士：日内瓦湖畔勒科佩城堡的保拉·贾诺利·图埃纳。

加拿大：布鲁斯·麦克尼文，感谢他带我参观了蒙特利尔艺术博物馆的拿破仑画廊。

　　我还要感谢乔希·萨顿、查利·米切尔、凯蒂·罗素，特别是不知疲倦的吉勒·沃克莱尔所做的历史研究，以及朱莉·迪·菲利波的德语翻译，贝娅塔·维杜林斯卡的波兰语翻译，蒂莫西·查普曼的西班牙语翻译，埃阿多·赫克特的希伯来语翻译，加林娜·巴布科娃博士的俄语翻译和安娜莉丝·埃里奇-韦弗、海伦娜·福什、玛克辛·哈菲尔德-奈朗、吉勒·沃克莱尔、卡罗勒·奥普瓦的法语翻译。巴黎那五个研究所的街道有时让人感觉神神秘秘，穿越它们时，玛克辛给我的鼓励与帮助格外大。

　　写作本书时，我正在为BBC拍摄关于拿破仑的系列纪录片。我要感谢戴维·诺特曼-瓦特、西蒙·沙普斯、戴维·巴里、戴维·丹吉尔、帕特里克·杜瓦尔和托尼·伯克，感谢他们让整个拍摄过程如此快乐又如此发人深省。

　　因为拿破仑之死变得富有争议（在我看来这不必要），我听取了蒂姆·巴里医生、康奈尔大学教授艾拉·雅各布森、艾伯特·纳普医生、罗伯特·克拉斯纳医生、阿沙纳·瓦茨医生、詹姆斯·勒法努医生、帕梅拉·亚布隆医生、盖伊·奥基夫医生、迈克尔·克伦普林医生对皇帝之死的专家级医学意见，我要感谢他们。我还要感谢弗兰克·雷兹内克医生对拿破仑在圣赫勒拿岛上所患牙病的诊断。

　　我要感谢海伦娜·福什、苏迪尔·哈扎雷辛、约翰·李、斯蒂芬·帕克、于尔根·萨赫特阅读我的手稿，并提出宝贵的改进建议。

　　我的代理人卡佩尔与兰德公司的乔治娜·卡佩尔，以及我的出版商企鹅出版社的斯图尔特·普罗菲特和乔伊·德·梅尼尔，像往常一样处于完美的高效、专业与迷人状态；我的文字编辑，充满灵感的彼得·詹姆斯和夏洛特·赖斯丁亦然。斯图尔特和乔伊为这本书耗费了大量心血，大大地完善了它，我对他们着实感激不尽。我也非常感激企鹅出版社的理查德·杜吉德、伊莫金·斯科特和莉萨·西蒙兹。

我那极好的贤妻苏珊·吉尔克里斯特陪我一同查看断头台的斩刀、在关押约瑟芬的教堂地窖里数被屠杀的教士的头骨、和我一起驾车驰过拿破仑之路、随我前往开罗爱资哈尔大清真寺，我们去那儿不仅仅是因为它内含的考古与文化趣味，还因为它是1798年起义开始与结束的地方。没有她的持久爱意与支持，我不可能写出本书。对我来说，她是融为一体的约瑟芬、玛丽·路易丝与玛丽·瓦莱夫斯卡。

本书献给我的弟弟妹妹们——阿什莉·格登·罗伯茨、马修·罗伯茨、埃利奥特·罗伯茨。因为他们在那么长时间内非常友善地容忍了自己的万事通大哥。

安德鲁·罗伯茨

巴黎，奥热罗街2号

www. andrew-roberts. net

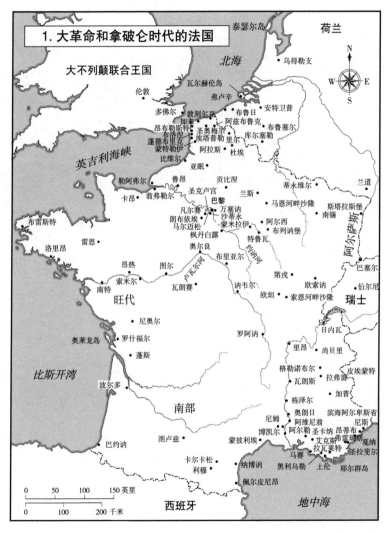

1. 大革命和拿破仑时代的法国

荷兰

大不列颠联合王国

泰瑟尔岛

北海

乌得勒支

瓦尔赫伦岛
弗卢辛

伦敦

多佛尔
敦刻尔克
加来
昂布勒斯特
圣奥梅尔
布洛涅
蓬德布里克
蒙特勒伊
比维尔
勒阿弗尔
卡昂
翁弗勒尔

布鲁日
阿兹布鲁克
埃塔普勒
里尔
阿拉斯
亚眠
杜埃
安特卫普
布鲁塞尔
库尔塞勒

兰道
斯塔拉斯堡
南锡

英吉利海峡

鲁昂
圣克卢宫
凡尔赛
朗布依埃
马尔迈松
奥尔良

贡比涅
兰斯
万塞讷
沙蒂永
蒙米拉伊

蒂永维尔
马恩河畔沙隆
阿尔西
布列讷堡
特鲁瓦

巴塞尔

伯尔尼

巴黎

枫丹白露

阿尔萨斯

布雷斯特

雷恩

洛里昂

南特

旺代

昂热
索米尔
图尔
瓦朗赛
布里亚尔
讷韦尔
欧坦
第戎
欧索讷
索恩河畔沙隆

瑞士

尼奥尔
罗什福尔
蓬斯

罗阿讷
日内瓦

里昂
格勒诺布尔
瓦朗斯
栋泽尔
奥朗日
阿维尼翁
阿尔勒
圣纳拉瓦莱特

尚贝里
拉弗雷
皮埃蒙特
加普
滨海阿尔卑斯省
昂蒂布
尼斯
戛纳
圣拉斐尔

奥莱龙岛

比斯开湾

波尔多

南部

巴约讷

图卢兹
卡尔卡松
利穆
纳博讷
佩尔皮尼昂

尼姆
博凯尔
蒙彼利埃
奥利乌勒
马赛
艾克斯普罗旺斯
土伦
耶尔群岛

西班牙

地中海

0	50	100	150 英里

0	100	200 千米

卢瓦尔河
约讷河

布洛涅森林

圣奥诺雷街

新旱金莲街

爱丽舍宫

星形广场

路易十五广场
（协和广场）

旺多姆广场

卡斯蒂廖内街

杜伊勒里

奥尔赛码头

塞纳河

博阿尔内公馆

圣热尔曼郊区

王家桥

荣军院

战神广场

巴黎王家军校

圣约瑟夫-
德-卡姆教堂

| 0 | 1/4 | 1/2 英里 |

| 0 | 1/2 | 1 千米 |

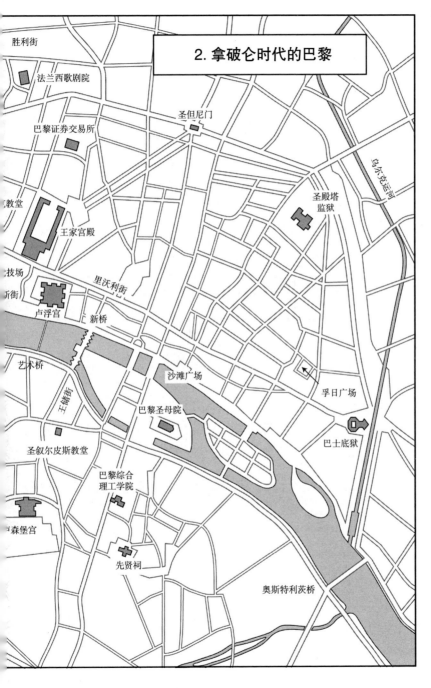

2. 拿破仑时代的巴黎

胜利街

法兰西歌剧院

圣但尼门

巴黎证券交易所

乌尔克运河

圣殿塔监狱

教堂

王家宫殿

里沃利街

技场

斫街

卢浮宫

新桥

艺术桥

沙滩广场

孚日广场

王储街

巴黎圣母院

巴士底狱

圣叙尔皮斯教堂

巴黎综合理工学院

森堡宫

先贤祠

奥斯特利茨桥

波拿巴家族

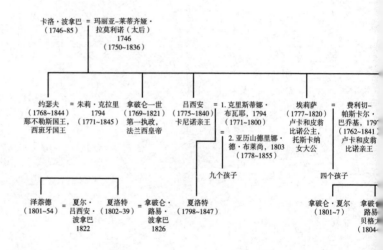

卡洛·波拿巴　＝　玛丽亚-莱蒂齐娅·
（1746~85）　　拉莫利诺（太后）
　　　　　　　　1746
　　　　　　　（1750~1836）

约瑟夫　＝朱莉·克拉里　　拿破仑一世　　吕西安　＝　1. 克里斯蒂娜·　埃莉萨　＝　费利切-
（1768~1844）　1794　　（1769~1821）　（1775~1840）　布瓦耶，1794　（1777~1820）　帕斯卡尔·
那不勒斯国王，（1771~1845）　第一执政，　卡尼诺亲王　（1771~1800）　卢卡和皮翁　巴乔基，179
西班牙国王　　　　　　　法兰西皇帝　　　　　　＝　　　　　比诺公主，　（1762~1841
　　　　　　　　　　　　　　　　　　　　2. 亚历山德里娜·　托斯卡纳　　卢卡和皮翁
　　　　　　　　　　　　　　　　　　　　德·布莱尚，1803　女大公　　　比诺亲王
　　　　　　　　　　　　　　　　　　　　（1778~1855）

　　　　　　　　　　　　　　　　　　　九个孩子　　　　　　　　　四个孩子

泽萘德　　＝　夏尔·　　夏洛特　＝　拿破仑·　　夏洛特　　　　　　　拿破仑·夏尔　拿破
（1801~54）　吕西安·　（1802~39）　路易·　　（1798~1847）　　　（1801~7）　　路易
　　　　　　波拿巴　　　　　　　波拿巴　　　　　　　　　　　　　　　　　　　贝格
　　　　　　1822　　　　　　　　1826　　　　　　　　　　　　　　　　　　　（1804~

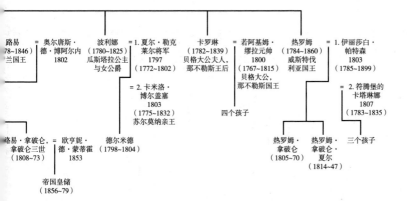

路易　＝　奥尔唐斯·
78~1846　　德·博阿尔内
兰国王　　　　1802

波利娜　　＝ 1.夏尔·勒克
（1780~1825）　莱尔将军
瓜斯塔拉公主　　1797
与女公爵　　（1772~1802）

＝ 2.卡米洛·
博尔盖塞
1803
（1775~1832）
苏尔莫纳亲王

卡罗琳　　　＝ 若阿基姆·
（1782~1839）　缪拉元帅
贝格大公夫人，　1800
那不勒斯王后　（1767~1815）
贝格大公，
那不勒斯国王

热罗姆　　＝ 1.伊丽莎白·
（1784~1860）　帕特森
威斯特伐　　　1803
利亚国王　（1785~1899）

＝ 2.符腾堡的
卡塔琳娜
1807
（1783~1835）

洛易·拿破仑，　＝　欧亨妮·
拿破仑三世　　　德·蒙蒂霍
（1808~73）　　　1853

德尔米德
（1798~1804）

四个孩子

热罗姆·
拿破仑
（1805~70）

热罗姆·
拿破仑·
夏尔
（1814~47）

三个孩子

帝国皇储
（1856~79）

xxvii 拿破仑和约瑟芬的近亲

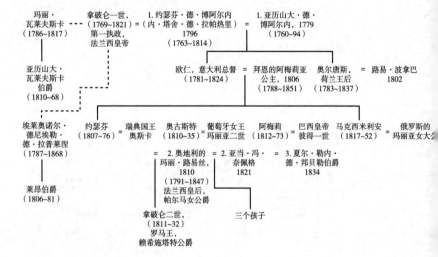

玛丽·
瓦莱夫斯卡
（1786~1817）

拿破仑一世，
（1769~1821）＝
第一执政，
法兰西皇帝

1.约瑟芬·德·博阿尔内
（内·塔舍·德·拉帕热里）
1796
（1763~1814）
＝
1.亚历山大·德·
博阿尔内，1779
（1760~94）

亚历山大·
瓦莱夫斯卡
伯爵
（1810~68）

欧仁，意大利总督
（1781~1824）
＝
拜恩的阿梅莉亚
公主，1806
（1788~1851）

奥尔唐斯，
荷兰王后
（1783~1837）
＝
路易·波拿巴
1802

埃莱奥诺尔·
德尼埃勒·
德·拉普莱涅
（1787~1868）

约瑟芬
（1807~76）
＝
瑞典国王
奥斯卡

奥古斯特
（1810~35）

葡萄牙女王
＝
玛丽亚二世

阿梅莉
（1812~73）

巴西皇帝
彼得一世
＝
马克西米利安
（1817~52）
＝
俄罗斯的
玛丽女大公

莱昂伯爵
（1806~81）

＝ 2.奥地利的
玛丽·路易丝，
1810
（1791~1847）
法兰西皇后，
帕尔马女公爵

＝ 2.亚当·冯·
奈佩格
1821

＝ 3.夏尔·勒内·
德·邦贝勒伯爵
1834

拿破仑二世，
（1811~32）
罗马王，
赖希施塔特公爵

三个孩子

引　言

　　1944 年 10 月，正当荷兰从纳粹手中获得解放之际，伟大的荷兰历史学家彼得·海尔（Pieter Geyl）写完了他的拿破仑相关作品①。此前 215 年间有数万本关于拿破仑的书出版，海尔的这本是其中最富有创意的之一。此书的独创性不在于海尔自己对拿破仑的看法（尽管他肯定在书中明确阐述了对拿破仑的见解），而在于它复述了其他人的观点，并追溯了在 1815 年和他所处的时代之间拿破仑名声的不同变化阶段。整个 19 世纪和 20 世纪初期，拿破仑既是历史风云人物，又是如此重要的政治巨人，他的这两个身份都经历了很多浪漫化或诽谤，所以海尔摘录的观点（不出意外地）经常激烈对立，它们一般都反映了作者自身的政治立场。海尔写完这本书后，二战期间的欧洲历史影响了人们对拿破仑时代欧洲大陆上的事件的观点，而且有时仍让它们黯然失色。这一点也不出意外，但我认为这是错误的。

　　写作本书时，我努力不让自己被之前的阐释过度影响，而是尽量回溯到拿破仑本人和私下认识他的人的言论。当然，对他的本能分歧也延伸到了这里，几乎所有同时代人的叙述都立足于拿破仑生前或死后作者所处情境，具有严重的倾向性。数十个例子表明，在那些他逊位后不久写出来的文字中，工作的诱惑、津贴的诱惑，抑或仅仅是在波旁王朝治下出版的权利都

---

①　这是指海尔的 *Napoleon：For and Against*。——译者注

损害了其内容的客观性。举个例子，1803～1814 年，拿破仑的廷臣之妻克莱尔·德·雷米萨（Claire de Rémusat）在写给丈夫的信中对皇帝满怀情意，但 1818 年时，她在回忆录中说他是"不懂慷慨"的怪物，此外他挂着"撒旦般的"笑容。这两个时期之间发生了什么？那是其夫想在波旁王朝谋得省长的差事。1815 年，克莱尔烧掉了她的实时文字，设法恢复夏多布里昂所谓的"回忆中的回忆"（memories of memories）。 xxxi

　　或者再看这个例子。我们接受的对拿破仑的很多理解其实受其同学路易－安托万·布列纳的回忆录的影响，但那本书相当可疑。1797 年拿破仑在莱奥本与奥地利议和时，布列纳任其私人秘书。布列纳已经不能亲昵地称拿破仑为"你"，他说比起荣升拿破仑的私人办公室之首，这不过是个"小损失"，但因为他贪污，拿破仑只好两度将他解职，他们最终不欢而散。历史学家普遍认为布列纳的回忆录比较客观，哪怕它其实只是包括幻想家夏尔·马克西姆·德·维尔马雷（Charles Maxime de Villemarest）在内的很多人写的。1830 年，拿破仑的哥哥约瑟夫等熟识拿破仑的人出版了共有 800 页的两卷本著作，用论辩语句粉碎了布列纳的很多说法。因此，我在引用布列纳的文字时存疑，只有他本人据信在场时，我才用他的文字来例证我的叙述。

　　拿破仑时代的经典著作中，到处是这类需要谨慎对待的"同时代"材料。蒙托隆伯爵曾在圣赫勒拿岛陪伴拿破仑，离岛二十年后，此人写下了他所谓的关于岛上生活的"自述"，但他甚至都没有那个时期的笔记。蒙托隆的回忆录其实是小说家大仲马（Alexandre Dumas）代笔的，拿破仑最喜欢的演员塔尔马的回忆录也是他代写的。1813 年，拿破仑禁止阿布朗泰斯公爵夫人进入巴黎。19 世纪 30 年代，她的回忆录问世，彼时她是吸食鸦片的瘾君子，可她仍声称自己记得与皇帝的私下长谈。阿布朗泰斯公爵夫人的 18 卷本回忆录有不少是巴尔扎克（Balzac）代笔的，其写作目的是摆脱债主纠缠。拿破仑的警务部长富歇的回忆录其实是受人雇佣的穷酸文人阿方斯·德·博尚（Alphonse de Beauchamp）写的。拿破仑宠爱的情妇乔治小姐的回忆录也是代笔的，但她觉得内容太无聊了，于是在书里添油加醋，写了拿破仑把一卷钞票塞进她的胸衣的故事。

在著作权法出现之前的年代，人们甚至可以出版约瑟夫·波拿巴、马尔蒙元帅、拿破仑的外交部长阿尔芒·德·科兰古等尚在人世的有关人员的回忆录，而后者没有任何诉诸法律的权利。1837 年，有个叫夏洛特·德·索尔（Charlotte de Sor）的骗子出版了她所谓的科兰古回忆录，创作此书的基础是 1826 年他俩的一次简单会面（直到 1934 年，真正的科兰古回忆录才出版。）19 世纪 20 年代，塔列朗写了回忆录中关于拿破仑的部分，但是 19 世纪 60 年代，激烈的反拿破仑主义者阿道夫·德·巴古（Adolphe de Bacourt）全面重写了塔列朗回忆录。梅特涅亲王的回忆录亦是代笔的，它在很大程度上也是自私的。约瑟芬曾经的爱人保罗·巴拉斯的回忆录则是恶意与自怜的典范，旨在报复拿破仑。拿破仑在雾月政变中推翻了路易·戈耶，此人在回忆录序言中承诺道，他将是"公正的作者"，给予拿破仑"完全的公道"。可事实上，戈耶的两卷本回忆录几乎都是愤愤不平的咆哮。大臣拉扎尔·卡诺与格鲁希元帅都没写回忆录，但是他们根据自己留下的文件拟出了稿子，其中有的是实时的，有的则不然。外交官安德烈 – 弗朗索瓦·米奥·德·梅利托的所谓回忆录其实是其女婿写的。在梅利托的女婿动笔时，书中描述的事件已经过去了半个多世纪。

无论如何，因为有那么多人想要记下自己对这位非凡人物的印象，也有些亲近拿破仑的人做了实时记录，他们既没有靠诋毁他在即将建立的政权下谋职，也不曾靠夸大自己与他的亲密关系谋财。举个例子，科兰古侯爵描写的1812~1814年、亨利·贝特朗写的关于圣赫勒拿岛上事件的日记，以及康巴塞雷斯的回忆录，直到20世纪30年代、50年代、70年代才分别问世，不是为了马上出版而写这一点就大大增强了它们的可信度。身为拿破仑的宫廷总管，不太知名的路易·德·博塞-罗克福比布列纳更亲近他。波旁王朝统治时期，博塞勇敢地出版了回忆录。克洛德-弗朗索瓦·德·梅纳瓦尔和阿加顿·费恩担任过拿破仑的秘书，他俩刻画的拿破仑形象与博塞描写的达成相称与均衡。当然，我们需要把这三本书和所知的其他资料核对，此外它们也要经历互相核对。然而，核对工作完成后，比起皇帝的敌人与其代笔者在他死后描绘的"黑色传奇"，这三本书描述的他往往更具一致性与可信度。

循着引线走出这座迷宫时，2014年拿破仑传的作者有个胜过所有前辈的巨大优势：从2004年开始，巴黎拿破仑基金会开始对拿破仑现存的33000封信件进行卓越的编辑与出版工作，其中多达三分之一的信要么没出版过，要么经这样或那样的方式删减后在19世纪50年代和60年代的通信集旧版中露面。这一内容浩大的新版本使人们可以重新评价拿破仑，它也是本书的基石。

xxxiii

自从200年前拿破仑在滑铁卢战败后，其生活的每个方面都被记录、研究、挑拣过，这些工作细致到了最惊人的程度。

比如说，1804年7月19日，他在皮卡第（Picardie）比尼圣马克卢（Buigny-St-Maclou）附近的铁匠家停下，喝了杯加牛奶的咖啡，然后他分了些金币给惊讶喜悦的住户。为了这区区一件事，就有人写了一篇15页的论文。关于他的事实内容上极其精细，数量上多如牛毛，但它们并未导出对其人格、政策、动机乃至成就的一致结论。正如我在第一章里所说，拿破仑未满30岁时，他的第一本传记就出版了。从那以后，关于他的争论成了长期传统，本书显然也是其组成部分。1817年，瑞士历史学家弗雷德里克·吕兰·德·沙托维厄（Frédéric Lullin de Chateauvieux）写道："像强烈的飓风一般，他扫清前进路上的僵化障碍，为民族铸就业绩——它们盖过统治了800年的哈布斯堡和统治了600年的波旁。"1818年，斯塔埃尔夫人死后出版的作品管拿破仑叫"没有礼貌、没有祖国、没有道德的雇佣兵，他是东方暴君、新阿提拉，只知道如何破坏与毁灭的士兵"。1808年，德意志最伟大的文学家约翰·沃尔夫冈·冯·歌德（Johann Wolfgang von Goethe）与拿破仑会面，他说对方"永远处于开明状态"。拿破仑是摧毁者还是建设者？是解放者还是专制者？是政治家还是冒险家？"争论继续进行。"海尔之书的最后一句话如是说。在本书结尾，我希望读者能完全明白为何我用的标题是"拿破仑大帝"。

第一部

※

发奋为雄

第一章　科西嘉

为了让我们感兴趣，悲剧英雄既不可十恶不赦也不可清白无瑕……所有软弱和矛盾都令人心生不快，并呈现格外悲哀的色彩。

——拿破仑论弗朗索瓦－朱斯特－马里·雷努阿尔

的戏剧《圣殿骑士》

读史立刻让我觉得，我能如我们的史书中最伟大之人一般成就业绩。

——拿破仑致科兰古侯爵

1769 年 8 月 15 日（周二）正午将临时，在地中海岛屿科西嘉岛（Corsica Island）上的一座较大城镇阿雅克肖（Ajaccio），拿破莱奥内·迪·波拿巴（Napoleone di Buonaparte）出生，成年之前，他签名时都用这种拼写。"从教堂回家的路上，她感到分娩阵痛，"他说自己的母亲莱蒂齐娅，"她一到家我就出生了，我没有生在床上，而是生在一堆壁毯上。"[1]父母给他选择的名字不同寻常，但并非不为人知，马基雅维利的《佛罗伦萨史》中就有这个名字，所属时代离他更近的一位叔祖父也叫此名。

波拿巴家族先祖原是佛罗伦萨（Firenze）和里窝那（Livorno）之间的领主，1261 年，一个佛罗伦萨人首先采用姓氏波拿巴。家族长子一脉留在意大利，而 1529 年，弗朗切斯科·波拿巴（Francesco Buonaparte）移民科西嘉，接下来的两个半世纪，其后代大都在法律界、学术界和教会谋求体面职业。[2] 拿破仑出生时，波拿巴家族处于包含中产阶级上层（haute bourgeoisie）和极弱小贵族的社会圈子外围。

4　　拿破仑统治法国后，人们试图证明波拿巴家族后人源自 13 世纪的特拉布宗（Trebizond）皇帝，他便告诉他们，他发动军事政变后，波拿巴王朝才开始。"有的系谱学者能把我家的历史上溯到大洪水时期，"拿破仑告诉奥地利外交官克莱门斯·冯·梅特涅（Clemens von Metternich）亲王，"也有人假称我出身庶民。真相介于二者之间。波拿巴一族是个不错的科西嘉家族，我们很少离岛，所以不太出名，但要大大胜过那些开始诽谤我们的纨绔子弟。"[3] 拿破仑偶尔会谈起自己的意大利血统，并自称古罗马人的后代。"我属于创立帝国的种族。"有一次他如此自夸道。[4]

虽然波拿巴家族远远算不上富裕人家，但他们有足够的土地，以至于阿雅克肖领班神父、拿破仑的叔祖父卢恰诺（Luciano）说波拿巴家的葡萄酒、面包或橄榄油从不用买。自从 1682 年起，波拿巴家族就住在波拿巴宅（Casa Bonaparte），这栋三层大屋位于今阿雅克肖圣夏尔街（rue Saint-Charles），今人仍可在屋内地下室看到用于磨面粉的磨石。拿破仑的父母另有一幢乡间住宅。除了阿雅克肖，至少三个城镇有他们的财产。此外，他们有一群绵羊、一座葡萄园，还雇了一个保姆、一位女仆和一名厨师。"科西嘉没有财富，"多年后，拿破仑的哥哥约瑟夫（Joseph）写道，"有钱人的积蓄也很少超过 20000 里弗赫（Livre），一切都是相对而言的，所以我们家算得上科西嘉最有钱的人家之一。"青年拿破仑同意他的看法，并补充道："在科西嘉，奢侈是件坏事。"[5]

拿破仑出生之前四年，即 1765 年，苏格兰律师兼作家詹姆斯·博斯韦尔（James Boswell）游览了科西嘉岛，他沉醉于眼前的景象。"阿雅克肖是科西嘉最美的城镇，"他后来写道，"这里有很多非常优美的街道，还有漂亮的花园和热那亚总督府。小镇居民是岛上最文雅的人，同法国人有不少往来。"当时科西嘉岛大概有 14 万人，大多从事农业，三年后，岛上居民和约 2800 万法国人口产生的交集将显著超出他们中大部分人的所愿或所求。

意大利城邦热那亚（Genoa）名义上统治了科西嘉两个多世纪，但其支配权仅限于沿海城镇，它很少设法将权力延伸至内陆山区，而科西嘉人在那儿非常独立。1755 年，科西嘉颇具魅力的民族主义领袖帕斯夸莱·保利（Pasquale Paoli）宣布成立独立共和国，1763 年，他赢得佩迪科斯特（Pedicoste） 5 之战，共和国的概念于是变成现实。科西嘉人亲切地称保利为"爸爸"（Il Babbù），很快，他开始改革小岛的财政、法律和教育体系，并修建若干道路，开办一家印刷厂，还让强大家族组成的岛上竞争派系在一定程度上接近和睦相处。少年拿破仑认为保利是立法者、改革者与真诚友善的独裁者，他怀着这一腔敬意长大。

热那亚明白，想在科西嘉重建统治就得开战，但它对此并无兴趣。1768 年 1 月，热那亚不情愿地把科西嘉卖给法国国王路易十五（Louis XV），换得 4000 万法郎。法国外交大臣舒瓦瑟尔（Choiseul）公爵任命科西嘉人马泰奥·布塔福科（Matteo Buttafuoco）统治该岛，保利自然反对，于是法国派冷酷无情的沃（Vaux）伯爵率3万名法军士兵镇压起义，并且马上让法国人马尔伯夫（Marbeuf）伯爵接替布塔福科。

拿破仑之父卡洛·波拿巴（Carlo Bonaparte）与其年轻漂亮的妻子莱蒂齐娅支持保利，他们在山区作战时，她怀上了拿破仑。卡洛担任保利的私人秘书兼副官，然而，1769年5月8日，沃伯爵在蓬泰诺沃（Ponte Nuovo）之战中消灭了科西嘉军队，此后卡洛与怀孕已久的莱蒂齐娅拒绝随保利和另外340名抵抗者去流放。[6] 马尔伯夫与科西嘉乡绅会面时，卡洛反倒宣誓效忠路易十五，因此他保住了自己在岛上的职务——阿雅克肖法院陪审推事和科西嘉岛林业学校校长。蓬泰诺沃会战后不到两个月，卡洛和马尔伯夫一起进餐，坚持抗法的昔日战友们抗议他的行径。18世纪70年代中期后，大规模反抗很少见了，但在接下来二十年间，数百人死于零星的反法游击斗争。[7]"他发现并入法国会给祖国带来巨大利益，"约瑟夫·波拿巴描写自己的父亲道，"于是他就成了优秀的法国人。"[8]1777年，卡洛就任科西嘉贵族代表，因为这一职位，他两度在凡尔赛宫（Palace of Versailles）觐见路易十六。

青少年时期，拿破仑一直宣扬激进的科西嘉民族主义，人们常说他鄙视父亲的通敌行为，但此说的证据只有路易·安托万·德·布列纳（Louis Antoine de Bourrienne）倾泻在他身上的恶评。布列纳是拿破仑的同学，也当过他的私人秘书，但此人贪污行径严重，为此他不得不两度将其解职。1789年拿破仑确曾致信保利，谴责投靠敌营的科西嘉人，但他并未提及已经过世的父亲。拿破仑给自己的儿子取名夏尔（Charles）①，

① "Carlo"的法语变体。——译者注

若他认为父亲是卖国贼，他很可能不会这么做。在日后拿破仑所谓的小贵族（petits gentilshommes）阶层中，波拿巴家族是一个顽强拼搏、奋发向上、关系密切的宗族，他们明白跟历史逆流牵扯将得不到任何好处。

事实证明，法国尽可能灵活地治理科西嘉。马尔伯夫试图让岛民中的上层阶级相信接受法国的统治将有益处，而卡洛将是主要受益人之一。如果说保利是拿破仑早年的政治偶像，卡洛就正好代表愿同法国合作的外国人，这种合作对未来拿破仑帝国的平稳运行至关重要。

卡洛身材高大，相貌俊朗，广结人缘，擅长马术。他能讲流利的法语，熟知洛克、孟德斯鸠、休谟、卢梭和霍布斯的启蒙思想，并撰写质疑组织化宗教的伏尔泰式随笔，供人私下传阅。[9]拿破仑后来说，父亲是个"败家子"。卡洛的花销肯定超过他那微薄收入，这导致波拿巴家族逐渐背上债务。[10]卡洛是个慈父，但他身体虚弱，经常囊中羞涩，为人甚至有些轻浮。除了债务、蓝灰色眼睛以及导致他们双双早死的疾病，拿破仑没从父亲那儿继承多少东西。"我的好运和我的一切有意义之举都归功于母亲。"他日后会这么说。[11]

名唤玛丽亚 - 莱蒂齐娅·拉莫利诺（Maria-Letizia Ramolino）的女人模样迷人，意志坚定，她出身良好，但从未受过教育。莱蒂齐娅的父亲曾是阿雅克肖的代理行政官，后来又担任科西嘉路桥巡检。1764 年 6 月 2 日，在双方父母的安排下，莱蒂齐娅嫁给 18 岁的卡洛·波拿巴（法国大革命时期，阿雅克肖档案馆遭焚毁，所以当时莱蒂齐娅的确切年龄不明）。卡洛自诩是个世俗化的启蒙人士，因此两人没在天主教堂结婚，但是领班神父卢恰诺后来篡改教堂记录，声称他们在此举行了婚礼弥撒，这是波拿巴家族不重视官方文档真实性的早期迹象之一。[12] 莱蒂齐娅的嫁妆包括"一间窑炉及其附近的一座房子"、一套寓所、一片葡萄园和 8 英亩土地，价值总计175000 法郎，颇为可观。花花公子卡洛据信结婚时爱着另一个女人，不过这笔嫁妆胜过了他的爱。[13]

7 　　1765～1786 年，莱蒂齐娅一共生了 13 个孩子，其中 8 个没有在婴儿期夭折，当时，这一存活比例并不罕见。最终，这些孩子里出了 1 个皇帝、3 个国王、1 个王后、2 个藩属公主。拿破仑淘气时莱蒂齐娅会揍他，有一次他因为模仿奶奶而挨揍。虽说他不太喜欢挨打，但那个年代体罚是正常现象，他提到母亲时也只流露了真诚的爱意与尊敬。"我的母亲是个出色的女人，既能干又勇敢。"暮年拿破仑对古尔戈将军说，"她柔中带刚，女人的身体上长了男人的头脑。"此言出自他口中便是盛赞。"她是强势的女家长，"他补充道，"她头脑发达！"[14] 拿破仑一掌权就优待母亲，他为她买下塞纳河（the Seine）畔的蓬城堡（Château de Pont），让她每年可享 100 万法郎。莱蒂齐娅把大部分拨款存起来，她吝啬得出了名，当有人为此嘲笑她时，她回答："谁知道呢，也许有一天，我得给所有这些我生下来的国王孩子找面包吃。"[15]

　　在拿破仑出生之前，莱蒂齐娅的两个婴儿夭折了。紧接着拿破仑之后出生的女孩玛丽亚－安娜（Maria-Anna）只活到了5 岁。1768 年 1 月，拿破仑的哥哥朱塞佩（Giuseppe，他后来改用法语化名字约瑟夫）出生。拿破仑出生后，1775 年 3 月，卢恰诺/吕西安（Lucien）出生；1777 年 1 月，妹妹玛丽亚－安娜/埃莉萨（Elisa）出生；1778 年 9 月，路易（Louis）出生（他显然取了法国国王的名字）；1780 年 10 月，玛丽亚 - 保拉（Maria-Paola）/波利娜（Pauline）出生；1782 年 3 月，玛丽亚 - 安农齐亚塔（Maria-Annunziata）/卡罗琳（Caroline）出生；1784 年 11 月，吉罗拉莫（Girolamo）/热罗姆（Jérôme）出生。卡洛于 38 岁时去世，那时莱蒂齐娅才 33 岁，此后她再没生过孩子，但拿破仑认为，如果父亲活得长一些，母亲能生育 20 个子女。[16]

对家人深切长久的挂念是拿破仑书信的显著特点之一。不论是涉及母亲在科西嘉的财产、弟弟的教育，还是妹妹的婚姻前景，拿破仑都不懈地设法保护并振兴波拿巴家族。"你是我在这世上唯一的永久真爱。"他致信哥哥约瑟夫称。[17]拿破仑坚持促进家族繁荣，这一倾向后来严重损害了他自己的利益。

身为意大利科西嘉人，拿破仑的出身招来诋毁者无尽的谩骂。威廉·伯登（William Burdon）属于最早的一批英文拿破仑传作者，此人提到传主的意大利血统时说："比起法国人的坦率与活跃，他性格里的残暴阴暗面更接近意大利人的背信弃义，这或可归因于此。"[18]类似地，1800 年 11 月，英国记者威廉·科贝特（William Cobbett）说，拿破仑是个"来自卑劣小岛科西嘉的粗鄙暴发户！"1804 年，法国元老院提议拿破仑加冕，让 - 德尼·郎瑞奈（Jean-Denis Lanjuinais）伯爵出声反驳："什么！他所属种族的渊源可是丢尽了脸，罗马人都不屑于雇他们当奴隶！让这种人统治祖国，难道你们能忍吗！"[19]因为拿破仑是科西嘉人，人们认为他会热衷于世仇争斗，然而并没有记录表明波拿巴家族投身宗族复仇，而且拿破仑也相当宽容地对待好几个背叛他的人，如外交部长夏尔 - 莫里斯·德·塔列朗（Charles-Maurice de Talleyrand）、警务部长约瑟夫·富歇（Joseph Fouché）。

拿破仑小时候患过干咳，这可能是未经确诊的轻度肺结核症状。验尸报告证明，他的左肺叶有患过肺结核的迹象，不过此病早已痊愈。[20]然而，广为人知的孱弱内向者形象很不符合家人给他起的昵称"拉布莱奥内"（Rabulione，意为捣蛋鬼）。由于缺乏可信资料，拿破仑童年的很多内容必然仍是猜测，但有一点没多少疑问：他是个早熟的出色读者，早年时就迷上历史与传记。莱蒂齐娅告诉一位政府部长，她的儿子"从不参加同龄小孩的娱乐活动，小心地避开他们。他总是独自待在自家三楼的一个小房间，不怎么下楼，哪怕要和家人吃饭。他一直在楼上读书，特别是历史书"。[21]让－雅克·卢梭（Jean-Jacques Rousseau）的 800 页小说《新爱洛伊丝》（*La Nouvelle Héloïse*）描写爱与赎罪，拿破仑称，9 岁时他第一次读这本书，"它改变了我的思想"。[22]

"我相信早年阅读深深影响了他少年时代的爱好和性格。"拿破仑的哥哥约瑟夫后来回忆道。[23]他讲了两人上小学时的一件事：有一次，学生们分组，每人都被告知在罗马或迦太基国旗下入座，而拿破仑根本不肯加入失败的迦太基一方，非要跟约瑟夫换座位。[24]（拿破仑比约瑟夫小 18 个月，但他的意志总是比哥哥坚定。）拿破仑日后督促低级军官"反复阅读亚历山大大帝、汉尼拔、尤利乌斯·恺撒、古斯塔夫·阿道夫、欧根亲王和弗里德里希大王（Frederich the Great）的战史，唯循此道才能成为伟大统帅"。[25]古代史赋予拿破仑渊博的军政策略知识和贯穿其一生的可引用素材。这种激励非常强烈，以至于拿破仑在为画像摆姿势时不时把手插进马甲，模仿穿长袍的罗马人。

拿破仑的母语科西嘉语是多含习语的方言，同热那亚语不无相似之处。他在学校学会用意大利语读写，快 10 岁时开始学法语。拿破仑说法语时总带有浓厚的科西嘉口音，比如把"eu"或"u"说成"ou"，这让他在学校和军队里招来各种嘲笑。建筑师皮埃尔·方丹（Pierre Fontaine）装饰并翻修了拿破仑的很多宫殿，此人认为，"很难相信他这种地位的人"讲话时口音那么重。[26]拿破仑不精通法语语法和拼写，不过旧时代标准拼写无关紧要，而且他一直能轻松地表达自己的意思。终其一生，拿破仑的笔迹遒劲果敢，尽管相当潦草。

拿破仑的童年常被描述成充斥着焦虑不安的激烈涡流，但他在阿雅克肖度过的最初九年单纯而快乐。那时，家人、朋友与一些家仆陪伴着他。后来，他慷慨地对待自己的文盲保姆卡米拉·伊拉里（Camilla Illari）。[27]为了把拿破仑培养成法国军官和绅士，家人把他送去法国（科西嘉人称之为"大陆"），此后情况才开始复杂化。

马尔伯夫在科西嘉上层阶级中积极推行法国化政策。1770年，他颁布法令，宣布凡能证明自身贵族家世长达两个世纪的科西嘉人皆可享有法国贵族（noblesse）的广泛特权。托斯卡纳（Tuscany）大公曾正式认可卡洛之父约瑟夫的贵族身份，随后比萨（Pisa）大主教承认约瑟夫是"佛罗伦萨贵族"。[28]科西嘉未封建化，少有岛民购买头衔，但卡洛为波拿巴家族申请到了跻身岛上 78 个贵族之家的权利。科西嘉最高理事会追溯了波拿巴一族的佛罗伦萨起源，1771 年 9 月 13 日，理事会声明该家族正式受封为法国贵族。[29]

现在，卡洛可依法首次使用签名"德·波拿巴"（de

Buonaparte），并出席科西嘉议会。卡洛自己的收入难以供儿子
10 们上学，但他也能为他们申请王室奖学金了。法国政府愿为多
达 600 名法国穷贵族之子支付学费，条件是他们都得证明自己
出身贵族、无力负担学费、能用法语读写。9 岁的拿破仑已经
符合前两个条件，为了满足第三个，1779 年 1 月，家人送他去
勃艮第（Burgundy）的欧坦（Autun）接受严格的法语教学。

卡洛申请奖学金时，马尔伯夫伯爵亲自加快了法国官僚机
构的办理进度，此事后来激起谣言，传谣者说他是莱蒂齐娅的
情人，可能也是拿破仑的生父。波旁王朝和英国的作者们孜孜
不倦地传播这一诽谤之辞。就像拿破仑一生都自夸一样，他的
敌人也一直寻找妙法来贬低他的神话。1797 年，28 岁军事英
雄的最早传记开始出现。当年，布尔古安（Bourgoing）骑士
将某位佚名英国作者的《波拿巴早年的一些简况》（*Quelques
notices sur les premières années du Buonaparte*）译成法文。此书声
称，莱蒂齐娅"吸引了"马尔伯夫。安德鲁·道格拉斯
（Andrew Douglas）爵士为这本书撰写了简短导言，证明此说
的真实性。道格拉斯是拿破仑在欧坦的同学，但他显然并不认
识波拿巴家族的其他人。[30]

拿破仑本人不太在意这种诋毁，不过他确曾对杰出数学家
兼化学家加斯帕尔·蒙日（Gaspard Monge）指出，母亲在保
利的科尔特（Corte）要塞对抗马尔伯夫的军队时怀上了他。
皇帝拿破仑不厌其烦地关照马尔伯夫之子。在他指挥的某次
战役中，一群士兵抢劫了马尔伯夫之女布吕尼（Brunny）夫
人，于是他"极尽关切地招待她，从自己的卫队中拨给她一
队猎兵哨兵，最后把心满意足的她送走了"。[31]若布吕尼夫人
的父亲勾引莱蒂齐娅、给卡洛戴绿帽，拿破仑不大可能做出

上述举动。也有人说保利才是拿破仑的生父，此流言同样地被证伪。

　　拿破仑接受法国教育后成了法国人。他年龄尚幼，又在法国待了较长时间，再说当时法国文化在欧洲最强势，有这些因素的存在，假如他没有变成法国人倒会叫人惊讶。1778 年 12 月 31 日，拿破仑获得奖学金（相当于助理牧师的薪水），次日，他开始在欧坦主教管理的教会神学院上学，此后他会阔别科西嘉近八年之久。学校名册上登记的拿破仑姓名是"拿破仑·德·波拿巴先生"（M. Neapoleonne de Bonnaparte）。校长沙尔东（Chardon）教士回忆道，拿破仑"为人深沉抑郁，他没有玩伴，独来独往……他有才能，学得快……如果我责备他，他会回答，'先生，我知道了'，语气冷淡得近乎傲慢"。[32]因为学生是个聪明好学的顽强少年，沙尔东只用三个月时间就教会了他法文读写，甚至还教了短文写作。

　　在欧坦学会必备的法语后，1779 年 4 月，拿破仑进入香槟地区（Champagne）特鲁瓦（Troyes）附近的布列讷堡（Brienne-le-Château）王家军校就读，此时他还差四个月满 10 岁。次日，父亲离去，因为学校没有假期，三年后他们方才再会。学校教师是圣方济各会分支最小兄弟会（Minim order）修士，学生有 110 人，连拿破仑在内共 50 人领有奖学金。虽说布列讷是军校，但其管理者却是修士，不过学校的军事课程是由校外教员教授。校园条件简朴，每个学生只有一块草垫、一条毯子，但他们不会挨打。1782 年 6 月，父母的确来看望拿破仑了，当时，莱蒂齐娅说她担心儿子瘦了太多。

　　1776 年，路易十六（Louis XVI）建立了 12 所王家军校，

11

布列讷军校在社会上并非最受欢迎，但拿破仑在此接受了良好
教育。他每天学习八小时，课程包括数学、拉丁语、历史、法
语、德语、地理、物理、工事学、武器学、击剑、舞蹈和音乐
（最后三门课表明，布列讷军校兼具贵族精修学校的特征）。[33]
除了拿破仑，物质环境艰苦、学术要求严格的学校培养了很多
出色的将军，如路易-尼古拉·达武（Louis-Nicolas Davout）、
艾蒂安·南苏蒂（Étienne Nansouty）、安托万·菲利波
（Antoine Phélippeaux）、让-约瑟夫·多特普尔（Jean-Joseph
d'Hautpoul），学校教员夏尔·皮舍格吕（Charles Pichegru）则
是未来的荷兰征服者、保王党阴谋者。①

　　拿破仑擅长数学。"要成为良将，你必须学会数学，"他
后来评论道，"它能在纷繁场合指引你的思想。"[34]出色的记忆
力帮了他的忙。"记忆力是我的超凡之处，"他曾自夸道，"我
还是男孩时就记得三四十个数字的对数。"[35]他获准提前修习针
对 12 岁学童的数学课程，很快就掌握了几何、代数和三角学。
拿破仑最差的科目是德语，他从未学会这门语言。令人惊讶的
是，虽然他如此热爱古代史，可他的拉丁文也薄弱（好在直
到 1780 年后他才需要参加拉丁文考试，那时他的去向已然明
了。他会加入陆军或海军，不会投身教会）。拿破仑也精于地
理，就在他的学校练习册的最后一页上，他在一长串英国王室
领地名称后写着："圣赫勒拿：小岛。"（Sainte-Hélène：petite
île.）[36]

　　"历史能传授年轻人道义与美德。"布列讷军校简章写道。

---

① 原文似有误，据考证，达武毕业于欧塞尔军校；而从多特普尔的生平履
　　历看，他应该没上过军校。——译者注

修士们赞同伟人中心史观，用古今英雄人物激励男孩们的进取心。[37]拿破仑从学校图书馆借了很多传记和历史书，如饥似渴地阅读普鲁塔克笔下的英雄传说、爱国事迹与共和国美德故事。他也读了恺撒、西塞罗、伏尔泰、狄德罗、雷纳尔（Raynal）教士以及伊拉斯谟、欧特罗皮乌斯、李维、菲得洛斯、撒路斯特、维吉尔的著作，还读过公元前1世纪人士科奈利乌斯·奈波斯（Cornelius Nepos）的作品《伟大统帅传记集》（*Lives of the Great Captains*），此书有章节论及地米斯托克利、来山德、亚西比德与汉尼拔。在校期间，拿破仑得绰号"斯巴达人"，原因也许根本不是他为人吃苦耐劳，而是他深深仰慕斯巴达城邦。拿破仑可以背诵维吉尔的整篇文章，上课时他自然支持心中英雄恺撒，反对庞培。[38]他成年后喜欢的戏剧常常也围绕古代英雄展开，如拉辛的《亚历山大大帝》（*Alexandre le Grand*）、《昂朵马格》（*Andromaque*）、《米特拉达梯》（*Mithridate*），以及高乃依的《秦那》（*Cinna*）、《贺拉斯》（*Horace*）、《阿提拉》（*Attila*）。

一个同时代人回忆说，拿破仑曾逃课去学校图书馆，在馆内阅读波里比乌斯、普鲁塔克、阿里安（"他读得很开心"）、昆图斯·库尔提乌斯·鲁弗斯（他"不太喜欢"）的著作。[39]波里比乌斯的《历史》按时间顺序记述罗马帝国的兴起，描述了他目击到的汉尼拔之败与迦太基洗劫事件。普鲁塔克的《希腊罗马名人传》简要刻画了拿破仑最崇拜的两位英雄——亚历山大大帝和尤利乌斯·恺撒。阿里安的《亚历山大远征记》是亚历山大战史的最好史料之一。昆图斯·库尔提乌斯·鲁弗斯的作品只有一本传世，而这本书是亚历山大的传记。所以说，少年拿破仑的读物主题鲜明。同龄人在户外运动时，他却尽可能纵览有关雄心勃勃的古代领袖的书籍。对拿破仑来说，效仿亚历山大大帝和尤利乌斯·恺撒的愿望并不奇怪。学校教育也让他日后有机会比肩古代巨人。

拿破仑在课堂上认识了查理曼和路易十四治下的法国的最伟大时代，但他也学习近期的七年战争中法国在魁北克（Quebec）、普拉西（Plassey）、明登（Minden）和基伯龙湾（Quiberon Bay）的败绩，还包括"英国征服印度的累累硕果"。[40]拿破仑在布列讷读书的大部分时间，英法都在美洲交战，学校如此安排课程是为了培养一代不仅坚信法国伟大，而且执意羞辱英国的年轻军官。拿破仑对英国政府恨之入骨，人们往往将这种倾向归于盲目的仇恨或科西嘉复仇主义。事实上，在他出生的那个十年期，1763 年的《巴黎条约》令法国丧失印度和加拿大的大片大陆地块（及市场），他的少年时代，英国也忙着在澳大利亚拓殖，所以说，把他的反英倾向看作非常合理的反应要更准确。晚年拿破仑两度请求去英国生活，他也曾表示自己崇拜马尔伯勒公爵和奥利弗·克伦威尔，但其所受教育导致他视英国为不共戴天之敌。在布列讷上学时，他的英雄中似乎只有被流放的保利尚在人世。另一个已故英雄是瑞典的卡尔十二世（Charles XII）。1700 ~ 1706 年，他消灭了敌对四国的联军，但他后来深入俄国，结果只是遭遇惨败，并被流放。

拿破仑也深爱文学。晚年时他回忆道，自己上学时曾在一棵树下阅读描写第一次十字军东征的塔索史诗《被解放的耶路撒冷》，1814 年布列讷之战中他就在那棵树旁被一个哥萨克（Cossack）袭击。[41]卢梭肯定科西嘉，拿破仑视其为偶像，17岁时，他写文赞美此人的《社会契约论》。他接受卢梭的思想，认为国家掌握公民生死权，有权禁止轻浮奢侈品，有义务审查戏剧与歌剧。[42]卢梭的《新爱洛伊丝》是 18 世纪最畅销的著作之一，此书主张不按社会常态行事、追求个人真情实感，这种观点吸引任何年轻人，特别是心怀凌云壮志的梦想家。1765 年，卢梭为科西嘉起草自由宪法，这份草案反映了他仰慕保利，保利也同样崇敬他。

拿破仑显然爱读高乃依、拉辛和伏尔泰的作品。他最喜欢的诗人是莪相（Ossian），此人的吟游诗篇记述了古盖尔人的征服史，那些荒野迷雾中的英雄传奇、汹涌大海上的战斗史诗激励了他。拿破仑携带莪相的《芬戈尔》（Fingal）奔赴战场，委托画师为莪相的诗创作多幅画作。他特别喜欢让 - 弗朗索瓦·勒叙厄尔的歌剧《莪相》和演奏它的十二架踏板竖琴，以至于 1804 年该剧首演时他封作曲者为荣誉军团（Légion d'Honneur）骑士。同年，他建立凯尔特学院（Académie Celtique），以便研究高卢人的历史与考古学。那个年代，人们大都认为凯尔特人和古高卢人很有渊源，拿破仑也不例外。1813 年，凯尔特学院成为法兰西社会与考古学院（Société des Antiquaires de France），其院址现为卢浮宫（Musée du Louvre）。其实，莪相的史诗系自封的"发现者"、文坛骗子詹姆斯·麦克弗森（James Macpherson）所作，真相揭晓后，拿破仑并未特别介意。[43]

1781 年，军校副总督学凯拉利奥（Kéralio）骑士给拿破仑出具了一份优异的成绩单，两年后，此人推荐他升入卓越的巴黎军校。1781 年的成绩单显示，拿破仑"体质极佳，神情柔顺，为人温存和善、直言不讳、深思熟虑。课业大都合格，数学应用能力一直突出……此男孩可成为出色的水手"。[44]拿破

14

仑显然有智力优势，但这不大可能改善他与同学们的关系。他们给他起绰号"稻草鼻"（La Paille-au-Ne，发音像科西嘉语"Napoleone"）[45]。同学们笑他说不利索法语，笑他父亲还要证实自己的贵族身份，笑他来自被征服的民族，笑他的瘦弱骨架上长了颗相对较大的脑袋，笑他比学校里大部分同龄人穷。"我是班上最穷的学生，"1811年，拿破仑对一位廷臣说，"同学们有零花钱，我没有。我感到自豪，并小心地掩藏骄傲……我不知道如何像其他人一样微笑或嬉戏。"[46]日后谈及求学生涯时，拿破仑能忆起他喜欢的老师，但很少提到那些同学。

学童能迅速察觉并嘲笑彼此的细微差距，他们很快发现，拿破仑的致命痛处在于他深深以故乡为荣。（沙尔东教士也曾提及这一点。）他是局外人、外国人，认为身边的富家子弟都属于压迫他同胞的统治阶级。嘲讽恰恰产生了可以在生机勃勃的男孩身上盼来的效果，拿破仑从此变成骄傲的科西嘉民族主义者，从不放弃捍卫故土。"他天性内向，喜好反思科西嘉被征服之事，少年时便心系国恨家仇，"布列纳回忆道，"所以15 他追求孤独，养成了有些惹人厌的惯常言行。"[47]布列讷修士教员居曼·德·克雷格米伦（Cuming de Craigmillen）以"他的同学 C. H. 先生"的名义写了第一本关于拿破仑的书。此书由英文写成，于1797年出版，它描写了一个内敛且反社会的孩子。一位评论家说，书里的小孩"行事直截了当，他大胆莽撞、锐意进取，甚至狂野凶暴"，这四个形容词也适用于他此后的人生。[48]

拿破仑学生时代最著名的逸闻讲述了全校学童一起打雪仗的故事，其中的大量内容很可能是编造的。1783年隆冬时节，据说拿破仑在他设计的冰雪要塞周围组织了一次大规模模拟战斗，他先是率领进攻方，次日又指挥防御方。[49]拿破仑据信不受同学欢迎，但雪仗故事很不符合这一点。布列纳给回忆录代笔人的笔记也没提这桩逸闻，它很可能纯属写手的杜撰。"这次模拟战斗打了十五天，"回忆录写道，"直到夹杂着沙砾和小石块的雪球打得很多学生失去了战斗力（hors de combat）。"[50]学校真的会让伤害许多学生的游戏玩上两个多星期吗？

拿破仑的信件现存33000多封，最早的一封写于1784年6月15日，收信人是其继舅父约瑟夫·费施（Joseph Fesch），他是莱蒂齐娅之母的第二任丈夫之子。拿破仑在信中争辩道，哥哥约瑟夫·波拿巴不应该参军，因为"全人类命运的伟大主宰赋予我对军事的浓厚热爱，但它（没有）赋予约瑟夫这一点"。拿破仑补充道："他不敢直面战斗的危险，他的健康也不佳……而且我哥哥完全用卫戍部队的观点看待军事专业。"[51]拿破仑认为，若约瑟夫选择加入教会，马尔伯夫的亲戚欧坦主教"会让他过上舒适生活，他肯定能当上主教，这对家族多好啊！"约瑟夫欲加入步兵，拿破仑遂问道："可怜的步兵军官是什么货色？对他来说，四分之三的时间是碌碌无为的。"这封三页的书信现藏于纽约皮尔庞特·摩根（Pierpont Morgan）图书馆，几乎每行都有错别字，比如把"Saint-Cyr"（圣西尔）拼成"Saint-Cire"，把"arrivé"（已到达的）拼成"arrive"，把"écrit"（书面的）拼成"écrie"。这封信也满是语法错误，但拿破仑的字迹清晰可辨。信上的签名是"您忠实顺从的仆人拿破廖内·迪·波拿巴（Napolione di

16 Buonaparte)"。拿破仑在附言中写道："阅毕即毁。"这是他本人注意审慎编辑历史记录的早期迹象。

　　1784 年 9 月 15 日，拿破仑轻松通过布列讷军校毕业考试。次月末，他进入塞纳河左岸的巴黎王家军校（École Royale Militaire in Paris，简称巴黎军校）就读。论社会地位，巴黎军校远远胜过布列讷军校。这里一周给学生换三次床单，伙食也不错。仆役、教师以及假发匠等后勤人员加起来是学员的两倍还多。从早上 6 点的弥撒开始，学校每天还举行三次礼拜仪式。奇怪的是，巴黎军校不教战争和战略史，但其教学大纲涵盖了布列讷军校的很多课程。此外，巴黎军校还教滑膛枪射击、军事操练及马术。（当年的很多建筑保存至今，它们位于正对埃菲尔铁塔的战神广场一端，里面环绕着总占地超过 29 英亩的 17 座庭院。）拿破仑在巴黎待了十二个月，除了战神广场和巴黎军校本身，他没怎么去过城中其他地方，但他自然从书本和军官同僚中获知很多关于巴黎及其纪念碑、防务、资源、建筑奇观的知识。[52]

　　拿破仑的学业依然出类拔萃。他在布列讷时就决定不去海军，莱蒂齐娅的想法是缘由之一，她既害怕他会被淹死或烧死，也不想让他睡吊床，但主要原因还是炮兵部队名头远胜海军，而数学才能也让他有望成为炮兵军官。1784 年，法国各军校的考生总计有 202 人，共 136 人通过毕业考试，其中仅 14 人收到炮兵部队的邀请，所以拿破仑被选入了精英队伍。[53]他是巴黎军校的第一个科西嘉学生。某同学给拿破仑画了一幅亲切的漫画，画中少年英雄坚持捍卫保利，一位老教师拽他身后的假发，努力把他拉回来。[54]

　　拿破仑有三个杰出的老师：路易·蒙日（Louis Monge，

数学家兼化学家加斯帕尔·蒙日的弟弟）；拉普拉斯（Laplace）侯爵①，他后来成了拿破仑的内政部长；路易·多迈龙（Louis Domairon），他教会了拿破仑战前鼓动（harangue）军队的价值。（英语中的"harangue"含有久久咆哮的意味，但法语中的"harangue"并无此意，它可指鼓舞人心的演说，莎士比亚笔下的亨利五世、修昔底德笔下的伯里克利就发表过这类演说。拿破仑在战场上具备卓越的鼓动技巧，但他在公共集会上并非一直擅长鼓动。）七年战争之后，让－巴蒂斯特·德·格里博瓦尔（Jean-Baptiste de Gribeauval）革新法军炮兵战术，拿破仑在巴黎军校接触了他的新思想。（历史上，战败总是军事改革之母，这回亦然。）他还学习了法军将领雅克·德·吉贝尔（Jacques de Guibert）伯爵的革命性著作《战术通论》（*Essai général de tactique*）（1770 年版），此书写道："现役部队既给人民造成负担，又不能在战争中取得决定性大捷。与此同时，民众大都疏于武装训练，愈发衰弱……假如某国能具备男子气概、创建国民军队，它将称霸欧洲。"[55] 吉贝尔宣扬战争中速度、奇袭与机动性的重要性，他主张放弃有城墙的城市的大型补给站，改为因地自给。书中还有一条原则：高昂的士气——军旅精神（esprit de corps）——能克服大部分困局。

　　拿破仑在布列讷军校读了五年，在巴黎军校读了一年，此时，军事思潮已彻底渗透其身心。它将伴随拿破仑的余生，深深影响他的信念和形象。他接受革命信条中的法律面前人人平等、理性政府、精英政权、效率和激进民族主义，此举

17

---

①　拉普拉斯 1817 年被封为侯爵。——译者注

很符合这种思潮，但他对结果平等、人权、媒体自由、代议制政府这些信条无甚兴趣，在他看来，它们都不太符合军事思潮。拿破仑所受的教育让他尊重社会等级、信奉法律与秩序、强烈推崇奖赏人才与勇士，但也令他厌恶政客、律师、记者和英国。

1802 年，克洛德 - 弗朗索瓦·德·梅纳瓦尔（Claude-François de Méneval）接替布列纳任拿破仑的私人秘书。梅纳瓦尔日后写道，拿破仑离校时"自尊自傲，天性好战，组织能力极佳，热爱秩序与纪律"。[56]这些个性都属于军官准则，把拿破仑塑造成强大的社会保守分子。军官拿破仑信奉公认层级指挥链中的集权控制与保持高昂士气的重要性。行政事务秩序和教育至关重要。由于本能使然，他痛恨一切看上去像"作乱暴民"（canaille）的人。法国大革命期间，甚至他的一生中，这些情感都没太大变化。

卡洛·波拿巴试图让身体好起来，遂搬去法国南部的蒙彼利埃（Montpellier）。1785 年 2 月 24 日，他在那儿去世，终年38 岁，死因很可能是胃癌，但也可能是胃溃疡穿孔。当时，拿破仑只有 15 岁，之前六年他仅仅见过父亲两次，卡洛逝后他也只是匆匆见上一面遗容。"父亲的死亡漫长残酷，严重损伤他的器官和官能，"约瑟夫回忆道，"以至于最后几天（他）完全神志不清了。"[57]卡洛的大夫建议他吃梨子，所以拿破仑对医生抱有的终生恶感可能源于此时。他本人具备无限干劲与精力，或许父亲的英年早逝是原因之一；他怀疑自己也活不长，这倒是正确了。一个月后，拿破仑致信叔祖父卢恰诺，称卡洛是"开明热情、公正无私的公民，然而上帝还是让他死了，而且他死在怎样的地方啊！故土百里之外的异国，此地毫不关心他的存在，远离他珍视的一切"。[58]除了值得赞美的孝心，这封信的有趣之处还在于拿破仑仍视法国为"异国"。抒发完由衷同情后，他又向教母、亲戚乃至家里的女仆米纳娜·萨韦里亚（Minana Saveria）问好，然后他加上信末附言："3 月 27 日晚上 7 点，法国王后诞下王子诺曼底（Normandy）公爵。"[59]那个年代，人们常常充分利用昂贵的书写纸，可是给这么重要的信加上如此随便的附言就有点奇怪了。

虽然约瑟夫是卡洛的长子，但拿破仑很快就确立了自己的新任家主身份。"他不是被权力和荣誉捧高后才在家中最显强势的，"吕西安回忆道，"甚至在他年轻时，他就开始这样做了。"[60]拿破仑提前参加毕业考试，在 58 名考生中位居第 42名，这个成绩可能看上去糟糕，其实不然，因为军校正常学制是两到三年，而他只学了一年。现在他可以投身军事、专心克服卡洛留下的严重经济困难。拿破仑后来承认，这些事"影响我的心绪，让我少年老成"。[61]

阿雅克肖法院陪审推事卡洛领有 22500 法郎年薪。他和邻居打财产官司（他一度起诉妻子的祖父）、在地方政府中兼任多个小职位，借此补充收入。然而，卡洛的谋财大计却是桑树苗圃（pépinière），正是这项工程令其次子非常焦虑。"科西嘉桑树长势良好，"博斯韦尔在《科西嘉记》中写道，"这里的虫害和雷雨险情也没有意大利和法国南部的严重，因此只要状态安定，科西嘉就可出产丰富的丝绸。"[62]岛上某座桑树苗圃的特许经营权原属卡洛·波拿巴的先辈杰罗尼莫·波拿巴（Gieronimo Bonaparte），1782 年，卡洛获得这一权利。凭借王室的 137500 法郎十年期无息贷款和他自己的大量投资，他能

19

种植一大片桑树林。三年后，科西嘉议会撤销与卡洛签订的合同，理由是他没有履行维护义务，他则坚决否认。卡洛去世后又过了十五个月，1786 年 5 月 7 日，合同正式终止，于是波拿巴家族债台高筑，因为他们得偿还贷款、支付桑树园日常管理费用，它依旧由他们负责。

苗圃导致莱蒂齐娅面临破产的威胁，为了解决这个问题，拿破仑向将要加入的团请了长假。这桩官僚主义麻烦持续数年，耗资颇大，以至于法国大革命初露迹象时，波拿巴一族只关心巴黎的政变能否减轻家族债务、政府是否可能给他们发放额外农业补贴来维持苗圃事业。[63] 据我们所知，拿破仑处理苗圃事务（l'affaire de la pépinière）时最显偏狭。此事让家族面临破产危机，他奋力推动这一公案。他努力寻找了结方法，以母亲的名义寄出大量信件，游说他能在科西嘉和巴黎找到的所有人。少尉拿破仑对家族尽责，尽量从 1100 法郎年薪中匀出钱来寄回家。他写给法国总审计长的很多信件称母亲为"波拿巴遗孀"。莱蒂齐娅借了某法国军官 600 法郎，她差点把家中的银器卖掉还债。[64] 由于卢恰诺领班神父相助，执达吏没有插手此事，但波拿巴家族长期缺钱，直到 1791 年领班神父过世后他们继承了遗产。

1785 年 9 月 1 日，拿破仑就任拉费尔团第 1 营第 5 大队秋季炮兵连的军官，该连屯于罗讷河（the Rhône）左岸的瓦朗斯（Valence）。秋季连属于五个历史最悠久的炮兵部队之一，享有盛誉。[65] 16 岁的拿破仑既是最年轻的军官之一，又是法军炮兵军官中唯一的科西嘉人。他回忆瓦朗斯的日子时总说自己过得寒酸。当时，他的房间里只有一张床、一张桌子和一把扶手椅，但他仍像从前一样醉心阅读，有时他只好不吃饭，以便有钱买书。那时，救济是拿破仑的部分生活来源。瓦朗斯一家咖啡馆的老板经常招待他喝咖啡，当上第一执政后，他向一位内政部长打听老板的消息。他听闻她还活着，便说："恐怕我没有付清她招待我的所有咖啡，这里是 50 金路易（louis）（相当于 1000 法郎），替我交给她。"[66]拿破仑的餐馆账单也慢慢累积起来。一位同时代人回忆道："和别人一起去酒馆或咖啡馆时，有时他可以方便地不付账。经历过这种事的人们向我保证道，虽然拿破仑最年轻最穷，但他不用强迫手段就能获得其他同伴的尊重乃至顺从。他不曾一文不名，但在人生的那个时期，他极其在意开销细节。"[67]他承受不起忘掉苗圃梦魇。

1786～1791 年，拿破仑给很多书做了详细笔记，如阿拉伯民族、威尼斯（Venetia）、印度群岛、英格兰、土耳其、瑞士和索邦（Sorbonne）的历史。他评注伏尔泰的《论道德》（*Essais sur les moeurs*）、马基雅维利的《佛罗伦萨史》（*History of Florence*）、米拉波的《论密信》（*Des lettres de cachet*）和夏尔·罗兰的《古代史》（*Ancient History*）。他做过笔记的书还有当代地理和政治著作，如雅克·迪洛尔（Jacques Dulaure）的反贵族阶级著作《批判贵族史》和夏尔·杜克洛（Charles Duclos）的八卦之谈《路易十四与路易十五时代秘闻》。[68]与此同时，拿破仑还背诵高乃依、拉辛和伏尔泰的诗作，或许他是为了赢得漂亮姑娘卡罗琳·德·科隆比耶（Caroline de Colombier）的芳心。"听来非常不可思议，"两人曾在黎明时漫步草坪，他日后回忆当时他们的关系多单纯时说道，"但我们一直在吃樱桃！"[69]拿破仑在瓦朗斯继续学跳舞，他可能意识到，若想成为一个能在社会上见人的军官，舞蹈能力有多重要。① 他的舞蹈教师多泰尔后来穷困潦倒，1808 年 12 月，他致信拿破仑称："陛下，帮您在礼仪社会迈出第一步的人如今渴求您的慷慨。"皇帝便给他安排了工作。[70]

1786 年 4 月 26 日，拿破仑在瓦朗斯写了其现存随笔的第一篇，讨论科西嘉人抵抗法国的权利。他已经完成了学业，所以此文并非旨在出版，而是写给他自己看的。对那个时代的法军军官来说，这是不寻常的消遣活动。文章庆祝保利的 61 岁生日，辩称法律或源于民权或源于君权，倡导国民主权，并总结道："追求一切正义法律的科西嘉人曾挣脱热那亚人的枷锁，如今也能打破法国人的。阿门。"[71]一个法军军官写这种文字显得很奇怪，甚至可说是谋反，但拿破仑从学生时代起一直奉保利为偶像，从 9 岁到 17 岁，他在很大程度上是孤身待在法国，这让他思念理想化的科西嘉。

拿破仑是个业余作家，26 岁之前，他写过约 60 篇随笔、小说、哲学论述片段、历史文章、论文、小册子和公开信。[72]这些文字一同反映了他在才智和政治上的发展，追溯了他的转变过程：18 世纪 80 年代，他是坚定的科西嘉民族主义者，后来他又公开自称是反对保利的法军军官，1793 年他则希望雅各宾法国镇压科西嘉的反叛。晚年拿破仑说，保利"是个好人，他既没背叛英国也没背叛法国，但永远只为科西嘉考虑"，他"是我家族的挚友，力劝我加入英军，这样他可以动用权力给我谋职……但我更喜欢法军，因为我和他们说同样的

---

① 拿破仑学得如何存在争议，1807 年，在华沙的舞会上，他问安娜·波托茨卡伯爵夫人自己跳得怎么样。"陛下，"她婉转地回答，"伟人中您跳得好极了。"Stryjenski ed. , *Memoires*, p. 125.

语言、信仰同样的宗教，我能理解也能欣赏他们的作风，而且我认为，对积极进取的年轻人来说，大革命的兴起是个好时机"。[73]拿破仑也声称保利"盛赞"自己："那个年轻人会成为普鲁塔克笔下的古人之一。"[74]不过，此事的可信度也许更低。

1786年5月上旬，拿破仑写了两页随笔《论自杀》，此文融合了浪漫民族主义者的痛苦呐喊与古典演讲术的做派。"我置身人群却永久孤独，回房独梦，沉沦于我的忧愁的全部魅力。"他写道，"今天我在思考什么方面？死亡。"[75]这令他想到："既然我必定死亡，难道我不可以自杀？""人是多么远离自然啊！"他的呼喊反映了经典的浪漫主义修辞。拿破仑显示了既自大又自怜的哈姆雷特式矛盾心态，然后将一些自我放纵的哲思融入卢梭的科西嘉民族主义。"我的同胞伙伴背负锁链，同时恐惧地亲吻压迫他们的手！他们不再是某位英雄用其美德激励的勇敢科西嘉人，不再抵触暴君、奢侈与卑劣娼妓。你们法国人，"他继续写道，"抢走我们珍视的一切还不够，还腐蚀我们的灵魂。若祖国不复存在，卓越的爱国者就应赴死……我不快乐，万事于我皆苦，所以生活是我的负担。"[76]浪漫夸张的文字吸引了很多受折磨的年轻人，拿破仑像他们中的大部分人一样决定不自杀，但这些随笔让我们一瞥他那正在萌发的自我意识。他的随笔常常遵循当时的古典传统，充斥着言过其实的浮夸词句和华丽辞藻的问题。后来，他写这些随笔时磨炼出的文风成了其宣言和演说的特色。

17岁时，拿破仑的宗教观点开始融合，此后它们也少有变化。虽然他的老师是修士，但他不相信耶稣是神，从未成为真正的基督徒。他的确信奉某种神力，不过除了最初的创世，这种神力和世界的互动非常有限。后来，人们有时见他在开战前画十字。[77]我们将看到，他肯定也知道宗教的社会功效。但就个人信仰而言，他本质上是启蒙主义怀疑论者。1780 年 9 月，11 岁的拿破仑参加公开口试，考官要他解释基督的四个主要奇迹，问他关于《新约》的问题。他后来回忆那场考试时道："因为没有皈依自己从没听过的宗教，古代最贤德之人就要受永久火刑，我听到这种话后感觉恶心。"[78]拿破仑 15 岁时，一位神父提出帮他度过父亲去世的难关，他拒绝了。而眼下，他又写了一篇未发表的文章，驳斥某位批判卢梭的热那亚新教牧师，并指责基督教包庇专制暴政，因为人类渴望靠坚持建立旨在"扶弱制强从而使人人得享通往幸福的美好安宁"的政府来改善现世生活，但基督教许以死后人生，分散了人类对此希望的注意力。[79]他认为，只有社会契约（人们与国家当局的协议）能实现幸福。除了这篇 15000 字的论文，拿破仑还写了喜剧寓言短诗《野兔、猎狗与猎人》 (*The Hare, the Hound and the Huntsman*)，其诗歌形式模仿了拉方丹的作品。诗中主角向导猎犬恺撒在正要杀死野兔时被猎人射中，全诗最后的押韵对句如下：

> 自助者天助，
> 我亦赞此述。[80]

23　　拿破仑的下一篇现存散文仅一页长。他为了解决苗圃问题造访瑟堡旅馆（Hôtel de Cherbourg），1787 年 11 月 22 日（周四），他在那儿写了《王家宫殿的邂逅》 (A Meeting at the Palais-Royal)。今天，该旅馆地址为巴黎圣奥诺雷街（rue Saint-Honoré）附近的沃维利耶街（rue Vauvilliers）。那个由赌场、餐馆和珠宝店（bijouterie shops）构成的巴黎市中心街区是个声名狼藉之地，他在此邂逅了一名妓女。《王家宫殿的邂逅》是写给他自己看的私人记录，其按时间顺序记载了这次经历：

> 我刚刚看了意大利歌剧，正轻快地走在王家宫殿的小径上。对我来说，感受活力正常不过。受此感觉激励，我精神焕发，毫不介意寒冷。可头脑一冷静下来，我就感到寒意阵阵，于是躲进长廊。我正要进铁门时，一位异性吸引了我的目光。当时是晚上，她又年纪轻轻、身材曼妙，于是我马上确定她的职业。我看着她。她停下来，并未露出那个阶层常有的放肆神情，相反，她的举止同她的美丽外貌相得益彰，令我震惊。她的羞怯鼓励了我，我开口了。我比任何人更能察觉她所处的环境多可怕，哪怕被她这种人看上一眼都自觉受辱，这样的我对她开口了。她脸色苍白、身形虚弱、嗓音柔和，叫我一刻也没法犹豫。[81]

两人一同步入王家宫殿的花园，他问她能否从事"更适合你的身体状况的职业"，她答道："不能，先生，人必须活下去。""我迷上她了。我发现她至少给了我一个答案，让我有了全新的成功体验。"他问她来自何方（"南特"），问她为何丧失贞操（"一个军官糟蹋了我"），问她是否为之伤心（"是的，非常难过"），问她如何来到巴黎。又问了一连串问题后，他终于问她是否愿意带他回房，"这样我们能取暖，你还可以满足欲望"。[82]文章结尾写道："此时，我不想过分谨慎。我已经吸引了她，所以尽管我说的话步步进逼，她也不打算逃避。

我也不希望她开始装贞洁，我宁愿证实她已失贞。"[83]起初他并未寻求这种邂逅，但他觉得值得按时间顺序记下此事的事实，表示他很可能这一次就初尝禁果了。连珠炮般迅速提问的交谈方式纯属拿破仑的作风。

24　　几天之后，拿破仑依然待在巴黎，他开始撰写科西嘉史，但没写几行就放弃了。他转而写了辞藻华丽的雄辩式随笔《爱荣誉与爱国家之对比》。文章采用书信体，寄语某位无名年轻女士，力主爱荣誉胜于爱国家。在举出爱荣誉的例子时，他不仅提到法国军事史上的孔代元帅、蒂雷纳元帅，还费了大量笔墨谈论斯巴达、马其顿的菲利普、亚历山大、查理曼、莱昂尼达斯和"首任地方行政官——伟大的保利"。[84]

1786 年 9 月，拿破仑返回阔别近八年的科西嘉，他头一回见到最小的三个弟妹。从这次返乡开始，1786 ~ 1793 年，他一共回了五次家，有时一待就是好几个月，他之所以这样做，很大程度上是为了处理父亲遗产留下的各种问题。1787年 4 月 21 日，他致信战争部长，要求请五个半月带薪假，"以便恢复健康"。[85]拿破仑其实没病，却能随信附上请假必需的诊疗单据，可见他要么是个好演员，要么有个好说话的医生。将近一整年之后他才归队。评判这次长期离队要看情境：当时是和平年代，冬季，三分之二的步兵军官和四分之三的骑兵军官都不在队。[86]为了帮助母亲照顾家庭，约瑟夫已被迫彻底放弃从军或投身教会的希望，但 1788 年时，他的确获得了比萨大学（University of Pisa）法学学位。所有的弟弟妹妹们都还在念书，甚至有迹象表明吕西安聪慧过人、胸怀大志。

1788 年 5 月下旬，拿破仑待在法国东部的欧索讷

（Auxonne）炮兵学校，该地靠近第戎（Dijon）。就像随他所属
团屯于瓦朗斯时一样，他仅仅每天下午3点吃一顿饭，以便从
军官薪水中省下足够的钱寄给家中的母亲，并用剩下的买书。
每隔八天，他换一次衣服。拿破仑一心坚持详尽透彻的阅读自
学计划，他在欧索讷的大量笔记本中写满雅典人、斯巴达人、
波斯人、埃及人、迦太基人等古代世界最杰出民族的历史、地
理、宗教与习俗。他的笔记既涵盖当代炮兵改革、团的军纪，
也涉及柏拉图的《理想国》、阿喀琉斯以及（必不可少的）亚
历山大大帝和尤利乌斯·恺撒。

　　欧索讷军校校长是炮兵技术先驱、法军将领让-皮埃尔·　25
迪泰伊（Jean-Pierre du Teil）男爵。拿破仑一周上九小时军事
理论课，每周二还学习高等数学。随着冶金术的发展，加农炮
只需原先一半重量便可发挥原有的威力，因此人们认为炮兵愈
发重要。一旦火炮能在战场上移动，并保持其火力与精度，它
们就可成为制胜关键。拿破仑最爱相对灵活的12磅炮，他后
来叫它们"俏姑娘"。[87]"我认为每个军官都得去炮兵部队服
役，"日后他会说，"那里能培养大部分良将。"[88]此言并非全然
自捧，他的时代，法军炮兵指挥官包括如下良将：让-巴蒂斯
特·埃布莱（Jean-Baptiste Éblé）、亚历山大-安托万·德·
塞纳蒙（Alexandre-Antoine de Sénarmont）、安托万·德鲁奥
（Antoine Drouot）、让·德·拉里布瓦西埃、奥古斯特·德·
马尔蒙（Auguste de Marmont）以及夏尔-艾蒂安·吕蒂
（Charles-Étienne Ruty）。

　　"军事行业里没有我不能独立完成的任务。"拿破仑后来
自夸道，"如果没人配火药，我知道怎么做；炮架我也会组
装，加农炮我也清楚怎么架；或者说，要是必须有人来教战术

细节，我也能教。"[89]这都归功于欧索讷军校。军队原本只用臼炮发射爆破弹，1788 年 8 月，拿破仑负责组织 200 人测试改用重型加农炮发射爆破弹的可行性，他的报告因阐述清晰而受到赞赏。这些日子里，拿破仑的军事备忘录简明扼要、内涵丰富，强调进攻的重要性。

炮弹试验课题得出了肯定结论。几天后，拿破仑写了《论王权》（Dissertation sur l'Autorité Royale）第一段，辩称军事统治乃优于专制的政府体系，并明确总结道："只有极少数国王不应该被推翻。"[90]他的观点充满专制主义色彩但又具有颠覆性，若他以自己的名义发表此文就会陷入麻烦，哪怕是在巴士底狱陷落前的几个月中法国政治形势愈发混乱的情况下。他把"论文"题献给路易十六的财政大臣艾蒂安 - 夏尔·德·洛梅尼·德·布里耶纳（Étienne-Charles de Loménie de Brienne），幸运的是，当他正要把文章寄给出版商时，财政大臣被解职的消息传来，于是他立刻停止发表此文。

26　　　写作癖影响范围延伸至拿破仑针对下属军官混乱状态起草的规章，不知怎的，最后他写出一篇 4500 字的文章，文中充斥华丽修辞，如："一丝不苟处事，莫损己身军衔和军装一毫，则临夜亦无忧。鹰有锐目，阿耳戈斯有百头，然其勉强能够尽忠职守。"[91]1789 年 1 月，他写了浪漫传奇剧《埃塞克斯伯爵：一个英格兰故事》（The Earl of Essex：An English Story），不过这不是他最好的文学作品。"伯爵夫人的手指伸入伤口裂缝，"剧中某段话开头写道，"滴着鲜血。她尖叫，捂住脸庞，但她再次抬头时什么也看不见。伯爵夫人惊恐万状、颤抖不已、呆若木鸡，这些可怕兆头正中她的痛处。她坐上马车，来到伦敦塔。"[92]故事包含暗杀阴谋、爱情、谋杀、预兆和国王詹姆斯二世的垮台。1789 年 3 月，拿破仑继续遵循传奇剧风格，撰写了两页小故事《先知的面具》（The Mask of the Prophet）。故事围绕英俊迷人的阿拉伯军人兼先知哈卡姆（Hakem）展开。哈卡姆患病后容颜受损，只好戴上银面具。他同当地亲王马哈迪（Mahadi）吵了一架，假装为了对付敌人，他让信徒挖掘陷坑、在坑内填满石灰。然而，哈卡姆却毒死信徒们，抛尸入坑，最后自焚。[93] 整个故事充斥着强烈的大龄少年之愤，读来令人心烦。

次月，瑟尔（Seurre）发生暴乱，暴动人群杀死了两名谷物商。拿破仑奉命沿索恩河（the Saône）下行 20 英里，去瑟尔镇压暴动。这次行动中，他担任副指挥。"老实人回家去，"据说 19 岁的军官对群众喊道，"我只对暴徒开火。"他出色地完成了任务，赢得迪泰伊将军的欣赏，但政治形势到了如此地步，结果没过多久，暴动也波及欧索讷本地，暴民袭击了公共建筑，还烧毁了税务局。拿破仑从这个有利的地方视角见证了伟大政治事件的最初征兆。这一事件将改写法国和欧洲的历史，并改变他自己的一生。

1789 年 7 月 14 日，巴黎暴民猛攻国立监狱巴士底狱，法国大革命随之爆发。之前数年，法国经历了财政危机和骚乱，如迪泰伊派拿破仑镇压的那种小暴乱。不稳定的导火线最早可追溯至 1783 年，即美国独立战争最后一年。这次战争中，法国支持反叛的殖民地对抗英国。除了瑟尔，其他地区也开始抗议低工资和食物短缺，1789 年 4 月，当局严厉镇压了这些反抗，导致 25 人死亡。"拿破仑常说，国家就像人一样会患病，记录国家历史不比描述人体疾病无趣。"多年后，他的一位部长如此记载道，"法国人最珍视的利益受损。贵族和教士凭借

傲慢与特权羞辱他们。人民长期苦于此等负担，但他们最终决定挣脱束缚，于是大革命开始了。"⁹⁴

　　1789 年 5 月 5 日，法国召开自 1614 年以来的首届三级会议（Estates-General of France），看上去国王可能被迫同第三等级代表分享至少部分权力，但此后事态迅速发展，无法预知其轨迹。6 月 20 日，第三等级代表誓称制定新宪法前不解散，此时他们已自称国民议会（National Assembly）①。三天后，王家卫队的两个连在镇压公众骚乱前哗变。抗议已然演变成反叛，路易十六招募外国雇佣兵镇压叛乱，消息传来后，激进记者卡米耶·德穆兰（Camille Desmoulins）号召人民猛攻巴士底狱，这次攻击导致巴黎总督、巴黎市市长和国务卿身亡。8 月 26 日，国民制宪议会通过《人权宣言》。10 月 6 日，暴民攻进了凡尔赛宫。

　　拿破仑在日后的生涯中展现了非常敏锐的政治嗅觉，但就他而言，法国大革命初期，他完全误判了形势。"我再跟你说一遍，"巴士底狱被攻占一周后，即 7 月 22 日，他致信约瑟夫，"会平静下来的。一个月后就没有任何问题了。所以说，如果你给我 300 里弗赫（相当于 7500 法郎），我就去巴黎了结我们的事情。"⁹⁵比起宗教改革后欧洲爆发的最大政治浪潮，此时拿破仑更关心苗圃事务。他又回头去写科西嘉史，并鼓起勇气致信自己的英雄、仍在伦敦流放的保利。"我生于国家衰亡之际，"他夸张地宣称，"三万法国人在我们的海滩上呕吐，

---

　　①　国民议会成立于 1789 年 6 月 17 日，当年 7 月 9 日更名为国民制宪议会（National Constituent Assembly），1791 年 9 月 30 日解散，其继承者为立法议会（Legislative Assembly）。原文中皆为 National Assembly，译者据相应时间对译名进行了调整。——译者注

把自由的王冠浸入血海，我一睁眼便看到如此可憎的景象。从我出生时起，垂死者的哭号、受压迫者的呻吟和绝望的眼泪就环绕着我的摇篮。"[96]对就任军官时宣誓效忠法国国王的人来 28 说，这些话可谓极其反常的情感。大革命爆发了，1790 年 7 月，保利重返科西嘉，所以拿破仑心中分立的忠诚感无法长期共存。他将不得不做出抉择。

第二章　大革命

29

他不论何时出场都露尽风头，但他在事业起步时遇上了尤其适合自己提升的时代。

——梅特涅论拿破仑

二十二岁时人生尚有很多可能，过了三十岁就不行了。

——拿破仑致符腾堡的弗里德里希选侯

　　巴士底狱被攻占八天后，欧索讷再次爆发了动乱。"给你写这封信时，我身边是喧闹的鼓声、武器以及鲜血。"拿破仑从欧索讷致信约瑟夫。[1] 他自豪地告诉哥哥，迪泰伊将军就此状态询问了他的意见。他逮捕了 33 人，花了大半小时劝说暴动者住手。

　　拿破仑厌恶暴徒，严格意义上他也是贵族，尽管如此，他却拥护法国大革命。至少革命初期阶段很符合他从卢梭和伏尔泰处汲取的启蒙思想。他支持革命的反教权作风，不介意他并不特别尊重的君主国被削弱。此外，革命似乎为科西嘉提供了更具独立性的前景，还让穷困又势薄的有志异域青年有望获得一个好得多的前程。拿破仑相信大革命承诺引入的社会新秩序将消除他的这两个不利因素，并建立在启蒙哲学家（philosophes）眼中的唯一权力基础——逻辑和理性——之上。

拿破仑后来声称，科西嘉贵族中"唯有"波拿巴家族支持法国大革命，实情并非如此，但他们属于拥护大革命的少数的岛上贵族之一。[2] 有一点看上去倒是真的：巴黎军校同期炮兵毕业生中，只有拿破仑赞成推翻路易十六；1789 年，他所属部队的军官中，很多人逃离法国，连他在内，只有少数人支持国王下台。拿破仑忠实地执行军务，镇压瓦朗斯和欧索讷的食物暴动（欧索讷暴动中，他的团有人哗变倒戈），但他也是革命组织宪法之友协会（Society of the Friends of the Constitution）当地分会的早期追随者。回过头来看阿雅克肖，拿破仑的弟弟、14 岁的吕西安明显更热衷、更坚持激进政治，他加入了极端的雅各宾俱乐部（Jacobin Club）①。[3]

30

1789 年 8 月 8 日，巴黎陷入骚乱，很大一部分法军军官队伍混乱无序，此时，拿破仑再次获准返乡休病假。接下来的十八个月，他都待在科西嘉，兴致勃勃地投身于岛上政治。这回也无迹象表明他真病了。博斯韦尔的《科西嘉记》描述了当地城市、九个行政区和大量基督教教区群（pieves，"世俗职能同宗教职能一样多的"教区群）的政治分歧。总督权力以首府科尔特为基，受到制约。城镇之间、乡村之间、宗族之间有敌对传统，岛民深深依恋天主教会和流放中的保利，拿破仑正是热情地踏入了这个旋涡。此后四年，他关心科西嘉政治远胜自己的法军军官生涯。

在约瑟夫和吕西安的支持下，拿破仑一返回科西嘉就号召岛民拥护革命事业、升起新的三色旗、佩戴新的三色帽徽，并

① 在巴黎，雅各宾派与稍稍温和些的吉伦特俱乐部（Girondin Club）将视对方为意识形态上的敌人。

且建立"爱国者"革命俱乐部、组织科西嘉志愿兵团。这个团是国民自卫军民兵部队,被寄予日后赶上总督的军队的希望。总督关闭了俱乐部,解散志愿兵,随后拿破仑的名字在巴黎制宪议会收到的抗议请愿中居首。[4]10月,他撰写小册子,谴责科西嘉的法军指挥官,批判岛上政府缺乏革命性。[5]就在拿破仑领导阿雅克肖革命派之际,制宪议会科西嘉代表安托万-克里斯托夫·萨利切蒂(Antoine-Christophe Saliceti)让更大的巴斯蒂亚镇(Bastia)激进化了。

31   1790 年 1 月,在萨利切蒂的强烈要求下,制宪议会颁布法令,规定科西嘉是法国的一个省。拿破仑支持这一变化,而伦敦的保利则予以斥责,称此举意在将巴黎的想法强加于人。眼下,萨利切蒂和拿破仑认为巴黎是科西嘉革命道路上的盟友,所以若保利回岛,他们多半会同他产生重大分歧。当年 3 月,约瑟夫当选阿雅克肖市市长。即便是忙于所有这些政治活动,拿破仑也夜读恺撒的《高卢战记》(Gallic Wars),并整页整页记诵。病假结束后他又请求延期,因为团里没剩多少军官,他的指挥官承受不起拒绝的代价。

拿破仑花了十五个月重写科西嘉史,但他找不到出版商。此书现存部分辩称,科西嘉人本是古罗马一切美德的化身,却被"莫名的命运"降服,沦为其牺牲品。这时候,拿破仑还写了暴力色彩格外鲜明、含有报复意味的短篇小说《新科西嘉》(New Corsica),它一开始是个冒险故事,接着却变作政治声讨,最后则成了一幕血祭。文中,一个英国人遇见一位老者,此人向他讲述了 1768 年法军入侵后科西嘉岛上出现的暴行。"我离开我的人,飞奔去救我那不幸的父亲,"老人说,"他浑身是血,用最后一丝力气告诉我:'儿子,为我复仇,这是自然的第一法则。若别无选择，就像我一样赴死，但永远不要向法国人屈服。'"老汉回忆道，他找到母亲的遗体，她被人强暴，赤身裸体，"伤痕累累，摆着最下流的姿势"。他还说："我的妻子和三个兄弟也被吊死在那。我的七个儿子遭遇同样的命运，其中三个还不满 5 岁。我们的木屋被焚毁。我们的山羊的鲜血同我家人的混在一起。"诸如此类。[6] "从那时起，"老人说，"我在我的祭坛上重新起誓，发誓绝不放过任何一个法国人。"[7] 20 岁现役军官拿破仑笔下的这则故事乃反法的复仇幻想，读来令人不快。老者狠狠地复仇，杀光了一条船上的法国人，连侍者都不放过。然后，"我们把他们的尸体拖到我们的祭坛，一把火烧光。新的焚香似乎取悦了神明"。[8] 大革命开始时，拿破仑显然无法抵御暴力的诱惑。

1770 年，颇具影响力的启蒙思想家雷纳尔教士匿名首次出版《欧洲人在东西印度群岛殖民和贸易的哲学与政治史》（*Histoire philosophique et politique des établissements et du commerce des Européens dans les deux Indes*），此书随后在法国遭禁。这本成功著作大受欢迎，它篇幅浩大，但论辩有力。雷纳尔教士被迫流亡了好几年，但 1787 年，他受邀回国。1790 年 6 月 24 日，拿破仑把科西嘉史寄给雷纳尔。附信上的日期是"自由历元年"，他在信中称："国家因家庭琐事彼此残杀、以宇宙主宰之名互相割喉。它们热爱奇迹、心怀畏惧，狡诈贪婪的教士利用这一点影响它们的想象力。"[9] 他对雷纳尔说的这番话同样夸张："我急于接受这份取悦我对祖国之爱的工作，然后羞愧不悦、深受束缚。"他模仿博斯韦尔和卢梭对科西嘉荣耀的理想化描写，补充道："我高兴地发现，我的祖国是罗马自由仅存遗迹的庇护所，我的民族是加图后人，这令宇宙蒙羞。"[10]

32

他说喜好争吵的科西嘉人是争取罗马自由的斗士马尔库斯·波尔基乌斯·加图（Marcus Porcius Cato）的真正后代，这种观点与其说是有益的历史见解，不如说是拿破仑对古典世界的浪漫执念。他还把书稿寄给昔日他在布列讷的导师迪皮伊（Dupuy）神父。迪皮伊建议他完全重写，不过少有作者会乐意接受这种意见。

1790 年 7 月 12 日，制宪议会通过《宗教人员民事组织法》（Civil Constitution of the Clergy），将教会纳入政府管辖，并废除修道会组织。《宗教人员民事组织法》要求教士对国家起誓效忠宪法，这导致第一等级分裂为宣誓派（即发过誓的教士）和拒宣誓派。次年 3 月，教皇庇护六世（Pius VI）批评这一规定。对基督教的普遍敌意，特别是对罗马天主教的仇恨鼓舞了很多革命者。1793 年 11 月，巴黎圣母院（Notre-Dame Cathedral）已然改为理性崇拜专用地。六个月后，雅各宾派领袖马克西米连·罗伯斯庇尔（Maximilien Robespierre）颁行法令，建立泛神性的至上崇拜。数万名贵族被剥夺财产，他们被迫流落他乡，成为国外流亡者（émigrés）。此外，成千上万的教士也离开了法国。

拿破仑写了本小册子支持《宗教人员民事组织法》，其内容有足够的煽动性，以至于小册子出版后不久，有一回拿破仑和约瑟夫在阿雅克肖偶遇宗教游行，结果险些被处以私刑。[强盗特伦塔·科斯特（Trenta Coste）救了他们，拿破仑当上第一执政后给了他恰当的回报。][11] 1790 年 7 月，65 岁的保利返回科西嘉，此时他已被流放了二十二年。拿破仑和约瑟夫都是欢迎保利归来的阿雅克肖接待委员会的成员。保利立刻被一致推举为科西嘉代理总督，并当选科西嘉议会议长及新成立的国民自卫军司令。

尽管拿破仑明显渴求保利的赞许，后者却视波拿巴家的小伙子们为通敌者之后，只花了一点点功夫保持他们的忠诚。保利最初的举措中有一项是将首府从科尔特迁至巴斯蒂亚，这惹恼了如波拿巴家族之类的阿雅克肖居民。根据当地传说，拿破仑与保利同游蓬泰诺沃战场时指责后者的布阵，这令保利大为光火（但约瑟夫在回忆录中说，拿破仑仅仅和长兄谈了批评意见）。[12]在启蒙运动晚期的数十年中，保利是欧洲进步人士尊敬的人物，波拿巴一族愿意不遗余力地迎合他。

9月15日，约瑟夫被选为科西嘉议会的阿雅克肖代表之一，后来又就任市执行政府（名为行政府）主席，但拿破仑既没当选议员，也没当选国民自卫军高级军官。"这个城市里尽是坏公民，"他致信岛上的政府官员卡洛-安德烈·波佐·迪·博尔戈（Carlo-André Pozzo di Borgo），"你不知道他们多疯多卑鄙。"他建议革除市政会中三名委员之职，"这项强硬措施也许不合法，但有必要"，并引孟德斯鸠的话作为结论："法律就像某些神的雕像，有时必须蒙上面纱"。[13]这次他没成功。

10月，制宪议会实际上已掌握法国主权，它通过米拉波伯爵的提议，称科西嘉现在是法国的一部分、适用法国法律，但此后该岛将完全由科西嘉人治理。消息传来，全岛热烈欢庆，每个教堂都演奏《感恩赞》（*Te Deums*），拿破仑在波拿巴宅挂起巨大横幅，上书："国民万岁，保利万岁，米拉波万岁。"[14]他照常语带夸张（此时或可理解），向雷纳尔大肆宣扬道："大海再也不能分隔我们。"[15]然而，保利的新政治秩序中没有拿破仑的位置。保利派与巴黎政府开始失和后，波拿巴家族仍然忠于制宪议会，1792年9月后，他们又追随它的后身国民公会

34

(National Convention)。① 他们逐渐和保利派分道扬镳，其间矛盾既有激化亦有缓和，但到 1793 年春时，双方已彻底决裂。

1791 年 1 月 6 日，拿破仑出席阿雅克肖革命俱乐部"全球爱国者"（Globo Patriottico）创立仪式，它模仿了雅各宾派和更温和的吉伦特派在巴黎建立的俱乐部。当月晚些时候，他出版政治小册子《致布塔福科先生的一封信》，指控二十三年前受命治理科西嘉的人充当叛徒、支持"荒唐封建政权"。小册子也谴责保利被布塔福科欺骗，"置身狂热分子之中"。"狂热分子"指那些倾向于为科西嘉制定英式宪法的返乡流亡者，而拿破仑偏好法国革命宪法。当时，保利与布塔福科合作良好，他对小册子的反应激烈，不同意拿破仑将科西嘉史题献给他。他说，"年轻人不该写历史"，史书作者必须"成熟公正"。[16]保利补充道，他没法归还手稿，因为他没空去找，他也拒绝了拿破仑索要资料的请求。不管拿破仑曾有怎样的成功作家梦，现在他的希望再次受挫，而且阻碍者还是他少年时崇拜的英雄。后来，有谣言说约瑟夫窃取阿雅克肖市资金（炮制此流言的动机很可能是政治因素，但它说的多半是实情），而保利也没支持波拿巴家族。[17]

1790 年 10 月 15 日，拿破仑的假期正式到期，但次年 2 月 1 日他才从科西嘉出发，前往自己所属的团。他带上了 12 岁的路易，准备供弟弟在欧索讷上学。拿破仑对向来耐心的指挥官出示疾病诊断书，甚至拿出恶劣天气的证明，长官便友善地

---

① 制宪议会与国民公会（1792 年 10 月 ~1795 年 10 月）之间还有立法议会（1791 年 10 月 ~1792 年 9 月）。——译者注

给他发了三个月欠饷。尽管如此，路易还是得睡在紧挨着拿破仑床位的壁橱底板上。兄弟俩仅有的家具就是一张桌子和两把椅子。"知道我怎么做到的吗？"拿破仑回忆这段人生时说道，"我从不去咖啡馆，从不社交。我吃干面包，刷自己的衣服，好让它们可以更耐用。我窝在小房间里，就像一头熊，朋友只有书籍……那是我年轻时代的欢乐与放纵。"[18]此言也许稍有夸张，但程度不重。他最重视的是书籍和良好的教育。

1791年2～8月，拿破仑参加里昂（Lyons）学院有奖征文，以"什么样的真谛和情感对人类学会幸福最重要？"为话题写了一篇论文。学院和雷纳尔修士会准备奖励最佳投稿1200法郎，这比他的年薪还多。拿破仑花了六个月的时间写文章，此文谴责野心的虚荣，甚至批评亚历山大大帝妄自尊大，"亚历山大从底比斯（Thebes）跑去波斯又跑去印度，他在搞什么？他一直坐立不安，他失去智慧，他自诩为神。克伦威尔的结局又怎样？他统治英国，但复仇女神的利剑难道没有折磨他吗？"[19]拿破仑还写了无疑带有自传色彩的话："你回到阔别四年的故乡，漫步于那稚嫩的、早年的嬉戏场所……你感到对故土的一切有种似火的热爱。"[20]

拿破仑日后声称，他在评奖前撤回投稿，但他其实并没有。因为文章的风格太夸张，学院的评审给它打了低分。一位评委说，此文"无甚趣味、条理不清、严重杂糅、漫无边际、字迹潦草，没法吸引读者的注意力"。[21]数年后，塔列朗从学院档案室找到了稿子，把它呈给拿破仑，后者重读一遍，说："我觉得该用鞭子抽作者一顿。我都说了什么混账话啊，留着它们我该多恼火啊！"[22]于是他转而"将文章投入火中，用火钳把它往下按"，生怕"别人会嘲笑我写出这玩意"。[23]拿破仑根

35

本没能获奖，但他甚至能参与法语征文比赛，这体现了他那可观的自信心。

22 岁的拿破仑是个高产的文学创作者，这篇正式作品仅仅是其产出之一。他还写了《关于爱情的对话》（Dialogue sur l'Amour），文中人物"B"代表他自己，另一个人物亚历山大·德·马齐（Alexandre de Mazis）真有其人，现实中，此人是他的朋友以及他在卫戍部队的战友。马齐和拿破仑关系有多密切尚存疑虑，因为文中他自吹自擂、缺乏耐心，相对而言，"B"却沉着冷静、善驭形势。这篇对话辩称，爱情是社会和个人幸福的噩梦，为了让所有人更快乐，上苍应当消灭爱情。另一篇文章《回顾自然状态》（Reflections on the State of Nature）探讨为何社会产生前人类生活得更好，这一理念套用了卢梭的很多观点。

1791 年 6 月，拿破仑晋升中尉，并返回瓦朗斯，转入第 4 炮兵团。他在拉费尔团待了六十九个月，却请了至少三十五个月的假，眼下，他也不打算改变自己的作风。"给我寄 300 法郎，"他一到部队就致信费施，"这个数够我去巴黎了。在那儿，人至少能崭露头角、克服困难。一切都昭示我会成功，难道你要为了 100 克朗阻止我吗？"[24] 拿破仑的急切和抱负并没有错，然而，要么是费施反对他去，要么是他同时获知科西嘉国民自卫军正在招募四个营，因为他最后没去巴黎，而是打算请假回家。新长官孔帕尼翁（Compagnon）上校以拿破仑才入团两个月为由不准假，这倒也可以理解。

1791 年 6 月末，国王一家试图逃离法国，经过瓦雷讷（Varennes）时，他们在所乘马车中被捕。国王一家被迫返回杜伊勒里宫（the Tuileries Palace），重新过上近似监禁的日子。

7月10日，奥地利皇帝利奥波德二世（Leopold II）对欧洲其余王室发出请求，恳请他们救救他的妹夫路易十六。此时，拿破仑已是宪法之友协会瓦朗斯分会秘书。攻占巴士底狱两周年纪念日当天，他在庆祝宴会上向"欧索讷的爱国者"祝酒，那些人正提请审判国王。拿破仑致信一位朋友称，"这个国家充满热情与烈火"，并补充道，虽然大革命只能仰仗他的团一半的军官，但下层军人一致拥护它。[25]"南方的血液以罗讷河之势奔流过我的血管，"他在附言中又加了一句，"如果你阅读我的潦草字迹有困难，务必见谅。"

虽然拿破仑被长官拒绝，但他不肯罢休。8月30日，他向迪泰伊将军请假。事后，迪泰伊告诉自己的女儿："那个人能力非常强，他有朝一日会成名。"[26]拿破仑获得了四个月返乡假，条件是他要在1792年1月10日携军旗出席全团阅兵式，否则将被视作逃兵。

拿破仑发现科西嘉一片混乱。大革命开始后，岛上共有130起谋杀案，税收则为零。自从六年前父亲去世后，家族的金钱困扰一直占用了他大量的时间与精力。1791年10月15日，拿破仑的叔祖父、领班神父卢恰诺·波拿巴去世，他把遗产留给波拿巴家族，多少缓解了他们的经济困难。1792年2月22日，拿破仑竞选科西嘉国民自卫军第2营中校①，卢恰诺的钱便派上了用场。选举中有大量贿赂行为，投票日当天，三个监票人中甚至有一人被绑架，他被扣押在波拿巴宅，直到

37

① 原文误作"中校级别的参谋"。根据 Patrice Gueniffe 的 *Bonaparte*，拿破仑本想自任国民自卫军参谋尉官，但立法议会禁止现役军官在国民自卫军的营中任职，除非被部下选为中校。为了留在科西嘉国民自卫军，拿破仑只能去竞选中校。——译者注

选举胜利已成定局。拿破仑的最大对手马泰奥·波佐·迪·博尔戈（Matteo Pozzo di Borgo）是颇有势力的科西嘉政客卡洛-安德烈·波佐·迪·博尔戈的弟弟。马泰奥在圣弗朗切斯科（San Francesco）教堂外被拿破仑的持械支持者轰下讲坛。科西嘉政治一向野蛮，但这些招数严重违反了公认的惯例。保利支持马泰奥，要求当局调查这桩他所谓的"腐败与阴谋"。巴黎立法议会代表的科西嘉代表萨利切蒂阻止了保利，所以选举结果没变。与此同时，1月已过，拿破仑误了归队的最后期限。他在战争部的档案仅仅注明："放弃军职，1792年2月6日被取代。"[27]

1792年1～3月，巴黎严重的粮食暴动进一步激化了政治危机。在2月初时，奥地利和普鲁士结盟。两国打算推翻法国革命政府并且恢复君主制，虽然它们未言明自己的目的，但那几乎算不上秘密。英国没有加入第一次反法同盟，但它显然也敌视大革命。战争流言传开后，科西嘉革命发生了激烈变化。2月28日，萨利切蒂下令关闭阿雅克肖、巴斯蒂亚、博尼法乔（Bonifacio）和科尔特的男女修道院，并将其收入划归省政府金库。保利和绝大部科西嘉人反对此举。信奉天主教的阿雅克肖居民想保护当地的修道院，复活节（周日）当天，他们和拿破仑的国民自卫军爆发冲突。斗殴中，他的一名副手在他身旁被击毙。镇民同国民自卫军在城中混战了四天四夜，双方脾气暴躁、僵持不下。在此期间，拿破仑一度试图从法国正规军手中夺取防卫森严的城寨，但他失败了。事后，城寨驻军指挥官马亚尔（Maillard）上校向战争部寄去一份证据确凿的归责报告，有力地指控拿破仑谋反。通往阿雅克肖的路上挤满背着空口袋的农民，他们急切地预谋劫掠城镇。

保利站在马亚尔一边。他命令拿破仑离开阿雅克肖来科尔特向自己报告，后者照办。对拿破仑来说，好在明显更紧迫的战争部文件多如山倒，马亚尔写的这起混乱事件的报告被它们淹没了。奥军和普军的司令部位于科布伦茨（Coblenz），两军将从西北方入侵法国。为了挫败预料中的进攻，4月20日，法国抢先对奥地利和普鲁士宣战，八天后，法军侵入奥属尼德兰（Netherlands，今比利时）。阿雅克肖骚乱结束后，拿破仑没法留在科西嘉了，但他也不能回瓦朗斯，在那儿，他的正式身份是逃兵。于是，他去了巴黎。

拿破仑到达巴黎旺多姆广场（Place Vendôme）的战争部后，发现那里也是乱作一团：1792年5～10月，新的革命政府历经六任战争部长。显然没人有机会看马亚尔的报告，抑或非常关心阿雅克肖那样偏僻的地方发生了什么。似乎也没人在意1月时拿破仑的假期就已正式到期，而那会儿他还没当选科西嘉国民自卫军中校。1792年7月，拿破仑晋升上尉，而且上任日期是一年之前，他能领到一年的全饷，但他没有获得新军职。凭借自卫军中校身份，他要求升至正规军中校，对于这一放肆主张，战争部所做标记是"SR"（sans réponse，意为"无答复"）。[28]

拿破仑对他的巴黎见闻不以为意。"冲在大革命前头的是窝囊废，"他致信约瑟夫称，"每个人都追求自己的利益，他们犯下各种罪行，从而找到法子实现自己的目标。人们搞的阴谋像以前一样卑鄙。这些都毁了雄心壮志。人们同情不幸投身公共事务的那些人。"[29]拿破仑其实是阿雅克肖的革命阴谋家，如果说同政坛浑水无涉的坦诚军人一面很不符合这一事实，他仍然在战略上成功扮演了这一角色。此时,拿破仑支持推翻君主制、将科西嘉修道院收归国有,这证明他是完全成熟的革命者。他在政治上倾向于雅各宾极端分子,再者,他们看上去也像赢家。随着大革命接近高潮,巴黎已经出现镇压行动,尽管他本人没有卷入这些事,但也无证据表明他反对它们。

1792 年 6 月 20 日,巴黎暴民侵入杜伊勒里宫,他们抓住了路易十六与玛丽·安托瓦内特(Marie Antoinette),强迫国王头戴象征自由的红帽子站在王宫阳台上。拿破仑当时也在巴黎,布列纳在圣奥诺雷街的咖啡馆遇见了他。两人看见全副武装的群众向王宫进军,布列纳称,此时拿破仑说:"我们跟着暴民吧。"他们在河边阶梯上站定位置,"惊讶又愤怒地"(表情想必是精心伪装出的)观看接下来的历史性场面。[30]两天后,拿破仑致信约瑟夫,描述了自己所见:

> 七八千人拿着长矛、斧头、剑、枪、烤肉叉、削尖的棍子当武器……朝国王去了。杜伊勒里宫花园的门关着,国民自卫军的 1.5 万人把守那儿。民众打破大门,进入王宫,把加农炮对准国王的寓所,还撞倒了四扇门。他们给国王看两个帽徽,一个是白色的(波旁王朝的颜色),另一个是三色的。他们让他选。选,他们说,选在这儿还是在科布伦茨统治。国王露面了。他戴上了红色无边软帽。王后和王子也戴了。他们让国王喝了口水。他们在王宫里待了四小时……这些行为都不符合宪法,并开创了危险的先例。在如此暴风骤雨般的环境中,难以预料帝国接下来会发生什么。[31]

　　布列纳后来说，拿破仑评论道："多么疯狂！他们怎么能放暴民进去？为什么不用加农炮轰倒四五百人？那样，剩下的人立马会自己跑掉。"那时候，国王一家的屈辱遭遇进一步降低了拿破仑对这个君主国的评价。他支持推翻国王，但不理解为何路易十六顺从地任人侮辱。事实上，要不了两个月，国王夫妇危险的自由生活就会结束。

　　十天后，奥地利和普鲁士入侵法国，这催生了某种非常正当的猜测：路易十六与其奥地利妻子赞成入侵，勾结法国的敌人。如今，这些敌人公开声明他们想恢复路易十六夫妇的所有权力。8月10日，拿破仑再次明显鄙视波旁王室的懦弱。当日，暴民再现，他们逮捕国王和王后，屠杀王室的瑞士卫队。拿破仑离开马伊街（rue de Mail）的旅馆，去骑兵竞技场（Place du Carrousel）的朋友家旁观事态。路上，人群中有人看见穿着得体的年轻军官，便要他高呼"国民万岁！"数十年后，他回忆道："如你所想，我赶忙喊了！"[32]拿破仑的朋友家堆满了贵族财产——贵族被迫在逃离法国前低价甩卖财物。他从楼上的窗户俯瞰，发现瑞士卫队不肯向暴民开枪，便用意大利语喊道："多蠢啊！"事实证明，卫队士兵为此付出了自己的性命。[33]七年后，拿破仑自己搬入杜伊勒里宫，并叫人抹平了从那天起便留在这栋建筑上的弹孔。

　　9月上旬，暴民在巴黎市监狱无情地杀害1200多人，其中包括115名教士，当时拿破仑仍在首都。9月3日，不伦瑞克（Brunswick）公爵的普鲁士侵略军攻克凡尔登（Verdun），四天后，针对通敌嫌疑人的荒唐谋杀开始了。拿破仑日后试图为发生的事辩护："我想九月屠杀可能强烈震慑了侵略军。那一刻，他们看到全体人民站起来反抗自己了。"[34]他声称屠杀执

40

行者"几乎都是士兵，他们……决心不放过面前的任何敌人"。至于资深雅各宾革命者，"不管人们怎么评价，他们并非卑鄙之徒。很少有人能像他们那样在世上留下印记"。[35]统治法国后，拿破仑并未否认自己的雅各宾历史："曾有一度，一切有血性的人应融为一体。"他甚至分别给了小罗伯斯庇尔的遗孀和女儿 7200 法郎、1800 法郎抚恤年金。[36]他评估亲身经历的形势，像父亲一样支持看上去像赢家的一方。

1792 年 9 月 21 日，法国正式自称共和国，立法议会则宣布路易十六将因通敌、对法国人民犯罪受审。前一天，香槟－阿登地区（Champagne-Ardenne）的瓦尔米（Valmy）爆发战斗，弗朗索瓦·克勒曼（François Kellermann）和夏尔·弗朗索瓦·迪穆里埃（Charles François Dumouriez）两位将军击败不伦瑞克的普军，挽救了共和国。瓦尔米会战证明，法国公民军队可以战胜反革命国家的正规军。

到 10 月中旬时，拿破仑已返回科西嘉，并宣传雅各宾派的事业。他没有去法国正规军第 4 炮兵团就任上尉，而是复任科西嘉国民自卫军中校。他发现，自己走后，特别是九月屠杀和共和国立国后，岛上反法情绪大大增强。然而正如他所说的，他仍然"相信科西嘉的上上之策就是变成法国的省"。[37]拿破仑从激进科西嘉民族主义者变成了法国革命党人，原因既不是他终于走出了学生时代的欺侮阴影，也和他父亲毫无关系，更不像近年来某些历史学家和传记作者说的那样是奇怪的性心理作祟。他之所以转变，仅仅是因为法国和科西嘉政局风云突变，他在其中的位置也随之发生剧变。比起波拿巴一族，保利更想同势力更大、更具政治影响力的布塔福科一族和波佐·

迪·博尔戈一族合作。他反对波拿巴家族支持的大部分革命议题，如建立共和国、关闭修道院。保利也不让吕西安当自己的幕僚，甚至设法阻止拿破仑重任国民自卫军中校。既然科西嘉民族主义的化身如此决绝地抛弃拿破仑及其家人，他也就没法再当科西嘉民族主义者了。

在错综复杂、瞬息万变、个人主义强烈的科西嘉宗族政治中，波拿巴家族渐渐输给保利派。由于阅读、教育、在巴黎的日子、法国文化的浸润这些因素，就连拿破仑在仍是狂热的科西嘉民族主义者时，他的脑子里也充满了法国思想。奥地利和普鲁士大举入侵，威胁了大革命一下子提出的普遍理念。拿破仑也明白，科西嘉关心的事较之这些理念有多狭隘。接下来几个月，他越发地认为自己不是科西嘉人，而是法国人。多年后，一位市长试图恭维他："陛下，您不是法国人，但您依然热爱法国，为它付出良多，这太令人惊奇了。"拿破仑说："我感觉像被他打了一拳！我背过身去了。"[38]

1793 年 1 月 21 日路易十六被斩首，以及此后在巴黎的公共安全委员会（Committee of Public Safety）的成立，都加速了保利派和波拿巴家族的分裂进程。某个目击者回忆，拿破仑听闻路易死讯后私下感叹："噢！可怜的家伙们！不幸的家伙们！他们要经历无政府状态了。"[39]10 月，玛丽·安托瓦内特也落得丈夫一样的下场。拿破仑认为处死国王是个昏着。"如果法国人温和一点，不杀路易，"他后来提出，"整个欧洲都会革命，结果这场战争救了英国。"[40]然而，当时他还是公开支持已经发生的事，写信件抬头时也开始使用共和国的称呼"公民"。[41]在西班牙、葡萄牙和意大利的皮埃蒙特－撒丁王国（Piedmont-Sardinia）对法宣战之后不久，法国在 2 月 1 日也对

42　英国与荷兰宣战。欧洲君主国忽视瓦尔米的结论，联合起来惩罚弑君的共和国。1793 年 3 月，国民公会建立公共安全委员会，7 月时它实际上成了法国政府的执行机关。委员会的杰出成员有雅各宾派领导人罗伯斯庇尔兄弟与路易·圣朱斯特（Louis Saint-Just）。8 月 23 日，法国政府颁布普遍征兵令（levée en masse）。根据此令，18 岁以上、25 岁以下的健壮男子皆需响应号召，捍卫大革命与祖国（la patrie）。法军原有 64.5 万人，普遍征兵令使其兵力翻了一倍还多，达到 150 万人，它也让全体国民在共和国命运背后团结起来。

战争迟早会爆发，但共和国政权对英宣战却是大错特错。当时，小威廉·皮特（William Pitt the Younger）①（1783 年，小皮特掌权，当时他 24 岁，年轻得惊人）的托利党政府打心眼里反感弑君的法国。凭借其岛国的地理优势，英国将成为目前为止革命法国与拿破仑法国最执着的敌人，在接下来二十三年中，双方和平相处的时间只有十四个月。早在 1790 年，政治哲学家埃德蒙·伯克（Edmund Burke）的《反思法国大革命》就预言了恐怖统治与独裁者崛起。"相信我，"小皮特对伯克说，"我们会继续下去，直到审判日。"[42] 仅仅十年前，英国还在美洲受辱。此刻，英国意识到，它有机会利用海军力量打击法国的海外贸易，使法国殖民地中立化或将其夺为己有，同时巩固自己的世界经济中心地位。小皮特与其继任者们坚决反对法国大革命及后来的拿破仑法国，此举不仅满足了道德与意识形态的迫切需要，也营造了完美的地缘政治意识，让英国

---

①　其父老威廉·皮特（William Pitt the Elder, 1708 ~ 1778 年）曾任首相，在七年战争中领导英国战胜法国。

有望取代法国成为世界霸主。为此目的，伦敦的小皮特政府发放大量政府间直接现金补助，资助一连串反法同盟（总计至少有七个），拿破仑管这些钱叫"皮特的黄金"。[43]

　　路易十六被处死后的下月（2月），拿破仑第一次领到重要的指挥任务。保利的外甥皮耶尔·迪·切萨里·罗卡（Pier di Cesari Rocca）将率远征军"解放"皮埃蒙特－撒丁王国的三个撒丁小岛，拿破仑负责指挥炮兵部队，他私下嘲笑罗卡是"晾衣架"。[44]海军将领洛朗·德·特吕盖（Laurent de Truguet）率领一支小型舰队从博尼法乔出发，其中有一艘22炮轻型巡航舰"刺莺号"（La Fauvette）。2月18日，拿破仑同其科西嘉国民自卫军登上"刺莺号"。23日晚，军队攻占圣斯特凡诺岛（San Stefano），该岛距马达莱纳岛（Maddalena）和卡普雷拉岛（Caprera）不过800码。拿破仑布置好他的加农炮，以便炮轰另外两个岛，次日，大炮的确冲它们开火了。然而，罗卡的军队中，普罗旺斯（Provence）应征农民人数最多，他们在"刺莺号"上发现，一身戎装、斗志昂扬的撒丁人正拥向海滩，看起来并不怎么渴望解放。于是农民哗变，罗卡遂放弃整个远征。拿破仑大怒，但他只能钉死加农炮，并把臼炮丢进海里。

　　拿破仑的第一次军事行动是耻辱的经历，但保利只派了1800人，如果他按照国民公会的要求提供1万人，远征可能会成功。拿破仑朝保利抱怨道，他的部队"完全没有战争必需品，没有帐篷、没有制服、没有斗篷、没有炮兵辎重，就这么行军了"。他补充道，支撑他们的纯属"成功的希望"。[45]新恺撒的初阵并不顺利，但他从中悟到了士气、后勤和领导水平的重要性，再多的学校课程也不及这次的教训深刻。

43

在接下来的四个月，保利政府更加亲英（1794 年 7 月 23
日，英军在保利首肯下占领科西嘉岛）疏法，拿破仑尽力维持
两大分立的忠诚感，即便某次争吵后保利管吕西安叫"毒蛇"
（serpent）。不信神的革命党人处死路易十六后，叛徒在天主教
影响深厚的法国西部旺代地区作乱，这些人被称作朱安党
（Chouans），他们支持波旁王朝，对抗政府。巴黎遂向全国上下
派遣国民公会特派员（représentants-en-mission，据说这些人还
携带移动式断头台①），确保思想意识统一，而保利在阿雅克
肖城寨加筑防御工事，拿破仑的选择空间于是更狭窄了。迟至
4 月 18 日，他撰写小册子《致国民公会》为保利辩护，但当
月他也写了《致阿雅克肖市政府的请愿书》，力劝该镇宣誓效
忠共和国。萨利切蒂下令以谋反罪逮捕保利，拿破仑遂需要紧
急决策。为了"爸爸"保利，岛民造反了，他们烧毁萨利切蒂
的傀儡像，砍倒共和派栽种的"自由树"。只有巴斯蒂亚、圣菲
奥伦齐、卡尔维及上述地区的法军卫戍部队坚持拥护共和国。

在 1793 年 4 月的国民公会上，罗伯斯庇尔的雅各宾派在
政治上取胜，这一事态明了后，与人合力打赢瓦尔米会战的吉
伦特党人迪穆里埃将军随即叛变，投奔奥普同盟。迪穆里埃的
背叛和其他危机导致罗伯斯庇尔大规模逮捕吉伦特党人，10 月
31 日，其中 22 人在三十六分钟内被斩首。恐怖统治开始了。

5 月 3 日，拿破仑试图去巴斯蒂亚与约瑟夫会合，但保利派
山民（montagnards）扣押了他。博科尼亚诺（Bocognano，波拿

---

① 1792 年 4 月，政府首次使用断头台处死一名路匪，但此后不久，斩首就
成了处决政治犯与平民的普遍方式。

巴家族在当地曾有房产）的村民很快释放了他，于是他能继续上路了。5 月 23 日，保利派暴民把阿雅克肖的波拿巴宅洗劫一空，但他们没像某些记载说的那样烧毁房子（很可能也没造成太大破坏，因为四年后波拿巴宅的翻修劳务费只有 131 法郎）。[46] 保利主导的科西嘉议会正式宣布波拿巴家族不受法律保护，不过他们在岛上的 30 位亲戚不受牵连。议会按捺不住，诬蔑莱蒂齐娅，说她的家族"生于暴政的泥沼，靠遗臭万年、沉溺女色的已故帕夏（Pasha）马尔伯夫栽培，在他眼皮底下过活"。[47]

5 月 31 日，拿破仑和巴黎雅各宾政府代表、驻科西嘉特派员萨利切蒂试图夺回阿雅克肖，但失败了。次日，拿破仑写了《科西嘉省军政态势回忆录》，他终于谴责保利"满怀仇恨与复仇执念"。[48]此文是他挥别故乡之作。1793 年 6 月 11 日，波拿巴家族乘"新信徒号"（Prosélyte）离开卡尔维，两天后他们在土伦（Toulon）上岸，自此告别从祖辈开始生活了约二又四分之三世纪的科西嘉岛。[49]科西嘉雅各宾派失势后，萨利切蒂也被迫逃往普罗旺斯。当月末，保利已奉英王乔治三世（George III）① 为科西嘉国王。

拿破仑从未和故土一刀两断，尽管后来他只回去了一次：1799 年，他从埃及回国时在科西嘉待了几天。1796 年 10 月，拿破仑下令夺回科西嘉岛，他大赦岛民，只驱逐保利派最核心人物，不管怎么说，这些人都被流放了。[50]1807 年，保利逝于流放地伦敦。拿破仑日后谈话时"怀着对保利的最大敬意"，

45

---

① 乔治三世，英国国王，1760～1820 年在位，因此他经历了整个革命战争与拿破仑战争。在此期间，他的神智在清醒与癫狂之间定期转换。1811 年，英国实施摄政，乔治三世之子、未来的国王乔治四世任摄政王，实际上是他代替父亲统治。

但 1793 年 6 月 13 日，当他踏上普罗旺斯海岸时，他知道自己
要在法国构筑未来。[51]

政治难民波拿巴一家抵达土伦，这个九口之家缺少父亲，
几乎全靠莱蒂齐娅一生的积蓄及第 4 炮兵团上尉拿破仑的微薄
薪水度日。此外，拿破仑就只能靠自己的教育和抱负支撑他们
了。他把家人安置在土伦城外的拉瓦莱特村（La Valette），然
后带着又一份离队原因证明去尼斯（Nice）加入他隶属的团，
这一回，萨利切蒂在他的证明上签了字。幸运的是，孔帕尼翁
上校需要每一个他能找到的军官，他麾下原有 80 名军官，但
国王被处死、大批贵族离开法国后，只有 14 人还效忠共和国。

拿破仑在欧索讷的上司的弟弟让·迪泰伊（Jean du Teil）
将军交给他一项任务——组织队伍护送火药至法国革命军中的
意大利军团（Army of Italy）。7 月中旬时，拿破仑转入南方军
团（Army of the South）。南方军团司令、前职业画家让 - 弗朗
索瓦·卡尔托（Jean-François Carteaux）将军准备包围阿维尼
翁（Avignon）的联盟派（fédérés，反雅各宾叛军），当地有一
座重要军火库。7 月 25 日，阿维尼翁陷落，虽然拿破仑当时
不在场，但这次胜利成了目前为止他最重要的作品、政治小册
子《博凯尔晚餐》（Le Souper de Beaucaire）的背景。从 1792
年 1 月开始，他的文章都包含军事或政治倾向。他描写自己青
少年时期的幻想时所用的华丽散文辞藻听来如此虚假，如今他
46 用这种文风描绘即将自饰主角的重大事件，它便呈现出更真实
的壮丽色彩。1792 年后，拿破仑不再给文学作品做笔记，他
倒是写了阿雅克肖复活节事件记录、针对撒丁远征的自我辩护
以及从英军手中夺取科西嘉的计划。

博凯尔村位于阿维尼翁和阿尔勒（Arles）之间，1793 年 7 月末，拿破仑写了《博凯尔晚餐》，用虚构手法描述了当地旅馆的一次晚餐。小册子采用对话体，参与讨论的角色如下：卡尔托军队的一位军官，两名马赛（Marseilles）商人，一位蒙彼利埃市市民，一个来自邻近的尼姆（Nîmes）的市民。小册子辩称法国形势十万火急，所以人们必须支持巴黎雅各宾政府，否则欧洲暴君和复仇心切的法国贵族就会取胜。代表拿破仑的角色对卡尔托评价颇佳，"今天这里有 6000 人，不出四天就会有 10000 人"，并声称卡尔托的全部战损仅有五死四伤。同样地，他预言以马赛为大本营的联盟派反对者将面临凄惨下场。拿破仑忍不住指涉自我、攻击保利："因为最富有的家庭支持共和国统一，他就劫掠没收他们的财产，还与所有留在我军之人的祖国为敌。"[52]

小册子反映拿破仑确实是雅各宾分子，他用讽刺口吻评价联盟派："每个知名贵族都急切盼望你们胜利。"其他用餐者只开了六次口，而且其发言的主要作用是引出军人的雅各宾式反驳。最终，他的雄辩说服了大家，他们痛饮香槟，一直喝到凌晨 2 点，"变得无忧无虑"。拿破仑把《博凯尔晚餐》手稿给萨利切蒂（现在他是国民公会驻普罗旺斯特派员）和马克西米连·罗伯斯庇尔的弟弟奥古斯丁（Augustin Robespierre）看，在他俩安排下，小册子以公费出版。《博凯尔晚餐》让雅各宾派认为，拿破仑是政治上可信的军人。

8 月 24 日，卡尔托费了大功夫才夺回马赛。四天后，海军将领亚历山大·胡德（Alexander Hood）应上月叛变的土伦联盟派邀请，率英军、西班牙军和那不勒斯军进入土伦港，其兵力总计 15000 人。里昂起兵支持保王党，旺代（Vendée）发生了叛乱，西班牙军和皮埃蒙特－撒丁军侵入南部领土，普军和奥军则进犯东部边境，因此夺回土伦具有重大战略意义。

47 9 月 7 日，拿破仑就任第 2 炮兵团少校（chef de bataillon）。也许是因为科西嘉籍上校让 - 巴蒂斯特·塞沃尼（Jean-Baptiste Cervoni）的请求，下一周，他去奥利乌勒（Ollioules）拜访卡尔托司令部，该地正好位于土伦西北方向。[53]

巧就巧在卡尔托的特派员不是别人，正是萨利切蒂。南方军团右翼炮兵指挥官多马丹（Dommartin）上校已经负伤，副指挥官佩里耶（Perrier）少校不在队，卡尔托几乎不懂炮兵，正在物色替代人选。萨利切蒂与同僚托马·德·加斯帕兰（Thomas de Gasparin）劝卡尔托选拿破仑，尽管他只有 24 岁。拿破仑猜测巴黎军校的教育是他获得首次重大突破的决定因素。他后来说，炮兵部队缺少"饱学之士，全由中士和下士指挥，我了解炮兵军务"。[54]绝大部分法军军官是贵族，此时，大量贵族或移居国外，或被斩首，这严重削弱了军队的力量，所以拿破仑的年龄被忽视了。当然，他的盟友萨利切蒂监督卡尔托的任命，这一点也帮了他。

萨利切蒂和加斯帕兰私下回报巴黎，称卡尔托"无能"。卡尔托在土伦和奥利乌勒之间部署了 8000 人，让·拉普瓦佩（Jean Lapoype）将军另率 3000 人驻于城市的拉瓦莱特一侧，但卡尔托不打算进攻。10 月 9 日，萨利切蒂和加斯帕兰已让拿破仑获得土伦城外所有炮兵的指挥权，因为炮兵显然会在战斗中发挥主导作用，他便成了围城战的中心人物。① 不久，

---

① 临终时，拿破仑想起了加斯帕兰的帮助，在遗嘱里给他的后人留了 10 万法郎，并解释道："在我的朋友迪戈米耶来之前，加斯帕兰保护了我，让我免遭指挥军队的总参谋部那帮无知之辈的迫害。" Jonge ed., *Napoleon's Last Will and Testament*, p. 78.

萨利切蒂和加斯帕兰向巴黎报告称："炮兵军官里只有波拿巴清楚自己的所有职责，他的担子太重了。"[55] 后半句不对——拿破仑永远不嫌工作多。长达三个月的围城战后期，他有了两个副官帮手：奥古斯特·马尔蒙与安多什·朱诺（Andoche Junot）。朱诺原是科多尔省（Côte d'Or）的一名营军需官，拿破仑向他口述信件时，一发加农炮炮弹在两人身边触地，飞扬的沙砾落了他们一身，朱诺冷静地说他不用撒沙子吸墨汁了①，拿破仑非常喜欢出身良好的马尔蒙，但从这时起他喜欢上了朱诺。[56]

今天，只要参观一下土伦上方的拿破仑的炮台旧址，当时他应该采取的策略显而易见。土伦有一个外港、一个内港，该地以西还有俯瞰二者的埃吉耶特海角（L'Eguillette）。"要掌控海港，"拿破仑向战争部长让－巴蒂斯特·布绍特（Jean-Baptiste Bouchotte）报告称，"得先掌控埃吉耶特。"[57] 为了向内港的皇家海军舰队倾泻滚烫的加农炮炮弹，法军需要拿下控制海角的马尔格雷夫要塞（Fort Mulgrave，由其指挥官第一代马尔格雷夫伯爵②所建，因防守牢固得到绰号"小直布罗陀"）。尽管所有人都明白要塞的重要性，但只有拿破仑才把它纳入攻占的计划。只要把皇家海军逐出土伦，联盟派就无法独自守住内含28000人的城市，所以说，一旦法军拿下要塞，战略形势将豁然开朗。

拿破仑很快投身攻占马尔格雷夫要塞的方案。他说服附近城镇，一共拿到14门加农炮、4门臼炮以及储备、工具和

48

---

① 当时人们写加急文书时，如果来不及等墨水干，就撒上一层沙子来吸墨水。——译者注

② 1805~1806年，马尔格雷夫任小皮特的外交大臣。

弹药；他派军官去更远的里昂、布里扬松（Briançon）和格勒诺布尔（Grenoble），请求意大利军团把没有用于防卫昂蒂布（Antibes）和摩纳哥（Monaco）的加农炮交给他；他在奥利乌勒建立了一座80人的兵工厂，生产加农炮和炮弹，还从尼斯、瓦朗斯和蒙彼利埃征集马匹；他给部下们注入不停活动的意识。因为火药不足、弹药筒尺码不对、受过训练的拉炮战马摊上其他任务等原因，拿破仑总是苦苦央求、怨愤发怒，他越过卡尔托司令部和直接领导，给布绍特寄去几十封信，提及自己的需求，有时他甚至会直接把信寄给公共安全委员会。

拿破仑对军务组织长官（ordonnateur en chef）①、好友肖韦（Chauvet）诉苦，慨叹当前安排"混乱浪费"和"显然愚蠢"，他绝望地说："军队补给全凭运气。"[58]他写给萨利切蒂和加斯帕兰的典型信件称："人可以二十四小时不吃饭，必要时也可以三十六小时不吃，但不能三分钟没有火药。"[59]拿破仑的信显示他干劲充沛、工作积极，且事无巨细地关心从配给价格到正确修筑栅栏的一应事务。总体上，他却一直传达同样的信息：军队只有约60万份（600 milliers，仅相当于半吨多）火药，如果不能生产更多，他们无法发动重要战斗。10月22日，拿破仑致信公共安全委员会，他说"自己所属兵种不受重视，所以深感痛苦"，并补充道："我必须力克无知和它引起的卑劣情绪。"[60]

拿破仑又是威吓咆哮，又是征用物资，又是走政治后门，

---

① 军务组织长官与后文的军务总监（Intendant général）、军务组织官（ordonnateur）同属军务部，其层级由上至下依次为军务总监、军务组织长官、军务组织官。——译者注

结果他很快凑出一支实力可观的炮兵辎重队。他征用了一个铸造厂和一个车间，让前者制造子弹和臼炮，让后者维修滑膛枪。他动用强大的领导力，并且暗示某种威胁（罗伯斯庇尔的恐怖统治时期，雅各宾军官可以这样做），借此让马赛政府提供了数千只沙袋。到围城战末期时，拿破仑已经指挥11座炮台，拥有近100门加农炮和臼炮。

拿破仑开始鄙视卡尔托。他完成上述工作时，此人没帮上什么忙。11月11日，萨利切蒂和加斯帕兰合谋用弗朗索瓦·多佩（François Doppet）将军换下卡尔托。多佩对麾下炮兵指挥官的印象良好，向巴黎报告道："我总是看到他坚守岗位。他从不离开炮台，需要休息时，他就裹着斗篷躺在地上。"[61]然而，拿破仑并不赞赏多佩。11月15日，法军进攻马尔格雷夫要塞，多佩过早吹号收兵，事后拿破仑返回多面堡，咒骂道："我们错过了攻打土伦的机会，因为一个（此处原为脏话，19世纪人士将之删除）急着撤退！"[62]

在土伦的炮台和多面堡，拿破仑本人表现得很勇敢。有一次，他身旁的炮兵战死，他便捡起浸满鲜血的推弹杆，亲自装填和发射加农炮。拿破仑认为此举令他染上疥疮。"没过几天，我就痒个不停。"他日后谈起这一"可怕的疾病"时如是说。[63]在意大利和埃及战局中，他始终患有皮肤炎，直到1802年才痊愈。当时，拿破仑的医生让-尼古拉·科维萨尔（Jean-Nicolas Corvisart）让他洗硫黄浴，"在我胸口放了三剂发疱药……这是我健康水平改善的转折点。此前我总是身形瘦弱、面色蜡黄，此后我身体一直很好"。[64]有些历史学家争辩道，同染血推弹杆的有限接触不足以构成真正的病因，但拿破仑很可能也戴了死者的手套，这大大增加了感染皮肤

50

炎的可能性。①[65]

在进攻防卫马尔格雷夫的外围要塞时，拿破仑受了伤——一名英军炮兵"把长矛刺入"他的左大腿。他试图从炮眼钻进炮台，但幸运的是，援军从后方赶到，和他同时进入炮台。很多年后，拿破仑给一位医生看"左膝盖上方的（伤疤）深痕"，并回忆道："军医们犹豫不决，不确定最终是否有必要截肢。"[66]在圣赫勒拿岛流放时，他写了一本讲述尤利乌斯·恺撒战史的书，此书比较了战斗时受严密保护的古代将帅和当代指挥官，总结道："如今，若想评估战局、观察战况、发号施令，总司令被迫每天直面炮口，他总得待在加农炮射程内，常常也要待在葡萄弹射程内，因为将军们的视野不够宽，无法让他们避开子弹。"[67]拿破仑的诋毁者指责他本人并不勇敢。举个例子，1815 年英国作者海伦·威廉斯（Helen Williams）写道："懦弱乃波拿巴晚年时的习性。"[68]此言荒诞不经，懦夫不会参加 60 次战斗，而且在战斗之间，拿破仑近距离侦察敌军时多次死里逃生。雷根斯堡（Regensburg）之战中，不少人在他身旁战死，他自己也中了一弹，这进一步证明他有非常勇敢的性格。拿破仑的士兵既欣赏他的勇气，也喜欢见他夸大他们的英勇。一群炮手试图在马尔格雷夫要塞的手枪射程内搭建炮台，但他们非死即伤，拿破仑便把炮台取名为"无畏者"

---

① 不管拿破仑是怎么得了这种高传染性螨虫疾病，但患者不止他一人。那时的所有军队里，疥疮（la Gale）很常见，法军给它起了两个趣称："挠痒病"（Gratelle）和讽刺性的"可人儿"（la Charmante）。一名老兵回忆道："大家都在挠痒。"公共健康委员会收到的报告显示，军中至少有 40 万人患疥疮。拿破仑日后的战局中，他设立了专门治疗疥疮的医院。Desclaux, "A Propos de la 'Gale'", p. 868; Brice, *The Riddle*, p. 139; Friedman, *Emperor's Itch*, p. 32.

（Hommes Sans Peur），于是仍有志愿者奔赴炮台岗位。没人比他更懂普通士兵的心理。

雅克·迪戈米耶（Jacques Dugommier）将军非常能干，11月17日，他接过了多佩的指挥权。不久之后，援军到来，围城军队遂增至37000人。拿破仑与迪戈米耶关系良好。11月中旬，他已用炮台包围马尔格雷夫要塞。23日，要塞中的英军指挥官查尔斯·奥哈拉（Charles O'Hara）突围，他设法反击，试图钉死其中一座法军炮台的大炮，结果被拿破仑俘虏。"迪戈米耶将军凭借真正的共和国勇气战斗，"拿破仑报告这次行动时称，"我们夺回了炮台……我们及时拆下国民公会的火炮的钉子，让退兵更加混乱。"[69]修好开火机关被金属钉子钉死的大炮是非常罕见的事，更不用说迅速修好了，由此可见拿破仑的操练让士兵达到了怎样的专业水准。

1793年12月17日（周二）凌晨1点，迪戈米耶着手执行拿破仑制订的攻打土伦的计划。克洛德·维克托-佩兰（Claude Victor-Perrin，未来的维克托元帅）率领一路纵队越过马尔格雷夫要塞第一道防线，但在第二道面前败退。3点，迪戈米耶不顾狂风暴雨、电闪雷鸣，仍然派拿破仑和让-巴蒂斯特·米龙（Jean-Baptiste Muiron）上尉率2000人接着进攻。拿破仑的坐骑在其胯下被击毙。一番激烈的肉搏战后，法军终于攻克要塞，拿破仑随后让炮口朝下，向整个海港内的皇家海军舰队扫射烫热的加农炮炮弹。他一生都记得2艘西班牙火药船爆炸的场景，数十年后回忆道："弹药库腾起烟火的旋风，仿佛火山爆发；13艘船在熊熊燃烧，如同大片焰火；火焰清晰地勾画出桅杆的轮廓、船只的外形，这幕无与伦比的壮丽场面持续好几个小时。"拿破仑语带夸张，他说大火席卷了整个舰队，实际上只有 2 艘船起火，不管怎么说，炮轰效果还是令人激动不已。迪戈米耶在报告中盛赞拿破仑，称他为"这个难得的军官"。[70]

次日，联军撤出土伦，引发大混乱。拉普瓦佩将军攻下法龙高地（Faron heights），接着他也开始从东侧炮轰城市，土伦城内立刻变得慌乱不已。此后不久，萨利切蒂和加斯帕兰处死了约 400 个疑是联盟派成员的人，但拿破仑未参与此事。[71]土伦的胜利赋予拿破仑他应得的巨大利益。12 月 22 日，他晋升旅级将军，就任罗讷河至瓦尔河（the Var）海岸防务监察。通过萨利切蒂，他引起了资深政客保罗·巴拉斯（Paul Barras）和路易 – 斯塔尼斯拉斯·弗雷龙（Louis-Stanislas Fréron）的注意。然而，正如他日后所说的，最妙之处在于土伦会战"让他建立了自信"。[72]拿破仑已表明自己能胜任统帅之位。

52　　18 世纪 90 年代，大批法军将领反叛，这一军事史上的罕见现象意味着青年才俊的晋升速度能突破先例。因恐怖统治、移民出境、战争折损、政治清洗、贬黜败将、政治猜疑、找替罪羊而流失的军官人数超过了正常辞职或退役人员的数量，于是有人升得很快就不足为奇了。如拉扎尔·奥什（Lazare Hoche），1789 年他还是下士，1793 年他就当将军了；再如米歇尔·奈伊（Michel Ney），1792 年他还是中尉，1796 年他也当将军了。所以说，拿破仑的晋升在当时的军政环境下绝非特例。[73]尽管如此，他的进度还是可观的：他当了五年半少尉、一年中尉、六个月上尉，此外，他只当了三个月少校，而且根本没当过上校。拿破仑已服役九十九个月，而假期和擅自脱队时间就占了五十八个月，他服现役的时间也不满四年，但在1793 年 12 月 22 日，他也成了将军，尽管才 24 岁。

第三章 渴望

如果暴民胜利，他们就不是暴民了，而是改叫国民，但若失败，哎呀，那他们的名字就是流氓、叛徒、小偷等，有些人还会被处死。

——圣赫勒拿岛上，拿破仑对巴里·奥马拉医生说

我只能决胜沙场，约瑟芬却用善良征服所有心灵。

——拿破仑对侍从路易·德·博塞-罗克福男爵说

1794 年 2 月 7 日，拿破仑就任意大利军团炮兵指挥官。皮埃尔·丹贝里翁（Pierre Dumberion）将军与奥地利盟友、意大利西北部的独立王国皮埃蒙特-撒丁（它也统治撒丁岛）交战五周，小胜三场。拿破仑参加了这次战役，他表现不错，但并不出彩。利古里亚阿尔卑斯山脉（the Ligurian Alps）的峰峦与山口的美丽之下却暗藏险境，他也在这五周内熟悉了它们的地形。拿破仑与脾气火爆、能力非凡的安德烈·马塞纳（André Masséna）将军并肩作战。5 月，马塞纳把撒丁军逐出了文蒂米利亚（Ventimiglia），从侧翼包抄滕达山口（Col di Tenda）的奥撒联军，自此赢得绰号"胜利的宠儿"。

战役很快结束。夏初，拿破仑已返回尼斯和昂蒂布。他开始追求昂蒂布的漂亮姑娘欧仁妮·德西蕾·克拉里（Eugénie

Désirée Clary），德西蕾年方二八，其亡父既是保王党人，也是
富裕的织物商、肥皂商。1794 年 8 月 1 日，德西蕾的姐姐朱
莉嫁与拿破仑之兄约瑟夫，她的丰厚嫁妆多达 40 万法郎，波
拿巴家族的金钱困扰终于解决了。拿破仑和德西蕾几乎全靠书
信交往，次年 4 月，两人订婚。一年前，19 岁的吕西安·波
拿巴娶了 22 岁的克里斯蒂娜·布瓦耶（Christine Boyer），她
是旅馆老板的女儿，虽美丽动人却目不识丁。吕西安办婚姻证
明时用了自取的革命名号布吕蒂斯（Brutus）①，波拿巴家族里
只有他如此改名。

  1794 年 4 月，拿破仑向公共安全委员会递交了经撒丁入
侵意大利的计划，意大利军团成员奥古斯丁·罗伯斯庇尔将其
携至巴黎。好在计划书并非拿破仑亲笔写成，它出自朱诺之
手，所以字迹清晰。拿破仑提出了具有战略价值的观点，如：
"不可分头行动，务必合兵出击"；"必须击败（奥地利），一
旦成功，西班牙和意大利不战自溃"；"头脑发热的人才想打
马德里，应该防守法西边界、入侵撒丁"。甚至在那时，他就
开始急求集中权力了："应当统一调度阿尔卑斯军团和意大利
军团。"[1]

  拿破仑躁动难耐，注重细节，需要所有事都干得更快更
好，倒霉的部下贝利埃（Berlier）少校首当其冲。"我非常不
满意装填那 16 门（加农炮）的方式，"他致贝利埃的一封信
写道，"你肯定很乐意回答以下问题……二十四小时内答复。"
另一封信则是："我不敢相信你贯彻指令那么慢，什么事都得
给你讲三遍。"再小的军务也逃不过拿破仑的眼睛。"把炮台

① "Brutus"出自古罗马人物布鲁图。——译者注

54

指挥官卡利（Carli）关起来，"他命令贝利埃，"他离队去昂蒂布找葡萄酒了。"[2]

皮埃蒙特战役期间，拿破仑收到官方的晋升旅级将军确认书，但他得先回答一个问题："你是不是贵族？"恐怖统治仍大行其道，所以他非常理智地否认了，严格意义上他撒了谎。[3]大革命开始对自己的儿女张开血盆大口：3月5日，罗伯斯庇尔的公共安全委员会下令处死极端主义的埃贝尔派（Hébertist faction）；4月5日，委员会又处决乔治·丹东（Georges Danton）和卡米耶·德穆兰。一位当时的人士指出，"面包店门口的石头上坐着成千上万的妇孺"，"巴黎人半数以上靠土豆过活，纸币毫无价值"。[4]显而易见，雅各宾派既拿不出食物，也无法实现和平，巴黎人民推翻他们的时机成熟了。1794年，联军开始撤离西班牙、比利时与莱茵河（the Rhine）一线，一群吉伦特派阴谋者遂有足够的信心推翻雅各宾派，最终结束恐怖统治。

55

7月中旬的六天中，拿破仑代表奥古斯丁·罗伯斯庇尔赴热那亚执行秘密任务。他汇报了当地的防御工事，同法国代办（chargé d'affaires）让·蒂利（Jean Tilly）会谈五小时，并说服总督相信有必要巩固法国－热那亚同盟。此事让他更深入罗伯斯庇尔的政治圈子，但时机偏偏最糟。7月27日（革命历热月九日），巴拉斯和弗雷龙领导"热月政变"（Thermidorian reaction），推翻马克西米连·罗伯斯庇尔。次日，罗伯斯庇尔兄弟和60名"恐怖分子"被斩首。若拿破仑当时在巴黎，他可能被抓住，同他们共赴刑场。8月5日，拿破仑得知罗伯斯庇尔兄弟的下场，当时他刚从哥哥约瑟夫的婚礼上返回锡格

（Sieg）的军营，该地位于尼斯附近。"小罗伯斯庇尔的命运让我有些感动，"他致信蒂利，"我喜欢他，相信他为人正直，但若他渴望暴政，要是他是我兄弟，我会亲手刺死他。"⁵

奥古斯丁·罗伯斯庇尔的栽培当然导致拿破仑身陷怀疑。8月9日，一名军官带着十个士兵来到拿破仑在尼斯的住处，逮捕了他。他被押至尼斯的要塞，在那儿待了一天，接着又在昂蒂布的卡雷要塞（Fort-Carré）关了十天。（此前的军事生涯中，他视察过这两处要塞。）萨利切蒂的自保意识无可非议，他根本没保护拿破仑，事实上，他还翻遍对方的文件寻找谋反证据。⁶ "他是高高在上的伟人，几乎不屑看我一眼。"拿破仑愤怒地评价自己的科西嘉同胞兼五年政治盟友。⁷

1794 年，无辜者和战绩确凿的共和国英勇战士也逃不过断头台，所以拿破仑的确身处险地。他被捕的官方原因是炮台纠纷：他把炮架在马赛市向陆一侧，一些市民认为他不是抵抗侵略者，而是对付他们。之前在 1 月，拿破仑致信战争部长布绍特："保护马赛港的炮台位置太离谱了，布局者是个十足的蠢货。"⁸ 当然，逮捕他的真正原因还是政治因素：他受奥古斯丁·罗伯斯庇尔提携，又写了由其帮忙出版的雅各宾小册子《博凯尔晚餐》。"亲爱的朱诺，人们可以冤枉我，"拿破仑致信忠实的副官，"但我无辜就够了。我的良知就是听我自白的法庭。"⁹（朱诺忠诚却冲动，他想了个红花侠式①计划，打算劫狱，而犯人明智坚决地制止了他："什么都别做，不然只会害了我。"¹⁰）

---

① 《红花侠》系英国作家奥希兹女男爵作品，书中主角红花侠营救恐怖统治受害者，帮他们从法国私渡出境。——译者注

拿破仑是幸运的。热月党人既不像雅各宾派那样对敌人不留余地，也没有纵容类似九月屠杀的法外监狱谋杀。8 月 20 日，他因证据不足获释。拿破仑在狱中的物质生活并不辛劳，掌权后，他任命自己的监狱看守当宫廷侍从。他一出狱就重启科西嘉远征计划，不断骚扰可怜的贝利埃少校。他也有时间重新追求德西蕾·克拉里（他叫她欧仁妮）。9 月 10 日，他致信她："您容貌迷人，性格可爱，赢得了您的爱人的心。"[11] 为了让她更具智慧的魅力，他给她寄书单，希望她照单阅读，还承诺今后在信中谈谈他对音乐的看法。他还力劝她提高记忆力，"形成自己的思维"。

拿破仑一向认为女性低人一等，但他显然清楚如何靠教育培养男人的良偶。他问德西蕾"用灵魂"阅读的效果，设法让她更知性地看待音乐，因为它"是生活中最大的乐事"。波拿巴家族曾在巴黎和罗马雇请乔瓦尼·帕伊谢洛（Giovanni Paisiello），1797 ~ 1814 年此人几乎一直在谱曲。埃克托尔·柏辽兹（Hector Berlioz）后来说，拿破仑对帕伊谢洛所创作音乐的鉴赏力相当敏锐。拿破仑写给德西蕾的信并不是特别华丽，甚至说不上非常浪漫，但他爱意浓烈，而且他集中注意力的目的是吸引她，尽管他仍称她为"您"（vous），哪怕新生的共和国不拘礼节。[12]

德西蕾开玩笑似地批评拿破仑，不过他似乎很享受这种调侃。"小姐（mademoiselle），如果您能看到，" 1795 年 2 月，他致信她称，"您的信让我产生了怎样的感情，您就会相信自己的指责不义……我没有什么快乐不想与您分享。我的每个梦境，您都装点了一半。请确信，'最明理的女人爱最无情的男人'是一句凶险恶毒、判断失当的不公正评价，您并不相信

57　您笔下的这句话。哪怕您正写下它时，您的手也未书写您的心。"[13]他补充道，给她写信是他最大的乐趣和"最迫切的"灵魂"需要"。他为她订阅击弦琴杂志，好让她获知巴黎最新的音乐；他担心她的老师对乐理课不够上心；他在信中加上长长一段歌唱技巧，这说明他谙熟声乐知识（或者说，至少他有自己的观点）。1795 年 4 月 11 日，他终于亲切地称她为"你"（tu），并写道，自己"一生恋你"。[14]拿破仑坠入了爱河。

1794 年 3 月 3 日，拿破仑率 15 艘船、1174 门大炮、16900 名士兵从马赛起航，欲从保利和英军手中夺回科西嘉。远征舰队很快被一支英国海军分舰队驱散，其中 2 艘船被俘。英军舰队也有 15 艘船，但其火炮较少，兵力也只有法军的一半。在这场海战中，法军试图凭同等兵力对付部署能力明显更强大的皇家海军，拿破仑对败退不负责任，但这个"旱鸭子"代表也没从中学到什么教训。1793～1797 年，法军损失军舰125 艘，包括35 艘战列舰，英军损失军舰38 艘，包括11 艘战列舰（英军军舰折损的主要原因并非法军袭击，而是火灾、事故和暴雨）。[15]大战略的海洋方面永远是拿破仑的弱点之一。他固然常胜，却从未赢在海上。

远征搁浅后，严格意义上说拿破仑就失业了，而且他在将军资历表上只排第 139 位。虽说他是公认的炮兵专家，但人们认为他"太专注于谋求晋升"，所以意大利军团新任司令巴泰勒米·谢雷（Barthélemy Schérer）不想招募他。[16]这句评价当然不假：拿破仑眼中军事与政治的区别至少与其心中的英雄亚历山大和恺撒眼中的一样小。然而，科西嘉远征舰队送他上岸后仅过八天，他就调任西方军团炮兵指挥。该军团屯于布雷斯特

（Brest），正在镇压旺代保王党叛乱，军团司令为奥什将军。

　　恐怖统治中幸存的很多吉伦特党人组成了现在的政府。此刻，政府在法国西部打一场残酷肮脏的战争，死于此役的法国人比巴黎恐怖统治的所有牺牲品还多。拿破仑清楚，就算在旺代取胜也无甚荣誉。奥什只比他大一岁，所以他升职的机会不大。他已同英军和撒丁军交过手，对战其他法国人的前景已勾不起他的兴趣。5 月 8 日，他去巴黎试图谋取更好的职位，并带上 16 岁的弟弟路易［他想送路易去马恩河畔沙隆（Chalons-sur-Marne）① 的炮兵学校上学］以及马尔蒙与朱诺这两个副官（米龙已成为第三个副官）。[17]

　　5 月 25 日，拿破仑住进巴黎的自由旅馆（Hôtel de la Liberté），然后马上去拜访了代理战争部长奥布里（Aubry）上尉，但此人实际上把他贬为旺代步兵指挥官。"拿破仑感到受辱，"吕西安回忆道，"他回绝了。他在巴黎待业，领有失业将军的薪水。"[18]拿破仑又称抱病，靠半薪勉强过活，但他仍把路易送去沙隆。战争部命令他要么去旺代，要么提供患病证明，要么干脆退役，但拿破仑继续忽视这些要求。数月来他艰难度日，但对命运仍泰然处之，8 月，他致信约瑟夫："我，我对生活几乎无爱……我发现自己总是置身濒临战斗的情境，只赞同一个观点：既然生活中存在毁灭一切的死亡，焦虑就是蠢事。"他还自嘲道："我总是非常听天由命，再这样下去，朋友，迟早有一天马车驶来我也不让道。"[19]历史学家严肃对待此言，导致它完全丧失了幽默韵味。

　　事实上，拿破仑决定享受巴黎的魅力。"在这里，恐怖时

58

代的记忆不过是噩梦一场，"他告诉约瑟夫，"看来每个人都
决心补偿吃过的苦头。因为未来不明，他们也决意在今朝尽情
享乐。"[20]拿破仑咬咬牙，初次踏入社交界，但他和女性相处时
感觉不适。长相也许是部分原因。那年春天，某位女性见过他
多次，她说他是"我见过的最瘦最怪的家伙……瘦得叫人同
情"。[21]还有一名女子给他取了绰号"穿靴子的猫"（Puss-in-
Boots）。[22]交际花阿布朗泰斯公爵夫人洛尔（Laure d'Abrantès）
当时认识拿破仑，她后来写了刻薄的回忆录，说两人熟识，但
他们的关系很可能没那么好。阿布朗泰斯公爵夫人回忆道：
"他的前额上耷拉着破旧的圆帽，头发扑了一层乱糟糟的粉，
垂在灰色厚大衣领口。他曾说手套是无用的奢侈品，所以不戴
它们。他蹬着粗劣的靴子，黑鞋油也没涂匀。他体格瘦弱，面
色蜡黄。"[23]难怪拿破仑不适应巴黎的时髦沙龙，甚至鄙视乐在
其中的人。他和朱诺（阿布朗泰斯公爵夫人洛尔未来的丈夫）
交谈时曾批评花花公子的着装以及他们采用的咬舌音。称帝
后，他确信郊区（faubourg）的时髦沙龙女主持在煽动对自己
的敌意。拿破仑最爱的娱乐不是社交是求智，他旁听公共讲
座、参观天文台、观看戏剧和歌剧。"悲剧激励灵魂、振奋心
灵，"日后他告诉一位秘书，"可以且应当铸就英雄。"[24]

1795 年 5 月，拿破仑在去巴黎的路上致信德西蕾："离你
如此遥远，分别如此长久，让我痛苦不堪。"[25]现在他攒了足够
的薪水，可以考虑购买勃艮第拉尼（Ragny）的城堡。他列出
自己靠当地各种谷物可获得的收益，估计堡中饭厅会是波拿巴
宅里的四倍大，并做出共和意味强烈的评价："拆掉三四座赋
予城堡贵族气派的塔，它就只是一个人丁兴旺之家的宜居之所

了。"²⁶他告诉约瑟夫自己想成家。

"我在沙蒂永①的马尔蒙家见到许多女人。她们容颜美丽、性格宜人,"6月2日,拿破仑致信德西蕾,很明显他想引她吃醋,"但我亲爱的好欧仁妮,我一刻也不觉得她们比得上你。"两天后,他又写道:"亲爱的朋友,我没收到你的信,你怎能十一天都不写呢?"²⁷克拉里夫人认为家里有一个波拿巴就够了,因此劝阻女儿写信,拿破仑也许察觉到了,一周后,他又只称呼德西蕾为"小姐"了。6月14日,他承认了形势:"我知道你永远保有对朋友的爱,但那不过是亲切的敬意。"²⁸拿破仑致约瑟夫的信表明他仍爱德西蕾,但8月时,他又在信中称呼她为"您"了:"您要追寻本能,任自己去爱身边之物……您明白我命属险恶沙场,或荣耀凯旋,或马革裹尸。"²⁹他的话固然煽情过头,但也有闪光点——真实。

6月24日,拿破仑给约瑟夫写了封信。乍看之下,此信只写了哥哥计划参与热那亚橄榄油贸易这类稀松平常的事,但他一边写信一边大哭,催他落泪的因素只有手足情吗?因德西蕾引发的自哀是否占了同等分量?"生活仿佛消散的空梦,"拿破仑致信约瑟夫,并索要对方的画像,"我们一起生活了这么多年,关系如此亲密,以至于心灵交融,你最清楚我的心完全属于你。"³⁰7月12日,拿破仑设法说服自己相信德西蕾已成过去,他致信约瑟夫,谴责阴柔男子太专注女色:"为她们痴狂,脑子里唯有她们,只因且只为她们而活。只要在巴黎待上六个月,女人就会明了她的使命和帝国疆界。"³¹

德西蕾抛弃了拿破仑,这加深了他对女人乃至爱情本身的

60

---

① 指塞纳河畔沙蒂永。——译者注

深深疑虑。在圣赫勒拿岛上，他把爱情定义为"懒人的职业、战士的烦恼、君主的绊脚石"，并告诉一位随员："爱情是诞生于社会的人造情感，真爱并不存在。"[32] 放弃追求德西蕾后，拿破仑不到三个月就做好再次恋爱的准备，但德西蕾似乎仍在他心中留有一席之地，哪怕她嫁给让-巴蒂斯特·贝纳多特（Jean-Baptiste Bernadotte）将军，最后成了瑞典王后。

1795 年 6 月下旬，一股英军在圣纳泽尔（Saint-Nazaire）[①] 附近的基伯龙湾登陆，支援旺代叛军。事后，拿破仑致信约瑟夫："我们非常确信我军步兵占优势，所以嘲笑英国的威胁。"[33] 土伦会战后，他对待英军时总是自信过头，此事便是一个早期例子（诚然，这回他的确没错，因为 10 月时英国远征军已一败涂地）。除了土伦会战，拿破仑此后只和英军交过两次手——阿克会战与滑铁卢战役。

拿破仑想重返意大利军团炮兵部队，8 月上旬他仍在为此事游说，但也认真考虑去土耳其任职，使苏丹的炮兵实现近代化。吕西安的回忆录称，值此事业波动期，拿破仑甚至细细盘算参加东印度公司（East India Company）的军队，虽说比起军事优势，他的动机更偏向其经济利益。他开玩笑称："几年后我成了东方大富翁，给三个妹妹捎回丰厚的嫁妆。"[34] 太后（Madame Mère，其母未来的名号）对这提议太较真，指责他连想都不该这么想。她认为儿子相当有可能因为"与政府一时不和"便去投奔东印度公司。亦有迹象表明俄国人想招揽

---

① 今卡内昂鲁西永 - 圣纳泽尔（Canet-en-Roussillon-Saint-Nazaire）。——译者注

他，好让他协助对付土耳其人。

1795 年 8 月中旬，事情已临危急关头。战争部命令拿破 61
仑去见其下属单位医学委员会，以确认他是否诈病。拿破仑便
向同他有联系的政客求助，如巴拉斯、弗雷龙。其中一人把他
编入战争部的历史和地形测绘局，虽然名称普通，但它其实是
协调法军战略的规划部门。8 月 17 日，拿破仑致信尼斯的意
大利军团军务组织官西蒙·叙西·德·克利松（Simon Sucy de
Clisson），称"他们让我当旺代军团将领，我不接受"，可才
过三天，他就对约瑟夫自夸，"此刻，我隶属指示军队的公共
安全委员会测绘局"。[35]亨利·克拉克（Henri Clarke）担任测
绘局局长，他是伟大的军事组织家、"胜利的谋士"拉扎尔·
卡诺（Lazare Carnot）的宠儿（protégé）。

战争部下属单位测绘局规模不大，运转高效，号称"当
时最复杂的计划组织部门"。[36]测绘局由卡诺创立，直接向公共
安全委员会汇报工作。它从各司令处收集情报，部署军队调
动，准备详细的行动指示，并协调后勤。克拉克的高级下属有
让-吉拉尔·拉屈埃（Jean-Girard Lacuée）、塞萨尔-加布里
埃尔·贝尔蒂埃（César-Gabriel Berthier）和皮埃尔-维克
托·乌东（Pierre-Victor Houdon）这三位将军，他们都是兢兢
业业的战略人才。拿破仑很难找到比这里更适合学习补给、支
援和后勤这些战略必备要素的地方了。（尽管 19 世纪早期军
事词典里才出现战略这个词，拿破仑也从未使用它。）[37]拿破仑
在土伦的战术性战斗中表现突出，与那种战斗相比，1795 年 8
月中旬至 10 月上旬，他习得了军事战略实践，这段时间虽然
短，但很能调动智力。归根到底，他的军事成就归功于他自己
的天才和吃苦耐劳的能力，但法国此时亦有才识过人的军事思

想家及官员，他们能教导他，最终还能处理实现他的设想所需的详尽工作。在测绘局，他也能站在最佳角度上独立地评定将军的能力，判断哪些人有价值、哪些人可被抛开。

测绘局并不制定全局战略。公共安全委员会的政客酌定大局，但委员会很容易被党派斗争干扰。例如，1795 年，在政客们争论是否渡过莱茵河以及在何时何地渡河时，他们最后不得不打了起来，而测绘局只对每个选项提建议。8 月，委员会62 取消了所有为土耳其战斗（或者说其实是对付土耳其）的计划，并下令战争结束前拿破仑不得离开法国。战争部下属各机关仍在找他麻烦，9 月 15 日，他甚至被踢出现役将军名单。"我像狮子一样为共和国战斗，"拿破仑致信好友、演员弗朗索瓦－约瑟夫·塔尔马（François-Joseph Talma）称，"而它的回报就是任我饿死。"[38]（不过他很快就复职了。）

测绘局采用奇怪的办公时间：下午 1 点到 5 点以及晚上 11 点到凌晨 3 点。因此，拿破仑有充足的时间撰写浪漫短篇小说《克利松与欧仁妮》（*Clisson et Eugénie*），以此告别他对德西蕾的单恋。不论是有心还是无意，这个故事受 1774 年歌德所作著名小说《少年维特之烦恼》的影响，按照史诗传统采用精短句型。在埃及战役中，拿破仑读了不下六遍《少年维特之烦恼》，他读第一遍时很可能才 18 岁。此书是欧洲狂飙运动（Sturm-und-Drang）最重要的代表小说和当时一大畅销书，深深影响了浪漫文学运动和拿破仑自己的写作。虽然"克利松"之名取自拿破仑那时候的友人叙西·德·克利松，但名唤克利松的角色完全就是拿破仑，两人的共同点延伸至年龄——同是 26 岁。"克利松一出生就迷恋战争，"故事开头写道，"同龄小孩还在如饥似渴地听人讲炉边故事时，他却狂热地梦想战斗。"克利松加入革命队伍国民自卫军,"很快超越人们寄予他的厚望,胜利是他的忠实伴侣"。[39]

克利松的同辈靠调情、赌博、妙谈等事消遣娱乐,但克利松不为所动,因为"像他那样想象鲜明、心灵炽热、才智广博、头脑冷静的人,注定会被同风情女子的矫情对话、诱惑游戏、赌桌逻辑以及大声喊出的巧妙侮辱言论烦扰"。[40]唯有置身森林与自然进行卢梭式谈话,这样的完人才能放松自在,"他感到自身达到和谐,嘲笑人类的恶行,鄙视愚行与暴行"。克利松在温泉邂逅16岁的欧仁妮,"她露出排列整齐的珍珠白牙齿"。小说接着写道:

> 他们视线交汇,心灵融合,没多久他们就意识到两人乃天生一对。在打动人类的爱情中,他的爱最为热烈贞洁……他们觉得彼此的灵魂恍若一体。他们克服所有困难,一生相守。两位痴情恋人的心中只洋溢着最高尚的爱情、最纤细的情感、最强烈的性欲。[41]

63

克利松与欧仁妮结婚生子,幸福地生活在一起。他们慷慨济世,深受穷人敬仰,但田园诗般的童话太美好了,无法长久。有一天,一封信送来,通知克利松必须在二十四小时内动身去巴黎,"有重要任务在那儿等着他,它呼唤他这样的人才"。克利松奉命指挥一支军队,他"大获全胜,超出军队和人民的期望,事实上,他自己就是胜利的原因"。然而,克利松在一次小战斗中受重伤,于是他派下属军官贝维尔(Berville)去告知欧仁妮,"并陪伴她,直到他完全恢复"。欧仁妮和贝维尔很快有了私情,而读者会觉得莫名其妙。克利松养伤时得知妻子出轨，他想报复，这可以理解，"但他怎么能离开军队和职责呢？祖国需要他留下来！"解决之道是光荣捐躯。"战鼓敲响，宣告向侧翼冲锋，队列间弥漫死亡"，这时，克利松给欧仁妮写了一封恰当的动情信件。他把信交给一位副官，"然后尽忠职守，置身激烈战斗的最前端，那里将决出胜负。无数发子弹穿透了他，他死了"。[42]全文完。

不能把《克利松与欧仁妮》视作今天的廉价言情读物，应当尽量用18世纪的文学视角看待它。有说法称，作者"将凭借其卓越的实用主义焕发光彩"，这篇17页的短故事是"其萌动浪漫情怀的最后一次抒发"。拿破仑显然是借这个故事来幻想，在此例中，欧仁妮成了与人偷情的荡妇，而他依然英勇痴情，最后甚至原谅了她的不忠。[43]然而，拿破仑没法为夸张情节、感伤情绪与陈词滥调辩解，因为他当时半含怨愤，一怒之下一气写就全文。《克利松与欧仁妮》后来改了又改。

1795年下半年，法国吉伦特派领导人意识到，只有给法国制定新宪法，它才能把雅各宾恐怖统治时代置之身后。"保王党正在酝酿，"9月1日，拿破仑致信约瑟夫，"我们来瞧瞧如何收场。"[44]阿历克西·德·托克维尔（Alexis de Tocqueville）后来写道，试图改革的国家最脆弱。这句话尤其适用于1795年秋天时的法国。

8月23日，国民公会通过巴士底狱陷落后的第三部宪法——《共和三年宪法》，规定建立两院制立法机关与五人制执法机关督政府（the Directory）。10月底宪法将生效，届时，五百人院和元老院组成的立法院将取代国民公会，而督政府将代替已成恐怖统治代名词的公共安全委员会。这一变革时刻也让大革命与共和国的对头有机会造反。9 月 20 日，奥军大举反击，返回莱茵河，而法国经济仍十分不景气，腐败现象也普遍存在。10 月的第一周，共和国的敌人便合谋推翻新政府，将大量武器与弹药偷运至巴黎。

恐怖统治已然结束，新的督政府成立后，公共安全委员会也将废止。然而，恐怖统治和公共安全委员会激起的愤恨现在瞄准了其继承者。1790 年时，巴黎设立了 48 个地方行政辖区——"区"①。各区控制当地国民公会及国民自卫军，反叛正集中在这里。虽说只有 7 个区真的叛变，但其他区的国民自卫军亦有参加。

区的队伍里并非只有保王党人，他们甚至都算不上主力。老兵马蒂厄·迪马（Mathieu Dumas）将军在回忆录中写道，"巴黎人民最普遍的愿望就是恢复 1791 年宪法"，没几个人喜欢波旁王朝复辟所需要的内战。[45]区里有国民自卫军中层军官、保王党人、一些改良派与自由派人士，此外还有抗议政府腐败堕落、对内无能、对外无力的巴黎平民。虽然叛党确定了政变日期，但除此之外，泥沙俱下的政治构成就决定了他们根本不能围绕一个中心协调行动。叛党的政变时间也瞒不过政府。

国民公会原本指望内防军团司令雅克－弗朗索瓦·德·梅努（Jacques-François de Menou）能够镇压迫近的反叛。梅努想避免流血冲突，遂试图和区谈判，但国民公会领导人以为这是反水兆头，逮捕了他（他后来脱罪）。预期的叛乱迫在眉睫，吉伦特派便任命立法院议长保罗·巴拉斯为内防军团司 65

---

① 此处的区是"Section"，并不是"Arrondissement"，《共和三年宪法》已宣布废除"Section"。若无特殊说明，本书的区皆指"Arrondissement"。——译者注

令，尽管 1783 年后他就再未涉足军事。巴拉斯接到的指示是拯救大革命。

10 月 4 日（周日）晚上，拿破仑在费多剧院（Feydeau Theatre）观看索兰（Saurin）的戏剧《贝韦利》（Beverley），这时他听闻各区准备于次日起事。[46]次日（革命历葡月十三日）一大早，巴拉斯任命拿破仑为内防军团副司令，要他动用一切必要手段镇压叛乱。法军在土伦胜利之后，巴拉斯从萨利切蒂那儿听说了拿破仑。他已经给人生中最重要的决策者留下了良好印象，这些人有凯拉利奥、迪泰伊兄弟、萨利切蒂、多佩、迪戈米耶、奥古斯丁·罗伯斯庇尔，现在又加上了巴拉斯。在测绘局工作时，卡诺、让-朗贝尔·塔利安（Jean-Lambert Tallien）等政界大人物也认识了他。[47]〔他后来愉快地回忆道，政客之中，政治理论家埃马纽埃尔·西哀士（Emmanuel Sieyès）神父对旺代喋血事件反应最为激烈。〕令人惊讶的是，巴黎没多少高级军官接手这项任务，或者说，没几个人愿意在街上朝平民开火。1792 年，拿破仑两度目击攻打杜伊勒里宫，从他当时的反应来看，他会做什么已经没有悬念了。

这是拿破仑第一次进入国家高层政治的前线，他兴奋不已。他命令第 21 猎骑兵团（Chasseurs à Cheval）上尉若阿基姆·缪拉（Joachim Murat）率 100 名骑兵驰往 2 英里外的萨布隆（Sablons）营地，夺取当地加农炮并运至巴黎市中心，他还要求缪拉砍杀所有反抗者。当时只有 50 人看守萨布隆的加农炮，叛军错失了大好时机。

拿破仑确认了下属官兵的忠心。上午 6 点至 9 点，他布置加农炮：圣尼凯斯街（rue Saint-Nicaise）入口处 2 门；王储街（rue Dauphine）末端 1 门，直面圣洛克（Saint-Roch）教堂；

圣奥诺雷街 2 门，临近旺多姆宫；伏尔泰滨河路（Quai Voltaire）2 门，直面王家桥。拿破仑让步兵在加农炮后列队，并派预备队去骑兵竞技场，从而守卫国民公会和政府所在地杜伊勒里宫。他把骑兵置于革命广场（Place de la Révolution），此地如今叫协和广场（Place de la Concorde）。[48]接下来的三个小时，拿破仑轮流视察所有火炮。"对善良明理人士必须彬彬有礼地劝说，"他后来写道，"对暴民就得吓跑他们。"[49]

66

拿破仑决定使用葡萄弹，这个词是霰弹或榴弹的口语说法，意指塞进金属外壳里面的数百枚滑膛枪子弹。一旦葡萄弹从加农炮炮口射出，金属外壳就会裂开，随之喷出的铅弹将形成较大弧形，其速度甚至超过滑膛枪每秒 1760 英尺的射速。葡萄弹最大射程约为 600 码，最佳射程约为 250 码。拿破仑认真地考虑使用葡萄弹，而巴黎的历史上从未有人用它对付平民，这证明他冷酷无情。他不想犯傻。"若善待暴民，"他后来告诉约瑟夫，"这些家伙就幻想自己不可战胜；若绞死其中几个，他们就厌倦了游戏，变回他们应该有的样子，唯唯诺诺，低声下气。"[50]

拿破仑的部队包括 4500 名正规军士兵、1500 名"爱国者"——宪兵和荣军院（Les Invalides）老兵。他们的对手是各区七拼八凑的 30000 人。当西昂（Dancian）将军名义上指挥叛军，他试图谈判，浪费了当天的很多时间。直到下午 4 点，叛党队列才从侧街拥向杜伊勒里宫北部。拿破仑没有马上开火，但 4 点 15 分至 45 分之间，区的队伍里有人开了第一枪，枪一响他就回敬对方，下令开炮消灭他们。有叛乱者想走过塞纳河上的桥，他也冲那些人发射葡萄弹，结果他们伤亡惨重，迅速奔逃。圣奥诺雷街的圣洛克教堂实际上成了叛军总部，伤员在此聚集。6 点时巴黎大部分地区已经平定，但圣洛克教堂的狙击手继续从屋顶上和路障后射击。战斗持续了好几个小时，最后拿破仑的加农炮离教堂已不足 60 码，叛党唯有投降。[51]当日，约有 300 名叛乱者死亡，拿破仑仅损失 6 人。相对当时常规做派而言，国民公会极其宽大，事后只处决了区的 2 名领导。① "轻风般的葡萄弹"（whiff of grapeshot，日后对镇压行为的称呼）意味着接下来三十年巴黎暴民再也没登上政治舞台。

67　　1811 年，让·萨拉赞（Jean Sarrazin）将军在伦敦出版《波拿巴将军对莫里教士的忏悔》（*Confession of General Buonaparté to the Abbé Maury*）。此书称，葡月十三日，"波拿巴根本没有阻止士兵的盲目暴行，反倒亲身树立暴行范例。可怜的人们在战斗中已经扔掉武器，哀求慈悲，但他依然挥下马刀"。[52]拿破仑曾以谋反罪缺席判处萨拉赞死刑，所以他这么说也没多少损失。萨拉赞又说，当日拿破仑的副手蒙瓦森（Monvoisin）谴责他残暴，离职走人。上述内容都是谎言，但它们都属于葡月暴动（Vendémiaire）后开始环绕拿破仑的"黑色传奇"（Black Legend）。

　　葡月十三日晚，大雨很快冲刷干净了街上的血迹，但人们的记忆萦绕不绝。就连埃德蒙·伯克办的激进的反雅各宾读物《年鉴》（*Annual Register*）也指出，"正是在这次冲突中，波拿巴首登战争舞台，他用勇气与行动奠定了对自身能力的信

---

① 相形之下，1780 年，伦敦爆发戈登（Gordon）暴动，285 人被杀，200 人受伤，事后更有 20 人被处决。

心，这很快会把他引向晋升与荣耀"。[53]政治事态紧急迫切，因此战争部不会再拿资历表、医学委员会、逃兵等无聊事干涉他了。为了表彰拿破仑挽救共和国、阻止潜在内战，葡月还没过，巴拉斯就升他为师级将军，没过多久他又就任内防军团司令。讽刺的是，他不想杀法国人，所以不肯去旺代就职，但他后来杀了法国人，且恰恰因此赢得人生中最迅捷的晋升。不过在他看来，合法的作战军队与暴民不是一回事。葡月暴动后，拿破仑一度被称作"葡月将军"，不过没人当面这么叫他。他参与杀害了那么多同胞，但浑然不觉难堪，成为第一执政后，他随即下令举行周年庆典。一名女士问他怎能如此无情地向暴民开火，他答道："士兵只是执行命令的机器。"[54]他没有提到下命令的就是他自己。

一夜之间，"轻风"送波拿巴家族直上青云：拿破仑领有48000法郎年薪；约瑟夫谋得外交职位；路易在沙隆炮兵学校升学，后来加入拿破仑迅速扩张的副官队伍；家里最小的弟弟、11岁的热罗姆去了更好的学校。拿破仑告诉约瑟夫："家 68 里什么也不缺了。"接下来二十年的情况亦如此。阿布朗泰斯公爵夫人洛尔称，她注意到葡月后拿破仑变了：

> 他的靴子不再泥泞斑斑。波拿巴住进旱金莲街（rue des Capucines）豪宅，每次出门都乘漂亮马车……他曾经憔悴瘦削，现在脸长丰满了。他本来面色蜡黄，显然健康不佳，如今他的脸变干净了，相对好看些。波拿巴瘦骨嶙峋的身体也长壮实了，他的微笑倒是一直讨人喜欢。[55]

再没人叫他"穿靴子的猫"了。

葡月暴动刚结束后的一段时间，拿破仑监督下列事务：解散反对党贤人俱乐部（Panthéon Club），驱逐藏身战争部的保王党人，管制戏剧演出。就最后一项职责而言，他几乎每天给政府写信，汇报歌剧院（the Opéra）、喜歌剧院（Opéra Comique）、费多剧院及共和国剧院（La République）这四家巴黎剧院中观众的表现。一份代表性的报告显示，"爱国歌曲在前两家（剧院）受到热烈欢迎，第三家反应平淡，费多剧院的马赛曲演奏到倒数第二节时，有人吹口哨（据信是旺代人），警察只好逮捕他"①。[56]监管收缴所有民间武器也是拿破仑的任务，家族传说称，此事让他认识了一个女人，之前他可能在社交界听过关于她的小道消息，但从未与她谋面。这名女子是博阿尔内子爵遗孀，名唤玛丽-约瑟芙-罗丝·塔舍·德·拉帕热里（Marie-Josèphe-Rose Tascher de la Pagerie），拿破仑昵称她为"约瑟芬"（Josephine）。

1726 年，约瑟芬的祖父、贵族加斯帕尔·塔舍（Gaspard Tascher）从法国去马提尼克岛（Martinique），想靠那儿的甘蔗种植园谋财，但他遇上飓风、欠缺好运及为人懒惰，最后没能致富。拉帕热里这个名字是指塔舍家族在圣多明各（Saint-Domingue，今海地）的又一处地产。约瑟芬之父约瑟夫当过路易十六的宫廷侍者，但他后来返回其父的庄园。1763 年 6 月 23 日，约瑟芬出生在马提尼克岛，尽管她后来自称生于 1767 年。[57]1780 年，17 岁的约瑟芬来到巴黎，她几乎未受过教育，以至于第一任丈夫、法军将领亚历山大·德·博阿尔内

69

---

① 《马赛曲》创作于 1792 年，是反对君权的伟大革命赞歌。拿破仑称帝后立即禁止人们唱《马赛曲》，但 1815 年他又重新提倡这首歌。

（Alexandre de Beauharnais）子爵无法掩饰对她的鄙视。博阿尔内是约瑟芬的表哥，后者在 15 岁时与他订婚。约瑟芬牙龈发黑，原因据信是她小时候咀嚼马提尼克蔗糖，但她学会了笑不露齿。[58]"要是她只有牙齿，"未来的太后侍女、阿布朗泰斯公爵夫人洛尔写道，"她一定胜过执政宫（Consular Court）中几乎所有女士。"[59]

约瑟芬的丈夫博阿尔内有家暴倾向，有一次她躲进修道院逃避殴打，而他从那儿绑走了他们 3 岁的儿子欧仁。1794 年，博阿尔内被捕，但约瑟芬仍勇敢地奋力救他一命。她自己也被怀疑是保王党人，结果她在 1794 年 4 月 22 日下狱，直到同年 7 月 22 日（博阿尔内被处刑后不久）才获释。约瑟芬被关在沃日拉尔街（rue de Vaugirard）的圣约瑟夫－德－卡姆（Saint-Joseph-des-Carmes）教堂[①]地窖。据她的狱友、英国女人格雷丝·埃利奥特（Grace Elliott）回忆，"墙上甚至木椅上仍沾着教士的鲜血和脑浆"。[60]约瑟芬被迫忍耐确实毫无人性的环境：地牢只有三个深孔可透气，而且没有厕所；她和狱友们每天都担心将被送上断头台；每人每日只有一瓶水应付所有生活需要；因为孕妇临盆前不会被处刑，晚上在走廊便能听见女人与狱卒做爱的动静。[61]哪怕是盛夏时节，圣约瑟夫教堂地窖里也很冷，囚徒们的身体很快垮了，事实上，约瑟芬之所以活了下来，也许只是因为她病得太重，不能送她上断头台。博阿尔内死后只过了四天，罗伯斯庇尔就倒台了，如果罗伯斯庇尔多活一阵，约瑟芬很有可能追随丈夫而去。热月政变放约瑟芬

---

① 今人若在周六下午 3 点整准时到达教堂便可参观。1792 年的九月屠杀中，暴民在此杀死了 115 名教士，其中 35 人的骸骨现在是展品。

出狱，同时把拿破仑关进另一所监狱，这体现了矛盾的对称。

地牢内恶臭弥漫、昏暗阴冷，囚犯们落魄潦倒，连续几周中，他们每天都担心惨遭横死，这一切让恐怖统治显得名副其实。事后数月甚至可能数年，约瑟芬多半患有今人所谓的创伤后应激障碍。或许她耽溺于性爱、从事肮脏交易、热爱奢华（她的服饰比玛丽·安托瓦内特的昂贵），或许两年后她为了稳定生活与金钱保障而嫁给不爱的人，但因为这段经历，我们很难据此指责她。[62] 约瑟芬常被视作模样性感、为人浅薄、开销奢侈的荡妇，但她对音乐和装饰艺术的品位相当不错，其文化造诣必然不浅，而且她待人大方，虽说她慷慨支出的常常是公款。那个年代最杰出的外交家之一克莱门斯·冯·梅特涅说，她的"社交手腕别具一格"。[63] 约瑟芬擅长演奏竖琴，不过有些人说她只弹一个调。她还在床上玩所谓的"之字形体位"（zig-zags）。[64] 她不会画画，平日织一些壁毯，间或下下西洋双陆棋（backgammon），但她每天接待访客，喜欢和众女友边用午餐边聊八卦。

无可否认，35 岁左右的约瑟芬拥有难以抵御的女性魅力，她抿唇时的笑容无与伦比。1795 年年末，她需要一个人保护她、供养她。出狱后，约瑟芬成了拉扎尔·奥什将军的情妇，他不愿离开妻子，但她想嫁给他，这种念头甚至一直持续到她勉强嫁给拿破仑。[65] 约瑟芬也是保罗·巴拉斯的情妇，不过1795 年夏天结束时，他俩的风流关系也快断了。巴拉斯在回忆录中写道，"我早就厌倦她了"，并且很不礼貌地叫她"撩人的妓女"。[66] 长期的流血冲突后出现纵欲时期是众所周知的历史现象，姑且举两个例子为证：一战后出现了"兴旺的二十年代"，古罗马内战后社会风气淫靡。恐怖统治之后，约瑟芬决定与当权者风流，但此事就像她人生中的很多行为一样，只是时代风尚（à la mode），不过她并不及好友泰蕾札·塔利安（Thérésa Tallien）放荡。泰蕾札绰号"政府财产"，因为多年来她与好多部长做过露水夫妻。不管"之字形体位"是什么，除了奥什、巴拉斯以及约瑟芬的第一任丈夫博阿尔内，她显然也和其他人玩过这一套。她的第二任丈夫几乎是个处男，论性爱经验（éducation amoureuse）远不及她。

葡月暴动后，政府收缴武器，约瑟芬趁机让 14 岁的儿子欧仁·德·博阿尔内去拿破仑司令部。欧仁说父亲的佩剑有感情意义，询问自己的家族能否保留它。此举显然是制造社交契机，拿破仑也顺水推舟，不出几周，他真的深深坠入爱河。他对她的迷恋有增无减，直到五个月后两人结婚。他们同是异乡岛民、法国移民、前政治犯，共同点的确不少。因为拿破仑肤色微黄、头发平直、外观邋遢，也许还因为他身患疥疮，起初他并不吸引约瑟芬，而且她当然也不爱他。然而，那时约瑟芬开始长皱纹，她韶华渐老，身缠债务。（她明智地等戴上婚戒后才告诉他自己究竟有多少债务。）

约瑟芬梳妆打扮要费好大一番功夫，她在私宅和宫殿的卧室都有镜子。虽然约瑟芬不够聪慧，做不到机智诙谐，但她迷人可亲，非常清楚成功的男人喜欢什么样的殷勤。有人问塔列朗约瑟芬是否聪明，据说他回答："蠢货没法干这么好。"就拿破仑而言，他看重她的政治人脉和身为子爵夫人的社会地位（革命派也可接受子爵夫人）。她能弥补他欠缺的能力（savoir-faire）与社交风度，这点也引起他的重视。他不擅长客厅中的机敏应答。"他对女人就没讲过好话，"圆滑言谈的大师梅特涅回忆道，"尽管表情和声音常常表明他努力想说点好的。"[67]

拿破仑和女士们谈论其着装或其拥有的孩子数,还问她们是否亲自养育小孩。他同女性笨拙地交往,约瑟芬却在巴黎社交界掌握极佳人脉,她能进入塔利安夫人、雷卡米耶(Récamier)夫人、德·斯塔埃尔夫人等人主持的颇具影响力的政治沙龙。

出生、死亡与婚姻本由神职人员登记,但大革命解除了他们的职责。于是乎,1796 年 3 月 9 日(周三)晚上 10 点,在昂坦街(rue d'Antin)上的第二区(arrondissement),拿破仑与约瑟芬在昏昏欲睡的市长面前举行世俗婚礼。新娘身着白色薄纱婚裙,腰缠共和国三色彩带。[68] 新郎迟到了两小时。在场的有巴拉斯、拿破仑的副官让·勒马鲁瓦(Jean Lemarois,严格意义上是未成年人)、塔利安夫妇、约瑟芬之子欧仁及其 11 岁的妹妹奥尔唐斯。为了尽量缩小六年的岁数差,拿破仑在婚姻登记册上写自己 1768 年出生,同时约瑟芬照例少说了四岁,这样他们都是 28 岁了。[69][后来,帝国历(Almanach Impérial)把约瑟芬的生辰记作 1768 年 6 月 24 日。[70] 妻子执意虚报年龄,拿破仑一直觉得好笑,他打趣道:"照她那么算,她一定 12 岁就生了欧仁!"[71]]他送给她一枚涂瓷釉金圆牌当结婚礼物,上面刻着"致命运"(To Destiny)。[72]

3 月 2 日,巴拉斯等五名督政给了拿破仑他能期盼的最好的结婚贺礼——意大利军团司令职位。这就是他在自己的婚礼上迟到,和约瑟芬度蜜月也不满四十八小时的原因所在。督政府是法国新执行机关,除了巴拉斯,另外四个督政是前雅各宾分子让-弗朗索瓦·勒贝尔(Jean-François Reubell)与路易·德·拉雷韦利埃-莱波(Louis de La Révellière-Lépeaux)、稳健派人士拉扎尔·卡诺与艾蒂安-弗朗索瓦·

勒图纳尔（Étienne-François Le Tourneur）。巴拉斯后来写道，自己劝众同僚派拿破仑去利古里亚阿尔卑斯山脉指挥未来的战事，理由是他是科西嘉"高地人"，"一生下来就习惯爬山"。[73] 这几乎算不上科学依据，因为阿雅克肖与海平面持平。但巴拉斯也说拿破仑能重振无精打采的意大利军团，这句评价明显更接近事实。

3月11日，拿破仑前往尼斯司令部。从接到任命状到出发这九天，他要战争部尽全力提供有关意大利的书、地图和地图册。他阅读在当地战斗过的将领的传记。当他不知道某事时，他敢于承认无知。多年后，一位军官同僚回忆道：

> 有一次，波拿巴将军去了位于新旱金莲街的总参谋部办公室，我正好在场，那一天的他仿佛仍站在我眼前。他戴着小帽子，上面插了根找来的羽毛。他也马马虎虎地裁了外套，不过说实在的，他的剑算不上一把好兵器。他把帽子扔向屋子中间的大桌，然后去找老将军克里格（Krieg）。克里格将军具备细致学识，写过一本非常好的士兵手册。他让克里格挨着他在桌旁坐下，自己手握钢笔，开始问他一大堆关于军务和纪律的问题。有些提问显示出他完全不知道最基本的事实，以至于我的好几个战友都笑了。他考虑对方的回答，结果往往是导出其他问题，令我震动，他提问的次数、顺序和速度给我的冲击不亚于此。可是，还有一件事更叫我震撼：总司令完全不介意告诉部下自己对事情的很多方面一无所知，照理说他最年轻的下属都对此了如指掌。他在我心中的形象陡然变得高大伟岸。[74]

73

1796 年 3 月 11 日，拿破仑乘驿站马车离开巴黎，同行者有副官朱诺与意大利军团新任军务组织长官兼好友肖韦。3 月 14 日，他南下抵达尚索（Chanceaux），给约瑟芬写了一封信。写信时，他首次去掉了自己姓氏中的字母"u"。1794 年，拿破仑的名字首次出现在官报《世界箴言报》（*Moniteur Universel*，简称《箴言报》）上，当时刊登的姓氏是带有连字符的"波诺－巴"（Buono-Parte）。① 现在他使用法国化姓氏，有意强调自己的法国国籍盖过了意大利和科西嘉血统。[75] 他打破了和过去的又一道羁绊。

十五天后，拿破仑抵达尼斯。据说当时有人说了句相当没有用的话：拿破仑才 26 岁，太年轻了，不能指挥军团。对此他答道："等我回来就老了。"[76]

---

① 此后数十年，不列颠和波旁的宣传人士又把"u"放回去，突出拿破仑的外国人身份。举个例子，1814 年，弗朗索瓦－勒内·夏多布里昂写了小册子《论波拿巴、波旁以及为了法国和欧洲的幸福拥护我们的正统亲王的必要性》，这一标题体现出了恶意。夏多布里昂在书中写道："无望找到敢于戴上路易十六之冠的法国人，一个外国人便站了出来，人们接受了他。" Chateaubriand, *Of Buonaparte and the Bourbons and the Necessity of Rallying Round our Legitimate Princes for the Happiness of France and that of Europe*, p. 5. 1917 年，英国王室将王朝名从萨克森－科堡－哥达改为温莎，甚至在那之后，有些英国历史学家仍然嘲笑拿破仑去掉了姓氏中的"u"。

第四章 意大利

1796 年 5 月 15 日，波拿巴将军进入米兰，身后跟着
一支朝气蓬勃的军队。这支刚跨过洛迪附近的桥的队伍向
世界昭示：千载沧桑之后，亚历山大与恺撒的继承人终现
于世。

——司汤达，《帕尔马修道院》

为将之大道在知军心、赢军心，在这两个方面，法军
皆最难统帅。法军士兵不是等待开动的机器，而是需要领
导的理性个体。

——拿破仑致沙普塔尔

1796 年 3 月 26 日，拿破仑抵达意大利军团尼斯司令部。
有些人后来声称，此时的他是无名之辈，次日初见麾下的师长
们时便遭诸人鄙视，因为正如一位蔑视他的同时代人所说的，
他"靠街头暴乱混个名头响，靠床上新娘混个司令当"。[1] 事实
上，仅仅两年之前，拿破仑还是意大利军团的炮兵指挥官，而
且很多人因为土伦大捷知道他，他也给测绘局写了至少三封
信，详细探讨如何赢得迫近的战役。因为他年纪轻轻，年长的
下属最初的确愤愤不平，但这只是人之常情，军官们也很清楚
他是何等人物。

拿破仑麾下有五位师长。让·塞吕里耶（Jean Sérurier）年纪最大，在法军中服役三十四年，曾参与七年战争，大革命爆发后一度考虑退役，但其后几年他战绩良好，1794 年 12 月晋升师级将军。皮埃尔·奥热罗（Pierre Augereau）现年 38 岁，此前干过雇佣兵、钟表贩子和舞蹈教师。他身材高大，为人狂妄，稍带粗俗，绰号"人民之子""骄傲的土匪"。奥热罗曾在决斗中杀死两人，在斗殴中打死一名骑兵军官。他在里斯本时差点遭受异端裁判所的酷刑，全靠天性活泼的希腊籍妻子调解才得以脱险。安德烈·马塞纳亦 38 岁，13 岁时他随船出海，当船上侍者，但 1775 年他转而从军，晋升上士，大革命爆发前夕退伍。马塞纳随后在昂蒂布搞走私、卖水果，1791 年他加入国民自卫军，迅速升迁。马塞纳在土伦围攻中立功，因而晋升意大利军团师级将军，1795 年他在此军团中表现出众。瑞士人阿梅代·拉阿尔普（Amédée Laharpe）现年 32 岁，长着浓密的大胡子。让－巴蒂斯特·梅尼耶（Jean-Baptiste Meynier）曾在德意志军团效力，但 4 月中旬时拿破仑致督政府的报告称，梅尼耶"无能，在如此积极活跃的战争中，他都不适合指挥一个营"。[2] 这五个人都是老兵，而拿破仑连正规军步兵营都没带过。他们不好折服，更不好激励。正如马塞纳日后回忆时所说的：

> 刚开始时，他们瞧不起他。他人小脸瘦，遭他们嫌弃。他抓着老婆的画像，拿给大伙看，而且他年纪太小了，他们就寻思，他搞了鬼才混得官位。但过了一会儿，他戴上将军帽，活像长了两英尺。他问我们的师位置在哪、装备如何，问每个部队劲头怎样、实际多少人。他下

达我们必须遵循的指令，宣布明天视察全军，后天就出发去打仗。[3]

第一个月并无战事，马塞纳记错了最后一点，但这段话紧扣拿破仑展现的活跃精力，并且抓住了他的自信心、贯穿他一生的迫切信息需求以及他对妻子的爱。

在这首次会议上，拿破仑给部下看萨沃纳－卡尔卡雷（Savona-Carcare）公路的走向，只见它通往三个山谷，不管他们走哪个，最终都能到达富饶的伦巴第（Lombardy）平原。皮埃蒙特－撒丁反对法国大革命，从1793年开始，它一直与法国交战。拿破仑认为，假如把奥军赶到东边，并拿下切瓦（Ceva）的要塞据点，法军就可威胁撒丁首都都灵（Turin），迫使该国休战。这意味着4万名法军士兵将对抗奥撒联军的6万人，但拿破仑告诉下属，他能靠速度和诈术保住主动权。他的计划以皮埃尔·德·布尔塞（Pierre de Bourcet）的《山区战术通论》（*Principes de la guerre des montagnes*，1775年版）和1745年的侵撒战略为基础。1745年战略虽被路易十五废止，但也强调集中力量夺取切瓦。布尔塞论及明确规划、集中行动以及扰乱敌军步调的重要性。拿破仑的意大利战局既在教科书指导下进行，又是未来的教科书范本。

意大利军团只是督政府的余兴节目。督政们在德意志西部和南部集中物力，那儿有共和国的两支主力部队：让·莫罗（Jean Moreau）将军的莱茵－摩泽尔（the Rhine and Moselle）军团，让－巴蒂斯特·儒尔当（Jean-Baptiste Jourdan）将军的桑布尔－默兹（the Sambre and Meuse）军团。6月，莫罗和儒

3. 北意大利，1796～1797年

```
0          50         100        150 英里
0              100             200 千米
```

科莫湖

伊塞奥湖

加瓦尔多 ●　　　　　萨

布雷西亚 ●

代森扎诺

洛纳托

卡斯蒂廖内

索尔费里

圭

洛迪

奥廖河

瓦拉加里纳河谷

● 琴布拉

● 特伦托

● 普里莫拉诺 ✕✕

莫里设防营地

● 卡利亚诺

● 罗韦雷托

✕ ✕ 马科峡口

● 巴萨诺 ✕✕

拉科罗纳 ✕✕

诺韦 ●

● 甘贝龙

● 丰塔尼瓦

里沃利 ✕✕

● 维琴察

● 布索伦戈

● 维拉诺瓦

阿基耶拉

斯泰尔诺沃

博尔盖托

● 维罗纳

卡尔迪耶罗 ✕✕

罗韦尔贝拉
托

龙科

阿尔科莱 ✕✕

● 阿尔巴雷多

阿尔波内河

● 曼托瓦

拉法沃里塔 ✕✕

阿迪杰河

波河

尔当的军团开始进攻，起初取得了一些胜利。奥皇弗朗茨①的弟弟、劲敌卡尔·冯·哈布斯堡（Karl von Habsburg）大公使出浑身解数迎敌，1797 年 8 月和 9 月，他分别在安贝格（Amberg）和维尔茨堡（Würzburg）击败儒尔当。10 月，卡尔大公转而对付莫罗，在埃门丁根（Emmendingen）战胜对方，接着他把法军的两个军团都赶回了莱茵河对岸。因为意大利的战事只是助兴，拿破仑的全部战局经费只有 4 万法郎，还不及他自己的年薪。⁴ 有一个真伪不明的故事称，为了筹集自己和副官从巴黎去尼斯的旅费，拿破仑卖了他的银柄佩剑，叫朱诺拿卖剑的钱赌博。⁵

抵达尼斯后，拿破仑发现意大利军团哪儿也去不了。天气严寒，士兵没有大衣。肉类配给中断三月，面包供应也不稳定。挽马都死于营养不良，炮兵只能用骡子拉炮。整个营要么赤足要么蹬木鞋，经常从尸体上剥下军服凑合穿。有些士兵几乎没了军人样儿，他们身上仅存的战士印记就是军队分发的弹药囊，很多人的滑膛枪也缺刺刀。饷银已拖欠数月，士兵们怨声载道，心生反意。⁶ 热病肆虐，短短二十天内，第 21 半旅②至少有 600 人死于此疾。佛罗伦萨的英国作家玛丽安娜·斯塔克（Mariana Starke）准确地描述了拿破仑上任前法军的"惨状"："必需品根本没有，饥荒自然导致军中出现传染性热病……患病的士兵消沉虚弱。没有战马，没有加农炮，几乎没

---

① 严格意义上说，本书前半部所谓的奥地利皇帝都只是神圣罗马帝国皇帝。关于弗朗茨的两个帝号，详见第十七章。——译者注

② 半旅是步兵团前身，法国革命战争期间，它们很难保持满员。一个半旅下辖三个营，平均兵力一般约为2400人。（将半旅解释为步兵团变体更恰当，1803 年拿破仑恢复了团，但本书作者仍经常用半旅，所以译者对原文有所改动。——译者注）

有任何战争用品。"[7]

为了应对军中的"惨状",拿破仑解除了梅尼耶的职务,命令军需官肖韦彻底整顿军需系统。正如3月28日他致督政府的信所说,重整内容包括"威胁军事承包商,他们抢了太多,很有钱"。[8]拿破仑还要法国驻热那亚公使、公民费普(Faipoult)"悄悄"从犹太金融家那里募集300万法郎贷款,并召回待在罗讷河谷冬季牧场的骑兵。到尼斯后不出两天,拿破仑就解散了哗变的第209半旅第3营,驱逐了该营军官与军士。他把剩下的列兵每五人分成一组,按组编入不同的营。拿破仑明白公平待人至关重要,如他所言,他高兴地看到"不管是谁,只要有人享有单单一项特权,那就没人听令行军"。[9]4月8日,他向督政府报告称,自己被迫惩罚了唱反革命歌曲的士兵,并以军法审判两名高呼"国王万岁!"(Vive le roi!)的军官。[10]

师长们立刻佩服起拿破仑的苦干能力。部下们得干活,再也不能只动嘴皮子了,在尼斯待了四年的参谋部也突然被拿破仑的活力震动。从上任到1796年年底共九个月,其间他写了800多封平信与急件,其内容囊括一切,从阅兵式鼓手站位一直谈到应该演奏《马赛曲》的场合。奥热罗是最先造访拿破仑的部将,马塞纳是第二个。"我真怕那个小杂种将军!"奥热罗后来对马塞纳说。[11]

拿破仑决定充分利用自己的"政治"军人声望。1796年3月29日,他发布当日公告①,告诉士兵他们会"发现,他是 80

① 每日公告(Orders of the Day)常常汇报信息、干涉勤务,下午1点营地点名或行军途中停下休息时,军中会宣读它们。每日公告不同于宣言,后者旨在鼓舞人心,读来如同演说。

他们的战友，坚信中央政府，以爱国者的尊严为荣，决心为意大利军团争得它应有的命运"。[12]不管怎么说，督政府的耳目将军可能养活他的军队。拿破仑害怕军队因濒临饿死而纪律涣散。"没有面包的话，士兵常会太过暴力，"他写道，"让人耻于认其为同类。"①[13]他一定经常对巴黎提要求，4 月 1 日，他设法让政府运来了 5000 双鞋子。终其军事生涯，提及军队鞋子的信多得惊人。某则传说称，拿破仑说"胃乃大军之足"，他很可能从没说过这种话，但他一直很清楚军队一定要用脚走路。[14]

此外，3 月 29 日的公告还宣布亚历山大·贝尔蒂埃（Alexandre Berthier）将出任拿破仑的参谋长。贝尔蒂埃现年43 岁，原是工兵，参加过美国独立战争，直到 1814 年他才卸去参谋长之职。在 1792 年的阿戈讷（Argonne）战役和接下来三年的旺代战事中，贝尔蒂埃表现良好。他的弟弟也是拿破仑的测绘局同僚之一。

拿破仑是首位用现代方式役使参谋长的指挥官，贝尔蒂埃是他能找到的最能干的参谋长。贝尔蒂埃的记忆力仅次于拿破仑，听对方说上十二个小时后仍然头脑清醒，光是 1809 年某晚，他就被传唤了至少 17 次。[15]国家档案馆（Archives Nationales）、国家图书馆（Bibliothèque Nationale）及万塞讷（Vincennes）的大军团档案馆堆满了贝尔蒂埃联络同僚的命令，他传达了拿破仑想做的事，语气礼貌但态度坚决。工整的

---

① 虽然法军不像英军那样动用鞭刑，军中死刑范围却宽得多。瓦格拉姆会战前，军粮部 12 名文员出售帝国近卫军口粮，他们被当场抓获，几小时后就遭枪决。Blaze, *Life in Napoleon's Army*, p. 190. 在西班牙，有个人吃了一串葡萄后被枪毙（人们认为葡萄会诱发痢疾），面对上级时有动武迹象即是死罪。西班牙战局后期的一次战役中，一名腾跃兵（轻步兵）把女式黑围裙改成领巾，就连这种事也为他招来枪决之祸。

秘书文稿呈现出的指令精练简洁，开头千篇一律："将军，皇帝请您见此令后……"[16]贝尔蒂埃身负诸多品质，如圆滑委婉的性格，这一特征被调节得很好，以至于其妻拜恩（Bayern）的玛丽亚（Maria）女大公与其情妇维斯孔蒂（Visconti）侯爵夫人都被他说服，同意共住一座城堡。贝尔蒂埃很少直接违抗拿破仑的命令，除非以严谨的后勤理由为据。他组建了一个团队，确保总司令的想法能够迅速贯彻。贝尔蒂埃能把拿破仑的潦草总指示转化成每个半旅的确切任务，这种特殊能力几近天才。参谋部的工作效率几乎一直极高。拿破仑下达的命令如同连珠炮，为了处理它们，贝尔蒂埃需要书记员、传令兵、参谋军士、副官组成的专业队伍以及格外发达的文书系统，他经常通宵劳作。拿破仑偶尔会发现贝尔蒂埃给半旅下令时弄错部队人数，有一回他写信给对方指正错误，并补充道："我觉得驻军方位读起来像小说一样有趣。"[17]

81

　　1796 年 4 月 2 日，拿破仑司令部前进至热那亚湾（Gulf of Genoa）的阿尔本加（Albenga）。同日，肖韦因热病而逝世于热那亚。拿破仑报告称，肖韦的死"的确是军队的损失。他积极活跃、锐意进取。大军想念他时都会落泪"。[18]战时，拿破仑的很多朋友和副手死在他身边，肖韦是第一个，他的确为此人而悲伤。

　　从 1714 年开始，奥地利一直统治着北意大利。奥军派大股军队去西边的皮埃蒙特，以便对付法军，皇家海军也从科西嘉运物资给撒丁军，因此拿破仑只好经利古里亚的高山山道拖运一切军需物资。4 月 5 日，拿破仑抵达阿尔本加，他告诉马塞纳和拉阿尔普，自己计划在卡尔卡雷、阿尔塔雷（Altare）和蒙特诺特（Montenotte）之间切断敌军。奥军指挥官约翰·

博利厄（Johann Beaulieu）经验丰富，才干尚可，但他已经 71 岁了，且曾败给法军。拿破仑热衷于研究过往的战局，他知道博利厄小心谨慎，打算利用对方的这个缺点。奥撒同盟并不稳固，奥地利方面曾警告博利厄不要太相信盟友。（"既然我知道同盟是什么玩意了，"一战期间，福煦元帅开玩笑道，"我就更不崇拜拿破仑了！"）哈布斯堡帝国疆域辽阔、民族成分复杂，因此奥军部队的语言常常不统一，军官间则通用法语。对博利厄来说，更糟的是他还得应付庞大臃肿、讲究官僚做派的维也纳宫廷会议（Aulic Council）。宫廷会议下令时常常拖拉，结果命令下达后已跟不上军情。相形之下，拿破仑准备采用一次大胆的调动：守在两路敌军之间，趁其尚未会师各个击破。当代军事学院称此机动为"中央位置"战略，这也是他征战生涯中一直坚持的战略。某则拿破仑军事箴言称："若中央的军队联络畅通，则兵法绝不容各孤军独自与之为敌。"[19]

"我这里非常忙，"拿破仑从阿尔本加致信约瑟芬，"博利厄在调动军队，我们正面对面。我有点累。我每天都在马背上。"[①][20]征途中，他仍然每天给约瑟芬写信，一共写了数百页字迹潦草的热烈情书，其中有些是在重大会战日写的。拿破仑经常先是浪漫告白（"日日夜夜痴恋你"），随后转向以自己为中心的思绪（"每次端起咖啡杯，我就诅咒荣誉与抱负，它们迫使我与生命中的灵魂分离"），或哀叹为何约瑟芬很少回信。她真的动笔时却称他为"您"，由此大大惹恼了他。拿破仑的信满是忸怩情欲之辞，表明她一来意大利团聚，他

---

① 拿破仑经常把坐骑累得筋疲力尽，但他的马术不错。他能"完全驾驭"自己的战马，有时甚至让它们耍特技。Balcombe, *To Befriend*, pp. 41-2.

就想与她尽情欢好。他在一封信中写道："吻你的双胸，浅浅吻下来，深深深深吻下来。"[21] 尚不确定"小克庞男爵夫人"（la petite baronne de Kepen，有时亦作"Keppen"）是否系拿破仑给约瑟芬私处起的戏称。遗憾的是，"克庞男爵夫人"出处已不可考，不过约瑟芬养了很多哈巴狗，它可能只是其中一条狗的名字，这样的话，"恭敬地赞美小克庞男爵夫人"也许不具性事意味。[22] 至于直白些的"小黑森林"就更无疑问了，出现这个词的语境为："吻它千遍，等不及进去了。"[23] 他的信就像军令一样，常常署名波拿巴或缩写"BP"，这样做有些不浪漫。[24] "再见，我生命中的女人、悲喜、希望与灵魂。我爱慕你，我畏惧你。你激起我的敏感情绪，其中汇聚我奔雷般狂暴迅疾的天性与感情。"纵观他的信件，此类句子纯属常态。

◆

"大军物资极其匮乏，"4月6日，拿破仑从阿尔本加向督政府汇报称，"我仍需战胜严重困难，但它们能被克服。痛苦的士兵不听号令，没有纪律就没有胜利。我希望接下来几天事态好转。"[25] 意大利军团有49300人，他们的对手奥撒联军约有80000人。幸运的是，此时贝尔蒂埃已解决眼下的补给问题。拿破仑计划于4月15日发动进攻，但奥撒联军比他提前五天行动，4月10日，他们沿他准备下山的路上山。尽管他不曾料到这招，但他只用四十八小时就翻了盘。拿破仑把军队从萨沃纳调回，而且他们基本没受损失，现在他马上就能组织反攻了。4月11日晚，拿破仑察觉奥军战线拉得太长，他把敌军钉在埃罗河谷（valley of the River Erro）的蒙特诺特山村，该地位于萨沃纳西北方12英里处。凌晨1点，拿破仑派马塞纳冒着倾盆大雨包围敌军右翼。当地战斗环境艰苦：一条山脊从上蒙特诺特（Montenotte Superiore）向下延伸至海拔 2000～3000 英尺的群峰，到处都覆盖厚厚的植被（今亦然），山坡爬起来让人气喘吁吁。行动迅捷的法军步兵纵队夺下了不少奥军建的多面堡。

战斗结束后，奥军损失了 2500 人，其中大部分人被俘。拿破仑的损失为 800 人。蒙特诺特之战相对而言只是小战，但这是总司令拿破仑第一次赢得野战，它既振奋军心，同样也鼓舞他自己的信心。拿破仑未来诸多战斗中的特征都在这一战中初露端倪：敌将老迈无力；敌军民族杂融、语言多样，而法军则成分单一；有一个能让他紧咬住不放的薄弱之处。法军行军速度远超敌军，而且他能在刚好足以制胜的时间内集中兵力逆转强弱。

还有一个反复出现的特征是迅速扩大战果：战后第二天，拿破仑在博尔米达河（the River Bormida）上的米莱西莫村（Millesimo）再战退兵，拆散了奥撒联军。奥军想退到东边防守米兰，撒丁军想撤到西边保卫首都都灵，拿破仑能够利用他们的不同战略急需。联军要逃出谷地就必须退到设防村庄代戈（Dego），4 月 14 日，拿破仑在代戈取胜，三天来他三战三捷。奥撒联军约损失 5700 人，法军约损失 1500 人，而主要原因是拿破仑等不及拿下防守严密的科塞里亚（Cosseria）城堡。

一周之后，双方在埃莱罗河（the Ellero）上的蒙多维（Mondovì）开战，拿破仑奋力把撒丁军钉在原地，同时试图完成双重包围。这次机动规模庞大，难以实施，可一旦成功便会摧毁敌方士气。他成功了。次日，撒丁求和。拿破仑是幸运的，因为他没有重型围城武器来围攻都灵。他之所以追求速战速决，原因之一便是受制于物力，别无选择。他冲卡诺抱怨道："既无炮兵支援也无工兵相助，你是下了命令，可我要的军官一个也没来。"[26]他无法实施（或支撑）围城战。

4月26日，拿破仑从凯拉斯科（Cherasco）发来宣言鼓舞军心："今天，你们凭借自己的战斗赶上了荷兰军团与莱茵军团。你们什么都没有，却带来了一切。没有大炮，你们也能取胜；没有桥，你们也能渡河；没有鞋子，你们也能强行军；没有白兰地、经常没有面包，你们也能宿营……今天，你们将拥有很多。"[27]他继续说道："我承诺占领意大利，但有一个条件。你们必须发誓，你们会尊重亲手解放的人民，杜绝恐怖的烧杀抢掠。敌人会激得恶棍沉溺于劫掠。"[28]

饥饿的胜利之师会洗劫驻地。拿破仑的确关心军队的行为，想抑制破坏现象。在四天之前，他就发布当日公告，谴责"违逆人士"的"骇人抢劫"："这些人战后才归队，他们的过分之举令我军和法兰西之名蒙羞。"他允许将军枪毙任何纵容劫掠的军官，但并无军官真的因此丧生。两天后，他私下致信督政府："我打算杀鸡儆猴。我要么恢复秩序，要么抛弃这窝匪徒。"[29]在意大利战局中，他多次提出高调的辞职威胁，这次是第一回。

拿破仑总是区分"因地自给"（因为给养不足，他的部队必须就地谋生）与"骇人抢劫"。[30]必须承认，这其中有诡辩的成分，但他靠灵活的思维解决了问题。日后他经常斥责奥军、俄军、英军劫掠，可他也清楚，很多时候，他的军队干了同样

85　　的事，而且程度要严重得多。① "我们就靠士兵找东西过活，"
那个时代的一名军官回忆道，"士兵拿东西不算偷，只算找。"
拿破仑最得力的干将之一马克西米利安·富瓦（Maximilien
Foy）后来指出，如果拿破仑的士兵"等军队后勤部门发面包
和肉才开伙，他们也许会饿死"。[31]

　　"因地自给"让拿破仑的军队能够快速机动，这成了其战
略的关键所在。"根据力学，加速会增大质量，进而产生能
量，"他说，"军队战力同理。"[32]拿破仑鼓励一切提速行为，半
旅一天能走 15 英里，而他使用强行军，让每日行进里程增加
了一倍左右。"没人比拿破仑更懂如何强行军。"他的军官回
忆道，"行军通常非常累，有时一半以上的士兵掉队，但他们
一直讲信誉，就算迟到也赶到了。"[33]

　　天气暖和时，法军晚上不睡帐篷，照一位老兵的说法，这
是因为"行军太快，士兵没法带全必要的行李"。[34]唯一能跟上
他们的只有弹药马车。1775 年，法国工程师皮埃尔·特雷萨
盖（Pierre Trésaguet）出版了关于科学筑路的备忘录，其中提
出不少筑路的建议。18 世纪末特别是特雷萨盖的提议被采纳

---

① 在这方面，威灵顿的英军也算不上无可指摘。半岛战争参战士兵没留下
　多少回忆录，但德意志国王兵团的弗里德里希·林道（Friedrich Lindau）
　写过一本。此书表明，英军偷窃当地百姓，殴打不交收成和牲口的农民。
　Bogle and Uffindell, eds., *Waterloo Hero passim*, Mars & Clio, No. 26,
　pp. 89 – 90. 拿破仑的确枪决了在教堂里偷拿珍贵花瓶的一名下士、两名
　列兵，在他看来，虽然他从教堂和宫殿取走了北意大利很多文艺复兴时
　期的艺术珍品，但此事与彼事天差地别。法军将领常常牺牲被征服者的
　利益为己谋财，马塞纳等人更是贪得无厌，日后拿破仑强迫马塞纳吐出
　数百万法郎。那个年代，指挥官常常厚待自己，威灵顿从印度战场回来
　后不仅还清了债务，还攒下了 4.2 万英镑（相当于 100 万法郎），这些收
　入都非常合法。Weller, *Wellington in India*, pp. 257 – 9.

后，路面状况有了改善，因此行军速度大幅超出 18 世纪初的。现在，野战炮更轻便，公路更多，辎重车队更小，随营人员大大减少，照拿破仑的计算，这些因素促使法军行军速度达到尤利乌斯·恺撒大军行军速度的两倍。

◆

拿破仑立刻在凯拉斯科与撒丁议和。在某次交谈中，一名 86 全权大使开出条件，但此人提议的要塞数量不能满足拿破仑，他便嘲讽道："共和国令我掌军，它相信我足够清楚那支军队需要什么，而不必听取敌人的意见。"[35]萨伏依（Savoy）上校亨利·科斯塔·德·博勒加尔（Henry Costa de Beauregard）侯爵是两名谈判代表之一，他后来写了回忆录，描述了当时的相遇场面："（他）总是待人冷淡、举止文雅、谈吐简洁。"[36]4 月 28 日凌晨 1 点，拿破仑掏出怀表，说："先生们，我告诉你们，我已下令于 2 点发动总攻。如果今天结束我还没得到科尼，总攻一刻也不会耽误。"

也许此举只是拿破仑虚张声势的经典案例，但撒丁人无法冒险。双方很快签订停火协议。撒丁不仅割让托尔托纳（Tortona）、亚历山德里亚（Alessandria）、库内奥（Cuneo）、切瓦以及通往瓦伦扎（Valenza）①的道路，还交出科尼与斯图拉河（the Stura）、塔纳罗河（the Tanaro）、波河（the Po）之间的所有领土。拿破仑耍了个小花招，他坚持加一条秘密条款，规定自己有权使用瓦伦扎的桥梁渡过波河。他清楚消息会走漏给奥军，博利厄也会派军驻守瓦伦扎的桥，但拿破仑其实打算在皮亚琴察（Piacenza）附近渡河，该地位于瓦伦扎以东

----

① 原文误作"瓦朗斯"（Valence）。——译者注

70 英里处。

庆功宴上，凯拉斯科修女用阿蒂斯酒和堆成金字塔的蛋糕款待拿破仑。他在撒丁人面前坦率地说起前几天的事，批评自己"等不及分散奥撒联军"，导致米莱西莫之战中法军在科塞里亚城堡折损人手。拿破仑说两年前他曾率一支炮兵部队驻扎代戈，当时他就提出了同一作战方案，但被战争委员会否决。他补充道，"（我的）军队绝不会用这种决策方式"，还说这些委员会只会借"怯懦行径"分摊罪责。[37]

拿破仑对撒丁人说，头天夜里他处死了一名犯强奸罪的士兵。他还圆滑地称赞 4 月 17 日和 21 日撒丁军的撤退表现："你们两次巧妙地逃出我手心。"拿破仑给博勒加尔看装着自己全部私人用品的小旅行箱，说："现在我是司令了，当初只是炮兵军官时，这些没用的东西要多上一堆！"两人一边看日出一边畅谈数个小时，博勒加尔佩服他熟知撒丁历史、艺术家与学者。拿破仑把自己的调动比作"小贺拉修斯的战斗：他离间三个敌人，弄残他们，再挨个杀死"。拿破仑说他其实不是最年轻的法军将领，但他承认自己的年龄是笔财富。"年轻对于统领一支军队来说几乎是必不可少的，"他告诉博勒加尔，"完成这项重大任务也非常需要昂扬的斗志、勇气与荣誉感。"[38]

停火协议签订次日，拿破仑写信回报巴黎。他清楚同外国达成外交协议是越权行为，更不用说身为优秀共和党人的他竟允许皮埃蒙特 - 撒丁国王维克托·阿马德乌斯三世（Victor Amadeus III）保留王位。"我同一路敌军签订停火协议，这样就有时间进攻另一路。"他写道，"我的部队正在行军，博利厄在飞奔，但我希望赶上他。"[39]他想用金钱消弭巴黎方面的怨言，答应向帕尔马（Parma）公爵征收数百万法郎，并建议从热那亚征收 15 万法郎，他用"捐赠"委婉代指征收，这种"捐赠"一旦遍及北意大利，他就能用银币代替经常贬值、口碑不佳的纸币本土汇票（mandats territoriaux）付一半军饷。[40]显而易见，应该先付现金军饷，再把剩下的钱运回囊中羞涩的督政府，似乎是萨利切蒂灵机一动想到的。对于此人，拿破仑显然原谅了其在昂蒂布监狱事件中的所作所为，因为他已经让此人在意大利军团从事组织工作。除了军事败绩，只有超级通货膨胀能如此彻底地击垮一国的信心，葡月暴动后，巴拉斯领导的督政府也急需拿破仑即将运过来的大批金条。这在很大程度上解释了为何督政们只有一次试图替换司令（而且没下什么功夫），尽管他们开始反感甚至害怕拿破仑在意大利和奥地利的胜绩。

"只要我们的政治形势允许，"督政府指示拿破仑，"你就带走意大利境内所有可能有用之物。"[41]他积极执行这一任务，决定不仅要在意大利（或者说，至少是在反抗他的意大利地区）抢现金，还要抢艺术珍品。5 月 1 日，他致信公民费普："给我寄一份清单，列出米兰（Milan）、帕尔马、皮亚琴察、摩德纳（Modena）、博洛尼亚（Bologna）的画作、雕像、珍品柜（cabinet）和奇珍。"[42]上述地区的统治者完全有理由颤抖，因为他们注定要把大批最好的珍品送去巴黎的中央美术馆（Musée Central des Arts）。1793 年，中央美术馆开馆，1803 年更名为拿破仑美术馆（Musée Napoléon），1815 年时又改为卢浮宫。

拿破仑委派法国鉴赏家与美术馆馆长挑选要带走的艺术品，这些人争辩说，事实上，把西方艺术中最伟大的杰作集中到巴黎后，人们想欣赏它们就方便多了。1814 年，英国教士威廉·谢泼德（William Shephard）写道，"以前得翻过阿尔卑

88

斯山脉、漫游过所有地区，才能见到精湛尊贵的珍品"，但是"现在，来自意大利的战利品几乎聚集一堂，任世界观赏"。①[43]正如支持波拿巴派的英国作家与翻译安妮·普伦普特里（Anne Plumptre）当时所说的，法军拿走的很多战利品也非意大利本土产物，仅仅是卢西奥·穆米乌斯执政等罗马人从科林斯（Corinth）、雅典（Athens）等地带走的东西。[44]

拿破仑想让他的博物馆不仅拥有世界最伟大的艺术品，还应藏有最丰富的历史手迹。他翻修博物馆，给它镀上一层金。他在馆内放满雕塑，把它改造成"展览的殿堂"。拿破仑是专注的藏书家，他日后宣布，自己想"凭巴黎的单单一栋建筑收藏德意志帝国、梵蒂冈（Vatican）、法兰西和尼德兰联省共和国（United Provinces）的档案"。拿破仑后来指示贝尔蒂埃，要他命令一位在西班牙的法军将领寻找查理五世和费利佩二世的档案所在地，"它们会为浩如烟海的欧洲藏品锦上添花"。[45]

5月上旬，拿破仑告诉督政府，他打算渡过波河，但事情有些棘手。他提醒政府不要听信"俱乐部士兵的话，他们以为我们游泳就能过大河"。[46]奥军指挥官博利厄已经退入波河与提契诺河（the Ticino）的夹角，正掩护帕维亚（Pavia）和米兰，他的交通线延伸到波河以北。博利厄咬了拿破仑的钩，一直严密监视瓦伦扎。拿破仑突袭帕尔马公国的皮亚琴察，绕开了多条沿河防线，进逼米兰。这是他首次尝试敌后机动（manoeuvre sur les derrières），即绕到敌后，这是他日后偏好的

---

① 今天也有人辩解为何埃尔金大理石应该留在大英博物馆，其理由与谢泼德的本质上如出一辙，尽管取得大理石的情境有所不同。

又一种战略。1805 年和 1809 年，拿破仑突袭维也纳，1806 年和 1807 年，他在波兰进行战略机动，上述行动都翻版了在波河的初次渡河奔袭。

　　博利厄能比拿破仑早一天到达皮亚琴察，所以他得提前两天赶到才能安全渡河，若提早三天则更为理想。他自信已详细算过所有的补给需要，命令法军还要超越之前的行动速度。塞吕里耶和马塞纳去瓦伦扎迷惑博利厄，奥热罗则在瓦伦扎和皮亚琴察中间立足，让奥军更摸不着头脑，并切断了河流两岸的联系。与此同时，拿破仑与拉阿尔普、克洛德·达勒马涅（Claude Dallemagne）将军奔往目的地。达勒马涅的士兵大多只能足缠破布，拿破仑承诺给他调来一批新鞋。与拿破仑同行的还有"勇士"夏尔·基尔迈纳（Charles'Brave'Kilmaine）① 将军的骑兵。从严格意义上说，他们要经过中立的帕尔马公国，但拿破仑知道公爵敌视法国，于是他没有因为当时国际法的细节而耽误行程。

　　5 月 7 日黎明，法军准备在波河与特雷比亚河（the Trebbia）交汇处渡河。勇敢的让·拉纳上校② 沿河搜寻数英里，收集所有船只和造桥材料。他找到一艘渡船，可一次载500 人渡过 500 码宽的河流，拿破仑于是命令 20 英里外的奥热罗、35 英里外的马塞纳以及 70 英里外的塞吕里耶尽快与己会合。8 日，拿破仑本人渡过波河，前往皮亚琴察。法军向皮亚琴察总督简要但坦率地说明不投降的话城市会遭遇什么，后者便打开了城门。"再来一场胜利，"当日，拿破仑对卡诺预

89

---

① "Brave"意为"勇士"，系基尔迈纳的绰号，其原名为 Charles-Edouard-Saül Jennings de Kilmaine。——译者注

② 原文误作"将军"。——译者注

言，"我们就是意大利之主。"[47]他大力征集马匹，不必再用骡子拉炮了。事实上，在接下来的战斗中，拿破仑的很多加农炮都是靠皮亚琴察贵族的四轮大马车挽马拉运。

拿破仑随意侵入帕尔马公国，与帕尔马公爵达成停火协议，然后他给巴黎送去 20 幅画作，包括米开朗琪罗和柯勒乔的作品。他还送去弗兰齐斯科·彼特拉克抄写的罗马最伟大诗人维吉尔的文集。[48]法国人仍不满足，他们还带走动植物。科学家加斯帕尔·蒙日与克洛德－路易·贝托莱（Claude-Louis Bertollet）以及植物学家安德烈·图安（André Thouin）奉命去帕维亚采集各种动植物标本，并把它们送往巴黎植物园。拿破仑甚至给贝托莱找来水银做实验。[49]

5 月 10 日，奥军经阿达河（the Adda）右岸的洛迪镇（Lodi）退往米兰。洛迪位于米兰西南方 22 英里处，拿破仑准备在此截击奥军。马尔蒙率领一个骠骑兵团，拉纳率领一个掷弹兵营，两人追逐奥军后卫，穿过城镇。阿达河上横跨一座长 200 码、宽 10 码的木桥，敌军从对岸桥头发射霰弹，马尔蒙和拉纳被迫仓促停下。拿破仑征用了他最先找到的 2 门大炮，他一边把炮拉到桥边开火，以防敌军摧毁木桥，一边下令调来更多大炮，并在河岸和附近屋舍布下狙击手。随后，他去了木桥正后方的教堂钟楼①指挥战斗。

奥军后卫指挥官泽博滕多夫（Sebottendorf）将军动用 3 个营和 14 门炮守桥，让 8 个营和 14 个骑兵中队留作预备，他共有约 9500 人。另选地点可能会花几天时间，那法军就根本无望追上博利厄的退兵了。拿破仑断定必须速夺此桥。下

---

① 位于今日桥梁上游 15 英里处。

午 5 点时，他布好了 30 门火炮，并向南北方向共派出 2000 名骑兵，让他们设法寻找渡河浅滩。接着他让达勒马涅的 3500 人在洛迪后街列队，发表演说鼓动他们。（"人必须与灵魂对话，"他曾谈到自己的战场演讲，"这是激励人的唯一方法。"[50]）拿破仑命令贝尔蒂埃让炮击速度提高一倍，下午 6 点，他派第 27 和第 29 轻步兵半旅冒着奥军的葡萄弹上桥。其实在下令之前，皮埃尔 - 路易·迪帕（Pierre-Louis Dupas）上校的卡宾枪兵连集合起来，主动请缨打头阵，这几乎是自杀式任务，他们无疑排除了自保的自然本能。然而，在通常情况下，一旦拿破仑的战前鼓动激励利用团的荣誉感、激起炽热爱国狂潮，这种得名"法国怒焰"（the French fury）的狂热精神便能让他占据优势。

桥上第一波士兵蒙受伤亡，被赶了回来，但有些人跳进浅水，继续在桥下和桥边开枪，拿破仑则派更多人上桥。法军凭借巨大的勇气攻克并守卫桥梁，尽管敌军骑兵与步兵发起了反击。一个法军猎骑兵团找到穿过河流的浅滩，等他们到了河流右岸，奥军便照例有序撤走。五天后，拿破仑进入米兰，奥军被迫退往阿迪杰河。①

拿破仑只迎战了奥军后卫，双方都有约 900 人伤亡，即便如此，洛迪夺桥战却很快成了拿破仑传奇的重头戏。冒着几次三番的葡萄弹炮击冲过狭长木桥堪称英勇壮举，贝尔蒂埃、拉

---

① 拿破仑战争中，法军经常在敌军眼皮底下过桥并夺取桥头堡。这一幕不断重演，如 1796 年的阿尔科莱会战、1805 年的多瑙河战役、1806 年的耶拿会战、1807 年的波兰战局、1809 年的阿斯佩恩 - 埃斯灵会战与瓦格拉姆会战、1812 年的别列津纳河之战、1813 年的莱比锡会战、1814 年的蒙特罗之战以及 1815 年的沙勒罗瓦之战。

纳、马塞纳等带头冲锋的军官后来成了拿破仑的一流将领。①（当天，贝尔蒂埃扮演了参谋长、炮兵指挥官、纵队队长三个角色，但此后他再未获准在战术层面领兵，因为拿破仑正确认识到他是宝贵的人才，不舍得让他参战冒险。）洛迪之战后，军队开始昵称拿破仑为"小伍长"（le petit caporal）。面对自己仰慕的指挥官时，旧时士兵有亲昵地戏谑他们的传统：尤利乌斯·恺撒的士兵歌唱"光头奸夫"（出自苏埃托尼乌斯）；威灵顿（Wellington）得名"大鼻子"；罗伯特·E. 李（Robert E. Lee）得名"奶奶"；诸如此类。拿破仑喜欢"小伍长"之称，并鼓励人们使用它。正如这个绰号一般，他强调共和派的平凡做派，但他其实正在脱离这一点。洛迪之战后，所有哗变流言都销声匿迹了，至关重要的军旅精神代替了它们，且维持到战局告终。

"我曾经以为自己只是个将军，"拿破仑后来谈到他在洛迪的胜利，"但从那以后，我知道我是应召而来决断人民命运的人。我突然想到，我真的可以在我国舞台上扮演关键角色。我的凌云壮志此时初现。"[51]一生之中，他在诸多场合对很多人重复此言，因此洛迪的确堪称他事业的分水岭。傲慢野心能变成可怕的东西，但拿破仑拥有多变精力、宏大目标、演说天赋、几近完美的记忆力、上佳的时机掌控能力以及鼓舞人心的领导技巧，此等奇才与野心结合方可成就辉煌业绩。

---

① 然而，洛迪之战当天亦有挫折。战斗胜利后，拿破仑得知拉阿尔普死于皮亚琴察附近的小战之中。大革命期间，拉阿尔普在伯尔尼的地产被当地政府没收，拿破仑于是致信法国驻伯尔尼大使，确保没收的财产返还他的 6 个子女。伯尔尼州政府当然不会拒绝洛迪胜利者的要求。

5月11日，拿破仑写了15封信，其中给督政府的如此说道："希望不久之后，我能把米兰和帕维亚的钥匙交给你们。"博利厄正在向曼托瓦（Mantova）行军，拿破仑单独告诉卡诺，只要拿下几乎固若金汤的曼托瓦，他就能在两"周"（décade，革命历的周，相当于十日）内"到达德意志心脏腹地"。[52] 尽管减员名单和统计的尸体数目必定会提供真实的伤亡数字，拿破仑依然报称：法军有150人伤亡，奥军有2000～3000人伤亡。终其一生征途，他经常系统性地夸大敌方损失、少报己方损失，此举当然是他非常熟悉的古典作家的写作特征。就连给约瑟芬写家书时，拿破仑也会夸张，他盼着她透露消息，出自她口中会让它更显可信。（一次战斗后，他给约瑟芬写信，先写700人受伤，然后划掉，改成100人。[53]）拿破仑清楚，在没有切实求证渠道时，至少一开始法国人会相信他口中的数字，他们不仅信了伤亡人数，也信了俘虏人数以及缴获的加农炮与军旗数。拿破仑写军事公报时并不觉得受制于誓言。

拿破仑因战后谎报挨批，但是立足传统道德评判这些报告未免荒谬。自孙子的时代起，虚假情报就是公认的战争武器。（温斯顿·丘吉尔曾说，战时真相太宝贵了，必须用一堆谎言捍卫它。）然而拿破仑的确有错，错在谎话太多，以至于最后真正的胜利反而变得不可信，或者至少不受重视了。法语中出现了短语"像公报一样撒谎"。条件允许时，拿破仑也给法国人看确凿证据，他送回缴获的敌方军旗，让它们陈列于荣军院军人教堂。然而，终其军事生涯，拿破仑都擅长把噩耗一般的消息说成单纯坏消息，把坏消息说成尚可接受的不好消息，把尚可接受的消息说成好消息，把好消息说成胜利。

两周来，拿破仑一直呼唤约瑟芬赴意大利团聚。他要她从都灵过来：

> 我求你了，和缪拉一起来，这样你能缩短十五天行程……你若幸福，我便安乐；你若开怀，我便愉悦；你若满意，我便知足。没有哪个女人被如此深沉的忠贞、热情与温柔爱过。我再也不是我心的绝对主宰，再也不能自定所有品位喜好，再也不能自主萌发所有渴求……没有你的信。我每四天才收到一封回信，如果你爱我就不会这么做，你会一天给我写两封……再见，约瑟芬，你是我无法理解的怪物……对你的爱与日俱增。分离消弭微细情感，却让深情厚谊更悠长……请思念我，或轻蔑地说你不爱我，那样的话，也许我能从精神中找到办法让自己不那么可怜……那将是美好的一天……你跨越阿尔卑斯山脉的那一天。那是我所有痛苦的最好补偿、所有胜利的最佳褒赏。[54]

93

约瑟芬一点儿也不想动身，她想了个挺冷酷的借口（如果那是真实情况的话），告诉缪拉她觉得有孕在身。消息传来，拿破仑欣喜若狂，5 月 13 日，他从洛迪司令部致信她："我能有幸见到腹部微隆的你吗！……你很快会诞下一个生命，它就像我一样爱你。我和孩子永远在你身边，让你相信我们关爱着你。你不会生气的，难道不是吗？不要说'哼！'！！！除非开玩笑。接下来我们就是三口或四口之家了，简直再妙不过。一记浅吻弥补一切。"[55]

约瑟芬可能是幻想自己怀孕，或者她真的流产了，但他们不会有孩子。事实上，她还被别的事分散注意力，于是没去意大利见丈夫——她正和骠骑兵中尉伊波利特·夏尔（Hippolyte Charles）如胶似漆。夏尔比她小九岁，风度翩翩，诙谐风趣，擅长恶作剧。约瑟芬致信友人称，"你会为他疯狂"，他的脸"那么漂亮！我敢说在他之前没人知道怎么系领巾"。[56]特别熟悉夏尔的金融家安托万·阿默兰（Antoine Hamelin）认为，此人只是"一介庸人，他唯一的优势就是俊朗的外表"。阿默兰还说，夏尔就像"假发匠学徒"一样粗俗。[57]此言显得夏尔中尉只像是花花公子，但那个年代常有决斗，必须承认他给拿破仑·波拿巴戴绿帽时的确有些勇气。

　　甚至在拿破仑的洛迪捷报送抵前，督政府就打算强迫他分享意大利战局的荣耀。事情之所以如此，重要原因之一是让·莫罗将军与让-巴蒂斯特·儒尔当将军在德意志表现平平，导致公众的高调赞美开始集中到拿破仑身上，危及督政府。自从1793年迪穆里埃将军背叛后，所有政府皆不想授予某位将军太多权力。拿破仑要求从克勒曼将军的阿尔卑斯军团调15000人支援自己，督政府回答说的确可以，但克勒曼必须跟去意大利，意大利军团指挥权也要分割。5月14日，即洛迪之战后第四天、夺取米兰前一天，拿破仑回信了。他告诉巴拉斯："我要辞职。我天生性格鲜明，稍具才干。没有你们的完全信任，我在这派不上用场。"作为瓦尔米会战胜利者的克勒曼，被拿破仑描述成一个"我不会尊重其腔调和准则的德意志人"。[58]与此同时，他致信卡诺："克勒曼自诩欧洲第一将，我不甘心和他共事，再说我相信一个坏将军胜过两个好将军。战争像政治一样讲究圆滑。"[59]

94

拿破仑给督政府的正式回复更显练达。"人人都有他的作战之道。克勒曼将军比我更富有经验，会比我表现更好，但我俩一起行动的话，事情只会糟糕透顶。"[60]假意自谦一番后，他流露出青年人的倨傲："仗打到现在，我还没咨询任何人。如果我被迫同异议者协商，那将得不偿失……我相信你们是毫无保留地信任我，所以我的行动才迅捷如思。"[61]拿破仑说两个司令会很快失和，诚如所言。他没法当克勒曼的同事，更别说部下了。到目前为止的战局已经证明单人司令制明显优于奥军的臃肿指挥系统。[①] 他的辞职威胁随洛迪与米兰的捷报送至巴黎，这确保了分权念头自此夭折。事后，拿破仑知道只要继续取胜就能支配督政府，尽管他越发鄙视当局，但仍用恰当的修辞表示顺从。

拿破仑致督政府的信经过大幅度删减后刊登在《箴言报》上，原文笑话与闲言都被略去了。举个例子，摩德纳的第三代埃库莱斯（Hercules）公爵孱弱无奇，拿破仑说他"配不上自己的教名，就像他配不上名门埃斯特家族之后的身份"。他又暗示公爵的首席谈判代表弗雷德里克（Frederic）阁下是西班牙舞女和公爵父亲的私生子。[62]巴拉斯后来说，拿破仑的报告含有"侮辱"与"讽刺"言论，令他震惊，但我们有把握认为，当时他和其他人都乐在其中。

1796 年 5 月 15 日（周日），拿破仑胜利进入米兰。[②] 为了表彰卡宾枪兵在洛迪夺桥战中的英勇表现，他们享有最先入城

---

① "战时全权指挥最重要，"拿破仑日后宣称，"只能有一支军队、一个行动基础、一位司令。" Chandler ed. , *Military Maxims*, p. 213.

② 据说，此刻拿破仑告诉马尔蒙："运气就像女人，她越服侍，我越索取。" Rose, *Napoleon I*, p. 118.

的殊荣。米兰百姓给卡宾枪兵"戴上鲜花，兴高采烈地迎接"他们。[63]拿破仑骑行过街道，群众高声欢呼，但他明白将被占领的城市总是倾向于欢迎征服者的。很多意大利人庆幸赶走了奥军，但他们对替代者法军其实没多少热情，倒是满怀忧虑。也有人认为法国革命理念将影响意大利的政治与社会，并且的确为之激动。这些人人数虽少，影响力却颇大。一般说来，受过良好教育、具备专业素养的世俗化精英阶层更可能视拿破仑为解放者，相对而言，天主教农民则认为法军是不信神的外国佬。

塞尔贝洛尼公爵邀请拿破仑入住米兰的豪华宫殿塞尔贝洛尼宫（Palazzo Serbelloni），宫内有 30 名内侍和 100 名厨房工作人员。公爵需要这些人手，因为客人拿破仑开始大肆享乐，他接待作家、编辑、贵族、科学家、学者、知识分子、雕刻家、意见领袖，陶醉于米兰的歌剧、艺术和建筑，这一切都内含政治目的。"你是著名艺术家，有权获得意大利军团的特别保护，"他致信身在罗马的雕塑家安东尼奥·卡诺瓦（Antonio Canova），"我已下令立即支付你食宿费用。"[64]拿破仑不甘只成为一长列征服者的最新一员，他想把自己塑造成开明的解放者，于是他提出最终建立独立统一的民族国家的希望，从而点燃意大利民族主义的火花。为此目的，进入米兰后第二天，他宣布成立伦巴第共和国。新国家将由亲法的意大利雅各宾派（giacobini，又叫"爱国者"）统治，他也鼓励整个地区以雨后春笋之势建立政治俱乐部（米兰俱乐部很快吸纳了 800 名律师和商人）。此外，拿破仑废除奥地利管理机构、改革帕维亚大学、组织选举临时市政府、建立国民自卫军，并会晤意大利统一运动的米兰领导人弗朗切斯科·梅尔齐·戴里尔

96　（Francesco Melzi d'Eril），尽可能授予他权力。不过，上述举动
并未阻止拿破仑与萨利切蒂以"捐赠"为名在伦巴第征收 20
万法郎。讽刺的是，"捐赠"日他发布当日公告，声称自己
"强烈关心军队荣誉，所以绝不容许任何人侵犯财产权"。[65]

　　正如梅特涅日后所言，1796 年时意大利"只是地理概
念"，虽然意大利有共同的文化和缓慢发展的通用语，但它远
不是国家。伦巴第理论上是新生的独立共和国，尽管法国是其
保护国，但威尼斯还是奥地利省份，曼托瓦也在奥军手中。奥
地利公爵与大公统治托斯卡纳、摩德纳、卢卡（Lucca）和帕
尔马；教皇拥有教皇国（Papal States），其领地包括博洛尼亚、
罗马涅（Romagna）、费拉拉（Ferrara）以及翁布里亚
（Umbria）；那不勒斯与西西里岛另成独立王国，拥戴波旁家
族的费迪南德四世（Ferdinand IV）；萨伏依君主也保有皮埃蒙
特和撒丁。尽管拿破仑索要"捐赠"，但梅尔齐等梦想国家统
一的意大利人别无选择，只能寄希望于他。

　　1796 年之后的三年［即所谓的"三年时代"（triennio）］，
在拿破仑将建立的一系列"姐妹共和国"中，意大利人会看
到雅各宾派兴起。拿破仑渴望以法国大革命为基础，在意大利
营造精英人士优于特权阶级、民族意识强于城邦地方主义、自
由思想重于特伦托天主教的新政治文化。[66]这也属于督政府的
政治议程，不过拿破仑推行自己的看法时越来越不尊重他们的
意见。雅各宾派受法国大革命原则熏陶，在三年时代中，拿破
仑允许他们动用有限权力，但旧秩序大多留存。常被征服的意
大利人往往有办法冷却征服者的热情，这次亦然。事实上，绝
大多数雅各宾政府的统治局限于城市及其周边地区，而且很少
长久。大部分意大利人认为，法国统治太赤裸裸、太集中、太

贪婪（特别是对金钱和艺术品）、太异国。然而，值得一提的是，除了天主教思想过激的南部乡野卡拉布里亚地区（Calabria），意大利并未像未来的蒂罗尔（Tyrol）和西班牙一样大举反抗拿破仑，因为总的来说，意大利人认为法国政府的方式比奥地利的更有利于他们。

　　拿破仑在新征服地区施行了下列改革：废除内部关税，刺激经济发展；关闭贵族议会等封建权贵势力中心；重组财政，削减政府债务；解散封闭的行会体系；实行宗教宽容；取消犹太人居住区，允许犹太人自由择居。有时他还将教会财产收归国有。未来十年，拿破仑在大部分占领区一再推行这些近代化政策。在法国以外的很多地区，中产阶级进步人士都很拥护上述举措，就连憎恨拿破仑的人也不例外。伏尔泰认为欧洲将逐渐文明化，在拿破仑生活的时代，这一观点在法国相当流行，它也为他的文明化行动奠定了基础。拿破仑废除异端裁判所，淡化封建做派、反犹规定以及行会等对贸易和产业的限制，他也给当地民众带来了真正的启蒙。如果没有他的军事胜利，他们在法律面前仍无权利和平等可言。

　　要是拿破仑想说服欧洲其他地区相信法国政体具有根本优势，比起一味顺从，他更需要积极合作。他可以赢得战争，但他的官员们得迅速跟进、赢得和平。事实上，18 世纪 60 年代，法语词典才收纳单词"文明"，拿破仑时代这个词也不常用，但法国大革命的精英积极领导起他们坚信的新型文明化方式，并且真的认为自己在法国大旗下改善了欧洲福祉。他们提供了新的生活方式，当然，先决条件是法国大军不败。从路易十四时代起，法国一直自称"大国"。1797 年 8 月，意大利军团报纸大力鼓吹道："大国每一步都伴着祝福！"[67]督政府时代，

97

法军军官在爱国宴会上如此祝酒:"为法兰西共和党的团结干杯,愿他们以意大利军团为榜样,在它的帮助下重振统领地球之国应有的活力!"[68]此言不符祝酒词的简洁本性,但流露了一切帝国霸业必需的文明优越感。

"人才与文豪不论国籍,皆法国人。"1796 年 5 月,拿破仑从米兰致信意大利的杰出天文学家巴尔纳巴·奥里亚尼(Barnaba Oriani),"米兰学者未得到应有的尊重。他们躲进实验室,如果教士不管他们……他们就觉得幸运了。今天一切都改变了。意大利思想自由了。异端裁判、不容异己、专制暴君不复存在。为了复兴科学与艺术,我邀请学者们共聚一堂,畅谈必需策略。"[69]废除审查制度令学者们欣慰,不过这当然不足以弭平对法军占领的批评。

然而,拿破仑必须把奥军全数逐出北意大利才能兑现哪怕一条承诺。1796 年 5 月,大批奥军驻于曼托瓦,他们被逐出的可能性不大,而且随时可能获救。进入米兰后,拿破仑对士兵发表宣言:

> 士兵们,你们就像一道激流,从亚平宁山脉(the Apennines)顶端直泻而下。你们推翻驱散了进军路上的所有障碍……完全是因为你们慷慨大度,帕尔马公爵与摩德纳公爵才保住了国家……这些辉煌战绩令你们的祖国满心喜悦……故园的父老乡亲为你们的好运欢欣鼓舞,骄傲地夸口说他们属于你们。[70]

这是一番溢美之词,但所有盼着在米兰好好休整的士兵马上就醒悟了:

你们厌恶柔弱的安眠，失去了荣誉的日子里，你们也失去了快乐。那么，让我们前进！我们要继续跋山涉水、过关斩将、建功立业、以牙还牙……然后你们会返回家园与祖国。人们会指认出你们："他来自意大利军团。"[71]

天主教教士在帕维亚制造反法起义，5月23日，拉纳直接射杀市政会成员，严厉镇压反抗。[72]次日，米兰西南方10英里处的比纳斯科（Binasco）上演了类似事件。[73]武装农民防卫该村，袭击法军交通线。"我们去帕维亚，半路上在比纳斯科击败1000个农民。"拿破仑告诉贝尔蒂埃，"我们杀了其中100人，然后烧村。虽然手段可怖，但威慑效果很好。"[74]烧毁比纳斯科一事类似于遍布旺代的一种反游击战斗，在那儿，法军正靠屠杀和烧村对付朱安党。[75]拿破仑相信"放血是政治药剂的配方"，但他也认为及时明确的惩罚有望阻止大规模反叛。[76]他几乎不会因为暴力而放纵暴力，也能体恤人间疾苦。比纳斯科事件结束一周后，拿破仑告诉督政府："我必须这么做，但这一幕还是很可怕的。我很痛苦。"[77]十年后，拿破仑给朱诺的一封信有如下附言："记住比纳斯科，因为它，意大利全境安定，千万人避免流血。恰当的严苛例子最有效。"[78]"如果你要开战，"1799年12月，他告诉戴杜维尔将军，"那就打起精神、严肃对待，唯此方能缩短战争，进而减少人类的悲痛。"[79]

帕维亚起义扩散至伦巴第的大部分地区，在此期间，当地最富裕的人家中有500人成了"政治犯"。他们被送去法国当人质，以确保意大利人顺从。在托尔托纳周边的乡村，拿破仑销毁了所有用于召集反抗者的教堂鸣钟，一旦当场抓获指挥农民团体的乡村神父便毫不犹豫地枪决他们。尽管他在科西嘉时已有的反教权思想就足以让他憎恨所谓的"伪神职人员"（la prêtraille），如今教区神甫煽动起义之举更是让他坚定此念。然而，此事也让他逐渐尊重教会作为制度的力量。拿破仑意识到不能与整个教会为敌。他承诺保护没有混淆政教事务的教士。

5 月下旬，拿破仑痛苦万分。他不断给约瑟芬寄去长信，询问"你会来吗？怀孕的事怎样了？"在单单一封信里，他叫了她五声"甜心"（dolce amor）。然而，约瑟芬却不回信。[80]有一次，他写道：

> 我预感你已经出发，满心欢喜……对我来说，你一来，我就高兴得忘乎所以。我迫不及待地想看你抱孩子……不，甜心，你会来，你会很好；你会生下像母亲一样美丽、像父亲一样爱你的孩子，当你老去，当你百岁之际，孩子会让你欣慰快乐……快来听美妙的音乐，快来看美丽的意大利。这里独独缺了你。[81]

100 伊波利特·夏尔身着天蓝色制服与匈牙利式紧身马裤，足蹬红色摩洛哥靴，爱搞孩子气的恶作剧，约瑟芬被他迷得神魂颠倒，直到下个月才离开巴黎。

1796 年 6 月 2 日，拿破仑开始围攻储备充足的曼托瓦。他一边提防奥军从蒂罗尔杀回，一边镇压北部叛乱，而且尚需夺取名为城寨（the Citadel）的米兰城堡，因此他的部队捉襟见肘。巴黎政府指示拿破仑把革命传播到西南方的教皇国、驱逐教皇城市里窝那的皇家海军。他得威胁威尼斯，确保它不会借援助奥地利而违背中立承诺。他下令把昂蒂布的围城器械运至米兰。6月中旬，拿破仑将突然南下扫荡教皇国。他盼着到时在博洛尼亚、费拉拉和摩德纳的要塞缴获更多大炮，从而增加围城器械。

5月30日，博尔盖托之战爆发，拿破仑渡过明乔河（the Mincio），博利厄被迫经阿迪杰河谷（the Adige valley）北上，退往特伦托（Trento）。在战斗中拿破仑险些被俘，于是他解散了卫队，另选猎骑兵连保护自己。这支部队是他的近卫猎骑兵（Chasseurs à Cheval de la Garde）前身，其指挥官让－巴蒂斯特·贝西埃（Jean-Baptiste Bessières）将军为人冷静谨慎。博尔盖托之战后，弗朗茨皇帝不再让倒霉的博利厄指挥奥军野战军（不过他仍率领曼托瓦守军），而改派陆军元帅达戈贝特·冯·武姆泽（Dagobert von Wurmser）上阵。阿尔萨斯人武姆泽又是一员古稀老将，他在七年战争中成名，那场战争结束六年后拿破仑才出生。

曼托瓦、佩斯基耶拉（Peschiera）、莱尼亚戈（Legnago）、维罗纳（Verona）这四座要塞是奥地利势力打开北意大利的钥匙，它们合称"四边形"（Quadrilateral），掩护北方与东方的阿尔卑斯山脉的入口以及通往波河和加尔达湖（Lake Garda）的道路。一般说来，拿破仑偏好灵活行军，尽量避免围城，但眼下他别无选择。他只能动用40400人围攻曼托瓦、保障交通线畅通、防守阿迪杰河（the River Adige）阵线。1796年6月至1797年2月，曼托瓦围城战一共只有五周。曼托瓦三面临大湖，剩下一面是高耸厚实的城墙，对所有攻城者来说，这座城市都是严峻挑战。城内守军兵力远超围城军队，至少在最初

阶段，奥军发射的加农炮炮弹数量是法军能够回击的数量的两
倍。然而，6月上旬，拿破仑靠伦巴第平原和"捐赠"获得充
足给养，以至于他给督政府送去100匹马车挽马，以便"给
你们的四轮大马车换上好马"。[82]他还送了价值200万法郎的黄
金，督政们非常需要这些财物。

6月5日，拿破仑会见法国驻托斯卡纳公使、外交官安德
烈－弗朗索瓦·米奥·德·梅利托（André-François Miot de
Melito）。日后米奥描述了他们的相遇：

> （拿破仑）特别瘦。他那扑了粉的头发剪得很奇怪，
> 直垂到耳朵下，触及肩膀。他穿着笔挺大衣，上绣一条细
> 细金边，扣子扣到下巴。他的帽子上插了根三色羽毛。他
> 给我的第一印象并不英俊，但颇具特色的面容、敏锐灵活
> 的眼睛、粗鲁生动的手势昭示了炽热的精神。他前额宽阔
> 多虑，说明其人是沉思者。[83]

米奥发现，拿破仑给缪拉、朱诺和拉纳下令时，"他们都
尊敬他，甚至能说是仰慕。我在其他军人身上看到过亲密情
谊，这符合共和国的平等，但他和战友之间没有那种迹象。他
已经取得了自己的位置，与他人保持距离"。此乃蓄意为之。
虽然拿破仑只有27岁，但他开始借助副官、秘书和家仆控制
别人接近他的难度，并提升他的地位。为此目的，除了朱诺、
马尔蒙、米龙和缪拉，他又任命了两名副官：革命军中的波兰
少尉约瑟夫·苏乌科夫斯基（Joseph Sulkowski）；炮兵军官热
罗·迪罗克（Géraud Duroc），他曾是奥古斯丁·德·莱斯皮
纳斯（Augustin de Lespinasse）将军的能干副官。数年后，拿

101

破仑说"他只同迪罗克亲近，只会完全信任迪罗克"。[84]除了拿破仑的家人，只有迪罗克等极少数人称他为"你"。

督政府希望拿破仑向那不勒斯的波旁王国进军，但他明白顶着蒂罗尔的威胁南下有危险，所以这回他没有像在凯拉斯科时一样超越巴黎的命令，而是直接抗命了。他命令米奥与那不勒斯商谈停火，要求该国撤回编入奥军的四个骑兵团、收回投入里窝那的皇家海军分舰队的军舰，否则他就率意大利军团入侵。那不勒斯谈判代表贝尔蒙特 - 皮尼亚泰利（Belmonte-Pignatelli）亲王拿到条约还不满两小时，但他一听到入侵威胁就签字了。此时拿破仑已经乐得嘲讽督政府了，他问皮尼亚泰利是否真的认为他"在为那群流氓律师而战"。[85]（拿破仑欣赏佩服个别律师，但他全然鄙视律师群体。五督政中有三个前律师、一个前法官——巴拉斯。只有数学家卡诺没有法律背景。）

拿破仑回到米兰，6 月 5 日，他又给约瑟芬写信。他仍然认为她怀孕了，正在来见他的路上。他写了很多很多长信，信中如火山爆发般喷涌出爱情、愤怒、迷茫与自怜，这说明他写信定是为了放松，进而逃避当时身上的沉重军政负担。那个年代的人刻意书写浪漫信件，拿破仑显然力争最理想效果。他写给妻子的内容和《克利松与欧仁妮》中的幻想几乎没有区别。其中一封信写道：

> 我的灵魂悲伤满溢，只望欢愉。不断有信来，却无你的消息。当你真的提起笔，却又只写几个字，毫无深情可言。你爱我时只是稍稍任性一下，你觉得就连让自己的心灵深陷其中都显荒唐……我对你仅剩一个愿望，愿你不会

102

厌恶对我的记忆……我不曾心怀平凡情感……我已经硬起
内心抵御爱情，而你出现，点燃了它无尽的激情，那是会
堕落的狂喜。我灵魂中的一切都为对你的思念让步，除此
之外的宇宙什么也不是。你最小的任性，我却奉之为神圣
号令。能见你就是我的极乐。你美丽和蔼，你是甜蜜，是
你脸上美艳无双的神色映照出的曼妙灵魂……残忍！！！你
从未动过的感情，怎能让我想象！！！但指责与我不相称。
我从不相信幸福。死神每天飘在我身边……我们值得为人
生搞出这一通忙乱喧闹吗？再见，约瑟芬……我的心头戳
着千把匕首，别把它们推向更深处。再见，我的幸福，我
的生命，我的世界唯一真实的存在。[86]

拿破仑曾多次从事文学创作，如宣泄对德西蕾的伤感、回
忆初夜、表达对法国“征服”科西嘉一事的痛恨、解释他的
雅各宾思想，等等。可这回，他真的给约瑟芬寄去忧心如焚的
信。她正忙于自己的风流事，懒得回信，隔上两周才写两三
行。有一次，她整整一个月没写信，直到 6 月 11 日才动笔。
那时拿破仑好像终于猜到事情不对了，因为当日他致信她的前
情夫巴拉斯：“我很绝望，妻子不来陪我。她被巴黎的情人拖
住了脚步。我诅咒所有女人，但我全心全意地拥抱朋友。”[87]
　　至于约瑟芬本人，拿破仑告诉她，他几乎已经听凭她不再
爱他（如果她真的爱过），但次日早上，他无法接受这有些明
显的结论，于是拼命抓住其他可能性，包括她也许要死了
（尽管巴黎的缪拉报称，就算生病了，她得的也是“小病”）：

　　　　你不爱我了。我唯有一死……如果可以！！！我的心上

缠满复仇女神的毒蛇，我已然半死半生。噢！你……我在流泪，既无安逸也无希望。我尊重这命运的愿望与不变法则，它让我背上荣誉重负，对自身不幸愈感悲痛。我会逐渐适应新局面的一切，但我无法习惯不再尊敬它。但不，这不可能，我的约瑟芬在路上。她爱我，至少爱那么一点。许诺了那么多爱，岂能两个月就消散。我恨巴黎、女人和做爱……那是可怕局面……和你的行为……但我能怪你吗？不，是你的命运让你做的。你如此友善，如此美丽，如此温雅，你能刺穿我的绝望吗？……再见，我的约瑟芬，想到你向来令我开心，但现在一切都变了。替我拥抱你的漂亮孩子们，他们写了可爱的信。因为我必须停止爱你，我就更爱他们了。不论命运和荣誉，我将爱你一生。昨夜我重读你所有的信，甚至读了你的血书，它们让我产生了怎样的感情啊！[88]

拿破仑一度叫约瑟芬见面前三天不洗澡，这样他就能沉浸于她的体味。[89]6 月 15 日，他对她坦言："我不能容忍情夫，更别说带他过来。"他说他回想起一个梦，"梦里我脱下你的靴子、裙子，把你整个人放进我心里"。[90]

拿破仑给约瑟芬写了数百页感情狂想，不断暗示要是她发生了什么他就去自杀，但他提到战争时说的信息几乎都能在公共报纸上找到。他也不放心对她述说自己内心深处对人对事的看法。或许他担心信会落入敌军之手，因为特别信使把信送到巴黎要花两周时间。1833 年，拿破仑给约瑟芬的 238 封信首次出版，英国政客约翰·威尔逊·克罗克（John Wilson Croker）便在《每季评论》中提出了另一种看法。也许正如他

104

所说，拿破仑认为约瑟芬"轻浮放荡、水性杨花，虚荣得足以讨好，粗心得无法信任"。克罗克贬低这些信，认为它们说明两人"没有切实信任，没有思想交流……没有认真对话，没有一致兴趣"。[91]他的话听来严苛，但不无道理。

拿破仑能够划分生活中的事务，所以他思索某事时不会被他事干扰。大概这是伟大政治家的必备素质，但他把这种能力发挥到了超凡水平。"我的大脑就像储物柜，不同主题不同事务分门别类放好。"他曾说，"不想继续思考某事，我就关上它的抽屉，打开另一个。我想睡觉？只要统统关上就睡着了。"[92]一名副官写道，拿破仑的部下非常"钦佩他头脑发达，且能灵活自如地在任何喜欢的事上切换全部注意力"。[93]他的私生活刮起了飓风，他逐渐认识到爱慕的女人对自己至多不冷不热，这让他愈发痛苦，但他一边置身这一切之中，一边给大胆的战役方案添上最后一笔。拿破仑已经取胜五场，这份计划会让他超越前胜告捷七次，并助他拿下曼托瓦、赶走统治了意大利三个世纪的奥地利哈布斯堡王朝。

第五章　克敌制胜

为了指挥一支军队，你需要不懈地投身于它，抢先获知情报，为一切做好准备。

——1813 年 4 月，拿破仑致约瑟夫

胜利与失败仅一步之遥。我发现最关键时刻总是细节定乾坤。

——1797 年 10 月，拿破仑致塔列朗

在意大利战局中，拿破仑的头号敌人一直是奥地利，但他也能利用奥地利不具威胁性的短暂时间保卫后方。1796 年 6 月，法军进入教皇国，据说他们用圣烛点烟斗，不过这画面太过生动，像是一记反法宣传。[1] 庇护六世倒是确曾批判法国大革命，并支持第一次反法同盟，但他没有正式加入同盟。教皇很快要为这一侮辱行为付出高昂代价。庇护六世现年 78 岁，已统治二十一年。6 月 18 日拿破仑进入摩德纳，次日又入驻博洛尼亚，教皇的军事水平和个人能力无法阻止他。他驱逐了两地教廷当权者，强迫他们在一周内妥协。6 月下旬，拿破仑与教皇达成停火协议，要求对方"捐赠"1500 万法郎，这笔钱足以让督政府考虑缔结和约。萨利切蒂还与教皇国商谈艺术品交接。"法国专员有权挑走 100 件画作、花瓶、半身像或雕

像"，其中包括尤尼乌斯·布鲁图的铜制半身像和马库斯·布鲁图的大理石半身像。此外，法国人还拿走了梵蒂冈图书馆的

106 500 份手稿。[2]8 月 11 日，拿破仑敏锐地察觉到图书馆打算尽量敷衍，遂致信法国驻罗马代理人弗朗索瓦·卡科（François Cacault）："条约写的是 500 份手稿，不是 300。"[3]

6 月 21 日，26 岁的拿破仑给督政府写了至少四封信。这些信警告道，他只有一支"中等规模"的军队，却得用它"四处救急：拖住（奥地利）军队、围攻要塞、保护后方，并威慑热那亚、威尼斯、佛罗伦萨、罗马、那不勒斯。全线都需强势兵力"。[4]诚如此言。意大利的大城市（名单上甚至可添加米兰和都灵）之所以受制，既是因为似乎无敌的拿破仑威震全境，同样也是因为其附近有随时可供调遣的军队。妥善协调的反叛容易损害他。督政府仍然认为莱茵战场重要得多，没给他多少增援。

此时，拿破仑在意大利的治国策略讲求巧妙明智地运用威胁与漠视。"在此必须烧杀一番，营造恐慌气氛，"6 月 21 日，他写道，"在彼必须视而不见，因行动时机未到。"[5]他满足待征服者的自尊，但也叫他们完全明白反抗的下场。"法军热爱全人类，尊重全人类，特别是淳朴正直的山民，"当月，他对蒂罗尔居民发表宣言，"但若你们不为自己着想，执意拿起武器，我们就化身恐怖的天降烈火。"[6]

拿破仑很依赖贝尔蒂埃，但他大大方方地维护自己的能力。6 月 22 日，拿破仑在博洛尼亚会见米奥·德·梅利托，问外交官某则流言的情况："他们说胜利多亏贝尔蒂埃，他指挥我的计划，我只是听从他的建议。"米奥曾在凡尔赛结识青年贝尔蒂埃，他否认了谣言，于是拿破仑热情地说："没错，

贝尔蒂埃一个营都管不了！"[7] 此言非他本意，因为 1798 年与 1800 年，他分别让贝尔蒂埃指挥意大利军团和预备军团，但它说明他格外关心自己的公众形象。亦有另一件风格与之相似的事：他修改宣言文本，去掉"法军指挥官们"的"们"字。

英国商人与托斯卡纳大公友好通商，6 月 27 日，法军将他们逐出里窝那，缴获了价值 1200 万英镑的货物。米兰城寨经受了四十八小时炮击，于 29 日陷落。7 月 11 日，英军回击，吞并意大利海岸线上的大公国前领土厄尔巴岛，拿破仑理智地评论道："我们违反中立在先，没资格抗议别人。"[8] 事后不久，拿破仑从弗朗茨皇帝胞弟、托斯卡纳大公费迪南德三世（Ferdinand III）处榨取了一笔"捐赠"，此人曾授予里窝那的英国商人经营特权。7 月 1 日，拿破仑造访佛罗伦萨，从圣弗雷迪亚诺教堂（San Frediano）到碧提宫（Pitti Palace）的街上"挤满市民"，他们争着看他一眼。[9] 他在碧提宫波波利花园拜访费迪南德，一睹美第奇（Medici）家族委托彼得罗·达·科尔托纳（Pietro da Cortona）创作的天顶画杰作，这幅画不好运往巴黎。他也一览鲁本斯、拉斐尔、提香、凡·戴克和伦勃朗的作品，这些都能拿走。大公待拿破仑极尽礼数，而后者告诉前者："令兄在伦巴第再无寸土。"此言不实——曼托瓦仍在顽抗。费迪南德"非常克制，显得全不在意"，但他清楚，若曼托瓦陷落，他的权位马上不保。[10]

6 月 26 日，约瑟芬终于含泪从巴黎启程去米兰。同行之人有约瑟夫·波拿巴（他正在调养性病）、约瑟芬的女伴（demoiselle-de-compagnie）路易丝·孔普安（Louise Compoint）、约瑟夫的妻舅尼古拉·克拉里（Nicolas Clary）、金融家安托万·阿默兰（他依赖约瑟芬过活，想去拿破仑处谋职）、朱诺、四名仆人、一队骑兵护卫以及约瑟芬的小杂种犬好运（Fortuné）。好运在床上咬过拿破仑，后来同其厨师的狗干了一架，这是一次不公平的打斗——厨师的狗更大更凶猛。[11]约瑟芬胆大包天，她竟然带上骠骑兵情郎伊波利特·夏尔。路上，朱诺勾引路易丝，约瑟芬到米兰后便解雇了女伴，从此她与朱诺结仇，两年后痛悔不已。

在南下途中，拿破仑的长长情书汹涌而来。一封典型信件如此收尾：“再见，我的爱人，吻你的唇，吻你的心……（盼着）在你怀中、在你脚边、在你胸口的那一刻。”[12]他从托斯卡纳的皮斯托亚（Pistoia）致信她，说自己口袋里“塞满没寄给你的信，因为它们太蠢太傻，只能用荒唐（bête）来形容”。[13]考虑下他真正寄出的信的文风，我们便可断定留下的一定分外夸张。拿破仑早年的感情受虐癖复发，他写道：“尽情嘲笑我吧，别离开巴黎，叫大家都知道你在找情人，绝对不要给我写信。啊！我只会更爱你十倍！”[14]

7月10日，约瑟芬抵达塞尔贝洛尼宫，三天后，拿破仑来此同她会合。之前六周，他从米兰出发，途经哈布斯堡帝国、教皇国、威尼斯以及独立城市佩斯基耶拉、布雷西亚（Brescia）、托尔托纳、摩德纳、博洛尼亚、里窝那、佛罗伦萨、罗韦尔贝拉（Roverbella）、维罗纳，然后返回米兰。他一共行军300英里，震慑整个意大利中部，攫取了总计超过4000万法郎的“捐赠”。拿破仑没有注意到伊波利特·夏尔，朱诺、缪拉和约瑟夫都不想揭露实情，而且约瑟芬似乎热情回应他的殷勤，不管她心里有何情绪。阿默兰回忆道：“他不时离开书房同她玩乐，拿她当孩子一般。他逗她，惹她尖叫，粗暴地拼命爱抚她，我只好走到窗边，看窗外天气。"[15] 他们的关系的确非常依赖触觉，剧作家卡里翁·德·尼萨（Carrion de Nisas）记载道："波拿巴夫人年老色衰，但极其谦和迷人。她时时爱抚丈夫，他似乎对她痴心一片。她常为很小的事落泪，有时每天都哭。"[16]

萨利切蒂为约瑟夫谋得意大利军团军需总监一职，拿破仑召兄长过来，这样的话，他身边便有人可托付微妙的秘密外交。约瑟夫去里窝那、帕尔马和罗马执行任务时，他在这方面的才能为弟弟所用。他后来和米奥·德·梅利托重建法国对科西嘉的统治。在这些征途中，约瑟夫发现自己确有外交才华。

武姆泽正率 5 万人南下，法军得赶在他解围前从博利厄手中夺取曼托瓦，所以拿破仑只能待两晚。"我打算大胆出击。"他告诉督政府。[17] 然后他又和督政说了缪拉的计划：缪拉将率乔装改扮、身着奥军军服的士兵趁夜渡河，此举旨在打开城门、为他赢得入城时间。拿破仑写道，缪拉的"突袭就像类似行动一样取决于运气，比如一条狗或一只鹅"，[18] 可见他当时很可能想到拯救古罗马的卡皮托利诺山上的鹅。最终，波河水位下降导致湖面萎缩，夜袭计划告败。

7 月下旬，拿破仑安插在奥军参谋部的情报贩子报称，武姆泽正沿加尔达湖两岸南下解曼托瓦之围。武姆泽指挥的部队中有从莱茵战场调来的精锐老兵。在曼托瓦，疾病开始拖垮博利厄的守军。战时，拿破仑很仰仗情报，他不让参谋插手，坚持自己分析敌情，从而亲自确定每条信息的可信度。[19] 为了搜集军情，军队审问逃兵与战俘、派骑兵巡逻，甚至把雇农妻子扣作人质后让士兵假扮雇农。拿破仑清楚，执行侦察任务的间谍和军官可能混淆军团和小分队，他们的报告常常也非亲身见闻，而是从"恐慌或惊讶的人们"那儿听来的。[20]他命令情报官员："每到一处都要仔细侦察隘路与浅滩；觅得可信向导；盘问教士和邮政局长；迅速了解居民；派出间谍；拦截公文与书信……简言之，当大军最前头的总司令抵达时，你们要能回答他的所有问题。"[21]

这回的间谍报告属实。武姆泽率五路纵队沿加尔达湖东岸南下，兵力合计 32000 人；出身克罗地亚（Croatia）的骑兵、彼得·冯·夸斯达诺维希（Peter von Quasdanovich）将军率18000 人沿西岸南下。拿破仑让塞吕里耶留下 10500 人继续围攻曼托瓦，自领 31000 人迎接新敌。他派皮埃尔-弗朗索瓦·索雷（Pierre-François Sauret）带 4400 人去萨洛拖住夸斯达诺维希，令马塞纳率 15400 人去东岸。他调遣亚森特·德皮努瓦（Hyacinthe Despinoy）将军的 4700 人，以便掩护佩斯基耶拉-维罗纳一线。他让奥热罗的 5300 人从东边监视公路，并留下基尔迈纳的 1500 名骑兵充当预备队。此后拿破仑本人不断往返于布雷西亚、卡斯泰尔沃诺（Castelnuovo）、代森扎诺（Desenzano）、罗韦尔贝拉、卡斯蒂廖内（Castiglione）、戈伊托（Goïto）和佩斯基耶拉，哪儿能最好地把握战局，流动司令部就搬到哪。天气常常炎热，他又不停奔波，在短时间内接连累死五匹坐骑。[22]拿破仑的波兰副官代齐德里·亚当·赫瓦波夫斯基（Dezydery Adam Chlapowski）回忆道："他从不用马刺或膝盖策马，只用鞭子。"[23]

不出所料，7 月 29 日，夸斯达诺维希将索雷逐出萨洛，不过该镇曾三度易手。同日凌晨 3 点，东岸的马塞纳在拉科罗纳（La Corona）和里沃利（Rivoli）遭遇大举进攻，只得沿阿迪杰河且战且退，他下行很长一段路，于夜幕降临时抵达布索伦戈（Bussolengo）。奥地利人大胆前进，拿下里沃利。"明天，或许之后，我们会夺回你今天失去的一切。"拿破仑为了让马塞纳放心，于是说道，"勇气在，一切就在。"[24]然而，7月30日，奥军发起"布雷西亚奇袭"，以3人死亡、11人负伤的微小代价俘虏了当地守军，并占领医院。医院病人包括拉纳、被某位吕加（Rugat）夫人传染了性病的缪拉以及克勒曼之子弗朗索瓦–艾蒂安（François-Étienne Kellerman），小克勒曼是出色的骑兵。拿破仑要约瑟芬从布雷西亚回米兰，就连她也差点在路上被俘，他便发誓道："武姆泽必须为那些眼泪付出惨痛代价。"[25]

拿破仑对督政府承认道，"我们遭受了一些挫折"，同时他把所有不必要的装备运至后方。[26]7月29日中午，他认为大批敌军将从巴萨诺（Bassano）南下，遂命令军队在维罗纳东边的维拉诺瓦（Villanova）集结。奥热罗师来回行军五十五小时，一共走了60英里，但次日中午，拿破仑发现敌军主力其实在北边和西边。如果他迎击主攻的武姆泽却未完胜，不管怎么说他也拿不下曼托瓦，于是他决定先对付夸斯达诺维希。7月30日，他命令塞吕里耶放弃围城、增援野战军：路易·佩尔蒂埃（Louis Pelletier）旅支援奥热罗，达勒马涅旅支援马塞纳。[27]拿破仑命令奥热罗退回罗韦尔贝拉："每一秒都是宝贵的……敌军在三处突破我军阵线，并掌控科罗纳和里沃利两处要地……你会发现，我们与米兰和维罗纳已经失联。在罗韦尔贝拉待命，我本人会去。"[28]奥热罗一刻也没有耽误。

法军放弃曼托瓦围攻，同时放弃至少179门无法运走的加农炮与臼炮，并沉弹药入湖。这样做令拿破仑痛心，但他明白当前战事的关键不是要塞，而是野战大捷。"不管发生什么，不论代价多大，明天我们必须在布雷西亚睡觉。"他告诉马塞纳。[29]31 日，他的往复奔波险些酿成悲剧。在从罗韦尔贝拉去戈伊托的路上，他侥幸逃过一支克罗地亚部队的伏击。

111　　在布雷西亚和萨洛之间，海拔 3000 英尺的群峰与数列冰碛山丘经洛纳托（Lonato）、卡斯蒂廖内以及索尔费里诺（Solferino）延伸至沃尔塔（Volta），非常破碎的地表亦随之降为宽阔平坦的平原。7 月 31 日凌晨 3 点，法军向西进军。黎明时分，索雷与奥军将领奥特（Ott）在洛纳托镇激战四小时。与此同时，马塞纳在代森扎诺与洛纳托之间展开部队，将第 32 战列步兵半旅置于左翼。奥特寡不敌众，败走。奥热罗尽全力迅速赶到，现在夸斯达诺维希要用 1.8 万名奥军士兵对付 3 万名法军士兵，所以他立刻撤退。当晚，拿破仑担心交通线，遂与奥热罗一同进军布雷西亚，次日上午 10 点到达该地。

武姆泽听说拿破仑一边向西边的布雷西亚进军，一边在罗韦尔贝拉集结兵力掩护曼托瓦围城战线（其实法军已放弃围城），他完全糊涂了，按兵不动，结果丧失了主动权。第 18 轻步兵半旅指挥官安托万·拉瓦莱特（Antoine La Valette）曾仓皇逃出卡斯蒂廖内，次日，拿破仑当着 18 半旅的面将其撤职。那一天，军队热情高涨，促使他决心设法击溃夸斯达诺维希。8 月 3 日，第二次洛纳托之战爆发，他派布雷西亚的德皮努瓦去加瓦尔多（Gavardo）击退夸斯达诺维希右翼，令获得增援的索雷去萨洛攻其左翼，并让达勒马涅旅在两地间行军，使两支部队相连。索雷的士兵冲拿破仑抱怨饿肚子，他回答敌营有食物。

让-约瑟夫·皮容（Jean-Joseph Pijon）将军的旅被逐出洛纳托，皮容本人也被俘。值此关头，拿破仑率马塞纳师部分人马赶到，命令第 32 战列步兵半旅排成"连纵队"。伴着鼓声与音乐，列队一完成他就让 32 半旅发起刺刀冲锋，并派 18 半旅支援他们。两个半旅都折了营长，但奥军被他们赶回代森扎诺，径直撞上拿破仑的骑兵卫队连、第 15 龙骑兵团部分兵员、第 4 轻步兵半旅。朱诺身负六伤，但仍接受整个奥军旅投降。夸斯达诺维希得知灾难，于是紧沿加尔达湖北岸撤退，试图同武姆泽会师，接下来十天他一直未参战。"我平静了，"拿破仑的战后公报写道，"勇敢的 32 半旅在那儿。" 32 半旅在军旗上把他的话绣成硕大金字，自豪感驱使他们变得更勇敢。"语言对人的影响令人惊讶。"多年后，拿破仑提起 32 半旅时如是说。[30]

8 月 3 日，奥热罗在干旱平原与敌鏖战十六个小时，夺回卡斯蒂廖内。此后多年，每当自己的随员指责奥热罗不忠，拿破仑就会说："啊，但别忘了，他在卡斯蒂廖内救了我们。"[31]8 月 4 日，法军在卡斯蒂廖内重新集结。武姆泽已再无机会袭击拿破仑的后方。他正率 2 万人沿索尔费里诺缓慢上行，此时他最好的盼头就是为曼托瓦争得时间应对下次围城。8 月 4 日早上，拿破仑在洛纳托，身边只有 1200 人，而夸斯达诺维希麾下掉队的 3000 名奥地利士兵突然误入镇中。拿破仑冷静地告诉对方的谈判军官（parlementaire），他的"整个大军"都在这里，"如果八分钟内奥军师不放下武器，我就叫它全军覆没"。[32]为了以假乱真，他命令贝尔蒂埃调配掷弹兵和炮兵，后者知道这些部队根本不存在。奥军缴械投降后才发现周围并无法军，他们本可轻易俘虏拿破仑。

在第二次洛纳托之战中，拿破仑首次采用了营方阵

112

（bataillon carré）系统。18 世纪 60 年代和 70 年代，吉贝尔和布尔塞分别在教科书中发明营方阵，但拿破仑最先在战场上成功运用它。在营方阵体系的菱形阵型之下，举个例子，若右翼遭遇敌军主力，右翼师就变成新前卫，负责钉住敌军，原前卫与后卫大队的人自行变成实施机动的集团（masse de manoeuvre），这一核心打击力量能支援新前卫师，其目标是包围敌军侧翼。因此不论哪个方向，大军皆可相对轻松地转 90 度。营方阵还有可以放大的优点，它既适用于师，也适用于整个军。这一系统的关键是布尔塞所谓的"有控制的分散"（controlled dispersion），拿破仑凭此大大增强了军队的灵活性，根据战况变化不断变更战场前线。[33]

8 月 5 日（周五），曼托瓦西北方 20 英里处爆发了第二次卡斯蒂廖内之战，拿破仑又使用营方阵战术。武姆泽右翼为索尔费里诺，左翼为曼托瓦 - 布雷西亚公路上梅多拉诺山（Monte Medolano）上的某处多面堡，其兵力在 2 万到 2.5 万人之间。拿破仑有 3 万多人：马塞纳的 1 万人在左翼排成横队与纵队；奥热罗的 8000 人在卡斯蒂廖内镇前方组成两排横队；基尔迈纳的骑兵在右翼留作预备；德皮努瓦的 5000 人正从萨洛折回；帕斯卡尔·菲奥雷拉（Pascal Fiorella）将军率塞吕里耶师的 7500 人从南方赶来，打算给奥军后方决定性一击。拿破仑计划佯退，诱使武姆泽的预备队北上。第二次卡斯蒂廖内之战非常复杂，站在洛纳托壮观城堡的顶端和索尔费里诺的拉罗卡（La Rocca）钟楼顶楼可非常清楚地纵览全局，也可最充分地理解此战。

8 月 5 日上午 9 点，拿破仑听见南方加农炮响，他以为菲奥雷拉来了，但那其实只是法军第 8 龙骑兵团在圭迪佐洛

（Guidizzolo）洗劫奥军辎重车队。他令马塞纳和奥热罗发动进攻，派马尔蒙携 12 门大炮去梅多拉诺山。双方全面开战，武姆泽被迫调步兵阻挡菲奥雷拉，奥热罗遂拿下索尔费里诺，德皮努瓦也及时赶来援助中左翼。武姆泽发现自己困在两路军队中间，还有第三路正威胁他的后方，他被迫撤退，差点被法军轻骑兵抓获。强行军赶来的法军筋疲力尽，仅仅因此奥军才免遭灭顶之灾，逃至明乔河对岸。

当日，奥军有 2000 人伤亡、1000 人被俘，还有 20 门大炮被缴获。拿破仑的军官清点法军死亡人数，发现伤亡及失踪人员合计约有 1100 人。① "于是我们做到了，" 8 月 6 日，拿破仑回报督政府，"用五天完成又一战役。"³⁴ 两日后，他再次占领维罗纳，便补充道："奥军……像梦一般无影无踪，被他们威胁的意大利也安静了。"³⁵ 8 月 10 日，他二度包围曼托瓦，10 英尺厚的城墙内仍有 16400 名奥军士兵，不过只有 12200 人尚可到岗。

8 月剩下的三周中，拿破仑重整军队。他非常佩服索雷与塞吕里耶，送这两位受伤的将军回家，并让炮兵中的老手克洛德－亨利·沃布瓦（Claude-Henri de Vaubois）将军、近日才晋升的让－约瑟夫·萨于盖（Jean-Joseph de Sahuguet）将军接任，巴黎对此没有多少指示。拿破仑每打一次胜仗，他在法国的声望就涨一分，督政府也愈发怀疑无法控制他。"哪怕一个

114

---

① "失踪"涵盖当日战事的诸多情况：死亡但尸骨难寻或难辨；藏匿；逃跑；意外或蓄意迷路；诈病；被俘；遭遇脑震荡；被游击队杀死；战后花名册误列；暂编入别的部队；在野战医院昏迷不醒、身份不明；炸得粉身碎骨；抑或仅仅是擅自离队。因此，"失踪"的人后来常常变回战斗力，不过很多人也一去不返。

心灵纯澈的法国君子怀疑我的政治动机，"他告诉卡诺和巴拉斯，"我就马上舍弃报效国家的快乐。"³⁶此时拿破仑知道，这番虚张声势被他们指责的风险不大。先前他得跟政府商量晋升哪位将领，因为当局有一堆现役将军，多达 343 人。然而，他越取胜，督政府就越依赖他聚财立威，于是也就越少干预他的选择。

他的私生活显然不那么安定。他努力去找度假的约瑟芬，"两周来我妻子一直在意大利游荡，我想她在里窝那或佛罗伦萨"。拿破仑曾让吕西安在马赛处理军需工作，但弟弟突然不经自己的司令（和哥哥）同意就去了巴黎。拿破仑提出，要是能追上"精力勃发但刚愎自用"的吕西安，就在二十四小时内送他去北方军团（Army of the North）。³⁷

8 月下旬，拿破仑得知武姆泽准备再解曼托瓦之围。他疏导交通线，又从阿尔卑斯军团获得援军，现在共有 5 万人。武姆泽可行的南下路线有三条，拿破仑不知其会选哪条，他的布置如下：沃布瓦率 11000 人封锁加尔达湖西岸的路；马塞纳率 13000 人去里沃利，奥热罗率 9000 人去维罗纳，从而构成核心的实施机动的集团；基尔迈纳率 1200 名步兵与大部分骑兵监视东边的路。拿破仑本人领预备队 3500 人待在莱尼亚戈，萨于盖领 10000 人包围曼托瓦，另有 6000 人提防克雷莫纳（Cremona）起义。一旦拿破仑猜出武姆泽的进攻路线，他就能集中兵力，在那之前，他一直忙着保障白兰地、面粉、草料、军火和军用饼干（烤面包制成的方形硬面饼）供应充足。

9 月 2 日，拿破仑确认武姆泽将从阿迪杰河流经的瓦拉加里纳山谷（the Vallagarina valley）南下。他打算一得知德意志军团司令莫罗将军到达因斯布鲁克（Innsbruck）就从瓦拉加里纳谷地出击，因为若有可能，他的进军应同德意志战况协调。然而，9 月 3 日，卡尔大公在维尔茨堡击败儒尔当将军，而莫罗深入拜恩南部，突袭慕尼黑（Munich），所以他俩都不能帮他忙。若拿破仑被迫同时对付卡尔大公与武姆泽，那么他根本没有足够人手。他必须提防这种风险。

拿破仑前进至特伦托以南 15 英里处的罗韦雷托镇（Rovereto），4 日，他在此截击武姆泽前卫。破晓时分，他来到防守严密的马科峡口（defile of Marco，在罗韦雷托正下方），此时另一支敌军屯于阿迪杰河对岸的莫里（Mori）设防营地。皮容的轻步兵占领马科以左的高地，奥军阵线顽抗两小时后放弃了。法军约有 750 人伤亡或失踪，奥军将领达维多维希（Davidovich）男爵损失 3000 人（大部分被俘）、25 门大炮和 7 面军旗。[38]

罗韦雷托之战后，奥军全线撤退。下周，双方又在小山谷内连战四场。在卡利亚诺（Calliano），奥军警备太松懈，结果他们做早饭时遭法军突袭，丢了阵地。9 月 7 日，法军在普里莫拉诺（Primolano）进攻似乎牢不可破的阵地，靠强势冲劲拿下了它。山谷两侧猛然汇聚成 U 形，两侧的陡直峭壁彼此仅隔半英里。奥军本可轻松守住谷口，但当日下午，法军轻步兵纵队拥上两侧山峰、蹚过及腰湍流布伦塔河（the Brenta），完全用冲锋对敌，奥军遂逃往巴萨诺。

当晚，拿破仑睡在奥热罗师，他吃士兵口粮，裹斗篷躺在星空下，早期战局里他经常这么做。次日，他在巴萨诺俘房 2000 名奥军士兵，缴获 30 门火炮和不少弹药马车。法军只有一次小挫折。11 日在切雷阿（Cerea），马塞纳追歼敌军时冲

116　过头遭遇小败，导致 400 人伤亡。次日，奥热罗不费一卒攻克莱尼亚戈，他缴获了 22 门大炮，释放了当地关押的 500 名法军战俘。仅仅三天后，即 9 月 15 日，基尔迈纳在曼托瓦城外的拉法沃里塔（La Favorita）击败武姆泽，迫使奥军司令进入围城之中。

9 月 19 日，拿破仑回到米兰陪伴约瑟芬，待了近一个月。他派马尔蒙携最好的宣传工具——22 面奥军军旗——赴巴黎，将其陈列在荣军院中。凭借快速的作战节奏，他总是先发制人，奥军本可在狭长山谷内的很多地方拖住或阻击他，但他却像玩保龄球般接连打击他们。布伦塔河谷的闪电战役完美证明了为何军旅精神无价。拿破仑动用自己的意大利统治权询问当地民众，采取能让军队瞬间转向的营方阵。他在罗韦雷托将奥军一分为二，迫使他们各自走开，然后他操作经典的中央位置机动，各个击破敌军，而且他常常在黎明发动进攻，一直给武姆泽施压。

战役开始时，武姆泽有 20000 人，还比拿破仑提早三天行动。战役结束时，他被迫率剩下的 14000 人退入曼托瓦，同已然受困的 16000 人合兵。10 月 10 日，曼托瓦又挤得满满当当，只不过这回武姆泽也身在城中。六周之内，他的军队有 4000 人死于伤病和营养不良，另有 7000 人住院。城中食物只够支撑三十八天，武姆泽只好出击，以便去乡间寻找给养，尽管此举令他折损近 1000 人。

曼托瓦撑不了太久，然而大战局环境不利于拿破仑攻陷该城。9 月 21 日，卡尔大公把儒尔当赶回莱茵河对岸，所以奥地利多半会三度派兵解围，而且这回的兵力将远超之前的。拿破仑要督政府增派援军 25000 人，以防罗马和那不勒斯宣战，他补充道，还好"帕尔马公爵表现很好，但他也一无是处"。[39] 10 月 2 日，拿破仑向弗朗茨皇帝求和，他既奉承又恐吓，想借此引诱对方谈判。"陛下，欧洲渴望和平，"他写道，"这场战争灾难实在太久了。"他警告弗朗茨，督政府已令他封锁的里雅斯特（Trieste）等亚得里亚海（Adriatic）岸边的奥地利港口，并补充道："我不希望这场战争再添无辜牺牲者，（因此）尚未执行指令。"[40]奥地利皇帝弗朗茨也是神圣罗马帝国皇帝（神圣罗马帝国是个松散联盟，其治下的半独立国家遍布德意志与中欧的很多地区。神圣罗马帝国和奥地利是不同的政治实体，但前者受后者控制），为人骄傲清贫、精于计算，并且憎恨将其姨母玛丽·安托瓦内特斩首的大革命。1794 年的佛兰德（Flanders）战役中，弗朗茨曾短暂指挥奥军，后来他把指挥权交给弟弟卡尔大公。论军事能力，弗朗茨远不及卡尔。拿破仑的求和书如泥牛入海。

117

10 月 8 日，拿破仑又威胁辞职，这回的理由是全身乏力。"我不能骑马了，"他写道，"我只剩下勇气，但单凭勇气难当此职。"他还宣称，2 月之前难克曼托瓦，而且"罗马正在武装，并煽动人民的狂热"。他认为梵蒂冈的影响"不可估量"。[41]他警告道，秋雨导致医院病号增加，要求督政府授权他同那不勒斯签署"最关键"的最终条约、同热那亚和撒丁结成"必要"的同盟。拿破仑传达的中心信息是，"最重要的是派援军来"，但他也希望巴黎知道，"在你们拿去冒大险的东西中，你们的意大利将军永远不是核心"。

两天后，拿破仑未经督政府批准与那不勒斯全面媾和。和约规定，若波旁家族同意不参加任何反法活动，拿破仑就允许他们保留王位。为防奥军从北面入侵，他得保障南部安全。他也确保交通线不经过皮埃蒙特－撒丁，而是从更可靠的热那亚过境。撒丁新君卡洛·艾曼努尔四世（Charles Emmanuel IV）不值一提。

巴黎人正传播流言，他们说拿破仑的动机完全是野心，他以后可能推翻政府。他知道这些传言，于是在致信督政府时嘲笑诋毁者："要是两个月前我想自封米兰公爵，今天我就想在意大利称王！"[42]然而，督政府并不信服。巴拉斯和卡诺承认拿破仑的军事才能不可否认，但民众越来越喜欢他，督政们都担心意大利战局后他将如何利用这一点。当时，拿破仑的心思大都在狡猾又不可靠的军队承包商身上。他常常说，承包商特别是实力雄厚的弗拉沙公司（Compagnie Flachat）是一群骗子。弗拉沙公司"不过是一帮没钱没信誉没道德的忽悠"。他希望可以枪毙他们，10月12日，他告诉督政府："我不断逮捕他们、把他们送上军事法庭，但他们买通法官。这很正常，在此地一切都是交易。"[43]

10月16日，拿破仑叫武姆泽献城。"勇士应该直面危险，而非沼泽瘟疫。"他写道。武姆泽一口回绝。[44]同日，他宣布博洛尼亚、费拉拉、摩德纳、雷焦（Reggio）四地成立奇斯帕达纳共和国（Cispadane Republic），督政府对此也没多少指示。立国之举牵涉废黜摩德纳公爵，此人曾允许护粮队进入曼托瓦。拿破仑组建了2800人的"意大利兵团"（Italian Legion）保卫奇斯帕达纳共和国（名字含义为"波河沿岸"），它废除封建制度，规定平等民权，创立普选议会，并发起民族复兴（Risorgimento）统一运动。这一运动历时四分之三世纪，但它最终让意大利成为独立、统一的国家。奇斯帕达纳共和国开了不下 38 次制宪会议，因为拿破仑积极投身其中，这证明他有耐心。亚平宁半岛几百年来一直政权林立，现在法国人开始促其形成统一政权。

然而在某一领域，法国的革命制度一直难以战胜意大利保守主义，此领域便是天主教会。意大利人激烈反对拿破仑的宗教改革，在意大利史上所谓的"法国时代"（epoca francese），他的教会改革所遭抵制之顽强，堪比他引入的行政文化所受拥护之热烈。[45]拿破仑早就开始试着恐吓梵蒂冈。1796 年 10 月，他警告庇护六世不准反对奇斯帕达纳共和国，更不许等奥军回来后袭击法军。他语带不祥地告诉庇护六世，"想摧毁教皇的世俗权力，光愿望本身还不够"，但和平时期"一切也许能安排妥当"。他接着警告道，若教皇宣战，"反对共和国大众的疯子将面临毁灭与死亡"。[46]儒尔当和莫罗在德意志战败后，督政府无力调拨拿破仑急需的 25000 名增援士兵，仅派 3000 人支援接下来的战役，所以他只好同梵蒂冈拖时间。正如他对罗马的卡科所言："我们的游戏真的就是把球丢来丢去，好骗过那只老狐狸。"[47]

11 月上旬，奥地利准备就绪，试图三解曼托瓦之围，他 119 们策划的战略只有维也纳宫廷会议这种委员会才想得出：匈牙利老将约瑟夫·阿尔文齐（József Alvinczi）率 28000 人，把里沃利的法军赶回曼托瓦；乔瓦尼·迪·普罗韦拉（Giovanni di Provera）将军率 9000 人从布伦塔去莱尼亚戈，牵制法军；巴萨诺的 10000 人袭击各处，防止拿破仑集中兵力。委员会把 19000 人的主要任务定为佯攻，只留给主力部队 28000 人，这说明他们没从过去六个月的战事中吸取教训。61 岁的阿尔文齐具有丰富的履历，曾在拜恩、荷兰和土耳其作战。拿破仑后来说，当时阿尔文齐是他遇上的最好敌将，这也是为何他在公报里对阿尔文齐不置可否（相反，他盛赞自己看不上的博利厄、武姆泽和卡尔大公）。他还在宣言和当日公告中说，自己非常尊敬普罗韦拉。那是因为拿破仑认为这些人中普罗韦拉最差劲，他希望此人不会被解职。

拿破仑现在有 41400 人，他再次驱策军队快速向前，好尽量获知奥军在何时何地出现的警报。另有 2700 人守卫布雷西亚、佩斯基耶拉和维罗纳。第 40 半旅的 2500 人已从法国出发，尚未到达。11 月 2 日，阿尔文齐渡过皮亚韦河（the Piave）。他指示夸斯达诺维希和普罗韦拉分别经巴萨诺与特雷维索（Treviso）去维琴察（Vicenza）。奥军开始前进了。

拿破仑命令马塞纳不要开战、直接退回维琴察，后者万分懊恼。马塞纳像奥热罗一样，开始欣赏拿破仑的领导能力和军事才干，但上司被称作法国最好的将军之一，这令他嫉妒，而且他为自己的绰号“胜利的宠儿”自豪。马塞纳不喜欢奉命撤退，哪怕敌人兵力占优。11 月 5 日，拿破仑带奥热罗去蒙特贝洛（Montebello），他看到奥军就在法军纵队正前方横渡布伦塔河，遂决定次日发动进攻。与此同时，马塞纳在丰塔尼瓦（Fontaniva）攻击普罗韦拉的纵队，把他们赶到河中的一些小岛上，但未彻底将其逐过河去。

11 月 6 日，夸斯达诺维希的军队刚在巴萨诺露面，奥热罗便发动进攻，他苦战一场，但未将敌军赶回布伦塔河对岸。当日，诺韦村（Nove）数次易手，奥军有 28000 人，拿破仑的兵力不及敌人，只有 19500 人，于是他被迫撤退。当时有很多的胜负判断标准，如减员人数、是否保住战场、是否挫败敌军计划，但不管怎么看，巴萨诺之战都是拿破仑的第一次败仗，不过后果不算严重。

拿破仑退回维琴察，获知沃布瓦在琴布拉村（Cembra）和卡利亚诺村与达维多维希小战五天后告败，其部队中有超过40%的人死亡、受伤或失踪。拿破仑立刻令奥热罗返回维罗纳以南的阿迪杰河，派马塞纳去维罗纳，并让巴泰勒米·茹贝尔（Barthélemy Joubert，律师之子，15 岁时，他从家里跑掉参加炮兵）将军从曼托瓦调一个旅去里沃利助沃布瓦集结。他随后鼓动沃布瓦的部下："第 39 和第 85 步兵半旅的士兵们，你们不配继续投身法军。你们既无纪律又缺勇气，几个勇士就能在你们的阵地拦下大军，但你们竟被敌人赶走，所以参谋长会在你们的军旗上题字：'这些人不再属于意大利军团'。"[48]拿破仑能敏锐察知何事会鼓舞部队、何事会打击士气，如他所料，因为公开羞辱，在接下来的几天，这两个半旅作战时都比之前更卖力。

奥军在巴萨诺取胜后几乎停滞不动，拿破仑便得空重整部队。12 日，他派 2500 人守维罗纳，调 6000 人守阿迪杰河一线。与此同时，被贬的沃布瓦在里沃利拖住达维多维希，基尔迈纳继续包围曼托瓦。于是右翼的马塞纳和左翼的奥热罗各自剩下 13000 人和 5000 人，两人在维罗纳以东 10 英里处的卡尔迪耶罗村（Caldiero）进攻阿尔文齐。大雨劈头浇在意大利军团步兵的脸上，他们没有体现此前常有的冲劲。大风刮走火药，法军的鞋也在泥泞中打滑，他们战斗一上午，但只在右侧稍稍站稳阵脚。下午 3 点，奥军援军一到，法军就被迫放弃已得的阵地。双方都有约 1000 人伤亡。拿破仑当然宣称战胜，但事实告诉我们，那年他下令铸造勋章纪念蒙特诺特之战、米莱西莫之战与卡斯蒂廖内之战，却无视了卡尔迪耶罗之战。

121　　11 月 13 日，两军休战。拿破仑趁机从维罗纳给督政们写了一封绝望的信，有力地将当前处境归咎在他们头上：

> 我们也许即将失去意大利。我等待的救援统统没来……我在尽责，军团在尽责。我的灵魂裂成碎片，但我意识平静……天气依然恶劣，全军赤足，疲乏至极……伤员都是精兵，优秀的军官和最好的将军都失去了战斗力。每个来我这的人都如此无能，连身为士兵的信心都没有！……我们被丢在意大利深处……也许我……大限将至。我不敢暴露自己，我死了部队将会消沉。[49]

的确，塞吕里耶和索雷负伤，拉纳、缪拉与小克勒曼住院，但拿破仑麾下还有不少良将。此信的结尾当然语气乐观，盖过一切前文："过几天，我们试最后一回。如蒙幸运照耀，曼托瓦可取之，意大利可随之平定。"

拿破仑想出了一个大胆的计划，他打算绕到阿尔文齐后方的维拉诺瓦，迫使对方保卫自己的撤退路线。那儿的战场是成片的稻田，奥军兵力优势难以发挥。在阿尔巴雷多（Albaredo）渡过阿迪杰河会比较轻松，但奥军骑兵可以发出警报，于是拿破仑避开了阿尔巴雷多，选择在龙科（Ronco）过河。因为先前战事，法军在龙科修了一座浮舟桥，桥已被拆解，但其部件藏在附近的安全处。11 月 14 日晚，马塞纳离开维罗纳，他故意向西，愚弄城中的奥军间谍，然后他折向东南方，在路上同奥热罗会合。

意大利此地的堤道蔚为壮观（今亦然），只见湿地两侧高耸笔直陡壁，故法军来架桥时，奥军警卫浑然未觉。破晓时分，第51战列步兵半旅乘船过河，夺取桥头堡。早上7点，桥造好了。在河对岸的交叉路口，奥热罗走右路，沿堤坝抵达阿尔科莱镇（Arcole），他打算渡过阿尔波内河（the Alpone）北上至维拉诺瓦，从而袭击阿尔文齐的炮场；马塞纳走左路，进军波尔奇莱（Porcile），欲从后方击退阿尔文齐左翼。天色阴暗，奥热罗同路易－安德烈·邦（Louis-André Bon）将军的第5轻步兵半旅前进，但他很快在阿尔波内河沿岸公路全线遭遇射击。敌人是掩护阿尔文齐左后方的两个克罗地亚营和两门大炮。阿尔科莱防守严密，既有枪眼又设了路障。法军第一波攻击失败，奥热罗亲率第4轻步兵半旅再度攻袭，但也告败。攻方被迫滑下陡直河岸，躲避守方火力。与此同时，去波尔奇莱的马塞纳路遇另一个克罗地亚营和一个奥军团，他把敌军赶回波尔奇莱村，稳固了桥头堡左侧。伦巴第平原和山地是不同的战场，在伦巴第平原，奥军骑兵机会更多，但此地河流迅急、堤岸缠结，更利于明悉战术细节但手头骑兵数量远远不及对方的年轻指挥官。

122

　　阿尔文齐很快获知法军动向，但他认为既然此处是沼泽地，那么这些法军只是实施佯攻的少许诈兵。巡逻队回报维罗纳平静无事，阿尔文齐遂派人侦察左方军情。在那儿，马塞纳击败普罗韦拉的3000人，另外3000人则迅速奔向阿尔科莱，正午刚过时赶到此地。奥军安放了两门榴弹炮，堤道便沐浴在弹雨中。拉纳刚从米兰医院归队，结果又中弹负伤。

　　奥热罗夺桥未成，恰在此时拿破仑赶到。他下令再战，但被密集的炮火阻挠。奥热罗便抓过一面军旗，走到麾下散兵前方15步处，说："掷弹兵，过来追你们的军旗。"拿破仑身边围着副官与警卫，此时他也抓起一面军旗，亲自指挥冲锋，还用士兵在洛迪的壮举鼓动他们。两天前，他告诉督政府不想置身险地，但他在阿尔科莱的确冒险了。然而，进攻失败了。米龙等人都死在拿破仑身边，但苏乌科夫斯基说"士兵胆小如鼠"，他们没冲上尸横遍野的桥。奥军反击，推搡中拿破仑摔进桥后的泥沼，因为掷弹兵冲锋才获救。他是勇士，但面对固守奥军的猛烈炮火，人皆力量有限。这种炮轰还会持续两日。今人参观此桥便可明了拿破仑当时如何被推进紧挨着的大排水沟，虽说不太体面，但他可能因此捡回一条命。

123   事态已见分明——法军无法夺下桥。拿破仑当即命令马塞纳与奥热罗返回阿迪杰河南岸，他在阿尔科莱留下燃烧的营火，假装法军仍在此地。如果里沃利的沃布瓦继续后撤，他得准备好去对付达维多维希。在小村庄龙科的教堂塔楼上，法军看见阿尔文齐从卡尔迪耶罗返回维拉诺瓦，并在阿尔波内河东岸布阵。接下来两天桥依然在奥军手中，17 日，奥热罗和马塞纳返回阿尔科莱，成功夺桥，当时拿破仑不在场。法军遭受了严重损失，有1200人死亡（包括 8 名将领）、2300人负伤，相对而言，奥军有 600 人死亡、1600 人负伤，但阿尔科莱会战的最终赢家仍是法军，因为他们俘虏了 4000 名奥军士兵，缴获了 11 门大炮。"击败阿尔文齐是运气好。"拿破仑后来如此承认道。[50]

冬季临近，战事暂歇。曼托瓦仍然被困，奥地利会四度尝试解围。奥军在这场战役中损失近 18000 人，而法军损失了19000 多人。战役结束时，法军什么都缺，尤其缺军官、鞋子、药品和军饷。有些士兵饥肠辘辘，第 33 战列步兵半旅甚至哗变，结果三个连被关禁闭，两名魁首被枪决。战事一结束，拿破仑就革了沃布瓦的职，并提拔茹贝尔，令其指挥掩护里沃利的师。

11月19日，拿破仑向卡诺汇报情况，这份报告比之前的明显乐观许多。"意大利的命运开始明朗，"他写道，"我希望十天之内就能从曼托瓦司令部给你写信。没有什么战事比阿尔科莱的更激烈。我几乎失去了所有的将军，他们的忠诚与勇气无可匹敌。"他在结尾处说，曼托瓦一投降他就要向"顽固"的罗马进军。[51]11月下旬，督政府派拿破仑在测绘局的前上司亨利·克拉克将军去维也纳议和。他劝克拉克不要为和谈牺牲奇斯帕达纳共和国，因为曼托瓦注定失守。[52]"那个人只是自高自大，他一无所长，"据说拿破仑告诉米奥称，"督政府派他当间谍监视我。"[53]这几乎不可能是拿破仑的慎思之语，因为日后他不断提拔非常能干的克拉克，封其为费尔特雷（Feltre）公爵。克拉克先是拿破仑的私人秘书，后任战争部长，到1812年时，他已是法国的权力巨头之一。"给我30000人，我就向的里雅斯特行军，"拿破仑告诉督政府，"我会把战火烧向皇帝领土、让匈牙利革命、进军维也纳。到时你们就能盼着百万的财富与安逸的和平。"[54]

约瑟芬仍在热那亚同伊波利特·夏尔度假。"我一到米兰，"11月27日，拿破仑致信她，"就冲向你的房间。我抛下一切只为见你，只为紧紧拥抱你……你不在那儿，你玩够了就一个城一个城地跑。我要来时你就走了。你不再关心自己，不再关心你亲爱的拿破仑……全世界都为你的欢心心花怒放，只有你的丈夫闷闷不乐。波拿巴。"[55]次日他又写信："我错了，我不该要求你回报同等的爱，怎能用黄金的标准衡量蕾丝？"[56]

不过，约瑟芬擅长打消拿破仑的疑虑。她的外甥女婿安托万·拉瓦莱特（Antoine Lavalette）接替死去的米龙，担任拿破仑的第八位副官。他回忆道，在米兰时，"波拿巴夫人用过早餐后会让丈夫坐在她大腿上，紧紧抱他几分钟"。[57] 除了其他意味，此事还体现了当时他有多么轻。这段时间中，还有则花絮同样有趣，我们能在拿破仑致巴黎天文台台长热罗姆·德·拉朗德（Jérôme de Lalande）的信中窥其一斑。他写信时若有所思："夜晚背临青空怀抱佳人，白日手录军情心谋策略，看来这就是我今世之福。"[58]

中立国威尼斯最高行政官巴塔利亚（Battaglia）寄来的信就没那么开心了，他抗议法军在当地的行径。拿破仑怒而否认军队强暴妇女，"难道威尼斯共和国真想如此公开地对我们宣战？"[59] 巴塔利亚立刻软了下来。两天后拿破仑冷静些了，他的回信承诺"用树典型的方式处罚任何严重违纪的士兵"。

里窝那失守后，英军意识到已无法阻止法军攻占科西嘉。10 月，现年 38 岁的海军准将、名将霍雷肖·纳尔逊（Horatio Nelson）组织英军撤离该岛，这次撤退堪称范例。保利及其支持者也随之离开。英军一走，拿破仑就派米奥·德·梅利托和萨利切蒂去科西嘉岛，以便组建当地将成立的法国省份。约瑟夫跟着梅利托出行。在致信巴塔利亚之日，拿破仑也给兄长写信，他说自己想让波拿巴宅变得"洁净宜居，它需要恢复原状"，也就是说，回到四年前未遭保利派洗劫时的样子。[60] 多年以来，他都在为苗圃之事与法国官僚奋力周旋，这些辛劳没有完全白费。

1796 年 9～12 月，曼托瓦城内共有 9000 人死于疾病与饥饿。守军有 18500 人，但仅剩 9800 人在岗。曼托瓦最后的补给只能撑到 1 月 17 日。奥军的下一轮攻击必定很快到来，拿破仑的当前要务就是备战。12 月，他在十八天内给贝尔蒂埃写了 40 封信，并请求督政府派来更多的增援部队。"敌军正从莱茵河抽出兵力对付意大利。你们也这样做吧，帮帮我们，"28 日，他写道，"我们只是要求更多人手。"[61] 这封信还说，他抓获一名奥军间谍，此人的胃里藏着一个圆筒，里面是给弗朗茨皇帝的信。"要是他们腹泻，"拿破仑补充有用的信息道，"他们定能取出小圆筒，先浸入烧酒然后再吞下。小圆筒泡在掺醋的西班牙蜡中。"

拿破仑无微不至地关注士兵们的生活与福利。他发现，发饷日当天茹贝尔师有人不去见军需官，他怀疑这是某种欺诈，想知晓原因。"空闲时，我越深究意大利军团管理系统痼疾，"1797 年 1 月 6 日，他致信督政府称，"我就越确信有必要迅速采取简单的补救措施。""军队承包商包养了意大利所有领衔女角"，"他们穷奢极欲、贪得无厌"，由此他再度请求"枪决所有军队管理人员"。[62]（督政府太过敏感，或者说太专注于自保，所以不敢授权一位将军仲裁法国人的生死。）可以的话，拿破仑会毫不犹豫地无情行使他的确掌握的权力。1 月 7 日，他命令让 - 巴蒂斯特·吕斯卡（Jean-Baptiste Rusca）将军枪决摩德纳起义主犯。反抗者的领袖是摩德纳公爵的告解神父，他的房子被毁，其废墟上堆起了尖锥，上书告示："滥用神职、教唆叛乱与谋杀的疯狂神父的下场。"[①][63]

---

① 拿破仑设计特殊惩罚时想象力活跃。他认为"可憎的女性"随军人员"唆使士兵劫掠"，1797 年 4 月中旬，他命令仍在贝纳多师的所有女人在此令颁布后二十四小时内离开，"否则就把她们涂上煤灰，在市场曝光两小时"。Bingham ed., *Selection I*, p. 151。

126   当日，拿破仑获知阿尔文齐再率 47000 人南下。奥军又分兵了：阿尔文齐的主力有 28000 人（包括夸斯达诺维希的部队），他们分成六列纵队，沿加尔达湖东岸行军，占据每一条道路和小径，以防与法军在意大利平原交手；普罗韦拉的 15000 人从东边穿过平原，前往维罗纳与莱尼亚戈。4000 多人屯于加尔达湖西岸。阿尔文齐命令武姆泽从曼托瓦突围，去东南方与己会师。拿破仑立刻离开米兰，他多次奔赴博洛尼亚、维罗纳和罗韦尔贝拉的司令部，努力弄清阿尔文齐的意图。他的野战军有 37000 人，塞吕里耶另率 8500 人待在曼托瓦围城战线。

    1 月 12 日，茹贝尔报告称，里沃利正北方的拉科罗纳遇袭，当时新雪深厚，敌袭失败。"布吕内将军的衣服中了七弹，但他毫发无伤，"拿破仑告诉约瑟芬道，"他运气好得出奇。"[64]拿破仑认为，战役将在阿迪杰河沿岸的意大利阿尔卑斯山脉（Italian Alps）山麓丘陵分出胜负，但他尚需大量情报才可组织反击。他一边等待，一边命令马塞纳守卫维罗纳，并从阿迪杰河对岸调回 7000 人。加布里埃尔·雷伊（Gabriel Rey）将军将在卡斯泰尔沃诺集结两个旅，拉纳则需离开南方的意大利部队，并率麾下 2000 名法军士兵回巴迪亚阻挡奥军南下，而奥热罗则守卫龙科。

    次日，拿破仑正准备北上击溃普罗韦拉，晚上 10 点时，他却获知茹贝尔遭遇大举进攻。遇袭后，茹贝尔便留下燃烧的营火，有序退往里沃利。拿破仑察觉普罗韦拉的进军只是佯攻，奥军主攻方向经过里沃利。于是他从维罗纳驰往里沃利，重新下了一堆命令：茹贝尔不惜一切代价守住里沃利；塞吕里耶高度警戒围城动向，同时立刻派骑兵、炮兵与 600 名步兵赶往里沃利；马塞纳把第 18、第 32 和第 75 半旅调至茹贝尔左侧列阵；奥热罗在阿迪杰河堵截普罗韦拉，并派部分骑兵与炮兵去里沃利。拿破仑告诉所有人，决战即将打响。加上加布里埃尔·雷伊将军的两个旅，1 月 14 日中午，他可在里沃利聚集 18000 名步兵、4000 名骑兵及 60 门大炮，并且在阿迪杰河留 16000 人、在曼托瓦留 8000 人。这是老箴言"分头进军，合兵出击"的最佳体现。阿尔文齐没能在里沃利增加兵力，他只有初始的 28000 人和 90 门大炮。

　　1797 年 1 月 14 日（周六）凌晨 2 点，拿破仑赶到里沃利峡谷上方的高原，此地将是会战关键决胜点（point d'appui or Schwerpunk）。是夜月朗天清、寒气深重，他观察奥军营火的位置与数量，据此断定精力充沛的西班牙籍奥军将领卢西尼安（Lusignan）侯爵离得太远，上午过半后方能参战。这四个月来，拿破仑经常骑过此地，所以他熟悉地形。他认为，只要守住奥斯泰里亚峡谷（Osteria gorge）以及圣马尔科（San Marco）小教堂所在战场东侧的山坡，他就能轻易击退敌方主攻。他需要让马塞纳师先休息，并争取时间等待雷伊，于是他决定发动骚扰性攻击以吸引阿尔文齐。按照拿破仑的命令，茹贝尔返回里沃利高原，派一个旅去奥斯泰里亚，然后进攻中路，高原上所有的法军大炮都负责掩护他。马塞纳则奉命派一个旅尽可能地拖住卢西尼安。

　　此刻是凌晨 4 点，还有三小时破晓。奥诺雷·维亚尔（Honoré Vial）将军的第 4、第 17 和第 22 轻步兵半旅把奥军逐回圣乔瓦尼和甘贝龙（Gamberon），夺下了圣马尔科小教堂。黎明时分，茹贝尔进攻卡普里诺（Caprino）和圣乔瓦尼（San Giovanni），但他的阵线非常薄弱，被兵力明显占优势的敌军

127

挡下来。上午 9 点，奥军发动反击，击溃维亚尔的半旅，拿破仑立刻派马塞纳的一个旅救援中央，夺回特兰巴索雷村（Trambassore）。中路的战斗如同马拉松长跑，双方连续缠斗十小时。

卢西尼安逐走马塞纳派出的旅，上午 11 点，他率 5000 人赶到里沃利。卢西尼安深入阿菲（Affi）附近的法军左后方，阻止任何援军的到来。拿破仑只能勉力守住中路，他的右翼承受了巨大压力，左翼又被卢西尼安击退，他的预备队只有一个旅，雷伊则还要一小时才能赶到。得知卢西尼安到了后方，参谋官们紧张地看着拿破仑，他异常冷静，只是简单地说："他们来了。"[65] 他认定中路的奥军已是强弩之末，而卢西尼安还很远，不足以影响战局，于是他把东边的夸斯达诺维希看作主要威胁，集中力量对付此人。拿破仑从茹贝尔的阵线抽调兵员，尽可能往圣马尔科教堂派去人马。密集的奥军纵队在炮兵的掩护下进攻峡谷，但是到达高原后，法军向他们发射霰弹，并从四面八方开枪。接着，一个步兵纵队向奥军发起刺刀冲锋，此后他们遭到法军所有可用的骑兵的攻击。奥军退入峡谷，这时法军幸运地射中敌方弹药马车，狭小的空间令此举更具破坏性，夸斯达诺维希遂放弃了进攻。

拿破仑立刻把攻势转向中路，那儿的奥军近旁既无炮兵也无骑兵。三路奥军纵队花大力气攻下高原，又被逐走。卢西尼安前往战场时受阻，恰在此时，雷伊突然在其后方出现。卢西尼安仅带约 2000 人逃生。下午 2 点，奥军全线后撤，法军追击，直到奥热罗报告普罗韦拉已过阿迪杰河并正前往曼托瓦。拿破仑派马塞纳支援奥热罗，阻止普罗韦拉解围。

里沃利之战，拿破仑折损了 2200 人，另有 1000 人被俘，但奥军的损失大得多：4000 人伤亡，8000 人被俘，8 门大炮与 11 面军旗被缴获。拿破仑写家书，声称自己对战了 45000 名奥军士兵，敌军有 6000 人伤亡，而他缴获了 60 门大炮与 24 面军旗（"军旗是皇后亲手绣的"）。[66]里沃利会战是一次辉煌大捷，可这封家书没有说实话。但接下来几天，阿尔文齐的撤退逐渐变成溃败，结果奥军中又有 11000 人被俘。

1 月 15 日中午，普罗韦拉率解围部队抵达拉法沃里塔，他有 4700 人，其中很多人是新兵，训练不足。次日曙光初露时，武姆泽试图从曼托瓦突围，但立刻受阻。拿破仑赶来时，普罗韦拉在曼托瓦城外的拉法沃里塔村被奥热罗和马塞纳夹击。普罗韦拉英勇迎战，但在战斗就要变成屠杀前，他投降了，其麾下部队全部被俘。曼托瓦的食物最终耗尽。武姆泽设法再硬撑了两周时间，徒劳地盼望阿尔文齐奇迹般出现，然而，1797 年 2 月 2 日（周四），他终于率领疲弱守军投降，交出了曼托瓦。之前八个月中，约有 16300 名奥军士兵死于此地，平民死者还要多得多，他们已然沦落到吃老鼠和狗。法军缴获了奥军的 325 门大炮，并取回上一年 8 月时丢在那儿的 179 门大炮。武姆泽与其 500 名部下离城时享受降军礼遇，他们返回奥地利，条件是不得与法军交战，除非有战俘交换。其余俘虏则被押往法国，他们将参与农业生产和工程建设。曼托瓦投降一事轰动整个巴黎。一位同时代人回忆道："大群民众簇拥着一名公职官员，他宣告法军的荣耀，在号声中公布了这一消息。"[67]

拿破仑没有亲眼见到自己的胜利。上一年 6 月，教皇国签署了停火协议，此刻它却威胁起事支援奥地利，于是他先后赶往维罗纳和博洛尼亚，以便惩罚教皇国。1 月 22 日，拿破仑

129

毫无愧色地篡夺了督政府的权力，命令卡科"六小时内让罗马见此信"，从而给梵蒂冈施压。同日，他致信教皇国谈判代表、红衣主教亚历山德罗·马泰（Alessandro Mattei），称罗马外交政策不得再受奥地利与那不勒斯影响。拿破仑写结尾时口气却软了下来，请求马泰"让教皇陛下放心"。作为"宗教界最高领袖"，教皇"可以继续留在罗马，并且不会感到丝毫不便"。[68]正如拿破仑对督政府所说的，他担心，"如果教皇和红衣主教逃离罗马，我就永远得不到想要的"。他也知道，要是他猛攻梵蒂冈，欧洲那些虔诚的天主教徒将憎恶他，甚至终身痛恨他。他告诉米奥："取罗马则失米兰。"[69]

2月1日，拿破仑发布宣言。这份文件称，不"遵守新约教义"的教士与修士所受惩罚会比"普通公民所受的更严厉"，此举旨在减弱他们对法国统治意大利一事的抗议。[70]教皇国军队仍然决定开战，这固然荒谬可笑，但不可否认其亦有勇气。2月3日，克洛德·维克托－佩兰将军（一般称作维克托）在博洛涅塞堡（Castel Bolognese）轻松战胜他遇上的敌人。一周后，他不费一兵一卒就俘虏了安科纳（Ancona）的全部教皇军守军。2月17日，教皇求和。他派马泰去托伦蒂诺（Tolentino）的拿破仑司令部签署条约。条约规定：教皇割让罗马涅、博洛尼亚、阿维尼翁和费拉拉给法国，对英国封闭所有港口，"捐赠"3000万法郎与100件艺术品。"除了都灵和那不勒斯的少量物件，"拿破仑告诉督政府，"意大利美丽之物都是我们的。"[71]

1797年2月18日，意大利军团发行小报《波拿巴与君子报》（*Journal de Bonaparte et des Hommes Vertueux*），报头声称：

"汉尼拔在卡普阿沉睡①，但波拿巴不会在曼托瓦入眠。"[72]拿破仑很清楚宣传的力量，民众本就对他颇具溢美之词，现在他有意引导公众舆论。他口述"波拿巴奔袭速若闪电、出击势如雷霆"之类的句子，就此展开媒体业主与记者的新生涯。不出十天，小报就开始暗讽督政府，没有拿破仑的许可它不会这么做。当年，他还创立了另外两份军报：《意大利军团邮报》（*Courrier de l'Armée d'Italie*），由前雅各宾党人马克－安托万·朱利安（Marc-Antoine Jullien）编辑；《意大利军团眼中的法兰西》（*La France Vue de l'Armée d'Italie*），由米歇尔·勒尼奥·德·圣－让·丹热利（Michel Regnaud de Saint-Jean d'Angély）编辑，其相较《意大利军团邮报》更不可靠。巴黎报纸经常摘登这两份军报的文章。莱茵战场离法国近得多，拿破仑不希望意大利战事只是公众想象力的余兴节目，他觉得士兵也会喜欢巴黎的消息。丹热利原是议员兼律师，现主管意大利军团医院，日后他成了拿破仑的重要副手。任命朱利安一事说明，只要某人才愿意埋葬过去，他就乐意忽视他们先前的政治立场。意大利像法国一样政体多变，故此举与其说出于宽容，不如说出于常识。毕竟仅仅三年之前，拿破仑自己还是个雅各宾分子。

在巴黎，《箴言报》报道旨在庆祝拿破仑胜绩的舞会、大合唱、公共宴会和游行。这些活动的主办方是他日渐庞大的支持者队伍，而督政府私下发现，这些人并不一味拥护政府。且不说政治因素，拿破仑还是不错的稿子素材。举个例子，六个

---

① 公元前 215 年，意大利名城卡普阿与汉尼拔结盟。遭受背叛的罗马开始围攻卡普阿，因此在坎尼战役之后，汉尼拔虽获得根据地，却失去了战略主动权，不得不花费大量精力奔走救援意大利盟友。——译者注

月内，保守报纸《政治新闻》(*Nouvelles Politiques*) 66 次提到意大利军团。[73]总的来说，对拿破仑战绩的报道大大多于对其他法军将领的，这令莱茵－摩泽尔军团和桑布尔－默兹军团的高级指挥官愈发懊恼，他们在意大利军团面前黯然失色，由此也心生怨恨。

1796 年，有人开始制作并销售拿破仑的画像与雕像，如《波拿巴将军在洛迪》(*General Bonaparte á Lodi*)、《波拿巴进入米兰》(*Bonaparte Arrivant á Milan*) 等。有的作品标题给他的教名多加一个"e"，有的给他的姓氏多加一个"u"，还有的写成"布拿巴"(Bounaparte)。[74]1798 年，刻画拿破仑的不同作品已有数十件，甚至可能有数百件，这说明对他的个人崇拜已经兴起。艺术家为拿破仑画像前觉得没必要先见本人，所以我们能看到有些人把他画成灰头发中年人，这副形象更符合人们心目中常胜将军的样子。[75]

蒙特诺特之战后，拿破仑首次下令铸造纪念章铭记胜利，这些纪念章也成了有力的宣传道具。其他将军不曾这样做，而他也没征求督政府的许可。前色情小说家、娴熟雕刻师维旺·德农 (Vivant Denon) 设计的铜勋章最佳，此人后来担任卢浮宫馆长。以蒙特诺特纪念章为例，它的直径长只有 1.5 英寸，正面刻有拿破仑半身像，其外衣缀饰橄榄枝与橡子，背面则是象征"战争天才"的造型。[76]到 1815 年为止，官方一共铸造了 141 款纪念章，铭刻战斗、条约、加冕、渡河、皇帝大婚与占领敌方首都。在公共活动和庆典上，这些纪念章被广泛分发给群众。有的纪念章也铭记相对平淡之事，如创立巴黎医学院、开通乌尔克运河 (Ourcq Canal) 以及在勃朗峰省 (Mont Blanc) 建立矿业学校。1807 年 3 月，拿破仑一直在奥斯特罗德（Osterode）① 静待，即便如此法国也铸造纪念章，其背面是罗马将军、"拖延者"费边·马克西穆斯，此人的小心谨慎出了名，但也为他带来胜利。

1797 年 3 月 10 日（周五），拿破仑履行对督政府的承诺。他冒险向北远征，仅率 4 万人经蒂罗尔到达克拉根福（Klagenfurt），最终进抵施泰尔马克（Steiermark）的莱奥本（Leoben）。在莱奥本的塞默灵丘陵（the Semmering hills）山顶，拿破仑的前卫可以俯瞰维也纳的尖塔。卡尔大公已将儒尔当与莫罗的军团（这两个军团的规模都是意大利军团的两倍）逐出了德意志，法国现在盼着兵力较少的拿破仑军团进逼奥地利首都本身，迫其求和。当年秋天，儒尔当和莫罗战败，未能渡过莱茵河。拿破仑原以为意大利军团和莱茵军团会结成钳形攻势，他得知此事后愈发担心。为了鼓舞士兵，他贬低卡尔之兄弗朗茨皇帝，在一篇宣言中称其为"英国商人雇来的下人"，并声称英国人"不知战争疾苦，欢颜笑看大陆悲痛"。[77]拿破仑之所以在对奥宣传战中说这句话，是因为英国政府将给奥地利 162 万英镑（相当于 4000 多万法郎）的贷款。[78]当时，英国不曾打算派兵登上欧洲大陆，但它总是慷慨资助法国的敌人，只要该国愿同法国开战。

　　3 月 16 日，拿破仑渡过塔利亚门托河（the Tagliamento），在瓦尔瓦索内（Valvassone）小胜卡尔大公。次日，让－巴蒂斯特·贝纳多特将军扩大战果，不费一卒俘虏了一支脱离主力的较大的奥军分队。拿破仑在塔利亚门托河引入混合队形

132

---

① 今奥斯特鲁达（Ostróda）。——译者注

（ordre mixte），它是横队与纵队这两种进攻队形的折中，由吉贝尔首创，旨在对付不宜部署常规阵型的多变地形。在混合队形中，一个营排成横队，两个营组成纵队，横队的火力与纵队的攻势相结合。几天后，拿破仑又靠这一队列渡过了伊松佐河（the Isonzo），进入奥地利。在塔利亚门托河和伊松佐河，他都亲自指挥部队投入混合队形作战。[79]

"勿要不安，"拿破仑告诉意大利东北部的哈布斯堡省份戈里齐亚（Görizia）的居民，"我们善良仁慈。"[80]1793 年卡尔大公在荷兰取胜，1796 年他又击败儒尔当和莫罗，但拿破仑对新对手不以为意，他认为此人配不上其战略家的名头。"目前为止，卡尔大公的机动水平不及博利厄和武姆泽，"拿破仑致信督政府，"他每次转向都犯错，有时还蠢不可及。"[81]拿破仑和卡尔大公尚未展开大战，而莫罗已重整旗鼓，从德意志进攻奥地利。奥地利人决定不去冒被拿破仑夺走首都的风险，4月2日，他们在莱奥本接受他提出的停火协议，该地位于维也纳西南方 100 多英里处。

在长达一年多的战事中，拿破仑翻越亚平宁山脉与阿尔卑斯山脉，击败一支撒丁军与至少六支奥军，导致 12 万奥军将士伤亡或被俘，而他此时还不满 28 岁。十八个月前，他是个脾气暴躁、无足轻重的士兵，写文讨论自杀，现在他已享誉欧洲。他战胜了强大的奥地利，迫使教皇、撒丁国王与那不勒斯国王签署和约，并废除了中世纪公国摩德纳。他在所有可想到的战地环境中击败大部分最著名的奥军将领，如博利厄、武姆泽、普罗韦拉、夸斯达诺维希、阿尔文齐、达维多维希，而且他还智胜卡尔大公。

虽然奥军兵力总是超过法军，但拿破仑反复采用中央位置战略，常在战场上形成兵力优势。他还没踏上意大利土地就深入研究当地的历史和地理，而且他愿意尝试营方阵、混合队形等别人的思想，并精确计算后勤（在这一层面上，他的惊人记忆力发挥了无价作用），这些都对战事大有神益。拿破仑让各师彼此间隔一日行军里程，所以他能集中兵力作战。一旦各师参战，他可以在压力面前镇定自若。

拿破仑刚接管意大利军团时，它困厄潦倒，事实上完全不能战斗，这是他精力旺盛、擅长组织的又一证明。在认为必要时，他会严厉无情，但在其他时候又盛赞部下，这种领导艺术催生了军旅精神，它对胜利来说如此必要。"战争中，"1808年，拿破仑说，"士气决定一切的四分之三，相对现实的兵力只决定四分之一。"[82]个人勇气让他和士兵更加亲密。当然，奥地利不断派来七旬将领，这些将军又总是分兵，且其行军速度只及法军速度的一半，这也大大地帮助了拿破仑。不过，此等局面不会永远维持下去。

拿破仑有幸招到一批优秀的副手，茹贝尔、马塞纳、奥热罗尤为突出，拉纳（在洛迪和阿尔科莱）、马尔蒙（在卡斯蒂廖内）、维克托（在拉法沃里塔）、塞吕里耶（在曼托瓦）、布吕内、缪拉和朱诺也立下大功。值得称道的是，拿破仑不论年龄与出身提拔人才，并解聘不能提升自己来适应事态的将领，如梅尼耶、沃布瓦。他掌权后，前意大利军团指挥官也高升了，这并非巧合。巴黎的"人山人海"喜迎十二场胜利，欢庆数月，法兰西共和国如今也牢牢掌控意大利北部与中部，若此时有人有资格号称"胜利的宠儿"，那他就是拿破仑。

134

早期的意大利战局中，拿破仑初次显露其军事哲学与习惯。他的至上信条是保持军旅精神高涨。由于性质使然，这种精神与荣誉的组合本无形，但他知道具备军旅精神的军队可创造奇迹。"记住，十场战役才能铸就袍泽之情，"1807 年时拿破仑告诉约瑟夫，"但一瞬间就能毁掉它。"[83]他想了很多办法鼓舞并保持士气，其中一些来自他读过的古代史，另一些则专属于他的领导风格，并在战局中发展。其中一个方法是培养士兵对所属团的强烈认同感。第 57 半旅在里沃利之战和拉法沃里塔之战中表现英勇，1797 年 3 月，拿破仑便允许他们在军旗上绣："强大又无人可挡的第 57 半旅"（Le Terrible 57ème demi-brigade que rien n'arrête）。57 半旅自此也成为以绰号闻名的英勇半旅，跻身"勇者"（Les Braves，第 18 战列步兵半旅）、"无双"（Les Incomparables，第 9 轻步兵半旅）、"以一当十"（Un Contre Dix，第 84 战列步兵半旅）等部队之列，可见拿破仑深谙普通士兵心理与团队荣誉感的力量。他凭本能察觉战士的需要，戏剧、歌谣、歌剧咏叹调、宣言、节庆、典礼、符号、军旗、勋章，并实现他们的愿望。至少在 1809 年的阿斯佩恩－埃斯灵会战前，他总能满足他们最强烈的渴盼——胜利。

战时，拿破仑贴近士兵，赢得他们的喜爱。士兵可以要求受赏奖章、晋升军职，甚至可索求津贴，他与其指挥官核实情况后会很快办理。他亲阅列兵请愿书，尽量照顾他们。常伴拿破仑征战的高级宫廷侍从路易·德·博塞－罗克福（Louis de Bausset-Roquefort）男爵回忆，他"聆听并提问，立即决断，就算拒绝对方，他解释理由的方式也能减少不满"。[84]威灵顿公爵的英军、卡尔大公的奥军根本不敢想象他们的司令能这样平易近人，但在法兰西共和国，这是了解部下需求与关切的宝贵

手段。若列兵中有人善意地大嚷，他常报之以俏皮话。在意大 135
利战局中，一名士兵指着身上的破外套，大叫给自己换一套新
制服，拿破仑回答："噢不，以后都别换，不然你的伤口就被
遮住了。"[85]正如1800年3月他对布吕内所说的："你知道言语
对士兵的影响。"[86]后来，若他看见某位士兵表现勇敢，有时他
便解下自己的荣誉军团星章，将它授予此人。（拿破仑的马穆
鲁克侍卫鲁斯塔姆想把星章缝到他的制服上，但他阻止了鲁斯
塔姆，说："让它去吧，我是故意的。"[87]）

拿破仑的确喜欢和士兵在一起。他捏他们的耳垂，同他们
开玩笑，挑出老"牢骚兵"（grognards，字面意义是"牢骚
鬼"，但也能译作"老兵"），并追忆过往战事，不断向他们提
问。部队暂停行军用午餐时，拿破仑和贝尔蒂埃邀请副官与传
令兵一同进餐，博塞称："这对我们大家来说简直是节日。"
拿破仑也总是确保自己餐桌上的酒能分给哨兵。事情或许小，
但它们反响很好，并促成了忠诚感。他不断提及古代世界，设
法让平凡士兵觉得自己的性命乃至必要时的捐躯关乎大业，必
将融入永垂法国史册的大事。这一点难于大部分领导技巧，但
若论对行动的推动力则无出其右者。拿破仑告诉普通人，他们
也可书写青史。他让追随者相信，他们正在勇闯险境、上演历
史、开创伟业、挥就传奇，哪怕沧海桑田，后人都将慨叹这些
光辉事迹。

阅兵式有时长达五小时，在仪式上，拿破仑与士兵们交
谈，细问其伙食、制服、鞋子、整体健康水平、娱乐、发饷频
率，希望获知真相。"你们想要什么，尽管告诉我，"他对第
17半旅说，"对上司不满也别憋着。我来这里主持公道，尤其
注意保护弱者。"[88]全军上下都认为，"小伍长"会帮助他们对

付"大帽子"（les gros bonnets）①。

拿破仑格外关心妥善照顾伤员，这当然是因为他需要他们尽快归队，但也是因为他清楚及时医治伤兵对士气多么重要。"偶遇伤员车队时，"一名副官回忆道，"他会叫他们停下，询问他们的处境、苦楚以及负伤之战。每次告别时，他要么说些安慰话，要么给他们奖金。"[89]相形之下，拿破仑总是责备医生，他认为大部分医者都是骗子。

拿破仑从尤利乌斯·恺撒处习得不少关键的领导技巧，认为部队表现不符合预期时，他更会效仿恺撒训诫他们，如1796 年 11 月在里沃利鼓动军队。拿破仑在圣赫勒拿岛流放时写了《恺撒战史》，此书详写了罗马的一次兵变。当时，士兵要求散伙回家，恺撒一口答应，但他不再叫他们"士兵们"或"战友们"，而是叫"公民们"。此举的效果立竿见影。"最终，"拿破仑总结道，"这幕动人场面以他们继续服役告终。"[90]当然，他对士兵的盛赞远远多于批评。埃劳（Eylau）战役中，他对第 44 战列步兵团喊道："依我看，你们的三个营相当于六个！""我们会证明的！"他们高声回应。[91]

营地公告牌张贴拿破仑的军中讲话，很多人都会去阅读。他喜欢接二连三列出数据，告诉士兵他们在多长时间内赢得多少场胜利、攻克多少座要塞、俘虏多少位将军与多少名战俘、缴获多少门大炮与多少面军旗。有些布告听来也许虚荣，但其目标读者是无甚教养的军人。为了鼓舞士兵，拿破仑提及古代世界（虽说军中只有极少数人熟知古典文史）。他借助特殊的辞藻，把战士们比作雄鹰，抑或描述家人与邻舍多么以他们为

① 绰号，泛指法军将领。——译者注

荣。这时候，部下的心都被他抓住了，他们往往一生追随他。

　　拿破仑笔下的绚丽鼓动之辞大都出自古典著作，但他也引用莎士比亚的作品。"同乡会指着你们说：'他来自意大利军团。'"在这类句子中，我们便能看到莎士比亚作品《亨利五世》中那段圣克里斯平日演讲的痕迹。[92]拿破仑给将军、大使、参政、部长和兄弟写私人信件时语气尖刻，但他对士兵的赞美滂沱澎湃，两种态度形成了鲜明对比。他说自己的准则是："严待军官，友待士兵。"[93]

　　高效的管理工作自然助拿破仑从列兵中"识别"老兵，但他也运用非凡的记忆力识人。"我向他介绍三名瓦莱（Valais）代表，"某位内政部长回忆道，"他问起其中一人的两个女儿。这位代表告诉我，此前他们仅在阿尔卑斯山山麓见过一次面，那时他正要去马伦戈（Marengo）。'炮兵遇上麻烦，他只好在我家门口逗留一会儿。'代表补充道，'他爱抚我的两个孩子，然后上马离去，从那以后我再没见过他。'"[94]下次重逢已是十年后。

137

第六章 和平

138

光赢还不够，要乘胜追击。

——1808 年 11 月，拿破仑致约瑟夫

我看法国人并不在乎自由与平等，他们只依恋荣誉……军人渴求荣誉、殊荣与褒赏。

——1802 年 4 月，拿破仑在参政院的发言

"一切都让我相信和平将至，我们尚可开出合理的条件，必须趁此议和。"1797 年 4 月 8 日，拿破仑如此致信督政府。[1]4 月 15 日，他开始和他所谓的"懒惰傲慢的宫廷"谈判。奥地利全权代表加洛（Gallo）侯爵拘泥于繁文缛节，主张官方必须宣布举行和谈的帐篷位于中立地。拿破仑愉快地让了步，他对督政府解释道："我们的帐篷环绕这片中立地，其四面八方都是法军。"[2]加洛提出奥地利愿意承认法兰西共和国，拿破仑则告诉他："共和国既不需要也不渴求承认。它已经是欧洲地平线上的朝阳，既不想见它也不想得它恩惠的人太可悲。"加洛固执己见，他说奥地利愿意承认革命政权，"条件是共和国维持法国国王的礼仪"，他显然认为此举是施恩。拿破仑便说，法国人"根本不管有关礼节的东西，接受这一条对我们没意义"。[3]从共和派立场看，他的话无可指摘。

拿破仑认为，要是莫罗将军和奥什将军已过莱茵河，和谈
会顺利许多。"在军事行动编年史上，" 4 月 16 日，他致信督
政府，"没有哪条河是难越的天险。莱茵河莫罗想过就能
过……莱茵军团光有血管没有血。"[4] 他有力地辩称道，若法军
已踏上奥地利土地，"我们现在就能骄傲地要求和平"。事实
上，4 月 18 日奥什的确已经渡河，两天后莫罗也到了对岸，
但 18 日正好是初步协议签订日，奥什与莫罗只能按兵不动，
等待对手拿破仑和谈，这让两人大为懊丧。

古老的城邦国家威尼斯急于保卫自己的独立地位，但该国
没有军队保障这一点。威尼斯城中似乎正涌现威胁，拿破仑处
理它时同样盛气凌人。4 月 9 日，他致信总督卢多维科·马宁
（Ludovico Manin），要求威尼斯选择战争或和平。"我身处德
意志心脏地带，"他说，"所以你就认为我没法叫人尊重宇宙
第一国度？"[5] 威尼斯倒向了奥地利，迅速武装起来，还在亚得
里亚海上冲一艘法军巡航舰开火。法国人确有正当理由指责威
尼斯，但几天后，拿破仑派朱诺去威尼斯，要求对方二十四小
时内答复自己的信，这无疑是恃强凌弱。4 月 17 日，事态严
重恶化：威尼斯共和国的维罗纳显然没从帕维亚、比纳斯科和
摩德纳事件中学到教训，当地上演了一次起义，300～400 名
法国人遭屠杀，其中很多人是医院伤员。

"我会在威尼斯本土采取普遍措施，"拿破仑向督政府保
证道，"我要施加极端惩罚，叫他们永生难忘。"[6] 据布列纳后
来的记载，反叛消息传来后，拿破仑说："安静，那些流氓会
付出代价的，他们的共和国完蛋了。"[7]1797 年 4 月 19 日（周
三）凌晨 2 点，拿破仑在《莱奥本初步协议》（Preliminaries of
Leoben）上签字，不过官方称签署日是 18 日。巴黎没派全权

代表与奥地利谈判签约，和谈全由拿破仑经手，他与督政府之间原本彼此制衡，此事是权力天平已倾向他的重要证明。这个协议只是先行协定，直到 10 月，法奥才在坎波福米奥（Campo Formio）签署全面和约的终稿，但谈判人还是拿破仑。《莱奥本初步协议》规定：奥地利割让米兰公国、摩德纳公国与奥属尼德兰给法国，认可法国"宪法划定的疆界"（法国主张把国土推进至莱茵河）；法国认同弗朗茨的帝国其余领土的完整性。秘密条款迫使奥地利将奥廖河（the Oglio）以西的全部意大利领土交给奇斯帕达纳共和国，但作为补偿，达尔马提亚（Dalmatia）、伊斯特拉半岛（Istria）以及奥廖河以东的威尼斯本土归奥地利，奥廖河以西的威尼斯本土亦归法国。拿破仑完全认为，条约签署前他就可以处置威尼斯领土。

双方同意日后再议莱茵河左岸归属，法国也尊重奥地利的领土主权完整，表面看来，奥地利在莱奥本占到便宜。拿破仑为协定辩护，他告诉督政府，博洛尼亚、费拉拉和罗马涅"永远是我们的"，因为法国在米兰建立的姐妹共和国正统治它们。他举了个不太有说服力的理由："把威尼斯让给奥地利，皇帝……就不得不友待我们。"在这封信里，他坦然地告诉督政府，当局的意大利战略从头错到尾。"如果我坚持去都灵，我就过不了波河；如果我坚持去罗马，我就丢了米兰；如果我坚持去维也纳，共和国也许就亡了。我采用的计划才能真正击垮皇帝。"拿破仑接下来的话听来必定虚伪，叫人难以相信。"至于我本人……指挥战事时，我总认为自己无足轻重。进抵维也纳时，我摘取的荣誉已超快乐所需。"[8] 他请求获准回家，并承诺道："我的平民生活将如军事生涯般单纯。"他一定把自己想象成了古代英雄卢修斯·昆克蒂乌斯·辛辛纳图斯，此人在拯救罗马共和国后返回农场躬耕。因为这是份半公开报告，《箴言报》会刊登其中的非涉密段落，所以他写这几行文字的动机大概既是取悦公众，也是启发他称之为"流氓律师"的督政们。不管怎么说，他们还是批准了《莱奥本初步协议》。督政曾投票表决，结果四人赞成，仅让－弗朗索瓦·勒贝尔反对，他认为协议条款对奥地利来说太严苛了。

在和谈中，摩德纳公爵试图用 400 万法郎贿赂拿破仑，以求保住爵位。布列纳的话并非全然不可靠，根据他的说法，加洛、奥军将领默费尔特伯爵这两位奥地利谈判代表甚至提出封拿破仑为德意志诸侯，他回答："我谢过皇帝，但我只接受法国赐予我的伟大。"[9] 当时，奥地利似乎挺满意《莱奥本初步协议》的条款，加洛只提了句微不足道的抱怨："条约应该抄在羊皮纸上，封印也要再大些。"拿破仑及时迁就了他。[10]

4 月 20 日，法国海军上校洛吉耶（Laugier）在威尼斯的利多（Lido）弹药库附近违规停船，威尼斯人开火，杀死了洛吉耶。对拿破仑来说，威尼斯算是直接送上门来。他迟早要制裁威尼斯，此事更令他师出有名。他要求威尼斯驱逐英国大使与支持波旁王朝的法国流亡者、交出所有英国货物、"捐赠"2000 万法郎，并逮捕"暗杀"洛吉耶的凶手（包括某位出身贵族的威尼斯海军将领）。总督承诺为维罗纳屠杀赔罪，但拿破仑不为所动，他说对方的使臣"身上滴着法国人的血"，转而强令总督放弃本土。为了让《莱奥本初步协议》秘密条款生效，他需要控制威尼斯本土。与此同时，他鼓励布雷西亚与贝加莫（Bergamo）反叛，到了 5 月 3 日时他对威尼斯宣战。拿破仑惩罚了维罗纳屠杀，他从该城征收 17 万西昆（sequin，约等于 170 万法郎），没收市营当铺中所有价值超过 50 法郎之物。一些人被绞死，另一些人则被流放至南美的法属圭亚那（Guiana），那里有革命政府打发去的它不想见的人。教堂善款、画作、植物藏品乃至"城市和私人的海贝"被征收。[11]

与威尼斯开战才过十天，拿破仑就煽动城中政变。他通过法国公使馆秘书约瑟夫·维尔塔（Joseph Villetard）威胁报复，进而削弱了当地寡头政权。威尼斯已经独立了 1200 年，总督和议员的先祖也曾在海湾阻挡强大的奥斯曼帝国，如今他们温顺地放弃掌权。总督等人也曾设法行贿，想给拿破仑 700 万法郎，他回答："法国因背叛而流血，就算你们给我秘鲁的财富，就算你们的领土铺满黄金，罪孽也不能赎清，圣马克（St Mark）狮①必须去舔灰。"[12]5 月 16 日，路易·巴拉盖·迪利耶（Louis Baraguey d'Hilliers）将军率 5000 名法军士兵进入威尼斯，他们号称"解放者"。威尼斯圣马可大教堂外的四尊铜马可能原是罗马图拉真拱门饰物，如今它们被搬去了卢浮宫，直到 1815 年时才迁回。

拿破仑与威尼斯城中新上台的亲法傀儡政府缔结条约：威尼斯为法国海军提供 3 艘战舰、2 艘巡航舰，"捐赠" 1500 万法郎，交纳 20 幅画作、500 份手稿，并且割让大陆本土，任法国将它分给奇斯帕达纳共和国与奥地利。威尼斯换来的则是法国的"友谊永存"宣言。以上事务皆与督政府无涉。1796年战局伊始时，拿破仑与撒丁停火都得经萨利切蒂批准，此人名义上是督政府特派员（虽说他对拿破仑有好感）。从那以后，拿破仑就自作主张，同罗马、那不勒斯、奥地利签订了三份重要和约，现在他又和威尼斯签了第四份。

———————————————

① 威尼斯共和国国徽上的金色飞狮。——译者注

拿破仑还要签第五份。5 月 23 日，热那亚总督及议员的武装与亲法的雅各宾民主派在当地街头爆发冲突，政府取胜。一些曝光后的文件显示，萨利切蒂与费普曾煽动这次拙劣的暴动。热那亚民主派过早生事，惹得拿破仑大怒，但他借口法国人遇害，派副官拉瓦莱特劝降热那亚政府。像威尼斯政府一样，热那亚当局很快投降。拿破仑又一次不等督政府指示就行动①，为新生的利古里亚共和国（Ligurian Republic）起草宪法。这份宪法以 1795 年法国宪法为基，设立两院制立法机关，其中一院有 150 人，另一院有 300 人。宪法也规定信仰自由、平等民权与地方自治权措施，其原则既未彰显他早年时秉持的纯粹雅各宾主义，也不像某些同时代人所说的，体现了科西嘉人对热那亚的复仇精神。事实上，拿破仑谴责民主派拆毁热那亚大英雄安德烈亚·多里亚的雕像。他写道，多里亚是"伟大的航海家、政治家。在他的时代，贵族政权就是自由。全欧洲都嫉妒你们的城市有幸降生此等大人物。我毫不怀疑你们会尽心竭力再为他塑像，我恳求你们让我承担一定费用"。[13]

143

1797 年春，拿破仑常住米兰城外的蒙贝洛宫（palazzo of Mombello），并召米奥·德·梅利托来此议事。梅利托注意到了拿破仑在蒙贝洛的日常大排场。他先让母亲、约瑟夫、路易、波利娜与舅舅费施住进来，又陆续安排其他家人入住，不仅如此，他还开始采用准宫廷礼仪。他的桌旁不再是副官，而是意大利贵族。波旁家族曾在凡尔赛公开宴乐，拿破仑也当众

---

① 拿破仑不能完全把督政府晾在一边。6 月，庇护六世中风，他便请督政府"积极指导必要的应对措施，以防教皇去世。我该拥立一位新教皇吗？"CG1 no. 1725，p. 1030。庇护六世后来病愈，又多活了两年。

设宴，他还暴露了非常不符合共和作风的爱好——喜好谄媚者。他说自己为这些事花费了 30 万法郎，但布列纳声称开销超过 300 万，这相当于整个意大利军团一个月的饷银。不管是30 万还是 300 万，此事都说明，除了麾下将军们，拿破仑自己也劫掠意大利。[14]

米奥回忆录在很大程度上由其女婿弗莱施曼将军执笔，此书称，1797 年 6 月 1 日，拿破仑携米奥去蒙贝洛宫花园散步，对他说："你认为我在意大利打胜仗只是为了填满律师督政的口袋？只是想讨好卡诺和巴拉斯？什么念头！……我要削弱共和派，但那只是为我自己……亲爱的米奥，就我而言，我已尝过权力滋味，不会就此撒手。"据米奥记载，拿破仑接着评价法国人："给他们小玩意儿就够了，只要你能巧妙掩藏目的地，他们会高兴地听你使唤。"[15] 很多历史学家仅看到这段话的表面，但这番可疑的言论全是谎言。当时，拿破仑若有削弱法国共和主义的野心，那他堪称叛徒，但他也无从知晓米奥·德·梅利托有多忠诚。像他那样的圆滑政客会随随便便对米奥这种公职人员脱口说出自己有多大抱负吗？而且数十年后，米奥还能记得这么清楚？[16]

拿破仑的很多家人都住在蒙贝洛宫，待在他的眼皮底下。从此以后，他不断干涉兄弟姐妹的感情生活。1797 年 5 月 5 日，20 岁的埃莉萨嫁给科西嘉贵族费利切·巴乔基（Felice Baciocchi）上尉。事后，巴乔基迅速晋升军职，最后成了元老院议员和卢卡亲王，他也明智地忽视了埃莉萨的多次出轨。类似地，拿破仑鼓励并促成波利娜的婚事。次月，即 6 月 14 日，17 岁的波利娜嫁给了 25 岁的夏尔·勒克莱尔（Charles Leclerc）将军。土伦会战中，拿破仑曾和勒克莱尔并肩作战，后者也参加过卡斯蒂廖内之战与里沃利会战。波利娜当时另有所爱，而母亲莱蒂齐娅认为那个男人不适合她。拿破仑知道妹妹心有所属，但他仍支持这桩婚事。他还鼓励骑兵缪拉追求另一个妹妹卡罗琳，1800 年 1 月他们成了婚。

　　巴黎督政府岌岌可危。1797 年，鞋价比 1790 年时贵 40 倍，纸币指券（assignat）① 交易价值只有其面值的 1%，由于通胀水平失控，政局陷入动荡状态。[17]5 月 26 日，保王党赢得选举，君主立宪党人巴泰勒米（Barthélemy）侯爵就任督政，这显然说明原政府不得人心。现任五督政为巴拉斯、卡诺、让 - 弗朗索瓦·勒贝尔与路易·德·拉雷韦利埃 - 莱波这两位律师以及巴泰勒米，前四人是弑君者，不过卡诺现在紧随更推崇自由主义的不保王稳健派。拿破仑曾在葡月暴动中力挽狂澜，拯救共和国，他可不想最后只见到保王党取代共和派，遂派拉瓦莱特去巴黎捕捉政治动向。拉瓦莱特察觉有人暗谋迎回波旁，前布列讷军事教员、荷兰征服者夏尔·皮舍格吕也是同党。他还发现极左派亦有密谋，其中一桩后来曝光，5 月下旬，记者、煽动者弗朗索瓦 - 诺埃尔·巴伯夫（François-Noël Babeuf）因此被斩首。巴伯夫的思想本质上是共产主义（尽管当时尚无这一术语或概念）。

　　拿破仑特别在意立法院对其行动的反对意见。稳健派代表、前吉伦特党人约瑟夫·迪莫拉尔（Joseph Dumolard）发表讲话，抱怨道：威尼斯所受待遇不公；拿破仑签约时瞒着立法

---

① 1789～1797 年法国以国家财产为担保发行的证券，后来成为通货。——译者注

院；"法国"（迪莫拉尔指的是拿破仑）干涉主权国内政，违反国际法。拿破仑激烈地回应。"无知饶舌的律师问我们干吗占领威尼斯，"他告诉督政府，"但我代表 8 万将士警告你们，现在已经不是律师懦夫与混账贱嘴斩杀战士的时代了，你们要是帮助他们，意大利军团就进军克利希（Clichy），等着大难临头吧！"[18]克利希既指克利希街（rue de Clichy）保王党俱乐部，也指可容军队入城的巴黎城门。

145　攻占巴士底狱纪念日当天，拿破仑在军中发布宣言，警告国内反对派："保王党一露马脚就不复存在。"他承诺道："坚决迎战共和国与宪法之敌！"[19]五天后，他在米兰举办盛大庆典，此举旨在告诉法国，比起莱茵军团的绅士们（messieurs），意大利军团是更可靠的共和派。两军团彼此仇视，以至于1797 年年初贝纳多特师从德意志调来意大利时，他的军官与意大利军团军官械斗，而拿破仑授予贝纳多特携里沃利会战中缴获的军旗赴巴黎的荣誉时，有人认为这是赶他走的花招。贝纳多特野心勃勃、自作主张，拿破仑与他的关系向来复杂。次年，贝纳多特迎娶拿破仑的前未婚妻德西蕾·克拉里，两人之间又平添甚多纠结。

　　1797 年 7 月 7 日，拿破仑为新生的内高卢（意为阿尔卑斯山脉边）共和国（Cisalpine Republic，又译奇萨尔皮尼共和国）颁布宪法。内高卢共和国以米兰为首都，包括科莫（Como）、贝加莫、克雷莫纳、洛迪、帕维亚、瓦雷泽（Varese）、莱科（Lecco）与雷焦。意大利人踊跃参加共和国军队，可见比起奇斯帕达纳共和国，内高卢共和国推动意大利在民族统一与觉醒道路上迈出了更大一步。[20]统一的意大利亲法政权辖域阔大，一直延伸到伦巴第平原之外。拿破仑明白，有这样的意大利相助，他既能防备奥地利复仇，也可在必要时进攻施泰尔马克、克恩滕（Kärnten）和维也纳。他指导四个委员会以法国宪法为蓝本起草内高卢共和国宪法。然而，因为奇斯帕达纳共和国首次选举时有大量教士当选，这回拿破仑亲自任命了5名督政与全体立法委员（共180人），并指定塞尔贝洛尼公爵出任首届政府主席。

7月中旬，巴黎形势危急。当局想威慑反对党，遂任命共和派将领奥什为战争部长，但奥什未到而立之年，宪法又规定官员年龄不得小于30岁（督政除外，其年龄下限是40岁），立法院议员便指控奥什违宪，结果他上任五天就被迫下野。27岁的拿破仑注意到了此事。7月15日，迪莫拉尔竟然向立法院提交批判他的议案，他便夸张地告诉督政府："我看克利希俱乐部想踩着我的尸体毁灭共和国。"[21]1795年8月的《共和三年宪法》分割了权力，意味着督政府不能解散立法院，立法院也不能强行干涉督政府。二者之上再无裁决机构，巴黎政坛陷入僵局。

7月17日，夏尔-莫里斯·德·塔列朗首任外交部长，日后他会四任此职。塔列朗精明懒散、狡诈多智、饱经世故、腿脚不便、沉溺酒色，其先祖是公元9世纪的昂古莱姆与佩里戈尔采邑伯爵。塔列朗原是欧坦主教（但他从没去过那个主教辖区），1791年被逐出教会。塔列朗曾协助促成《人权宣言》和《宗教人员民事组织法》，1792～1796年，他被迫去英格兰和美国流放。在指导原则上，他说自己喜欢英国宪法，但他绝不会为贯彻任何原则而损害自己的事业和利益。多年来，拿破仑似乎心怀对塔列朗的无限仰慕之情，他经常给此人寄去

146

亲密信件，称其为"欧洲言谈之王"（the King of European Conversation）。然而，拿破仑暮年时已彻底看清塔列朗："他很少提建议，却让别人说……我再没见过像他那样毫不关心正误的人。"[22]时机一到，塔列朗就背叛所有人，拿破仑也不例外，他用非常私人的方式处理此事。拿破仑日后说："没有降下天罚的上帝。"塔列朗大概是在自家床上寿终正寝的，这证明此言不假。[23]

不过，此时两人尚未结怨。1797 年 7 月，外交部长塔列朗上任后的第一件事就是给拿破仑写信，他油嘴滑舌，想与对方结好。塔列朗写道："光波拿巴的名字就能抚平我的所有困扰。"[24]拿破仑的回信同样热情洋溢，读来令人尴尬。"也许亚历山大的胜果不过是鼓舞雅典人，"他回复道，"其他领袖才是社会砥柱，比如你。我深入钻研大革命，岂会不知它欠你多少。你的牺牲应有回报，我一掌权就报答你。"[25]奉承彼此的字句中蕴藏着政治同盟的潜在前景。

巴拉斯组织整肃法国政府与立法机关，驱逐保王党与稳健派。拿破仑也认为保王党和稳健派危害共和国，7 月下旬时他决定支持巴拉斯。27 日，他派坚定的共和党人奥热罗（事实上，他是新雅各宾分子）去巴黎。拿破仑警告拉瓦莱特注意奥热罗的野心："不要被他控制。他是党派主义者，曾在军中制造混乱。"[26]不过拿破仑也承认，此时奥热罗是去巴黎的合适人选。他告诉督政府，奥热罗"因私事"回巴黎，但总的来说，真相更具戏剧性。[27]皮舍格吕就任下院五百人院议长，另一位地下保王党人巴尔贝－马尔布瓦侯爵担任上院元老院议长，莫罗几乎懒得让莱茵军团庆祝攻占巴士底狱纪念日，巴拉斯现在便需要拿破仑的政治支持、军事力量和经济援助。据说拉瓦莱特携 300 万法郎去巴黎，趁正在筹划的政变爆发前花钱买得影响力，如果布列纳的话可信，这笔钱是拿破仑的全部净资产。[28]

1797 年 9 月 4 日（共和历果月十八日）清晨，果月政变（Fructidor coup）爆发，大获成功。法律禁止军队不经立法院允许便接近首都，但奥热罗照样占领了巴黎战略要地。他在议会所在地杜伊勒里宫布下士兵，逮捕了 86 位议员与多名编辑，并把他们押至圣殿塔监狱。这些人中，巴泰勒米、皮舍格吕、巴尔贝－马尔布瓦等很多人随后被逐至 4400 英里之外的流放地圭亚那。卡诺逃脱抓捕，成功来到德意志。可想而知，迪莫拉尔亦被捕，不过他没去南美流放，而是去了法国的大西洋海岸线附近的奥莱龙岛（Île d'Oléron）。然后，立法院剩余议员在支持保王党的 49 个省取消了将要开始的选举，并立法反对被指名的教士，以及虽回国但未被宽恕的流亡者。卡诺和巴泰勒米被赶走后，可靠的共和党人菲利普·梅兰·德·杜艾（Philippe Merlin de Douai）和弗朗索瓦·德·纳沙托（François de Neufchâteau）接任督政。督政府再度激进化，动用额外权力关闭报社与政治俱乐部（如克利希），现在它变得像恐怖时代的老公共安全委员会一样强势。至少眼下，意大利军团拯救了督政府。米奥认为，拿破仑支持果月肃清，"保证了政变成功"。[29]督政府也整顿军官队伍，开除了 38 名被怀疑是地下保王党人的将军，其中有拿破仑的前对手、阿尔卑斯军团司令克勒曼将军。

布列纳称，拿破仑得知政变结果后"喜气洋洋"。[30]卡诺是果月政变最重要的牺牲品之一，但他似乎并不因此记恨拿破仑。1799 年，卡诺在流亡途中发表自我辩护词：1796 年巴拉

148

斯没有提议让拿破仑去意大利任职，提名他的人其实是卡诺；1797 年巴拉斯已经敌视拿破仑，于是"用下流诽谤之辞讥讽波拿巴必然珍爱的人（约瑟芬）"。[31]卡诺声称，巴拉斯、勒贝尔与拉雷韦利埃"一直痛恨波拿巴，非毁灭他不可"，"《莱奥本先行协议》签订后"，他们私下"惊呼反对协议"。[32]拿破仑显然相信这些话，因为他掌权后即将卡诺召回战争部。

果月十七日（即 9 月 3 日）晚，拉瓦莱特和巴拉斯在一起。拿破仑自己不想摆出一副搞阴谋的样子，政变当天，他仍在意大利帕塞里亚诺（Passeriano）议和，但拉瓦莱特一回来，他就要对方复述事件，"描述每一位主演的犹豫不决、激情发作和几乎每个手势"。[33]巴黎也召回卡诺的宠儿克拉克，仅剩拿破仑全权代表法国参与坎波福米奥议和。

拿破仑与奥地利全权代表路德维希·冯·科本茨尔（Ludwig von Cobenzl）伯爵交谈时常感恼火。9 月 12 日，他告诉塔列朗，"愚蠢又赖账的维也纳宫廷看来难以理喻"，还说和谈"就是个笑话"。果月政变后，督政府不再过问一些议程，比如让威尼斯加入内高卢共和国（他反对）、用德意志土地补偿奥地利损失的意大利领地（他支持）。[34]奥地利发现波旁王朝眼下无望复辟，所以和谈再无其他阻碍。9 月 26 日，拿破仑要求督政府批准他与皮埃蒙特－撒丁的和约。根据条约，撒丁需派 1 万人加入法军，他还预言道，六个月之内卡洛·艾曼努尔四世就会下台。他对塔列朗说："若巨人拥抱侏儒，紧紧搂着他，闷死了他，也不能就此指控巨人犯罪。"①[35]

---

① 事实上，卡洛·艾曼努尔国王一直在位，直到 1802 年才让位于他的弟弟。

这一时期，拿破仑常常写信假称抱病，"我几乎跨不上马背，需要休息两年"。他的信再一次充斥着辞职威胁，理由是政府不够喜爱他。9 月 17 日，奥什因肺结核去世，"党派主义者"奥热罗接替他就任莱茵军团司令，此后拿破仑的恐吓变本加厉。他还不断抱怨难同科本茨尔议和。① 在与科本茨尔坦率交谈伊奥尼亚群岛（Ionian Isles）的未来时，拿破仑往地上砸了一尊漂亮的古董瓷器（奥地利的说法），抑或一套廉价茶具（波拿巴分子的说法），他砸的也可能是"叶卡捷琳娜大帝等君主赐给科本茨尔的珍贵的陶瓷茶杯"（二十年后他自己的说法）。[36]装腔作势是他的谈判技巧，他常常装样子给人看。不管砸碎的是什么，科本茨尔依然冷静，仅仅向维也纳报告道："他表现得像个傻瓜。"[37]拿破仑的一位私人秘书记录他生气时的样子：

> 一旦被强烈的激情刺激，他的脸色就变得……可怕……他眼睛喷火，鼻孔因内心剧烈斗争扩张……他似乎能随意控制这些情绪爆发。顺便说一句，随着时间流逝，他发作的次数越来越少。他的头脑始终冷静……心情好时，或急着取悦他人时，他就露出温和亲切的表情，脸上也绽放着非常美丽的微笑。[38]

10 月 7 日，拿破仑给塔列朗写了一封长信，又向对方述

---

① 为防止奥地利最后倾向于战争，军团必须做好准备，所以拿破仑也给巴黎的意大利军团财务、公民阿莱（Haller）等人写信。阿莱收到的信说："请去纽扣生产地，告诉我情况如何。因为纽扣没做好，全军依然赤身裸体。"附言只有一句："钱钱钱！"CG1 no.2146, p.1243。

说科本茨尔的顽固执拗。他开诚布公，质疑意大利战局的长远价值，称意大利"这个国家孱弱迷信，是潘塔洛内①又是懦夫"，不足以创造伟绩，当然"不值 4 万法国人为之捐躯"。[39]他补充道，整个战局中，意大利人没帮他，内高卢共和国军队也只有 2000 人。"这才是历史，"他写道，"但流传下来的尽是虚构传奇，宣言、出版的论著等物把它们写得那么美好。"拿破仑致塔列朗的信思想丰富，短短几周时间，他们的书信联系竟变得如此密切。"我写的全是心里话，"他对自己的新盟友兼知己说，"这是我能给你的最高敬意。"[40]

1797 年 10 月 13 日破晓时分，布列纳走进拿破仑的卧室，告诉他山上满是雪。于是他从床上一跃而起（至少布列纳这么说），大叫："什么！才 10 月中旬！什么鬼地方！好吧，我们必须讲和。"他立刻推测大雪很快会封路，所以莱茵军团不能支援他了。[41]坎波福米奥村位于帕萨里亚诺（Passariano）的拿破仑司令部和乌迪内（Udine）的科本茨尔总部正中间，10月 17 日（周二）午夜，双方在此签约。条约规定：奥地利割让比利时（奥属尼德兰）与莱茵河西岸给法国；威尼斯的伊奥尼亚群岛归法国；伊斯特拉半岛、弗留利（Friuli）、达尔马提亚、威尼斯本身、阿迪杰河与波河下游归奥地利；奥地利承认利古里亚共和国与内高卢共和国，而内高卢共和国将与奇斯帕达纳共和国合并；法奥结成"最惠国"关税同盟；摩德纳公爵失去他的意大利封地，但奥地利用莱茵河以东的布赖斯高（Breisgau）公国补偿他。11 月将召开拉施塔特（Rastatt）会

---

① 指意大利即兴喜剧（commedia dell'arte）角色潘塔洛内（Pantalone），此人唯利是图，贪得无厌。

议，届时双方会规划神圣罗马帝国的未来、探讨如何补偿封地被征收的莱茵亲王们，并且分别在莱芒湖（Lake Léman）岸边的日内瓦周围和瑞士建立莱芒共和国（Lemanic Republic）、海尔维第共和国（Helvetian Republic）。

次日，拿破仑致信塔列朗称，"我相信一定有人狠批我刚签订的条约"，但他辩称，想争取更好的条件就只能再战，征服"两到三个其他奥地利省份。可能吗？可能。很可能吗？不大可能"。[42]他派贝尔蒂埃与蒙日携条约去巴黎，叫他俩对首都人士详解其优点。两人出色地完成了任务，公众也热盼和平，于是督政们迅速批准了条约，但他们私下抱怨对威尼斯的态度显得共和派不够团结。据说被问及有关威尼斯的条款时，拿破仑解释道："我在玩 21 点（vingt-et-un，又叫黑杰克），玩到 20 点时停手。"[43]《坎波福米奥条约》结束了法奥之间长达五年的战争，签约当日，拿破仑还致信内高卢共和国内政部长，讨论在意大利全体音乐家中举办谱曲比赛，从而纪念过世的奥什将军。[44]

拿破仑一边对塔列朗称赞《坎波福米奥条约》，一边细思下一阶段法国的要务。"我国政府必须消灭英国国教政权，否则会被那帮居心不良、野心勃勃的岛民腐化，坐等灭亡。眼下时机大好。我们在海军方面集中力量，消灭英国。英国亡则欧洲臣服。"[45]塔列朗替拿破仑积极走动，才过九天，督政府就任命他指挥一支新军——英格兰军团。拿破仑立刻开工，他提议从奥什子女处取走奥什的英国地图，重新勘察敦刻尔克（Dunkirk）与勒阿弗尔（Le Havre）之间的所有港口，还下令建造大量运兵炮舰。[46]11 月 13 日，他派自己的炮兵专家、安托

151

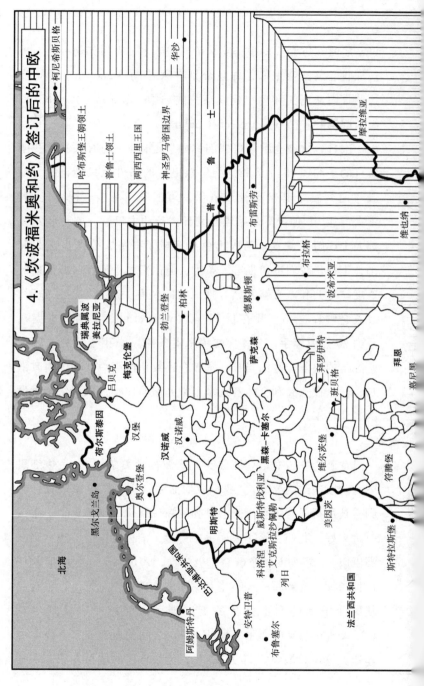

4. 《坎波福米奥和约》签订后的中欧

图例：
- 哈布斯堡王朝领土
- 普鲁士领土
- 两西西里王国
- 神圣罗马帝国边界

普鲁士

华沙

柯尼希斯贝格

摩拉维亚

维也纳

布雷斯劳

波希米亚

布拉格

德累斯顿

拜罗伊特

班贝格

拜恩

萨尔茨堡

瑞典属波美拉尼亚

吕贝克

梅克伦堡

勃兰登堡

柏林

汉诺威

汉诺威

奥尔登堡

荷尔斯泰因

明斯特

黑森-卡塞尔

维尔茨堡

符腾堡

黑尔戈兰岛

威斯伐利亚

科洛涅

艾克斯拉沙佩勒

列日

美因茨

斯特拉斯堡

北海

阿姆斯特丹

布鲁塞尔

安特卫普

法兰西共和国

153

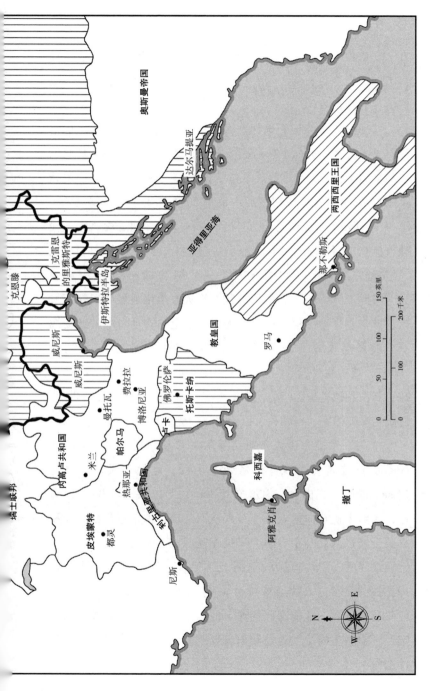

万·安德烈奥西（Antoine Andréossy）上校去巴黎"铸造口径与英国加农炮等长的大炮，这样的话，我们到英国后能使用他们的加农炮炮弹"。[47]

与此同时，拿破仑确保意大利军团的英雄为人认可，他给政府送去名单，上列 100 名战场勇士，他们将受赏别人梦寐以求的金制荣誉马刀。这些英雄包括：第 85 战列步兵半旅中尉茹贝尔（Joubert），里沃利之战中他率 30 人俘虏了 1500 名奥军；第 39 战列步兵半旅鼓手长西科（Sicaud），卡利亚诺之战中，他独自抓获 40 名俘虏；第 27 轻步兵半旅上校迪帕（Dupas），他"是洛迪之战中最早冲上桥的人之一"；第 32 战列步兵半旅掷弹兵卡布罗尔（Cabrol），他冒着敌军炮火攀上洛迪城墙，打开城门。[48]拿破仑还给巴黎送去一面锦旗，旗上列有他口中的此场战事中的俘虏人数（15 万）、缴获的军旗数（170）与大炮数（600）、俘获的战舰数（9）、签署的和约数、"解放"的城市数、其作品被送去巴黎的艺术家人数，这些人包括米开朗琪罗、提香、韦罗内塞、柯勒乔、拉斐尔和列奥纳多·达·芬奇。[49]

11 月，拿破仑让妹夫勒克莱尔掌管意大利军团，自己则去参加拉施塔特会议。他从米兰启程，途经都灵、尚贝里（Chambéry）、日内瓦、伯尔尼（Bern）与巴塞尔（Basle）等地，一路上民众向他欢呼。布列纳回忆道，伯尔尼某夜，他和拿破仑经过两列马车中间，只见车里"灯火通明，佳丽满座，她们都高呼：'波拿巴万岁！平定者万岁！'"[50]拿破仑乘坐八匹马拉拽的马车进入拉施塔特，30 名骠骑兵护卫他的座驾，一般只有在位君王才能享此待遇。他明白盛典对公众想象力的影响，希望新生的法兰西共和国获得欧洲旧王朝君主享有的视觉冲击力。

11月30日，法奥两国在拉施塔特正式批准《坎波福米奥条约》。奥地利被迫放弃首要的莱茵要塞美因茨、菲利普斯堡（Philippsburg）与凯尔（Kehl），撤离乌尔姆（Ulm）和英戈尔施塔特（Ingolstadt），并让军队退至莱希河（the Lech）以远。当时有1600万德意志人不在奥地利和普鲁士定居，神圣罗马帝国的辉煌时代曾让他们凝为一体，但那已是遥远的历史。拿破仑想让法国积极争取这些德意志人的支持。（有一次，他更粗俗地说，神圣罗马帝国是个"老妓女，早就谁都嫖过了"。[51]）《坎波福米奥条约》将数位德意志亲王的封地划给法国，拿破仑想补偿他们，他扮演中等大小的德意志国家的保护人，助它们对付奥地利与普鲁士的企图。早在5月27日，他致信督政府时就预言到："如果德意志的概念不存在，我们就得创造它为己谋利。"[52]

拿破仑发起的和谈一直持续到1799年4月。谈判期间，瑞典国王（此人在德意志有领土）厚颜无耻，竟派玛丽·安托瓦内特的前情夫阿克塞尔·冯·费尔森（Axel von Fersen）男爵做代表，这让他有绝好的机会故意制造外交失礼事件。拿破仑对塔列朗调侃费尔森道："他来见我时就像牛眼窗（Oeil-de-Boeuf，指代路易十四在凡尔赛的私人寓所房间）里的官妓一样自鸣得意。"[53]拿破仑告诉费尔森，他其实"遭全体法国公民唾弃"，他"出名只是因为喜欢上一个活该倒台的法国政府，还为重建它白忙活"。[54]据拿破仑回忆，费尔森"答道，他的陛下会考虑我的话，然后他离去。我自然照惯常礼节送他到门口"。[55]费尔森被召回了。

1797年12月2日，拿破仑从拉施塔特启程回巴黎。途中，他仅在南锡（Nancy）稍事逗留，作为贵宾赴共济会当地

分会的宴席。(共济会员常常支持他的近代化改革,特别是在
155 意大利。)5 日下午 5 点,他身着便装,乘简朴马车进入巴黎,
同行者仅有贝尔蒂埃与让 - 艾蒂安·尚皮奥内(Jean-Étienne
Championnet)将军。"将军计划悄悄返程,"一名当时的人士
回忆道,"最次也要悄悄进入巴黎,他安静地依计而行。"[56]拿
破仑太年轻了,不能当督政,于是故意在巴黎保持低调,以免
触怒督政府,不过他归来之事一传出去就轰动了首都。约瑟芬
之女奥尔唐斯回忆道,"每天都得拦下大群各阶层人士,他们
等不及了,抢着要看意大利征服者"。[57]拿破仑和约瑟芬租住的
房子位于尚特雷纳街(rue Chantereine)6 号(尚特雷纳意指
歌唱的青蛙,因为其附近曾有湿地)。为了表彰他,尚特雷纳
街便改称胜利街(rue de la Victoire)。① 后来,拿破仑花 52400
法郎②买下了房子,但两人尚且只是租客时,约瑟芬就用庞贝
壁画、镜子、丘比特像、粉玫瑰、白天鹅等物装饰屋子,装修
费多达 30 万法郎,此事或可反映她的病态奢侈严重到了何等
地步。[58]

多年后,拿破仑回忆道,人生中的那段巴黎岁月危机四
伏,重要原因之一是士兵当街大叫"他应该称王!我们必须
立他为王!"。当时很多人(误)认为奥什死于毒杀,拿破仑
也害怕因此而落得同样下场。[59]于是乎,正如一位支持者的记
载,"他避开公共活动,很少当众露面,只亲近少数将军、科
学家与外交官"。[60]他也认为人们马上就会忘记他的胜利,说:
"巴黎人是健忘之辈。"[61]

---

① 1865 年,宅邸全面重建,如今它是银行,门牌也改成了 60 号。拿破仑时
代的遗址中,此地是个例外,不值特意绕道去。

② 这一时期,一名将军的年薪约为 5000 法郎。

外交部位于巴克街（rue du Bac）上的加利费公馆（Hôtel Galifet），12月6日上午11点，塔列朗在此会见拿破仑。两人抓住对方长谈一番，对眼前之人感到满意。当晚，五督政私下设宴款待拿破仑，巴拉斯和拉雷韦利埃热情待人（也许是虚伪之举），勒贝尔不失礼数，但另外两人态度冷淡。[62]12月10日（周日）午夜，政府全员在卢森堡宫（Luxembourg Palace）举办盛大的官方庆典欢迎拿破仑，只见大宫殿屋顶旗帜飘扬，宫中特地搭起圆形场地，其上突显象征自由、平等与和平的雕像。拿破仑始终谦虚客套。巴黎某位英国居民注意到，"穿过街上人海时，他缩进马车里面……我见他拒绝了给他预留的主位（chief of Sate），而且似乎想逃开潮水般的普遍掌声"。[63]另一个当时人士评论道："督政冷冷地表彰他，群众却欢呼，这形成鲜明对比。"

拿破仑既置身聚光灯下，又让别人觉得自己谦恭低调、想悄悄离席，这是最精湛的政治手腕之一，而他玩得纯熟。一位在场人士回忆道，"当时巴黎最高贵最杰出的人都来了"，如督政、立法院上下两院议员与他们的妻子。另一名目击者称，拿破仑入场时，"所有人起立致敬（即脱帽），窗边挤满妙龄靓女。典礼的确盛大，可氛围冷淡如冰。人们似乎只想来看他一眼，与其说他们聚在一起是因为高兴，倒不如说是好奇心使然"。[64]

塔列朗介绍拿破仑，大肆奉承他。拿破仑回话，称颂《坎波福米奥条约》，褒扬士兵"为光荣的《共和三年宪法》"热情奋战。然后，他述说自己的信念："若有最实用的法律来保障法国人的幸福，欧洲就自由了。"[65]正式场合中督政皆着长袍，巴拉斯也不例外。他恭维拿破仑一番，"自然殚精竭虑才

156

造出波拿巴",把对方比作苏格拉底、庞培和恺撒。然后,他提到已经把法国海军彻底赶出全球大洋的英国,"抓住骚扰大海的悍匪,拴住横行大洋的暴徒,叫伦敦恶棍尝尝迟到已久的惩罚"。[66]语毕,巴拉斯等督政拥抱拿破仑。布列纳总结道:"这幕多情喜剧的演员都发挥得淋漓尽致。"[67]他的讽刺语气情有可原。

圣诞日,拿破仑接替流亡的卡洛,当选法国当时最顶尖的(今亦然)学术团体法兰西学院(Institut de France)院士,这回他开心多了。学院共有312人,在拉普拉斯、贝托莱和蒙日的帮助下,他获305票,票数排二三位的候选人仅分别获166票和123票。此后,拿破仑经常穿着上绣橄榄绿枝与金枝的深蓝色院士服,不时出席院内科学会议,签名时也按序自称"法兰西学院院士、英格兰军团司令"。当选后次日,拿破仑写信答谢学院院长阿尔芒-加斯东·加缪(Armand-Gaston Camus):"从未知中发掘的知识才是取之无愧的真正战利品。"[68]他出示这些学识证明不止是为了折服法国民众。他说:"我很清楚,全军将士相信我不单单是军人后只会更尊敬我。"[69]

拿破仑在学院的提名人和支持者肯定认为招纳当今一流的将领是予人方便,但拿破仑不仅仅是一员智将,他也是名副其实的学者。他饱读多本最艰深的西方经典,并为其做注;他是鉴赏家与评论家,甚至略通传奇悲剧理论与乐理;他捍卫科学,结交天文学家;他喜欢和主教、红衣主谢赫谈神学;他不管去哪都带上收藏丰富的流动图书馆,里面的书都翻了很多遍。歌德赞赏他对维特的自杀动机的看法,柏辽兹欣赏他的音乐知识水平。拿破仑日后建立埃及学院(Institut d'Égypte),

院内聘有当时最伟大的法国学者（savant）。19 世纪，欧洲有很多杰出学者与创意人士崇拜他，如歌德、拜伦、贝多芬（至少开始时如此）、卡莱尔（Carlyle）、黑格尔。他还在最深厚的历史基础上建立法兰西帝国大学。[70] 拿破仑配得上他那件绣花外套。

处决路易十六纪念日（1 月 21 日）当天，督政府举办了已经过气的周年庆，并让拿破仑扮演主角，当时他的表现颇为圆滑。他不穿军装，只着院士服。他也没有紧挨督政们坐下，而是在第三排就座。

1798 年 1 月 3 日，塔列朗举办招待会为拿破仑庆祝。宴会上，他暴露了自己不擅长同异性交往。约瑟芬之女奥尔唐斯日后回忆，知名聪慧女性热尔梅娜·德·斯塔埃尔（Germaine de Staël）夫人"一直尾随将军，他烦得难掩怒容，也许他发作了"。[71] 斯塔埃尔夫人之父雅克·内克尔（Jacques Necker）是富可敌国的银行家、路易十六的财政大臣，她本人也是巴黎沙龙界（salonnière）的领军人物，当时她把拿破仑当英雄崇拜。就因为拉瓦莱特是拿破仑的副官，果月肃清之后的某次宴会上，她非要等拉瓦莱特离席才走。塔列朗举办的筵席上，斯塔埃尔夫人问拿破仑："你觉得什么样的女人最优秀？"她显然盼他夸自己几句智名远扬、文采斐然，但他回答："生小孩最多的。"[72] 面对近乎暗恋自己的女子，他的随口之言的确奏效（我们甚至可以说他有先见之明，因为下个世纪中，低生育率一直困扰法国），但此事充分表明了他对女性的根本态度。

拿破仑把思绪转向入侵英国的行动。他同反抗组织爱尔兰人联合会领袖沃尔夫·托恩（Wolfe Tone）会晤，向其求助。

158

托恩说他不是战士，帮不上大忙，拿破仑打断他："但你勇敢。"托恩谦逊地承认自己确有勇气。根据此人日后的记录，拿破仑说："好，那就够了。"[73] 2 月的两周中，拿破仑考察了布洛涅（Boulogne）、敦刻尔克、加来（Calais）、奥斯坦德（Ostend）、布鲁塞尔（Brussels）与杜埃（Douai），评估成功入侵的可能性。他咨询水手、引航员、走私商和渔民，有时问到半夜。"太危险了，"他总结道，"我不会尝试。"[74] 1798 年 2 月 23 日，他明确告知督政府：

> 不管怎么努力，数年后我们的海军才可制霸。没有海上霸权就入侵英国的行动堪称史上最冒险、最艰巨的任务……命令需及时贯彻，但考虑到海军当前的组织状态，它似乎做不到这点，果真如此，我们就必须放弃远征英国，止步于守势，并在莱茵河上倾注全部精力与物力，以图夺取英属汉诺威（Hanover）……或者远征东方，威胁英国同印度的贸易。若以上三策皆不可行，我看就只能媾和。[75]

督政府根本不准备求和，它在拿破仑的三个替代方案中选了最后一个。3 月 5 日，督政们全权委托拿破仑筹划并指挥全面的埃及远征，盼着他打击英国在地中海东部的势力和贸易路线。拿破仑去埃及对督政们有利，他可能为法国征服埃及，抑或大败而归，令人满意地声名扫地。对他们来说，两种情况都一样为人所喜闻乐见。波拿巴派支持者、英国上院贵族霍兰（Holland）勋爵说，他们派他去那儿，"既为摆脱他，也为满足他，还为折服并取悦巴黎的……公共舆论界要人"。[76] 至于拿

破仑，他觉得自己可趁机追随心中最伟大的英雄亚历山大大帝　159
与尤利乌斯·恺撒。"欧洲只是鼹鼠丘，"他高兴地对私人秘
书说，"天下盛名都出自亚洲。"[77]

当月的晚些时候，一桩小丑闻浮出水面，导致拿破仑陷入
危机，他可能因此被卷入金钱腐败与政治丑闻的旋涡，甚至就
此永失在尼罗河畔成名的机会。弗拉沙公司、第戎公司
（Compagnie Dijon）等大军事承包商从财政部受领滞后的长期
拨款，用这笔钱应付军队的当前需要。此外也有小公司充当承
包商，它们经常被指变相克扣纳税人的钱，如篡改发票、不达
标运输、供应腐物，甚至指使人偷农民的马。这些小公司大发
战争财，博丹公司（Compagnie Bodin）便是其中一例，其经
营人乃臭名昭著的路易·博丹（Louis Bodin）。然而，拿破仑
从兄长约瑟夫处获知了一则可怕的消息：除了其他投资者，巴
拉斯、伊波利特·夏尔（他已退役，成为全职承包商）、约瑟
芬都是博丹的股东。[78]1796 年 8 月，夏尔离开了意大利，但他
和约瑟芬仍然保持亲密关系。

巴拉斯、塔列朗等人通过放贷、投机和内幕交易生财没什
么，因为公众几乎都认定他们从事肮脏买卖，但换作拿破仑，
事情就不同了。正直形象是他最吸引民众的品质之一，一旦他
们知晓他的妻子也靠腐败军需供给牟利，它会在一夜之间消
散。此外，他在米兰时亲自与弗拉沙公司斗争，还放逐了一名
董事，虽说他的初衷确是力争意大利军团利益最大化，如今此
事倒更像虚伪行径了。

1798 年 3 月 17 日，拿破仑和约瑟夫严厉盘问约瑟芬，她
颤抖不已、怒火中烧、报复心切，但仍像往常一样撒谎。他们

逼问她到底了解博丹多少、是否为他谋取补给合同、伊波利特·夏尔是否与博丹同住圣奥诺雷郊区（Faubourg Saint-Honoré）100 号、她是否如流言所说每天都去那儿。[79]事后，约瑟芬立刻给夏尔写了一封惊慌失措的信，此信表明，她不仅否认一切指控，还眷恋夏尔、憎恨波拿巴兄弟，可能想借博丹的投机摆脱婚姻与债务，而且此时的她急于掩盖把柄。"我回答道，他说的我一概不知，如果他想离婚，开口就行。"她告诉自己的情夫，"他完全不必动用此等手段，我则是世上最不幸、最痛苦的女人。是的，我的伊波利特，我只恨他们，但只对你温柔，只爱你……伊波利特，我要自杀。是啊，如果不能专情于你，活下去只是负担，我宁愿死。"[80]

约瑟芬又对夏尔写道：与博丹通气，让他一口咬定根本不认识她，否认借她之力与意大利军团订合同；告诉圣奥诺雷郊区的门卫要坚称没见过博丹；叫博丹别用她为其意大利出差之行写的介绍信。信的结尾则是"一千个如我心般炽热多情的吻"。[81]她随后再次致信夏尔，在信末写道："只要有你我就开心。告诉我你爱我、你只爱我，那我就是最幸福的女人。从你的纸币里取 5 万里弗赫（约为 125 万法郎），让（男仆）布隆丹（Blondin）捎给我……我全是你的。"[82]

拿破仑正在策划新的埃及战局，所以他有充足的理由逃离巴黎。在那儿，他已渐渐变成腐败、痛心、不忠、阴险的代名词，也许还会招来更大的尴尬。他一直相信自己是高贵的骑士，正如自创短篇中的克利松一般，而督政府和约瑟芬的行为动摇了这一理想形象。是时候再添一倍赌注了。

第七章　埃及

今年没见人去麦加朝圣。

——佚名伊斯兰教史学家笔下的 1798 年

如果我留在东方，我会像亚历山大大帝一样开创帝
业。

——圣赫勒拿岛上，拿破仑对古尔戈将军说

关于谁是埃及远征的倡议人有多种版本，如塔列朗、巴拉斯、蒙日（尽管只有他自己这么说）、百科全书编者兼旅行家康斯坦丁·德·沃尔内（Constantin de Volney）等。事实上，早在 18 世纪 60 年代，法军策划人员就开始考虑此事，1782年，弗朗茨皇帝的伯父、奥皇约瑟夫二世（Joseph II）也建议妹夫路易十六吞并埃及，以此作为瓜分奥斯曼帝国的更大计划的步骤之一。[1] 1517 年，奥斯曼土耳其征服埃及，眼下它仍是埃及的正式统治者，但实际控制权早已落入源自高加索（Caucasus）的格鲁吉亚（Georgia）军人阶级马穆鲁克（Mamluks）手中。24 个马穆鲁克贝伊（Bey，军阀贵族）被视作外族，他们征收重税，所以不得民心。大革命之后，法国的激进理想主义者认为征讨埃及可以传播自由、解放被暴虐异族压迫的埃及人，卡诺、塔列朗等更精于算计的战略家则想对

抗地中海东岸的英国势力，因此埃及远征对这两类人都有吸引力。拿破仑属于后一类人，1797 年 8 月，他告诉督政府："为了根除英国，我们现在必须拿下埃及。"[2] 塔列朗毛遂自荐，称愿赴君士坦丁堡劝苏丹塞利姆三世（Selim III）不要积极反对

162 远征。这是他第一次误导拿破仑，但绝不是最后一次，也绝非最严重的一次。

1798 年 3 月 5 日，拿破仑秘密就任埃及军团司令，他仅用十一周不到的时间组织筹备整个远征，5 月 19 日就率军启程。但在准备期间，他仍设法出席了法兰西学院的八个科学讲座。作为假情报战的一部分，趁沙龙中有人讨论假日时，拿破仑当众说想带约瑟芬、蒙日、贝尔蒂埃和马尔蒙去德意志。为了进一步瞒天过海，官方重申任命拿破仑为屯于布雷斯特的英格兰军团司令。

拿破仑称埃及为"通向世界的地理钥匙"。[3] 他的战略目标是摧毁当地的英国贸易并代之以法国贸易，最起码也要消耗皇家海军，强迫他们同时掩护地中海入海口、红海入海口以及美洲和印度之间的贸易线路。[4]1796 年，皇家海军丢了基地科西嘉岛，若法国海军可从几乎固若金汤的马耳他岛（Malta）港口行动，它将更加受限。"何不攻占马耳他岛？"1797 年 9 月，拿破仑致信塔列朗，"它可以让英国海军霸权更受威胁。"[5] 他告诉督政府："这个小岛值得我们不计一切代价去争取。"他给督政府列了三条远征理由：把埃及变成永久的法属殖民地；为法国产品开辟亚洲市场；建立可容 6 万将士的军事基地，为进攻英属亚洲领地奠定基础。他向战争部索要孟加拉（Bengal）与恒河（the Ganges）的英语地图，还让公民皮弗龙（Citizen Piveron）随行，此人曾担任过驻英国最头疼的印度敌

人、"迈索尔之虎"蒂普苏丹（Tipu Sahib）处使节。上述举动也许反映了拿破仑的最大野心，或者说最终幻想。然而督政府打击了这些梦想，仅授权拿破仑入侵埃及，并告诉他自筹资金。按照预期，他要在六个月内回国。

远征将花费 800 万法郎。事后人们发现，拿破仑让贝尔蒂埃、茹贝尔和布昌内分别在罗马、荷兰与瑞士勒索"捐赠"，相对来说，他没费多大力气就筹到了这笔钱。他认真挑选远征军高级军官。出身贵族的路易·德塞（Louis Desaix）将军在德意志战场表现出色，显得前途无量。3 月 28 日，德塞带另一位贵族将军路易 - 尼古拉·达武去胜利街初访拿破仑。勃艮第人达武现年 28 岁，拿破仑对他的第一印象不算很好，但德塞担保达武军事才能突出，为他在远征军争得一席之地。拿破仑后来欣赏达武在埃及的表现，不过两人私交平平，这对他的未来极为不利，因为达武日后跻身他麾下少数几个独立指挥也出彩的元帅之列。不出所料，拿破仑任命贝尔蒂埃为参谋长，让已从沙隆炮兵学校毕业的弟弟路易和英俊的继子欧仁（绰号"丘比特"）当副官，并带上师级将军让 - 巴蒂斯特·克莱贝尔（Jean-Baptiste Kléber，莱茵军团老兵，嗓门大，比他的士兵们高整整一个头）、德塞、邦、雅克 - 弗朗索瓦·德·梅努、让 - 路易·雷尼耶（Jean-Louis Reynier）以及贝西埃、马尔蒙等 14 名旅级将军，其中很多人曾随他在意大利作战。

远征军骑兵由出身海地的达维·德·拉帕耶特里（Davy de la Pailleterie）将军指挥，他一般被称作老仲马（Thomas-Alexandre Dumas）①。1797 年 1 月，老仲马成功阻止奥军返回

163

---

① 《基督山伯爵》作者大仲马（Alexandre Dumas）之父。

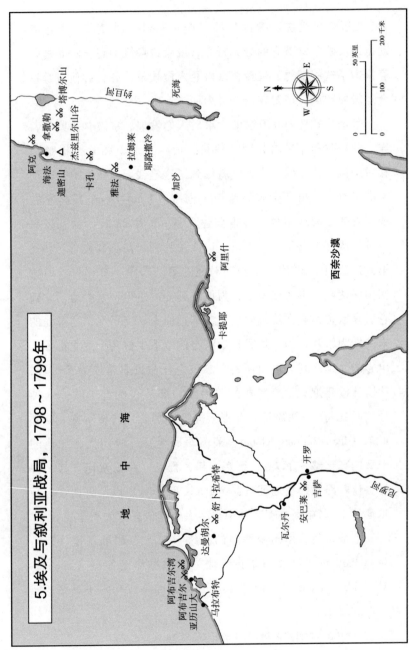

5.埃及与叙利亚战局，1798～1799年

阿迪杰河对岸，他们就给他起了个绰号"黑魔鬼"（Schwarzer Teufel），因为他是法国贵族与加勒比女黑人之子。拿破仑还让埃尔泽阿·德·多马丹（Elzéar de Dommartin）将军统率炮兵，并派独腿的路易·卡法雷利·迪法尔加（Louis Caffarelli du Falga）主管工兵。奇怪的是，那个年代最勇猛的骑兵指挥拉纳却摊上文职军需总监。首席军医是勒内－尼古拉·德热内特（René-Nicolas Desgenettes），四年后他会从医生角度撰写埃及战局史，并把书题献给拿破仑。埃及军团军官队伍人才济济、前景光明，堪称劲旅。

拿破仑还特地建了个图书馆，他带了125本书，其题材涵盖历史、地理、哲学与希腊神话。这些书包括库克船长的三卷本《航程》、孟德斯鸠的《论法的精神》、歌德的《少年维特之烦恼》以及李维、修昔底德、普鲁塔克、塔西陀的著作，尤利乌斯·恺撒的书自然也少不了。他也带了蒂雷纳、孔代、萨克斯、马尔伯勒、萨伏依的欧根、瑞典国王卡尔十二世和百年战争时期法军著名指挥官贝特朗·杜盖克兰（Bertrand du Guesclin）的传记。诗集和剧作也名列书单，如莪相、塔索、阿廖斯托、荷马、维吉尔、拉辛与莫里哀的作品。[6] 拿破仑从《圣经》中获知德鲁兹派（Druze）与亚美尼亚人（Armenians）的信仰，从《古兰经》中认识穆斯林，从《吠陀经》中了解印度教徒，不论战事最终把他带到何处，他对当地居民发表宣言时几乎都可尽情引用合宜素材了。他还带了希罗多德的书，因为书中有涉及埃及的内容（幻想色彩浓厚）。（多年后，拿破仑说，希罗多德"相信，照射在泥土上的阳光的热度形成了人类。希罗多德告诉我们，尼罗河的黏土会变成老鼠，可以看见它们的变化过程"。[7]）拿破仑知道亚历

165

山大大帝征伐埃及、波斯和印度时曾让学者与哲学家随军。身
为合格的法兰西学院院士，他希望这次征途不仅是征服战，还
是科学文化盛事。为此目的，他在军中安置了 167 名地理学
家、植物学家、化学家、考古学家、工程师、历史学家、印刷
工、天文学家、动物学家、画家、音乐家、雕刻家、建筑师、
东方学家、数学家、经济学家、记者、土木工程师和气球驾驶
员，这些人就是所谓的学者，他们大多是科学与艺术委员会成
员。拿破仑希望学者们的工作能赋予远征军事层面以外的意
义。[8] 他没能劝服一位职业诗人同行，但他设法让 51 岁的小说
家、艺术家、博学者维旺·德农入队。旅途中，德农画了 200
多幅速写。蒙日和贝托莱领导的学者队伍也包含当时的顶尖人
才，如数学家兼物理学家约瑟夫·傅立叶（Joseph Fourier，他
发现了热传导的傅立叶定律）、动物学家艾蒂安·圣伊莱尔
（Étienne Saint-Hilaire）、矿物学家德奥达·德·多洛米厄
（Déodat de Dolomieu，白云石 "dolomite" 以他命名）。学者们
不知此行终点，只知共和国需要他们发挥才干，而他们自己也
可在学术界留职加薪。"学者与知识分子就像风情女人，"拿
破仑后来告诉约瑟夫，"你能与他们见面聊天，但别娶一个回
家或招一个当部长。"[9]

1798 年 5 月 10 日，拿破仑在土伦发表宣言：

> 地中海军团将士们！你们现在是英格兰军团侧翼。你
> 们在山地间、平原上、要塞前战斗过，但不曾渡海作战。
> 你们有时能和罗马兵团一较高下，但还不能与之比肩，而
> 罗马兵团正是在这片海域迎战迦太基人……胜利从未离开

他们……欧洲注视着你们。你们肩负伟大使命，需战斗不息、排除万难。你们手握法国的繁荣未来、人类的利益和自己的光荣。自由理想曾立共和国为欧洲主宰，亦将立它为遥海远境之主。[10]

166

拿破仑在这篇演说中许诺道，他将分给每位士兵 6 阿庞（arpents，6 阿庞相当于 5 英亩）土地，但他没明说在何处分地。德农后来回忆道，登陆前，船上士兵看到埃及的贫瘠沙地，于是互相打趣道："那就是他们要给你的 6 阿庞！"[11]

远征埃及是十字军东征后法国首次对中东用兵，拿破仑凭其惯有的细节掌控力准备此役。除了军队所需全部军事装备，他还收集了天文望远镜、气球设备、化学仪器、一台印刷机以及拉丁文、阿拉伯文、叙利亚文的铅字。[12]他致信蒙日，"你知道我们将多么需要好酒"，并告诉对方不仅要采购 4800 瓶酒（大部分是他最爱的勃艮第红葡萄酒），还要雇 "一名优秀的意大利歌手"。[13]（远征军一共带了 80 万品脱葡萄酒去埃及。）如今，拿破仑的名望足以克服给养困难，他委派弗朗索瓦·贝努瓦耶（François Bernoyer）置办军装，此人着手雇佣裁缝和马鞍匠，并记载道："只要我说远征的指挥官是波拿巴，一切就迎刃而解。"[14]

1798 年 5 月 19 日（周六），天气晴好，拿破仑的大舰队从土伦驶向亚历山大，马赛、科西嘉、热那亚和奇维塔韦基亚的船队陆续入队。当时，这支队伍是史上最大的地中海舰队。远征舰队共有 280 条船，其中有 13 艘战列舰，其规格从 74 炮到 118 炮不等。118 炮军舰是海军中将弗朗索瓦·布吕埃斯（François Brueys）的旗舰"东方号"（L'Orient），它是水上最大战舰。拿破仑一共集结了 38000 名陆军士兵、13000 名水手与海军士兵、3000 名商船海员。他的陆军有些头重脚轻，因为非军官人员与军官人数比一般为 25:1，而远征军共有 2200名军官，这一比例为 17:1，可见很多壮志满怀的青年渴望投身拿破仑帐下。"你就当我会一路晕船，"出发前，拿破仑和布吕埃斯说笑道，"给我准备张舒服的床。"[15]

纳尔逊正率 13 艘战列舰寻找拿破仑，庞大的舰队在横渡地中海时幸运地躲过了他。拿破仑出港前夜，纳尔逊的舰队被强风吹散，漂向撒丁岛。6 月 22 日晚，两支船队在克里特岛（Kriti）附近的海雾中擦肩而过，彼此仅隔 20 英里。纳尔逊根据经验猜出拿破仑要去埃及，但他在 6 月 29 日到达亚历山大，次日便走了，而 30 日正好是法军抵达的前一天。[16]三次躲过纳尔逊堪称奇迹，但事不过三。

旅途中，拿破仑让学者在甲板上给军官办讲座。在某次讲座上，朱诺的鼾声太响，他只好叫醒朱诺，准其离开。他后来从图书馆管理员处获知，高级军官大多看小说。（他们已经开始赌博，直到"大家的钱很快进了几个人的口袋，再没出来过"。）拿破仑断言道，小说是写给"贵妇侍女"看的，并且命令图书馆管理员"只给他们历史书，男人应该只看历史"。[17]他显然忽视了自己带来的 40 本小说，其中有英译法作品。

6 月 10 日，舰队抵达掌控地中海东部入口的马耳他岛。拿破仑派朱诺去见圣约翰骑士团大头领费迪南德·冯·洪佩施·楚·博尔海姆（Ferdinand von Hompesch zu Bolheim），要求他打开瓦莱塔港（Valletta）并投降，两日后头领照办。卡法雷利对拿破仑说，投降是桩幸事，不然"大军根本没法入港"。[18]马耳他岛曾挺过围攻，1565 年的一次防御战尤其令人瞩

167

目，当时土耳其人炮轰瓦莱塔港四个月，一共发射了 13 万发加农炮炮弹。二战期间，马耳他岛被围三十个月也未屈服。但是 1798 年骑士团正在内讧，亲法骑士不愿战斗，而且他们的马耳他臣民也起义了。

　　拿破仑在马耳他岛上待了六天。他驱逐骑士们，只留下其中 14 人；他废止中世纪的管理机构，改设政府会议；他关闭修道院，引进路灯照明和块石路面；他释放所有政治犯，安设喷泉；他革新医院和邮政系统，并改造大学，让它在人文科目外增设科学课程。[19]他派蒙日和贝托莱劫掠金库、铸币厂、教堂与艺术品（但他们错过了圣约翰教堂的银门，因为人们明智地把它涂黑了）。6 月 18 日，拿破仑写了 14 封急件，安排马耳他岛未来的陆军、海军、行政、司法、税收、租赁和警务。他在这些信中废除了奴隶、仆役、封建制度、贵族爵位，并解除了骑士团的武装。他允许犹太人修造岛上一直禁止的犹太教堂，甚至指定每位大学教授的薪水，规定大学图书馆管理员也得讲授地理，否则不对其发放 1000 法郎年薪。"我们现在拥有欧洲最坚挺的土地，"他对督政府自夸道，"想赶走我们可不容易。"[20]他留下政治盟友米歇尔·勒尼奥·德·圣－让·丹热利管理马耳他岛。大革命时期，丹热利是《巴黎日报》（*Journal de Paris*）的编辑，他也当过法国罗什福尔港（Rochefort）的海军宪兵。

　　在从马耳他岛去埃及的路上，拿破仑下达总指示，指明军队上岸后马上要做的事：查封公共财产以及征税员的住宅与官邸；抓捕所有马穆鲁克，没收其马匹和骆驼；解除一切城乡武装。他指示道："人民宅盗窃马或骆驼的任何士兵都将受罚。"[21]拿破仑尤其注意避免圣战。"不许顶撞他们，"他规定士

168

兵应如何与穆斯林相处，"就像我们对待犹太人和意大利人那样对待穆斯林，你们要像尊重拉比和主教那样尊重他们的穆夫提（muftis）和伊玛目（imams）……罗马兵团保护所有宗教……这儿的人对妻子的态度和我们的不同，但不管在哪个国家，强奸犯都罪大恶极。"[22]他接着补充道，法军要去的第一座城市是亚历山大大帝建的，这一点对士兵的意义不及对他自己的。

7月1日（周日），舰队抵达亚历山大港边。晚上11点，拿破仑在8英里外的马拉布特（Marabut）登陆。次日上午，他力克亚历山大。梅努的部队轻松地翻过该城城墙。"我们先进攻（亚历山大的）一处没有防御工事的地方，"军团参谋上校皮埃尔·布瓦耶（Pierre Boyer）致信留在法国的好友基尔迈纳将军，"500名土耳其新军士兵（Janissaries，马穆鲁克精兵）防守那儿，他们几乎都不会用滑膛枪瞄准……我军折损150人，如果我们只传令该城（投降），也许就能避免损失，尽管如此，但军中认为开局时有必要震慑敌军。"[23]拿破仑把死者葬在花岗岩雕成的庞培柱（Pompey's Pillar）下，在柱面上镌刻其姓名。①

169   拿破仑在亚历山大待了一周。他监督全军下船，收缴当地人的武器，仅伊玛目、穆夫提和谢赫（sheikhs）除外；他联系身在埃及的法国商人，占领附近的罗塞塔，设立一座传染病医院（lazaretto）；他致信开罗帕夏，表明自己敌视马穆鲁克，并告诉对方，"你知道法国是苏丹在欧洲的唯一盟友"；他还

———————

① 这很难说是理想图腾，因为公元前48年庞培刚踏上埃及海岸就遇害。布瓦耶提及的150人中，只有40人死亡，剩下的人负伤。

用法军的印刷机印制宣言。"回历一千二百一十三年元月"的宣言提到马穆鲁克时称：

> 惩治他们的时刻已经来临。这帮从高加索和格鲁吉亚买来的下贱奴隶在世上最美的土地上当了太久暴君，但是万物之父真主下旨，要他们的帝国灰飞烟灭！……埃及人民！我到这儿来是为了恢复你们的权利，是为了惩罚篡位者。我崇敬……真主，也尊重他的使者穆罕默德和《古兰经》！……教皇煽动人们同穆斯林开战，我们不是打垮了他吗？马耳他骑士团那帮蠢货以为对抗穆斯林是神意，我们不是消灭了他们吗？[24]

只要能达成目的、赢得民心，拿破仑不怕援引神意，哪怕他看上去支持穆斯林对抗教皇。他惯有的夸张语句被精心翻译成阿拉伯文。然后他很可能提到了 1536 年弗朗索瓦一世与苏丹苏莱曼大帝缔结的法土同盟，慷慨激昂地问："难道这几个世纪来，我们不是至高阁下（Grand Signor）（愿真主允他遂愿！）的朋友和他敌人的敌人吗？"他从阅读中获益良多，这份宣言也模仿了《古兰经》的韵律与风格。

拿破仑把舰队留在阿布吉尔湾，命令布吕埃斯停泊在足以防御袭击的近岸海域。7 月 7 日傍晚 5 点，他向开罗出发，在行军途中度过了整个月夜。这是近代西方军队首次穿越沙漠。通往开罗的路长 150 英里，次日上午 8 点时，法军抵达路上第一站达曼胡尔镇（Damanhour）。之后拿破仑的部队就得白日进军了。士兵们讨厌白天赶路，因为天气酷热、焦渴磨人、蚊蝇滋扰、蛇蝎出没、沙暴狂舞，不怀好意的马穆鲁克和贝都因阿拉伯人（Bedouin Arabs）也一直在旁骑行，准备杀死掉队者。一路上，很多水井和蓄水池要么被人下毒，要么塞满了石头。贝尔蒂埃回忆道，行军途中水和金子卖到一个价。沙眼

170　（又叫颗粒性结膜炎或"埃及"眼炎）问题尤其棘手，灼人阳光会使内眼睑糙化，最终导致至少 200 人失明。[25]年轻的炮兵参谋中尉让－皮埃尔·多格罗（Jean-Pierre Doguereau）终生难忘在柔软的沙地中拖曳加农炮多么吃力，那里的沙子可以一直淹到大炮车轴。"好吧，将军，你就这样带我们去印度?"一名士兵冲拿破仑喊道。他仅仅回答道："不，我不会带你这种兵去!"[26]

　　沙漠严重打击了士气。"军团初到埃及时的厌恶、不满、忧郁和绝望难以言表。"那个年代的历史学家安托万－樊尚·阿尔诺（Antoine-Vincent Arnault）写道。拿破仑甚至看见两个龙骑兵冲出队伍，投尼罗河自尽。[27]在埃及战局中升为上校的优秀工程师亨利·贝特朗（Henri Bertrand）上尉看到，就连缪拉、拉纳等出色的将军都"把他们带花边的帽子扔进沙里，再狠狠踩几脚"。[28]士兵从亚历山大到开罗一共走了十七天，他们的主要牢骚是路上没面包吃，也"没口酒喝"，而且正如布瓦耶对基尔迈纳所言，"我们沦落到吃甜瓜、葫芦、禽肉、水牛肉，喝尼罗河水"。[29]

　　拿破仑在尼罗河边的舒卜拉希特（Chobrakhyt）扎营，该地又叫谢卜雷西（Chebreis）。7 月 13 日上午 8 点，马穆鲁克进攻法军营地。穆拉德（Murad）贝伊率领约 4000 人进攻，此人是切尔卡西亚人（Circassian，也译作切尔克斯人），身材高大，脸挂伤疤，多年来，他与易卜拉欣（Ibrahim）贝伊联手统治埃及。拿破仑以营为单位围绕骑兵与辎重结成方阵，而

马穆鲁克只是骑马绕法军打转。他们身着多彩丽装，装备中世纪武器，骑跨良马，显得非常华贵，但布瓦耶不喜欢马穆鲁克的方式，因为"他们四下散开围着我们并且乱转，活像一群牛。他们有时纵马疾驰，有时又十人、五十人、百人不等一起迈步缓行。过了一会儿，马穆鲁克多次试图冲破我们的方阵，他们的作战方式既荒唐可笑又古怪离奇。"[30]拿破仑的副官苏乌科夫斯基和布瓦耶用了同一个词："对训练有素的军队来说，这仅仅是荒唐可笑的。"[31]马穆鲁克配有标枪、斧头（他们有时掷斧）、弯刀、弓箭和老式火枪，他们不敌受过训练的滑膛枪射击。穆拉德折损了近300人，骑马逃走。这次遭遇战对拿破仑有利，他趁机实践了某种战术，后来充分应用它。他告诉督政府，"法军习惯猛冲，相对而言，这种新型战斗需要很大的耐心"，它依赖坚定的防御。[32]舒卜拉希特之战后，马穆鲁克依然狂妄不可一世。"让法国佬来吧，"某贝伊（可能就是穆拉德）说，"我们会在马下把他们剁成肉泥。"[33]（另一个版本则是："我会从他们中间骑过，像摘西瓜一样收人头。"[34]）

171

法军继续向开罗前进。7月19日在瓦尔丹（Wardan），朱诺肯定了拿破仑可能已经产生的疑心——约瑟芬一直和伊波利特·夏尔偷情。（约瑟夫·波拿巴早知道了，但兄弟俩焦虑地和她面谈时，他似乎没告诉弟弟此事。）朱诺举出一封信为证，我们不知寄信人是谁，而且法军登陆后还没收过信。他又补充道，拿破仑的绿帽子是巴黎的谈资。[35]尚不清楚为何他要在这个特殊场合摊牌，夏尔曾捉弄他，把他的剑粘在鞘里，但那是数月之前的事了。

"真相大白后，我心如刀割，"六天后，拿破仑致信约瑟夫，"我在这世上只有你了。你的友谊对我弥足珍贵，只要失去它，只要我见你背叛我，我就会变成反人类者……我只能用单单一颗心盛着对同一人的这些感情，着实可悲。你能理解！"[36]此信令人想起克利松给欧仁妮的绝笔片段，它寄往法国时被皇家海军截获。英国发表了信中部分内容，但公开的段落不足以指明拿破仑在暗示什么。[37]

布列纳称，拿破仑归国后想离婚。他又致信约瑟夫："我回来后，请你想办法在巴黎附近或勃艮第给我找个乡间住宅，我要在那把自己关一个冬天。我太烦人性了！伟大害了我，我需要孤身独处。我的感情耗尽了。"[38]拿破仑致约瑟芬的现存信件没有一封出自埃及战场上，有些历史学家认为那时的信遗失或损坏了，但解释成他压根没写明显更合理。下一封致她的现存信件所署日期已是 1800 年 5 月 11 日，彼时他更平静地称呼她为"我的好友"（ma bonne amie）。[39]

英国政府把在 1798～1800 年截获的信编成年鉴并出版，拿破仑感到很尴尬，这可以理解。编者们笑称他的军团"悲惨沮丧"，并再版很多人的信件以强调这一点，这些人中有拿破仑自己、路易·波拿巴、塔利安、布列纳、德热内特、梅努、布瓦耶、老仲马、布吕埃斯和拉萨尔。（拉萨尔也许是军中最骁勇的骠骑兵，他写信给母亲诉苦，说自己脱发了，"因为我根本没有发粉和润发剂"。[40]）他们给友人、家人和情妇写信时都说实话，而且除了拿破仑，所有人都想尽快离开埃及，不少人还称该地为"鬼地方"。再版书信集收录了拿破仑向约瑟夫抱怨约瑟芬奢侈的信，尽管这几乎算不上国家机密。它也载有朱诺揭穿丑闻后欧仁写给约瑟芬的信，"他希望亲爱的母亲不像说的那么邪恶！"尼罗河小型舰队指挥官、海军师级将军让－巴蒂斯特·佩雷（Jean-Baptiste Perrée）致信一位友人：
"贝伊给我们留了些亚美尼亚和格鲁吉亚漂亮妞儿，我们让她们充公满足国家需要。"[41]

7月21日，穆拉德贝伊再度袭来，这回他率马穆鲁克6000人和阿拉伯非正规军54000人（大部分骑马）进攻尼罗河左岸的安巴莱镇。[42]20世纪前，吉萨（Giza）的胡夫大金字塔（The Great Pyramid of Khufu）一直是世界最高建筑，该地距战场近9英里，但仍清晰可辨，所以战前拿破仑发布的当日公告提到了它："士兵们！你们到这国家来，是为了从野蛮中拯救居民，是为了把文明传到东方，是为了让世上的这片美丽土地摆脱英国统治。四十个世纪正从金字塔顶凝视你们。"[①][43]拿破仑后来常说："终其一生，在所有给他留下印象的东西中，埃及金字塔和巨人弗里翁（Frion，法国个子最高的人）的身材最令他震撼。"[44]拿破仑提到了英国，但该国既无意干涉埃及事务，也完全不想从埃及牟利。此言纯属夸张，但它大概能得军心。

拿破仑让2万名士兵以师为单位排成五个方阵，并在每个方阵角上安置火炮，辎重、骑兵和学者则待在方阵中间。法军已在西瓜田解了渴，现在蓄势待发。他们知道，只要把刺刀指向马穆鲁克的坐骑的头部，照一位军官的话说，"战马就会用后腿站立，甩掉骑师"。[45]马穆鲁克最先进攻德塞师和雷尼耶师，布瓦耶称，两师"沉着应战，等敌军距自己仅剩十步时才猛烈开火……马穆鲁克接着攻击邦的师，该师也以同样的方式对敌。简言之，他们白费几番功夫后匆匆逃走"。[46]不出两小

173

①　事实上，从胡夫大金字塔竣工到1798年历经四十四个世纪。

时，金字塔之战就结束了。多马丹的副官让－皮埃尔·多格罗撰写了军旅日记，他回忆道，很多马穆鲁克"跳进尼罗河，我们冲水上漂着的数千颗脑袋开火许久，并缴获他们所有的加农炮。敌军损失惨重"。[47]

法军折损了 300 人，其伤亡大都系方阵间友军误伤，而非马穆鲁克所致。马穆鲁克的 20 门大炮、400 头骆驼以及全部装备和辎重被缴获。他们的传统是携带一生积蓄上阵，所以单单一具尸体就能让士兵发财。金字塔会战后，胜利者法军算金币时都用"一帽子"做单位。贝尔蒂埃向战争部报称，"我们的勇士所受苦难得到充足的补偿"，《箴言报》刊登了这句话。埃及人给拿破仑起了绰号"克比尔苏丹"（Sultan Kebir，意为"火之王"）。穆拉德逃往上埃及，拿破仑派德塞追击。德塞在上埃及取胜数场，某次胜仗后，士兵们在尼罗河上捞尸首，好从淹死的马穆鲁克身上抢一笔。

战后次日，拿破仑进入开罗，该城有 60 万居民，它与巴黎一般大小，其面积在非洲显然居首。他把司令部设在伊兹贝克耶广场（Ezbekyeh Square）上的埃勒菲（Elfey）贝伊宅邸，然后立刻开始下令改革：开罗 16 个行政区皆成立国务会议（diwan），由当地显贵担任议员；每个国务会议推选一名代表出席大国务会议（Grand Diwan），由亲法谢赫沙尔卡维（Sharqawi）任主席。拿破仑授予国务会议一些司法权与行政权，他希望会议最终能"让埃及权贵适应议会与政府理念"。他和大国务会议开会时，氛围似乎轻松活泼。一名穆斯林历史学家记载道，他"兴高采烈，同聚集人群融洽相处，和他们说笑"。[48]拿破仑靠直接下令完成了下列事务：建立邮政系统，引入路灯和道路清洁；在开罗和亚历山大之间安排公共马车；

创设铸币厂，规定合理税收制度，比起马穆鲁克的讹诈性税率，他减轻了埃及农民（fallaheen）的负担。此外，拿破仑废除封建体系，让国务会议成为新的权力机关，并成立一家新的法国商业公司，修建近代传染病医院。他还印刷书籍，这在埃及历史上是第一次（这批读物涵盖三种语言）。由于督政府没法传达信息，上述改革措施没有一项出自其命令。革新完全仰赖于拿破仑的主动性。

174

公元前 332 年，亚历山大大帝入侵埃及。他在锡瓦（Siwa）参拜阿蒙神庙（Temple of Amon），向当地神祇祷告。拿破仑认为此举是"卓越的政治手段"，还说"这助他征服埃及"。[49]7 世纪以来，埃及一直是伊斯兰国家，所以拿破仑想尽量结好伊斯兰教，不过在这方面他从来不及他称之为"傻瓜梅努"的将军。梅努迎娶埃及女子，改信伊斯兰教，还取了中间名阿卜杜拉（Abdallah）。（马尔蒙问梅努是否"打算遵循这国家的习俗"，也娶多个妻子，他表示不会。[50]）二十年后，有人问拿破仑曾否真心归顺伊斯兰教，他笑答："军人信仰战斗，我对此矢志不渝。其他宗教都是女人和教士的勾当。我自己的话，我到哪国就接受哪国的宗教。"[51]

拿破仑尊重伊斯兰教，他认为《古兰经》"不仅是宗教作品，也是民事与政治著作。《圣经》则只宣讲道德"。[52]他也欣赏穆斯林，"他们在十五年内归化的伪神信徒、推翻的神像、拆毁的异教神庙比摩西和基督的教众在十五个世纪内做到的还多"。[①][53]拿破仑不反对一夫多妻制，他说埃及男人是"贪心的

———————————

① 拿破仑指的是 630 年穆斯林征服麦加后破除异教。

爱人"（gourmands en amour），若条件许可，他们"更想娶各
具风采的女人"。①⁵⁴他讨好乌理玛（ulama，神职人员），讨论
《古兰经》，摆出一副可能改信伊斯兰教的样子，还试图用法
国科学折服谢赫，上述举动皆为在埃及培养合作团体，但成果
喜忧参半。事实证明，不管他如何遵从伊斯兰教仪式、称呼语
和惯例，塞利姆三世仍然宣布对驻埃及法军发起圣战，这意味
着今后他们所受袭击都蒙神明庇佑。

175 　　从埃及回来后，拿破仑经常开玩笑说自己差点变成穆斯
林。在厄尔巴岛上，他对一名英国议员"幽默地讲述"他与
伊玛目的神学讨论。他还说，自己"在开罗时多次和他们开
会或严肃交谈"，终于"为法军争得不实施割礼的豁免权和饮
酒许可，条件是每次旱季后军队要做一件好事"。⁵⁵拿破仑说，
伊玛目允许法军不行成年人的割礼（他称之为"剪掉"）后，
他同意出资修造清真寺（在那种情况下，这是桩划算的买
卖）。⁵⁶这则故事在讲述中变长，历史学家仔细分析了这类轶
闻，发现它们是夸大之谈，遂断言拿破仑撒谎成瘾。但人们不
都是靠渲染一则好故事的细节来强化效果吗？

　　当然，拿破仑在埃及建立的宣传纸媒就像意大利战局中的
一样，的确堪称谎话连篇。《政论家》（Le Publiciste）报道，
科普特人（Copts）歌唱赞美诗，称颂"新亚历山大大帝"。⁵⁷
军中发行的《埃及邮报》（Courrier de l'Egypte）称，他"就像
穆罕默德继承人一样平易近人"。⁵⁸某日，他攀登大金字塔，观
赏斯芬克斯像（法军炮兵并未如某则传说所言轰掉它的鼻

---

①　拿破仑曾建议一位法国主教允许法属西印度群岛实行一夫多妻制，"但是
　　阁下他不听"。Kerry ed., *The First Napoleon*, p. 99.

子），然后和穆罕默德（Mohammed）等三位伊玛目交谈。当日公告重点突出他们的对话，逐字记录了每人的发言。即便是最简短的谈话摘录也证明会谈在当时无可非议。

波拿巴：向真主（Allah）致敬！到底是哪个哈里发（Khalifah）打开这座金字塔骚扰死者骨灰？

穆罕默德：那些人认为是信士们的长官（Amir al-Mu'minin）马哈茂德（Mahmoud）……也有人认为是著名的哈龙·拉希德（Haroun al-Raschid，9世纪的巴格达统治者），他们说他想寻宝，但只找到木乃伊。

波拿巴：恶人竹篮打水一场空。

穆罕默德（点头）：此乃智慧之谈。

波拿巴：向真主致敬！世间仅有一位真神，穆罕默德是他的使者，而我是他的友人之一……

苏莱曼（Suliman）：也向您致敬，无敌的将军，穆罕默德的宠儿！

波拿巴：谢谢您，穆夫提。《古兰经》启发了我的思想……我爱先知，我想敬拜他在圣城的安息地，但我首先得消灭马穆鲁克。

易卜拉欣（Ibrahim）：愿胜利的天使为您的道路扫清尘埃，张开翅膀庇护您……噢，耶稣最英勇的子民之一啊，真主会让毁灭天使跟随您解放埃及土地。[59]

拿破仑提到"身环主赐荣耀的盟友大苏丹"时又说了很多类似上文口吻的话，这也许会令塞利姆惊讶，因为他正在招募两支军队，打算把法军赶出埃及。拿破仑接着凭记忆引用"一

夜之间穿过所有天堂"的至圣穆罕默德的名言，还说了诸如
"追寻会腐烂的财宝之人、贪恋好比渣滓的金银之人乃罪人、
大罪人"之类的话。[60]

　　拿破仑享受所有这些装模作样，伊玛目们或许也喜欢。三
人中的苏莱曼称，拿破仑"宽大仁厚"地对待教皇，他则说
教皇陛下不该判穆斯林永受地狱火刑。拿破仑说，读过《古
兰经》后自己相信，"穆罕默德希望"埃及人与法国人一同歼
灭马穆鲁克，至圣喜好"与诚实之辈打交道"，支持他们去梵
天神庙（即印度），他想让法国人在埃及港口建立兵站，显然
也想让埃及人"驱逐被诅咒的耶稣之子——阿尔比恩
（Albion）岛民"。为此，拿破仑承诺道："法兰克人会用友谊
报答你们，直到你们升入七重天堂，坐在永远年轻贞洁的黑眸
天国美女（houris）身旁。"[61]

　　在法军占领埃及期间，阿拉伯国家最重要的三位时代见证
人是历史学家阿布德·拉赫曼·贾巴尔提（Abd al-Rahman al-
Jabartī）、哈桑·阿塔尔（Hasan al-Attar）和尼库拉·图尔克
（Niqula Turk）。贾巴尔提认为侵略军是真主对忽视伊斯兰教义
的埃及所降之惩罚。他把法军看作新十字军，但毫不讳言自己
钦佩法军的武器、军事战术、医疗进展、科研成果以及他们对
埃及历史、地理、文化的兴趣。贾巴尔提喜欢和法国学者来
往。他佩服拿破仑不讲排场，也欣赏其去苏伊士（Suez）时不
带厨师与女眷，只带工程师与穆斯林商人。然而，贾巴尔提仍
然觉得拿破仑是贪得无厌、不讲信用的野蛮无神论者，他欣喜
地得知苏丹宣布要对异教徒发动圣战。[62]

　　大革命的平等信条和《古兰经》中的很多内容冲突，但
贾巴尔提赞赏法国人修工程时善待当地工匠，他也兴致勃勃地

模仿他们的化学与电学试验。他对法军士兵在露天市场砍价失
败之事不以为意，认为他们想借此赢得民心。还有一件事令贾　177
巴尔提生厌：法国异教徒（dhimmis）违背伊斯兰教律法，允
许"最低贱的科普特人、叙利亚人、东正教教徒和犹太人"
骑马佩剑。[63]

　　贾巴尔提的朋友哈桑·阿塔尔正好相反，他非常害怕被当
作通敌者，所以拒绝学者的邀请，不肯参观他们的图书馆和实
验室。尼库拉·图尔克说，拿破仑"是个聪明幸运的人，他
瘦小苍白，右臂比左臂长"。[64]（没有证据表明图尔克正确记载
了拿破仑手臂的相对长度。）图尔克补充道，很多穆斯林认为
拿破仑是人们盼望的伊斯兰教救世主马赫迪（Mahdi，得道
者），如果他把西方服装换成中东服饰，相信这一点的穆斯林
人数又会激增。没有变装是拿破仑的惊人疏忽，他只有一次换
上包头巾和肥大长裤，结果逗得部下们大笑。多年后，拿破仑
对廷臣妻子说，既然此前一直信仰新教的亨利四世认为，为了
统治法国自己值得改信天主教，"难道你会觉得东方帝国或许
还有亚洲至尊权位不值包头巾和肥大长裤？"他补充道，大军
"肯定愿意让自己变成这种笑料"。[65]

　　拿破仑喜欢埃及那有益于健康的气候以及肥沃郊野，但他
鄙视"愚蠢、可怜、木头木脑的"的埃及人。他在开罗待了
一天就无缘无故地告诉督政府，开罗居民是"世上最邪恶的
人"。乡村人口大多无知，"他们宁要士兵衣服上的一粒纽扣
也不要价值6法郎的一枚埃居币（écu），村民甚至不知道什
么是剪刀"。[66]埃及没有水力磨坊，风车磨坊也只有一座，不用
磨坊时，当地人就靠牛拉磨石碾稻谷，这令拿破仑惊讶不已。
他后来说，埃及不像意大利，"没有葡萄酒，没有叉子，没有

伯爵夫人来共度春宵"，所以大军讨厌埃及。[67]（拿破仑指的不是当地出产的酒。他自己从法国带了酒来，12 月时，他命令马尔蒙卖掉其中的 64000 品脱，并写道："小心点，只卖看上去可能要变质的酒。"[68]）

拿破仑到开罗之后命令布吕埃斯将军驶往克基拉岛（Kerkyra），海军在那儿更安全，还能威胁君士坦丁堡，但信使赶到阿布吉尔湾时舰队已经覆没。1798 年 8 月 1 日，纳尔逊将军发动格外大胆的进攻，击沉了法军舰队。当晚 10 点，"东方号"爆炸，布吕埃斯殉职。法军的战列舰中，2 艘被毁（包括"东方号"），9 艘被俘，只有海军师级将军皮埃尔·德·维尔纳夫（Pierre de Villeneuve）指挥的 4 艘脱身（原文如此）。纳尔逊前额受伤，他在阿布吉尔花了两周时间养伤，然后驶向那不勒斯，并留下舰队严密监视埃及海岸。"就算布吕埃斯曾在这场灾难中犯错，"拿破仑后来宽容地评价他，"他的光荣牺牲也足以弥补过失。"[69]

"我深深理解你的悲痛。"拿破仑给布吕埃斯遗孀写了一封诚挚的信，"永别爱人之刻太残忍了，我们从此在世间茕茕独立，身体感受到深切痛苦的迸发。灵魂的功能变了，它只在扭曲一切的噩梦中与宇宙交心。"[70]上个月他才知道约瑟芬偷情，我们不禁猜想，他写下这句话时正想着她。拿破仑致信督政府时更加冷静，他照常篡改了数据，称此战中法军仅有 800 人伤亡，"不足为虑"。事实上，法军有 2000 人死亡、1100 人受伤（相对而言，英军有 218 人死亡、678 人受伤）。[71]

"看来你们喜欢这个国家，"获知尼罗河口之败的次日早上，即 8 月 15 日早上，拿破仑吃早餐时对部下们说，"那太好

178

了，因为没有舰队送我们回欧洲了。"[72]阿布吉尔灾难不仅切断了他同法国的联系、引发失联状态暗含的所有问题，还让他面临紧迫的现金周转困难，因为估价为 6000 万法郎的马耳他"捐赠"随"东方号"一起沉入大海。然而，拿破仑不承认他所谓的"这次挫折"证明幸运女神已经抛弃他。"她没有丢下我们，事情远非如此，"他告诉督政府称，"整场远征中，她比以前更卖力地为我们效劳。"[73]他甚至对克莱贝尔说，灾难也许有利，因为英国人迫使他考虑进军印度，"兴许他们会逼我们干出超越计划的伟绩"。[74]

拿破仑一边尽力赢取当地民心，一边明确表示他不会容忍反抗。8 月 1 日，他给贝尔蒂埃写了 8 封信，其中一封坚称应在反叛的达曼胡尔镇杀鸡儆猴，包括将五个最具影响力的本地居民斩首等，而且五人中至少得有一位律师。但是，他一般用鼓励手段来调和严厉措施。当年，开罗、罗塞塔（Rosetta）①等地的伊玛目借口资金匮乏、政局不稳，不想庆祝至圣诞辰，但正如德农所说的，其真实目的是向信徒暗示，法国人"反对他们宗教的最重要圣礼之一"。拿破仑得知此事后坚持负担一切费用，尽管他手头紧。[75]8 月 20 日，三日庆典揭幕，节庆期间，柱悬彩灯，队朝寺院，乐音飘飘，诗声琅琅，熊猴表演助兴，魔术巧隐活蛇，彩绘麦地那（Madīnah）至圣墓妆点圣礼。一些男舞者表演淫秽舞蹈，就连前色情小说家德农看到后也惊呆了。至圣诞辰当天，法军鸣炮致敬，某个团的乐队加入人潮，军官们则参见赛义德·哈利勒·巴克里（Sayyid Khalil al-Bakri）阿訇，拿破仑宣称他是穆罕默德最尊贵的子民。百

① 今拉希德（Rashīd）。——译者注

名阿訇举办盛筵，席上，他们允许法军饮酒，并宣布拿破仑是至圣的女婿，为他冠名"阿里－波拿巴"（Ali-Bonaparte）。他和埃及人互相迎合，正如一名法军军官回忆道："士兵露出礼貌的表情，回到营地后，他们就嘲笑这出喜剧了。"[76]

庆典最后一日，拿破仑创立了埃及学院，他任命蒙日为院长，自任副院长。学院总部位于开罗郊区，其地址原是卡西姆（Qassim）贝伊的宫殿。这座宫殿足以安置学院的图书馆、实验室、九个车间、古董藏品乃至野生动物园。举办数学研讨会的厅堂本是后宫。首席气球驾驶员尼古拉·孔泰（Nicolas Conté）主管车间。除了风车磨坊零件、时钟、印刷机，学院车间还制造其他很多产品。德塞征服上埃及后，各种石头和珍宝被送至开罗、罗塞塔和亚历山大，只要能运载这些东西的船只到来，它们就会被送往卢浮宫。

埃及学院分为数学院、物理学院、政治经济学院、艺术院四个院，每五天开一次会。开幕式上，拿破仑建议学院选择研讨课题时应考虑非常实际的问题，如改善军队的烘焙技术、用他物取代啤酒花酿酒、把尼罗河水净化成饮用水、判断开罗更适合水力磨坊还是风车磨坊、分析在埃及生产火药的可能性、考察埃及人的法律与教育现状。学者们有自己的报纸《埃及周报》（La Décade Égyptienne）①，拿破仑也希望他们教埃及人了解独轮车和手锯的益处。然而，学者们的活动与思考并非全受商业和殖民影响。他们研究埃及的动植物、古迹、地理和海市蜃楼，这些方面的成果就很少用于实践。

180

---

① 革命历的周，详见第四章。——译者注

拿破仑努力用启蒙科学和理性征服埃及人，甚至提议建造天文台。[77]法国人充分利用印刷机、医疗器械、望远镜、时钟、电力、热气球等近代奇观，试图震慑埃及人，贾巴尔提爽快地承认的确"心灵大为触动"，但这些东西似乎不能促进法国人的政治事业。（贝托莱在学院展示化学实验，一名谢赫问这实验能否让他同时出现在摩洛哥和埃及，贝托莱答之以法式耸肩，谢赫遂下结论："好吧，他根本算不上什么巫师。"[78]）

拿破仑误以为塔列朗已去君士坦丁堡兑现承诺，在埃及学院成立之日，他给对方写信，称不久之后，埃及会运大米去土耳其，并保护通往麦加（Makkah）的朝圣路。① 同日，他派高级参谋官约瑟夫·博瓦松（Joseph Beauvoison）上校去圣地巴勒斯坦，试图同阿克（Acre）帕夏艾哈迈德·杰扎尔（Ahmed Jezzar）谈判（此人绰号"屠夫"，令人闻风丧胆）。杰扎尔敌视马穆鲁克，也对土耳其举起反旗。他的专长是伤人肢体、毁人容貌，但他也设计恐怖的折磨方式，比如给受害者的脚钉上马蹄铁、把活着的基督徒砌进墙里、先剥光 50 名腐败官员的衣服再砍死他们。[79]杰扎尔杀了 7 个妻子，但他爱好赠送来访者他自己剪的纸花。既然易卜拉欣贝伊被迫从埃及逃往加沙（Gaza），拿破仑就希望能和杰扎尔联手消灭他。杰扎尔拒绝接见博瓦松，反倒与奥斯曼和解。（杰扎尔有时会砍掉他讨厌的信使的脑袋，博瓦松是个幸运儿。）

① 当天，拿破仑也给贝尔蒂埃写了 12 封信，其中一封命令对方让功勋卓著的第 75 战列步兵半旅中士拉特雷耶（Latreille）享受两个月的双倍军饷。CG2 no. 2798，p. 265. 从 1798 年 7 月登陆埃及到离开，拿破仑在这里待了十三个月，写了数千封平信和急件，现存 2196 封。

按照拿破仑的盘算，一旦征服埃及并稳固下来，他就返回
181　法国。9 月 8 日，他却致信督政府（像其他书信一样，这封信
也得经地中海上的皇家海军查验）："我恐怕不能践行 10 月回
巴黎的承诺，但我只会耽搁几个月。此地一切顺利，这个国家
已经归顺，开始适应我们。剩下的必须由时间来完成。"[80] 然
而，这回他又误导了督政府，因为埃及显然没有"开始适应"
法国统治。他的很多书信涉及法军为巩固驻军采取的措施，如
斩首、扣押人质、焚烧村庄。① 然而，拿破仑满足于军团的着
装与待遇，他给巴拉斯写信时提不出别的要求，仅让对方送一
个剧团来军中表演。[81]

10 月 20 日，拿破仑得知一支土军在叙利亚（Syria）集
结，预备来袭。他需要前去迎敌，但当天晚上，开罗全城的光
塔（minaret）响起呼声，呼吁全民反抗法国统治者。次日上
午，城中大部分地区公开起义。开罗总督多米尼克·迪皮伊
（Dominique Dupuy）将军在街上被人一矛刺死，苏乌科夫斯基
与拿破仑的 15 名私人警卫也遇难，他们的尸体被丢去喂了
狗。[82]（共有 8 名副官随拿破仑去埃及，其中 4 人被杀、2 人受
重伤，这其中，欧仁在围攻阿克时负重伤。）埃及人弄沉尼罗
河上的不少船只。拿破仑后来对督政府声称有 53 名法国人遇
害，但死亡总数约为 300 人。[83] 反抗者占据了开罗最大寺院之
一贾马－爱资哈尔（Gama-el-Azhar）大清真寺，把它当总部。
有人传播谣言，说死去的迪皮伊其实是拿破仑本人，此事就像
乌理玛（宗教学者）一样激化了起义。于是乎（正如布列纳

---

①　在亚洲，焚烧村庄是控制潜在敌对区的标准途径。正如一位研究威灵顿
的亚洲战史的历史学家所说，"重整秩序"是驻印度英军的家常便饭，他
们"经常一把火烧光村子或偷牲口"。Davies, *Wellington's Wars*, p. 25.

回忆道），"波拿巴立刻上马，他只带 30 名向导，前往所有受威胁的地方，恢复我方信心，并且镇定自若地采取防御措施".[84]

开罗城寨墙厚 10 英尺，高高在上掌控全城，守住这里是拿破仑最重要的目标。城寨安全后，多马丹随即居高临下，用 8 磅炮轰击敌军要塞。炮轰长达三十六小时以上，他毫不犹豫地把 15 发加农炮炮弹射入大清真寺内，之后步兵猛攻寺院，损坏了它。2500 多名反叛者死亡，更多人后来在城寨中被处死。多年后，皮埃尔 - 纳西斯·介朗（Pierre-Narcisse Guérin）描绘拿破仑宽恕起义者，而他在这之后过了很久才原谅他们。[85]当时，他下令把抓到的所有武装反叛者斩首，并抛尸入尼罗河，尸体随河漂流，恐吓其他埃及人。他们的脑袋被装进口袋里，由骡子驮去开罗中心的伊兹贝克耶广场，那儿的头颅堆积成山。[86]"我没法描述这种恐惧，"一位目击者回忆道，"但必须承认，很长一段时间中它保障了安宁。"[87]10 月 27 日，拿破仑致信雷尼耶："我们每晚都要砍 30 个脑袋。"拉瓦莱特称，埃及警长"出门必带绞吏。实施最轻微的违法行为就要被罚打脚掌"。这种手段被称作脚掌笞刑（bastinado），因为脚底有大量神经末梢、小骨头和肌腱，这种刑罚十分痛苦，就连女性也不能免刑。[88]残酷的措施确保普通开罗人不像忠诚信徒一样成群地反抗法军，否则他们可没法对抗 60 万人。起义结束后，11 月 11 日，拿破仑随即规定讯问时禁用脚掌笞刑。"殴打涉嫌掌握重要秘密的人这一野蛮传统必须废止，"他对贝尔蒂埃下令道，"折磨毫无价值。可怜的家伙们想到什么审讯者爱听的话就说什么。"[89]

　　11 月 30 日，开罗已恢复正常，足以让拿破仑开放蒂沃利（Tivoli）休闲庭园了。园内一位"美艳动人、活泼爽朗的妙龄女子"吸引了他的目光，她就是第 22 猎骑兵团中尉让 - 诺埃尔·富雷斯（Jean-Noël Fourès）的 20 岁妻子波利娜·富雷斯（Pauline Fourès）。[90]当时人士称，她有美丽的圆脸与金色长发，若此言不虚，则富雷斯中尉带妻子参战之举的确愚蠢。距拿破仑发现约瑟芬不忠已有六个月，他初次看到波利娜没过几天，两人就开始缠绵。他们的风流韵事有一层喜剧色彩。12 月 28 日，拿破仑派富雷斯中尉携他所说的重要急件去巴黎，往返本需三个月，结果就在次日，皇家海军巡航舰"狮子号"（Lion）拦下了他乘坐的船。当时间或有放过军事小角色的惯例，所以英军没有关押富雷斯，反而送他回亚历山大。于是富雷斯中尉比预期返程日提早十周到达开罗，然后发现波利娜已经住进拿破仑的埃勒菲贝伊宫，她还得到了绰号"克娄巴特拉"（Cleopatra）。[91]

　　有种说法称，富雷斯随后与波利娜争吵，往她裙子上泼了一瓶水。但另一种说法称，他用马鞭打得她头破血流。[92]不管真相为何，两人离婚了。于是，拿破仑驻开罗时期，波利娜成了其正式的情妇（maîtresse-en-titre）。他设宴时，她在席上尽女主人之谊，两人还共乘马车驶过城市与郊区。（欧仁深感苦恼，拿破仑允许他不在这些场合出勤。）外遇分散了拿破仑绿帽子上集中的非议，对当时的法军将领来说，戴绿帽是个比找外遇严重得多的话柄。拿破仑离开埃及时把波利娜交给朱诺，但后者在决斗中负伤，不能回巴黎，于是又把她交给克莱贝尔。波利娜·富雷斯后来靠巴西木材生意赚了一笔钱，她穿男人的衣服，还抽烟斗。再后来，她带着宠物鹦鹉与猴子返回巴黎，一直活到了 90 岁。[93]

11 月 19 日，拿破仑威胁杰扎尔："如果你继续庇护埃及边境的易卜拉欣贝伊，我就视你为敌，进军阿克。"这预示他决心发起战役。[94]当代历史学家称这场战役为叙利亚战役，尽管拿破仑从没到达今叙利亚的地界，而一直待在今加沙、以色列和约旦河西岸。12 月上旬，杰扎尔回敬拿破仑，宣称要将埃及从法军手中解放出来，他侵入加沙、拉姆莱（Ramleh）① 和雅法三省，在阿里什（El-Arish）建立阵地，此地距拿破仑在西奈沙漠（the Sinai desert）边沿的埃及要塞卡提耶（Katieh）仅 22 英里。

12 月下旬，拿破仑访问苏伊士，他既视察当地要塞，也追踪拉美西斯二世的运河。这条运河沟通尼罗河和红海，他沿河走了 40 英里，直到它消失于荒漠沙地。（他几乎不会料到，1869 年，自己的亲侄子会继承苏伊士运河开凿事业。）拿破仑还宣称，"摩西和犹太民族的宇宙论源自上古，出于对他们的敬意"，他想去西奈山（Mount Sinai）。[95]除了向导们，随行人员有贝尔蒂埃、卡法雷利、多马丹、海军师级将军奥诺雷·冈托姆（Honoré Ganteaume，他从尼罗河会战中生还，拿破仑说这是此战唯一的怜悯）、军务组织长官让－皮埃尔·多尔（Jean-Pierre Daure）、蒙日以及另外四名学者。[96]"我们走得快，"多格罗回忆道，"司令疾驰出开罗，我们就驱马全速前进，累得它们气喘吁吁。"[97]

12 月 28 日，拿破仑趁退潮跨越红海的一部分，② 但就像　184

---

① 今拉姆拉（Ramla）。——译者注

② 即便在今天，红海东北岸仍有大量盐水湿地，它们之间有一些干硬地块。这一带的涨潮势头凶猛。当人们穿过看起来像普通海滩的一段地面时，潮水可能突然上涌，迅速淹没它。

在任何战场上死里逃生一样，正是在这次从苏伊士去西奈的观光途中（不过他从没到达西奈山本身），他似乎同死神擦肩而过。"我们轻松到达对岸。"多格罗说。拿破仑一行参观了摩西泉（Spring of Moses）等古迹，中午时在纳拜井用餐饮马，但夜幕降临后，他们迷路了，在低洼的海岸湿地徘徊，这时潮水上涨了。

> 我们的坐骑很快有半个身子陷进泥沼，它们挣扎着，但脱身太难……我们丢下很多被困住的马，历经千辛万苦才到达另一片海湾……当时是晚上9点，潮水已经涨了3英尺。情况糟透了，这时有人说发现浅滩。波拿巴将军是最先过去的人之一，向导们四处分散，引导剩下的人……我们太高兴了，庆幸自己没落得法老军队的下场。[98]

第八章　阿克

一国边境或是大河，或是群山，或是荒漠。三地皆难行军，而最难征服者当属荒漠。

——拿破仑军事箴言第一条

恺撒做出十分残忍的决策，砍掉每位士兵的一只手。内战中，他宽待部下，但无情冷待高卢人，常对其有残暴之举。

——拿破仑，《恺撒战史》

1799 年 1 月，萨姆胡德（Samhoud）之战爆发，德塞击溃穆拉德贝伊，并俘获对方在尼罗河上的小型舰队，上埃及的威胁就此平息。拿破仑的统治几乎扩张至埃及全境，他可以着手进攻杰扎尔了。从开罗出发那天，他告诉督政府，自己打算阻止皇家海军使用阿克、海法（Haifa）、雅法等黎凡特（Levant）港口，并煽动黎巴嫩人（Lebanese）和叙利亚基督徒反抗土耳其人，然后再决定是去君士坦丁堡还是印度。[1]"这次远征，我们要战胜很多敌人，"他写道，"沙漠、当地人、阿拉伯人、马穆鲁克、俄国人、土耳其人、英格兰人。"[2] 此信提到了俄国人，这不仅仅是拿破仑式夸张。沙皇帕维尔一世（Tsar Pavel I，即保罗一世）憎恨法国大革命代表的一切，自认马耳他骑士团保护人（事实上，沙皇安排自己当选骑士团大头领，接替冯·洪佩施的职位。）1798 年平安夜，帕维尔一世同英国以及俄国的老敌人土耳其联手，计划派一支俄军深入西欧。但此时此刻，拿破仑并未暗示这一点。

186　　长期以来，历史学家认为此言表明拿破仑计划打到比阿克更远的地方，但这几乎不可能，因为他在埃及留下了三分之一的兵力，只带了 13000 人。就算阿克失守，就算德鲁兹教徒、基督徒和犹太人全部加入法军，但军队仍受后勤体系与兵员素质制约，哪怕是拿破仑这样雄心勃勃、足智多谋的将军也无望入侵土耳其或印度。他后来声称，若有印度的马拉塔（Mahratta）王侯相助，他能把英军逐出印度；他将向印度河（the Indus）进军，日行 15 英里穿越沙漠，途中在幼发拉底河（Euphrates）停留较长时间；行军时，单峰驼驮载病人、弹药和粮草，士兵每天伙食则为 1 磅大米、1 磅面粉和 1 磅咖啡。然而，阿克和德里（Delhi）相隔 2500 多英里，军队得穿过今叙利亚、伊朗、伊拉克、巴基斯坦全境以及印度北境部分地区，这比他从巴黎到莫斯科的征程长得多，后勤根本无法保障。这些规划只能是亚历山大大帝征服史诱发的黄粱美梦。

　　苏丹计划从东边陆地侵入埃及，杰扎尔将支援他。1799年 2 月，拿破仑的眼下目标是先发制人，事成之后，他得返回埃及应付等候多时的夏季攻势，届时土耳其会水陆并举进攻亚历山大，好在这两股攻势未经协调。拿破仑使用了其老计谋中央位置战略，并且把规模放大了很多。1799 年 1 月 25 日时，他的确致信英国在印度的最大敌人蒂普苏丹，宣称即将"率一支兵力雄厚、所向披靡的军队开赴红海，摘除您所负英国铁轭的愿望鼓舞着它"。³英军巡洋舰①截获了此信。当年5月时，出类拔萃的英军中校②阿瑟·韦尔斯利（Arthur Wellesley）爵士③率兵攻克迈索尔首都塞林伽巴丹（Seringapatam）④，蒂普身亡。拿破仑知道他的信会落入敌手，所以其目的很可能只是传播假情报。

德塞待在上埃及，马尔蒙留守亚历山大，夏尔·迪加（Charles Dugua）将军坐镇开罗。拿破仑入侵巴勒斯坦时，雷尼耶打头阵，克莱贝尔、邦和拉纳各率一个步兵师，缪拉指挥骑兵。法军唱着鼓舞人心的1794年革命歌曲《出征曲》（*Le Chant du Départ*）走出开罗，这首歌后来成了波拿巴派圣歌。在军事会议上，只有约瑟夫·拉格朗日（Joseph Lagrange）将军公开反对出击。他指出，阿克在300英里之外，行军路上要经过酷热的沙漠和不少严密设防的城市，攻下城池后就得留分队防守，而拿破仑打算带去的兵力本来就比较少。拉格朗日提出不如在埃及俟敌来犯，从而迫使敌人穿越西奈半岛，而非在他们的地盘开战。⁴然而，敌军准备在6月水陆并行进犯埃及北部，拿破仑觉得时间宝贵，经不起消耗。他需要越过沙漠击败杰扎尔，并赶在夏季的沙漠变得不可通行之前归来。

1799年2月10日（周日），拿破仑从开罗动身，13日下午3点，他到达卡提耶。出发前夕，他给督政府写了一封长信，其中有一句密码文，破译后如下："如果3月时……法国

187

---

① 巡洋舰（cruiser）并非军舰的种类，这个词指执行单□□□□航、侦察等各类任务的军舰，包括巡航舰（frigate）、□□□□oop）等多种军舰。——译者注

② 原文误作"中将"。——译者注

③ 原文有误，韦尔斯利在1804年才封爵。——译者注

④ 今斯里伦格伯德姆（Srirangapatna）。——译者注

与诸王开战，我就回国。"[5]3 月 12 日，第二次反法同盟战争爆发，法国最后要对付俄国、英国、奥地利、土耳其、葡萄牙、那不勒斯的君主以及教皇。

为了穿过当时尚无地图的西奈半岛，拿破仑必须解决少粮、缺水、高温的问题，还得对付敌人贝都因部落。他组织单峰驼队，让士兵轮流练习快速射击，并配备插桩（pieux，一种柱，用于迅速搭建栅栏），直到一战时期，驻殖民地法军一直沿用上述做法。[6] "我们已经在沙漠里走了 70 里格（league，相当于 170 多英里），累得筋疲力尽，"旅途中，他致信德塞，"我们喝盐水，有时完全没水喝。我们就吃狗、驴和骆驼。"[7]后来他们还吃了猴子。

5000 年的历史中，尼罗河与地中海之间的地区大约爆发了 500 场战斗。拿破仑避开西奈和约旦河谷地通道，他选择的西部沿海路线是当年亚历山大大帝的行军线路反过来。拿破仑当然喜欢战役中的历史元素，他后来回忆道："经过《创世记》记载的地方，我总会阅读书中相关的内容，惊讶地发现与摩西描述的一模一样。"[8]

阿里什要塞距开罗 170 英里，该地守军为土军前卫与其盟友阿拉伯人，他们共有 2000 人。2 月 17 日，拿破仑与其主力已到阿里什，并修好了战壕与炮台。又渴又累的"士兵大肆抱怨"，还不公平地把整个远征归咎到学者头上，辱骂他们，但军队在发现有希望开战时就安静了。[9]19 日，炮弹在城墙上打开的缺口已能容法军进入，拿破仑遂要求阿里什投降。要塞守将易卜拉欣·尼扎姆（Ibrahim Nizam）、马格里布人（Maghrebians）指挥官哈吉·穆罕默德（El-Hadji Mohammed）、雇佣兵（Arnautes）阿迦（Aga，军官）哈吉·

188

卡迪尔同意献城，① 他们和麾下的高级阿迦以《古兰经》之名对拿破仑起誓，保证"自己和部下绝不投身杰扎尔帐下，而且今后一年内不回叙利亚"。[10]拿破仑遂允许降军保留武器，放其回家，不过他没有对马穆鲁克履行承诺，缴了他们的械。20世纪下半叶以前，战争规则简单粗暴、大同小异，中东地区尤其如此；不过违背释俘誓言乃公认的重罪。

2月25日，拿破仑赶走加沙市的马穆鲁克，缴获了大量弹药、6门加农炮以及20万份饼干。"这里地形崎岖，生长着柠檬树与橄榄丛，样子极像朗格多克（Languedoc）郊野。"拿破仑告诉德塞，"我感觉如同身处贝济耶（Béziers）附近。"[11]3月1日，拉姆莱的嘉布遣会修士告诉拿破仑，阿里什守军正去往10英里外的雅法，途经拉姆莱时他们说"不打算遵守投降条款，因为我们在缴他们械时先违约了"。[12]修士们估计雅法守军有12000人，"君士坦丁堡也运去大量加农炮和弹药"。拿破仑于是在拉姆莱集结军队，然后继续向前。3月3日中午，法军开始围攻雅法。"波拿巴和其他几个人走近，离它不超一百码，"多格罗回忆雅法城墙时道，"我们回身时被发现了。敌军冲我们开火，有一发加农炮炮弹触地时离司令非常近，他落了一身土。"[13]3月6日，守军发动突击，多格罗于是发现奥斯曼军队成分相当复杂。"有马格里布人、阿尔巴尼亚人（Albanians）、库尔德人（Kurds）、安纳托利亚人（Anatolians）、尕勒莽尼阿人（Caramaniens）、大马士革人（Damascenes）、阿勒颇人（Alepese）和（塞内加尔的）塔克

---

① 马格里布人来自阿尔及利亚、摩洛哥、突尼斯、毛里塔尼亚与利比亚。雇佣兵中最远的来自阿尔巴尼亚。

鲁尔（Takrour）黑人，"他写道，"他们被赶了回去。"[14]

次日黎明，拿破仑给雅法总督寄去一封礼貌的劝降信，称"如果城市陷入战火，煽动他的魔鬼就会降临全城"。总督的回应是愚蠢行为，他杀了信使，在城墙上悬其首级。拿破仑遂下令轰开城墙，下午5点，焦渴愤怒的数千法军拥入城中。"场面惨不忍睹，"一名学者写道，"枪声四起，女人与父亲尖叫，尸骨成堆，一个女孩在母亲尸体上被凌辱，血腥味弥漫，伤者呻吟，胜者大吵着分赃。"法军"杀够了人、拿够了金子"，终于停手了，"他们脚下是一堆尸体"。[15]

拿破仑给督政府的报告承认："整整二十四小时，我军洗劫雅法、制造所有战时恐怖事件，我从没觉得这些事如此糟糕。"[16]他补充道，因为自己在阿里什、加沙和雅法的胜绩，"共和国军队已是巴勒斯坦之主"，但他说得太早了。雅法之战中，法军有60人死亡、150人受伤，尚不清楚敌方军民的死亡人数。①

法军在雅法俘虏了阿里什之战食言者，但也抓获了其他人。拿破仑残忍地对待雅法的战俘。3月9～10日，邦的师中的士兵把几千名战俘押至雅法以南1英里处的海滩，冷酷地屠杀他们。②"你……命令参谋军士把抓到的武装炮兵和其他土耳其人都带到水边，"拿破仑给贝尔蒂埃的命令明确写道，

---

① 当时人们认为拒绝劝降的城市理应遭劫。1812年，英军在巴达霍斯（Badajoz）抢劫三日，并大肆强奸妇女，局面如此严重，以至于威灵顿在主广场上竖起绞刑架（并未使用），然后他才总算重振纪律。和拿破仑相比，威灵顿并非更纵容强暴与抢劫。

② 我们可以在1917年德军航拍的照片中找到屠杀地——旧雅法正南方的海滩。此地现在属于一座汽车公园，死者们想游去的礁石成了海滩防波堤的一部分。

"枪毙他们，采取预防措施，确保无人逃脱。"[17]贝尔蒂埃则说，不管在阿里什发生了什么，他认为雅法回绝劝降时这些人就已放弃了生命，而他并不区分战死与无情谋杀。[18]高级军需官路易－安德烈·佩吕斯（Louis-André Peyrusse）致母亲的信描述了接下来发生的事：

> 约有三千人放下武器，司令下令直接把他们带去营地。到了那里，埃及人、马格里布人、土耳其人就被分开。次日，所有马格里布人被押到海边，然后两个营开始冲他们射击，马格里布人无处可逃，只能跳海。逃到海里也躲不开子弹，海水瞬间被染成血红色，水面上漂着大量尸体。少数人本有机会靠礁石逃出生天，那两个营便派人坐船来解决他们。我们在海边留下一支分队。一些被残酷屠杀的人注意到了我们的背信弃义……命令建议我们不用火药，而我们也凶残到用刺刀杀人……这个事例将教会敌人不能相信法国人，三千名牺牲品的血迟早会叫我们血债血偿。[19]

190

他说对了。1801 年 5 月，法军弃守尼罗河畔的阿夫特（El-Aft），没逃掉的人都被土军斩首。在场的英国人抗议暴行，土军的"回答则是几声怒吼，'雅法！雅法！'"。[20]雅法屠杀的另一位目击者克雷特莱上尉看到："我们枪决了第一队俘虏，剩下的遭骑兵冲击……他们被赶进海里，试图游到离岸几百码的礁石上……但这些不幸的可怜人被海浪吞没，最终未能获救。"[21]

当时的法国史料所载死亡人数大相径庭（土耳其没有相

关材料，原因很明显），但它们给出的数字一般在 2200～3500
人。更严重的说法的确也有，但多出自心怀政治动机的反波拿
巴主义者。[22] 雅法城破，全城沦陷，多语种的土军坚守仅剩的
旅馆。欧仁承诺法军会宽待他们，但拿破仑下令处死所有人。
因为在阿里什起誓者只有约 2000 人，他肯定处决了没参加阿
里什之战的人。（佩吕斯说屠杀将教会敌人法国人不可信，他
指的也许就是这一点。）个中自然有种族因素，拿破仑不会杀
害欧洲战俘。

拿破仑本人声称死亡人数不足 2000，并说："他们这些魔
鬼太危险了，不能再放一次。我别无选择，只能杀人。"[23] 又有
一回，他承认死了 3000 人，对一位英国议员说："好吧，我有
权利……他们杀了我的信使，割了他的脑袋挑在长矛上……我
没有足够补给养活法国人和土耳其人，其中一个必须完蛋。我
没有犹豫。"[24] 以食物为由不能服人，因为他在雅法缴获了约 40
万份饼干和 20 万磅大米。然而，当时他很可能想到自己的兵
力太少，没法分出一个营押送这么多战俘经西奈半岛回埃
及。[25] 拿破仑对巴黎九月屠杀的看法以及他在比纳斯科、维罗
纳和开罗的行为表明，若为情势所需，他觉得可采取无情措
施。他特别在意确保受过训练的 800 名土耳其炮兵无力再战。
（1795 年，若他接受苏丹提供的职位，这些炮兵中会有很多人是
他的学生。）拿破仑曾经相信土耳其人的誓言，但没法指望他再
信一回。敌人杰扎尔现年 79 岁，半个多世纪来，他的极端暴行
一直为人传说，当年，他将 400 名基督徒缝进口袋，然后把袋
子丢进海里。拿破仑很可能认为自己也要像杰扎尔一样冷酷。[26]

屠杀期间，拿破仑于 3 月 9 日致信杰扎尔。他说自己严惩
了违反战争规则的人，并补充道："几天后我就会向阿克进

军，但我为何要让素昧平生的老人折寿呢？"²⁷信使走了运，因为杰扎尔选择忽视这一威胁。当天，拿破仑也对谢赫、乌理玛和耶路撒冷指挥官发表演讲，他说敌人将受到严酷惩罚，但接着宣称："真主宽大慈悲！……与人开战非我本意，我是穆斯林的朋友。"①²⁸

历史上少有罪有应得（poetic justice）的例子，但这次它的确出现了——法军强暴并劫掠雅法居民后染上了他们的瘟疫。② 这种疾病致死率高达 92%，只要身上出现它的横痃症状，就类似于被判死刑。²⁹克莱贝尔师老兵夏尔·弗朗索瓦（Charles François）上尉在日记中写道，洗劫雅法后，"有士兵染上瘟疫，他们的腹股沟、腋窝和颈子很快长满横痃。不到二十四小时，病人的身体和牙齿都变成黑色。染上这种恶疾就会高烧身亡"。³⁰此疾病是鼠疫（la peste），当时，中东流行多种瘟疫，它是最严重的之一。拿破仑下令把旧雅法（Old Jaffa）海边的亚美尼亚修道院医院（今天它仍在此处）改成传染病医院。3 月 11 日，他与德热内特探视医院。军饷官让－皮埃尔·多尔（Jean-Pierre Daure）称："他抱走躺在门口的瘟疫患者。我们吓了一大跳，因为那个病号的衣服上全是白沫与令人恶心的横痃脓水。"³¹

拿破仑与病人交谈，安慰人心，振奋士气。1804 年，安托万－让·格罗（Antoine-Jean Gros）创作的不朽名画《波拿

192

---

① 拿破仑从没去过耶路撒冷，但 1996 年时，以色列旅游局照样在巴黎地铁布设宣传海报："拿破仑多次享受耶路撒冷的午休时光，你为何不来呢？"

② 当年 1 月，亚历山大出现疫情，军医布瓦耶（Boyer）不肯照料病号。拿破仑发明了又一项特殊惩罚，强迫布瓦耶穿女装走在街上，还在他身上挂了块牌子，上书："他怕死，不配当法国公民。"

巴探访雅法传染病医院》描绘了这一场景。拿破仑后来说："身为司令官，他认为自己有义务给病人信心，让他们振作起来，而他履行职责的方式是和不同的患者谈话，并鼓励他们。他说自己也染上瘟疫，但很快康复。"[32]（最后一句话没有证据支持。）拿破仑相信鼠疫受毅力影响，多年后，他说："精神高昂、不被必死之念左右的人……大多痊愈，但心灰意冷者几乎都是恶疾牺牲品。"[33]

3月14日，拿破仑离开雅法，向阿克进军。次日，皇家海军巡航舰"忒修斯号"（Theseus）与"老虎号"（Tigre）到达阿克港边，船上有英国海军准将西德尼·史密斯（Sidney Smith）爵士以及拿破仑的布列讷同窗、法国保王党人、军事工程师安托万·德·菲利波（Antoine de Phélippeaux）。除了逐退法国侵略军的渴望，英国－俄国－土耳其联盟没多少共同目的，可这一愿望已经足以让皇家海军努力阻止拿破仑拿下阿克了。1104年，十字军领袖、耶路撒冷国王鲍德温一世（Baldwin I）攻陷阿克，后来他在此修筑8英尺厚的城墙。几个世纪以来，阿克的城防大大削弱，但鲍德温修的城墙仍然矗立，尽管不算太高，而且城外有一条很深的护城河。港口守军包括约4000名阿富汗人（Afghans）、阿尔巴尼亚人与摩尔人（Moors）以及杰扎尔的犹太裔优秀参谋长哈伊姆·法尔希（Haim Farhi，这些年来，主人割了他的鼻子，砍了他的一只耳朵，挖了他的一只眼睛），现在，史密斯准将、能干的菲利波以及200名皇家海军士兵与水手一同助他守城。他们增设斜坡工事，以某一倾角加固墙基，并建造斜土堤，以便把加农炮拉到城墙上（雅法城墙太脆弱，无法安置大炮）。部分防御工事以及史密斯布置的一些海军加农炮至今仍然可见。

3 月 15 日，纳布卢斯的阿拉伯骑兵在卡孔（Kakoun）与
法军小战，拿破仑、拉纳和克莱贝尔轻松打退进攻，仅折损
40 人。三天后，拿破仑就得在俯瞰海法的悬崖上惊恐地观望
了。海军旅级将军皮埃尔 - 让·斯唐德莱（Pierre-Jean
Standelet）率 9 艘船只运送拿破仑的所有攻城炮，这支小型舰
队绕过迦密山（Mount Carmel）海角时正好落入"老虎号"与
"忒修斯号"之手，6 艘船被俘，另有 3 艘逃往土伦。于是拿
破仑最重型的武器大都被送去阿克对付他自己了。事件进程也
转入另一个同样明确的讯号：杰扎尔恢复老一套了，将他派去
求和的信使斩首。[34]

3 月 19 日中午，拿破仑开始围攻阿克，在 300 码外围着
城池修工事、挖战壕。他准备先用自己的轻型炮轰城，打开缺
口后即命令法军全力猛冲，并希望仍可借此拿下城池。拿破仑
司令部设在距阿克 1500 码的图龙山坡（Turon hillsides），此地
恰是 1191 年狮心王理查围攻阿克时的司令部旧址，但他的部
分围城战线被迫经过蚊虫肆虐的湿地，因此军中很快暴发了疟
疾。法军着手挖掘战壕，并制作围城工事需要的束柴、堡篮
（gabions）和导爆药卷（saucissons）。

"乍一看，这个地方守不住，"多格罗认为，"似乎很难撑
过八天。我们以为，只要我们站在阿克城下，帕夏就会想起轻
易失守的雅法命运多么悲惨，心生恐惧。"[35]多格罗借事后诸葛
之便总结道，此时拿破仑应该回埃及，因为杰扎尔失去了阿里
什、加沙和雅法，3 月 18 日又丢了海法，他已无法继续威胁
埃及，而且拿破仑撤退前可留人驻守海法。但此次入侵的首要
目标是消灭在大马士革（Damascus）集结的土军，拿破仑尚

未达成目的。

接下来的九周时间里，拿破仑至少对阿克发起了 9 轮大攻势、3 轮小攻势。与此同时，他还得派兵防备土耳其人、阿拉伯人与马穆鲁克，好在他们没有协同行动，而是一个接一个来袭。他一度紧缺弹药，只好花钱雇士兵捡拾皇家海军舰队和阿克城发射的加农炮炮弹，捡一发炮弹的报酬介于半法郎和一法郎间，视其口径而定。并非只有法军实施激励措施，土军之所以多次出击（达 26 次），原因之一便是他们可拿法国人的脑袋换杰扎尔的丰厚赏金。[36]（1991 年，阿克战场出土了四具骷髅，其中两具的头颅被割。）3 月 28 日，一发加农炮炮弹落入拿破仑的两名副官——欧仁与新任督政菲利普·梅兰·德·杜艾之子安托万·梅兰（Antoine Merlin）——之间，距他自己仅三步之遥。[45]在一次炮击中，某座塔楼有些塌陷，法军随后进攻，但因为梯子太短，行动告败。法军士气于是遭受打击，这可以理解。有一次，土军出击后，法军战斗了好几个小时才击退敌人。战斗工兵开始在另一座塔楼下埋地雷，但被反雷对策挫败。

与此同时，为阻止大马士革增援，拿破仑分别派缪拉和朱诺夺取萨菲德（Safed）与拿撒勒（Nazareth）。4 月 8 日，朱诺在卢比亚村（Loubia）附近的小战中击败土耳其突袭队，且自身未受损失。拿破仑称："这场著名战斗为法国人的冷静增光添彩。"[37]六天后，一次重要得多的战斗爆发，事实上，整个叙利亚战役正因此战彰显意义。

塔博尔山（Mount Tabor）①之战名不副实，虽然克莱贝尔

---

① 今塔沃尔山（Mount Tavor）。——译者注

194

曾绕行塔博尔山，但实际战场是 8 英里外的哈默雷山（Mount Hamoreh）。晚上，在大马士革集结的约 25000 名土耳其人与马穆鲁克会在泉水边给马和骆驼喂水（饮牲口耗时很久，因为一头口渴的骆驼能喝 40 升水）。克莱贝尔十分大胆，他想趁那时率 2500 人进攻兵力远超己方的敌军。然而，4 月 16 日早上 6 点太阳升起来了，但克莱贝尔的部队还没出中央的杰兹里尔山谷（Vale of Jezreel），土军看清敌人全貌，从平原另一侧袭来。克莱贝尔有充足的时间让士兵结成两个大方阵，尽管很快被包围，他们仍保持队形，沿哈默雷山的平缓斜坡慢慢下山，而敌军骑兵在缓坡上能发挥的效力较少。中午时分，克莱贝尔已在高温下战斗六小时，他遭受了损失，水和弹药也不多了。然后他顺利完成危险复杂的机动，将两个方阵合为一个。

克莱贝尔先前曾警告拿破仑自己遇上大股敌军，所以后者接过邦的师，去拿撒勒支援前者。16 日，拿破仑到达拿撒勒，此时克莱贝尔已经开战，于是他采取合围机动，将士兵从西边调至哈默雷山。大马士革帕夏阿卜杜拉（Abdullah）忽视了某条基本战术规则，他本该派侦察兵提防试图救援克莱贝尔的军队，就比如说这支援军。拿破仑向拿撒勒东南方行军，他能看见克莱贝尔以一敌十之地腾起烟雾与灰尘，中午左右他正好赶到土军后方的战场。拿破仑沿山脊分水岭上山，这条路完全避开了土耳其人的视线，就算他们骑马也看不见他。杰兹雷尔山谷远望平坦，但谷内有海拔 30～60 英尺的丘陵与天然弯道。今人若从（原样保存的）当年战场眺望峡谷，便可轻易明了为何拿破仑的部队绕行哈默雷山时会被这些地形轮廓"掩藏"形迹、为何土军完全没料到法军会袭其后方，这是所有将军都梦想的组合，拿破仑将之发挥到极致。法军还没来得及重创敌

195

人，奥斯曼军队就逃走了，但他们已然分崩离析，无望夺回埃及。

战后，拿破仑入住拿撒勒附近的修女院，并随人参观院中圣母玛利亚的卧室。院长指着一根破旧的黑色大理石柱，"尽可能用最庄严的语调"对他的部下说，天使加百列"前来宣告圣母荣耀神圣的归宿时"劈开了那根柱子。有些军官忍俊不禁，但正如其中一人记录的，"波拿巴将军严肃地看着我们，于是大家又变得一本正经"。[38]拿破仑经常重游战地，次日，他再访塔博尔山之战战场后返回了阿克。整个 4 月下旬，他组织起更多的攻击与反击。

4 月 27 日，最受欢迎的指挥官之一卡法雷利永别了法军将士。几天前，他的右臂中了加农炮炮弹碎片，伤口滋生坏疽，夺去他的生命。"全军的惋惜之情为卡法雷利将军殉葬，"拿破仑的当日公告写道，"军团痛失一员大勇指挥官，埃及痛失一名立法者，法兰西痛失一位优秀公民，科学界痛失一个杰出学者。"阿克会战的伤员包括迪罗克、欧仁、拉纳及四位旅级将军。5 月 10 日，邦在城墙下负致命伤。所以说，战斗时军官待在前线，这是他们的关键职责，士兵也因此敬爱他们。有一次，阿克守军炮轰城下，贝尔蒂埃的副官中弹身亡，当时他就站在拿破仑的旁边，因为加农炮炮弹呼啸而过时的"空气颤动"，拿破仑自己也被震倒。[39]弹药纸告罄后，某日公告要求士兵把没用过的纸都交给军需部。

196　　　5 月 4 日晚，法军奇袭阿克未遂。三天后，拿破仑已经看见海平面上有前来驰援的土耳其海军，遂命拉纳猛攻阿克。颇有胆识的将军设法在东北塔楼插上三色旗，但他未能更进一步，然后被赶了回来。此时拿破仑已对贝尔蒂埃说，阿克不过是"一粒沙",这表明他在考虑放弃围城。他也确信西德尼·史密斯爵士是个"疯子",这是因为英国海军准将提出和他在城墙下单挑。(拿破仑回信称,史密斯不配当他的对手,"他不会来决斗,除非英国人能让马尔伯勒从坟里出来"。)[40]史密斯还想了个主意,他伪造拿破仑给督政府的信,哀叹法军处境危险,然后又假装截获这封信。逃兵在法军中散发伪信,据说拿破仑见信后"勃然大怒,把它撕成碎片",并禁止全军谈论它。这出军事诈术(ruse de guerre)肯定骗过了土耳其人,奥斯曼驻伦敦大使信以为真,还寄了一份副本给外交部。[41]

然而,史密斯最出色的心理战术并不复杂,这一招既不含假情报也不含误传,仅仅是给拿破仑提供信息。他打着休战旗,送来不少英国和欧洲的最新报纸,拿破仑拼凑报上信息便能明了最近打击法军的一系列灾难。早在1月,他就试着积极寻求报纸。现在他能读到下列消息了:3月,儒尔当在德意志的奥斯特拉赫(Ostrach)与施托卡赫(Stockach)战败;4月,谢雷在意大利马尼亚诺(Magnano)战败,整个意大利地区中,只剩热那亚还在法国手中。拿破仑的心血之作内高卢共和国已然灭亡,旺代又出现叛乱。如拿破仑日后解释时所说,报纸令他明白,"照法国当时的处境,不能指望它会派援军来,但没有增援就没有进展"。[42]

5月10日黎明,一个旅进攻阿克。先前进攻中战死的人正在腐烂,该旅士兵翻过战友尸身,但并未如英国宣传人员所说故意拿尸体当云梯。正如一位目击者回忆道:"有人进了城,但他们遭弹雨袭击,又发现城中修了新战壕,于是被迫退回缺口。"这些士兵在那儿战斗了两小时,因交叉火力而不断

减员。[43]这是最后的攻势，次日，拿破仑决定放弃围城，返回
197 埃及。"这个季节已经过了太久，"他告诉督政府，"我预想的
目的也已达成。埃及需要我……阿克现在仅剩一堆石头，我应
该涉沙返程。"[44]

阿克仅剩瓦砾当然是谎话，拿破仑致军队的宣言也一样
虚伪："再过几天，你们就能在帕夏宫殿正中央抓住他，但
在这个季节，不值得再花几天夺下阿克。"[45]〔多年后，拿破
仑重读阿克宣言，抱憾承认："这是个小骗局！"（C'est un
peu charlatan!）[46]〕他还告诉督政府，有人报称阿克城内每日
有 60 人因瘟疫丧命，此言暗示不取城池也许更好，其实整
个围城战期间，杰扎尔军没有任何人死于传染病。[47]然而，天
气太热就没法穿越沙漠，他确实需要趁气温没那么高时回
来。

事实上，拿破仑在塔博尔山之战中达成了"我预想的目
的"，他攻打阿克纯粹是为了追逐梦想：经阿勒颇（Aleppo）
侵入印度，在亚洲建立疆域延至恒河的法兰西帝国，抑或占领
君士坦丁堡。但正如我们所见，这些念头仅仅是浪漫想象，算
不上可行目标，而在叙利亚基督徒宣布继续忠于杰扎尔后，它
们就更是泡影了（史密斯起了重要作用，他收集拿破仑致穆
斯林的所有宣言，并交给叙利亚和黎巴嫩的基督徒）。"但是，
阿克人本来都会支持我。"多年后，拿破仑悲叹道。[48]"我打算
在阿勒颇换上包头巾"，他认为此举会赢来 20 万名穆斯林追
随者。

1799 年 5 月 20 日，法军悄悄放弃了围城战线，撤军时间
是晚上 8～11 点，以防"忒修斯号"与"老虎号"趁他们沿
海滩行军数英里时开火。[49]法军被迫钉死无法运走的 23 门加农

炮，他们把其中一些埋进沙里，将剩下的沉进海里。① 多格罗回忆道，"撤退过程中，波拿巴将军一直待在小山上"，后卫撤离时他才随之离开。[50]拿破仑首次遭遇严重的军事挫折（因为巴萨诺和卡尔迪耶罗的败仗几乎算不上重大），而且他必须彻底放弃在亚洲化身又一位亚历山大大帝的梦想。日后他总结自己的光辉理想，宣称："我将建立一种宗教，我看到自己戴着包头巾、骑着大象向亚洲进军，手里拿着一本为我自己的需要而撰写的新古兰经。"[51]他描述雄心时无疑既自嘲又幻想。他显然考虑过改信伊斯兰教，但他看上去不大可能真的这样做。后来他告诉吕西安："我在阿克与命运失之交臂。"[52]

　　对错失命运一事恼火也好，防止杰扎尔追得太近也罢，不管原因为何，拿破仑一路采用"焦土"战术，在巴勒斯坦倾倒垃圾。1810 年，威灵顿撤回里斯本时也用这招对付马塞纳，1812 年时俄军当然亦用此计。拿破仑被迫在迦密山医院留下 15 名重伤员，拜托修士照顾他们，但土军赶到后，伤员尽遭毒手，修士也被逐出居住了数个世纪的修道院。[53]法军撤往雅法时，黎巴嫩和纳布卢斯的阿拉伯部落袭扰其后方。拿破仑命令一些骑兵下马，把坐骑让给伤患。一名侍从武官问他想留哪匹马自用，他就用短马鞭抽打此人，大喊："你没听见命令吗？所有人步行！"[54]这是不错的戏剧素材（除非你是那个侍从武官）。拉瓦莱特说，这还是他第一次看见拿破仑打人。

　　5 月 24 日下午 2 点，拿破仑抵达雅法，他面临艰难抉择。

① 1982 年，一些火炮出土，今陈列于泰勒多尔考古博物馆（Tel Dor Archaeological Museum），其中有一门加农铸造于 1793 年，其上刻有西班牙国王卡洛斯四世之冠。还有一门白炮上刻有塞利姆三世书法化花押字，它是雅法之战的战利品。

198

穿越前方沙漠能把人累垮，瘟疫患者将无力返回开罗，但因为疾病会传染，也不能让他们乘船，所以他必须决定病人的命运。"待在雅法港时，我们眼中的景象一直很惨烈，堪称平生所见之最，"多格罗回忆道，"到处是尸体和垂死者。有人经过，濒死之人就向他乞求治疗，或是恳求他带自己上船，生怕被丢下……瘟疫患者躺在帐篷里和鹅卵石路上，每个角落里都有人。医院已经挤满。我们离开时留下了很多病号，我确定走之前曾采取措施，确保他们不会活着落入土军手里。"[55] "措施"是指在食物中添加过量的鸦片酊。德热内特认为安乐死有违他的希波克拉底誓言，拒绝执行，于是一名土耳其药剂师放了鸦片酊。根据法国目击者的记录，约有 50 人死亡。[56] 拿破仑说死者约有 15 人，但他为自己激烈辩护："是提前几小时经历迅速的死亡，还是被那些野蛮人折磨到断气，处于类似境地中的人只要头脑清醒，就会毫不犹豫地选择前者。"[57] 叙利亚战役一结束，波旁王朝和英国就开始指责拿破仑待士兵冷酷至极，他回答：

> 如果我秘密毒死我的士兵，如果我像他们说的那样干些野蛮勾当，比如驾车碾过肢体残缺、血流不止的伤兵，你觉得全军上下还会热烈动情地为我而战吗？不不，我早被一枪崩了，就连伤员都会努力向我扣动扳机。[58]

虽说宣传人员歪曲雅法安乐死事件抹黑拿破仑，我们似乎也没道理相信其副官安德烈奥西的结论。安德烈奥西说："那些死者已然无法痊愈，他这么做是慈悲为怀。"[59]

法军穿越沙漠返回开罗，一路上天气酷热（拿破仑报称气温达 47℃），士兵口干舌燥。这是一个极低谷，有些被截肢的军官"虽然花钱雇人抬自己，仍被扔出担架"。一名目击者指出，军队士气彻底消沉下去，"这摧毁了所有的慷慨情感"。[60]法军不知道，在他们走的沿海路线上，地下水离表层很近，只要往下挖几码就能喝上水。"波拿巴骑单峰驼，迫使我们的马拖着疲惫步伐。"多格罗回忆道。[61]正如拿破仑对督政府所言，这是因为"每天得走 11 里格（相当于 29 英里）到井边，井里有一点含硫黄的热盐水，我们迫不及待地灌下井水，比在餐馆里喝上好香槟还心急"。[62]另一名士兵在信中写道："大家都不满……有些人当着司令的面自杀，大吼'看看你干的好事！'"[63]英军拦截并发表了这封信。

　　6 月 14 日，拿破仑重返开罗，他提前传令该城筹办庆典迎接凯旋之师，并在入城式上重点展示战俘与缴获的军旗。"我们已经穿上了最好的衣服，"多格罗回忆这件事时说，"但我们看上去依旧惨兮兮。我们什么都没有……大部分人不是缺帽子就是少靴子。"[64]主要的谢赫赴开罗欢迎拿破仑，"对他归来一事致以最深沉的欣悦"，不过真实性几何就是问号了。[65]在叙利亚远征中，拿破仑折损 4000 人，他向巴黎汇报时大大缩小战损数字，称 500 人战死、1000 人负伤。[66]回开罗一周后，拿破仑派冈托姆去亚历山大，让他安排威尼斯制造的巡航舰"卡雷尔号"（Carrère）与"米龙号"（Muiron，这艘船以拿破仑的前副官命名）为绝密长途航程做好准备。

　　"我们是沙漠全境之主，"6 月 28 日，拿破仑告诉督政府，"并且打乱了敌人今年的计划。"[67]第一句没多少自夸价值，第二句是谎言，因为一支奥斯曼舰队已经动身。7 月 15 日，拿破仑、蒙日、贝托莱和迪罗克刚从大金字塔里出来，就有人来

200

报土军已到阿布吉尔沿海。[68]拿破仑致信大国务会议，称入侵军队中有俄国传教会，他妙用俄国人的东正教教义为俄军树敌，并迎合穆斯林的信仰："他们谎称世间有三位神，所以憎恨一神论信徒。"[69]拿破仑认为亚历山大的马尔蒙即将被围，便给他寄去一串忠告，如"只在白天睡觉""离天亮还早时就吹起床号""确保所有军官晚上披挂整齐"，以及在城墙外侧拴一大群狗来提防秘密进攻。[70]

拿破仑把所有可用兵员一并从开罗调至亚历山大，7月23日晚，他本人赶到那里。路上天气太热，很多士兵裹着斗篷露宿。接近亚历山大时，法军得知阿布吉尔港的小股守军溃败，并且在土军指挥官穆斯塔法（Mustafa）帕夏面前被斩首。"这则消息影响十分恶劣，"多格罗记载道，"法国人不喜欢这种残酷的作战方式。"[71]由于雅法杀俘事件在前，这话听来是有些虚伪，但穆斯塔法的行径导致两天后的阿布吉尔会战中少有人被俘。当时，8000名法军大败穆斯塔法帕夏麾下的7000名土耳其人、马穆鲁克与贝都因人。"我们必须杀得他们片甲不留，"拉瓦莱特写道，"但他们很难杀。"[72]许多土耳其人完全是被拉纳、缪拉和克莱贝尔赶进海里。"如果对手是欧洲军队，"多格罗写道，"我们会抓到3000名俘房，但这儿却有3000具尸体。"[73]事实上死者接近5000人。此言赤裸裸地承认，法军毫不关心不属于白种人和基督徒的敌人的命运。[74]

土军的第二次入侵破产，埃及已然安全。法国正面对英国、奥地利、俄国结成的新反法同盟，拿破仑决定尽快返回有危险的本土。长期以来，人们斥责他不过是丢弃部下出走，其实他是响应炮声召唤，当法国本身面临直接入侵的威胁时，它最好的将军还困在东方搞战略余兴节目就荒唐了。拿破仑临走前没有通知克莱贝尔和梅努，事实上，他去海边时还命令克莱贝尔去罗塞塔与己会合，以便分散他的注意力。拿破仑给克莱贝尔留下一封长长的指示信，为了让奉命接过指挥权的将军不那么难受，他承诺将"格外尽心"地送来一队演员，"他们能在军中发挥重大作用，还会改变这个国家的习俗"。[75]克莱贝尔管拿破仑叫"那个科西嘉矮子"，他是个直率的阿尔萨斯人，发现拿破仑离开埃及后便对自己的部下说："那混蛋扔下我们跑了，丢给我们一条他拉满屎的裤子。回欧洲后，我们要揍他的脸。"[76]克莱贝尔未能享受那份快乐，1800 年 6 月，24 岁的叙利亚学生苏莱曼（Soliman）刺死了他。（处决苏莱曼时，长矛先从他的臀部刺入，再从胸口刺出。）[77]

　　拿破仑渡海之举远非胆怯，因为地中海几乎堪称英国内湖，过海需要很大的勇气。他从距亚历山大 9 英里的贝达（Beydah）出发，资深班底大都随行，包括贝尔蒂埃、拉纳、缪拉、安德烈奥西、马尔蒙、冈托姆和梅兰，同行的还有学者蒙日、德农与贝托莱。拿破仑也带上了一个马穆鲁克装扮的奴隶男孩，他叫鲁斯塔姆·拉扎（Roustam Raza），生于格鲁吉亚，当时年龄则说法不一，介于 15 岁至 19 岁。在开罗时，贝克里（Bekri）谢赫把他当礼物送给拿破仑。此后十五年，鲁斯塔姆一直担任拿破仑的警卫，每晚都携带匕首睡在他房门外的垫子上。[78]鲁斯塔姆 11 岁时就卖身为奴，他害怕航海，拿破仑告诉他："什么都不用怕，我们很快就能到巴黎，那儿美人如云金钱成山。你看，我们会非常快乐，比在埃及时还快乐！"[79]德塞仍在追击穆拉德贝伊，朱诺离登船地太远，拿破仑命此二人留下。他致信朱诺，谈到"我对你的温柔友谊"，此信全篇皆称对方为"你"。[80]

202 　　拿破仑对军团撒了谎,称政府召他回法国。[81]"我很爱我的士兵,分别令我痛苦,"他说,"但我不会离开太久。"[82]8 月 22 日,他登上"米龙号"。次日早上 8 点,在"卡雷尔号"陪伴下,"米龙号"顺东北风起航。拿破仑向来运气好,接下来两天风向没变,所以他躲过了当地海域的英军巡洋舰。两艘威尼斯出产的巡航舰绕道回法国,走得很慢。它们先是沿非洲海岸线南下至迦太基湾(Gulf of Carthage),接着又北上至撒丁岛(Sardinia)。"冗长乏味的沿岸航行中,我们一条船也没看见。"德农回忆道,"乘客波拿巴无忧无虑,他或是埋头钻研地理与化学,或是放松身心与我们一同欢笑。"[83]旅途中,拿破仑不仅向学者求教,"还给我们讲鬼故事,故事里的他总是非常聪明……他每次提起督政府时都板着脸,并略带鄙夷之色"。[84]布列纳给拿破仑读历史书,一直读到深夜,哪怕对方晕船。"有一次,他问我克伦威尔的生平,"德农回忆道,"我知道我没觉睡了。"[85]保守派革命将领奥利弗·克伦威尔发动政变,推翻了自己鄙视的政府,他对拿破仑的示范作用比德农能猜到的还要大。

　　德农记载道,他们"最先看到的友方陆地"是科西嘉岛。9 月 30 日,两艘船驶入阿雅克肖港,"两侧炮台鸣炮致敬,所有人冲到船边,围住我们的巡航舰"。拉瓦莱特回忆说,拿破仑看见阿雅克肖后"深深感动",当时这个短语一般指代流泪。[86]在岛上这几天,他同旧日部下和家仆进餐,向约瑟夫·费施要了些现款,并"阅读公共报纸对我军"在意大利和德意志"所受灾难的悲伤报道"。[87]今人可在波拿巴宅看到他这次返乡住的房间。此后拿破仑再未返回故居。

1. 干劲十足、意志坚定的意大利军团司令波拿巴将军，时年 27 岁。

2.（上图）19 世纪中期阿雅克肖中心地区阔大的波拿巴宅，比 1769 年拿破仑出生在宅内一堆壁毯上时高了一层。

3.（右图）布列讷军校同学所作漫画。图中，16 岁的拿破仑毅然前去保卫科西嘉民族主义领袖帕斯夸莱·保利，一位老师抓着他的假发，想阻止他。图下文字写道："波拿巴飞奔去 P 那儿，要帮他对付敌人。"

4.（上图）1796 年 5 月 10 日法军在洛迪占领的狭长桥梁，它连接通往米兰的道路。这是拿破仑的首次重要胜利，大大增强了他对自身军事能力的信心。此图作者路易 - 弗朗索瓦·勒热纳参加过拿破仑战争中的很多战斗。

5.（左图）艺术气息浓厚的宣传肖像，刻画了 1796 年 11 月 15 日拿破仑在阿尔科莱会战中举旗，安托万 - 让·格罗作。拿破仑才举了片刻就被挤进水沟里。

6. （上图）1798 年 7 月 21 日的金字塔会战中，秩序井然的法军方阵粉碎了马穆鲁克的势力。"士兵们！四十个世纪正从金字塔顶凝视你们。"次日，拿破仑占领开罗。

7. （下图）1799 年 3 月，拿破仑在雅法海滨医院照料法军中的瘟疫患者，他的确展示了真正的勇气。

8. 1799 年 11 月 9 ~ 10 日，拿破仑在混乱的雾月政变中夺权。在圣克卢宫橘园厅，五百人院议员对拿破仑动武，掷弹兵救走了他，然后用刺刀清场。

9. （左图）拿破仑的弟弟吕西安，雾月政变关键人物。拿破仑反对吕西安的婚事，导致两人疏远彼此，但是滑铁卢会战前，吕西安终于回来支持拿破仑。

10. （右图）在其一生的大部分时间中，拿破仑都亲近聪明但软弱的兄长约瑟夫。拿破仑封约瑟夫为那不勒斯国王，后来又封他为西班牙国王，但是对拿破仑来说，约瑟夫带来的政治负担胜过政治利益。

家人

11.（左上图）太后，拿破仑那精明的母亲。拿破仑给了太后很多钱财，但她仍然很节俭，被问及为何时，她回答："也许有一天，我得给所有这些国王孩子找面包吃。"

12.（右上图）拿破仑的妹妹埃莉萨。拿破仑封她为卢卡和皮翁比诺公主、托斯卡纳女大公。

13.（左下图）拿破仑的弟弟路易。拿破仑封他为荷兰国王。因为路易把荷兰利益置于法兰西帝国利益之前，拿破仑后来废黜了他。

14.（右下图）拿破仑和约瑟芬一同撮合约瑟芬之女奥尔唐斯与路易的婚姻。这是桩不幸的姻缘，虽说两人生下了未来的皇帝拿破仑三世。

15.（左上图）拿破仑的兄弟姊妹中，迷人的妹妹波利娜最亲近他。她的确对他展示了爱与忠诚。

16.（右上图）拿破仑封卡罗琳为那不勒斯王后，但她和两人共同的姊妹波利娜不同，为了挽救自己和丈夫若阿基姆·缪拉的王位背叛了他。

17.（左图）拿破仑的幼弟热罗姆性格冲动，不经他同意便迎娶一位美籍女继承人。热罗姆被迫离婚，后来娶了符腾堡的卡塔琳娜公主（图中坐着的人）。他当了短短一阵威斯特伐利亚国王。

18.（左上图）约瑟芬·德·博阿尔内。1796 年 3 月，拿破仑和约瑟芬结婚，四十八小时后离开她去前线。虽然两人都有出轨，且最终离婚，他却始终认为她是自己的幸运星。婚礼上，他送给她一枚涂瓷釉金圆牌，上刻"致命运"。

19.（右上图）约瑟芬之子欧仁·德·博阿尔内脾气和蔼，非常讨拿破仑喜欢。拿破仑让欧仁当意大利总督，还在多场战局中任命他为高级将领。

20.（下图）约瑟芬的盒子，中心饰品是拿破仑的画像。

21. 第一执政拿破仑，安托万 - 让·格罗作。图中，拿破仑指着 1801
年和 1802 年他签订的和约。奢华的红色天鹅绒短外套旨在鼓励里昂
奢侈服装业。

22.（上图）宣传漫画，表现拿破仑在魔鬼面前保护被钉在十字架上的耶稣。1802 年，拿破仑和教皇庇护七世签署《政教协定》，恢复了法国天主教，这一协定是其最受欢迎的改革措施之一。

23.（左下图）法兰西学院制服。1797 年，拿破仑当选学院院士，他经常穿此制服。他因自己既是军人又是学者而自豪。

24.（右下图）拿破仑征战在外时，让 - 雅克·康巴塞雷斯成功地代他统治法国。康巴塞雷斯是大革命时代的律师、弑君者、政治家，他拟出了《拿破仑法典》中的很多内容。拿破仑不介意康巴塞雷斯的断袖之癖。

友人

25.（左上图）1800 年 6 月，在马伦戈，拿破仑最亲密的朋友路易·德塞将军前额中弹后身亡。假如德塞没死，他将会成为帝国元帅。

26.（右上图）让·拉纳元帅属于少数能和拿破仑坦率交谈的人，但是 1809 年 5 月，他在阿斯佩恩 - 埃斯灵会战中丢了一条腿，几天后他痛苦地死去。

27.（左下图）让 - 巴蒂斯特·贝西埃元帅。1813 年 5 月，贝西埃在侦察敌军阵地时胸口中了一发加农炮炮弹，就此身亡，生前他一直是拿破仑的心腹。

28.（右下图）除了拿破仑的家人，只有宫廷司礼官热罗·迪罗克将军能用亲切的"你"你呼他。1813 年 5 月，继贝西埃之后，迪罗克在赖兴巴赫之战中被加农炮炸得肠子外流。

29.（上图）法国漫画。图中，小威廉·皮特骑在乔治三世背上，并躲在小土丘后观察强大的法国侵略舰队。从 1803 年起，这支舰队就一直在威胁英国，直到 1805 年 10 月特拉法尔加海战爆发，此战中，霍雷肖·纳尔逊将其大部分船只击沉。

30.（插入图）法国傲慢地设计了旨在庆祝 1804 年成功侵英的纪念章，章上题字为"伦敦制造"（Frappé à Londres）。

31.（下图）1804 年 7 月 14 日，拿破仑首次封授荣誉军团勋章。和旧王朝勋章以及其他欧洲国家的荣誉不同，它对法国社会所有阶层开放。

32.（上图）1804 年 12 月 2 日，拿破仑在巴黎圣母院加冕，将皇冠戴到自己头上。像之前安排的一样，庇护七世只是旁观。此乃这位白手起家之人的至上时刻。

33.（下图）1805 年 12 月 2 日，在拿破仑的最大胜利奥斯特利茨会战中，让·拉普将军把缴获的军旗带到他面前。

34. （左上图）一丝不苟的亚历山大·贝尔蒂埃，拿破仑所有战役（除了最后一场）的参谋长。贝尔蒂埃是拿破仑成功的必要因素之一。

35. （右上图）安德烈·马塞纳号称"胜利的宠儿"，直到他在里斯本城外被强大的托里什韦德拉什防线所阻。半岛战争中，拿破仑一直没有充分支持马塞纳。1808 年 9 月，拿破仑在一次狩猎事故中击中马塞纳的眼睛。

36. （左下图）"勇中之勇"米歇尔·奈伊。1812 年，他是最后一个离开俄国的法国人。三年后，奈伊对路易十八许诺道，他会用"铁笼子"把拿破仑押到巴黎。事实与之相反，滑铁卢会战中，奈伊成了战场指挥官。

37. （右下图）半岛战争中，让-德-迪厄·苏尔特非常能干，但他比不上同在那儿的威灵顿公爵。滑铁卢战役中，事实证明他是个不合格的参谋长。

38.（左上图）"铁元帅"路易-尼古拉·达武。他从未战败，于 1806 年在奥尔施泰特击败兵力三倍于己的敌人。达武是最擅长独立指挥的元帅，但他和拿破仑关系不佳。

39.（右上图）酿酒商之子尼古拉·乌迪诺。他曾 34 次受伤，在这一点上，拿破仑时代高级指挥官无出其右。1793 年 12 月，乌迪诺首次负伤。1814 年，他在阿尔西最后一次负伤，当时，一发冲力已尽的子弹撞上他的荣誉军团勋章，于是变了方向。

40.（左下图）皮埃尔·奥热罗身材高大，趾高气扬。他当过雇佣兵、钟表贩子、舞蹈教师，靠决斗杀死两人，还在斗殴中打死一名骑兵军官。埃劳的暴风雪中，奥热罗指挥了一次步兵进攻。

41.（右下图）若阿基姆·缪拉，他是自己所属时代最伟大的骑兵军官。缪拉身着奇装异服，所以他在战场上夺人眼球。缪拉娶了拿破仑的妹妹卡罗琳，被封为那不勒斯国王，但他是第一个背叛拿破仑的元帅。

42.（上图）1806年耶拿会战中，一支普军一败涂地。在此图最右端，法军在俯瞰耶拿镇的兰德格拉芬贝格高原上用加农炮轰击普军阵地。

43.（左下图）"前进元帅"格布哈特·莱贝雷希特·冯·布吕歇尔，他经常被拿破仑击败，但滑铁卢会战中，他的到来起了决定性作用。

44.（右下图）普鲁士国王弗里德里希·威廉三世。拿破仑在蒂尔西特鄙视他，把他晾在一边，但他让自己的国家走上变革与新生的道路。

10 月 6 日，巡航舰从阿雅克肖驶向耶尔（Hyères）。8 日傍晚 6 点时分，有人发现了英国船只，冈托姆想返回科西嘉，但拿破仑命令他去蔚蓝海岸（Côte d'Azur）的弗雷瑞斯港（Fréjus），该地靠近戛纳（Cannes）。这是旅途中拿破仑唯一一次下达航海指令。1799 年 10 月 9 日（周三）中午，他在圣拉斐尔（Saint-Raphaël）附近的海口踏上法国海岸，当晚就奔赴巴黎。他的回国经历是一段非凡之旅。1803 年之后，拿破仑在书桌上放置了一件等比缩小的"米龙号"船模，后来还下令把该船本身"留作纪念，让它在某处保存几百年……若这艘巡航舰遭遇任何厄运，我将深信那是鬼神作祟"。[88]（1850 年，"米龙号"报废。）

拿破仑的埃及冒险结束了，它长达一年又五个月。然而，对他留下的法军来说，这还不算结束。他们继续待在埃及，直到两年后梅努被迫向英军投降。1802 年，他的军队和剩下的学者获准回国。拿破仑承认，埃及战局中共有 5344 人死亡，但这个数字大大低估了实情，因为 1801 年 8 月法军投降时，约 9000 名士兵和 4500 名水手已不在人世，而且他走后，法军相对来说没怎么打仗，哪怕是在亚历山大围攻的最终阶段。[89]不管怎么说，拿破仑照命令占领埃及，击退两次土军进攻，又在法国危急之刻归来。克莱贝尔给督政府寄去毁灭性的报告，他谴责整场战役中拿破仑的行为，描述痢疾与红眼疫情，并说大军缺乏武器、火药、弹药与制服。皇家海军截获此信，但它发表得太迟，未损及拿破仑的政治声誉。运气又帮了他一回，他却开始误把运气当命运。

203

DESCRIPTION
DE L'ÉGYPTE,

OU

RECUEIL

DES OBSERVATIONS ET DES RECHERCHES

QUI ONT ÉTÉ FAITES EN ÉGYPTE

PENDANT L'EXPÉDITION DE L'ARMÉE FRANÇAISE,

PUBLIÉ

PAR LES ORDRES DE SA MAJESTÉ L'EMPEREUR

NAPOLÉON LE GRAND.

———

ANTIQUITÉS, PLANCHES.

TOME PREMIER.

A PARIS,

DE L'IMPRIMERIE IMPÉRIALE.

M. DCCC. IX.

　　拿破仑征战埃及的最长远成就不是军事或战略成功，而是学术、文化与艺术成果。1809 年，德农的《埃及记》(*Description de l'Égypte*) 第一卷出版。《埃及记》篇幅浩大、内容权威，标题页写有"奉拿破仑大帝陛下诏令出版"，序言则回顾了亚历山大大帝与恺撒征服埃及的历史，他们二人在当地的任务正是拿破仑效仿的模板。在拿破仑的剩余人生中，这部不折不扣的杰作又出版后续卷册。事实上，他去世后，此书继续推出续作。全书最终达 21 卷，创学术与出版史上一大高峰。学者们的工作详尽彻底。《埃及记》收录细节翔实的等比缩放图（长 27 英寸、宽 20 英寸），每张图皆有黑白版与彩色版，图中景观包括方尖碑、斯芬克斯像、象形文字、王名框①、金字塔、性欲勃发的法老以及被制成木乃伊的鸟、猫、蛇、狗，取景点为所有古埃及神庙遗址所在地，包括开罗、底比斯、卢克索（Luxor）、凯尔奈克（Karnak）、阿斯旺（Aswān）。（根据第 12 卷的记载，奥兹曼迪亚斯国王并不像诗人雪莱说的那样"瘪嘴冷笑、令人生畏"，他的笑容很迷人。）205 图画前景不时出现休班后闲逛的士兵，但此举并非意在宣传，而是表现缩放比。

　　除了古埃及文物学，《埃及记》也载有尼罗河及近代城镇的精细地图、光塔与风景的印制版画、灌溉渠道的草绘、修道院和寺庙的图片、各种不同的柱子，并尽收船运、露天剧场、坟墓、清真寺、运河、要塞、宫殿与城寨风光。书中还有精确到最后一厘米的百科全书式建筑蓝图和高地经纬度平面图。多卷本《埃及记》虽无政治夸耀价值，但它代表法国文明的高

---

　　①　古埃及象形文字中用来署法老或神明名讳的框。——译者注

峰，事实上，它代表拿破仑时代法国文明的高峰。《埃及记》深深影响了欧洲艺术赏玩、建筑品味、美学悟性与设计鉴赏。

此外，差点在底比斯某座洞穴被一条"有角蛇"（horned serpent）咬了的埃及学院图书馆管理员、公民里波（Ripaud）也给艺术委员会写了 104 页报告，论述尼罗河大瀑布至开罗一线的古迹现状。[90] 学者们最大的发现是罗塞塔石碑，这座石碑（stele）从三角洲的拉希德出土，上刻三种文字。他们复制了碑上文本，译出希腊语部分后着手研究象形文字。[91] 1801 年，根据法军的撤军和约，英军得到石碑，并把它交给大英博物馆（British Museum），今天它仍安全地待在馆内。不幸的是，2011 年，埃及爆发"阿拉伯之春"反抗运动，12 月 17 日，位于开罗解放广场（Tahrir Square）附近的埃及学院起火。院内 192000 份书籍、日志及其他文稿几乎全毁，其中包括德农所著《埃及记》的唯一手稿。

第九章 雾月

我回国时恰逢良机，当时政府已无可救药，我就成了 206
国家首脑，接下来一切都顺理成章。我的故事概括说来就
这些。

> ——圣赫勒拿岛上的拿破仑

改变世界之道从不在于争取高官权贵，且莫不在于激
励人民大众。前者是诉诸阴谋，其成果寥寥；后者是挥洒
天才，可令世间面貌焕然一新。

> ——圣赫勒拿岛上的拿破仑

拿破仑从圣拉斐尔出发，经艾克斯（Aix，他的行李在此
失窃）、阿维尼翁、瓦朗斯、里昂与讷韦尔（Nevers）去巴黎。
1799 年 10 月 16 日（周三）上午，他到达首都。他享受一路
上的"凯旋之旅"，所到之处人们都当他是法国救星，热烈欢
迎英雄。[1] 他到里昂时，街上人山人海，歌颂他的戏剧《英雄
归来》便在人潮前上演。民众的高声欢呼完全盖过演员的念
白，不过这很可能是幸事，因为这出戏是一夜之间写成的，剧
组事先也没彩排。未来的骑兵军官让－巴蒂斯特·德·马尔博
（Jean-Baptiste de Marbot）当时 17 岁，他回忆道："人们在旷
地上跳舞。空中响起呼声：'波拿巴万岁！他会拯救国家！'"[2]

马尔博看见拿破仑和他的高级同僚后惊叹不已，尤其令他惊奇的是："他们的军人风度、被东方太阳晒成古铜色的脸、古怪的衣着、用带子系在衣服上的土耳其马刀。"[3]

207　　拿破仑必须先定婚姻立场再做政治决策。1799 年 2 月，约瑟芬试图和伊波利特·夏尔终止情人关系，尽管拿破仑不知情。"这是我们最后一次交谈。你大可放心，我不会再给你写信，不会再见你，你不用再受折磨。"约瑟芬致信夏尔，"被欺骗的诚实女人安静地退出。"[4] 事实上，两人后来仍有通信，他们讨论如何处理意大利军团合同滋生的各种肮脏交易，直到 10 月方休，甚至在那之后，她还努力帮他的朋友谋职（此事未成）。英俊浪荡的骠骑兵夏尔终于抛弃了缺爱的约瑟芬，自此退出了历史舞台。没过多久，拿破仑攫取绝对权力。他没有追究或惩罚情敌。

十六个月前，拿破仑得知约瑟芬不忠，而此时他的怒火已减弱了不少，而且他靠波利娜·富雷斯狠狠报复了妻子。离婚也许会损害他的政治口碑，尤其是他在虔诚的天主教徒中的口碑。约瑟芬可在政事上助他一臂之力，她有保王党人脉与社交网，还能在感情上安抚他粗鲁回绝的人。虽然约瑟芬有病态的挥霍癖，商人们送来的账单仍有商量余地，他们通常乐得打半折，即便这样利润仍很可观。

拿破仑首先去了胜利街，也许此举本身就表明他打算原谅妻子。他在埃及时，约瑟芬花了 325000 法郎（借来的钱）买下美丽的马尔迈松城堡（Malmaison），该地位于巴黎以西 7 英里处。她离开马尔迈松，想在路上截住他，但搞错了路线。10 月 18 日，她返回胜利街的家，接下来家庭风波全面爆发。约瑟芬的东西都被打包收好，她在上锁的门外哭叫，下跪哀求拿破仑。奥尔唐斯和负伤的欧仁也被母亲召来，恳请继父怜悯（拿破仑和继子女确有深厚感情）。最后一家人戏剧般地和解。次日早上，吕西安来看哥哥，他被引至卧室，发现兄嫂坐在床上。[5] 不难猜到拿破仑至少编排了这出戏的部分内容，从而赢得今后婚姻生活的绝对主导权。日后约瑟芬忠贞不渝，但他显然不忠。

拿破仑和约瑟芬没有离婚的原因亦有他说："她的眼泪打动了"他；他对她产生性欲，不在乎别的事了；她否认偷情一事，他相信了她（这个最不可能）；他忙于政治，无暇顾及家庭纷争；他想要孩子；他毕竟真心爱她。不管真相是哪一种说法或哪几种说法的组合，拿破仑完全原谅了约瑟芬，在她或其他任何人面前，他再也没有暗指她的背叛。两人渐渐过上了舒适幸福的家庭生活，直到整整十年后王朝问题浮出水面。她似乎真的爱上了他，尽管她总是叫他"波拿巴"。拿破仑和约瑟芬的故事当然不是罗密欧与朱丽叶的浪漫言情传奇，但他们的感情更微妙、更有趣，就其方式来说，他们的爱情不比罗密欧与朱丽叶的平庸。

到达巴黎后，在与约瑟芬和好前，拿破仑还做了些别的事。他会见律师政客路易·戈耶（Louis Gohier），此人在当年6月就任督政。督政们轮流当主席，每隔三个月换一次人，此时正轮到戈耶。10月17日，拿破仑参加公众集会，并享受会上宴席。当时，他头戴埃及圆帽，身披橄榄绿外套，衣服上还用丝绸带子系着土耳其弯刀。戈耶称颂拿破仑，他答道，他拔剑只为保卫共和国与其政府。[6] 督政们得私下决定逮捕他还是祝贺他。一方面，他擅自脱队（他没接到命令就丢下驻埃及军队），违反检疫规定；另一方面，正如他的宣传人员指出的，他赢得金字塔会战、塔博尔山会战和阿布吉尔会战，征服埃及，为西方打开东方大门，并且新建了一片广阔的法属殖民地。贝纳多特建议把拿破仑送上军事法庭，如果说此提议曾被认真考虑，督政们也很快打消此念，因为他们听见，自己的卫队在会议室外认出他后立即自发地欢呼："波拿巴万岁！"[7]

接下来几天，胜利街被成群的观众与祝福者包围了。保罗·蒂埃博（Paul Thiébault）将军曾参与里沃利会战，他在王家宫殿听闻拿破仑归来。蒂埃博回忆道：

> 巴黎全城轰动，说明消息无疑是真的。城市卫戍部队的团级军乐队已在街上漫步，这是民心大悦的信号，他们身后跟着大群军民。晚上，每个角落仓促挂灯，剧院里的人们都在呼喊："共和国万岁！波拿巴万岁！"这呼声宣告他已回国。归来的不是将军，而是身着将军制服的领袖……法国政府已是风中残烛。督政府被各党派整得伤痕累累，任由第一波攻势摆布。[8]

然而，攻势仍需谋划。拿破仑曾庄严地宣誓捍卫《共和三年宪法》，密谋推翻宪法乃叛国罪，罪人可以被斩首。此外，巴黎城中到处都是推翻督政府的阴谋，他不必第一个反水。当年6月，立法院用前雅各宾党人戈耶换下让 - 巴斯蒂特·特雷亚尔（Jean-Baptiste Treilhard），仅仅过了一天，一场小政变就爆发了，这就是所谓的"议会日"（journée parlementaire）。当天，茹贝尔将军得到巴拉斯和西哀士的授意后动用武力，逼迫拉雷韦利埃和杜艾把督政之位让给皮埃尔 - 罗歇·迪科

（Pierre-Roger Ducos）与前雅各宾党人让 – 弗朗索瓦·穆兰（Jean-François Moulin）将军。除了巴拉斯、卡诺和西哀士，1795～1799 年的 13 位督政都是特别平庸的政客。

之后的日子里，拿破仑的访客几乎都是政变主谋。塔列朗第一个上门。最高法院未来的法官约翰·马歇尔（John Marshall）等三名刚正不阿的美国驻巴黎公使与塔列朗商议贷款偿还问题，后者却反复地索要 25 万美元"孝敬费"，不见钱就不肯屈尊谈判，7 月时事情败露，他被迫辞去外交部长之职。[9] 塔列朗担心拿破仑怪他没去君士坦丁堡，但后者立刻原谅了前者。政客皮埃尔 – 路易·勒德雷尔（Pierre-Louis Roederer）也早早来访，此人圆通灵活，但聪明睿智。1789年，勒德雷尔当选三级会议代表，从此以后，无论政权如何更迭，他始终安然无恙，后来他成了拿破仑最亲密的顾问之一。拿破仑曾留前编辑米歇尔·勒尼奥·德·圣 – 让·丹热利治理马耳他岛，这时他也登门。立法院下院五百人院议员、关键支持者安托万·布莱·德·拉默尔特（Antoine Boulay de la Meurthe）亦来做客。10 月，布列斯特海军分舰队中将厄斯塔什·布吕克斯（Eustache Bruix）、"温雅绅士"官吏于格 – 贝尔纳·马雷（Hugues-Bernard Maret）、高级警官雅各宾·皮埃尔 – 弗朗索瓦·雷亚尔（Jacobin Pierre-François Réal）也参与了密谋。[10]

政变后，这些人都在拿破仑手下官居要职，不少人成为国家参政院（Conseil d'État）参政，几乎所有人都被封为法国世袭贵族。吕西安·波拿巴也是政变支柱。1798 年 6 月，23 岁的吕西安当选五百人院议员，很快就任议长，因此阴谋者有机会为政变披上虚伪的宪政外衣。"他个子高高，脑袋小小，身

210

材扭曲，四肢像田野蛛，"阿布朗泰斯公爵夫人洛尔描述吕西安道，"他非常近视，所以经常半眯着眼垂下头。"[11]当选五百人院议员的年龄下限是 30 岁，所以吕西安靠伪造的出生证明来满足条件。[12]

"雾月"（Brumaire）指"雾霭季节"。我们难以拼凑出未来政变的运作过程，这是恰当的，因为拿破仑故意不留文字信息。从 10 月 16 日返回巴黎到雾月十八日政变爆发历时二十三天，而他现存的信中仅有 2 封出自这二十三天，就连这 2 封信也未透露任何风声。[13]对一个平均每天写 15 封信的人来说，这回他全在口头上交接事务。此前的人生中，有人彻查拿破仑的书信，试图找出证据送他上断头台，而他不会重蹈覆辙。在公共场合露面时，他把身上的将军制服换回法兰西学院院士服。

构思政变的不是拿破仑，而是西哀士教士。1799 年 5 月，西哀士接替勒贝尔任督政，但他很快断定自己领导的政府太无能太腐败，无力解决法国面临的问题。西哀士的同党有督政同事兼密友迪科、警务部长约瑟夫·富歇、司法部长让 - 雅克 - 雷吉斯·德·康巴塞雷斯（Jean-Jacques-Régis de Cambacérès），他们比拿破仑的朋友（除了塔列朗）明显更具政治分量。西哀士认为拿破仑不过是实施政变所需的"剑"或力量，在私交层面上，他俩全然相互鄙视。拿破仑返回巴黎时，西哀士私下说他擅离埃及岗位，建议枪决他，他则说西哀士替普鲁士卖命（并无证据），不配当督政。[14]在热那亚以北的诺维（Novi），西哀士首选的"剑"茹贝尔将军在战斗中心脏中弹身亡（巧合的是，当天正是拿破仑的生日），所以除了拿破仑，他没多少可选人物。其他干将中，儒尔当支持宪法，谢雷战败后名誉受损，雅克·麦克唐纳（Jacques Macdonald，其父是苏格兰高地人、詹姆斯二世党人）与莫罗似乎拒绝了西哀士，而皮舍格吕已入敌营。就像葡月暴动时一样，拿破仑几乎是几经筛选后才成为主角的。

　　塔列朗最终劝服西哀士选择拿破仑，他的理由是，拿破仑具有无可指摘的共和派履历，而且他们也没有别的选择。[15] 据说塔列朗告诉拿破仑："你想要权力，西哀士想要宪法，那么合作吧。"[16] 拿破仑在巴黎大受欢迎，这显然影响了西哀士的决策。当时，拿破仑和迪罗克去策肋定剧院（Celestins theatre）①，他让迪罗克坐包厢前排，自己坐后排，但"观众呼喊波拿巴的名字，呼声如此热情、如此一致"，以至于他们只好换位置，也许这不出他所料。[17]

　　10月23日下午，拿破仑和西哀士才首次见面。"我负责协商协议中的政治条件，"勒德雷尔回忆道，"他俩对未来宪法和自身将任职务各有看法，我居中传达。"[18] 拿破仑想保留选择权，他也考虑了其他人的合作提议，尽管他们的政治人脉都不及西哀士派过硬。这一时期，多达十起推翻督政府的活跃阴谋正在秘密地酝酿。

　　近四年来，督政府屡遭败绩，但拿破仑不在场，这些失败算不到他头上。法国在国外战败后不仅丢了1796～1797年他开辟的疆土，还同德意志与意大利市场断了联系。俄国、英国、葡萄牙、土耳其和奥地利加入第二次反法同盟战争，对法国开战。美国也就债务偿还问题和法国进行所谓的"准战争"

----

　　①　策肋定剧院位于里昂，此事发生在拿破仑返回巴黎途中。——译者注

211

（Quasi-War），它坚称自己的债主不是法国政府，而是法国国王。1799 年的八个月内，至少有四个人当过法国战争部长。军队严重欠饷，导致逃兵、强盗与公路劫匪遍布乡野。普罗旺斯与旺代的保王党再度叛乱。皇家海军封锁海面，法国海外贸易遭受严重打击，纸币几乎一钱不值。当局征收土地税与门窗税，把涉嫌支持波旁的人扣作人质。1798 年的《儒尔当法》几乎把先前的紧急状态普遍征兵令发展到全民皆兵的地步，民众大为不满。政府合同比往常更腐败，人们猜出巴拉斯等督政牵涉其中。媒体与社团自由严格受限。1798～1799 年，三分之一的立法院议员靠广泛的诈骗当选。重要的是，国有财产（biens nationaux）购买者担心所有权无法得到保障。

212

超级通货膨胀对社会的破坏力的彻底性令大部分灾难望尘莫及，战胜它的人将得到丰厚政治回报。（立法院议员自己的薪水也经保值处理，与 30 吨小麦现值呈指数挂钩。）《最高价格法》压低面包、面粉、牛奶、肉等主食物价，督政府废除此法后，1798 年出现歉收，结果一磅面包的价格在两年内首次突破三个苏（sol），引发贮粮、暴乱与切实的不满。也许最糟的是，民众看不出事态可以改善，因为宪法修正案需经两院批准三次，每次批准要间隔三年，九年将尽时修正案还得再经特别会议认可。[19] 变化无常的立法院不大可能完成这种事，1799 年年末的两院正是如此。当时，议员包括地下保王党、弗扬立宪派（Feuillant constitutionalists，稳健派）、前吉伦特派、新雅各宾"爱国者"，而督政府支持者在议会中占不到几席。相形之下，拿破仑最近在内高卢共和国、威尼斯共和国、利古里亚共和国、莱芒共和国、海尔维第共和国与罗马共和国颁行宪法，在马耳他与埃及实施行政改革，上述举措塑造了热情精干、信奉强大执行力与集权控制的共和党人形象，这些信条在大都市化的法国可能亦有效。

1799 年秋，法国并非一败涂地。事实上，督政府在某些领域有理由感到乐观。一些经济改革正在进行。俄国退出第二次反法同盟，旺代形势好转，英军也被逐出了荷兰。马塞纳在瑞士取胜，意味着法国不再面临紧迫的入侵威胁。[20]然而，法国人认定督政府总体上已经失败，那些成绩都不足以消除这种印象，正如拿破仑所说的，政变"时机成熟了"。[21]现行政治体制亦无他的位置，因为督政的年龄下限是 40 岁，而他时年 30 岁，戈耶似乎也没兴趣为他修改宪法。

人们指责拿破仑的雾月政变毁了法国民主，此言诚然，但 19 世纪晚期之前，就连英国议会也很难算得上杰斐逊理念的范本，它一直被贵族寡头集团牢牢把持，有很多议席只对应几十个选民。雾月政变亦被称作法国自由的灭亡，但自从 1794 年 7 月的热月政变推翻罗伯斯庇尔、设立督政府后，1795 年有未遂的葡月政变，1797 年有果月肃清，1799 年 6 月又有牧月（Prairial）议会日。尽管雾月政变完全违背宪法，但它很难算得上首开法国政坛先例。拿破仑曾发誓守护宪法，他之所以受欢迎，很大程度上是因为人们相信他是真正的共和党人。然而，"覆巢之下安有完卵？"他夸张地对马尔蒙说，"改变必不可少。"[22]

10 月 26 日，拿破仑在胜利街用早餐。他对比意大利战局中士兵的精神和当局的倦怠，当着蒂埃博的面公然批判督政府。"国家永远是个人智慧的结晶，"他说，"党派与纷争的胜利完全是当权者的错……强将手中无弱兵，同样的道理，良政治下无劣民……这些家伙拖累法国，把它变得和他们一样蠢。他们羞辱它，而它开始和他们断交。"大革命早期，有人因这种坦率的谈话而殒命，但拿破仑认为策动他想争取的战友足够安全。谈话结束时，他说了自己最常提的一句鄙视之语："好吧，将军怎么能指望这个律师政府呢？"[23]

"我谋划军事行动时就成了世上最胆小的人，"27 日，拿破仑告诉勒德雷尔，"我放大那种情况下所有潜在的危险与损害，陷入相当烦人的躁动状态，但我在周围之人面前仍然非常平静。我就像分娩的产妇。下定决心后，除了取胜途径，我把一切都抛之脑后。"[24]拿破仑策划雾月政变时也应用了同样执着的注意力。由于完全缺乏当时的文字材料，我们无从得知他的确切行动，可政变一开始，每个人似乎都知道该去哪、该做什么。

政变之前这几天，督政府很可能就已经怀疑事情不对劲，遂让拿破仑自选国外指挥权，但他借口健康不佳，回绝了职位。督政们也借助媒体，暗中指责他在意大利贪污，而他强烈否认。[25]这段时间中，一则故事开始流传：拿破仑在塔列朗家密谋时，楼下的街道忽然大声喧闹，害怕被捕的阴谋者们立即熄灭蜡烛，冲向阳台，然后他们发现骚动的原因是从王家宫殿归来的赌徒卷入大马车事故，于是大大松了口气。[26]

阴谋者们也在赌博，10 月 29 日，他们赌运大升。当天，督政府通过法律，规定向政府合同当事人支付预定款项的时间延迟至账目审核完毕之后。康巴塞雷斯庇护的承包商让－皮埃尔·科洛（Jean-Pierre Collot）资助政变，现在他更无所顾忌了。[27]

次日，拿破仑去了全体督政的工作生活之地卢森堡宫

（Luxembourg Palace）。在和巴拉斯用餐时，促使他决定破釜沉舟的时刻来了。餐后，巴拉斯提议立加布里埃尔·戴杜维尔（Gabriel d'Hédouville）将军为法国的主席，从而"拯救"共和国，拿破仑则认为此人"平庸至极"。戴杜维尔曾参与瓦尔米之战，但黑人民族主义领袖杜桑·卢维杜尔（Toussaint L'Ouverture）领导的圣多明各革命（即海地革命）不久前逼得他逃离了该地区，而且他显然不是当主席的料。"而你呢，将军，"巴拉斯对拿破仑说，"你想回归军队。我病了，不得人心，心力交瘁。我只能退隐，别的都干不了啦。"[28]关于拿破仑的回应人们说法不一：某版本称，他一言未答，只是盯着巴拉斯；另一版本称，"我答复时故意摆出某种态度，让他确信我不会上当。他垂下眼，嘀咕了几句，正是这几句话让我立刻下定决心。我离开他在卢森堡宫的公寓，下楼去找西哀士……我告诉西哀士，我决定和他联手"。[29]

巴拉斯察觉自己犯下了大错，次日早上 8 点，他造访胜利街，试图弥补错误，但拿破仑回答，自己"刚从干旱的阿拉伯沙漠回来，还不适应首都的湿热天气，现在疲倦不适"，并"用类似的陈词滥调"结束谈话。[30]11 月 1 日，拿破仑在吕西安家秘密会见西哀士，两人协调政变的细节。此时，塔列朗和富歇也都已参与政变。

约瑟夫·富歇不是个简单的警务部长。23 岁前，富歇一直是奥拉托利会成员（Oratorian），有志加入教会。1793 年，他成了雅各宾派弑君者。他关心权力甚于意识形态，与很多保王党人都有来往，而且他保护教士，特别是奥拉托利会成员，尽管他是反教权党派的领袖。"无人不晓这位要人，"拿破仑未来的副官菲利普·德·塞居尔（Philippe de Ségur）伯爵写

215　道，"他中等身材，亚麻色的头发平直稀疏。他的体格瘦弱有活力，长脸变化不定，外貌如同激动的雪貂。人们会记得，他的凝视尽管狡黠却锐利急切，他的小眼睛充溢血丝，他说话简短急促，这副腔调同他焦躁不安、心神不宁的态度相吻合。"[31]

　　富歇招募了大批探子，如街头小贩、屠夫、理发师、锁匠、假发匠、香料商、酒保、路易十六的前贴身男仆、前雅各宾分子"木腿科兰"（Collin）、洛泰堡（Lauterbourg）男爵夫人、王家宫殿 133 号的妓院老鸨等很多人。[32]"有一天他会查我的床，"拿破仑拿富歇说笑道，"接着翻我的钱包。"[33]对拿破仑来说，富歇的入伙是个好消息，因为他投靠的势力从未败过（不过他据信有紧急方案，若政变失败他会逮捕"叛徒"）。[34]在政变中和政变后，拿破仑对富歇的看法是："富歇、单单一个富歇就能组织警务部。这种人我们无法创造，遇上了就必须收入帐下。"[35]

　　为了表彰拿破仑和莫罗，11 月 6 日，立法院上下两院在圣叙尔皮斯（St-Sulpice）教堂举办 700 席的慈善宴会。大革命时期，这座教堂改称胜利殿（Temple of Victory），它像天主教大教堂一般规格宏大。圣叙尔皮斯教堂的塔楼非常高大，以至于政府拿它们当可视信号塔①。无可否认，教堂的确威严壮观，但其墙壁呈黑色，其声响设计又旨在将说话声变成回响的诅咒，所以说，在 11 月的寒夜，此地也许最不适合举行盛筵。法国政客大都出席，但贝纳多特没来。（巴拉斯称）贝纳多特不肯在募捐名单上签字，"除非波拿巴能合理地解释抛弃军队

————————

① 即沙普信号塔，参见第二十一章注释。——译者注

的理由",他还说,"我不想和心怀鬼胎的人吃饭"。[36]据说拿破仑担心督政府下毒,在席上"只吃鸡蛋",并提前退场。[37]他演讲的中心是法国人团结一心的重要性,接下来数周乃至数月,他都会反复提及这个足够安全的主题。

拿破仑从埃及回来后,除了两院,还有很多人提出为他设庆功宴,但他几乎只接受了康巴塞雷斯的邀请。他说自己"非常尊敬"此人。[38]康巴塞雷斯是同性恋、美食家与享乐主义者,他出身蒙彼利埃一个杰出的法律世家,身材肥胖,为人浮夸。他曾投票赞成处死路易十六,但主张死刑前提只能是奥军入侵。拿破仑很少喜欢律师,康巴塞雷斯是个例外,他和迪罗克都成了拿破仑最亲近、最信任的顾问。"他精于言谈之道,"阿布朗泰斯公爵夫人洛尔回忆道,"凭借语言切换,他的叙述风格显得新奇优雅……他是……这个国家最能干的公民。"[39]她也补充道,他"特别丑……鼻子长,脸颊长,面色黄"。比起权力,康巴塞雷斯更追求影响力,而且他从不谋求抛头露面。后来他可以私下表达对拿破仑的反对意见,因为他的忠诚毋庸置疑。[拿破仑不偏执,他不仅亲近康巴塞雷斯,还任命出柜的同性恋约瑟夫·菲耶韦(Joseph Fiévée)担任涅夫勒省(Nièvre)省长,菲耶韦与其终身伴侣令当地百姓大为震惊。]

康巴塞雷斯看人看事的眼光准得堪称典范。"只有康巴塞雷斯和约瑟芬能抚平波拿巴的怒火,"一位部长回忆道,"催促或顶撞只让那个急躁的人更气恼,康巴塞雷斯肯定不会这么做,他反倒听凭对方发火。他任波拿巴口述最恶毒的命令,睿智耐心地等对方消气。波拿巴的这一阵怒火终于消散后,他才开口评价。"[40]康巴塞雷斯的言辞"优雅得体",尽管如此,就幽默感来说,他的性格层面不止于此。在某次晚宴上,拿破仑取胜的消息传来，约瑟芬即对席宣布他们已经"大胜"（vaincu），康巴塞雷斯假装听成"二十个屁股"（vingt culs），俏皮地说："那我们必须选一下！"日后统治法国时，拿破仑力劝康巴塞雷斯不要嗑那么多药，但他承认，"这是顽固单身汉（vieux garçon）的习惯"，于是他没有再坚持劝说。[41]拿破仑非常信任康巴塞雷斯，以至于在外征战时就让他管理法国。康巴塞雷斯也回报拿破仑的信任，每天给他寄送报告，其内容涵盖任何可想到的主题。

217　　政变预计分为两个独立阶段。按照原计划，政变第一日为1799 年 11 月 7 日（周四），即雾月十六日。届时，拿破仑将赴杜伊勒里宫出席上院元老院的特别会议，并告诉议员，英国人支持的阴谋和新雅各宾派的威胁使共和国面临危险，所以他们必须批准元老院和下院五百人院明日迁至巴黎以西 7 英里处的前波旁宫殿圣克卢宫开会。由于西哀士预先打通关节，元老院将任命拿破仑为第 17 军区（即巴黎）总司令。同日，西哀士和迪科会辞去督政之位，阴谋者也会巧妙并用威胁和贿赂，迫使巴拉斯、戈耶和穆兰辞职，这样权力就进入真空状态。于是乎，政变第二日，拿破仑要去圣克卢宫说服立法院。他得告诉议员们，考虑到国家陷入紧急状态，《共和三年宪法》理应废除，西哀士、迪科和他自己组成的三人制执行机关执政府（the Consulate，其罗马风格的言外之意颇为贴切）将取代督政府，然后议会按照西哀士的构想重新选举。西哀士相信他已控制了元老院。如果五百人院不肯自我废黜，新选议长吕西安就解散它。

　　计划的漏洞很大。首先，政变持续两日，所以阴谋家可能丧失最重要的主动权，但他们也有顾虑。要是不去圣克卢宫，左派议员便能鼓动巴黎郊区和各区捍卫《共和三年宪法》，若在巴黎市中心爆发冲突，政变也许会破产。其次，政变必须保密，以防巴拉斯、戈耶、穆兰采取应对措施，但是阴谋者仍然必须贿赂足够多的元老院议员，以确保次日去圣克卢宫开会的议案能够通过。

最后关头时，某些重要的元老院议员（拿破仑称之为"这些蠢货"）竟对整个前景心生动摇，需要重塑信心，结果整个行动被迫推迟四十八小时，这是政变过程中第一次出岔子。[42]拿破仑乐观地说："我给他们留了些时间，让他们相信自己不上阵我也会继续。"他充分利用这个空当劝说儒尔当不要阻拦政变，哪怕对方不会给予支持。他召集巴黎卫戍部队的军官，叫他们11月9日早上6点过来陪伴自己，那天是新的政变第一日。

7日晚上，拿破仑和儒尔当、莫罗在内高卢街（rue Cisalpine）与贝纳多特一家用餐，他试图让另外三位将军对将要发生的事件放心。拿破仑在埃及时，贝纳多特娶了他的前未婚妻、约瑟夫的妻妹德西蕾·克拉里。此刻，贝纳多特深怀疑虑，冷眼旁观政变，并对拿破仑说："你会掉脑袋。"后者冷冷地回答："走着瞧。"[43]莫罗与贝纳多特相反，他同意帮忙，答应政变第一日去卢森堡宫逮捕督政。儒尔当却固执己见，仅仅表示不会妨碍政变。（儒尔当信奉共和主义，所以他注定不会与拿破仑真正和解，帝国的26位元帅中，也只有他没被拿破仑封为贵族。）[44]

政变前一天，即11月8日，拿破仑对奥拉斯·塞巴斯蒂亚尼（Horace Sébastiani）上校透露了自己的阴谋。塞巴斯蒂

218

亚尼在代戈之战中负伤，也曾参与阿尔科莱会战，他承诺道，明日上午，第 9 龙骑兵团任拿破仑差遣。晚上，拿破仑与康巴塞雷斯在司法部进餐，据说他极其放松，还唱了最爱的革命歌曲《新桥》（*Pont-Neuf*）。随员说，他只有"心旷神怡"时才唱这首歌。[45]当然了，拿破仑可能是演戏给同谋看，背地里的他或许神经紧绷，就像他给拉瓦莱特写信自比"临盆的妇女"时暗示的那样。

1799 年 11 月 9 日（周五）上午，即雾月十八日上午，天色灰蒙，寒意料峭。早上 6 点，60 名第 17 军区军官与国民自卫军参谋军士在胜利街庭院集合。拿破仑身着便服，"向他们解释共和国所处的紧急状态，其言辞强势有力。他要他们既声明忠于他本人，又发誓忠于两院"。[46]他要做的事就是摧毁两院，即便如此，他却提出自己其实想维护它们，这是个妙招。

与此同时，在杜伊勒里宫，由于西哀士的作用，早上 8 点，元老院已通过所有必需的法令，如任命拿破仑为第 17 军区与国民自卫军司令，严格来说议员们越权了，因为这道任命状属于战争部长职权范围，而他不向元老院汇报，只对督政府报告工作。[47]第二道法令宣称，"为了恢复国内和平"，元老院决定将会场从杜伊勒里宫迁至圣克卢宫，并要求巴黎人民保持"冷静"，"不久之后，立法院就会回到你们身边"。[48]部分元老院议员有反对倾向，但他们根本没有足够重视特别会议（也没意识到会议开得特别早），这种花招是最古老的政治伎俩之一。戈耶未察觉政变正在进行，抱着轻信的态度副署了元老院令。

拿破仑得知元老院已下任命状，便换上将军制服，骑马驰往杜伊勒里宫。上午 10 点，他到达目的地，塞巴斯蒂亚尼与龙骑兵已在此待命。新雅各宾党人、新任战争部长埃德蒙·迪布瓦·德·克朗塞（Edmond Dubois de Crancé）特别规定，除非他本人下令，任何人不得在首都调动军队，"违者必处死刑"，但这一点完全被忽视了。元老院举行盛大的仪式欢迎拿破仑，他发表演说，再次呼吁全民一心，收获如潮好评。"你们是国家的智囊，"他奉承议员们，"在这情势下，应由你们指点对策挽救祖国。我代表所有将军向你们承诺，他们将对你们忠心不二。我任命勒菲弗将军为副手。我会忠实履行你们交付我的使命。不应回顾史册为正在发生之事寻求例证，18 世纪末在历史上是独一无二的。"[49] 磨坊主之子弗朗索瓦－约瑟夫·勒菲弗（François-Joseph Lefebvre）务实勇敢。大革命爆发时，勒菲弗是中士，他也曾在比利时和德意志作战。勒菲弗似乎是革命美德的化身，能让人安心。

当晚，拿破仑骑过革命广场（Place de la Révolution），此地的断头台曾处决路易十六、玛丽·安托瓦内特、丹东、巴伯夫、罗伯斯庇尔兄弟等很多人，据传他对同谋说："明天我们要么在卢森堡宫睡觉，要么在这里死翘翘。"[50]

政变第二日为 11 月 10 日（雾月十九日）。当天凌晨 4 点，拿破仑起床，随后骑马前往圣克卢宫。与此同时，欧仁亲自去卢森堡宫送信，弄醒了戈耶。信是约瑟芬写的，她邀请戈耶夫妇上午 8 点来用早餐，他们若是赴约就会被关在拿破仑家。迪布瓦·德·克朗塞曾指控拿破仑密谋政变，但戈耶不信谣言，因为他问过警务部长有没有新消息，而富歇回答："新？老实说，没有。"[51] 戈耶也没天真到完全相信此言，他让妻子代替自己应酬，她是约瑟芬的朋友。拉瓦莱特记载，约瑟芬只好

"吓唬戈耶夫人，从而制服她的丈夫"。[52]

上午晚些时候，莫罗来到卢森堡宫，策反宫殿卫队。他逮捕了巴拉斯、戈耶与穆兰，强令他们辞去督政职位。塔列朗和布吕克斯劝说巴拉斯，他们提出，他可以保留大片地产和担任政府首脑的数年中所获全部贪污收入，巴拉斯接受了交易。[53]戈耶和穆兰顽抗二十四小时，但次日他们签字辞职了。① 塔列朗照例靠政变谋利。多年后，拿破仑问塔列朗从哪赚的钱，他漫不经心地回答："再简单不过了。雾月十七日，我买了公债（rentes，政府债券），十九日，我把它们卖掉了。"[54]

拿破仑在圣克卢宫对元老院讲话，但这幕演说秀并不出彩，讲稿读起来比乍一听上去更有效果：

> 你们在火山口上。共和国缺失当局，督政府已然解散，各党派焦躁不安，决策的时刻来了。你们曾召集我和战友们，让我们增进你们的智慧，但时间宝贵。我们必须决定。我知道，我们在说恺撒和克伦威尔，仿佛昔可比今。不，我只希望共和国安宁，我会支持你们的决定。[55]

拿破仑提到自己的掷弹兵，"我看见他们的帽子了，就在议院门口"。他号召掷弹兵对元老院说说："我骗过你们吗？在营地中，在物资匮乏时，我许给你们胜利与丰裕；在你们的最前方，我率领你们走向一个又一个胜利。我可曾背叛自己的诺言？这是为了我的利益，还是为了共和国的？现在就告诉他

---

① 穆兰返回军队，效忠拿破仑；戈耶回自家庄园隐居，后来担任拿破仑的驻荷兰大使。

们。"士兵自然喝彩欢呼,但是元老院议员兰格莱(Linglet)起身高声发言:"将军,我们为你的话鼓掌,那么,请你和我们一同宣誓效忠《共和三年宪法》,只有它能保住共和国。"此言一出,全场"一片死寂",因为拿破仑掉进陷阱了。他整理了一下思绪,然后说:"你们已经没有《共和三年宪法》了,果月十八日,政府试图干涉立法院的独立性,那时你们就违反了它。"接着他提醒他们回想牧月政变,并补充道,既然宪法已遭"破坏,我们就需要新协议、新保障"。他没指出自己正是果月肃清的主要煽动者之一。[56]

元老院听众对拿破仑还算尊重。在宫外战友的支持下,他 221 沿小山上行 100 码左右,来到五百人院会场橘园厅(palace Orangery)。下院对他的态度大大不同。两日政变间隔让反对派有空组织反击,以图扼杀拿破仑和吕西安将要提出的临时执政府议案。与元老院相比,五百人院的人数是其两倍,院内的新雅各宾党人也多出不少,因此说服下院总要难得多。当天中午,五百人院召开会议,第一项议程就是全院点名,被点到者皆发誓忠于《共和三年宪法》。[57]点名依字母顺序进行,轮到吕西安、布莱等所有波拿巴分子时,他们都被迫起誓,新雅各宾派喝倒彩,嘲笑他们的虚伪。议员宣誓时也发表简短演说,谈论宪法的光荣史,议院卫队听到了他们的发言。

拿破仑带着军官同谋和其他士兵到达橘园厅。年轻的左派议员看到穿军装的人站在民主议院门口,顿时勃然大怒。拿破仑独自进门,走向讲坛,议员们呵斥他,他走到一半时只好迈开大步。新雅各宾党人让-阿德里安·比戈内(Jean-Adrien Bigonnet)当时在场,他听到拿破仑大喊:"我不想要党派主义,这必须结束,我一点也不想要了!"[58]比戈内回忆道:"军队指挥官对立法权代表说话时咄咄逼人，我承认我愤怒了……所有人的表情几乎都说明，他们察觉到了这种危险。"据说拿破仑"脸色苍白，情绪激动，犹豫不决"，看起来似乎有人身危险，勒菲弗与四名佩剑的高大掷弹兵立刻进屋围着他，其中一名掷弹兵不戴熊皮帽身高也超过 6 英尺，但对议员们来说，此举只是火上浇油。[59]

议员开始高呼："打倒暴君！""克伦威尔！""暴君！""打倒独裁！""剥夺公民权！"（Hors la loi !）[60]就阴谋者而言，这些喊声暗含凶险的弦外之音，因为恐怖统治才过去五年，那时褫夺公民权常是死刑的前兆，而且最近的"打倒独裁！"（À bas le dictateur !）呼声回响在罗伯斯庇尔的断头台上。吕西安试图恢复秩序，他猛敲议长槌，大叫"安静"，但此时已有不少议员离席，他们来到橘园厅下方的主体部分，推挤摇晃拿破仑，冲他发嘘声，扇他耳光，有些人还揪着他的锦缎高领，勒菲弗与掷弹兵不得不拦在他和愤怒的议员之间。[61]

当天早些时候，拉瓦莱特奉命去橘园厅会场，以便向拿破仑报告那里发生的一切。根据拉瓦莱特的回忆，拿破仑"被议员、他的部下和掷弹兵死死挤在中间……我一度以为他会闷死。他进不能进，退不能退"。[62]拿破仑最后被挤出橘园厅，掷弹兵托梅（Thomé）还在扭打中扯碎了制服袖子。"他设法来到楼下庭院，"拉瓦莱特回忆道，"在楼梯口上马，派人叫吕西安出来见他。就在这时，议院窗户猛然大开，五百人院议员用手指着他，他们依然大喊'打倒独裁！''剥夺公民权！'。"[63]另一名目击者泰奥菲勒·贝利埃（Théophile Berlier）议员称："他离开后，现场人声鼎沸，数声'剥夺公民权'让场面更加喧闹，他的弟弟吕西安站在讲坛上维护他，但没人听得见他的话。事情大致如此，吕西安被刺痛了，他脱下议长服，离开了房间。"[64]议员们提出褫夺拿破仑的公民权的议案，为了确保接下来的会议在严格意义上合法，有些人想按住吕西安的身体，不让他离开议长席，但掷弹兵亦成功把他带出橘园厅。[65]

塔列朗的秘书蒙龙（Montrond）后来告诉勒德雷尔，得知五百人院正在表决是否剥夺自己的公民权时，拿破仑的"脸色刷地白了"。[66]可是这份证言存疑，因为塔列朗和蒙龙仅在宫殿的凉亭远观事态。[67]科洛也在场，他带了 1 万法郎现金，以防事态进展不利。西哀士更接近政变中心（虽说他也备好了大马车和六匹马），他保持了理智，争辩道，任何宣布剥夺拿破仑公民权的人本身都被定义为无公民权者。[68]这正是恐怖统治时期针对贵族捍卫者的理由，此言毫无逻辑，但它鼓舞了阴谋者。

有人指责拿破仑，说他被逐出橘园厅后惊慌失措，半小时后才恢复常态。拉瓦莱特认为，此时是最危险的时刻，因为假如"某个小有名气的将军（比如说，奥热罗、儒尔当或贝纳多特）站出来指挥内防部队，事态就难料了"。[69]据某些非议所言，雾月十九日，拿破仑懦弱无力，甚至昏倒在地被卫队抬了出来，那天他真的失去了勇气吗？[70]厮打必定令人气恼，但是和大腿中矛、目击副官被加农炮射杀相比，它只是小巫见大巫。"我宁愿跟士兵说话也不和律师交谈，"次日，拿破仑谈及五百人院时称，"我还不适应议会，也许以后会好转。"[71]

议员们的野蛮回应令拿破仑大吃一惊，有说法称，他惊恐万状，把一切都交给吕西安，但这夸大了事实。拉瓦莱特说，他看到拿破仑"在一间寓所里踱步，室内家具只有两把椅子，他坐立不安"，然后对西哀士说，"'现在你看到他们在搞什么

223

了吧！'"，"他用马鞭抽地"，大喊"'这必须结束！'"。虽有这段叙述，但此事发生在政变第二日他在元老院演说之前，而非他在五百人院讲话之后，所以它只能证明拿破仑失望焦躁，完全不能说明他懦弱。[72]拿破仑逃出/被逐出橘园厅后，阴谋者利用这段时间制定紧急方案，吕西安一从宫里出来，计划就将付诸实行。这半小时中，他们等待吕西安露面、集结同党、散播拿破仑与议员扭打一事，并准备劝说立法院卫队支持政变。

奥热罗是五百人院议员，但他暂时保持中立。值此危急关头，他从会场走到战神长廊（Gallery of Mars），不太客气地对拿破仑说："你蹚的水真深哪。"后者回答："那又怎样，阿尔科莱的水深多了。"[73]拿破仑后来回忆，他甚至威胁奥热罗道："相信我，不想倒霉的话就闭嘴。不出半小时，你就能看到结果。"[74]不论哪句回答更贴近实情，它们都暗含一个事实：拿破仑自知搞砸了政变第二阶段的开头，并陷入困境，但他很可能并不像人们常说的那样大惊失色、一蹶不振。[75]此外，两种回答都暗示了他打算逆转局面。

政变下一步是争取议会卫队支持，卫队共 400 人，由让－马里·蓬萨尔（Jean-Marie Ponsard）上尉指挥。拿破仑没有独自说动卫队，倒是靠一幕纯戏剧促成了倒戈。此举也许是蓄意的，甚至可能预先排演过。1794 年，就在被捕前夕，拿破仑致信法国驻热那亚领事蒂利，谈及奥古斯丁·罗伯斯庇尔："但若他渴望暴政，要是他是我兄弟，我会亲手刺死他。"[76]这幕戏剧与此言惊人地相似。五年后的现在，吕西安正好亮出一模一样的观点。他跳上马背，鼓动卫兵，声称五百人院的一小撮狂热分子被英国黄金买通，正恐吓大部分议员。接着他拔剑直指拿破仑胸口，高喊："我发誓，只要我的亲哥哥想损害法国人民的自由，我就刺入他的心脏。"[77]这句承诺有多夸张就有多虚伪，但它起效了。（在滑铁卢会战前，这也是拿破仑的兄弟们最后一次证明他们对他来说并非全是负担。）

至少一份很久之后的记录记载道，拿破仑对蓬萨尔说："上尉，带上你的连，立刻驱散这次煽动叛乱的集会。那些人不再是国家代表，而是国家所有不幸的卑鄙的始作俑者。"蓬萨尔问若有反抗怎么办。"使用武力，"拿破仑回答，"甚至是刺刀。""那就够了，我的将军（mon général）。"[78]夏尔·勒克莱尔将军（他娶了拿破仑的妹妹波利娜）、缪拉（他和拿破仑的另一个妹妹卡罗琳订婚）、贝西埃、第8战列步兵半旅少校纪尧姆·迪雅尔丹（Guillaume Dujardin）、勒菲弗、马尔蒙等军官谴责据说被英国黄金收买了的律师政客，蓬萨尔的士兵于是不干别的，直接清场。议员们高呼"共和国万岁！"，呼吁诉诸法律与宪法，但士兵无视他们。[79]

"才过半小时，"贝利埃回忆道，"伴着一阵巨响，会场一扇主门洞开，我们看到缪拉带着装好刺刀的军队冲进来撵人。"部队入场后，议员约瑟夫·布兰（Joseph Blin）、路易·塔洛（Louis Talot）及比戈内（某说法称还有儒尔当）恳求士兵违抗长官命令，但他们不听。[80]很多议员害怕被捕，逃出场外，传说有人从橘园厅一楼跳窗。拉瓦莱特记载道，他们"脱下罗马长袍和方帽，因为隐藏身份后逃跑更容易"。[81]掷弹兵是推翻宪法的关键人物，但他们看待这一点时好像没有一丝不安。一边是很多掷弹兵曾随之征战的军官，而且所有人都在军营中听说这些人是从埃及归来的英雄，另一边是掷弹兵的民选代表，他们认为前者的命令更优先。是遵从这些巨人的宣

言，还是听从橘园厅中叫嚣着逮捕他们的政客，掷弹兵会选择
谁毫无悬念。前战争部长皮埃尔·德·伯农维尔（Pierre de
225 Beurnonville）到场支持拿破仑，更是促成倒戈。当月末，拿
破仑赠予他一对手枪，上刻："圣克卢之日，共和八年雾月十
九日。"勒菲弗与贝西埃也收到了类似的礼物。[82]

　　政变第二日将近时，吕西安尽量在橘园厅内集中他能找到
的支持政变的议员，一直忙到深夜。到场议员人数说法不一，
但似乎是 50 人左右，仅占下院总人数的 10%。[83]"督政府经常
企图越轨与犯罪，"议员们颁布法令，"故对其予以废除。"[84]议
员按序任命西哀士、迪科、拿破仑为临时执政，并指出前两人
是前督政。这体现了宪政连续性，不管那有多么虚伪。吕西安
在五百人院中的余党提议两院休会四个月，最终结果却是永久
闭会。他们还下令将 61 人逐出立法院，其中大多数人是新政
权的反对者新雅各宾派，虽说只有 20 人遭流放。[85]两院各选 25
人组成临时委员会起草新宪法，而所有人都认为西哀士已经写
好了宪法。

　　政变支持者称，橘园厅中有人举起匕首刺向拿破仑，真有
此事吗？很多相关的说法蕴含高度政治动机，彼此冲突，所以
我们实在无法下定论，不过当天，不管是拿破仑还是谁，没有
一个人流血，鉴于这个重要原因，刺杀的可能性实在寥寥。很
多人携带小刀，但不是为了自卫，而是为了应付削羽毛笔、剥
牡蛎等日常需要。五百人院制服是仿照罗马长袍的蓝色天鹅绒
长斗篷，方便藏刀。吕西安和马尔蒙当然告诉部队拿破仑遭匕
首袭击。拉瓦莱特指名道姓，称科西嘉议员、反波拿巴分子巴
泰勒米·阿雷纳（Barthélemy Aréna）挥舞着匕首，不过貌似

只有他看见了匕首。［雾月二十三日，阿雷纳给《共和党日报》(Le Journal des Républicains) 写信，指出自己当时在会场另一端，但他还是逃出法国以防不测。］[86]1814 年，关于政变一事的早期反拿破仑论述出版。这部四卷本作品写道，会场中人高叫"克伦威尔"与"独裁者"，"五十名议员冲进场内，围住他、推挤他、和他说话，似乎推得他退后，其中一人拔出匕首，不小心划伤离将军最近的掷弹兵的手。他丢掉武器，消失在人群中"。[87]作者没有解释如何在那种局面下不小心用匕首划伤他人，而且掷弹兵托梅好像也没受划伤，他只是在扯碎袖子时稍微被刮了一下。[88]

匕首之说源于雾月二十三日（11 月 14 日）的《箴言报》，那时波拿巴派已完全掌握政府的宣传机器。再无别的报刊提及此事，但不管怎么说，所谓的匕首袭击仍然有力地证明了驱逐议会的正当性，没过多久它就成了印制版画和版画的主要题材。例如，不到一年，印制版画《波拿巴在立法院》就在伦敦发表，画中愤怒的议员挥舞匕首，试图谋杀拿破仑，而他勇敢地面对他们。"波拿巴将军表示，"11 月 11 日，拿破仑下达当日公告，"英勇的掷弹兵特别令他欣慰。眼看将军要被手持匕首的议员击倒时，他们救了他一命，令自己身环荣誉。"[89]托梅成了英雄，他获得 600 法郎终身津贴。三天后，他在午宴上受赠价值 2000 埃居的钻戒和约瑟芬的香吻。①

真正的问题或许应该是这样——为什么连一个拔出匕首捍卫宪法的人都<u>没有</u>？就算圣克卢宫没有匕首，至少回巴黎后该

----

① 议员奥古斯特-路易·珀蒂耶（Auguste-Louis Petiet）之子后来说，托梅的袖子只是缠到了战友的武器上。Lentz, *18 - Brumaire*, p. 329；Sciout, *Le Directoire* IV, p. 652, n. 1.

有了吧？只要督政府或五百人院稍得民心，当晚巴黎就会有人抗拒政变，法国其他主要城市在获知消息后也会反抗。可事实是，没人应召前来保卫它们，没人为它们开一枪。圣安托万郊区（Faubourg Saint-Antoine）等工人阶层区对督政府并无感情，未能起义。事实正相反，从政变前一日到政变一周后，证券市场上利率为3%的公债价格从11.4法郎涨到20法郎。[90]远离巴黎的部分地区有抗议，如加来海峡省（Pas-de-Calais）、汝拉省（Jura）、东比利牛斯省（Pyrénées Orientales）的当局曾表示不安，但没人有心思同执政府和拿破仑内战，反对之声很快就平息了。

　　由于督政府正节节失利并摇摇欲坠，因此雾月政变的关键不在于推翻它，而在于立法院的两院与《共和三年宪法》实际上被废除。虽然督政府不受欢迎，可立法院并未深受影响；新雅各宾派也算不上大的威胁；国家形势同样也并不危急。然而，西哀士和拿破仑成功地关闭元老院和五百人院，且未遇普遍抵抗。十年大革命后，法国人急求领导力，他们意识到议会程序与几乎不可能修改的宪法阻碍了这一点。于是他们愿意暂时抛开代议制政府，好让拿破仑和他的同党斩开戈尔迪之结（Gordian knot）。巴黎的公众舆论肯定不关心拿破仑是否靠武力上台。军官看重命令、纪律与效率，拿破仑认为此三者皆重于自由、平等与博爱，当时的法国人民亦表赞同。他将向法国献上关于国家胜利的故事，可正如他自己所说的，"这些督政知道怎样不去管国民的想象力"。[91]虽然胜仗是拿破仑的部分魅力，但法国被战争折腾得筋疲力尽，所以他带来的和平条约也属于他的吸引力。

　　在那个年代，"政变"是相当常见的政治术语（热月清洗就被称作政变），而且雾月事件当然是政变，但那时它不叫政变。对当时的人士来说，雾月政变仅仅叫"那些天"（les journées）。这次政变有不少戏剧化的因素，如吕西安拔剑指向拿破仑胸口、托梅很可能因为子虚乌有的匕首袭击获赠钻戒等，尽管如此，新雅各宾派已经证明他们比拿破仑预期的更顽强，只要立法院卫队稍稍忠于五百人院，阴谋者就会陷入极大的险境。雾月政变后第二天，为了实现自己的预言，拿破仑和约瑟芬住进卢森堡宫，他们的房间原是戈耶的寓所，位于卢森堡宫一层、沃日拉尔街主广场右侧。五年之前，约瑟芬曾在圣约瑟夫－德－卡姆教堂与死神为邻，该地距她现在的居所仅有100 码。

第二部

※

文治武功

第十章　执政

> 若他撑过一年，他将长握权柄。
>
> ——塔列朗论拿破仑的执政之位
>
> 领导民众时……应不露声色。
>
> ——1804 年 9 月，拿破仑致富歇

1799 年 11 月 11 日（周一）上午阴雨连绵，10 点时，六名龙骑兵护送拿破仑至卢森堡宫。他身着便服，在前督政会议室中着手建立临时执政府（provisional Consulate）①。[1] 前一天他完成了雾月政变，现在他急于尽快发起二次政变，以便推翻首要的同党。1791 年和 1793 年，西哀士为法国起草了两份宪法，他拟出的第三份宪法充斥着分权制衡机制，拿破仑认为它不能捍卫大革命。拿破仑后来描写西哀士道："此人只会纸上谈兵，他不了解人性，不懂如何发动人民。他的学识总是把他引向形而上学层面。"[2]

三执政首次开会时，迪科对拿破仑说："不必选举主席，你有权居首。"[3] 西哀士闻言皱眉，拿破仑便提出折中方案，建议三人按姓氏字母顺序轮流当二十四小时首脑（也就是说他先当）。于是他坐在了桌子中央的大椅子上，那里原是督政府

① 执政府经全民公决批准后才算正式成立。

主席之位，后来他天天坐那。"来吧，"他催促迪科与西哀士，

232 "宣誓吧，我们很急的。"[4]执政会议虽是执政府核心，但毕竟只有三人参加，所以谁是主席几乎不重要。大部分议题常是拿破仑想出的，他也推动这些话题向前进展。

政变后第二天，市内张贴拿破仑的相关发言。他描述了政变，称"二十个刺客冲我胸口扑来"，并呼吁国民团结，但他没提迪科和西哀士。布告写道："赶走煽动者后，稳定、保护与自由的思想已各自回归恰当的位置。"这番话迎合了法国人，他们厌倦了督政府，认为常胜将军管理的当局不会比它还差。[5]

拿破仑的宣传人员忙了一夜，他们印刷布告，在巴黎全城张贴，但西哀士派没有这么积极。奉命起草新宪法的五十人临时委员会内部又组成七人理事会，理事会主席布莱·德·拉默尔特去西哀士的公寓受领宪法，但西哀士能给他看的只是一捆笔记。于是两人坐下，拟出第一份草稿，后来前吉伦特党人、宪法专家皮埃尔·多努（Pierre Daunou）继续完善它。[6]没过多久，勒德雷尔警告拿破仑，称西哀士计划让另外两名执政分主内外，并设置"大选长"（Grand Elector）监督他们。复杂的分权体系中，"名流"（notables）掌控参议院，只有他们可以罢黜大选长。[7]西哀士显然自比哲学王，而迪科与拿破仑都是他的执政，一个处理内政一个统帅外军。这与拿破仑对情势的看法截然不同。[8]

五周之后，伴着鼓号齐鸣声，《共和八年宪法》在巴黎各大公共场所宣读。之前这段时间，雾月党人组成的各种非正式委员会或附属委员会激烈讨论宪法。争论期间，多努认为权力应当更集中，吕西安与布莱领导的波拿巴派把他拉入己方，并

彻底智胜人数较少的西哀士派。康巴塞雷斯及时转投拿破仑阵营，帮了大忙。布莱最后对临时委员会明言，他们的"使命"是让拿破仑当第一执政，授予他十年决策权，而且他们不能安排什么"大选长"监督他，只需为他设置顾问机构国家参政院，立法动议权将归它专属。[9]新宪法第 41 款规定："第一执政颁布法律，自主任免国家参政院参政、公使、大使等首席驻外使节，以及海陆军军官、地方行政机关人员、政府驻法庭特派员。"[10]第一执政还有缔约权，他将住在杜伊勒里宫，领 50 万法郎年薪，这是大使薪水的 50 倍。实权在何处一开始就一目了然。第二执政与第三执政也住杜伊勒里宫，但作为宪法遮羞布，他们只领 15 万法郎年薪。

233

为推广新政权，并"结束革命"（政府自己的说法），执政府签署了大量法令：凡尔赛宫移交给伤兵居住；废止反流亡者的邪恶法律，拿破仑亲自去圣殿塔监狱释放人质；禁止警察骚扰归国流亡者或强迫他们"贷款"；把攻占巴士底狱纪念日与葡月一日（革命历元旦）设为公共假日。伤兵以及军人的遗孀与遗孤将受领抚恤金。拒宣誓派教士不再因为拒绝发誓效忠宪法而被驱逐出境。尽管美法之间仍进行准战争，执政府依然下令为乔治·华盛顿哀悼整整十日，而缅怀"美国辛辛纳图斯"的公开悼文对比了华盛顿和拿破仑的相似之处。[11]拿破仑也没忘记临行前给克莱贝尔的承诺，他对新任内政部长、数学家、天文学家拉普拉斯侯爵下令，只要有船可用就送"一个喜剧班子"去埃及。[12]"新生政府必须新奇耀眼，"当时，他对布列纳说，"它平庸黯淡之日即是垮台之时。"[13]

正因为拿破仑是军人、雾月政变是军事政变，拉普拉斯这种卓越的科学家就任如此高位一事便能说明执政府显然不是军事独裁政府。塔列朗重任外交部长。政府只招纳了一名军人，即新任战争部长亚历山大·贝尔蒂埃。[14] "如果三四年间，热病让我死在床上，"次年拿破仑告诉勒德雷尔，"我就警告国民谨防军政府出现，我会叫他们任命平民裁判官。"[15] 不出所料，富歇就任警务部长。马丁·戈丹（Martin Gaudin）担任财政部长，此人是管理国库的前朝高官，从路易十六时代起，他侍奉过所有政权。戈丹马上着手改革太过复杂的法国税法，降低税率。财政管理权从地方政府集中到财政部，整个公共会计体系也终于实现了集权化。[16] 军饷原由各省支付，拿破仑很快建立起中央军饷给付系统，这是他及时打破官僚体制并毫不迟疑地实施急需的改革的经典例子。

　　三执政的名字将写入新起草的《共和八年宪法》，供国民知悉，1800 年 2 月，宪法会交付全民公决。12 月 13 日，宪法委员会召开最终会议。会上，拿破仑请西哀士提名执政人选。西哀士已收取凡尔赛宫外面的地产、一幢巴黎住宅（由国家付款），据说还拿到了 35 万法郎现金，于是他如预期的一般提议拿破仑任第一执政、康巴塞雷斯任第二执政、律师兼前议员夏尔–弗朗索瓦·勒布伦（Charles-François Lebrun）任第三执政。勒布伦永远见风使舵，在他的年代，除了雅各宾派，他投靠过所有党派。西哀士自己只分到了参议院议长职位，迪科则任副议长（他让出临时执政后得到 10 万法郎）。拿破仑的第二次政变比第一次稍长，但同样是不流血的胜利。预定在次年 2 月举行的正式全民公决将赋予执政府它所需要的合法性，但拿破仑从不怀疑自己统治法国有违道义。正如他提到尤利乌斯·恺撒时所言："在这种态势下，既然审议机构议会已无力统治，恺撒本人就保障着罗马的至高无上地位和各党派公民的安全，所以他的独裁合法。"[17]1799 年，拿破仑对法国政府也持同样态度。

"法兰西人民！"12 月 15 日，拿破仑发表宣言称，"一份宪法呈现在你们面前，它将结束共和国内政和军事形势（中的）……不稳定要素……宪法基础是代议制政府的真正原则，是神圣的财产权、平等权与自由权……公民们，大革命事业已经建立在发起它的原理上，它结束了。"[18]

拿破仑把财产权置于平等权与自由权之前，这表明他专注于维护商人、雇主、奋斗者与国有财产所有人（即努力经营桑树园等小产业的人）的权利。这些人是法国的脊柱，他理解他们的牵挂与需要。宪法全文共 95 条（其长度不及上一份宪法的四分之一），其中第 94 条明确规定，大革命期间君主国、教会、贵族失去或售出的财物与土地永远不会奉还原主。1802 年及 1804 年，拿破仑重申上述承诺，但他没有许诺继续进行再分配。他提到平等时指的是法律面前人人平等，而非经济地位平等。军队是拿破仑最有力的天然支持者，它从政变中获益良多。军中饷银增加、待遇改善、津贴提高，士兵也有望分得土地（不过似乎没人拿到那 6 阿庞）。延迟承包商受款时间的法律也被撤销了，他们很快收到全额给付的资金。

12 月下旬，拿破仑日后的统治机构正式成形。国家参政院在卢森堡宫有会场，22 日，他们在那儿举行就职典礼。参政院是法国新政府的主要审议部门，负责向第一执政提建议，并辅助他起草法律。很多国家参政是第一执政任命的对政事不感兴趣的技术专家，在相当大程度上受他本人控制。50 名参政中只有 6 位军人。只要参政们尊重拿破仑，他就请这些人在自觉必要时畅所欲言，并鼓励他们互相争论。新宪法授予国家参政院行政诉讼终审权与立法院议案文本先行审查权，这些职权一直保留到了今天。部长是参政院临时成员，若议程涉及自己的职责，他们就会列席会议。

12 月 25 日（直到 1802 年，法国官方历才承认圣诞日）早上 8 点，《共和八年宪法》生效。宪法印刷本序言是布莱的讲话，他辩称，法国公民大众渴求的共和国既非"旧王朝（Ancien Régime）专制政权，亦非 1793 年暴政"。[19]布莱说新宪法可以用一句格言总结："信心来自下层，权力来自上层。"[20]根据宪法，第一执政连任十年，掌握政治与行政大权，任期之中，另两名执政担任他的顾问。元老院最多有 80 人，先选 60 人，以后每年增选 2 人，议员"终身任职，不受侵犯"。元老院在四轮选举产生的全国名单中选择执政、300 名立法院代表、100 名保民官。最重要的是，元老院多数人通过的声明——元老院令（sénatus-consultes）——享有全部法律效力，尽管颁行它们的初衷只是修宪。

保民院将讨论第一执政和参政院制定的法律草案，但无权表决，立法院有权表决法律案，但无权讨论。保民院能够讨论执政府送来的立法案，并可将意见告知立法院，每年立法院要在至多四个月内开会考虑保民院的意见。只有元老院有权修宪，但三议院皆无权创设或变更法律。拿破仑借这些举措确保议会权被拆分、各机构权限较小，自己则保留了大部分权力。

公民仍可选举首轮立法院代表候选人，尽管最终人选仍由元老院决定。一轮选举后，每个公社中 10% 的成年选民当选"公社名流"；各组"公社名流"分别举行二轮选举，其中 10% 的人当选"省名流"；"省名流"举行三轮选举，其中

5000～6000 人当选"国家名流";"国家名流"中将有 400 人担任立法院代表与保民官。事实证明,此前的议院在很大程度上被延续了。60 名元老院议员、100 名保民官以及 300 名立法院代表中分别有 38 位、69 位和 240 位前议员。[21]他们的经验能派上用场,因为拿破仑正在巩固革命成果、修正革命方向、终结大革命(用他自己的话说)。[22]特别复杂的宪法尤其是立法机关的三重投票系统非常适合拿破仑,因为他有充分的机会筛除反对意见。[23]

新宪法有大量安抚国民的条款:除非发生火灾与水灾,公职人员不得擅入法国公民住宅;若无审判,公民的最长在押期为十日;"拘捕中施加残酷行为"构成犯罪。[24]1800 年 1 月 1 日(根据革命历,这一天是共和八年雪月十一日,无甚特别意义),立法院与保民院首次开会。

立法机关的自由受限,但不能仅据此认为拿破仑政权不听谏言。请愿者总有机会发表意见。各省之中,省参政院(conseil de préfecture)和省议会(conseil généraux)的争论常具适度的开放性,尽管它们对政府政策没多少影响。[25]拿破仑政权还算听取人民的怨言,它只是不给他们任何放大非议的手段。政坛上也很难出现协同的反对行动。

上任第一周,第一执政拿破仑就致信奥地利皇帝弗朗茨与英国国王乔治三世,提议媾和。"我冒昧提出,这场战火已烧遍全世界,所有文明国家的命运都与它的终结息息相关。"他如此告诉英国国王。[26]英国外交大臣格伦维尔(Grenville)勋爵回信称,拿破仑应让波旁复辟,他便答道,照此原则,英国应该恢复斯图亚特王朝。他确保法国境内广泛传阅格伦维尔阁下的信，此举巩固了执政府背后的支持。[27]1799 年 9 月下旬，第二次苏黎世（Zürich）会战爆发，马塞纳击败俄军，俄国遂退出第二次反法同盟。此后，奥地利开始与法国议和，和谈持续数月，但并无进展。当春天的新战季来临时，奥军已准备好力夺热那亚、入侵法国东南部。

弗朗索瓦·贝茨（François Beyts）原是五百人院议员，雾月政变时，他和另外 60 名议员被逐。"我希望你们所有人召集人民大众，"拿破仑致信贝茨，谈论法国政治派系道，"近十年来，党派主义催生保王党、朱安党、雅各宾派、弗扬派等无数党派，法国公民的简单称呼比它们珍贵得多。这些党派把国家推入深渊，拯救它的时机终于来了，我们可以一劳永逸。"[28]贝茨被说动，次年 3 月，他就任卢瓦和谢尔省（Loir-et-Cher）省长。然而，拿破仑无法吸引所有人，他也苛待质疑国民团结政策的人。某位前雅各宾派将军将到达里尔（Lille），当地市长不太想欢迎他，拿破仑驳斥道："不得斗胆再提此言，难道你没发现我们都一样为法兰西效力吗？先生，我告诉你，雾月十七日与十八日，我竖起一面铜墙，没人能透过它回顾过去。所有回忆都得在这堵墙上撞得粉碎！"[29]大革命开始后，执政府是第一个未彻底清洗前政府的新政权。三年后，立法院的确驱逐了反对派，但法国人不会再因政见而招来断头台之祸。

拿破仑的铜墙政策为他的政府广开言路。所有党派都参政，只有新雅各宾派除外。尽管他自己是雅各宾分子，抑或正因为这一点，他意识到，或许不少前雅各宾党人拥护他的事业，但新雅各宾运动本身将在意识形态层面反对他。抛开往日政治立场，促进国民团结的过程就是所谓的归顺（ralliement，字面意义为争取），尽管有些人加入拿破仑政权是出于自私动机，但很多人见到他改造法国的举措后就在爱国真情的驱使下归顺。[30]另一政策融合（amalgame）与归顺相关，与单纯的支持不同，它旨在为政权注入积极的热情。[31]

凭借这些政策，拿破仑为他的政府网罗了一大批能干的公职官员。这些人由康巴塞雷斯（弑君者）领导，包括：路易-马蒂厄·莫莱（Louis-Mathieu Molé，保王党人，其父被送上断头台），后任司法部长；让-艾蒂安·波塔利斯（Jean-Étienne Portalis，反对督政府的稳健派人士），处理宗教事务；让-艾蒂安之子约瑟夫-马里（Joseph-Marie Portalis），与其父一样能干；科学家让·沙普塔尔（Jean Chaptal，吉伦特党人），后任内政部长；军事管理人员让-热拉尔·拉屈埃①（Jean-Gérard Lacuée，稳健派人士）将军；国家参政安托万·蒂博多（Thibaudeau，又一名弑君者）；警察局的艾蒂安-德尼·帕基耶（Étienne-Denis Pasquier，稳健派人士，其父被送上断头台）；国库部长尼古拉-弗朗索瓦·莫利安（Nicolas-François Mollien，路易十六的前大臣）。"人尽其才的艺术，"拿破仑告诉莫利安，"比用人艺术难得多。"[32]果月政变时，拿破仑赶走了卡诺，但他明白卡诺有非凡的才干，1800 年 4 月 2 日，他任命卡诺为战争部长。贝尔蒂埃则调任预备军团司令。[33]

由于稳定、高效与完全竞争的新氛围，雾月政变后一周内，法郎兑美元、法郎兑英镑的汇率翻了一倍。100 法郎政府公债价格本已跌至 12 法郎，1800 年 1 月，它骤升至 60 法郎。

①　即第三章的让-吉拉尔·拉屈埃。——译者注

财政部长马丁·戈丹迫使税务机关取得预计收益前先存款，凭借这道命令和其他措施，两年后他实现了收支均衡。自从美国独立战争以来，这是法国第一次达至平衡预算。[34]

拿破仑掌权后即言明，1800 年 1 月末至 2 月初，政府将在所有法国公民中举行长达数日的全民公决，借此赋予新的《共和八年宪法》合法性。所有成年男性都能通过在登记簿上签字来投票。为了确保赢得公决，12 月，拿破仑让吕西安接替拉普拉斯任内政部长。2 月 7 日，吕西安正式公布全民公决结果，称 3011007 名法国人投票赞成《共和八年宪法》，仅 1562 人反对。[35]因为天气不好、农村人口缺乏交通工具等原因，只有 25% 的法国人参与了投票，即便投票率低，要说 99.95% 的法国人赞成宪法当然仍显可笑，重要原因之一是南部和旺代省尽是保王党人。[36]比如在土伦，官方声称有 830 人投赞成票，仅一名雅各宾派鞋匠投反对票。

国家档案馆藏有 400 多捆选票，它们清楚地证明吕西安书写选举结果时系统性造假。2 月 4 日，他命令内政部停止计票，因为三天后他要公布总票数。因此，政府没有统计西南地区的选票，仅仅根据科西嘉省等 25 个省的已知计票结果推算出它猜测的票数。[37]24 省总票数与约讷省（Yonne）票数中各有 8000 张、16000 张赞成票纯属吕西安手笔，于是，光是西南地区，他就多算了 20 万张赞成票。他给东南地区的省加了 7000 张赞成票，又给东北地区的省加了 7000～8000 张。吕西安甚至懒得用特殊数字造假，他只会整千整万地加票，好让赞成票数超过 300 万。2 月 4～7 日，他一共加了约 90 万张赞成票。[38]军中共有 556021 人赞成，无人反对，这两个数字纯属捏造。海军总计投了 34500 张赞成票，但一条船上经常只有军官投票，计票时又把剩下的人算了进去。真实结果很可能约为155万张赞成票对几千张反对票。[39]所以拿破仑赢得了民主合法性，但到目前为止，他的胜利不仅远没有宣称的那么大，事实上还不及1793年罗伯斯庇尔的全民公决成绩。[40]就连吕西安篡改的数字也早就被地方官改过了，不论谁在巴黎掌权，取悦当权者都是他们的重要工作。无人细查官员，投票是公开的而不是秘密的，而且选民非常容易遭到威胁。有一半选民是文盲，但他们仍有资格投票，所以市长替他们填写选票。

　　吕西安篡改数据一事提供了观察拿破仑传奇最典型特征之一的绝佳视角。拿破仑总是占据压倒性优势，但即便如此，波拿巴派还是忍不住夸大数字，于是反对派（新雅各宾派、保王党、自由派、稳健派等派系）便在其沙龙和地下组织中争辩道，整个公决都是假的。拿破仑和他的宣传人员往往只是在不必要的事上搞得太过，如调整战场折损人数、添加档案中的文件、杜撰意大利军团演讲、更改出生证明上的日期、描画拿破仑骑着用后腿站立的马翻越阿尔卑斯山脉，结果真实的伟绩却招来奚落与非议。

　　剿灭乡间盗匪是执政府最受欢迎的政策之一。拿破仑认为，"警务之道在于少罚重罚"，但是匪徒威胁遍布法国广袤领土，为了消灭他们，他倾向于经常施加重罚。[41]盗匪可能是保王党叛军（法国西部与南部尤多）、成群逃兵或逃兵役者、逃犯、路匪、纯暴徒，抑或是所有这些人的组合。旧王朝、公共安全委员会、督政府也曾在乡村整饬地方纪败坏现象，但只有执政府才把能用的手段全都用了，也只有它成功了。拿破仑拘留涉嫌实施盗匪犯罪的人，抑或把他们驱逐出境，已定罪

240

者则会被处死。这些罪犯常有令人讨厌的名号，如"魔龙""打死""基督徒的小屠夫"，他们袭击孤立的农舍，抢劫马车和独行的旅人。

1798 年 4 月，宪兵（gendarmerie）或者说准军警成立，这支队伍共有 10575 人，但拿破仑重组宪兵，他将其扩编至 16500 人，及时支付高额军饷，提升军中士气，并涤清腐败现象。[42]此前步行的巡警队配备马匹，且人数增加；特别法庭与军事委员会若有间接证据便可将嫌疑犯斩首，嫌疑犯也无权委托辩护律师；大批流动部队接受派遣，并以简易程序裁决案件。1799 年 11 月，法国约有 40% 的领土实施戒严，但不出三年，境内出行又安全了，商贸也得以恢复，就连拿破仑的意大利胜绩也不比此事更得民心。[43]

1800 年 3 月，执政府撤换了 3000 多名法官、公诉人以及院长与其任命的人。撤职的决定性因素与其说是政见，倒不如说是另外两个原因：一来这些人不精于实务，二来拿破仑急着赶走年老、腐败或无能的律师。因为工作积压，七个月后司法系统才重新顺利运转，但此后司法操作有了改善。[44]

拿破仑一宣布大革命结束便力图消除一些更能象征革命的元素，令人取下装饰教堂尖塔和公共建筑的红色无边软帽①。"先生"（Monsieur）、"夫人"（Madame）取代了"公民"（citoyen）、"女公民"（citoyenne）。圣诞节与复活节恢复了，1806 年 1 月 1 日，革命历终于被废除。拿破仑一直在乎命名学的力量，于是他将革命广场（原路易十五广场）改名为协和广场，并拆毁当地的自由女神巨像。"协和，"他后来写道，"使法国战无不

---

① 自由帽，法国大革命的象征。——译者注

胜。"[45]他热衷改名一事还有旁例可证：他创造的内高卢共和国改称意大利共和国；英格兰军团改称大军团（Grande Armée，1805年）；统一广场（Place de l'Indivisibilité）——原王家广场（Place Royale）——改称孚日广场（Place des Vosges）。执政府时期，拿破仑自己的文风也有微妙的改变。大革命期间，他会写"始终不渝"（inaltérable）、"清正廉明"（incorruptible）等陈词滥调，现在他用词更加透彻，如"大"（grand）、"严"（sévère）、"智"（sage）。[46]

接下来，拿破仑劝说流亡者（大革命时代逃走的贵族、资产所有人、保王党人、教士）回国，条件是他们肯定不能指望取回财产。他最终恢复了流亡者的选举权与公民权。[47]大革命时期，禁止入境的流亡者多达 10 万人，1800 年 10 月，拿破仑在名单中删去 48000 人，1802 年 4 月，名单上仅剩 1000 名不肯妥协的保王党人。很多旧王朝贵族疏远拿破仑，但不少知名贵族愿为他效力，如塞居尔伯爵、吕讷（Luynes）公爵、纳博讷（Narbonne）伯爵、布罗伊（Broglie）公爵、塔列朗及莫莱。支持者中亦有 1789 年的底层贵族，如马尔蒙、雷米萨（Rémusat）、贝尔蒂埃、勒德雷尔。1803 年 5 月，约有 90% 的流亡者回国，严重打击法国的大规模人才流失局面遂有好转。[48]1800～1814 年，拿破仑一共任命了 281 名省长，其中 110 人（在总人数中占到 39%）是旧王朝贵族。[49]

拿破仑既迎合国外保王党，也安抚旺代保王党，并承诺大赦放下武器的朱安党人。他告诉叛党，督政府"不公正的法律"与"反复无常的法案"已经"侵犯了人身安全与意识自由"，若 1800 年 2 月 18 日那天，叛军上交武器，他就"完全赦免所有人"过去的一切行为。[50]艾蒂安－亚历山大·贝尼耶

242

(Étienne-Alexandre Bernier）教士接受这些条件，不过朱安党领袖路易·德·弗罗泰（Louis de Frotté）、乔治·卡达杜尔（Georges Cadoudal）、路易·德·布尔蒙（Louis de Bourmont）伯爵继续斗争。拿破仑把忠于他的主教称作"神圣宪兵"（sacred gendarmerie），贝尼耶也是其中一员——他成了奥尔良（Orléans）主教。拿破仑指示戴杜维尔将军坚决对付叛军："如果你要开战，那就打起精神、严肃对待，唯此方能缩短战争，进而减少人类的悲痛。"[51]

1801 年年初，拿破仑成功"斩除"朱安党叛乱领导人，某些场合中，"斩除"既有比喻意也有字面意。他因诈术挨批，但游击战争总得采用例外的作战原则。2 月 18 日，弗罗泰被斩首；3 月 5 日，卡达杜尔与拿破仑共进早餐，但他后来去英国流放；布尔蒙最终彻底转换立场，为法国而战。从 1793 年起，朱安党就一直在西部 12 个省份对抗共和国，他们召集的武装叛军一度达到 3 万人，但 1800 年年底，旺代已安静下来。从此以后，朱安党的活动在很大程度上局限于密谋杀害拿破仑本人。

法国本有 73 家报社，1800 年 1 月 17 日，拿破仑至少关闭了其中 60 家，他说自己禁止"报纸有任何不利于我的言论"。[52] 这道未经议会审查的法令宣称"塞纳河各省发行的"某些"报纸是共和国敌人的工具"，因此除了"科学、艺术、文学、商业和广告专刊"，"战时"只有 13 种报纸有权刊行。[53] 法令继续警告道，若报纸刊登"不尊重"社会秩序、人民主权、军队荣誉与友好政府的文章，"就立即取缔它"。拿破仑也禁止外国报纸在法国发行。[54] 他认为，如果允许保王党与雅各宾派的报纸煽动不满，那就根本不可能促成民族团结。

所谓的"报纸"中不乏极端小报，它们散布了很多言论，如拿破仑和亲妹妹波利娜有禁断关系，"报纸"这个词高抬了不少这类小报，但 1 月 17 日的法令无疑沉重打击了法国的言论自由。"若有政府控制，自由媒体可成为强大盟友，"多年后拿破仑说，"任它发挥，则如睡在火药桶旁。"[55] 还有一回，他说："纸媒是兵工厂，它不能是私有财产。"[56] 他在意大利和埃及悟到精心策划的宣言有多大威力，现在他不会不准备控制国内舆论。在大革命之前，法国没有媒体自由的传统。1789 年，法国宣布言论自由乃普遍权利，官方批准发行的日报从 4 家激增至 300 多家，但早在 1792 年，政府就开始取缔日报，周期性的政治清洗也减少了报纸种类，1799 年时仅 73 家报社尚在。[57] 那个年代，普鲁士、俄国、奥地利亦无言论自由，1819 年，就连英国政府也颁布了臭名昭著的《六条法案》（Six Acts），这些法律把煽动定义改得更严，导致三名编辑被诉。那还是在和平年代，而 1800 年 1 月，法国正同五国作战，且每个敌国都发誓推翻它的政府。按照当代标准，我们可以批判拿破仑的措施，但在他的时代和环境中，这几乎是标准的常态。

法令颁行后，大部分记者没有改行，只是写稿时更倾向波拿巴主义。他们向贝尔坦（Bertin）兄弟的《辩论日报》（*Journal des Débats*）、阿梅莉·叙阿尔（Amélie Suard）的《政论家》（*Publiciste*）以及《巴黎日报》（*Journal de Paris*）等报纸投稿。保王党作家长期推崇拿破仑的严格法治立场，由于这个重要原因，他们开始歌颂他。报纸数量自然减少，但总阅读量在很大程度上没发生变化。[58] 拿破仑也将大批前保王党记者拉入政权，这表明他日趋保守。皮埃尔 - 路易·勒德雷尔

244　成为参政院参政；1808 年，帝国大学成立，路易·德·丰塔纳（Louis de Fontanes）任校长；夏尔·德·拉克雷泰勒（Charles de Lacretelle）进入法兰西学术院。

　　《世界箴言报》创立于 1789 年，莫莱伯爵称，它变得"什么都不是，只是温顺的工具和（拿破仑所有）心声的传声筒"。[59]该报系私人产业，但政府官员为其撰稿，地方媒体也依赖它，当它是官方小报。[60]内政部撰写《箴言报》"内政"栏；拿破仑的办公室撰写"巴黎"栏，这些文字特别是对英国的批评常常由他口授；警务部等其他部门撰写"综合"栏。国家的宣传小报《箴言报》虽充斥着谎言与大话，但读起来很少乏味，它也刊登关于诗作、文学、戏剧和法兰西学院的稿件。拿破仑本人密切关注散播消息的策略。"用官方渠道传播下列报告，"他曾指示富歇，"然而它们是真实的。所以先去沙龙透露风声，再让纸媒发表。"[61]正如 1812 年他对内政部长所言，总的来说，"我希望一切、所有的一切都能出版，但题材淫猥的以及任何可能扰乱国家安宁的除外。审查时应该只关注这两方面"。[62]

　　1790 年，法国设立 83 个省（département）或地区（region），从而分散了权力。1800 年 2 月，全民公决结果公布，十天后，执政府颁布法律（保民院中，71 人赞成，25 人反对；立法院中，217 人赞成，68 人反对），规定各省或地区由内务部长任命的省长管理。大革命所确立的地方民主根基于是一下子就被彻底废除，大量的权力集中到了拿破仑手里。现在各省皆有中央选任的省长、专区区长和市长，专区区长和市长分别管理区（arrondissement）和公社（commune），若其下辖居民超过 5000 人，则他们也由中央选派。除了 1790 年时最初的 83 个省，1800 年，执政府新增了 20 个省，并在各省内增设 2~6 个区。省－区－公社制保存至今。

1790 年后的地方自治时期，每 30 名法国人中就有 1 人担任某个地方官职务。如今，自治政府被取代，新政府的主动性与控制力最终由第一执政赋予。地方上有民选委员会，但它们是纯顾问机构，一年只开两周会议。治安法官（juge de paix）原本经选举产生，现在则由省长任命。专区区长常是本省人，但省长几乎都是外省人，其平均任期只有 4.3 年，这样做是为了保证他们对拿破仑的最大忠心。[63]然而，不管省政府制多么独裁，事实证明它比笨拙的原体制有效得多。[64]第一执政拿破仑把所有公职官员编入带薪的国家公务员队伍，确保他们得到适当的训练。他废除依赖贪污腐败和裙带关系的晋升机制，代之以回馈才能与功绩的升职系统。他坚持向省长索要系统性数据资料，命令他们每年全面视察所辖省份，收集第一手信息。[65]他后来说，省长们是小皇帝（empereurs au petit pied）。下比利牛斯省（Basses-Pyrénées）省长博尼法斯·德·卡斯特拉内－诺韦让（Boniface de Castellane-Novejean）总结道，省长的职责就是"保障税收、征兵与法治"。事实上，他还有如下工作：为骑兵征收马匹；安排军队住宿；关押战俘；促进经济发展；在公决与选举中给予中央政府政治支持；剿灭盗匪；向中央政府汇报本省民意，特别是精英阶层的意见。[66]只有在扶贫、基础教育等拿破仑不感兴趣的领域，各省才有较大的权力。[67]

一旦天气允许，法国与奥地利及其盟友（尽管不包括俄国）的战争就会一触即发，所以拿破仑需要重新装满几乎全

245

空的国库。他指示戈丹向 15 家左右的巴黎最富有的银行借
1200 万法郎。银行只肯出 300 万，并提出有用建议——靠发
行国家彩券（national lottery）募集剩下的钱。拿破仑不为所
动，1800 年 1 月 27 日，他直接逮捕了法国最有实力的银行
家、拥有很多海军补给合同的加布里埃尔·乌夫拉尔（Gabriel
Ouvrard）。有传言说，近四年来，乌夫拉尔靠这些合同赚取了
800 万法郎。[68]（乌夫拉尔不肯资助雾月政变，这点也对他不
利。）乌夫拉尔的命运让其他银行家对钱款数额松了口，但拿
破仑想为法国财政打造坚实得多的基础。此前他实际上需经银
行家和承包商同意才能调动军队，他不能继续这样做了。

246　　　2 月 13 日，戈丹开办法兰西银行（Banque de France），
第一执政是首位股东。他不想恳求天性谨慎又不愿合作的巴黎
银行业创办法兰西银行，转而向鲁昂制造商让－巴泰勒米·勒
库特·德·康特勒（Jean-Barthélémy le Couteulx de Canteleu）
和瑞士银行家让·佩勒戈（Jean Perregaux）索求初始资金与
指导，此二人位于最先管理法兰西银行的六位代理人之列。法
兰西银行发行了面值为 1000 法郎的股份，其原始资本为 3000
万法郎。为鼓励民众认购股份，拿破仑规定该银行受执政府保
护，并确保自己的班子参与认购，约瑟夫、奥尔唐斯、布列
纳、克拉克、迪罗克和缪拉皆持股。[69]法兰西银行理论上独立
于中央政府，其实在它正式开业之前，《箴言报》就不得不声
明，把它"比作英格兰银行是不妥的，因为它的资金完全不
会流向中央政府"。然而，政府最后悄悄放弃了这一政策，法
兰西银行的确资助了拿破仑战争。

　　　1803 年 4 月，政府授予法兰西银行十五年的巴黎纸币独占
发行权。1808 年，该银行发行的纸币成为法定货币，支持它的

不仅仅是银行担保，还有国家。拿破仑的支持树立了法兰西银行的金融信用，因此一段时间之后，该银行使现金流通量翻了一倍，使私印纸币与私人贷款贬值，建立地方分行，增加收益，扩大股东基础，发放更多贷款，简言之，创立了经典的良性商业循环。法兰西银行也承担重要的政府职能，如管理国家所有年金与津贴。拿破仑牢牢控制如此重要的机构，1806 年 4 月，他把银行代理人换成亲自任命的一名行长、两名副行长。拿破仑从未彻底摆脱国库得向其他银行借债的处境，但法兰西银行缓和了逮捕它们的老板的需要。

1800 年 2 月 19 日，拿破仑从卢森堡宫迁居至杜伊勒里宫。1792 年 8 月，还是年轻军官的他目击人们把路易十六从杜伊勒里宫押至圣殿塔监狱，从那以后，他是第一个入住这座宫殿的统治者。康巴塞雷斯就任第二执政后也有权入住杜伊勒里宫，但他明智地放弃了，因为他意识到自己住不了多久，也就是说，一旦拿破仑赢得全民公决，他就会想独占杜伊勒里宫。

波拿巴夫妇搬进来后，拿破仑住进路易十六住过的二层房间，该地可俯瞰卡泰丽娜·德·美第奇（意大利语人名为 Caterina de Médici）布置的花园。约瑟芬住进玛丽·安托瓦内特住过的一层套间。据说她告诉一位侍从："我能感觉到王后的灵魂，她问我在她床上干什么。"拿破仑似乎没这种顾虑，传说他把约瑟芬抱进他们的卧室，说："来吧，小克里奥耳人（Creole）①，到你主子的床上来。"[70] 他们充分利用杜伊勒里宫，

247

---

① 克里奥耳人在不同地区有不同含义，此处可理解为暗示约瑟芬是出生在海外殖民地的法国人。——译者注

每十天宴请 200 人。凡尔赛宫库存的青铜器与壁毯被搬了出来，黄色与丁香色丝绸装饰了一间客厅。从这一时期开始，约瑟芬成了帝国风格的关键开拓者，这种风格影响了家具、时装、室内装潢与设计。十年革命后，她也引领礼仪复兴。

入住杜伊勒里宫后，拿破仑很快就在大长廊里摆放了 22 尊心中英雄的雕像。最先放进去的自是必不可少的亚历山大大帝和尤利乌斯·恺撒，但汉尼拔、西庇阿、西塞罗、加图、弗里德里希大王、乔治·华盛顿、米拉波及革命派将领当皮埃尔侯爵（Marquis de Dampierre）也摆在突出的位置。马尔伯勒公爵与迪戈米耶将军亦在列。马尔伯勒因布林德海姆（德语地名为 Blindheim）会战闻名。迪戈米耶之所以能待在古斯塔夫·阿道夫、萨克斯元帅等真正的军事巨人身边，肯定是因为土伦会战中他慧眼识别拿破仑。大长廊里也有茹贝尔的雕像，他已然过世，不再构成威胁。这些英雄的雕像有一半身着长袍，被它们环绕着，拿破仑自然有所触动。让-奥古斯特·安格尔（Jean-Auguste Ingres）为第一执政画像时，他首次把手插进马甲。[71]

约瑟芬的瑞士裁缝桑多斯（Sandos）邀请出身英国名门的玛丽·贝里（Mary Berry）参观波拿巴家。贝里记载，马尔迈松"美轮美奂，令人震撼，因为它，共和国的简洁做派或可被谅解。我见过凡尔赛宫和小特里亚农宫，但我从没见过比马尔迈松更壮观的建筑"。她描述沙龙的样子，称"妆点环境的丁香蓝色光亮绸悬挂着，其上用忍冬花饰的纹路绣着 maron，而且尽可能地体现品位"。她兴奋地说，第二个沙龙"饰有黄绸缎以及棕色与牛血红（sang-de-boeuf）须边"，甚至比第一个还瑰丽，"它的玻璃（即镜子）"尤其漂亮，它们"都蒙着黑纱（drapés），没有镶框"。接着她描写塞夫勒瓷花瓶、斑岩桌、镀有金色铜的支架、枝形吊灯、椅子、"精致壁毯"、枝形烛台等物的可爱细节。进入波拿巴夫妇的卧室后，贝里吃惊非小，只见家具上盖着镶白边与金边的蓝色丝绸织物，她还发现"他们其实睡一张床"。[72]

　　拿破仑照常希望这一切物有所值，他担心被室内装潢商骗，就问一位部长铃绳末端的象牙柄值多少钱。部长不知道，拿破仑遂剪下象牙柄，交给一位贴身男仆，命令他换上平民服饰去几家店询价并订购一打。结果拿破仑发现，象牙柄售价要比装潢商开的价便宜三分之一，于是他把所有商人的账单统统削减三分之一。[73]

　　"恢复大革命前巴黎的娱乐之都地位是第一执政的一项政策。"[74]阿布朗泰斯公爵夫人洛尔如此回忆道。此举目的之一是振兴法国的老牌优势产业奢侈品业，如裙装业、马车业、银器业等，但拿破仑也觉得复兴的社会生活会折射出新政权的稳定性。大革命之前，奢侈品业是法国重要的经济支柱，像欧洲丝绸业中心里昂等地更是仰赖奢侈品交易。他决心振兴奢侈品业。第一执政经常穿镶金边红色塔夫绸外套，即所谓的红礼服（habit rouge），约瑟芬和杰出的丝绸商勒瓦谢先生（M. Levacher）劝他收下这件衣服。"我不否认自己不太乐意穿这怪衣服，"他告诉阿布朗泰斯公爵夫人洛尔，"但人们会因此更欣赏我的决心。"[75]他的这身打扮吸引了插画家们，有人便把自己的作品取名为《身着盛装的法兰西共和国第一执政波拿巴》。[76]执政卫队也领到了新制服：鞋子取代木鞋；掷弹兵头戴熊皮帽，身穿带白色贴边与红色肩章的品蓝色制服。[77]

　　普罗旺斯伯爵乃路易十六的弟弟，自从1795年他的侄儿

248

死后，他便自称国王路易十八。当时，路易十八在库尔兰（Courland，今拉脱维亚）叶尔加瓦宫（Jelgava Palace）流亡。就在拿破仑搬进杜伊勒里宫后的第二天，他致信对方，请求获准返回法国，这时机可谓相当不巧。路易十八称，只要拿破仑助自己复位，他可以选择王国的任何职位。六个多月后，拿破仑回信了。他最后写道："感谢您写下的衷心好意。"作为一名前雅各宾分子，他的话也许比人们预期的更富同情意味，但

249 他传达的信息明确坚决："您不要想着回到法国。您要回来就得踏过十万尸骨……为了法兰西的和平与安宁，牺牲您的利益吧。历史会记住这件事。我对您家人的不幸并非无动于衷……我很乐意为您的退隐生活再添甜蜜与安详。"[78]拿破仑和勒德雷尔、马雷说起路易十八的信："信写得非常美，真的非常美！但结果是我回了信，它同样出色。"[79]约瑟芬和拿破仑打趣，她说自己的保王党朋友承诺，只要他帮助波旁复辟，他们就在骑兵竞技场给他塑像，把他塑造成为国王加冕的天神。拿破仑于是开玩笑道："是的，然后拿我的尸体垫基座！"[80]然而，波旁家族不会那么轻易就接受流放生活。因为他给了路易十八那番斩钉截铁的回答，从 1800 年秋天开始，波旁势力便开始密谋杀死他。

在十五周不到的时间里，拿破仑有力地完成了下列事务：他结束法国革命，送走西哀士教士；他颁行法国新宪法，为法国财政打下坚实基础；他钳制反对派媒体言论，开始了结乡间盗匪与旷日持久的旺代战争；他设立元老院、保民院、立法院、参政院，不拘以往政治关系任命人才为官；他拒绝波旁王朝，向英奥求和（遭拒）；他以压倒性优势赢得全民公决（哪

怕我们考虑造假的因素），重组法国地方政府，并开办法兰西银行。

"今天我有些像模特儿，失去了自由和幸福。"3月16日，拿破仑致信莱茵军团司令莫罗，当时法国正准备再战奥军，"伟大固然极妙，但只有回首过去或展望未来时才妙。我嫉妒你的福气，你将率英勇的部下成就伟业。我心甘情愿拿我的执政权位换你麾下的旅级将军肩章……我强烈希望情势允许我前来助你。"[81]三周之后出现的正是他说的这种情势：奥军将领米夏埃尔·冯·梅拉斯（Michael von Melas）在卡迪博纳（Cadibona）之战中击败让-德-迪厄·苏尔特（Jean-De-Dieu Soult）将军①，把后者赶回萨沃纳，并迫使马塞纳进入热那亚，随后热那亚被围。于是，重返疆场的时刻到了。

---

① 原文误作"尼古拉·苏尔特"（Nicolas Soult），尼古拉其实是当时人士给苏尔特取的蔑称。——译者注

第十一章　马伦戈

250　　　　　我们在冰天雪地、狂风暴雨、雪崩冰裂中艰难跋涉。大圣伯纳德山口横拦去路，惊讶地看着这么多人从自己身上翻过。

　　　　——1800 年 5 月 18 日，拿破仑致第二与第三执政

　　　　恺撒引述他的好运，看起来他自信是个幸运儿。他做得没错，此举既影响他人的想象力，又未冒犯任何人的自爱。

　　　　　　　　　　　　　　——拿破仑，《恺撒战史》

　　拿破仑刚当上第一执政就着手准备再战奥地利。就这件事来说，接下来的六周他给马上要重任其参谋长的贝尔蒂埃送去 28 份备忘录。1800 年 1 月 7 日，他下令秘密筹建屯于第戎的后备军团。该军团共 3 万人，其中有大量清楚战争多么艰苦的老兵。其他兵员来自外省卫戍部队的半旅。有些人是从旺代调来的，但也有很多人是新兵，战役开始后，他们才在进军途中学会装填滑膛枪和射击。军中设置"餐站"系统，8 名老兵与 8 名新兵组成一个餐站，由一名下士指挥，一同行军、吃饭、宿营，新兵于是很快适应了军旅生活。

　　"你要守口如瓶，不能告诉任何人我们所说的军团正在建立，"1 月 25 日，拿破仑命令贝尔蒂埃，"连你的工作班子也

不能知道，除了绝对必要的信息，别问他们问题。"[1] 就连莫罗将军也以为正在集结的军队真是后备部队，他想不到拿破仑会率这支军团翻越阿尔卑斯山脉、突破奥地利将军米夏埃尔·冯·梅拉斯暴露的右翼，由此可见保密工作真是滴水不漏。（通过驻意大利特别是热那亚的法军部队，拿破仑能跟上奥军的动向。）冯·梅拉斯年事已高，但他仍是劲敌。梅拉斯曾是俄国名将亚历山大·苏沃洛夫（Alexander Suvorov）元帅的高级副将，苏沃洛夫一生未败，但是 5 月 18 日，他在圣彼得堡过世了。

251

拿破仑得决定翻越哪个山口进入北意大利。为了实施最爱的敌后机动战略（manoeuvre sur le derrière），他倾向于从最东边的施普吕根山口（Splügenpass）和圣哥达山口（San Gottardo, Passo del）入境，但是奥军迅速向西进军，所以他只能选择海拔 8100 英尺的大圣伯纳德山口（Grand Saint-Bernard, Col du）或海拔 7100 英尺的小圣伯纳德山口（Petit-Saint-Bernard, Col du）。小圣伯纳德山口太偏西，于是拿破仑仅派一个师去那儿翻山。他决定让军团主力翻越大圣伯纳德山口，但也命令阿德里安·蒙塞（Adrien Moncey）将军率一个师去圣哥达山口。

拿破仑指望着奇迹要素，因为汉尼拔之后，只有查理曼曾率军翻越阿尔卑斯山脉。拿破仑没带大象出行，但他的确把格里博瓦尔（Gribeauval）8 磅加农炮与 4 磅加农炮拖上山峦，它们的炮管重量就超过 0.25 吨。5 月上旬，法军开始进军，此时积雪仍厚，马尔蒙便发明了运载炮管的雪橇。雪橇由树干制成，中间挖空，伴着鼓点声，100 人同时拉着它爬上阿尔卑斯山脉，然后又拖它下山。（因为意大利一侧的山峰比法国一侧的陡峭得多，士兵们发现下山难得多。）金钱与补给提前运至一路上的修道院与救济院，当地向导受雇带路，法军也发誓不公开他们的身份。拿破仑派贝尔蒂埃去后备军团后，任命卡诺为战争部长，4月2日以后，他加入了他们的工作，三人一同全面安排的行动后来成了军事史上的一大奇迹。"不管什么季节，"拿破仑对心存疑窦的迪马将军说，"军队总能通过任何可容两人下脚的地方。"[2]

这一时期，拿破仑几乎天天开执政会议，每两天又开一次参政院会议。3月17日，他先是主持执政会议与参政院会议，然后和他的首席制图师巴克莱·德·拉尔布（Bacler de l'Albe）将军召开军事战略会议。地板上横铺着巨幅大比例尺皮埃蒙特地图，他们就跪在上面。地图上扎着或红或黑的蜡顶大头针，代表军队的位置。（拿破仑和拉尔布沿着地图到处爬，有时他们会撞头。）战略会议上，据说拿破仑问布列纳他觉得何处是决战战场。"见鬼！我怎么会知道？"上过布列讷军校的私人秘书回答。"怎么会不知道，看这儿，你个笨蛋。"拿破仑边说边指向旧圣朱利亚诺（San Giuliano Vecchio）的斯克里维亚河（the Scrivia），并解释了一下他认为自己一翻过阿尔卑斯山脉后梅拉斯会如何实施机动。[3] 三个月后，马伦戈会战正是在此打响。

4月19日，奥军将领卡尔·冯·奥特（Karl von Ott）率24000人包围热那亚，马塞纳的12000人被困在城中。皇家海军正封锁热那亚，以致城中并无多少食物。马尔博中尉回忆，接下来那几周，他们赖以为生的"面包"是"劣质面粉、锯木屑、淀粉、扑发粉、燕麦、亚麻籽、腐臭果仁等恶心东西凑成的吓人货，每一块会加一点可可，让它有点儿固体形态"。[4]

蒂埃博将军把面包比作混了油的泥炭。青草、荨麻与叶子都加盐煮了，猫狗也吃完了，"老鼠卖到高价"。成千上万的平民与士兵开始饿死，营养不良也诱发疾病。只要 4 名以上的热那亚人结伴出现，法军就得照令向这些人开枪，以免他们献城。

拿破仑急着采取行动，4 月 25 日，他致信贝尔蒂埃："不管是意大利还是莱茵出事，只要某一天你觉得我应该来，我就会在收到你的信后一小时内动身。"[5] 为了平息猜测、应付未来战役中比较普遍的后勤问题，拿破仑待在马尔迈松和巴黎，他检阅了装备最差的军队，任民众（和奥地利间谍）把这个场面尽收眼底，5 月 5 日（周一）晚上他又去观看歌剧。全部战争重心似乎向德意志战场倾斜。莫罗的兵力远比意大利军团的充足，他势头良好，在 4 月 25 日渡过了莱茵河。拿破仑热情地祝贺他，措辞几近恭敬。不熟悉权力政治现实的人甚至可能认为，看起来拿破仑是大选长，莫罗是他的军事执政。

然后，拿破仑出击了。看完歌剧后才过几小时，即在凌晨 2 点时，他离开了巴黎，次日上午到达第戎。5 月 9 日凌晨 3 点，他已经在日内瓦了。他一到那就出席游行与阅兵，引人瞩目，并且散播消息说他要去巴塞尔，但事实却是弗朗索瓦·瓦特兰（François Watrin）将军的师的前卫已经开始爬上大圣伯纳德山口，没过多久，拉纳、维克托和菲利贝尔·迪埃姆（Philibert Duhesme）将军的部队也跟着翻山。贝西埃的执政卫队与缪拉的骑兵则留在拿破仑身边。[6]（迪埃姆有一座葡萄园，他送给拿破仑一些葡萄酒，并收到如下回复："等你首战告捷，我们再开瓶庆祝。"[7]）

直到 1905 年，大圣伯纳德山口才通公路。当年冬季特别寒冷，厚厚的雪块压着结冰的山上小径，但就天气而言，拿破

阿尔卑斯山脉

圣哥达山口)(

)(施普吕根山口

特伦蒂诺

辛普朗山口 △

大圣伯纳德山口

奥斯塔山谷

巴德要塞

瓦雷泽

莱科

特伦托

伦巴第

贝加莫

加尔达湖

阿迪杰河

维罗纳

小圣伯纳德山口

提塞诺河

阿达河

米兰

奥廖河

佩斯基耶拉

莱尼

塞尼山口

伊夫雷亚

多拉巴尔泰阿河

比纳斯科

洛迪

克雷莫纳

曼托瓦

波河

都灵

瓦伦扎

帕维亚

皮亚琴察

瓜斯塔拉

费拉拉

皮埃蒙特

亚历山德里亚

托尔托纳

特雷比亚河

帕尔马

摩德纳

博

凯拉斯科

马伦戈

内

高

卢

共

和

国

博洛涅

库内奥

利古里亚阿尔卑斯山脉

罗马涅

热那亚

萨沃纳

卢卡

佛罗伦萨

阿尔本加

里窝那

利古里亚海

皮翁比诺

费拉约港

厄尔巴岛

巴斯蒂亚

蓬泰诺沃

科特

奇维塔韦

阿雅克肖

科西嘉岛

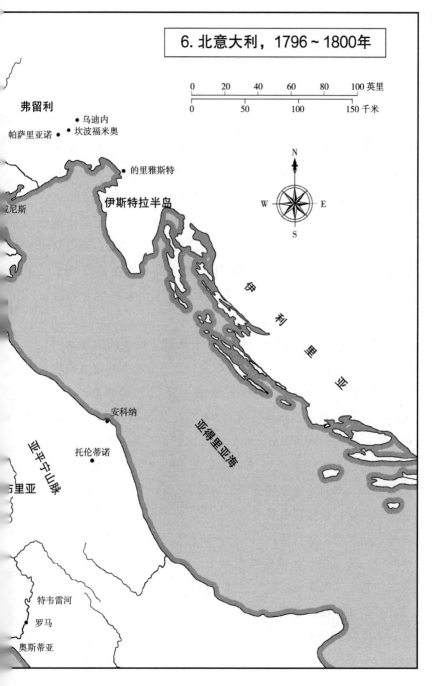

6. 北意大利，1796～1800年

弗留利

帕萨里亚诺 · · 乌迪内
· 坎波福米奥

· 的里雅斯特

伊斯特拉半岛

尼斯

N

W E

S

伊
利
里
亚

安科纳

托伦蒂诺

亚
平
宁
山
脉

利
亚

亚
得
里
亚
海

特韦雷河

罗马

奥斯蒂亚

仑的运气特别好。从 5 月 14 日开始，军队花了十一天翻越阿尔卑斯山脉（所用时间是汉尼拔的一半），而翻山前与翻山后的天气恶劣得多。40 门加农炮中只有 1 门在雪崩中遗失。"查理曼之后，它还没见过规模这么大的军队。"18 日，拿破仑致信塔列朗，"它最想阻拦我们的大型作战装备，但是有一半火炮最终到了奥斯塔（Aosta）。"[8]他没有亲率军队翻越阿尔卑斯山脉，但是自从他开始处理最重要的后勤问题（食物、军火与骡子），他就一直关注着翻山情况。[9]他不断给军务组织官施压，比如说，他曾抱怨："奥斯塔山谷只有干草和酒，我们待在那是拿生命冒险。"[10]5 月 20 日，拿破仑本人在圣皮埃尔（Saint-Pierre）行过最险峻的山道，此时瓦特兰和拉纳已在皮埃蒙特境内前进了 40 英里。

共有 51400 人、10000 匹马、750 头骡子翻越阿尔卑斯山脉。有些地方仅容一人或一头牲口通行，并且法军得每天破晓时出发，以减少日出后遭遇雪崩的风险。[11]巴德要塞（Fort Bard）高耸于多拉巴尔泰阿河（the Dora Baltea）之上，它俯瞰峡谷，把守奥斯塔山谷入口，看上去坚不可摧。拿破仑的重型装备包括大炮、36 个弹药箱和另外 100 辆交通工具，法军到达巴德要塞后，贝恩科普夫·约瑟夫（Bernkopf Joseph）上尉率领 400 名匈牙利士兵坚守十二天，拦下了几乎全部的重型装备，结果它们远远落在后面，严重扰乱了战役步调。为了减小噪音，法军在小径铺撒粪便与干草，并包住货运马车的轮子，于是有些马车设法趁夜通过。然而，剩下的马车仍不能通行，直到法军在要塞墙上轰开好几处缺口并于 6 月 2 日攻克它，为此他们折损了 200 人。因为被巴德要塞耽搁，拿破仑在前进途中亟须火炮与军火，于是他彻查伦巴第和托斯卡纳，尽全力征用物品。

操纵期望是拿破仑手中重要的治国之策，离开巴黎后，他 256
不至于任由国民的期盼愈演愈烈。报纸宣称，他预言一个月之
内拿下米兰。拿破仑很生气，5 月 19 日，他写道："那不符合
我的个性。没错，我往往隐瞒已经知道的事，但我从不说将要
发生什么。"[12]他命令在《箴言报》上插入一句有那种效果的
"玩笑话"。事实上，拿破仑的确在离开巴黎后一个月之内进
入米兰。

翻越阿尔卑斯山脉时，拿破仑几乎全程骑马，他仅在冰冻
最严重的圣皮埃尔附近换乘骡子（因为骡子的脚步更稳健）。[13]
拿破仑身着便装，外面套着常穿的灰大衣。他问带他翻山的向
导想要什么报酬，向导便说自己是个 22 岁的农民小伙，只盼
着"有福气消受一座好房子、一群牛和绵羊等"，这样他就能
迎娶女友。[14]拿破仑下令给向导 6 万法郎置办这些东西，结果
他发现小伙子已然 27 岁，而且有房有妻。于是向导的报酬不
是 6 万法郎，而是 1200 法郎。[15]

5 月 22 日，拉纳攻克伊夫雷亚，皮埃蒙特已在法军眼前，
但冯·梅拉斯（他已占领尼斯）收到的报告仍然坚称奥斯塔
山谷的法军只有 6000 人。拿破仑任由梅拉斯夺占尼斯，他打
算先引诱奥军不断向西再出击。24 日，拿破仑和 33000 名法
军士兵已入奥斯塔山谷，12500 人的蒙塞师也在路上。"我们
攻击此地，势若闪电，"5 月 24 日，拿破仑告诉已当选巴黎立
法院议员的约瑟夫，"敌军根本没料到会有这种事，他们简直
不敢相信我们做了。壮举将要上演。"[16]

铁石心肠助拿破仑成为可畏的统帅，正当战役进展到此阶

段时，这种无情再度显现。他的士兵乃至高级将领都认为他会向西进军，解救断粮的热那亚，但他反而折向东边的米兰，以便夺取当地的巨型补给站，并彻底切断梅拉斯去明乔河与曼托瓦的退路。拿破仑命令马塞纳尽力坚守，拖住奥特的围城军队，于是他把梅拉斯摆了一道。梅拉斯想当然地以为拿破仑会去解热那亚之围，他离开尼斯，从都灵返回亚历山德里亚，以图截住对方。

6 月 2 日，梅拉斯命令奥特解除热那亚之围，与己合兵。奥特没有理他，因为马塞纳刚刚要他开投降条件。当日下午 6 点 30 分，拿破仑冒着倾盆大雨从韦尔切利门（Vercelli Gate）进入米兰。他入住大公的宫殿，然后口述信件、接见曾治理内高卢共和国的弗朗切斯科·梅尔齐·戴里尔、建立新市政府、释放奥地利人（他们把米兰当作地区首府）关押的政治犯，直到凌晨 2 点方才就寝。他还读了法军截获的梅拉斯寄往维也纳的急件，从中获知了敌军兵力、位置与士气状态。蒙塞师到达米兰，与拿破仑会合，但该师没有多少大炮和弹药。与此同时，拉纳进入帕维亚，在那儿缴获了 30 门大炮，虽然它们都被钉死，但他设法恢复了其中 5 门的战斗力。梅拉斯写给情妇的信也被截获，他说伦巴第不可能有法军，叫她别担心，拿破仑阅后觉得可笑。[17]5 月 11 日及 16 日，他致信约瑟芬，询问她的"小姐妹"，并写下其子欧仁的消息。29 日，他又给她写信："我的约瑟芬永远是美好的，只要她不哭不媚。我想在她的怀里依偎十天。"[18]

6 月 4 日，热那亚投降。该城人口原有 16 万，献城时，已有 3 万名居民与 4000 名法军士兵或是饿死，或因营养不良病死。另外 4000 名还算健康、尚能行走的士兵享受降军礼遇，

257

获准返回法国。此外，基思（Keith）勋爵将率皇家海军舰队送 4000 名法军伤病员回国。此人封锁了港口，但他明白送这么多法军士兵撤离战场的益处。[19]马塞纳的身体垮了，重要原因之一是他坚持餐餐吃士兵伙食。终其军事生涯，拿破仑不曾尝过被围困的滋味，马塞纳对他不来救援一事始终耿耿于怀，同样，他也批评马塞纳没有多守十天。在圣赫勒拿岛流放时，拿破仑回忆道："几个老人、一些妇女也许会饿死，但那样的话，他就不用交出热那亚。要是某人永远考虑人性、只考虑人性，他就别打仗了。我不知道怎么靠多愁善感的计划作战。"[20]拿破仑甚至在回忆录中批评马塞纳，把他和维钦托利（Vercingetorix，又译韦辛格托里克斯）麾下坚守阿莱西亚（Alesia）、对抗恺撒的围城大军的高卢人相对比。假如马塞纳真能成功地再守十天，或许奥特就无法及时赶到马伦戈战场。

拿破仑追求的东西比一座城市大得多——他想歼灭或俘虏米兰以西的所有奥军。[21]正因为热那亚的抵抗，他才得以绕到梅拉斯背后。梅拉斯被迫放弃和基思联手攻打土伦的计划，不知怎的，他返回东边重建被切断的交通线。除了皮亚琴察和瓦伦扎，波河主要渡河点都已落入法军之手，于是梅拉斯派数支队伍去那两座城市。

拿破仑在米兰向双面（也可能是三面）间谍弗朗切斯科·托利（Francesco Toli）等探子询问奥军部署。6 月 4 日，他去了斯卡拉歌剧院，人们热烈地鼓掌欢迎他。当天晚上，他同剧院歌星、27 岁的美人朱塞平娜·格拉西尼（Giuseppina Grassini）风流，次日早上，贝尔蒂埃看到他俩一起吃早餐。[22]"我不会请你来，"拿破仑给约瑟芬的下一封信如是说，"用不了一个月我就到家了。我希望回来时能见你安然无恙。"[23]当天

258

晚些时候，大概在格拉西尼小姐走后，200 名天主教教士进宫讨论神学。拿破仑请求获准"告诉你们，是何等感情驱使我心向使徒和罗马的宗教天主教"。[24]然而就在不到一年之前，他还对开罗国务会议说："真主是唯一真神，穆罕默德是他的先知。"他不但没提这事，反而解释道，天主教"特别适合共和制度。我自己就是哲学家，我知道不管在哪个社会，不知自己从何而来、往何而去的人都不会被奉为正人君子。简单理性无法引人获知自己的起源和去向，没有宗教，人就始终如同暗夜行路"。[25]在拿破仑眼中，信仰是不断发展的概念，甚至是战略理念。他曾经相当认真地说，不论在哪儿作战，他都信奉当地宗教，在北意大利时，那意味着他信仰天主教。

梅拉斯可经三条路线到达安全地带：穿过皮亚琴察和波河南岸；去热那亚，在皇家海军的帮助下从海上撤退；在帕维亚渡过提契诺河。6 月 9 日，拿破仑返回战场，他想一并封锁三条路，但此举违反了他自己的首要作战原则——集中兵力。当日，拉纳在蒙特贝洛（Montebello）和卡斯泰焦（Casteggio）击败奥特，后者被迫经斯克里维亚河退到西边的亚历山德里亚，与梅拉斯会师。"毫不夸张地说，"次日，拿破仑告诉国家参政克洛德·珀蒂耶（Claude Petiet），"敌军有 1500 人死亡，可想而知，他们的伤员数量是战死人数的两倍。"他当然照例夸张了，因为奥军只有 659 人死亡、1445 人负伤。[26]

259　　接下来三天，拿破仑待在斯特拉代拉（Stradella），他想看看梅拉斯打算做什么。西德尼·史密斯与驻埃及法军签署短期停火协议，但它未经英国政府批准。德塞趁此停火期间从埃及回国，正好赶上即将爆发的战事，尽管他没带上自己的部队。6月11日，拿破仑与德塞夜谈。上个月，他致信德塞称，"我的心太老了、太了解人性了"，除了德塞，它"不会对任何人怀有这种友谊"。[27]拿破仑立刻给了德塞一个军，该军下辖莫尼耶（Monnier）师与布代师。

13日上午10点，拿破仑骑至旧圣朱利亚诺。他的眼前是马伦戈村周边的郊野，该地位于亚历山德里亚以东约2.5英里处，塔纳罗河与博尔米达河在其附近合流。三条公路于马伦戈交汇，更远处有一座桥，该桥横越博尔米达河，通往亚历山德里亚。博尔米达河的S形河湾构成了天然的桥头堡。切廖洛堡村（Castel Ceriolo）、马伦戈村与斯皮内塔村（Spinetta）傍博尔米达河而立，位于圣朱利亚诺以西4英里处。博尔米达河与马伦戈之间有葡萄园、村舍、农场和一些湿地，所以地表破碎，但是从马伦戈再往前，地形就成了相当平坦开阔的平原，以至于军事史学家亨利·德·约米尼（Henri de Jomini）上校（数年后他担任拿破仑的参谋）说那里能容大群骑兵全速冲锋，在意大利当属罕见。（今天，当地田野的开垦程度远超当时，但1800年时，较高的作物仍能遮蔽视线。）6月13日，大雨如注，小股法军骑兵（一般认为他们有3600人）未充分侦察占地140平方英里的平原，仅随步兵去往托尔托纳。事实证明，法军要为这个错误付出惨痛的代价。

拿破仑在圣朱利亚诺待了一小时，然后得知梅拉斯准备去热那亚。看起来他已完全放弃平原，正坚守马伦戈来掩护撤退。拿破仑在波河北岸留下拉普瓦佩师，命令他夺取瓦伦扎的渡河点，并允许德塞率布代师去诺维阻截梅拉斯。维克托指挥一个前卫军，奉命攻打马伦戈，下午5点，加斯帕尔·加尔达讷（Gaspard Gardanne）将军在此对战约3000名奥军士兵。阿

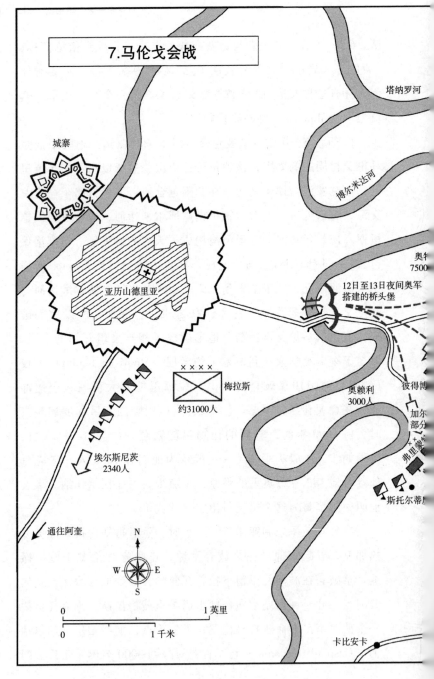

7.马伦戈会战

塔纳罗河

博尔米达河

城寨

奥军
7500

12日至13日夜间奥军
搭建的桥头堡

亚历山德里亚

奥赖利
3000人

彼得博

梅拉斯

约31000人

加尔
部分

弗里蒙
斯托尔蒂

埃尔斯尼茨
2340人

通往阿奎

N
W E
S

| 0 | | 1英里 |
| 0 | | 1千米 |

卡比安卡

洛比

通往萨莱

切廖洛堡

丰塔尼奥内河

执政卫队
900人

维拉诺瓦

莫尼耶
3614人

哈迪克

拉巴尔博塔

瓦特兰

加尔达讷

尚浦
1000人

来自3英里外的托雷–迪加罗福利的预备队

茨置

马伦戈

司令部

拉纳
5089人

总司令部
13日至14日
夜间的维克多

瓦特兰

勒曼
缪拉
1070人

波拿巴 下午5点左右布代师来之前近24000人

希尔·德·当皮埃尔（Achille de Dampierre）将军从南边包围马伦戈时，加尔达讷的部队冲入村庄。瓢泼大雨一度延缓了战事，小溪与河流也涨满了水。法军随后拿下马伦戈村，俘虏100人，缴获2门大炮。傍晚7点，博尔米达河对岸的奥军大炮不断猛烈开火，阻止敌人追击，直到晚上10点，他们才停止炮轰。即便如此，法军仍然认为明日奥军不想在那开战。

没有可见的营火，法军巡逻队及其步兵岗哨（piquet）和骑兵岗哨（vedette）也未报告任何异常动向，所以拿破仑完全没料到次日梅拉斯会大举渡河反击。情报总显零碎。骑兵巡逻队用望远镜远观敌军并清点人数，而且常常冒着危险。他们得出的数字不可能精确，这回此地又有一条大河拦路。"执政与他的骑兵卫队环马伦戈而行。"执政卫队掷弹骑兵约瑟夫·珀蒂（Joseph Petit）回忆道，"他越过平原，细心观察地形，时而陷入沉思，时而下达命令，我们几乎能一直远远看到他。"[28]

拿破仑"非常认真地"盘问逃兵，包括一位佩戴波旁圣路易十字勋章的流亡者军官。珀蒂回忆道："战俘们得知他们刚刚在和波拿巴交谈，个个大吃一惊。"[29]奥军后卫已秘密掉头并同其他部队会师，梅拉斯的炮兵与骑兵比拿破仑的多，他决定凭借此数量优势发动猛攻，然而战俘们提供的情报都未让拿破仑料到奥军的行为。于是，1800年6月14日（周六）上午马伦戈会战爆发时，拿破仑在战场上的兵力只有三个步兵师、两个骑兵旅，合计15000人。莫尼耶和执政卫队还在后方的托雷－迪加罗福利（Torre di Garofoli）农舍，离马伦戈足足有7.5英里。从圣朱利亚诺出发，沿主干道向东走2.5英里便至托雷－迪加罗福利。前一天，拿破仑在圣朱利亚诺过夜，并在16世纪时的建筑圣阿格尼丝（St Agnes）教堂（保存至今）

的钟楼上查看地形。开战时，维克托在马伦戈，但德塞正前往诺维，已经到达圣朱利亚诺后方5英里处，拉普瓦佩则在向波河北岸进军。[30]

博尔米达河两岸陡直，但是6月13日晚，奥军架设并系好了浮桥，还建立了桥头堡。然后奥军熄火就寝，从而麻痹法军，让他们无从得知己方真实位置及兵力。会战当天，天气酷热。清晨4点30分，太阳冉冉升起，此时马伦戈的15000名法军士兵只有15门大炮，对手奥军却有23900名步兵、5200名骑兵、92门大炮。[31]然而，即便天已破晓，维克托也完全没有警告拿破仑。上午9点，奥军开炮，逐退加尔达讷的步兵岗哨，直到那时拿破仑才发现事态严重。假如法军早早猛攻桥头堡，他们也许能阻止奥军过河，但9点时已然太迟。为了一同前进，奥军浪费了一小时来集结队形，如果他们只是让各作战部队一个接一个过桥，或许就能打垮维克托。若法军在马伦戈大败，执政府就可被推翻，因为西哀士等人已在巴黎密谋。

弗朗索瓦-艾蒂安·克勒曼（瓦尔米会战胜者之子）的骑兵旅待在圣朱利亚诺，缪拉命令他们前进。此时，贝尔蒂埃在卡希纳布扎纳（Cascina Buzana）的小山上看得一清二楚，他要求维克托坚守，并派人告诉拿破仑尽快从拖雷-迪加罗福利调兵。上午9点30分，加尔达讷的部队陷入了猛烈的炮火之中。炮弹在那片坚硬坦平的平原上经常跳飞，但是法军排成横队作战，把损失降到最低。白热化的火力交锋长达两小时，法军使用全连齐射，沉着开火，但奥军大炮还是重创加尔达讷的六个营，迫使他们慢慢退到丰塔尼奥内河（the Fontanone brook）附近，今人可在马伦戈博物馆外见其陡峭的堤岸。当皮埃尔的小股部队巧妙地隐藏在奥军右侧的河渠沟壑中，直到晚上 7 点才溃败。当时，当皮埃尔打完了所有的弹药，还被骠骑兵包围，遂投降。

6 月 14 日上午 10 点，拿破仑已派拉纳去卡希纳 - 拉巴尔博塔（Cascina La Barbotta）支援维克托右翼。第 6 轻步兵半旅和第 22 战列步兵半旅唱着《马赛曲》进攻，把奥军逐回因前夜降雨涨满水的丰塔尼奥内河。"奥军像狮子一样战斗。"维克托后来承认道。奥军反击，但法军不肯放弃丰塔尼奥内河阵线。士兵们不停开火，滑膛枪烫得握不住了，他们便在枪上撒尿，给枪降温。中午时分，法军战线被 40 门大炮和连续不断的滑膛枪射击重创，他们的弹药也不多了。"波拿巴带头前进，"珀蒂回忆道，"他鼓励遇上的每支队伍要勇敢坚强。他出现后，他们显然重新振作起来。"[32]

此时，卡尔大公的弟弟、奥地利的约瑟夫（Joseph）大公率步兵渡过丰塔尼奥内河（河岸太陡，炮兵和骑兵不好通过），法军没能赶走他们。约瑟夫的步兵开始搭建栈桥，奥军炮兵用霰弹掩护他们，狠狠打击奉命来阻止修桥的法军旅。下午 2 点，马伦戈已陷落：奥军的 80 门大炮全部投入战斗，丰塔尼奥内河上到处有人渡河，加尔达讷师崩溃逃跑，不过他们给拿破仑赢来了三个半小时的喘息时间来组织反击。克勒曼的骑兵旅所辖中队轮流撤退，只有他们吓得奥军不敢出动数量占优的骑兵。奥军在马伦戈另一边的战场上组成战斗队形，维克托被迫后撤，他在平原对面命令部队排成方阵。奥军在很靠前的位置用 15 门大炮组成炮群，给维克托造成惨痛损失，他几乎退到圣朱利亚诺才重整队伍。此时奥军开始嘲弄敌人，他们从法军掷弹兵的尸体上剥下熊皮帽，用马刀挑着转。[33]

与此同时，奥特的步兵前进，拉纳被迫采取守势，他的右翼后倾且缺乏弹药。拉纳没有炮兵，几乎被包围，又遭敌军炮火重击，于是他下令以 1 英里不到的时速撤出平原。面对奥军大炮，拉纳的部队组成梯队后撤，他们有条不紊，但减员严重。拿破仑的预备队只有莫尼耶师和执政卫队，上午 11 点，他派人传令德塞，急切地命令对方尽快率布代师赶来。"我本想进攻敌军，结果反过来了，"他给德塞的消息说，"看在上帝的份上，你还能来就来！"因为斯克里维亚河涨水，德塞此前的行军大大受阻，这让拿破仑幸运地保住了执政之位。下午 1 点，德塞派人回报拿破仑，声称自己预计下午 5 点赶到。德塞和布代得命令麾下的师停止前进，然后掉头折返，去往炮响之地。他们冒着灼热往回走了 5 英里，但恰在最后关头赶到。拿破仑也给拉普瓦佩送去类似的回师命令，但拉普瓦佩要比德塞走得远得多，直到傍晚 6 点他才露面，那时已经太迟了。

下午 2 点，拿破仑和莫尼耶到达战场，此时情况简直不能再糟了。法军中路缓慢撤退，左翼崩溃，右翼面临严重威胁。[34]拿破仑知道得守住托尔托纳公路，但他无力正面抗击奥军，于是在公路右侧部署预备队。他可以指望拉纳守住那儿的阵线，若有必要，该地也可充当备用撤退路线。奥特是最大的麻烦，只有 600 人在阻止他。为了解救拉纳，莫尼耶派克洛德－卡拉·圣西尔（Claude Carra Saint-Cyr，此人不是古维翁·圣西尔的亲戚）将军率第 19 轻步兵半旅的 700 名士兵进入防守薄弱的切廖堡村，与此同时，第 70 战列步兵半旅去袭击奥特后方，第 72 战列步兵半旅留作预备。一开始，奥特被赶回博尔米达湿地，但他和圣西尔交火一小时后夺回了村庄。

于是乎，对于有两匹坐骑在其胯下被击毙、前臂也受轻微挫伤的梅拉斯而言，值此关头，他显然既不能离开战场、返回亚历山德里亚、向维也纳报捷，也不能把指挥权丢给副手，命令他们攻占圣朱利亚诺以及派骑兵追歼溃败法军。然而，奇怪的是，这正是他的所作所为。

下午 3 点，更多的奥军骑兵抵达平原，威胁拉纳侧翼。拿破仑决定派 900 名执政卫队步兵上阵。这 900 人在拉波吉（La Poggi）和维拉诺瓦之间的平原上排成纵队，唱着"我们要冲破他们的侧翼"（On va leur percer le flanc）。第 96 战列步兵半旅后来报称，他们把弹药分给前行的卫队，挽救了大局。奥特的一个龙骑兵团向卫队步兵发起冲锋，后者结成方阵，在卫队散兵和卫队半旅的 4 门大炮的支援下击退龙骑兵团。接下来，奥军步兵进攻卫队，双方在 50 ~ 100 码的距离内对射四十分钟，法军有 260 人死亡，负伤人数差不多也是 260。卫队三次打退骑兵攻势，但是奥军步兵装好刺刀后掌控了局势，于是他们被迫组成方阵，向着拉波吉且战且退。无论如何，卫队的牺牲为莫尼耶争得完成机动的必需时间，莫尼耶的成功又为整个大军赢来重组时间。拿破仑后来说那天他的执政卫队犹如"花岗岩堡垒"，并且给他们颁发了勋章，步兵得 24 枚，骑兵得 18 枚，炮兵得 8 枚。

下午 4 点，奥军逼近圣朱利亚诺，执政卫队与莫尼耶师有序后撤。法军撤退秩序良好，他们一次撤一个营，且战且退。在此等境地中抵御四散奔逃的诱惑纯属检验军纪，这次考验也是有价值的。当天热浪逼人，士兵没水喝，也没多少大炮支援，他们还一直承受着奥军骑兵的攻势，但是从上午 9 点 30 分到下午 4 点，有些部队稳步撤退了超过 5 英里，并且始终没有崩溃。

一名卫队士兵说，拿破仑"照样沉着冷静"，他平静地鼓励部下，显露出领袖气场，确保他的步兵、骑兵、炮兵互相支持。[35]"执政好像不惧死亡，"珀蒂回忆道，"并且置身险地，因为我们看见子弹不止一次射进他的坐骑腿下，打得尘土飞起。"[36]拿破仑已经用光预备队，他仅仅在 5 英里前线上布置了 6000 名步兵、1000 名骑兵和区区 6 门可用的大炮，而且他的军队筋疲力尽、口干舌燥、缺少弹药，三分之一的士兵已失去战斗力，但他显得胸有成竹。[37]拿破仑甚至开了个玩笑。马尔博的坐骑腿部受轻伤，他发现后，"揪着我的耳朵笑道，'你觉得我把马借给你是为了让它们受这种罪？'"[38]

266

　　密密麻麻的奥军步兵准备前进，拿破仑命令贝尔蒂埃组织军队安全地撤退，他自己则去了果利纳别墅（Villa Gholina），在屋顶上搜寻德塞的踪迹。德塞的纵队激起尘土，拿破仑看见后飞驰而来，催他们加速，然后他立刻取消给贝尔蒂埃的撤退指令。德塞骑马，比步行的部下早到一会儿，军队看见他后重振了士气。布代抵达圣朱利亚诺，拉纳、莫尼耶和瓦特兰把部队排成类似战斗队形的队伍，这时奥军纵队停下脚步，呈横队展开，准备发动他们以为的决胜一击。"我们今天退得够远了，"拿破仑鼓动部下道，"士兵们，记住，我习惯在疆场上宿营！"[39]

　　战场上仍有 6 门可用的火炮，预备队又运来 5 门，布代也拉来 8 门，所以马尔蒙能在稍稍凸起的高地上布置火力可观的炮群。布代命令 4580 名步兵在主干道上排成混合队形，其中有些人藏身树篱下与葡萄园中。拿破仑骑过战线，鼓舞士兵，现在他要用 11000 名步兵和 1200 名骑兵发动盼了很久的反攻。

　　下午 5 点，奥军前进。马尔蒙的炮群发射霰弹，把中路几个团的领头士兵炸得七零八落。里沃利的一幕重演，一发子弹幸运地引爆弹药马车，造成了混乱。奥军猛然回缩，这种震慑产生了严重的后果，尤其是布代师压向敌军后。奥军猛冲，迫使布代采取守势。近 6000 名奥军步兵先是射击，然后发起刺刀冲锋，但就在此时，克勒曼的骑兵已借助树上藤条的掩蔽成功上前，他派出了自己的部队。结果，第 2、第 20 骑兵团的400 人切入匈牙利掷弹兵中路纵队左翼时，奥军还没装填好滑膛枪。第 2 骑兵团砍杀三个营，抓获 2000 名战俘，赶跑了4000 人。2000 名奥军骑兵呆呆地站着，克勒曼当即命令最后一次冲锋时位于后面的 200 人回身进攻他们，再次击溃敌军。

267　　接着，法军全线前进。值此胜利之刻，德塞胸口中弹，战死沙场。拿破仑得知后悲痛万分，"为什么我不能哭呢？"，因为他得集中精力指挥下一次攻击。[40]克勒曼再度进攻，逼得奥军骑兵掉头冲向奥军步兵，敌人于是乱作一团，拉纳、莫尼耶和执政卫队遂有机会全面推进，为会战划上胜利的句号。"一场战斗的命运仅仅在于一瞬间———一个念头，"拿破仑后来评价马伦戈会战时道，"如果在关键时刻来临时点燃精神火花，最小的预备队也可取胜。"[41]奥军勇斗一天，眼看就要取胜，煮熟的鸭子却当面飞走，他们又惊讶又紧张，于是完全崩溃，仓皇逃往亚历山德里亚。

　　法军累坏了，当晚他们真的睡在了战场上。奥军共有 963人死亡、5518 人受伤、2921 人被俘，他们有 13 门大炮被缴获，还有 20 门沉入博尔米达河。法军中，死亡人数为 1000 出头，另有 3600 人受伤，900 人被俘或失踪，但是这些数字被拿破仑的压倒性战略胜利所遮盖。[42]根据战后不久梅拉斯签署的停火协议，拿破仑得到了整个皮埃蒙特、热那亚、伦巴第大部分地区、12 座要塞、1500 门大炮和大型弹药库。六个月之前，政府公债价格稳定在 11 法郎，马伦戈会战前夕价格则为 29 法郎，捷报传至巴黎后，价格飙涨至 35 法郎。[43] 会战结束后，7 月 22 日，拿破仑命令马塞纳"劫掠并焚烧皮埃蒙特境内率先造反的村庄"。11 月 4 日，他对布吕内下令："必须时时刻刻严肃对待外国人，但要特别留心意大利人。"[44] 然而，既然奥地利第二次被逐出北意大利，所以当地在经历了最低程度的反抗后很快就平静下来。此后十四年，北意大利一直很安静。马伦戈之战巩固了拿破仑的第一执政之位，也为他的不败神话再添一笔。

在马伦戈，拿破仑完美协同他的步兵、炮兵、骑兵，但他仍然赢得非常侥幸。重要的制胜因素有二：从心理角度看，德塞正好在适当时机赶到战场，震慑敌军；克勒曼精确地把握骑兵冲锋时间。奥军花八小时拿下平原，而法军只用不到一小时就夺回地盘。在老兵的指导下，法军新兵的表现相当出色。

"一场伟大的战斗后，"布拉兹上尉写道，"乌鸦和公报作者可以吃个饱了。"[45] 拿破仑犯了三个大错：根本不该进入平原；没有预计梅拉斯可能发动进攻；把德塞派得太远。但是，拿破仑最终赢了。由于政治原因，马伦戈必须是他一个人的胜利，至少也得是他和过世的德塞共享的胜利。因此，战后公报纯属宣传文字，它暗示奥军落入拿破仑的陷阱。"战斗看上去失败了。"公报的话有些异想天开，"我军让敌军前进至圣朱利亚诺村的滑膛枪射程内，德塞将军的师已在那儿排成战斗队形。"[46] 拿破仑还发明了德塞的一些遗言："告诉第一执政，我遗憾今生尚无青史留名之举。"（其实他中弹后立刻就死了。）贝尔蒂埃重写三遍马伦戈官方战史才得到拿破仑首肯。1815

年 1 月，拿破仑忘恩负义，宣称在德塞到来之前马伦戈会战就已经赢了。[47]德塞的副官阿内－让－马里－勒内·萨瓦里（Anne-Jean-Marie-René Savary）将军认为："要是德塞将军晚来一小时，我们就被赶进波河了。"[48]

战后次日，拿破仑致信其他执政，他说自己"悲痛欲绝，因为我最爱最尊敬的人死了"。[49]为了缅怀逝者，他把萨瓦里和德塞的另一个副官让·拉普（Jean Rapp）拉入自己的参谋部，此外，他允许第 9 轻步兵半旅在军旗上绣金字"无双"。[50]他叫人给德塞的遗体做防腐处理，并下令铸造两款纪念章，一款表彰德塞，一款铭记马伦戈会战。① 战后，拿破仑仅对克勒曼说了句"你的冲锋很漂亮"，克勒曼于是发火了，火上浇油的是，拿破仑和贝西埃交谈时吹嘘道："今天卫队骑兵身环荣誉。"[51]（据说克勒曼愤怒地回答："将军，您满意我就高兴，因为我的冲锋为您戴上王冠"。[52]此事不大可能是真的。）拿破仑私下对布列纳承认道，克勒曼"发动了一次幸运的冲锋，他出手的时机恰到好处，我们欠他大恩。你看，零碎小事也能左右事态"。不到一个月，克勒曼有了自己的师，在后来的军事生涯中，他大肆劫掠，而拿破仑对此视而不见。拿破仑对布吕内和迪马说："你们看，那天有两场战斗，我输了第一场，赢了第二场。"[53]此言或许是马伦戈会战的最好总结。

6 月 16 日，拿破仑再次向弗朗茨皇帝求和："我奉劝陛下聆听人世悲鸣。"他提出的媾和基础与《坎波福米奥条约》的一

---

① 当年晚些时候，又有纪念章庆祝巴黎德塞滨河路（quai Desaix）开通。1805 年，德塞的遗体迁葬至大圣伯纳德救济院，此事也铭刻在纪念章上。Crowdy, *The Incomparable*, pp. 94－7；Petit, *Marengo*, p. 47.

样。当日公告宣称，奥地利已经认识到，"我们互相残杀，结果只是英国的糖和咖啡卖得更贵"。[54] 次日，"意大利解放者"返回米兰，他享受朱塞平娜·格拉西尼的魅力，邀请她去巴黎为国庆庆典和德塞葬礼献唱。"贝尔蒂埃告诉我，他预计派比林顿（Billington）夫人或格拉西尼夫人来，"6月21日，拿破仑致信吕西安，他有些言不由衷，"她们是意大利最有名的艺术大师。用意大利语作一首好歌。意大利作曲家应该熟悉这两个女演员的嗓音。"[55] 格拉西尼抱怨道，拿破仑"总是摸她的私处"，经常害她欲求不满。不止她一人受到这种待遇。拿破仑从来就不在做爱上多花时间，他曾对一名副官说："我三分钟就能搞定。"[56]

军事天才拿破仑智力超群、擅长管理、埋头苦干，尽管如此，我们也不可低估贯穿其生涯的旺盛运势。1800年5月法军翻越阿尔卑斯山脉时，天气一度好转；当年6月的雨导致德塞离开马伦戈时放慢行军速度，因此他能及时返回战场拯救总指挥。1792年，马亚尔上校向战争部汇报阿雅克肖事件，他的报告被战争爆发招来的文件淹没；1793年，拿破仑在土伦被长矛刺中，伤口未生脓毒；就像梅拉斯在马伦戈的弹药马车一样，1797年，夸斯达诺维希的弹药马车在里沃利被法军子弹直接命中；1799年，"米龙号"离开亚历山大港时遇上非常适宜的风向；同年，西哀士找不到其他军官来实施雾月政变，政变中托梅的袖子也被扯碎，足以激怒拿破仑的战友，而政变后克莱贝尔的报告才送抵巴黎。拿破仑认识到了运气成分，数次提及"幸运女神"。军政生涯后期，他自认被幸运女神抛弃，但眼下他相信她正站在自己身边。

第十二章　正法直度

我必须赋予人民完全的宗教权利。哲学家会嘲笑我，但是国民会祝福我。

——拿破仑致沙普塔尔

我真正的荣耀不是四十场会战的胜利……我的《民法典》将永垂不朽。

——圣赫勒拿岛上的拿破仑

拿破仑无意在马伦戈的桂冠下酣睡。随着政治资本增加，他决定赌一把，要是赢了，他将大大巩固国内的支持力量。"波拿巴在其旧基础上重建宗教崇拜，"让·沙普塔尔写道，"这是他掌权初期最大胆的举动。"[1] 拿破仑想确保一切独立教会皆无力聚集反对他的统治的人，为此目的，最简单的办法就是拉拢教皇。

反教权主义曾推动法国大革命，它剥夺天主教会的财富，驱逐并经常杀害其教士，亦侮辱其祭坛。可是拿破仑意识到，在保守勤劳、技艺精湛的乡下劳动力、技工和小业主等这些他的天然支持者之中，很多人没有放弃父辈的信仰，他们盼着罗马天主教会与自己日益敬佩的执政府和解。然而，解决方案必须保证从教会处取得国有财产的人——所谓的买主（acquéreurs）——获准保住财物，而且农民被迫向神职人员交纳什一税的日子不可重现。

拿破仑已然佩服教皇在意大利组织起义的能力，1796 年 271 10 月，他告诉督政府："同教权争执是个巨大的错误"。[2]1800 年 6 月 5 日，他在云雨之事后接见米兰神职人员，承诺"消除法国与教会之首走向完全和睦的一切障碍"。上一年 8 月，庇护六世逝世，享年 81 岁。新任教皇庇护七世（Pius VII）本质上是个单纯虔诚的教士，人们认为他看待社会问题时没有公然反对法国大革命。[3]拿破仑清楚谈判是微妙的，有时还显棘手，但若成功，天主教法国将拥护拿破仑的江山，此乃丰厚回报。如果与教皇达成协议，他既可消除旺代残余叛党的主要不满，也能和比利时、瑞士、意大利、莱茵的天主教改善关系。

法国约有 2800 万人口，其中只有五分之一的人生活在人口超过 2000 的城市地区，剩下的人大多住在只有几百个居民的乡村公社。[4]在这些公社中，通常由受过良好教育的人承担汇聚信息这一重要的社会职能，并宣读政府法令。拿破仑充分认识到，国家给他们发薪可换来无价利益。"教廷是永不沉寂的势力，"他曾说，"你不能被它役使，所以你必须驯服它。"[5]某则中肯的评价称，拿破仑和教皇的协议试图"把教区神职人员拉入他的'道德省长'队伍"。[6]

正如我们所见，拿破仑对基督教至多将信将疑。[7]"耶稣真的存在吗？"在圣赫勒拿岛上，他问秘书加斯帕尔·古尔戈（Gaspard Gourgaud），"我想同时代历史学家提都没提过他。"[8]（事实上，约瑟夫斯的《古犹太人》的确提及耶稣，可见他显然不熟悉此书。）尽管如此，他仍然喜欢神学讨论，还对自己的最后一位医生安托马尔基说："想当无神论者不代表你就是无神论者。"[9]"波拿巴不是虔诚的信徒，"沙普塔尔的说法呼应了他的模棱两可之辞，"但他的确相信上帝存在、灵魂不灭。他谈起宗教时总是语带敬意。"[10]在圣赫勒拿岛上，当拿破仑听人读山上宝训时，他对贝特朗说："耶稣不应该在叙利亚的偏远地区降下奇迹，他应该去罗马那种城市，当着所有人的面施展神迹。"[11]又有一回，他说："假如我必须信教，我就信仰太阳，它是一切生命之源，是地球之真神。"[12]还有一次，他说："我最喜欢穆斯林的宗教，比起我们的教义，它没有那么多不可思议的事。"[13]当时，针对《圣经》宣称的摩西击打磐石让200万以色列人解渴这件事，他口授了逻辑层面的反驳。[14]正如拿破仑对贝特朗所说的，基督教的最大问题是"太关心上天堂"，所以"不能激发勇气"。[15]

不管拿破仑自己怎么看待基督教信仰的实质，他毫不怀疑其社会效用。只有少数国家参政获准参与秘密会谈，他告诉其中一人勒德雷尔道："我在宗教中看到的不是转世之谜，而是社会秩序的奥秘。宗教赋予天堂平等内涵，防止穷人屠杀富人……没有不平等，社会不可立；没有道德准则，不平等不可忍；没有宗教，道德准则不可容。"[16]拿破仑在埃及时已然表明，若为政治目的，他可以相当灵活地运用宗教，正如他对勒德雷尔打趣道："要是我统治犹太民族，我就重建所罗门圣殿！"[17]启蒙思想家与作家常持这种本质上务实的宗教观。爱德华·吉本（Edward Gibbon）的《罗马帝国衰亡史》中有句名言："罗马境内，诸礼拜方式盛行，老百姓视其一般真切，哲学家视其一般虚伪，政务官视其一般有效。"[18]"上帝的概念可维护良好秩序，保证人们行善去恶，"拿破仑说，"效果非常良好。"[19]"束缚强盗和船上苦役犯之肉体，"在圣赫勒拿岛上，他对巴里·奥马拉（Barry O'Meara）医生说，"规制开明人士之精神。"[20]

1800 年 6 月，拿破仑刚从米兰返回巴黎就同梵蒂冈国务卿埃库莱斯·孔萨尔维（Hercules Consalvi）红衣主教谈判，许诺恢复法国境内的公共礼拜，条件是法国主教需离职，然后教皇"任命"拿破仑选出的新主教。[21]（从 1790 年起，法国主教分为正统派与立宪派，前者只承认教皇权威，后者宣誓效忠政府。）会谈秘密举行，就连参政院也蒙在鼓里。法国代表是约瑟夫·波拿巴和前旺代叛乱领导人艾蒂安-亚历山大·贝尼耶，梵蒂冈代表是孔萨尔维、教皇使节乔瓦尼·卡普拉拉（Giovanni Caprara）红衣主教、教皇神学顾问卡洛·卡塞利（Carlo Caselli）。在为时一年的谈判中，双方交互传送 1279 份文件，至少拟定十个版本的协议草案。"上帝的归上帝，"拿破仑后来说，"但教皇不是上帝。"[22] 1802 年 4 月，红衣主教孔萨尔维拜访杜伊勒里宫，在他来访前，拿破仑让人在房里喷洒香水。化学家富克鲁瓦评论了几句香气，他便揶揄对方："这是神圣的气味，能涤清你的旧孽。"[23]

1801 年 7 月上旬，谈判进入高潮。拿破仑致信塔列朗："昨天我肩膀上长出第二个水疱。此刻正是卧床患者同教士达成协议的良机。"[24] 尽管 7 月时双方就正式签订了《政教协定》，但由于军队和立法机关的强烈抗议，拿破仑只好先努力平息反对之声，因此九个月后协定才获批准与发布。"共和国政府承认，使徒和罗马的宗教天主教是绝大多数法国公民信仰的宗教。"《政教协定》开篇写道，"类似地，教皇陛下也承认，天主教的最大辉煌曾经来自于、将来也很可能来自于法国建立的天主教崇拜与共和国执政信奉天主教的公开声明。"[25] 接下来的 17 条法律规定，天主教"可在政府视为公

273

众安宁所需的……法规限度内……自由活动"。

　　法国将设置新主教区和教区。拿破仑和教皇会一同任命 10 名大主教（每人年薪为 1.5 万法郎）和 50 名主教（每人年薪为 1 万法郎），这些人将发誓不"扰乱公众安宁"，并告知政府破坏安宁者的所有信息。圣礼需包括为共和国与执政所做之祈祷。主教可任命教区神甫，但不得选择政府不认可的人。《政教协定》规定，买主所获前教会财产"永久"归其所有，大革命期间转让的土地所有权随之巩固。

　　拿破仑对梵蒂冈有些许让步，但它们都不算太麻烦：取消十日周制，恢复周日为休息日；在 1806 年 1 月最终恢复格里高利历；为儿童起名时选择圣徒姓名、古典名讳，不给他们起纯世俗、纯革命名号；给全体神职人员发薪；小规模重建修女会与传教会；将基础教育交还神职人员管理。[26] 与此同时，教会人士演唱《感恩赞》歌颂拿破仑的胜利、在讲坛上宣读他的公报，并声明服兵役是爱国义务。拿破仑在所有争议的焦点上赢得了他想要的成果。教会统一后，至少有 1 万名立宪派教士回归罗马教廷怀抱，大革命切开的最深伤口之一得以愈合。[27] 然而，1802 年 4 月 8 日，拿破仑未同教会商量便在《政教协定》后附加大量全新的管制规定，这一附件名为《组织条款》（Organic Articles），以维护法国境内 70 万名新教徒与 5.5 万名犹太人的权利。就算庇护七世相信拿破仑信誉良好，此事也损害了教皇对他的信任。①

　　《政教协定》在法国大受欢迎，尤其受守旧的乡村人口拥

---

①　从 1804 年起，新教牧师也领有国家薪俸。就当时的欧洲而言，宗教宽容绝非普遍现象，比如在英国，直到 1829 年，天主教徒才可竞选下院议员，而犹太人要到 1858 年才享此权利。

护，但是军队、参政院与保民院非常排斥该协定——这些单位中仍有不少昔日的革命者与前雅各宾党人。1802 年 4 月 18 日（周日）是复活节，当天，巴黎圣母院举行《感恩赞》弥撒，低音钟近十年来首次奏响，新任巴黎大主教让-巴蒂斯特·德·贝卢瓦-莫朗格莱（Jean-Baptiste de Belloy-Morangle）在钟声中欢迎拿破仑，值此时刻，《政教协定》在煊赫盛典中正式公布。高级国家官员奉命置办恰当的出场派头，但据发现，有些人的四轮大马车其实是租来的，马车上原有的编号被漆掩盖。[28]《政教协定》触怒了痛恨教权的军队，一些将军毫不掩饰愤怒，他们拿马刺和马刀刮擦天主教教堂地板，不肯给神职人员让座，还在仪式上聊天。奥热罗拒绝出席，但未获拿破仑准许。莫罗完全忽视命令，在杜伊勒里宫阳台上招摇地抽烟。有人听见安托万-纪尧姆·戴尔马（Antoine-Guillaume Delmas）将军说："多无聊的说教（Quelle capucinade），只是少了当初牺牲自己赶走这一切的 10 万人！"于是，拿破仑便把他赶到了巴黎 50 英里之外的地方。[29]

因为《政教协定》，教会称拿破仑为"宗教复兴者"（Restorer of Religion），不过少有神职人员做到贝桑松（Besançon）大主教的地步，此人说拿破仑"像上帝本人"。[30]不到一个月，保民院以 78:7 的比例通过了《政教协定》。它在法国全境的村庄与小镇完成了使命。1813 年，拿破仑对立法院说，他认为宣传和公共秩序是宗教和睦的主要体现，并举例证明："孩子更乐意听父母的话，年轻人更服从地方法官的权威，有些地区原本一听见征兵令就抗议，现在征兵令也在它们那儿生效了。"[31]此后一个世纪，法国与教皇的关系始终以《政教协定》为基。近日，有人考察了执政府时期的鲁昂。研究结果表明，275

拿破仑最受欢迎的前三项措施依次是《政教协定》、剿匪、确保买主的土地所有权。[32]

立法院最终通过《政教协定》后，吕西安为哥哥举办招待会。会上，拿破仑找到天主教哲学家弗朗索瓦－勒内·德·夏多布里昂（François-Réne de Chateaubriand），他的新著《基督教天才》（*Génie du christianisme*）忘情称颂天主教，大获成功。夏多布里昂在回忆录中写道：

> 人群一层层让开，每个人都希望执政在自己面前停下……结果我独自站着，因为人群先是退后，然后立刻聚起来围住我俩。波拿巴跟我打了个简单的招呼，他开门见山地谈论埃及与阿拉伯人，不道贺、不提空洞问题、不说开场白，仿佛我是他的密友、我们只是继续之前的话题。[33]

此乃假象。事后不久，夏多布里昂接受了驻梵蒂冈的外交职位。后来，他对拿破仑的仰慕之情淡化。1804 年，他辞去外交职务。1807 年 7 月，他把拿破仑比作尼禄，于是被逐出了巴黎。

1801 年 1 月末，拿破仑启动了一项雄心勃勃的法律改革计划，它的影响甚至比《政教协定》还深远。旧王朝时代，有效的地方法典至少有 366 部，法国北方适用习惯法，南方的法律原则体系却建立在罗马法基础上，与地方法典截然不同。[34]拿破仑凭本能察觉到，若法国欲在近代世界高效地履行国家职能，下列措施不可或缺：确立法律系统标准和司法公正准绳；统一度量衡；充分发挥内部市场作用；集中管理教育体系，让家境背景各不相同的青年才俊凭才能而非出身谋职。

拿破仑首先将 42 部法国法典融入单一法律系统，此举也是最重要的一步。无价的盟友康巴塞雷斯帮助他实施了这桩浩大工程。之前在 1792 年，康巴塞雷斯就在奉命全面修订民法典的委员会中担任秘书，他拟出了《民法典草案》（*Projet de Code Civil*）（1796 年版）。"就算整个法典不见了，"拿破仑曾打趣道，"康巴塞雷斯里脑子里也还有一本。"[35] 现在，勒布伦、弗朗索瓦·特龙谢（François Tronchet）、费利克斯·比戈·德·普雷亚默纳（Félix Bigot de Préameneu）、让－艾蒂安·波塔利斯（Jean-Étienne Portalis）等法国最杰出的法学家、政治家组成委员会，协助第二执政重新推进延误已久的改革。委员会开了 107 次全体会议，拿破仑至少主持了 55 次，他对离婚、收养和外国人权利格外感兴趣，经常插手这些领域。[36] 他总是反复问及"普遍利益"与民事正义："这公平吗？这有用吗？"[37] 中午开始的会议有时会持续很久，到深夜才结束。新法转换为成文法的过程漫长烦琐，步骤依次如下：参政院最先讨论；法律草案起草；感兴趣的各党派提出批评，并试图修改法案；特别委员会审核；有特殊利益关切的群体和说客抗议；法案进入议院立法程序。拿破仑亲自参与了整个过程，踊跃投身其中。法典获批也非预断结果。1801 年 12 月，立法院以 142：139 的比例否决预备法案（preliminary bill），保民院的表决结果也是不予通过。若拿破仑本人不曾坚决支持法典，它永远不会成为法律。康巴塞雷斯为法典打下了基础，但它理应号称《拿破仑法典》（Code Napoléon），因为它是拿破仑拥护的启蒙运动理性化的普遍主义的产物。

《拿破仑法典》本质上是罗马法与普通法的折中，它包含一个理性的、和谐的法律体系，在法国所辖领土内普遍同等地适用，这在查士丁尼皇帝（Emperor Justinian）之后还是头一次。政府的权责与公民的权利义务被编入长达 2281 条、493 页的法典中，它用词清晰易懂，以至于司汤达（Stendhal）说他每天都读。[38]新法典巩固了国民团结，重要原因之一是它建立在个人自由与契约自由的原则上。法典确认旧阶级特权走向消亡，肯定法国市民社会（基础教育领域除外）完全不受教会掌控。[39]最重要的是，混乱的大革命结束后，它带来了稳定。

《拿破仑法典》简化了 1789 年以来诸革命政府制定的 14000 条法令、法律以及 42 部不同的地方法典，并把它们凝合成一套适用于全体公民的一元法律体系，规定了普遍原则，给予法官广泛的裁判空间。（"人不能因为太烦琐的法律累过头，"拿破仑告诉参政院说，"法律只能划定一般原则。试图预见所有可能性是徒劳之举，经验证明人们会忽略很多事。"[40]）法典保证了如下内容：法国公民在法律面前一律平等，享有人身自由，不受任意逮捕；自由缔结的合法契约神圣不可侵犯；不承认血统特权。法典呼应《组织条款》，确立完全的宗教宽容（保护对象包括无神论者），分离政教。它还授予成年男性有自由择业权与私有财产所有权，规定法律需及时颁行、正式发布，而且法不溯及既往。法官办理各种案件时自然得解释法律，但他们无权创设法律原则，所以特殊案例不会成为判例，这一点与英国普通法不同。家庭是基本的社会制度，法典制定者由于担心家庭解体，遂授予男性家长几乎全部权利，其权利标的包括其妻的财产。法典第 148 条规定，男满 25 周岁前、女满 21 周岁前需经父亲许可才能结婚，男女最低婚龄也分别提高至 18 周岁和 15 周岁。若不服管教的子女不满 16 周岁，父亲有权限制其人身自由一个月，若他们已满 16 周岁不满 21 周岁，限制期可达六个月。

两个世纪来，法典所受非议大多如下：社会立场太保守；太倾向中产阶级、公民个人与男性家长；导致妻子太依赖丈夫；其继承条款损害农业经济。根据 21 世纪的标准，法典的确深含男性优越主义，并带有强烈的家长制偏见。《民法典》（Civil Code）第 231 条规定："夫应保护妻，妻应遵从夫。"[41] 法定离婚事由仅限于通奸（这时，只有丈夫让其固定情妇介入家庭生活时，妻子才可主张离婚），触犯重罪，严重侮辱或虐待，但只要离婚事由属于私事范围，夫妻双方也能协议离婚。[42] 妻子通奸可获刑二年，男性通奸只需缴纳罚金。若丈夫杀害犯罪时被当场抓获的妻子，他将免受起诉。《民法典》免除已婚或单身男性抚养私生子女的义务，甚至允许他们否认父亲的身份。[43] 它也不准妇女缔结合法契约、参与诉讼、出庭作证，还禁止她们担任出生、死亡与结婚的见证人。妻子经丈夫同意才能在市场上出售产品，经丈夫书面同意才能赠予、转让、抵押房产。[44] 未婚女性无权担任合法监护人与遗嘱见证人。法典中的这一切规定说明拿破仑深深信奉男性至上主义。"不可将男女二性等量齐观，"他说，"女人其实只是生育机器。"[45]

法典给了长子继承制致命一击：父亲有权将 25% 的遗产遗赠给非家庭成员，但他去世后，剩余遗产应由其子均分，私生子无继承权。①[46] 法典也格外偏袒雇主，在所有法律问题上，他们的证言都被采信。[47]1802 年 12 月 1 日，一条法律颁布：所有劳动者需持登记簿，并在雇佣期开始时交给雇主，期满后，

278

———

① 尽管如此，拿破仑把自家亲戚的财产放在阿雅克肖，一个多世纪后，这些遗产才再次分割。

雇主在登记簿上签字，然后交还劳动者，若无此登记簿，劳动者不得受雇，还可获刑六个月。①[48]法典含有严格的反罢工、反工会条款，这并非拿破仑首创，1791 年生效的《勒沙普利耶法》（Le Chapelier Law）已有此类规定，直到 1884 年它们才被废止。然而，他的确让这些条令生效了。1806 年，一些建筑工人罢工，结果在床上被捕。②[49]

1804 年，《民法典》生效。拿破仑颁行了多部修订后的法律，但《民法典》无疑是最重要的一部。1810 年时，除了《民法典》，法国还有《民事诉讼法典》《商法典》《刑事诉讼法典》《刑法典》。（《刑法典》极其严厉，但不及当时的英国刑法残忍。在英国，若儿童盗窃价值超过 1 英镑的财物，他可被送至澳大利亚，若成人有此行为，他能被绞死。）这一系列部门法日后合称《拿破仑法典》。1804 年 3 月，《民法典》几乎在法兰西帝国全境生效，1808 年，它延伸至实施戒严的西班牙地区，1810 年又扩展至并入法国的荷兰。"罗马人把自己的法律给盟友，"拿破仑告诉弟弟路易，"为什么荷兰就不能适用法国法律呢？"[50]《民法典》在那不勒斯等地只讨得口惠，但它在另一些地区大受欢迎，以至于在拿破仑下台后继续存留。[51]直到 1900 年，普属莱茵地区一直适用《民法典》。今天，除了法国，它在比利时、卢森堡、毛里求斯、摩纳哥依然有效。世界上四分之一的法律体系保留了《民法典》的部分内容，它的影响力超出母国，最远抵达日本、埃及、魁北克与路易斯安那（Louisiana）。[52]

279

---

① 当时，全欧洲的劳动法都苛待劳动者。1812 年元旦，达勒姆（Durham）主教扩大解释其教权，要求英军武力镇压英国北部的矿工罢工。

② 不管怎么说，在拿破仑统治的十五年间，常年战争导致劳动力短缺，工资实际价值于是增长 25%。

拿破仑想让法国人过上理性的生活，虽说《拿破仑法典》确立了法律圭臬，但他得实施同样激进的改革才能确立民生标准。举个例子，朗格多克的科比耶尔地区（Corbières）共有129个教区，其中3个说加泰罗尼亚语（Catalan），剩下的全说欧西坦语（Occitan），不说法语。在科尔比耶，卡尔卡松（Carcassonne）、纳博讷（Narbonne）、利穆（Limoux）、佩尔皮尼昂（Perpignan）这四个市的政府分别负责当地行政、司法、警务与税收，然而各市所辖公社经常变化。容量单位塞捷（setier，通常相当于85公升）有不下10个基准量。度量面积时至少有50种不同的单位，其中的塞泰雷埃（sétérée）分别用于低地和高地时还有所不同。[53]拿破仑本人不喜欢拉普拉斯发明的米制，"我知道一英尺的十二分之一是多长，但我不懂一米的千分之一是多长"，但出于商业连贯性考虑，1801年他还是赋予米制效力。[54]拿破仑还设立标准币制：铜币面值有2分、3分、5分；银币面值有0.25法郎、0.5法郎、0.75法郎、1法郎、2法郎、5法郎；金币面值有10法郎、20法郎、40法郎。1法郎银币重5克，这很快成为欧洲的标准通货单位。1926年之前，它的价值与金属成分一直未变。

在2800万法国人中，600万人完全不会说法语，另有600万人说法语时只能让他人勉强听懂。东北地区说佛兰芒语（Flemish），洛林（Lorraine）说德语，布列塔尼（Bretagne）说布列塔尼语（Breton），其他地区说巴斯克语（Basque）、加泰罗尼亚语、意大利语、凯尔特语和朗格多克方言。[55]拿破仑自己也不精通法语，但他凭个人经历获知，要想出人头地，学会法语非常重要。[56]随着法语成为唯一的公文用语，他改革教育，只准学校用法语授课。

280

拿破仑保守对待基础教育，正如我们所见，他把它还给了神职人员，但对于 11 周岁后学生开始接受的第二阶段教育，他的态度是革命的。1802 年 5 月，他颁行法令，建立 45 所旨在培养未来士兵、行政人员和技术人才的公立中学（lycées）。这些学校回答了如何培育一代爱国忠诚的未来领袖。[57]现在，所有适龄法国儿童既学习希腊语、拉丁文、修辞学、逻辑学、伦理学、数学、物理学，也学习一些其他学科与当代语种。旧王朝时代，教会控制第二阶段教育，拿破仑不想这样做，他把宗教的影响限制在最低程度。学校校规严格。14 岁以下的学生需穿校服，它包括蓝色短外套、蓝色长裤和圆帽。学生被分入各"连"，每"连"有一个"中士"及四个"下士"，最好的学生担任"上士"，指挥所有"连"。

公立中学为 6400 名所谓的"国家学员"提供全额奖学金，但其他学生通过入学考试后也可就读，父母将为他们缴纳学费。[58]在旧体制中，学生选择课程，如今教学计划只设必修课。省长、刑事法院院长、上诉法院院长监督这些新学校的管理，此外还有一名专职督学。[59]1813 年时，法国中学在欧洲首屈一指，两个世纪后，孔多塞（Condorcet）中学、查理曼中学、路易 - 勒 - 格朗（Louis-le-Grand）中学、亨利四世中学等拿破仑开办的学校仍属法国最佳的中学。公立中学的理念传至远离法国的地区，在西班牙与荷兰产生了示范效应，即便这两个国家反抗法国的侵占，它们依然接受了法国的教育思想。[60]

1806 年，在某次参政院会议上，仅仅因为教育部长安托万·富克鲁瓦（Antoine Fourcroy）忘带报告，拿破仑便即兴发言。他的话几近诗歌：

（教育是）过去一切之基，是未来一切之本，在所有制度中当属重中之重。正在成长的一代必须形成不为某日消息左右、不为某刻情势撼动的道德观和政治观……在喜好、性格等所有教育无法塑造修缮的方面，人类已有足够区分……让我们树立不变准则，让我们培育不朽教师。[61]

281

拿破仑打算在法国全境建立公立中学。总的来说，他的教育改革就像他的巴黎城建计划一样，虽诚然可敬，但未完成即早夭。1808 年 3 月 17 日，拿破仑的重整方案推进至下一阶段。他颁布法令，号召建设帝国大学，由其监管全国教育。帝国大学分为五个学院（神学院、法学院、医学院、文学院、数学与物理学院），所有教师都将隶属于其中一院。他设计的层级结构蕴含军事特色：校长为路易·德·丰塔纳，此人意志坚决，于 1804~1810 年任立法院议长；校长之下的三十人委员会掌管法国所有中学及大学。[62] 大革命期间，索邦神学院被关闭，但是 1808 年拿破仑让它重新办学。

像其他领域一样，教育制度也体现出拿破仑严重的性别歧视观。"坏女人接受公共教育后，几乎都变得轻薄无良、搔首弄姿、水性杨花，"1806 年 3 月，他告诉参政院，"男性受集中教育有诸多优势，特别是学会互相帮助、为战场上的袍泽之情做好准备，女性受集中教育却养成腐败习性。男人生来就该享受生命的全部光彩，女人生来就该住在家里，她们只应侍弄家庭生活。"[63]《拿破仑法典》没有规定女孩的正式教育，不过评判这一点需考虑当时的历史背景。19 世纪初期，英美两国只有寥寥几所女子学校，而且它们全是私立的。

1800 年 7 月至 1803 年 5 月，执政府实施最大的改革举措。这
一时期，拿破仑常在巴黎召开参政院秘密会议，与会人员大多是
稳健共和党人、前保王党人，不过参政们有时得坐在送自己的父
兄上断头台的人身边。[64]"大革命的传奇已经结束，"某次参政院
早会上，他说，"现在我们必须让它的历史开始。"拿破仑在参政
院指示方向、目的与政策的一般准则，它们被准确归结为："热爱
权力与现实，鄙视特权和虚利，密切关注细节，尊重有序的社会
等级。"[65]拿破仑是最年轻的参政院成员。正如沙普塔尔所回忆的：

282

> 他几乎不了解一般行政工作的细节，但浑然不觉尴
> 尬。他屡屡发问，询问最常见字词的释义与内涵。他挑起
> 话头，让人们不停讨论，直到他形成意见。人们往往说此
> 人极端自私，但在某次争论中，他对年迈可敬的法学家弗
> 朗索瓦·特龙谢承认道："讨论时，我不时发现自己一刻
> 钟前说的话大错特错。我不想受谬赞。"[66]

参政院议题包罗万象。随便举个例子，单单是 1802 年 6
月 17 日，它的议程就涵盖下列主题：外科医生考察制度；化
学家组织；重要区的专区区长选派；收成状况；马耳他难民；
有关国民自卫军的法律草案；修路责任；军需官管理；典当；
较大公社的账目；猎场看守；商会；允许流亡者回归特定区域
的法律；选举法；阿尔代什河（the Ardèche）架桥工程；科西
嘉岛上两个省的合并；莱茵河左岸诸省行政界线划分。[67]

参政院会议有时持续八至十小时，沙普塔尔回忆道，拿破
仑总是"说得最多、最神经紧绷。会后，他召集其他人探讨别
的问题，我们从未见他头脑迟钝"。[68]彻夜会议上，与会者疲倦

了，拿破仑就说："来吧，先生们，我们还没挣到工钱呢！"[69]（他认为"我洗一小时澡等于睡四小时"。会议有时开到清晨5点，休会后他就去泡澡。[70]）除了战场，拿破仑在参政院的表现最令人钦佩。不管参政们日后支持还是抛弃他，不管参政们的文字写于当时还是他逝后很久，他们的话一致证明他深思熟虑、活力四射，迅速领会某事主旨后执着钻研它，直到掌握其本质，并采取必要措施。"他依然年轻，对不同行政领域一无所知，"一名参政回忆执政府初期时道，"但他为讨论注入清晰度、准确性、理性力量与宽阔视野，令我们震惊。他是不知疲倦的工人，拥有层出不穷的智计。他凭借无与伦比的智慧，连接并调和遍布庞大行政系统的事实与意见。"[71]拿破仑很快无师自通地学会提小问题，而且只要求直接回答。于是，他问参政院参政、公共工程部长埃马纽埃尔·克雷泰（Emmanuel Crétet）："我们在哪儿建凯旋门？""我回来时能上耶拿桥吗？"[72]

283

参政院分为多个部门，覆盖各种政务：陆军、海军、财政、司法、内政、警务、外省。"出身和见解如此相异的人们坐在马蹄形长桌两侧，"莫莱伯爵回忆道，"一旦组织他们的天才站在马蹄底端的讲台上，桌上的阵营划分直接就变了。"[73]另一人回忆道："他的座位是把桃花心木椅，它的座面上铺着、把手上裹着绿色摩洛哥皮革。这把椅子看上去和办公椅无甚区别，安放在高出地板一级的台阶上。"[74]椅子有损坏，因为拿破仑在会上表现出经典的神经紧张迹象：

> 讨论进展到中期时，我们看见他手握匕首或刮刀，在椅子把手上割出深深的切口。我们总是忙着给他换椅子零件，也清楚明天他又会把它切成碎片。要是他想找别的乐子，他

就抓一支羽毛笔，给面前的每张纸划上粗大的墨水线条。等这些纸黑得差不多了，他就把它们揉成一团，丢在地上。[75]

有抱负者宁愿担任助理办事员（auditeurs）等参政院初级职位也不想去其他公务员部门另谋高就，因为参政院是吸引拿破仑注意的好地方。这些人构想参政们通过的法律议案。随着年岁渐长，如果拿破仑想让个别助理办事员向参政院汇报，他就用长柄望远镜搜寻他们坐着的窗台。很多人正确地察觉到，参政院职位比元老院席位更能助人升迁。

拿破仑有时会提前宣布他将赴会，其他时候，参政们直到听见杜伊勒里宫楼梯间响起鼓声才知道他要来。到会后，他入座、提犀利问题、沦入遐想、发表大段独白。"你知道我为何允许参政院如此畅谈吗？"他曾对勒德雷尔自夸道，"那是因为我是整个参政院的最佳辩手。我知道如何防御，所以任他们攻击。"[76]会上，人们先读法令议案，再读特别委员会相关报告，接着拿破仑催促该领域公认专家发言。参政们言谈务实，在此地，慷慨激昂的作秀只会招来嘲讽。

拿破仑不怎么掩饰自己在立法、土木工程与开国方面效仿的榜样。"他改革历法，"拿破仑提及尤利乌斯·恺撒时道，"推敲民法典与刑法典文本；他发起工程，建造大量精美建筑，美化罗马；他汇编帝国全境地图和各行省数据，命令瓦罗建立收藏丰富的公共图书馆；他宣布动工排干庞廷湿地。"[77]拿破仑创立的制度能否像恺撒留下的一样长久呢？现在说这个未免太早，但他显然已经埋下他所谓的"一些花岗巨岩，支撑法兰西的灵魂"。

第十三章　阴谋

太可惜了，这人不懒。

——塔列朗论拿破仑

浩大革命之后，冷静局势之前，一切皆有可能。

——1800年1月，拿破仑致儒尔当

"我要出其不意地突降巴黎，"1800年6月29日，拿破仑从里昂致信吕西安，"我根本不想要凯旋拱门这种俗丽装饰（colifichets）。我太有自知之明，不会关心这些蠢物。真正的胜利唯有人民的满足。"[1]7月2日凌晨2点，拿破仑到达杜伊勒里宫。共和历中的7月14日已然固定下来，当天，战神广场（今埃菲尔铁塔所在地）举行盛大的阅兵式，缴获的军旗成了仪式亮点。此外，荣军院、协和广场与旺多姆广场也有典礼。拿破仑告诉执政同事们，他不想恢复古代战车比赛，"对乘车作战的希腊人来说，这种竞赛也许非常有利，但它对我们没多少意义"。[2]当天上午执政卫队才到场，所以他们穿着破烂染血的制服接受检阅。露西·德·拉图尔·迪潘（Lucie de La Tour du Pin）惊讶地发现，场上的群众看到这批伤员后既震惊又沉默，她总结道，他们最盼望的事还是早日实现和平。[3]早在7月时，法奥就开始磋商和约，但是直到霍恩林登（Hohenlinden）大捷后双方才正式签约。12月3日，莫罗在霍恩林登击败约翰大公，俘虏 8000 人，缴获 50 门大炮以及 85 辆弹药马车和辎重马车。奥军无精打采地继续战斗至圣诞日，当天，卡尔大公在距维也纳仅 90 英里的施泰尔（Steyr）同意停火。"这次战役中，你再度超越自我，"拿破仑致信莫罗，"这些卑鄙的奥地利佬非常顽劣。他们正依赖冰雪的庇佑，而且也还不了解你。我亲切地向你致敬。"[4]

约瑟夫代表法国与美国谈判，10 月 3 日，他在卢瓦尔河上的自家宅邸莫特方丹（Mortefontaine）城堡签订条约，美法两国的准战争随之结束，这意味着新生的美国海军不会再与英国皇家海军联手威胁法国。"第一执政表情严肃，"条约获批后，美国公使威廉·范默里（William Van Murray）写道，"他相当深思熟虑，有时还显严厉，他不吹嘘、不自私……他的动作一丝不苟，这立刻表明，他怀有技术精湛的击剑大师的……焦躁情绪与井然思维……他话中的坦率远超恐惧，你不禁认为他毫无保留。"[5] 四天后，法国与西班牙达成《圣伊尔德丰索密约》（secret Convention of San Ildefonso）①，条约规定：法奥媾和后，法国把哈布斯堡的托斯卡纳让给波旁家族的帕尔马公爵嗣子、西班牙国王卡洛斯四世（Carlos IV）的女婿唐路易斯（Don Louis）；作为回报，西班牙割让路易斯安那给法国。② 当时路易斯安那是一片广袤领土，从墨西哥湾（Gulf of Mexico）延伸至加拿大边界，覆盖了现代美国的 13 个州。《圣伊尔德丰索密约》规定，法国承诺不把路易斯安那卖给第三方。

与此同时，马耳他岛已被皇家海军封锁两年，它的命运为

---

① 圣伊尔德丰索即今日的拉格兰哈（La Granja）。——译者注
② 1762 年的《枫丹白露条约》规定，法国割让路易斯安那给西班牙。

英国左右，于是拿破仑正式将马耳他岛赠予俄国沙皇帕维尔一世，配衬其圣约翰骑士团新任大头领的身份。9月5日，英军夺取该岛，赠送之举对他们全无影响了，但法俄关系得以改善，沙皇也提出承认莱茵河与滨海阿尔卑斯省（Alpes-Maritimes）是法国的天然疆界。当年年底，帕维尔一世已创立武装中立同盟。普鲁士、瑞典、丹麦入盟，与俄国一同反对严厉苛刻、深惹反感的英国海商法，特别是任意搜查中立国船只来寻找法国走私货物的条令。1801年年初，拿破仑和帕维尔友好相处，以至于他们甚至拟定如下计划：马塞纳率3.5万人进入阿斯特拉罕（Astrakhan），同3.5万名俄军士兵及5万名哥萨克会师，然后法俄联军渡过里海（Caspian Sea），攻占坎大哈（Kandahar），并从该地入侵印度。[6] 拿破仑又在构想不切实际的东方蓝图了，尽管它没有起自阿勒颇的行军那么梦幻。

1800年12月24日（周三），晚上8点刚过时，拿破仑和约瑟芬去歌剧院欣赏海顿（Haydn）的清唱剧《创世记》（*The Creation*），两人各乘一辆马车。在圣尼凯斯街①上的骑兵竞技场一角，一匹小挽马拉着某位种子商的大车，一个月前刚从伦敦回国的朱安党人约瑟夫·皮科·德·利莫埃兰（Joseph Picot de Limoëlan）已在车上的水桶内布下火药。朱安党领袖乔治·卡达杜尔同党、前海军军官罗比诺·德·圣雷冈（Robinault de Saint-Régant）点燃引线，他把马缰交给一名小女孩，自己匆匆逃走。拿破仑幸免于难，因为引线有点长过头了，他的车夫塞萨尔（César）又飞快地赶车，急转弯超过了街上的货

287

---

① 已然拆除，起始段位于今莱谢勒街（rue de l'Échelle）与里沃利街交汇处。

车。[7]当时，拿破仑的副官让·拉普和约瑟芬同乘后面的马车。"拿破仑靠一次不寻常的意外逃生，"拉普回忆道，"货车本来待在刺客们计划的位置，一名掷弹兵护卫无意间用马刀刀背赶走了一名正站在圣尼凯斯街中央的刺客，结果货车转了个方向。"[8]约瑟芬的马车远离大爆炸，所以车上乘客也全部存活，不过炸弹震裂的车窗玻璃碎片飞溅过来，浅浅地割伤奥尔唐斯的手腕。这次暗杀被称作"地狱阴谋"（machine infernale），它导致 5 人（包括牵马的小女孩）死亡、26 人受伤。[9]至少有 46 座房子受损，可见它足以造成远超此数字的伤亡。

两辆马车都停下了。在这血腥的一幕中，拉普离开约瑟芬的马车，前去查看拿破仑的状况。约瑟芬得知丈夫无碍、事实上还坚持去歌剧院，她也勇敢地跟上，然后发现"拿破仑坐在包厢里，他沉着镇定，用观剧望远镜环视观众"。她进入包厢后，他说，"约瑟芬，这些流氓想把我炸飞"，然后他命令上演清唱剧。[10]不论当晚的舞台上有何表演，拿破仑的表现都和它们一般出色。观众知晓暗杀后，为他逃过一劫而欢呼。

拿破仑曾答复可能将成为路易十八的人，向他解释了为何波旁王朝不可能复辟。从那以后，阴谋者一直在策划数桩针对他的暗杀密谋，它们的恶性程度不等。9 月 4 日，17 人被捕，并因预谋暗杀被诉。[11]10 月 11 日，又一个诡计曝光：有人打算趁他离开歌剧院时刺杀他，传说在雾月政变中挥舞匕首的科西嘉议员的弟弟约瑟夫－安托万·阿雷纳（Joseph-Antoine Aréna）也是阴谋者之一。[12]保民院祝贺拿破仑躲过一劫，他则说："其实我并未身处险地，不管那七八个卑鄙之徒有什么渴望，他们策划的犯罪注定要落空。"[13]又有 12 人打算趁拿破仑返回马尔迈松时往他的马车里扔手雷（oeufs rouges），10 月 24

日他们被捕。[14]在这些阴谋者中，烟火技师亚历山大·舍瓦利埃（Alexandre Chevalier）与约瑟芬婚前的好友托马·德福尔热（Thomas Desforges）逃出法网。

两周后，即11月7日，保王党人舍瓦利埃终于被捕，他的多管枪（multi firing gun）和暗杀计划都被起获。按照该计划，舍瓦利埃盘算要用烟火惊吓拿破仑的马，并在街上撒播铁钉，以阻止执政卫队施救。富歇辛勤工作，一周后又揭发一桩密谋，此案涉及封锁拿破仑要经过的街道。拿破仑掌权后，富歇在官方报告中列出不下十起针对他的独立暗杀计划，其中一些牵涉为数仍多的舍瓦利埃同党。[15]警务报告开始表明，公众认为拿破仑迟早会真的死于暗杀。

所有这些密谋中，地狱阴谋最接近成功。富歇的侦探做了一些非常不错的鉴定，他们重新组装现场的马蹄铁、挽具和货车，出卖这辆车的谷物商也认出了买主。[①]警察开始抓紧时间逮捕犯人，利莫埃兰逃走，也许他去美国当教士了。[16]所有证据都对朱安保王党不利，但地狱阴谋是个大好机会，拿破仑不想浪费其政治作用。他告诉参政院，自己要对付"恐怖分子"：支持恐怖统治、反对雾月政变的雅各宾派。1794年，拿破仑因忠于雅各宾派被捕，六年后他却认为，因为雅各宾派的意识形态、极强的组织性以及对权力的熟悉程度，这一党派比朱安党刺客更危害国家。"我派去一个掷弹兵连，圣日耳曼（Saint-Germain）郊区的人就会跑光，"当时，他评论在那儿发现的保王党沙龙，"但雅各宾党人更顽强，他们不会这么轻易就认输。"[17]富歇大胆指

289

---

① 今天，巴黎卡姆街（rue de Carmes）上的警察局博物馆（Musée de la Préfecture de Police）展示了圣尼凯斯街炸弹的引爆机制。

责卡达杜尔等英国扶持的保王党人，拿破仑表示反对，他说起1792 年的九月屠杀："他们是九月之人（Septembriseurs），是染血的不幸之辈，此后他们结成坚强阵营，一直密谋对抗一切后继政府。我们必须找到恰当的解决方式。"他补充道："只有摆脱这些无赖，法国才能平静地接受国家政府统治。"[18] 由此可见，拿破仑至少在情感上抛开了往昔的革命经历。

1801 年元旦，中央警察局成员路易·迪布瓦（Louis Dubois，但次月他就任警察局局长）在参政院宣读报告时提及多起刺杀密谋：第一起中，策划者企图派杀手潜入执政卫队掷弹兵；第二起中，刺客梅特让（Metgen）想趁法兰西喜剧院（Comédie-Française）上演拉辛的《布里塔尼库斯》（Britannicus）时刺死拿破仑（当晚拿破仑不曾观看此剧）；第三起中，刺客贡博－拉雪兹先生（M. Gombault-Lachaise）发明了包含炸药"希腊火"的机器，他原打算在德塞葬礼上对拿破仑开火，然而沉重的装饰挡了他的去路。[19] "朱安党和流亡者像皮肤病，"拿破仑在会上说，"恐怖主义却是体内恶疾。"①

1 月 8 日，根据三天前颁布的元老院令，130 名雅各宾党人被捕后遭放逐，他们的流放地大多是圭亚那。（元老院令的使用初衷只是修改宪法，但是由于它可以绕开立法院与保民院，拿破仑发现它愈发有用。）圭亚那绰号"不流血的断头台"，因为当地气候如死刑一般致命。公众并未抗议。纵然这些雅各宾党人与地狱阴谋无关，其中很多人尤其是恐怖统治时期的决策者也与合法但不公正的死刑判决有牵连。泰奥菲勒·

---

① 1 月 13 日，拿破仑致信儒尔当，其称："看样子，英国与这些事牵扯甚密。"CG3 no. 5913, p. 513.

贝利埃（Théophile Berlier）反对流放雅各宾党人德特朗（Destrem）与塔隆（Talon），试图和拿破仑争辩，第一执政便坦率地答道，两人之所以遭流放，并不是因为他觉得他们策划了地狱阴谋，而是因为他们在"大革命期间的所作所为"。贝利埃反驳道，若无炸弹爆炸，根本不会有人提起流放德特朗和塔隆，拿破仑仅仅一笑置之："啊，律师先生，你就是不肯服输！"①20　　290

反常的是，除非另有一份已经遗失的议程，富歇的流放者名单可谓奇怪草率。单上有名的雅各宾党人中，一个近五年来都在瓜德罗普（Guadeloupe）②当法官，一个六个月前就已去世，还有好几个同新政府和睦相处，甚至为它效力。这是最后一次体现前十二年间法国政治特色的大搜捕了。"从此以后，首都眨眼间变了风气。"拿破仑日后回忆道。21他一边彻底清除雅各宾派，一边缉捕真凶朱安党人。1月30～31日，舍瓦利埃等9人被送上断头台，不过布尔蒙伯爵仅仅入狱（1804年成功越狱，后来他在葡萄牙为拿破仑作战）。1804年12月，相关证据表明还有一桩效法卡达杜尔的暗杀阴谋，但涉事人员中只有让·德·拉罗什富科-迪布勒伊（Jean de La Rochefoucauld-Dubreuil）被拿破仑流放。22

地狱阴谋之前，拿破仑就想引入严苛的治安法律，将特别军事法庭延伸到民事层面。不过，参政院认为这些法条太独裁。因为皮埃尔·多努、诗人马里-约瑟夫·谢尼埃（Marie-Joseph Chénier，《出征曲》词作者）、作家邦雅曼·康斯坦（Benjamin Constant）等自由派、稳健派保民官反对，它们只好被撤回。[23]圣尼凯斯街爆炸案之后，立法机关迅速通过了这些法条。拿破仑几乎一创立保民院就对它态度强硬，他批评康斯坦、多努和谢尼埃，说这些人是"形而上学论者，对他们来说，躲进水里再好不过……你们一定不能指望我像路易十六一样任自己受害。我不准许"。[24]为了挫败日后的阴谋，每次临出行尚余五分钟时，拿破仑才公布目的地。[25]

路德维希·冯·科本茨尔伯爵与约瑟夫、塔列朗谈判，前者最终筋疲力尽。1801 年 2 月 9 日，法奥签订《吕内维尔和约》，长达九年的战争终于结束。《吕内维尔和约》大致建立在《坎波福米奥条约》的基础上，它确认了法国在比利时、意大利和莱茵的新增领土，但是剥夺了奥地利四年前凭《坎波福米奥条约》从北意大利分得的大部分补偿土地。弗朗茨本该好好遵守《坎波福米奥条约》的。由于一来法俄修好，291 二来维也纳处于莫罗的进攻范围，科本茨尔没多少余地施展外交手腕。奥地利割让托斯卡纳给法国，根据法西两国在《圣伊尔德丰索密约》中达成的相关约定，托斯卡纳改称伊特鲁里亚王国，并归唐路易斯所有。此人是路易十五的曾孙，现年 28 岁，"蠢得吓人"（阿布朗泰斯公爵夫人洛尔语），娶西班牙公主玛丽亚·路易莎（María Luisa）为妻。"这家伙不会过卢比孔河，"拿破仑提到新国王时说，"罗马能安心了"①。[26]

---

① 拿破仑在此引用了西方典故。罗马共和国时代，卢比孔河是罗马直辖的意大利本土与内高卢行省分界线。当时的法律规定，行省总督不得带兵进入意大利，违者将处死刑，但内高卢总督恺撒无视禁令，率军渡过卢比孔河，引发罗马内战。后世也用"渡过卢比孔河"形容破釜沉舟、背水一战。——译者注

当然，伊特鲁里亚王国仅有独立之名而无独立之实，虽然该国有波旁君主，它却得支付巨款维持其境内的法国驻军。①27拿破仑没有建立姐妹共和国，而是创立王国，法国人正确地认识到，他想让法国民众逐步接受在国内恢复君主制。1802 年 1 月，伊特鲁里亚国王路易斯一世（Louis I）造访巴黎，拿破仑携他去法兰西喜剧院观看《俄狄浦斯》，该剧演至第二幕第四场时，剧中人物菲罗克忒忒斯说，"我扶植君主，但拒绝王冠"，观众为他的台词尽情欢呼。28不过，拿破仑仍需小心行事。

大大松了一口气的法国民众欢迎《吕内维尔和约》，尤令人宽慰的是，它宣布免征 1802 年度新兵，声明参加过四场战役的士兵（在军中占八分之一）可以复员。292 月 13 日，拿破仑向元老院传信，宣称"只为世界和平与繁荣而战"，不过野心包天的不列颠曾"羞辱"他，他忍不住威胁实施"报复"（他总是称不列颠为英格兰）。30然而，英国也已厌倦持续冲突，近十年战争之后，它差不多准备收剑入鞘了。

2 月 17 日，拿破仑前往巴克街上的加利费公馆，出席塔列朗在外交部举办的《吕内维尔和约》庆功宴。巴克街从王家桥向南延伸，穿过圣日耳曼郊区。街上有一条长长的走廊，旁边挨着一座剧院。美国总领事维克托·杜邦（Victor du Pont）② 也是在场来宾，他回忆宴席道："这是我见过的最盛大

---

① 托斯卡纳大公前脚刚走，新国王与王后就到了。托斯卡纳大公临行前把他的佛罗伦萨宫殿席卷一空，公主便用第三人称评论道："西班牙国王之女惯用金杯银盏，这是她第一次被迫使用瓷质餐具。"Etruria, *Memoirs*, p. 309.

② 经济学家皮埃尔·杜邦·德·内穆尔（Pierre du Pont de Nemours）之子。内穆尔在法国两度入狱，出狱后，他在美国创立一家相当成功的企业（今化工巨头杜邦公司）。

丹麦

北海

大不列颠联合王国

巴达维亚共和国

汉诺威
汉诺威

梅克

伦敦 •

巴黎 •

斯特拉斯堡 •

符腾堡

慕尼

法兰西共和国

海尔维第共和国

内高卢共和国

威

都灵 •
米兰 •

帕尔马

热那亚

卢卡

利古里亚共和国

伊特鲁里亚

西班牙

科西嘉

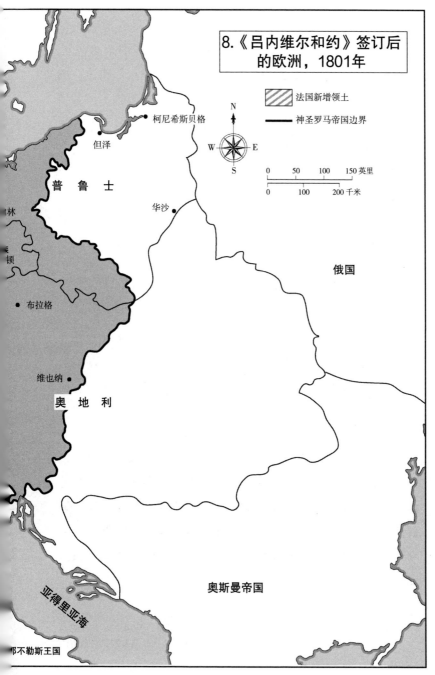

8.《吕内维尔和约》签订后的欧洲，1801年

法国新增领土

神圣罗马帝国边界

| 0 | 50 | 100 | 150 英里 |
| 0 | 100 | 200 千米 |

N
W E
S

柯尼希斯贝格

但泽

普鲁士

华沙

俄国

布拉格

维也纳

奥地利

奥斯曼帝国

亚得里亚海

那不勒斯王国

294 场面。"① 朱塞平娜·格拉西尼"展示了美妙嗓音的全部魅力。她如花似玉，在我的记忆中，她是我见过的颈上、头上、胸上、臂上佩戴钻石最多的女人"。据说拿破仑在意大利时勾搭上格拉西尼，并赠给她这些钻石，不过钻石"非常丰富，因为将军和政府军需官花不了几个钱就能买到它们"。拿破仑"看上去深深陶醉于她的歌声，波拿巴夫人妒火中烧，怏怏不乐"。约瑟芬也戴着"特别大的"钻石。

音乐会后，歌舞剧院（Théatre de Vaudeville）的演员表演有关和平的轻喜剧。杜邦说，"剧中诗句几乎都称颂波拿巴"及"王室"。"王室"之称并不确切，却预见了未来。芭蕾舞小插曲过后，华尔兹开始。"我从没见过这么多露出的肉体，"34 岁的外交官回忆道，"她们的胳膊一直裸露到腋窝，她们的胸部全无遮蔽，她们的身体从肩膀到后背中部都无衣裳。"此外，她们的衬裙又短又薄，几近于无，所以"她们的四肢全部暴露在外"。[31]拿破仑在数个房间中穿行，身边跟着四位高大英俊的副官，他们身着骠骑兵制服，帽子上的羽毛"几乎触到天花板"。与此同时，塔列朗"抖着他的瘸腿，亲切待人，尽筵席东道主之谊"。[32]塔列朗的钱应付这些庆典开销绰绰有余。《吕内维尔和约》规定，在比利时发行的奥地利公债将以平价兑现，塔列朗知道后折价吃进这些债券，发了笔财。[33]那个年代，内幕交易几乎是公认的工作福利，很少受到今天的法律指控与道德谴责，即便如此，塔列朗依然堪称独一无二。

---

① 然而，宴会管理尚有改善空间。约有 1200 人赴宴，平均 3 人乘一辆马车，从晚上 9 点开始，每辆马车有 90 秒时间下客。杜邦发现，依然有人次日早上 6 点才到。

　　法国外交官路易-纪尧姆·奥托（Louis-Guillaume Otto）在英国首都滞留数年，组织战俘交换。1801 年 2 月，小威廉·皮特的政府被天主教解放问题拖垮，于是亨利·阿丁顿（Henry Addington）在伦敦组建新政府。3 月，新内阁的外交大臣霍克斯伯里勋爵开始同奥托洽谈，可见两国有望达成甚至比《吕内维尔和约》还重要的和约。法国是小皮特内阁的死敌，虽然霍克斯伯里追随小皮特，但他开始谨慎寻求与法国和解的可能性。这一时期中的 3 月 8 日，英国远征军登陆埃及阿布吉尔。冈托姆将军本该接驻埃及法军回国，而皇家海军在土伦沿海封锁了他的舰队，结果法军将领弗里昂、贝利亚尔、拉尼斯（Lanusse）和梅努仍然无法撤军，导致拿破仑在埃及的地位严重恶化。

　　3 月 23 日，沙皇帕维尔一世遇刺身亡，这打击了拿破仑，据说他听闻消息后大声怒吼。他怀疑幕后黑手是英国间谍，但真凶是一些俄国贵族及汉诺威将军莱温·冯·本尼希森（Levin von Bennigsen）。[34]帕维尔精神状态不稳，不过他和英国国王乔治三世、丹麦国王克里斯蒂安七世（Christian VII）、葡萄牙"疯女王"玛丽亚（Maria'the Mad'）不同，没有被确诊为心智失常。当时，上述三位君主皆安坐欧洲某国王位，尽管是由他们的摄政王行使实权。保罗优待中产阶级，他的政策据信会威胁俄国贵族。帕维尔的嗣子亚历山大此时 23 岁，谋杀发生时他就在宫中，也许有人曾暗示他，贵族要逼他父亲退位。（他们的确成功逼宫，然后刀刺、绳勒、足踢沙皇，最终杀死了他。）当年年末，亚历山大加冕为沙皇。理论上他掌控绝对权力，但他清楚，想逃过父亲的下场就得和贵族联手。

　　沙皇亚历山大一世（Tsar Alexander I）是谜一般的人物。

295

幼时，他在祖母叶卡捷琳娜大帝的开明宫廷中长大；少时，瑞士教师弗雷德里克·德·拉阿尔普（Frédéric de La Harpe）教授他卢梭主义信条。尽管如此，他仍对司法大臣说："你总想对我指手画脚，但我才是唯我独尊的皇帝，这是我的唯一身份！"有人说亚历山大既对全人类有抽象之爱，又对具体个人抱切实同情。他本性善良、耳软心活、自私自利，擅长装腔作势，以至于拿破仑后来戏称他为"北国塔尔马"，并在另一个场合给他起了绰号"狡猾的拜占庭人"。1801 年，亚历山大承诺编纂俄国法典，几年后又命令顾问米哈伊尔·斯佩兰斯基（Mikhail Speranski）伯爵起草自由宪法，但他既不曾修法，也不曾批准自由宪法。亚历山大也宣称，只要俄国更加文明化，他就乐意废除农奴制，但他从未真正接近那一步，跟前两件事相比，废除农奴制一事并无更多下文。拉阿尔普起初兴致勃勃地向亚历山大讲述第一执政拿破仑的改革，不过帝师从巴黎回来后就感到幻灭，于是他写下《反思第一终身执政的真面目》。这本书称，拿破仑是"有史以来最著名的暴君"，它深深影响了年轻的沙皇。亚历山大最终成为推翻拿破仑的头号人物，所以父亲遇害、他登上欧洲舞台之刻可谓意义深远。

296

亚历山大和俄国贵族倾向于亲英，因为他们从波罗的海的英俄贸易中获利。拿破仑担心亚历山大等人会让俄国脱离沙皇帕维尔一世的武装中立同盟，事情果如他所料。4 月 2 日，纳尔逊进攻哥本哈根，丹麦船只有 12 艘被俘、3 艘被毁，武装中立同盟被严重削弱。多年后，拿破仑遇见哥本哈根海战参战者、皇家海军军官佩恩（Payne）上尉，对他说："哥本哈根存在一天，你们就会和它爆发激烈冲突。"[35]此言不假，丹麦人顽强抗击，此后一直忠于拿破仑阵营。拿破仑命令《箴言报》

用不祥的语气报道沙皇被害与哥本哈根遇袭，"历史会揭晓二者之间的可能联系"。[36]（然而并没有。）他给沙皇亚历山大寄去友好书信，对信使说："出发吧，先生，跑起来。别忘了，上帝只用了六天创世。"[37]

4月14日，霍克斯伯里勋爵提出，英军撤离梅诺卡岛（Menorca）后，作为回报，法军应当撤离埃及。也就是说，英国的媾和补偿将是马耳他岛、多巴哥岛（Tobago）、马提尼克岛、特立尼达岛（Trinidad）、锡兰（Ceylon，今斯里兰卡）以及产糖的荷属圭亚那殖民地埃塞奎博（Essequibo）、德梅拉拉（Demerara）①、伯比斯（Berbice）。拿破仑拒绝了提议，反而主张道，英国需完全放弃这些战时扩张的领土以及从过世的蒂普苏丹手中夺取的印度土地。两人的建议都令对方根本无法接受，此举暗示道，他们清楚讨价还价将持续数月、眼下只需铺设开局，于是乎他们开了这种条件。4月24日，拿破仑派迪罗克去柏林和圣彼得堡分别觐见普鲁士国王和沙皇，他告诉迪罗克，"说话时要显得我们定能守住埃及"，这显然说明他们守不住了。按照他的要求，迪罗克对普鲁士国王和沙皇说，若英国的埃及远征"成功，欧洲将蒙受巨大的不幸"。[38]然而，这回英国似乎占据上风。帕维尔一世遇刺后，5～6月，瑞典与丹麦先后同英国签订和约，俄国自己终于也加入了它们，武装中立同盟宣告破裂。

5月，拿破仑试图劝说海军将领布吕克斯、冈托姆、维尔纳夫、罗西利和利努瓦（Linois）解救驻埃及法军。将军们害怕这会变成对抗皇家海军的自杀性任务，为了避免渡过地中　297

---

① 今乔治敦（Georgetown）。——译者注

海，他们举出西班牙船只失踪的消息、搁浅的船舶、地方瘟疫等一切能想到的理由。（拿破仑的海军知识少得可怜，他从没真的弄明白两件事：英军每分钟侧舷开炮数遥遥领先，因此在一切战事中，单论参战船只数量在很大程度上没有意义；封锁法国海面非但没有削弱英军的战斗力，还强化了它。）由于谈判进展缓慢，失望的英军开始围攻亚历山大，以图将法国人彻底赶出埃及。

8月5日，霍克斯伯里告诉奥托，他也许会让马耳他岛独立。此言说明皇家海军不会利用战略要地马耳他岛，这正是拿破仑渴望的让步。梅努在围城中守了两周，9月2日，他向英军投降。拿破仑得知梅努已降，遂令奥托趁英国政府尚不知情时提出，为了实现和平，法国愿意撤走驻埃及、那不勒斯和教皇国的军队。① 霍克斯伯里不知亚历山大的法军已经战败，接受了奥托的条件。

1801年10月1日，奥托在协议的前15条后签字，英法两国于是爆发欢庆浪潮。"先行和约签订的消息传来后，公众急不可耐地表露自己的感情，"《泰晤士报》报道，"以至于昨晚几乎没有公共街道熄灯。"³⁹商店橱窗展示奥托的画像，民谣歌手吟唱赞美他的歌谣。几天后，拿破仑的副官雅克·德·洛里斯东（Jacques de Lauriston）将军携官方批准书赴伦敦，群众卸下他所乘四轮大马车的挽马，亲自拉车。他们先从牛津街（Oxford Street）去圣詹姆斯街（St James's Street），又从唐宁街去海军部，并穿过圣詹姆斯公园（St James's Park）。与此同

---

① 拿破仑免除了梅努对埃及灾难的个人责任，但此后再未授予他战场指挥权。

时，尽管电闪雷鸣、大雨瓢泼，人们却一直庆祝到晚上。[40]这些事令霍克斯伯里大感不悦，他认为在完整条约签署前，它们只会增加拿破仑的谈判筹码。[①][41]

先行协定规定：英国向法国、西班牙、荷兰几乎悉数归还 298 自 1793 年起攫取的领土，包括好望角（Cape of Good Hope）、荷属圭亚那、多巴哥岛、马提尼克岛、圣卢西亚岛（St Lucia）、梅卡诺岛、本地治里（Pondicherry），英国仅保留特立尼达岛和锡兰（第 2 条）；英国在一个月之内把马耳他岛还给圣约翰骑士团，最终条约将确定保护骑士团的第三个国家（最后达六个）（第 4 条）；埃及复归奥斯曼帝国所有（第 5 条）；法军需撤离那不勒斯与教皇国，英军需撤离厄尔巴岛以及"地中海和亚得里亚海中它能占领的所有港口和岛屿"（第 7 条）。其他条款的内容比较寻常，涉及伊奥尼亚群岛、战俘交换和纽芬兰海（Newfoundland）捕鱼权。[42]

为时九年的战争扰乱了欧洲贸易，英国几乎是急求和平，拿破仑遂能力争权益，使对方做出大量让步。条约是一大外交成就，因为梅努战败后，法军无论如何也得撤出埃及。就在条约签订后的第二天，即 10 月 2 日，英国人得知了真相。法国用一些意大利土地换回了它完整的海外帝国。俄国保有对地中

---

① 先行协定签署前一日，即 1801 年 9 月 30 日，拿破仑的通信活动充分体现了其头脑分类理事的能力。拿破仑寄出十一封信：三封给沙普塔尔，其中一封信任命利亚莫讷省（Liamone）省长；一封给富歇，命令他把任何出口小麦的人抓进哈姆监狱；一封给财政部长弗朗索瓦·巴尔贝－马尔布瓦；一封给司法部长安德烈·阿布里亚尔（André Abrial）；三封给塔列朗；两封给贝尔蒂埃，命令他给还在睡干草堆的巴斯蒂亚驻军第 23 师安排床位。CG3 nos. 6525－35, pp. 795－8.

海的兴趣，早在 1800 年就派军开赴瑞士，不管怎么说，拿破仑也会迫于俄国的压力放弃那些意大利土地，而且必要时他可轻易夺回它。英国战斗近十年，花费 2.9 亿英镑（这个数字是其国债的两倍多），但它赢来的领土只有特立尼达岛和锡兰，不管怎么说，它们原本也不属于法国。[43] 相形之下，法国在莱茵、荷兰和意大利西北地区驻军，支配瑞士，并影响盟友西班牙，这些都未见诸条约。

尽管如此，伦敦继续庆祝。日记作者亨利·克拉布·鲁宾逊（Henry Crabb Robinson）收到友人来信：

> 和约激起一片狂喜，其盛况为我生平未见。公债价格下跌，国家会遭入侵的预期非常普遍……欢乐的游行几乎闹到疯狂。王国上下灯火通明……据说人们在街上反复呼喊"波拿巴万岁！"……考察政府文件的变化风格是件趣事。"科西嘉投机分子""不信神的投机分子"现在是"威严的英雄""公共秩序复兴人"，等等，事实上，他成了一切伟绩善行的化身。这让人想起哑剧中恶魔突然变天使的变装场面。[44]

1801 年 8 月，拿破仑和拜恩签订了友好条约。1801 年 10 月 8 日，他又同俄国缔结和约，6000 名俄国战俘于是携带武器及制服回国。次日，他与土耳其人签约讲和，根据这一条约，双方互相开放港口。所以说，一年之内，拿破仑已同奥地利、那不勒斯、奥斯曼、俄国、英国及流亡者媾和。第二年夏初，法普议和。10 月 14 日，人们在加来欢迎 63 岁的英军将领康沃利斯（Cornwallis）勋爵。1781 年，此人在约克镇

（Yorktown）向华盛顿投降。欢迎会上，加农炮鸣炮致敬，仪仗队接待贵宾。康沃利斯先被邀至巴黎，当地举办了庆典，设置公共照明①，然后他被请至亚眠（Amiens），与约瑟夫、塔列朗商谈条约细节。[45]（把谈判地设在亚眠是想图个吉兆。1527 年，亨利八世与弗朗索瓦一世在此缔结和约。）

1801 年 11 月 20 日，拿破仑任命第一批杜伊勒里宫工作人员，包括侍从、秘书、施赈员、侍从武官、男仆乃至切肉工（tranchants，他们的工作就是给他切肉）。[46]米奥·德·梅利托发现，杜伊勒里宫中，高筒骑兵靴、马刀和帽徽不见了，取而代之的是齐膝紧身马裤、丝绸袜、银纽鞋、礼仪佩剑和夹在胳膊下的帽子。[47]玛丽·安托瓦内特的前首席宫廷侍女向这些着制服的仆役与廷臣传授礼节，解释什么人可在什么时间、什么情况下面见第一执政。[48]不出六个月，普鲁士驻巴黎大使卢凯西尼侯爵报称，"第一执政夫妇的周围统统翻版凡尔赛宫的大体风格与礼仪"。[49]难怪莫罗这样的人会寻思法国为何费心将路易十六斩首。

康沃利斯来法一周后，奥托告诉霍克斯伯里，既然大西洋已可安全通行，法国将从罗什福尔和布雷斯特派遣远征军12000 人，从而"重整圣多明各地区的秩序"。[50]圣多明各原是蓄奴殖民地，若论产量，18 世纪 90 年代初期时，加勒比地区和美洲的其他欧属殖民地加起来也不及圣多明各的 8000 座种

---

① 庆典期间，拿破仑担心，"为了让外国人能从窗外观赏"，卢浮宫的画像与雕塑布局被打乱了。参观者要求在博物馆生火炉取暖，但他认为此举太危险，明智地拒绝了。CG3 no. 6624, p. 836.

植园，它们出产的糖和咖啡在欧洲人的消费量中分别占40%和60%，并占到法国海外贸易总额的40%。[51]然而，近六年来，杜桑·卢维杜尔领导圣多明各地区的奴隶起义，1801年时，当地蔗糖与棉花的出口量分别仅占1789年出口量的13%和15%。[52]这狠狠打击了法国贸易，并严重殃及波尔多（Bordeaux）、南特（Nantes）、勒阿弗尔等港口的繁荣，商人大声呼吁法国在圣多明各重建直接统治，此言也意味着恢复奴隶制。1793年，雅各宾派解放了奴隶，1794年，该党又废除了奴隶贸易。可如今，雅各宾分子或已入土，或遭贬黜，或被囚禁。曾有一度，圣多明各供应法国国库1.8亿法郎岁入、雇佣1640艘船、招募成千上万的水手，并促使大西洋沿岸的法国港口蒸蒸日上。拿破仑急着重现旧日盛况，在他期盼的未来图景中，新法兰西帝国甚至可在圣多明各地区搭建起西半球战略跳板，何况法国也已用托斯卡纳换取路易斯安那。

拿破仑致圣多明各居民的布告声称上帝眼中人人自由平等，他致卢维杜尔的宣言则说（值得注意的是，他首次使用王室自称"我们"），"我们欣赏这些黑人勇士的勇气，惩罚他们的叛乱行为将是我们的头等憾事"，但他只是装装样子而已。[53]拿破仑曾在埃及收买奴隶，现在他对29岁的妹夫夏尔·勒克莱尔将军（波利娜的丈夫）下令，一旦可以稳妥地恢复圣多明各地区的奴隶制，就动手重建它。1802年1月29日，勒克莱尔率远征军2万人登岛，次月，他很快等来8000名援军士兵。[54]拿破仑警告当地居民，胆敢"背离司令（勒克莱尔）之人将被视作叛国者，共和国之怒会吞没他，你们枯萎的甘蔗也要被付之一炬"。[55]他命令勒克莱尔遵循三阶段计划：第一阶段，攻占岛上战略要地，黑人要什么就许诺什么；第二阶段，逮捕并驱逐所有潜在的反对者；直到第二阶段完成，才进入恢复奴隶制的第三阶段。[56]

自由黑人杜桑·卢维杜尔魅力超凡但又冷酷无情，自己也蓄奴。1801 年 5 月，他颁行圣多明各宪法，借此自封终身独裁官，而他的旗号显然是法国大革命的自由平等信条。他把 2 万名前奴隶组建成一支军队，赶走圣多明各岛（St Domingue Island）东半部（今多米尼加共和国）的西班牙人，控制了整个岛屿。[57]勒克莱尔的美言骗不过卢维杜尔，还没等他实施拿破仑的第一阶段计划，双方已然开战。勒克莱尔的大舰队共有 54 艘船，它们还在路上时，卢维杜尔就在岛上镇压内乱，处决了魁首（他的亲侄子）与 2000 名反叛者。为了击败法军，他准备先销毁他们能在海边找到的所有资源，然后退入内陆山区的丛林打游击战。

疟疾和黄热病令勒克莱尔损兵折将，他没料到这个可怕的打击。一旦补给短缺、疫情暴发，他就面临无法克服的障碍，而他的援军只有少数波兰人和瑞士人。[58]（在土伦时，两个瑞士旅得知目的地后立刻哗变。）战争很快演变成血腥的种族屠杀，拿破仑虽不在场，但他必须负重大责任。近来，某位历史学家指出，"波拿巴憎恶黑人"，但并无证据证明这类当代人的指控。然而，当时西方人普遍认为白人优于所有非白种人，拿破仑肯定也不例外，他指望勒克莱尔能靠人数众多、装备精良的军队轻松战胜本土士兵，就像他的金字塔之战与阿布吉尔之战一样。[59]"如果我是黑人，"拿破仑说，"我就支持黑人。因为我是白人，我会支持白人。"[60]正如我们所见，他在雅法处决数千名非欧裔战俘。现在他严厉对待混血种人，下了一道命令："（圣多明各地区的）白人妇女不论贵贱，向黑人出卖肉体者将一律被遣送回欧洲。"[61]

1802 年 5 月 20 日，拿破仑根据 1789 年的相关规定颁布法律，在所有法属殖民地恢复奴隶贸易（虽说严格意义上并非奴隶制本身）。[62]英国的奴隶制保持至 1834 年。1802 年，巴巴多斯岛（Barbados）的一名奴隶被杀，英国官方仅判决凶手支付 114 先令罚款。此时，大批英军观察部队进驻特立尼达岛，以防止该岛发生奴隶暴动或被拿破仑的帝国主义渗透。美国总统托马斯·杰斐逊（Thomas Jefferson）亦是奴隶主，他宣布美国保持中立，和英国人一样紧张旁观。[63]

圣多明各岛上，战事惨烈。种植园遭焚毁，屠杀与酷刑盛行，市镇被夷为平地；很多人被淹死；螺丝刀被用来挖出法国战俘的眼睛，法军甚至在船上搭建临时毒气室（étouffier），他们用火山硫黄使 400 名俘房窒息死亡，然后弄沉船只。[64]5 月 1 日，杜桑·卢维杜尔终于举起白旗，条件是法国正式承认圣多明各黑人是自由民，将黑人军官招入法军，并允许卢维杜尔及其部下在他的数座种植园中选择一处退隐地。[65]然而，勒克莱尔自作主张，6 月 7 日，他突然撕毁协议，把卢维杜尔绑架至法国监狱。游击战争继续进行，10 月 7 日，勒克莱尔致信拿破仑："除了 12 岁以下的儿童，山区黑人不论男女都应消灭，平原上的也得杀掉一半，这样的话，这个殖民地就没有身配肩章的有色人种了。"[66]拿破仑并未直接回复此言，但他肯定没有制止对方。

波利娜勇敢地随丈夫勒克莱尔出征。11 月 27 日，拿破仑致信妹夫时提及妹妹，他说自己"很满意波莱特

(Paulette)① 的行为。她应当不畏死亡，因为死在军中、死在帮助丈夫之时是她的荣耀。世间万物转瞬即逝，唯我们留下的历史印迹长存"。[67]勒克莱尔死于黄热病，到拿破仑写这封信时，他已去世近四周。"快回家，"拿破仑在得知勒克莱尔的噩耗后致信波利娜，"家人的关爱能慰藉你的不幸。我拥抱你。"阿布朗泰斯公爵夫人洛尔称，波利娜是个"不太孤寂的寡妇"。1801 年 1 月 1 日，她携勒克莱尔的遗体回国，到 8 月末时，她就再嫁给英俊富有的苏尔莫纳（Sulmona）与罗萨诺（Rossano）亲王、瓜斯塔拉公爵与亲王唐卡米洛·菲利波·卢多维科·博尔盖塞（Don Camillo Filippo Ludovico Borghese）。波利娜私下说此人是个"蠢货"，很快就肆无忌惮地出轨。②[68]

勒克莱尔死后，圣多明各的种族屠杀并未减少。法军副司令罗尚博子爵残忍至极，卢维杜尔的副手与继承者继续奋力反抗他。尽管罗尚博获得大批援军，1803 年 5 月时他也只能让 8000 人乘船回法国。20 名将军和 3 万法国人死亡，圣多明各居民（包括白人与黑人）的死亡人数可能达 35 万。[69]"黑色斯巴达克斯"杜桑·卢维杜尔被关进汝拉山脉（Jura mountains）的茹堡（Fort de Joux），1803 年 4 月 7 日，他因肺炎死在冰冷的大牢房中，今人可参观他的囚室。[70]

"我在圣多明各干了件大蠢事。"拿破仑后来承认道，"这是我治政生涯中的最大错误。我应该像对待省政府官员一样对

---

① 波利娜的昵称。——译者注

② 1804 年，卡诺瓦为波利娜的双峰之一塑了尊石膏像，该雕像今展示于罗马拿破仑博物馆。阿布朗泰斯公爵夫人洛尔说波利娜的耳朵过大，但她是个美人。

待黑人领袖。"[71]他的确汲取了一条教训——黑人可以成为优秀的战士。1809 年时，拿破仑创立"黑人劳工营"（Pionniers Noirs）①，它由埃及黑人与加勒比黑人组成，归黑人营长、"海格立斯"约瑟夫·多曼格（Joseph 'Hercules' Domingue）②指挥，此人受赏 3000 法郎特别奖金。1812 年，拿破仑已然认为不存在永久殖民地，他预言道，它们最终都会"效仿美国。殖民者的政府不肯为了你损害本土，它离你又远，又必然让你服从本土利益，你就会觉得它是外国当局。你厌倦了被它统治，厌倦了等待五千英里之外的命令。"[72]拿破仑曾梦想建立西半球的法兰西帝国，圣多明各之败就此终结了他的幻想。

_____

① 当时法军的"pionnier"并非工兵的简单同义语，而是劳工部队，他们没有武装，只有镐、锄等劳动工具。——译者注

② 海格立斯（即赫拉克勒斯，古希腊神话中的大力神）系多曼格的绰号。——译者注

第十四章　亚眠

如果法国人民认可我的优势，他们就得包容我的缺304
陷。我的缺点经不起侮辱。

　　　　　——1800 年，拿破仑致勒德雷尔

大使其实是有头衔的间谍。

　　　　　——1805 年，拿破仑致欧仁

1802 年 1 月 4 日（周一）晚上 9 点，巴黎第 1 区区长为
拿破仑的弟弟路易和约瑟芬的女儿奥尔唐斯主持婚礼。拿破仑
包办过大量婚姻，这仅是其中一例，经他插手后，别人的婚姻
生活几乎总是被毁，此例亦然。路易当时另有所爱，很快就难
以忍受和奥尔唐斯同房，后者的态度也一样。拿破仑视奥尔唐
斯如几出，她讨所有人喜欢，唯独不受他为她挑选的夫君待
见。（她后来说，学园岁月是她一生中仅有的快乐时光，再没
有比这更悲伤的说法了。）约瑟芬牺牲亲生女儿的幸福来巩固
自家与婆家的关系，她也要对这桩婚事负责。

　　约瑟夫在谈判中展现了精湛的外交手腕，助法国签署
《政教协定》、停止准战争，拿破仑也对加入法国海军的幼
弟热罗姆感到满意，然而兄弟姐妹开始令他的公共生活喜忧
参半。吕西安尤其桀骜不驯。1800 年 11 月，内政部长吕西
安允许路易·德·丰塔纳出版小册子《比较恺撒、克伦威

尔、蒙克与波拿巴》（*Parallèle entre César，Cromwell，Monk et Bonaparte*），可想而知，它的结论必然奉承拿破仑，但第一

305 执政却有明智的担忧，害怕人们注意到书中诸人皆靠违宪手段夺权，据说他因此大发雷霆。"我和克伦威尔无可比性，"他后来说，"人民三次选择了我，而且我的军队只和外国人作战，从未在国内对抗法国人。"[1]（针对最后一句，土伦联盟派、旺代民众和巴黎各区也许有话要说。）丰塔纳是第一执政的主要宣传人员之一，若说小册子的出版纯属意外未免可疑。此书对比历史上的相似之处，实际上暗示拿破仑理应掌控绝对权力，它出版后立刻激起公众的非议，所以实情也许是拿破仑假装生气。小册子的刊印暂停了，没多久，吕西安出任驻西班牙大使。1800 年 5 月，他的第一任妻子克里斯蒂娜·布瓦耶去世，后来他又迎娶一名心爱的女子亚历山德里娜·茹贝东（Alexandrine Jouberthon），她是寡妇，日后为他生了 10 个孩子。拿破仑想要个对家族更有利的弟媳，所以不承认弟弟的第二次婚姻，于是吕西安和他断交，退隐罗马。[2]

拿破仑想让将军们和旧王朝家族联姻，他恢复王室旧例，规定将领和高官要征得国家首脑同意再结婚。他反对的姻缘常比他和约瑟芬撮合的婚姻美满，这从吕西安的婚姻和热罗姆的（第一次）婚姻中可见一斑。即便促成佳偶，他也不太注重维系夫妻良缘。有一回，拿破仑的妹夫缪拉想去陪夫人卡罗琳和刚出生的孩子，请求离开意大利，但他不答应，理由是"军人必须忠于妻子，但是他断定自己无事可做后才能盼着和她再会"。[3]拿破仑和一些家人关系不佳，这无疑对他不利。

1802 年 1 月 8 日午夜，拿破仑和约瑟芬前往里昂，他将在那里就任意大利共和国最高行政官（相当于主席），这个新生的国家由内高卢共和国及《吕内维尔和约》划走的奥属意大利省份组成。康巴塞雷斯留守巴黎主持大局，次日他给拿破仑写了一封信，详述一切令人感兴趣的本土事务。从这次开始，康巴塞雷斯一共写了 1397 封类似的信件，因此拿破仑不管身在欧洲何地都可紧追国内形势。他从一封早期信件中获知：巴黎大堂（Les Halles）的中心食品市场已建设妥当；布鲁塞尔市市长为宽宥走私犯一事道歉；贝利亚尔将军想在《箴言报》中插入一段特别文字；海军部长报称弗卢兴（Flushing）风势良好；某元老院委员会开会商讨修宪；朱诺收到的报告称，保民院内有人秘密煽动他人反对政府。[4] 从很多方面看，这些信都是1804 ～ 1814 年拿破仑每日接到的警务部报告的前身。

里昂会议持续两周，其间有大量聚会、游行、招待会与工厂视察。1 月 25 日，拿破仑在百花广场（Place Bellecour）[①]检阅归来的埃及驻军，然后会谈的关键时刻来临——他在今安佩尔公立中学（Lycée Ampère）的前身耶稣会学院（Jesuit College）当选意大利共和国最高行政官。以弗朗切斯科·梅尔齐·戴里尔为首的三十人委员会向在场的 450 名意大利代表提名拿破仑，为防任何人鲁莽地反对，他们话音刚落，小木槌就敲下。[5] 诸代表来自奥地利、皮埃蒙特、威尼斯和教皇国，梅尔齐蓄意使不和最大化、使反对可能性最小化，根据代表所属地区将他们分组。在法国，塔列朗也可以更好地监视代表们。对新生的意大利共和国来说，在法国成立是一个耻辱，但自从

306

---

① 当时叫波拿巴广场（Place Bonaparte）。——译者注

公元前 5 世纪罗马解体，这还是欧洲政治地图上首次出现"意大利"一词。拿破仑撰写的宪法根本没有体现大革命推崇的全面普选权，地主、神职人员、专业人员、学者与商人牢牢掌控选举权，他们组成选民团，选出立法机关成员。

3 月 18 日，拿破仑返回巴黎。他在卢浮宫细赏亚历山大大帝和尤利乌斯·恺撒的勋章，还在国家图书馆把玩亨利四世的佩剑，与此同时，康巴塞雷斯发动合宪政变，用一纸元老院令肃清了立法院与保民院。[6] "这个机构太热衷于制造混乱了，没法和它共事。" 奔赴里昂前夕，拿破仑曾在参政院会议上如此评价保民院。被划为空想理论家和"狂热共和党人"的保民官遭到驱逐，包括谢尼埃、多努、邦雅曼·康斯坦、前吉伦特党人马克西曼·伊斯纳尔（Maximin Isnard）、政治经济学家夏尔·加尼（Charles Ganilh）。[7] 反对拿破仑的自由派人士大多是启蒙思想家，如哲学家皮埃尔·卡巴尼斯（Pierre Cabanis）、安托万·德斯蒂·德·特拉西（Antoine Destutt de Trac，他创造了术语"意识形态"）、历史学教授兼编辑多米尼克·加拉（Dominique Garat）、立宪派主教亨利·格雷瓜尔（Henri Grégoire）、作家皮埃尔－路易·甘格内（Pierre-Louis Guinguené）、律师政客让－德尼·朗瑞奈伯爵，这些人尊崇已故的孔多塞（Condorcet）侯爵，平日遵纪守法，从未策划暗杀。[8] 拿破仑有时也对他们下手，比如说，他撤销了法兰西学院的道德与政治科学学院，放逐康斯坦和德·斯塔埃尔夫人，但是他很少干涉他所谓的"诚实之辈"，除非能说动其为己效力，让·德·布里（Jean de Bry）就同意担任杜省（Doubs）省长。[9] 拿破仑甚至把卡巴尼斯葬进先贤祠、让夏多布里昂当选法兰西学院院士，这显然说明，被他蔑称为空想理论家

（idéologues）的人在他眼中不构成严重的政治威胁。

英法和谈几乎长达六个月，1802 年 3 月 25 日（周四），双方终于在亚眠市政厅（hôtel de ville）签署和约，法国盟友西班牙与荷兰也是签约国。谈判内容包括福克兰群岛（Falkland Islands，也叫马尔维纳斯群岛）、捕鲸业、柏柏里（Barbary）海盗、国旗在公海上所受致敬礼，等等。会谈期间，两国互相怀疑对方不讲信用，英国提出封波旁王公为马耳他圣约翰骑士团大头领，更是严重加深了信任危机。[10]尽管如此，法国公众依然喜气洋洋，他们绘制的彩色版画里有天使，还有戴着月桂树叶的法国最大的"平定者"拿破仑半身像女体版，画上亦有题诗："举世皆敬／法兰西的英雄／他是战争之神／他是和平天使。"[11]6 月 26 日，拿破仑和土耳其人又签订了一份和约，把恰纳卡莱海峡（Çanakkale Boğazi）纳入法国贸易线路，人们于是更加相信他符合诗中的形象。

《亚眠条约》和先行协定基本相似：英国承诺放弃本地治里，并在批准条约后三个月内撤离马耳他岛，宣告该岛为自由港，届时它将复归圣约翰骑士团所有；法国取回殖民地，代价则是撤出那不勒斯、塔兰托（Taranto）以及不属于意大利共和国的教皇国领土，如安科纳。然而，《亚眠条约》未言之事几乎和它讲明的内容一样重要。条约没有提到商业。此外，1795 年荷兰改称巴达维亚共和国，奥兰治－拿骚（Orange-Nassau）亲王威廉五世流亡他乡，丧失荷兰封地与收入。《亚眠条约》"充分补偿"亲王，但它只字未提荷兰、瑞士和皮埃蒙特的未来，也没承认意大利共和国、利古里亚共和国与海尔维第共和国。1801 年 8 月的法荷条约规定，全面和约签订后 308

法军将撤离荷兰，《吕内维尔和约》也确认瑞士独立，所以英国觉得不必用《亚眠条约》解决荷兰和瑞士问题。

英法政治条约没有附加经济协定，也就是说英国商业大亨在法国、荷兰、西班牙、瑞士、日内瓦及（后来的）伊特鲁里亚不享有市场准入特权，于是他们很快就开始反对这种和平。有人认为拿破仑蓄意损害英国的商业利益，他的做法有违亚眠"精神"，但是国家没有义务签订它明知对己不利的经济条约。[12]1786 年的英法贸易条约严重不平衡，拿破仑不想重现这一局面，打算对英国进口货物征收关税，这取悦了鲁昂等地的法国商人。法国保护性关税抬高了英国商品的价格，本国商贾可以继续借它的庇护来经营，他们也能去新的海域活动，且不受皇家海军的阻拦。大量外国原棉涌入法国，它的海洋经济也走向繁荣。法国盛行俘虏交换，因为当时有近 7 万名法国战俘人在英国，他们几乎都是水手，自 1793 年以来在数十起小型海战中被胜者英军俘虏。很多人在南海岸和泰晤士河（the Thames）入海口的大型监狱船中关了数年，船舱脏乱拥挤，环境极其恶劣。[①][13]

约瑟夫从亚眠返回巴黎后，拿破仑引他至歌剧院包厢前接受观众欢呼。法国保住了从莱茵河到阿尔卑斯山脉的全部"天然"疆界，重掌西欧霸权，并收复全部殖民地。然而在某种意义上，约瑟夫和塔列朗赢过头了。英国没捞到多少好处，

---

① 英军将领查尔斯·内皮尔（Charles Napier）爵士曾被法军俘虏，他抨击"把光荣战士在大船上关几年的念头……最臭名昭著的重犯所受刑罚远不及这种惩罚严厉……（此）乃当时政府之耻。在法国，拿破仑皇帝下令给予英国战俘体面待遇，这与我国的做法形成鲜明对比。" Blaze, *Life in Napoleon's Army*, p. 66.

它的媾和立场也相应动摇。因为遇刺的沙皇帕维尔曾任圣约翰骑士团大头领，该骑士团大本营现位于圣彼得堡。《亚眠条约》规定：教皇监督骑士团大头领选举，新头领当选后，英国必须在条约获批后三个月内把马耳他岛还给骑士团；法国、英国、俄国、奥地利、西班牙和普鲁士保证该岛的独立与中立；骑士团不再招募英法两国公民。1803 年 3 月，教皇任命意大利贵族乔瓦尼·巴蒂斯塔·托马西（Giovanni Battista Tommasi）为骑士团大头领，但英国不承认托马西的地位，把他赶到了西西里岛。三个月之限尚未到期，法军就已完全撤离条约载明的占领地，但英国拖拖拉拉，不肯从本地治里和马耳他撤军，原因之一是它担心法俄正准备瓜分奥斯曼帝国（它想错了）。[14]直到 1816 年，本地治里都还在英国手中。

《亚眠条约》缔结后，约有 5000 名英国人突然来到巴黎。有人好奇心切，有人想看卢浮宫藏品，有人打算用这个借口去王家宫殿逛夜店（该地生意兴隆），有人欲和朋友重修旧好。英国来客几乎都想见第一执政，最起码也要瞥上一眼。拿破仑乐得帮忙，命令部长们至少每十天设宴一次款待外国贵宾。[15]爱尔兰议员约翰·莱斯利·福斯特（John Leslie Foster）曾出席拿破仑在杜伊勒里宫的招待会。福斯特如此描写第一执政：

> 他身材纤细，温文尔雅。他留平头，发质细直，发色深棕。他面相柔顺，脸色苍白蜡黄。他灰色的眼睛却炯炯有神，浅棕色的稀疏眉毛向外直翘。他的外貌，特别是嘴唇和鼻子精巧犀利，轮廓分明，生动传神，令人拙于言表……他的语调相当低沉，他说话时特意强调重点，不慌

309

不忙却流畅自如。发言时，他的面貌比言辞更富表现力。表现了什么？……一缕宜人忧思，只要他开口，它就融化成你能想到的最和蔼最礼貌的微笑……我没想到人类竟能有如此真实的尊严。[16]

其他英国人也有类似说法，曾被法军俘虏的辛克莱（Sinclair）写过"他那优雅迷人的微笑"，厄舍（Usher）上尉说他"举止高贵"。[17]魅力以难以形容而著称，但若拿破仑愿意，他能让自己非常迷人。当时他定是费尽心思亲英，还在杜伊勒里宫壁炉架两边分别摆放辉格党领袖查尔斯·詹姆斯·福克斯（Charles James Fox）和纳尔逊将军的半身像。[18]安放福克斯的雕像也许并不出人意料，毕竟此人是辉格党亲法政客，但纳尔逊曾在阿布吉尔海湾击沉拿破仑的舰队，此事才过去四年，所以尊崇他着实令人称奇。（我们可以确信纳尔逊没有在他的壁炉架上放拿破仑半身像。）

在英国，一些激进分子和辉格党人崇拜拿破仑，甚至到滑铁卢之战时，他们的仰慕之情也几乎未减。未来首相墨尔本（Melbourne）勋爵读大学时为他写颂诗，济慈（Keats）的一个鼻烟盒上印有他的肖像，拜伦为欧洲大陆之旅定做了和他的马车一模一样的车子，威廉·科贝特的《政治纪事周报》和丹尼尔·洛弗尔（Daniel Lovell）的《政治家》对他颇有溢美之词。英国自由派人士认为祖国深陷旧王朝的桎梏，向往拿破仑的改革。1802年9月，福克斯本人携三位家眷赴巴黎，他和第一执政之间有一系列非常亲切的会谈。拿破仑还见过以下英国人：另一位未来首相阿伯丁（Aberdeen）伯爵、爱尔兰阴谋分子托马斯·埃米特（Thomas Emmet）、古典学者 G. H. 格拉斯（G. H. Glasse）教士、霍兰勋爵夫妇、亨利·佩蒂（Henry Petty）勋爵暨未来的第三代兰斯当（Lansdowne）侯爵、斯潘塞·史密斯（Spencer Smith）爵士及数十位显贵名流。英国人纷纷冲向巴黎，詹姆斯·吉尔雷遂创作漫画《十年来的第一个吻！》，画中，一名清瘦的法国军官拥抱象征大不列颠的丰满女子。[19]英国人也不是一头热，多佛尔（Dover）的法国人多得"惊人"，自然主义者詹姆斯·史密森（James Smithson）便说，看样子英法两国多半要"交换全部居民"。[20]

　　拿破仑趁机派间谍渗入英国，以便制定有关爱尔兰港口的计划，但他们很快就暴露了身份，被遣返回国。多年后，一名英国人告诉他，有人认为此事导致英国政府不相信他的和平诚意，他笑道："噢！没那必要，英格兰和爱尔兰的港口都不是秘密。"[21]刺探行动是否成功当然不是重点，这种事根本就不该发生，事已至此，它被视作敌对行为也是理所应当。英国情报人员自然也趁着和平时期暗查法国港口。

　　执政府的十年任期到1810年才到期，但是1802年5月，某项元老院动议便提出让它续任十年。这项提议以60∶1的比例通过，只有前吉伦特党人郎瑞奈伯爵投了反对票。因为此事，人们呼吁制定《共和十年宪法》，这呼声看似自发，实则经人精心谋划。根据新宪法，拿破仑将出任第一终身执政。"你们判定，我应该再为人民牺牲一回，"他在元老院虚伪地说，"你们正在为这个议案表决，若人民要求它生效，我会奉献自我。"[22]他想让自己看起来像是勉为其难接受终身权位，就像尤利乌斯·恺撒两度拒绝罗马王冠一样。终身执政之职彻底颠覆了大革命的原则，但法国人支持拿破仑。全民公决的问题

311

是："是否同意拿破仑·波拿巴任终身执政？"比起 1800 年 2 月的那次表决，这回波拿巴派操纵选票的力度甚至更大，也更没必要，最终结果是 3653600 张赞成票对 8272 张反对票。[23]据说这是法国历史上首次有半数以上的选民参与全民公决，但是在某些地区，赞成派的双重投票未受质疑，再说法国人中有不少文盲，他们无法知道市长代自己投了什么票。[24]

8 月 2 日，拿破仑适时宣布就任终身执政，并且有权任命继任者。元老院代表授予拿破仑尊位时，支持波拿巴分子的英国人霍兰勋爵也在场。"拿破仑的态度既非矫揉造作亦非目中无人，"霍兰回忆道，"但他显然想让自己轻松迷人，只有早年时代为人好友的习惯能实现这点。"[25]拿破仑指名由约瑟夫继任，但是 1802 年 10 月 10 日，路易和奥尔唐斯生下一子拿破仑－路易－夏尔（Napoléon-Louis-Charles），这孩子日后被当作潜在的继承人（可一向刻毒的路易怀疑儿子非他骨肉）。约瑟芬快 40 岁了，拿破仑不再指望她诞下后嗣。6 月，她又去普隆比耶尔泡温泉，为了缓和不孕将引发的问题，他给她写信："我爱你如初见，因为你贤淑，最重要的是，你还和蔼。"[26]她之前去普隆比耶尔时，他写信嘱咐她照顾自己的"小姐妹"，但这种感情和两人"初见"时他的爱意有着天壤之别。[27]

1801 年粮食歉收，次年春天食品价格上涨，令人忧心。1802 年 5 月 16 日，拿破仑告诉沙普塔尔："我打算拼尽全力阻止城中面包涨价。所有施济处主管每月必须到你这儿领 1.2 万法郎，必要的话多给些，这样施济处分发的食物可以增加一两倍……此事太微妙，万万不可泄露。"[28]这些措施颁行后，1802 年收成也好转，于是拿破仑摆脱了他一向很在意的饥荒危机。为了把风险降到最低，他着手建造并填充战略级谷仓。除了面包，拿破仑也组织盛会。他过生日时（1802 年 8 月，他满 33 岁）、针对他的阴谋暴露时、他就任终身执政时、雾月政变纪念日时都有相应庆典。与此同时，随着第一执政接近自立为君，攻占巴士底狱纪念日、处决路易十六纪念日的庆祝活动在细心的安排下逐渐淡化了。

　　7 月上旬，英军撤离厄尔巴岛，拿破仑立刻对重任战争部长的贝尔蒂埃下令：夺取厄尔巴岛，把它变成法国的省（而非意大利共和国的省）；解除费拉约港（Portoferraio）居民的武装；扣押 12 名重要人质，从而确保当地秩序良好；送上等家庭中年满 12 岁的孩子去法国上学，把他们变成法国人（不管怎么说，这招曾对拿破仑起效）。[29]贝尔蒂埃给了三位岛民代表每人 3000 法郎后，法国在 8 月正式吞并厄尔巴岛。[30]这些举动并未违反《亚眠条约》，而且完全在英国的预期范围内。

　　现在，拿破仑向元老院传信时就像君主一样只用教名。8 月上旬，大革命以来的第五部法国宪法《共和十年宪法》生效，然后他宣布：各地区的成年男性公民有权在纳税最多的 600 人中选出选民团，区政府和省政府官员从选民团中产生，当选后终身任职。[31]地方选举结束后，选民团分别为立法院和保民院提名两位候选人，他再从中各取一人。拿破仑仔细构建自己任命的政治干将队伍。元老院接过立法院的很多权力，有权解散立法院和保民院。保民官减少了一半，只剩下 50 人，而且只能在秘密会议上辩论，正如拿破仑所说的，在这种会议上，"他们可以尽情叽叽喳喳"。[32]就连参政院也受到限制，它的一些权力移至院内秘密委员会。新政体看似有政治参与，但拿破仑掌握全部实权。他的战绩、改革、《政教协定》以及和

312

约赢来了狂热拥护，无怪乎最早当选的选民团成员常是言谈中最支持他的人。

313　　9 月 5 日，拿破仑命令雾月政变得力支持者奥拉斯·塞巴斯蒂亚尼去的黎波里（Tripoli）、亚历山大、开罗、雅法、阿克和耶路撒冷游历四月，为法国谋利。塞巴斯蒂亚尼去的那片地区已然受够了三色旗，这也情有可原。[33] 他带回了爆炸性的报告。在那一周晚些时候，拿破仑邀请皮埃蒙特 - 撒丁国王卡洛·艾曼努尔重登皮埃蒙特王座，实际上他想让对方变成法国扶持的傀儡。艾曼努尔在第二王国撒丁安稳度日，拒绝了提议。9 月 21 日，拿破仑正式吞并皮埃蒙特，把它变成了第六个法国新省。意大利共和国领导人希望厄尔巴岛和皮埃蒙特并入意大利，他们感到很失望，但法国此后可直达大小圣伯纳德山口等阿尔卑斯山脉西部山口，进而踏上富饶的伦巴第平原，那里出产稻米、谷物以及里昂奢华服装业与奢华家具业需要的生丝。[34]

伦敦方面认为，尽管拿破仑的行为没有违反《亚眠条约》文本，但有悖其精神。因为伦敦传出反对之声，《亚眠条约》在实施中出现偏差，英军就更不会撤离马耳他岛或本地治里了。当拿破仑在又一片《亚眠条约》没提到的地区行动时，英国鹰派更加恼火了，尽管该地长期处于法国的势力范围，英国在那里也没有任何国家利益。9 月 23 日，拿破仑致信塔列朗，称必须稳固弗朗什 - 孔泰地区（Franché-Comté）的边境，所以得有"一个凝聚力强的亲法瑞士政府"，不然就得"抹去瑞士"。[35] 他想起了两年前自己需要翻越阿尔卑斯山脉，遂命令瑞士割让瓦莱地区（Valais），以便修建通往辛普朗山口

(Simplon Pass）的军用公路。瑞士 13 州统治了瑞士联邦 300 年，其中一些州拒绝割地。

在瑞士 13 州中，贵族掌权的与平民控制的不和，说德语的、说意大利语的和说法语的互生嫌隙，这导致国家政局错综复杂。1802 年 9 月 30 日，拿破仑颁布《调停法案》（Act of Mediation），把瑞士重新划分为 19 个州，并组建实力孱弱的中央政府和仅有 15200 人的瑞士军（这还不及瑞士根据近日的法瑞防御条约拨给拿破仑的 19000 人）。"这世上瑞士人最傲慢，或者说最挑剔，"他后来说，"他们的国家只有巴掌大，他们的自大却最超常。"[36]

《调停法案》违背了《吕内维尔和约》，10 月 15 日，拿破仑派米歇尔·奈伊将军率 4 万人去瑞士确保法案执行，这更是违约行为。然而，奥地利任他自由行动，普鲁士和俄国未表异议，瑞士境内原本有人反对，但他们很快默认了现实。拿破仑对他的瑞士支持者、共和主义哲学家菲利普·施塔普费尔（Philipp Stapfer）说："'夺取瓦莱是我最关心的事之一'……全欧洲都没法让他放弃。"[37]尽管《亚眠条约》不涉及瑞士问题，英国却暂停履行义务，它既没把本地治里还给法国，也没把好望角还给荷兰，而且它还在亚历山大（条约第 8 条规定，英军承诺撤离该地）和马耳他岛继续驻军。

拿破仑欣赏瑞士事件中奈伊的表现。奈伊的父母是萨尔箍桶匠与玛丽·安托瓦内特的侍女的女儿①，他与拿破仑同岁，1787 年加入骠骑兵。[38]奈伊以近乎疯狂的勇气著称，在桑布尔－默兹军团服役时表现优异。1801 年 5 月，他应邀去巴黎

314

---

① 原文误作"玛丽·安托瓦内特的侍女"。——译者注

拜访执政们，直到那时他才遇见拿破仑。1802 年 10 月，塔列朗命令奈伊率小股军队去瑞士扶持亲法势力，他速战速胜，在两个月内完成了下列事务：兵不血刃占领苏黎世；关闭反法的施维茨州（Schwyz）议会；释放在押亲法分子；镇压伯尔尼政府领导的起义；监督亲法人士接任统治者；为本次行动征收62.5 万法郎费用。[39]

12 月 12 日，拿破仑在圣克卢宫会见瑞士州代表，官方报告称："欧洲承认，意大利、荷兰与瑞士听凭法国处置。"问题是英国完全不认这档事。两个月前，波旁家族的帕尔马公爵费迪南去世。法国依照《吕内维尔和约》达成的事项吞并帕尔马公国，拿破仑派法军军官梅代里克·莫罗·德·圣梅里（Médéric Moreau de Saint-Méry）去那儿施行法国法律。这次的兼并有据可循，但是新任英国驻巴黎大使惠特沃思（Whitworth）勋爵不这么想。法国吞并皮埃蒙特和帕尔马，又入侵瑞士，他主张英国应获补偿。惠特沃思暗示道，既然普鲁士和俄国尚未承认马耳他岛独立，不妨拿它充抵。事实证明，若拿破仑就此妥协倒也不坏。

《亚眠条约》签订后，拿破仑赢得喘息时间，他可以执行通过国家干预与保护主义来刺激经济增长的计划了。这一政策系路易十四的财政大臣让-巴蒂斯特·科尔贝首创。1802 年，拿破仑读了亚当·斯密的《国富论》译本，但他认为英国工业革命太先进了，法国无力在公开市场上与英国抗衡。他依赖另一种做法，即由政府补贴战略级工业、技术培训学校、发明奖励、英国工厂参观活动（即工业间谍行为）、技术展览会、雅卡尔（Jacquard）丝织业改造、巴黎工业博览会与商会筹建。在巴黎工业博览会上，里夏尔·勒努瓦（Richard Lenoir）的棉纺企业收到价值 40 万法郎的订单；1802 年 12 月，在政府的资助下，法国境内建立了 22 个商会。[40]然而他下台时，法国的工业化程度仅及英国 1780 年的水平，可见革命党、督政府和拿破仑的经济政策以及他们一致遵从的科尔贝主义有多么糟糕。[41]沙普塔尔回忆道："我从未见他否决鼓励或扶助工业的提议。"尽管拿破仑也有努力，但是论工业化规模，法国和英吉利海峡对岸的强国始终相差甚远，战争爆发后情况更是如此。[42]（1815 年，法国全境的工业化仍然只有这种程度：煤炭业有 452 座煤矿、43395 名工人；冶铁业有 41 座铁矿、1202 名工人；制造业有 1219 家工厂、7120 工人；炼糖业有 98 家工厂、585 名工人。法国肥皂业中心马赛有 73 个车间和 1000 名工人。[43]）

科尔贝主义者的关税策略进一步扭曲了贸易：皮埃蒙特原本供应伦巴第生丝，因为意大利的高关税壁垒，它转而运生丝去里昂；荷兰制造商在法国售货得交税，但法国制造商在荷兰售货时无此义务；诸如此类。[44]法国推行经济帝国主义，卫星国很难不生怨恨。拿破仑大费周章，试图提升人们对法国的财政及公债清偿力的信心，即便如此，英国依然在这方面处于领先地位。在拿破仑最得意之时，他被迫接受的贷款利率都超过英国最不顺之时的利率。[①]

地狱阴谋爆炸案之后，法国驻伦敦公使奥托寄给塔列朗数

---

① 《亚眠条约》签订后，利率为 5% 的法国统一公债报价为 48～53 法郎，利率为 3% 的英国统一公债报价却为 66～79 法郎，尽管它承诺的回报率较低。Lefebvre, *Napoleon*, p. 132.

份英国报纸、期刊、公报。这些出版物含蓄地说它们希望下次

316　刺杀成功，有时还明言此意。[45]流亡者在伦敦发行的法语报纸
令拿破仑格外恼火，如让－加布里埃尔·佩尔蒂埃（Jean-
Gabriel Peltier）编辑的《年度巴黎》《杂报》，这两份报纸化
用古典文学用典和诗歌典故，呼吁暗杀他。他甚至去英国法院
状告佩尔蒂埃。[46]国家参政约瑟夫·珀莱·德·拉洛泽尔
（Joseph Pelet de la Lozère）称，英国媒体让"拿破仑大怒，他
就像寓言里的狮子一样怒不可遏，被一群小虫子蜇得发疯
了"。[①][47]1802 年 8 月，他终于在法国全面封杀了英国报纸。就
像拉瓦莱特在巴黎的地下办公室（bureau noir）一样，英国政
府也拦截、复制、破译、开拆邮政局收发的信件，它从中获知
波旁家族与流亡者的媒体关系密切。[48]

霍克斯伯里反复告诉奥托，英国不能限制"我国宪法保
障的媒体自由"，但是奥托指出，根据 1793 年《侨民法》的
部分条款，英国可将佩尔蒂埃这种具有煽动性的外籍作者驱逐
出境。[49]塔列朗补充道，英国宪法远非刚性法律，并无文本，
而且革命战争期间，就连人身保护法也多次中止施行。有人说
拿破仑太独裁，不能理解媒体自由的概念，其实问题不仅仅在
于自由或压迫，因为有些报纸是政府部门控制的"内阁"刊
物，首相的亲弟弟希利·阿丁顿（Hiley Addington）甚至还为
它们撰稿。拿破仑也知道，心怀不满的法国人曾在伦敦发表同

---

① 埃德蒙·伯克创办的《年鉴》（Annual Register）称，约瑟芬"几乎是天
生的荡妇，因为她 13 岁时就和母亲的两个仆人鬼混，他们一个是黑人，
一个是混血种人，把她搞怀孕了"。这期刊物说，约瑟芬嫁给博阿尔内时
显然生了一个混血儿子，而拿破仑"一心想让教皇娶他妈"。Annual
Register，1809，p. 342.

样恶毒的言辞，诽谤路易十五和路易十六。[50]

佩尔蒂埃、雅克·雷尼耶（Jacques Régnier）、尼古拉·迪泰伊（Nicolas Dutheil）等作者在伦敦发布攻击性言论，招惹仇恨，英国政府声称自己无能为力且与此事无关，拿破仑根本不会淡然接受这番辩解。针对此事，他在《箴言报》上登载了不下五篇自己炮制的论述文章。他还起了创作政治卡通形象的念头，下令草拟并推广。[51]地狱阴谋事件之后，拿破仑认为照理可以期盼据信已趋向温和的权力将有助于抑制恐怖行为的动机。

詹姆斯·吉尔雷（James Gillray）、托马斯·罗兰森（Thomas Rowlandson）、乔治·克鲁克香克（George Cruikshank）是英国第一批全职专业政治漫画家，今天他们仍是最杰出政治漫画大师。拿破仑不走运，他掌权时，这些漫画家恰巧很活跃，并且执着地拿他当牺牲品。吉尔雷曾参与约克（York）公爵的佛兰德战役，此人从没见过拿破仑，但他几乎一手开创了体格矮小的拿破仑形象——"小波尼"（Little Boney）。然而，就连英国漫画家的憎恶也比不上俄国人伊万·捷列别尼奥夫（Ivan Terebenev）和普鲁士人约翰·戈特弗里德·沙多（Johann Gottfried Schadow）对拿破仑的纯粹憎恨，更不用说拜恩人约翰·米夏埃尔·福尔茨（Johann Michael Voltz）了，他的漫画《1813年的胜利》中，拿破仑的头完全是一堆尸骨。[52]当然，伦敦市面上也有支持拿破仑的版画，1801年它们卖到2先令6便士，这说明有英国人仰慕他。[53]不过一般说来，英国的仇法主义和法国的仇英主义几乎不相上下。很明显，大肆辱骂拿破仑的印刷品比肯定他的更有市场。在英语漫画和讽刺文学中，反拿破仑主义标杆作品占了整整两卷，这还不包括插图。[54] 与此同时，一位同时代的人发现，1797 年后，英国出版了大量拿破仑传，这些书"都描述他邪恶刻毒的外貌与扭曲沦丧的道德品格，口吻如出一辙"，因为传记太多，它们的"说法一个比一个过分"。[55] 除了报纸、漫画、书籍乃至儿歌，拿破仑还是英国民谣、歌曲和诗作的常见笑柄。那个年代差不多没有颂诗不能吟咏的事（有一首便是《意外淹死在渡口的醉酒老妇颂》），所谓的拿破仑之罪更是令诗人文思泉涌，但这些诗里没有一首是纪念他的。[56]

1802 年 8 月至 1803 年 3 月，《箴言报》几乎每个月都粗鲁地辱骂英国政府，把它比作柏柏里海盗和弥尔顿笔下的撒旦，所以拿破仑的抗议颇为虚伪。[57]《箴言报》甚至宣称，若地狱阴谋成功，朱安党恐怖分子乔治·卡达杜尔将获嘉德勋章。[58] 拿破仑想把卡达杜尔从英国赶去加拿大，虽然此举未成功，但为了表示自己支持英国君主，他还是驱逐了所有在法国避难的斯图亚特家族成员，哪怕最近的詹姆斯二世党人叛乱也已过去了五十八年。[59]

佩尔蒂埃是个怪人，他在自家花园用胡桃木制的小型断头台表演砍鹅头或鸭头，并向每位观看者收取 1 先令。英国检察总长斯潘塞·珀西瓦尔（Spencer Perceval）迫于法方压力，最终决定控诉佩尔蒂埃犯诽谤罪。1803 年 2 月 21 日，王座法院（Court of King's Bench）审理此案，陪审团只考虑了一分钟就一致判佩尔蒂埃有罪，但此后不久战事重启，所以他从未下狱，照样激烈地挖苦拿破仑。[60] 后来，佩尔蒂埃出版法国哥特式浪漫风吸血鬼小说家夏尔·诺迪埃（Charles Nodier）的反拿破仑作品，有人警告作者先移居境外，但他没拿这相当分明的预警当回事，结果在圣佩拉吉耶监狱（Saint-Pélagie prison）

关了几个月。[61]

1803 年 3 月，拿破仑派马蒂厄·德康（Mathieu Decaen）将军率 4 艘战舰及 1800 名水手赴印度。他显然怀疑《亚眠条约》也许命不久矣，命令德康"同最难忍耐英国公司（即东印度公司）铁轭的民众与亲王交流"。他考虑到，法国其实并非"海洋之主"，导致自己"几乎指望不上重要援助"，于是他让德康回报驻印度英军的要塞力量以及法国在当地驻军的可能性。[62]拿破仑告诉德康，若 1804 年 9 月之前真的爆发战争，他将"有机会争取流芳百世的巨大荣耀"。拿破仑走在伟大与吹牛的狭窄界限上，但他给德康的指示表明，他没料到条约会那么早作废。

1802 年 9 月时，拿破仑恢复了他惯有的反英状态。当月，他给内政部写信抱怨道，他去卢浮宫参观三小时，发现一面戈布兰（Gobelins）壁毯上绘有 1346 年英军围攻加来之战的场景。"巴黎公共场所不应展示这类主题。"[63]12 月 28 日，拿破仑从圣克卢宫致信塔列朗："我们好像并没有实现和平，只是在休战……这都是英国政府的错。"[64]《亚眠条约》面临着以下问题：塞巴斯蒂亚尼和德康的远征；卡达杜尔仍然享有的伦敦居留权；流亡者的媒体；撒丁国王和奥兰治亲王威廉五世的补偿；瑞士的独立；未从荷兰、亚历山大、本地治里、好望角特别是马耳他岛撤走的军队；法国关税制度。善意与信任或许能解决所有这些困难，但双方心存不轨，彼此怀疑。至少在头脑清醒时，乔治三世一向有良好的判断力，他说和平只是"试验"，一语道破一切英国政府的不变观点。英国很快就发现这次试验显然是失败的。[65]

319

1803 年 1 月 30 日，《箴言报》用八页篇幅刊载塞巴斯蒂亚尼的黎凡特之行报告。此文宣称，不足 1 万人的远征军就可夺回埃及。这是蓄意挑衅，英国自然又开始担心法俄瓜分奥斯曼帝国。"没人认为波拿巴会做毫无动机的事，"国家参政珀莱说，"推论显而易见。"[66] 拿破仑不肯和大使惠特沃思讨论报告，甚至拒绝发布澄清声明。若拿破仑真的考虑重返埃及，他不大可能在《箴言报》上大肆宣扬，然而报告毕竟还是发表了，这说明它是外交工具，而非严谨的行动计划。1803 年，他不想重燃战火，但他也不想让法国为了避战而放低姿态。"每过一天，他们对近日所受挫败的深刻印象就少一点，我们通过胜利所获威望也淡一分。"当时，他对一位国家参政说道，"拖延只对他们有利。"[67]

2 月 9 日，英国宣布暂停全部撤军行动，除非法国对它最近在伊特鲁里亚、瑞士和黎凡特的行为给予一个"令人满意的解释"。九天后，拿破仑对惠特沃思抱怨道，英军没有撤离马耳他岛和亚历山大，抨击他的媒体也迟迟未见取缔。"让我们团结起来，不要为这些事争执了，"他围绕威胁和平的焦点总结道，"我们一起决定世界的未来吧。"惠特沃思认为这只是华丽辞藻，但拿破仑日后在蒂尔西特（Tilsit）[①] 对沙皇亚历山大说了大体相同的建议。从蒂尔西特的情况来看，他和惠特沃思交谈时可能完全当真了。然而，惠特沃思认为这事甚至都不值得参与，他回答时提及帕尔马、皮埃蒙特和瑞士的问题，拿破仑拒绝答复，说这些只是"小事"。战局重开后，英国谴责他漠不关心上述小国，可是拿破仑当时想说，自己希望广袤

---

① 今苏维埃茨克（Sovetsk）。

海外帝国统治者不列颠与欧洲大陆之主法兰西建立伙伴关系、决断世界前景，站在这个角度上，他那句话非常理智。[68]若拿破仑无联手之意，当时他定会据理力争（他也许会故意这样做），正如惠特沃思对阿丁顿报称："我以为跟我说话的不是欧洲最伟大国度的首脑，而是龙骑兵上尉。"[69]

2月20日，拿破仑对巴黎立法机关说："因为君主退位、人民希冀，法国顺应必然之势接管皮埃蒙特。"[70]同样地，为了"打开连接意大利的三重便利通道"，瑞士主权也遭侵犯。拿破仑还说，英军仍然占据马耳他岛和亚历山大，50万法军战士"准备自卫并复仇"，[71]此言更含不祥意味。次日，英国把好望角还给荷属东印度公司，但在马耳他岛和亚历山大问题上，奉承与恐吓都不能说服它履行承诺。

2月25日，神圣罗马帝国议会通过《帝国议会最后宣言》（Reichsdeputationshauptschluss），《吕内维尔和约》遂在德意志生效。法国在莱茵河西岸扩张领土后，为了补偿一些德意志国家和亲王，奥地利等德意志大国需"附庸"或精简德意志国家，它们的主要手段是把教会领地划为世俗土地，并让"自由"城市、"皇家"城市与其更强大的邻邦相连，200多个德意志小国于是减少到40个。1945年之前，这是德意志境内规模最大的国家政权交接和财产转移，近240万人和1270万金币的岁入流向新统治者。塔列朗和一些德意志君主商谈数月，促成了这次整合，对这些君主来说，大举接纳此前一直自治的小国有利可图。留下来的国家割让莱茵河西岸领地给法国，但它们大多在莱茵河东岸分得更多土地。比如说，巴登所获领地是它所让地盘的数倍，普鲁士几乎拿到五倍，汉诺威分毫未让却得奥斯纳布吕克（Osnabrück）主教辖区，奥地利也新增大量土地。符腾堡失去 3 万公民，但吸纳 12 万人，1803～1810 年，它兼并了 78 个政治实体及施瓦本皇家骑士（Schwäbischer imperial knights）的土地，让自身疆域翻了一番。[72] 普鲁士失去 14 万人，但吸纳 60 万人。几百年来，德意志境内数百小国林立，如克莱门斯·冯·梅特涅亲王之父的世袭国家温内堡－拜尔施泰因（Winneburg-Beilstein）。小国消亡后，德意志版图大大简化。

拿破仑不忘他的英雄——曾建立德意志王公联盟（Fürstenbund）来对抗奥地利的普鲁士弗里德里希大王。如今他试图让新添领土的德意志国家仰仗法国来抵制霍亨索伦王朝和哈布斯堡王朝，于是他推动法国与拜恩、巴登、符腾堡联姻，从而在 1805 年欧洲对法国的更深敌意爆发前同这三个国家结成战略同盟。[73] 1804 年 7 月，拿破仑为欧仁择妻时相中 16 岁的拜恩公主奥古丝塔（Augusta）；1806 年 4 月，约瑟芬的堂侄女斯特凡妮－博阿尔内嫁给巴登的卡尔（Karl）亲王；1807 年 8 月，22 岁的热罗姆迎娶符腾堡公主卡塔琳娜。

1803 年 3 月 8 日，乔治三世发表英王敕语，要求议会筹集军需、动员民兵。他还指责法军在法国与荷兰港口准备大型战事，尽管惠特沃思后来寄去的快件表明法军并无此等行为。就像法国发布塞巴斯蒂亚尼的报告一样，英国发表演说只是威胁，并非宣战。"英国没有沉睡，" 11 日，乔治三世致信西班牙国王卡洛斯四世，"它永远保持警戒，直到掌控世上一切殖民地和商业才会安歇。单单一个法国就能阻止它休息。" 虽说他这么写，但英国已经根据《亚眠条约》让出马提尼克岛、多巴哥岛、圣卢西亚岛和梅诺卡岛。[74]

3 月 13 日（周日），拿破仑在杜伊勒里宫招待会上看见惠特沃思。这位大使称，他"和我搭话时显然焦躁万分。他问我有没有收到英国的消息，借此挑起话头"。然后惠特沃思说，两天前他收到了霍克斯伯里的信。[75]

> 拿破仑："所以你们决意一战。"
>
> 惠特沃思："不，第一执政，我们太清楚和平的益处了。"
>
> 拿破仑："我们打了十五年了。"
>
> 惠特沃思（顿了一下）："那已经太长了。"
>
> 拿破仑："但你们想让我再打十五年，并迫使我开战。"
>
> 惠特沃思："那远非国王陛下所愿。"

拿破仑随后走开，同俄国大使马尔科夫（Markov）伯爵和西班牙大使阿萨拉（Azara）骑士交谈。"英国人想要战争，"他说，"可如果他们率先拔剑出鞘，我将最后收剑入鞘。他们不尊重条约，从现在开始，他们必须蒙上治丧黑纱。"[76]惠特沃思称，拿破仑又转向自己，"令我非常恼火的是，他对我个人说了几句礼貌之词后继续刚才的谈话，如果那种谈话还能叫谈话的话"。拿破仑接着回到主题。

322

> 拿破仑："为什么备战？这些预防措施针对谁？我的法国港口里没有一艘（在建）战列舰，但若你们备战，我也必须准备，若你们想战，我也奉陪。你们也许能毁灭法兰西，但绝对吓不倒它。"

惠特沃思："谁也不打算备战或开战，我们想和法国友好相处。"

拿破仑："那得尊重条约！在这件事上，它们对整个欧洲负责。"[77]

惠特沃思补充道，拿破仑"太激动了，继续和他交谈不可取，于是我一言不发，他便重复着最后一句话返回了自己的公寓"。[78]多达两百人耳闻这次谈话，惠特沃思称，大家都"觉得那种场合非常讲求尊严和礼仪，而他极其失态"。

但是，拿破仑所言真的如此可怕吗？一个战争贩子不会像拿破仑那样"激动"，只有真正担忧海军备战的误会或可导致和平瓦解的人才会这样做。拿破仑被指在宴会上恐吓辱骂惠特沃思，然而，尽管他们的语调和手势已不可知，这番对话本身也不能说明他是否语带威吓。（日后有人斥责拿破仑咄咄逼人，吓倒惠特沃思，但这则指控的出处肯定不是目击者或惠特沃思本人，有理由相信它源自英国宣传人员。[79]）4 月 4 日两人再会后，惠特沃思冷静地报告："他的态度我无可挑剔。"[80]

圣多明各远征尚未结束，德康驶往印度，法国也正在重建经济，所以拿破仑不想在 1803 年春夏时节开战。法国仅有 42 艘战列舰，其中只有 13 艘做好了服现役的准备，对手皇家海军则有 120 艘战列舰。然而，拿破仑清楚舰队得做好准备。"当前局势下，为预防海战，"3 月 13 日，他问海军将领德尼·德克雷（Denis Decrès），"给英国商业造成最大打击的最佳方式是什么？"[81]两天后，拿破仑派旅级将军科尔贝（Colbert）给沙皇亚历山大送信，此信准确地将其立场总结为："日理万机，忙着绘制运河地图、开办工厂、办理公共教育。"然而，"考虑到现存敌意之烈，若对英战争公开爆发，你会看到法兰西但求一决雌雄"。[82]拿破仑照例一并处理各类事务，次月，他交代了鲁昂警长两件事：命令在押妇女利斯（Lise）和吉勒（Gille）迁居至鲁昂60英里之外；禁止妓女出入当地剧院顶级包厢。[83]

4月23日，英国提出以下主张：未来七年英国继续占有马耳他岛；法国把距突尼斯（Tunisia）70英里、人口稀疏的地中海岛屿兰佩杜萨岛（Lampedusa）让给英国当海军基地；法军撤离荷兰；法国补偿失去皮埃蒙特的撒丁。"你要显得冷酷、傲慢，甚至有些骄傲，"5月10日，拿破仑告诉塔列朗如何对付惠特沃思，指示道，"要是会谈记录提到'最后通牒'，让他明白这意味着战争……要是没这个词，让他加进去，同时跟他说，我们必须真的弄清楚当前情势，并且我们深深厌倦这种不确定状态……说一旦出现最后通牒，一切就爆发了。"[84]事实上，惠特沃思只是索要通行证，这是宣战前敌国大使的惯常请求。"难以想象这个伟大强盛、见识敏锐的国家竟选择宣战，因为这次战争定会招致非常可怕的悲剧，"大使离开巴黎时，拿破仑告诉他，"而它的起因微不足道，不过是一粒倒霉石子。"[85]5月6日，在伦敦布鲁克斯俱乐部（Brooks's Club），第九代萨尼特（Thanet）伯爵和第五代威廉斯－温（Williams-Wynn）准男爵沃特金（Watkin）爵士、前伦敦市市长哈维·库姆（Harvey Combe）议员、汉弗莱·豪沃思（Humphrey Howarth）议员打赌，"从今天起一个月内，英法不会进入敌对状态"。他对每人下了50几尼赌注，结果输得很惨。[86]

5月11日，拿破仑召集参政院外交组的七名参政，讨论英国的要求。这七人中，只有约瑟夫和塔列朗支持继续谈判。次日，惠特沃思离开了巴黎。16 日，法国驻伦敦公使安德烈奥西将军在多佛尔登船，恰在此时，英国签发私掠许可证和强制捕拿许可证，批准官民在英国港口及水域扣押所有法国船只。[87]

324 "很明显，比起恐怖的战争，波拿巴仍然满心渴望和平，"次日，小威廉·皮特的心腹兼导师马姆斯伯里（Malmesbury）伯爵写道，"此时此刻，我怀疑他终将完全同意我们的提议，战事也会随之暂歇。这场战争可以拖延，但不会彻底湮灭。"[88]《亚眠条约》废止后，惠特沃思告诉马姆斯伯里："战争会深深影响法国人，让他们心生巨大怨愤和失望，这能动摇波拿巴的权力，军队已不像之前那样效忠他了。若他授权莫罗掌军，就得冒倒戈风险。"[89]至少在这些预言上，惠特沃思大错特错。

英国认为拿破仑可能接受它的诉求，为防这种（其实并不存在的）危险，1803 年 5 月 18 日，它正式对法宣战。拿破仑回击英国，关押了已满服役年龄但仍在法国境内的英国青年，很多人后来被换走了，但有些人在接下来的十年一直被软禁在家中。[90]5 月 20 日，拿破仑传信参议院，辩称英国"严厉批判《亚眠条约》，因为它没令法国蒙羞，英国就认为它是致命的……白白认定仇恨！"，这番话纯属宣传之辞。[91]两天后，他命令德克雷制造可载 100 人及 1 门加农炮横渡英吉利海峡的平底船模型，并联系康巴塞雷斯、勒布伦和塔列朗，试图为港口修建工程拉到私人出资，这样建成的港口将以出资人的名字命名。[92]与此同时，德农铸造了一枚铜质纪念章，上刻一头撕咬条约的猎豹（英国的传统代表动物，而且带些褒义成分），以此铭记《亚眠条约》崩解。

根据《圣伊尔德丰索密约》，拿破仑答应西班牙不把路易斯安那卖给第三方，现在他决定违约。惠特沃思在巴黎索要通行证之日，杰斐逊总统在大西洋对岸签字同意路易斯安那购买案，他一笔下去，美国领土扩张一倍。路易斯安那从墨西哥湾延伸至加拿大边界，包括现代美国的 13 个州全境或部分地区。美国以每英亩 4 分不到的价格买下了这片占地 87.5 万平方英里的土地，付给法国 8000 万法郎。[93] "犹豫和沉思已不合时宜，" 拿破仑致信塔列朗，"我放弃路易斯安那。我不仅让出新奥尔良（New Orleans），还毫无保留地交出整个殖民地。我知道我付出了多少代价……试图坚守路易斯安那是件蠢事，我怀着最大的遗憾放弃它。"[94]

法军在圣多明各溃败，《亚眠条约》也作废，拿破仑便断言，他必须认识到自己最大的资产（眼下）毫无用处，而且它可能终将诱发美法冲突。他转而帮助美国拓展疆域，借此充填法国国库，于是他预言："我刚刚塑造了英国海军的对手，它迟早会践踏英国海军的荣耀。"[95]在接下来的十年中，美法无战事，美英倒是开战了。1812 年美英战争拖住了一些英军，这些部队一直战斗到 1815 年 2 月，若无这场战争，他们也许会去滑铁卢战场。

国库部长弗朗索瓦·巴尔贝－马尔布瓦（François Barbé-Marbois）与美国谈判，原因之一是他曾在美国居住、娶了美国太太、认识杰斐逊。另一个原因则是塔列朗起初反对这桩交易，拿破仑便怀疑，若他主持谈判，他定会向美国人索贿。[96]约瑟夫和吕西安恳求拿破仑不要卖掉路易斯安那，甚至威胁要当众反对。吕西安称，拿破仑从他的浴缸里半起身，告诉兄弟们他不容一丝异议，立法院也不会讨论此事，接着他倒进浴

325

缸，只见水花飞溅、洒得约瑟夫浑身湿透。[97]约瑟夫和吕西安
的这次抗议令拿破仑大发雷霆，他还砸坏了饰有约瑟芬肖像的
鼻烟盒。

美国全权代表之一罗伯特·利文斯顿（Robert Livingston）
问法国谈判代表待售土地的确切西北部边界。很少有欧洲人去
过那片土地，更不用说制图者了，法方于是告诉利文斯顿，这
块地包括 1800 年西班牙卖给法国的全部土地，但除此之外他
们什么也不知道。"若尚无不清之处，"拿破仑建议道，"制造
一个困惑兴许是明智之举。"[98]《亚眠条约》前途愈发堪忧，利
文斯顿和谈判同僚詹姆斯·门罗（James Monroe）完全在此背
景下在巴黎艰难磋商。会谈长达三周，直到战事重启前几日才
结束。英荷商业银行巴林兄弟银行（Barings Brothers）与霍普
银行（Hopes）提供融资服务。事实上，银行从法国手中买下
路易斯安那后以 1125 万美元的价格转卖给美国，美国政府用
利率为 6% 的公债付账，因此不必马上筹资。[99]纵然英法已然开
战，巴林兄弟银行也为拿破仑提供服务，每月支付他 200 万法
郎。亨利·阿丁顿首相要求巴林兄弟银行停止汇款，它同意
了，但是大陆上的霍普银行继续付账，巴林兄弟银行也为它提
供资金支持。拿破仑拿到了钱，两家银行也从这笔交易中赚取
了近 300 万美元。

"我们活了很久，"买卖敲定时，利文斯顿说道，"但这是
我们一生中最伟大的杰作。我们刚刚签订的条约不是靠技巧谋
得的，也不是用武力强加的。缔约双方均分利益，广袤荒僻之
地将变成繁华市区。从今天开始，美国跻身一流强国。"[100]

第十五章　加冕

我们必须让波旁看到，他们害人就要遭报应。

　　——拿破仑论昂吉安公爵

我们在这里不商谈公众意见，而是引导它。

　　——1804 年，拿破仑在参政院的发言

　　5 月 18 日，英国对法宣战，此后事态迅速发展。当月末，法军入侵乔治三世的世袭选侯领地汉诺威，拿破仑还命令爱德华·莫尔捷（Édouard Mortier）将军（英国女人之子，曾在杜埃的英语学院就读）在当地的森林中伐木，以便制造侵英行动所需的平底船。[1] 皇家海军以牙还牙，封堵德意志境内的易北河（the Elbe）与威悉河（the Weser）入海口。7 月，纳尔逊封锁土伦。到 9 月时，英军夺回圣卢西亚岛、多巴哥岛、伯比斯、德梅拉拉和埃塞奎博。与此同时，尽管俄国强烈抗议，拿破仑依然违背 1801 年法国与那不勒斯签订的条约，派杰出军人（兼失败的艺术家）洛朗·德·古维翁·圣西尔（Laurent de Gouvion Saint-Cyr）将军重新在意大利的塔兰托、布林迪西（Brindisi）和奥特朗托（Otranto）驻军。圣西尔为人冷漠，部下便昵称他为"猫头鹰"（The Owl）。

　　6 月，拿破仑下令在布雷斯特、布洛涅、蒙特勒伊、布鲁日（Bruges）和乌得勒支兴建五座大型侵略军营地。布鲁日营地后来转至布洛涅附近的昂布勒斯特。算上菜园的话，布洛涅主营很快占据长达 9 英里的沿海土地。"我住在滨海军营中，"11 月 5 日，拿破仑从蓬德布里克司令部致信康巴塞雷斯，"在这儿瞟上一眼就能轻松度量我们和英国的距离。"[2]

328 　　圣奥梅尔（Saint-Omer）、贡比涅（Compiègne）、阿拉斯（Arras）、埃塔普勒（Étaples）、维默罗（Vimereaux）、巴黎和亚眠建立起支援兵营，供骑兵和预备队使用。英格兰军团吸收了旺代的西方军团兵员，后改称滨海军团（Army of the Ocean Coasts）。1804 年 1 月军团共 7 万人，3 月时全军达 12 万人。[3] 拿破仑后来声称，自始至终他只想威慑英国、麻痹奥地利、训练军队，从没真的打算实行入侵。此乃无稽之谈。爱德华·德布里埃（Édouard Desbrière）上尉的五卷本《登陆英吉利群岛的计划与设想》（Projets et tentative de débarquement aux îles Britanniques，1900 ~ 1902 年出版）回顾拿破仑的入侵方案，用了至少 2636 页精确概述各半旅的预备上岸地，虽说此书中格雷斯 - 瑟罗克（Grays-Thurrock）误作"弗雷 - 哈罗克"（Frey-Harock）、绿港（Greenhithe）误作"绿山"（Green-hill），但它表明拿破仑没有虚张声势。[4] 他让人发布书籍与文章，提及尤利乌斯·恺撒时代以来的成功侵英行动；他开始称英国为迦太基，在卢浮宫展示巴约壁毯（Tapisserie de Bayeux）①；他指示德农铸造"降临英国"的纪念章，其正面刻画近乎全裸的拿破仑成功战胜人鱼，其背面则是文字"1804 年，伦敦铸造"。[5]

———————

① 著名刺绣作品，上绣诺曼人征服英格兰的场面，现藏于法国巴约博物馆。——译者注

大规模地修建运河能保持南特、荷兰、安特卫普（Antwerp）、瑟堡（Cherbourg）、布雷斯特和罗什福尔之间的内陆交通，扩建弗卢兴码头后可提前二十四小时通知整个荷兰海军出海，然而这些工程直指拿破仑意图中的某处致命伤，[6]他和海陆军将领们堆积如山的详细通信亦体现了这一死穴。1803~1804年，拿破仑给贝尔蒂埃写了553封信，给德克雷将军写了236封信。[7]圣奥梅尔军营主将让-德-迪厄·苏尔特将军（拿破仑给他写了77封信）报称，全军不可能在二十四小时内完成登船。拿破仑反驳道："不可能，先生！我不认识'不可能'，法语里也没这个词，从你的字典里删掉它。"[8]

贝尔蒂埃和拿破仑私下通信时称侵略军为英吉利远征军团（l'armée d'expédition d'Angleterre）。1803年12月23日，贝尔蒂埃列出军团兵力组成：79000名步兵；17600名骑兵，15000匹马；4700名炮兵；4600名车夫，7800名平民；数不清的地中海轻帆船，每艘可载20人、2000发子弹、200块饼干、10瓶白兰地（eau-de-vie）与1份羊腰腿肉；大量半武装渔船。[9]国家参政珀莱称，舰队规模如下：250艘单桅帆船，每艘载炮3门；650艘炮舰，每艘都配有大舢板；大量平底船，每艘载炮6门；750艘运输船，负责运送火炮。[10]舰队规格达到顶峰时，各类船只达1831艘，人员达167000人。[11]

329

很多平底船满载时的最大吃水深度为6英尺，船底平坦意味着它们可以上岸。1804年春，平底船大多已就位，但其侧舷容易进水，而且船尾无风时它们才能平稳航行，此外英吉利海峡鲜有东南风。[12]若舰载艇（pinnace）不能笔直前行，士兵也得划船穿过22英里的海面，他们会累得筋疲力尽。虽说法军准备夜袭，但是秋冬时节才会出现整整八小时黑夜，而那时天气太恶劣，军队不能冒险乘平底船渡海。[13]英吉利海峡固然狭窄，但它靠出了名的变幻莫测弥补了这一点。后勤原因充分说明为何 15 世纪后再无人成功入侵英格兰（15 世纪时，侵略军要经威尔士入侵英格兰）。19 世纪早期，英国拥有世界上规模最大、训练最佳、指挥最好的海军部队。

拿破仑没有被吓倒。1804 年 7 月 30 日，他告诉布吕内将军，我们"只要等来适宜的风，就能把帝国鹰旗插上伦敦塔。时间和命运本身就知道未来"。[14]拿破仑的营地视察能花上二十五天，途中，他检查从防御工事到卫生管理的一应事务，但他尤其喜欢和士兵交谈。"他随心所欲地混入士兵中，"一名副官回忆道，"关心影响其舒适生活的一切小细节。他差别对待士兵，给予一些人赞赏、偏爱和所有应得的晋升，这激起了他们的最大热情。"[15]7 月 22 日，拿破仑致海军部长的信抱怨道，因为没有支付费用，海峡港口的工人只好卖掉他们的银袖扣。"他们绝不能受罪，"他坚称，"不管事态如何，工钱必须付。"[16]人们也得喝酒。拿破仑致信德克雷，谈论将要充当营房的布洛涅地区的待征房屋及侵略军物资供给，他告诉对方"要确保有酒窖"，接着补充道，侵英战事需要 30 万品脱白兰地。[17]

8 月在巴黎时，拿破仑开始与爱尔兰人联合会领袖商谈。若法军登陆爱尔兰，他希望 2 万名爱尔兰起义者提供支持。[18]他需要在英国安排 117 名翻译向导，想让这些爱尔兰人加入此队伍。他给他们设计制服，服饰构想包括"内衬红色的绿色龙骑兵外套、鲜红色饰面、白色纽扣"乃至马刺颜色，他还认定他们应设置两名鼓手。[19]拿破仑执着于微观管理，以至于他下令在 17 世纪海军英雄让·巴尔特故乡的市政厅为此人塑一尊大理石半身像，从而激发对法国海军战绩的自豪感。

拿破仑照例需要军政事务以外的精神食粮。美国物理学家本杰明·汤姆森（Benjamin Thomson）爵士当时住在巴黎，10 月 1 日，拿破仑感谢他的热量守恒说论文，评论道：

> 和极其稀薄的生热分子相比，未磨光物体的粗糙表层面积很大。同一物体磨光后，表层空间总面积会大大缩小。表层空间面积能够度量热量的流出与流入，从这个角度看，未磨光物体的热量出入量一定比磨光物体的大，所以它改变温度的速度应该更快。这些是我的想法，你的论文证实了它。为了发现真理，我们实施大量精确实验……正是因为这样，我们逐步前进，找到可在生活中全面适用的简明理论。[20]

最后一句足以证明拿破仑是启蒙运动的产物。

此时拿破仑的云雨生活也非常活跃。11 月初，他在布洛涅逗留，并致信不明人士"F 夫人"，承诺下次见面时，"你要是喜欢，我还当门卫，但这回我决不让别人操心陪你去基西拉岛（Kíthira）的事"，可见他似乎在当地找了个情妇。基西拉岛是爱情女神阿弗洛狄忒的故乡，当时他也不会只用首字母称呼其他收信人。拿破仑还和沙普塔尔的情妇、法兰西喜剧院女演员玛丽-泰雷兹·布古安（Marie-Thérèse Bourgoin）缠绵，沙普塔尔于是心生懊恼。

约瑟芬知道吗？1804 年 11 月，他与她通信，回复他所谓的"哀伤"来信："贤淑温柔的约瑟芬一直在我心里，除非她自己变得消沉、暴躁、烦人。只要有个毫无压力的温馨家庭，

我就能承受充溢人生的悲伤。"[21]但 1805 年 1 月时他却写"爱
抚小姐妹一千次",并且告诉她,欧仁正在"追求布洛涅所有
女人,但状况未见好"。[22]

皇家海军的两支英吉利海峡中队拥有 30 多艘战列舰,永
久驻于海峡。所有法国海军主将——冈托姆、厄斯塔什·布吕
克斯、洛朗·德·特吕盖、皮埃尔·德·维尔纳夫及德克
雷——为皇家海军海峡中队所制,他们在合理限度内尽力反对
英国远征。路易·拉图什·特雷维尔(Louis Latouche Tréville)
最能胜任法国海军总司令之职,但他从圣多明各回来后就抱病
不起,于 1804 年 8 月辞世。布吕克斯接替了特雷维尔,却在
1805 年 3 月死于肺结核。拿破仑和他的高级顾问意识到,大
军不可能只靠一次涨潮渡海,冒着雾色突然过海也注定会陷入
不测之渊。1692 年,路易十四筹划入侵英国;1779 年,路易
十六制定侵英计划;1797 ~ 1798 年,拿破仑自己也考察了侵
英可行性。无论上述哪一场合,法军能想出的最佳战略都是设
局引诱皇家海军离开英国南海岸线,为横渡海峡争得足够的时
间。然而,诱使伦敦的海军部从狭窄的英吉利海峡撤防纯属幻
想,哪怕设想的撤防时间只有一次涨潮。

1803 年 11 月 23 日,拿破仑致信冈托姆,谈及 300 艘武装
大艇(chaloupes cannonières)、500 艘炮舰(bateaux cannoniers)
和 500 艘驳船组成的舰队,希望它尽快做好准备。"你觉得它能
带我们去阿尔比恩海岸吗?它能载 100000 人。晚上对我们有利
的八个小时将左右宇宙的命运。"[23]次日,他让沙普塔尔为"入
侵英国"写几首歌,还说其中一首要用《出征曲》的调子。[24]12
月中旬,他下令:旅级将军可携 4 名仆人去英国,上校只可带 2

名。①"此地的一切美妙悦目，"拿破仑致信约瑟夫，"我真心喜欢美丽宜人的诺曼底。它是真正的法兰西。"[25]约一年后，即1804年12月12日，他从布洛涅致信奥热罗称："近十天来我一直待在这。我有理由指望自己实现欧洲期盼的目标。六个世纪的屈辱等着我们来复仇。"[26]四天后，拿破仑告诉康巴塞雷斯，他能在昂布勒斯特悬崖上分辨英国沿海的"房屋与活动"，接着他又说，英吉利海峡是"一条水沟，只要我们敢试，就能跨过去"。[27]

332

1804年1月24日，拿破仑命令双面间谍梅埃·德·拉图什（Mehée de la Touche）向英国驻慕尼黑公使弗朗西斯·德雷克（Francis Drake）透露："布洛涅的筹备工作是虚招，不管耗资多么巨大，它都不及乍看上去的样子。造舰艇是为了日后能把它们变成商船，等等，等等。第一执政诡计多端，他认为自己现在的地位稳如泰山，不想尝试危及大军的不可靠行动。"[28]当月，拿破仑甚至力劝教皇支持远征，他致信对方，称英国人对爱尔兰天主教徒"的压迫……令人忍无可忍"。罗马并无回音。[29]

十年后，拿破仑流放到厄尔巴岛，彼时他常常公开谈论自己的远征计划，说他只需要在英吉利海峡维持三四天的优势兵力来掩护舰队。"他理应立刻进军伦敦，所以他倾向于在肯特（Kent）海岸登陆，"拿破仑后来回忆道，"但风和天气必然是决定因素。"[30]他声称会让海军将领和引航员替他决定10万大军及紧随其后的炮兵和骑兵在何处上岸。拿破仑自信能在

---

①　他照例沉浸于公共行政管理的微观操作，命令戈丹以"侵犯通信秘密"为由开除昂热的女邮政局长（整整一个政府部门忙着帮他侵犯通信秘密）。CG4 no. 8520, p. 547.

"三天内到达伦敦",到那时候,去西印度群岛(West Indies)追击另一支法军舰队的纳尔逊也正好回来了,但他将无力回天。[31]

然而,就算拿破仑成功登陆英国,归来的纳尔逊也会切断他的再补给与援助,而且英国有 1700 万人待敌,其中很多人都有(虽说是临时的)武器,10 万将士不足以征服他们。自 1803 年起,英国就开始大力准备入侵防卫战:南部城镇设防;烽火就位;富勒姆(Fulham)、布伦特福德(Brentford)、斯泰恩斯(Staines)等地的兵站堆满给养;从康韦尔(Cornwell)到苏格兰的登陆点皆列入清单。1805~1808 年,南部海岸建起 73 座小型圆堡灯塔;防御胸墙环绕伦敦南部而建;1804 年底,英国陆军和皇家海军已招募约 60 万人(在成年男性人口中占 11%~14%),另有 8.5 万人加入民兵。[32]

◆

333　　1803 年 8 月 23 日凌晨,皇家海军情报军官约翰·韦斯利·赖特(John Wesley Wright)上校暗中让乔治·卡达杜尔、凯雷勒(Querelle)医生等一小股朱安党人在诺曼底的比维尔(Biville)登陆。① 18 世纪 90 年代,赖特与朱安党人并肩作战,被俘后逃出圣殿塔监狱。在叙利亚战役中,他扮作阿拉伯人刺探法军情报,并组织了数起类似的秘密行动。[33]

拿破仑坚持亲阅全部原始密报,以免依赖他人解读。他和富歇发现了凯雷勒及其同党特罗什(Troche)。"要么我错得离谱,"拿破仑提起凯雷勒时道,"要么这家伙知道点什么。"[34] 阴

---

① 富歇和萨瓦里领导的法国安保部门估计,当时的首都里约有 40 起刺杀拿破仑的阴谋,但确认的案件总数远远小于 40,所以他们也许高估了。Ségur, *Memoirs*, p. 97.

谋者达努维尔（Danouville）在赖特的一处登陆地被捕，后在狱中自缢身亡。拿破仑的副官菲利普·德·塞居尔评价道，此事"证明了阴谋的严重性，但未提供任何线索"。[35]

1804年1月16日，赖特接着送夏尔·皮舍格吕将军（前布列讷教员、法国革命战争英雄，原是雅各宾分子，后蜕变为保王党人）及另外7名同谋在比维尔登陆，然后他返回了肯特的英国海军情报基地沃尔默城堡（Walmer Castle）。[36]赖特听命于北海舰队司令、海军将领基思勋爵，基思又向第一海务大臣、海军将领圣文森特（St Vincent）伯爵汇报工作。圣文森特自己的指令则来自霍克斯伯里勋爵："最重要的是，赖特上尉应全力参与。"其他文件使英国政府与卡达杜尔的阴谋紧密相连，这种联系对二者而言都达到了最密切的水平，其中一份源自基思的文件特别指出，赖特"奉命从事秘密微妙的工作"。[37]数封书信进一步证明，1804年英国政府直接插手谋杀拿破仑的阴谋。在这些信中，第一封写于1803年6月22日，寄信人是沃尔特·斯潘塞（Walter Spencer）先生，收信人是英国内阁高官卡斯尔雷（Castlereagh）勋爵。斯潘塞要求卡斯尔雷还他150英镑、还米歇尔·德·博纳伊（Michelle de Bonneuil）1000英镑。博纳伊是保王党阴谋者，拥有多重身份，在《亚眠条约》确立的和平时期，他去爱丁堡（Edinburgh）拜见了路易十八的弟弟阿图瓦（Artois）伯爵，即未来的国王夏尔十世（Charles X），由此为人所知。斯潘塞说，"卡斯尔雷勋爵计划在1803年绑架波拿巴，为了实施这桩政治密谋"，在英国驻海牙（Hague）公使利斯顿（Liston）先生的协调下，他和博纳伊预支了这笔钱。[38]（当时，"绑架"拿破仑的阴谋是刺杀的透明伪装。）在这起交易中，政府并无直

334

接罪责，这也不出所料。然而，卡斯尔雷最亲密的政治盟友、议员乔治·霍尔福德（George Holford）致信斯潘塞，告诉对方要是他"不嫌麻烦找来唐宁街，卡斯尔雷阁下就会找他麻烦"。如果斯潘塞是在异想天开，那么霍尔福德不大可能会这么做。

1 月 28 日，皮舍格吕会见莫罗将军，后者对阴谋一事含糊其辞。问题的关键是，莫罗没有警告政府，结果自己受了牵连。他静观其变，因为万一拿破仑遭"绑架"，国民也许会转而拥戴他——霍恩林登的胜利者。此时莫罗已告诉蒂埃博将军，他认为拿破仑是"有史以来最野心勃勃的军人"，让他当统治者意味着"我们所有的辛劳、所有这些希望、所有那些荣耀都会消亡"。[39]

1 月 29 日，英国密探库森（Courson）被捕，此事助富歇拼凑出阴谋的概貌。一名法国情报官员耍了个花招，他化名罗塞（Rosey）上尉，设法说服英国驻斯图加特公使、西德尼·史密斯的弟弟斯潘塞·史密斯相信自己是法国异议派将军的副官。赢得史密斯的信任后，"罗塞"立刻获知了密谋的相关信息。[40]富歇在伦敦设有谍报网，根据它提供的情报，他告诉拿破仑，离皮舍格吕动身去法国还有三天时，此人曾在肯辛顿（Kensington）与一名英国大臣进餐，而且莫罗也和密谋者有联系。拿破仑着实吃了一惊。"莫罗！"他尖叫道，"什么！莫罗搞这种阴谋！"在确认皮舍格吕的确在法国后，他当即下令逮捕莫罗将军。"整出密谋蠢不可耐，"拿破仑致信在汉诺威统军的让-约瑟夫·德索勒（Jean-Joseph Dessolle）将军，此人是莫罗的朋友和前参谋长，"唯有它的邪恶能和此等愚蠢相提并论。人心如深不可测的深渊，最敏锐的目光也无法判别它的想法。"[41]

没过多久，巴黎城门卫队就扩充了人手，并奉命搜寻高大魁梧的卡达杜尔；杜伊勒里宫和马尔迈松城堡高度戒备，并更改了通行口令；凯雷勒医生被捕，后来被关进首都的修道院监狱（Abbaye prison）。[42]面对断头台的威胁，凯雷勒交代了卡达杜尔的藏身地（maison de confiance）金钟酒馆（Cloche d'Or tavern）。由于拿破仑不希望富歇过分集权，他此前便让萨瓦里指挥一支独立的秘密警察部队。因此在同一时间，萨瓦里便去了比维尔，力图截住赖特。2月8日，卡达杜尔的仆人路易·皮科（Louis Picot）在金钟酒馆被捕。安保部门在皮科身上动用拇指夹，他崩溃了，供出卡达杜尔在帕西（Passy）附近的沙约（Chaillot）的躲藏地，但卡达杜尔也不在那儿。卡达杜尔的副手布韦·德·洛奇耶（Bouvet de Lozier）试图自缢，可他"被救活了，重新陷入苦难之中"，于是他出言证实皮舍格吕和莫罗确曾参与阴谋。[43]

2月15日上午8点，莫罗在沙朗（Charenton）的桥上被捕，随后被押至圣殿塔监狱。[44]次日，拿破仑下令逮捕将军让-雅克·利埃贝尔（Jean-Jacques Liébert）和约瑟夫·苏昂（Joseph Souham），理由是他们亲近莫罗（两人后来脱罪，官复原职）。19日，他告诉苏尔特，警察收缴了15匹马和一些制服，这些东西原本将用于在巴黎和马尔迈松之间的道路上袭击他，但他冷静地补充道："你不可过分关注巴黎之事。"[45]拿破仑还致信梅尔齐："警察监视一切阴谋，所以我从未遇险。"[46]

2月26日晚，宪兵去第二区的沙巴奈街（rue Chabanais）逮捕皮舍格吕，当时他正在睡觉。警察上门后，他赤手空拳地与其中三人搏斗。[47]"他激烈挣扎，"塞居尔回忆道，"宪兵狠狠地殴打他身体最柔软的部分，打得他昏死过去，搏斗这才停止。"[48]次日拿破仑首次得知，有迹象表明阴谋可能牵涉昂吉安

（Enghien）公爵。

英俊的昂吉安公爵路易·德·波旁·孔代（Louis de Bourbon Condé）现年 31 岁，他是路易十三的嫡系后代，其祖父孔代亲王曾在瓦尔米之战中指挥流亡者的军队。一名阴谋者作证说，某位主谋进门时所有人起立。富歇便断言道，波旁亲王中只有昂吉安公爵符合此人描述的主谋体貌，也只有他待在近得能去法国开会的地方。这是建立在间接证据上的悲剧性错误。

迟至 3 月 12 日，拿破仑还一直相信 1793 年投靠奥军的叛徒、法军将领夏尔·弗朗索瓦·迪穆里埃去了埃滕海姆（Ettenheim）的昂吉安公爵宅邸拜访他，而埃滕海姆距法国和巴登的边境仅有 10 英里。塞居尔回忆道，拿破仑对警长雷亚尔说：

> 什么？你不是告诉我昂吉安公爵离我的边境只有 4 里格（12 英里）吗？难道我是条狗，得死在大街上吗？难道想杀我的凶手是一方神圣吗？为什么没人警告我他们就在埃滕海姆集会？我正是受害者。现在我该以牙还牙。罪行最深重的阴谋主谋必须赎罪。[49]

336

富歇告诉拿破仑，"你身边危机四伏"，并说服他相信昂吉安公爵是幕后推手，塔列朗也靠同一份薄弱的证据让他确信此念。[50]

3 月 9 日晚上 7 点，卡达杜尔终于在洛代翁广场（Place de l'Odéon）落网，但被捕前，他在马车追逐中杀死一名宪兵，还打伤另外一名。两小时后，拿破仑对达武说，逮捕的消息"让民众开心，此景令人感动"。[51]卡达杜尔痛快地承认他是来巴黎刺杀拿破仑，但未提到昂吉安公爵。

次日，拿破仑在杜伊勒里宫开会。塔列朗、富歇、康巴塞雷斯、勒布伦和雷尼耶（Régnier）参加了会议，并同意绑架昂吉安公爵。多年后，拿破仑声称塔列朗劝服他采用此策，1828年的康巴塞雷斯回忆录也支持这一说法①。[52]拿破仑对贝尔蒂埃说了他的决定。他命令掌马官阿尔芒·德·科兰古（Armand de Caulaincourt）将军监督起自奥芬堡（Offenburg）的行动，又选派执政卫队掷弹骑兵指挥官米歇尔·奥德内（Michel Ordener，康巴塞雷斯说他是"只会服从的人"）将军实施绑架。"从埃滕海姆来巴黎组织谋杀，以为待在莱茵河后就安全了，"3月12日，拿破仑告诉萨瓦里，"这要超出玩笑范围了！我要是放过这事就太蠢了。"[53]接着他去了马尔迈松，在那儿一直待到20日早晨。

1804年3月15日（周四）清晨5点，奥德内将军率一支龙骑兵分队在埃滕海姆的昂吉安公爵宅邸绑架了公爵，把他押至斯特拉斯堡的要塞，一同被带去的还有公爵的狗、文件以及他放在保险柜里的230万法郎。[54]没有迪穆里埃的痕迹，（人们很快就发现）出现他的名字纯属误会。与此同时，科兰古前往卡尔斯鲁厄（Carlsruhe）②，将塔列朗写的侵犯巴登主权的解释信呈给巴登公爵。3月18日上午，拿破仑和约瑟芬说了绑架之事。约瑟芬强烈反对，恳求拿破仑不要处死昂吉安公爵，她这样做既是为了维护他的名誉，同样也是因为她潜意识

---

① 塔列朗先前干过类似的冒险行径。1797年年末，他向法国驻柏林大使提议把路易十八从布兰肯贝格（Blankenberg）绑架至法国。Mansel, *Louis XVIII*, p. 81.

② 今作"Karlsruhe"。——译者注

里对昂吉安公爵怀有保王主义的同情或惋惜。[55]拿破仑对约瑟芬说她不懂政治，不听其言。[①]

次日上午，阿尔萨斯的信使告诉拿破仑，昂吉安公爵的文件不能证明他和卡达杜尔的阴谋有关，但这些文书的确表明他曾提出去英军服役，并收受来自伦敦的巨款、给予其他流亡者英国黄金，而且若奥军入侵法国，他也盼望能随行。[56]此外，他还和伦敦的侨民局（英国安保机关）官员威廉·威克姆（William Wickham）、斯图加特的斯潘塞·史密斯通信。[57]"除了少数情况，每个月我都会收到左岸老战友的请求，"昂吉安在一封信中写道，"无论是军官还是士兵，无论是否在岗，他们只待聚集之刻，只盼奉命带自己的朋友来见我。"[58]1803年9月，公爵承诺，若拿破仑遇刺，他就在阿尔萨斯发动正统王朝的（即保王党的反革命）政变，并写道，"我等待着，期盼着，但毫不知情"，所以他显然准备就绪，尽管他不是特别清楚卡达杜尔和皮舍格吕的阴谋。然而，这些情况很难构成处死公爵的充足理由，唯一的例外是他寄给路易十八的一封信，此信口吻坚定，要求对方终止进一步的阴谋活动，

"正统王朝血脉没什么不可侵犯之处。"拿破仑当时如此说道。[59]1804年3月18日下午，他命令巴黎总督缪拉组建军事法庭。缪拉说（至少日后他自称说过）这实际上是合法但不公正的死刑，他不想插手。[60]谁也不愿为接下来的一幕负责，因此整件事充斥声明、驳斥、指责与辩解。塔列朗和萨瓦里互

---

① 有一块地毯描绘约瑟芬跪地哀求的场景，只见她哭着抱紧拿破仑的腿，求他放公爵一条生路。1814年，正是这块地毯在枫丹白露宫展出，游客们便被误导了。求情事件发生时，波拿巴夫妇都在马尔迈松。North ed., *Napoleon on Elba*, p. 30.

相斥责，科兰古声称不知政府会处死昂吉安公爵。最终责任当然落在了拿破仑头上，事后也只有他辩称死刑判决合理，他为自卫权辩护，并如此评价波旁："我的血到底不是泥做的，当时我应该叫他们看看，我的血和他们的等价。"[61] 在厄尔巴岛上，他替自己的行为申辩，"理由是（昂吉安公爵）牵涉反叛阴谋，曾两度乔装后前往斯特拉斯堡"。[62]

3月20日（周二）上午，拿破仑返回杜伊勒里宫。此前拿破仑同缪拉争执，威胁送对方回他在凯尔西（Quercy）的庄园，然后缪拉终于同意召集军事法庭。拿破仑随后去了马尔迈松，午后，塔列朗在当地花园同他散步。[63] 没多久约瑟夫来了。下午3点，信使报称法军正将昂吉安公爵带往可怕的主塔（Le Donjon），该塔是万塞讷城堡的主楼，也是欧洲第一高塔，高达150英尺，在纷繁年代中，米拉波、狄德罗、萨德（Sade）侯爵和玛塔·哈丽都当过塔中囚徒。下午5点30分，昂吉安公爵到达主塔。拿破仑派萨瓦里给缪拉捎信，要求确保"事情"当晚了结。他亲自拟定警长雷亚尔盘问昂吉安公爵的11个问题，如"你是否培植了对抗国家的武装力量？""你接受英国的资金吗？""你是否主动提出加入英军，以便去汉诺威同莫尔捷将军对战？""你是否主动提出为共和国逃兵组建兵团？"公爵如实回答，没有为自己开脱。[64] 军事法庭首席法官皮埃尔－奥古斯丁·于兰（Pierre-Augustin Hulin）将军曾在1789年攻占巴士底狱，如今他是执政卫队掷弹兵指挥官。于兰日后抗议道，他也认为法庭会判昂吉安公爵死缓。

3月21日（周三）凌晨2点开始的审讯是审判界最简短的典型。庭审中，昂吉安公爵告诉于兰和五名上校，他喜欢运动，所以住在埃滕海姆。公爵也"坦率地宣称，他准备协助

338

英国进攻法国，但他否认和皮舍格吕有任何关系，并为此高兴"。[65]《共和三年雾月二十五日法》第 5 章第 1 节第 7 条规定："一旦在法国或其敌对国、征服国发现培植反法武装的流亡者，应当在二十四小时内对其实施逮捕与审判。"昂吉安公爵承认他接受英国资助，并扶持反法武装，这两件事在法国都是重罪。若他没有认罪，保险柜里那一大笔钱反正也能让他承担罪名。

塞居尔说，昂吉安公爵随后"被匆匆带往城堡护城河边，他在那儿遭到枪决，然后葬入已经挖好的坟墓"。[66]公爵的遗言是："那么我必须死在法国人手中了！"[67]此言相当平淡，但在当时的情境下情有可原。他的狗后来给了瑞典国王古斯塔夫四世（Gustav IV），它的项圈上写着："我属于（原文如此）不幸的昂吉安公爵。"[68]

当晚，马尔迈松举办招待会庆祝《民法典》颁布。这部法典巧妙地凸显了拿破仑的两面——冷酷无情的独裁者与灵感充沛的立法者。处决昂吉安公爵一事公开后，欧洲一片哗然，所有人几乎都回想起科西嘉人的族间复仇嗜好，珀莱也记载道，巴黎人担心拿破仑已经"堕入"罗伯斯庇尔的"魔道"。[69]欧洲上下的自由派人士开始改变对拿破仑的看法。正是在此时，勒内·德·夏多布里昂和邦雅曼·康斯坦转而反对他。俄国抗议处刑，作为回应，拿破仑命令法国驻圣彼得堡大使戴杜维尔将军索取通行证。6 月 7 日，大使照办，此后法俄关系严重恶化，两国最终开战。[70]常有人误以为塔列朗说了一句质疑处死公爵的评价："这是蠢事，比犯罪还糟。"然而，不管说这话的人是富歇还是布莱·德·拉默尔特，它都是句实话。只有第一执政不明白这点。

拿破仑默认自己的行为不受欢迎。3月23日，他返回巴黎，"蓦地坐进"参政院的扶手椅，"眉头紧皱"，说："巴黎人……是一群傻瓜（一帮看客）①，相信最荒谬的报道。"然后他补充道，"我们必须学会轻视"公众意见的"反复无常"。[71]他接着说，"我探究人心不是为了揭露他们的隐秘悲伤"，此言（大概无意中）回应了女王伊丽莎白一世的话。拿破仑提及巴登公爵几乎没反应，《乌得勒支条约》签订后路易十八也被逐出斯图加特，以及俄国间谍。他还说自己恼火《巴黎日报》过早披露昂吉安公爵"阴谋"的细节。"拿破仑一边这样滔滔不绝，一边经常打断自己，"珀莱指出，"因为他显然感到有必要申辩，但是不确定该说什么，因此他的话含糊不清、语无伦次。"[72]他说完后，无人接腔，珀莱认为"这时的沉默相当显著"。拿破仑离开房间，会议结束。

周日的弥撒结束后，塞居尔注意到，拿破仑身边的人群"带着谨慎的好奇心听他说话，他们沮丧失望、局促不安，大部分时候保持无声的强烈抗议"。结果，"他那傲慢严肃的举止原本倾向于张扬，后来变得愈发严肃内敛"。[73]昂吉安公爵或许没有葬礼，但是人们仿佛在为他守灵。　340

4月6日上午，有人发现夏尔·皮舍格吕死在狱中。《箴言报》称，他当时在读塞内加笔下的加图自尽事件，现场遗留的书翻到了"阴谋者不应畏死"这句话。[74]官方解释称，他"通过用一根棍子拧紧自己的丝绸领结的方式"让自己窒息而死。[75]常有人指控拿破仑在处死昂吉安公爵后迅速下令谋杀皮舍格吕，甚至宣称他派四名马穆鲁克执行任务，次日又枪决了

---

① 原文为"un ramas debadauds"。——译者注

他们。[76]我们一向可以指望塔列朗口吐妙语，他如此描述皮舍格吕之死："既非常突然又非常适时。"[77]然而，并无任何证据，哪怕是间接证据表明拿破仑与此事有关。事实上，他的支持者辩称，昂吉安公爵一事搞砸后，他特别希望有机会先在法庭上公开证实皮舍格吕的罪行，然后对其罪恶施加同样公开的惩罚，所以谋害皮舍格吕对他全无益处。

次月，拿破仑欣慰地得知赖特上尉归案。因为无风，赖特的双桅横帆船滞留在布列塔尼的纳瓦洛港（Navalo），经过两小时的战斗，他被俘了。曾在叙利亚服役的一名法军军官认出了赖特，于是他被押回六年前曾从中脱身的圣殿塔监狱。皮舍格吕死后又过了十八个月，即 1805 年 10 月 27 日，人们发现赖特遭人割喉，横尸狱中。十年后，西德尼·史密斯调查此案，称赖特死于谋杀，但是当局再次声明他是自杀的。1815年拿破仑声称，直到一年前埃布灵顿（Ebrington）勋爵在厄尔巴岛提起赖特上尉，他才知晓此人。他还说赖特军衔太低，不足以让他"重视其死讯"。[78]事实上，拿破仑曾致信西班牙大使、海军将领费德里科·格拉维纳（Federico Gravina），说赖特被俘一事令他满意，"霍克斯伯里勋爵和那些卑劣到把谋杀和犯罪当成作战手段的人将遗臭后世"。[79]这并不能说明拿破仑是在撒谎。在此期间的几年之中，他寄了几万封信，因此他没准只是忘了，但是某人"军衔低得"不足以引他的注意的说法就不可信了。仅仅在赖特死前一个月，拿破仑还致信宗教事务部长，命令对方"向布尔日（Bourges）神父罗贝尔（Robert）先生传达我的不满，8 月 15 日那天，他的布道糟透了"。[80]

341　　昂吉安公爵、皮舍格吕及赖特之死被当作统治者拿破仑复仇心切的决定性证据，但这种观点过分解读了事实。昂吉安公爵受到了合法但不公平的死刑判决，如果说此举判断不周，它也纯属冷酷自卫。另外两人的死亡亦未坐实谋杀之名，更不用说是拿破仑指使的谋杀了。将被处死的囚犯（皮舍格吕）以及将在铁窗中度过漫长战争时期的俘虏（赖特）变得消沉，不过这两个案子的情形也指向其他可能性。① 最可能的解释是，凶手是富歇、萨瓦里或其他过分热心的下属，他以为下杀手符合拿破仑的意图，这好比亨利二世的骑士谋杀托马斯·阿·贝克特。② 6月，法庭将审判卡达杜尔、莫罗等阴谋者。

卡达杜尔的阴谋败露后不久，拿破仑在参政院说："他们想靠打击我来毁灭革命。我会捍卫革命，因为我即革命。"[81]他显然相信自己的话，某种程度上他也没说错，但恰在此时，他以最明显的姿态背离了大革命的共和主义宣言。昂吉安公爵死后没过几天，参政院向拿破仑写信道贺，用富歇的话说，祝贺信提出也许有必要设立"其他制度"，从而粉碎未来所有阴谋者的希望。[82]"伟人，"这封信奉承地敦促他，"完成你的业绩，让它像你本人的荣耀一样永垂不朽。"[83]倘若日后的刺杀成功，"其他制度"可以保全拿破仑的遗产、保障国家安定。只有创立"其他制度"，他的业绩才能"永垂不朽"。不确定的继承权被视作阴谋的催化剂。

3月28日，拿破仑告诉参政院："这一主题理应最受关注。

---

① 有说法称，为了报复特拉法尔加之败，拿破仑杀害了赖特，但是10月27日赖特死亡，11月18日拿破仑首次得知特拉法尔加战役。事实证明此说为假。

② 据说英国国王亨利二世说了一句话后，骑士们误以为他想要坎特伯雷大主教贝克特的命，于是他们杀害了贝克特。——译者注

就他而言，他一无所求，他对自己的命运非常满意，但他有义务考虑法国的命运和未来的可能性。"拿破仑修改了此前他对王权合法性的评价。"单单一条继承原则就能抑制反革命。"他用类似的口吻补充道。[84]此后，诸省着手递交请愿书，恳求拿破仑称王。报纸开始刊文称赞君主国制度，官方鼓励让·沙（Jean Chas）的《反思君权继承》（*Réflexions sur l'hérédité du pouvoir souverain*）等小册子发行。这些小册子提出，挫败阴谋者的最好办法是建立拿破仑王朝。[85]

342

3月下旬，这出精心策划的行动已经相当成功，参政院于是争论拿破仑用什么头衔最好。"没人提议国王！"珀莱注意到。参政们倒是讨论了"执政""亲王""皇帝"。前两个听来太谦虚，但是珀莱认为，参政院觉得"称帝听来太野心勃勃"。[86]未来的帝国大司仪塞居尔伯爵当时也在会场，其子塞居尔声称，28名国家参政中有27人赞成让拿破仑采用某个世袭头衔。委员会主席汇报时一致推荐称帝，他们说："唯有帝号才配得上他和法兰西。"[87]拿破仑对碰巧在场的演员塔尔马说："此刻我们说着话，仿佛在聊天，好吧，我们是在创造历史！"[88]

拿破仑准备好称帝时，很多可能反对他的共和国名将都已离开：奥什、克莱贝尔与茹贝尔已死，迪穆里埃正在流亡，皮舍格吕和莫罗将因谋反罪受审。只有儒尔当、奥热罗、贝纳多特和布吕内尚在，而拿破仑会用元帅权杖安抚他们。他对苏尔特解释道，"必须终结波旁家族的希望"，此言当然不是全部理由，因为他也想获得奥皇弗朗茨、俄皇亚历山大的地位，兴许还想同奥古斯都、哈德良与君士坦丁大帝平起平坐。[89]1804年，法国其实已是帝国，拿破仑自称合法皇帝不过是承认了这一事实，就像1877年维多利亚（Victoria）女王自称不列颠女皇一样。距路易十六被处决仅过去十一年，可反对恢复世袭君主制的法国人少得惊人，至于那些的确反对的人，政府承诺允许他们在全民公决中投票。

　　1804 年 5 月 10 日，小威廉·皮特重登首相之位。他取代摇摇欲坠的阿丁顿政府，决心组建第三次反法同盟，为此他甘愿花费 250 万英镑，并希望俄国和奥地利入盟。[90]八天后，圣克卢宫举办了时长为十五分钟的典礼。庆典上，拿破仑正式称帝，封约瑟夫为大选侯，封路易为法国司马。此后他号称"上帝与共和国宪法庇佑的法兰西皇帝拿破仑"，这头衔的风格有些复杂，又似乎自相矛盾。[91]在当天的晚宴上，拿破仑一本正经地思忖家人争夺赏赐的方式："真的，要是听信我的妹妹们，你会觉得我们的父亲是已故国王，而我没有妥善处理他的遗产。"[92]

　　万一拿破仑无嗣而终，约瑟夫和路易分别是帝位的第一与第二继承人。因为吕西安和热罗姆的婚事遭到哥哥的反对，所以继承序列不包括他们。1803 年 12 月，在法国海军服役的热罗姆去美国休登陆假。休假期间，他没有把自己留作欧洲王朝的联姻对象，而是娶了漂亮的巴尔的摩（Baltimore）女继承人伊丽莎白·帕特森（Elizabeth Patterson），拿破仑于是大为光火。他极尽权力范围内的手段来终结这桩姻缘，如强迫教皇宣布婚姻无效、命令法国官员"公开声明我不会承认 19 岁年轻人违背祖国之法缔结的婚姻"。[93]除了路易，兄弟们都像他一样娶了心爱的女人，而这对法国无益。

　　4 月 20 日，拿破仑对法国驻美国大使路易·皮雄（Louis Pichon）说，"我不欠兄弟们任何东西，他们纯粹是我的命运

343

的工具"，并且坚决要求对方设法取消热罗姆的婚姻。后来，他告诉康巴塞雷斯称："婚姻不过是一对在星月下、花园中、爱坛上结合的爱侣。"[94]教皇不肯配合，声明这桩婚姻不可解除，然而拿破仑仍然称伊丽莎白为热罗姆的"情妇"以及"和他同居的女人"。1805 年 4 月，拿破仑甚至威胁逮捕热罗姆。[95]次月，热罗姆屈服了，他返回军队，同已有身孕的妻子断绝关系。伊丽莎白逃往伦敦，生下一子后返回美国，父亲的家人接待了她。（她的孙子后来当上了司法部长。）

拿破仑严厉指责波利娜在罗马的通奸行为。"要是你长这么大了还任由馊主意摆布，"他警告她，"那就别指望我帮你。"[96]他提起她的丈夫卡米洛·博尔盖塞亲王，补充道："如果你和他吵架，那要怪你，法国也会对你关起大门。"[97]波利娜现年 23 岁，她为人虚荣，但毫无疑问性感撩人。拿破仑要求两人的舅父约瑟夫·费施转告妹妹："我觉得她已不再美丽，过不了几年，她的容貌就会大大凋残，还有……她不应该沉溺于上流社会谴责的恶行。"尽管受了警告，波利娜和丈夫的关系依然恶化。当年 8 月，她 6 岁的儿子德尔米德·勒克莱尔（Dermide Leclerc）死于发烧，因为此事，她始终不肯原谅他。[98]

称帝后第二天，拿破仑册封 4 位荣誉"帝国元帅"与 14 位现役"帝国元帅"。14 名现役元帅为亚历山大·贝尔蒂埃、若阿基姆·缪拉、阿德里安·蒙塞、让-巴蒂斯特·儒尔当、安德烈·马塞纳、皮埃尔·奥热罗、让-巴蒂斯特·贝纳多特、让-德-迪厄·苏尔特、纪尧姆·布吕内（Guillame Brune）、让·拉纳、爱德华·莫尔捷、米歇尔·奈伊、路易-尼古拉·

达武和让－巴蒂斯特·贝西埃。[①] 1807～1815 年，他又封了 8位元帅。元帅之位并非军衔，却是一个荣誉头衔，它旨在承认并犒赏拿破仑日后所谓的"神圣火焰"，当然，它也旨在激励其他高级军官。[99]元帅封号表明，拿破仑认为这 14 人是最优秀的法军指挥官。除了封号，他们也受赏一根权杖，它放置在红色摩洛哥皮匣中，由白银与天鹅绒制成，并镶嵌着黄金苍鹰。[②] 元帅封号并未感动所有人，马塞纳的部下祝贺他时，他只哼了一声："我们有 14 个呢！"马塞纳能拿到元帅权杖根本就是走运，因为他曾投票反对拿破仑就任终身执政，还批判莫罗将要面对的审判，但他的军事才干不容置疑。[100]达武的确在执政卫队任职，可他尚未在战斗中指挥一个师，然而他还是受封了。假如达武的妻舅勒克莱尔还活着，他很可能不会跻身首批元帅之列。[101]马尔蒙没能加入最早的 18 人，心情懊丧，朱诺则被视为缺乏帅才——有时甚至缺乏军事才能。[③]

　　拿破仑确保莱茵军团和意大利军团之间形成 7：7 的均势，日后他提拔意大利军团的维克托、马尔蒙、絮歇和莱茵军团的麦克唐纳、乌迪诺、圣西尔、格鲁希，依然大致维持平衡。莫尔捷和苏尔特来自桑布尔－默兹军团，虽然拿破仑不太了解这两人，但他们显然是优秀的战士，苏尔特还能独立指挥。拿破仑也想实现政治均衡：册封布吕内安抚了雅各宾派；儒尔当和

---

① 4 名荣誉元帅是弗朗索瓦·克里斯托夫·德·克勒曼、多米尼克－卡特林·德·佩里尼翁（Dominique-Catherine de Pérignon）、让·塞吕里耶以及弗朗索瓦－约瑟夫·勒菲弗。

② 其中一根权杖今展示于斯德哥尔摩王宫（Stockholms slott）的贝纳多特长廊（Bernadottegalleriet）。

③ 原文为"Junot wasn't considered of marshal-or even sometimes martial-calibre"，因水平有限，难以表现原文妙处。——译者注

345 蒙塞曾统帅重要的共和国军团。贝纳多特是约瑟夫的襟弟，但他也是个反对派，拿破仑认为最好把他和自己的政权牢牢绑在一起。

很多元帅是工人阶级出身，这颇能叫人想起一句话："每个士兵的背包里都有一根元帅权杖。"10 名元帅从列兵中崛起，其中有箍桶匠之子（奈伊）、制革工之子（圣西尔）、执达吏之子（维克托）、酿酒商之子（乌迪诺）、富农之子（莫尔捷）、磨坊主之子（勒菲弗）、旅馆老板之子（缪拉）、家仆之子（奥热罗）、店老板之子（马塞纳）。[102] 佩里尼翁、麦克唐纳、马尔蒙、贝尔蒂埃与达武是旧王朝贵族之后，但只有约瑟夫·波尼亚托夫斯基（Józef Poniatowski）公爵和格鲁希侯爵（两人分别在 1813 年和 1815 年封帅）是贵族。[103] 塞吕里耶曾吹嘘他的父亲有"王家职位"，但事实证明其父是拉昂（Laon）的王家种马场捕鼠人。[104] 就像称呼康巴塞雷斯和一些高阶帝国显贵一样，不论元帅的身世为何，拿破仑写信时一律叫他们"我的兄弟"（Mon cousin）。①

元帅们加封头衔，如蓬泰科尔沃（Ponte Corvo）② 亲王（贝纳多特）、纳沙泰尔（Neufchatel）亲王（贝尔蒂埃）、伊斯特拉（Istra）公爵（贝西埃）和埃克米尔（Eckmühl）③ 亲王（达武）。除了头衔和权杖，拿破仑还给元帅们现金赠款（dotations），有些款项非常丰厚。他最终封了 26 名元帅，赏

---

① 拿破仑倾向于亲自任命约三分之一的低级军官，剩余人选留给上校们决定。事关晋升时，他常常表现得像是中层保守军官，这种属性也是他的本质。只受过"短期非正式教育"的人发现，除非他们特别出色，否则很难升到少校和上校，相对而言，出身良好的年轻军校毕业生常常更容易升迁。高伤亡率导致军职经常空缺，这种倾向便不太明显，但回头审视就会发现拿破仑怀有明显的社会偏见。即便如此，在招纳人才方面，拿破仑大军要比波旁军队乃至当时所有欧洲军队强得多。

② 今作"Pontecorvo"。——译者注

③ 今埃格米尔（Eggmühl）。——译者注

赐了其中 24 人赠款，只有地下共和党人布吕内和儒尔当没拿过这笔钱，尽管布吕内受封了伯爵。[105] 多年来，拿破仑分发的现金赠款非常不均，这显然说明了他的偏好。赠款共有 600 万法郎，受赏最多的 4 位元帅分到近一半：贝尔蒂埃，100 万法郎；马塞纳，93.3 万法郎；达武，81.7 万法郎；奈伊，72.9 万法郎。受赏仅次于这 4 人的元帅为苏尔特、贝西埃、拉纳和贝纳多特，他们分别领有 20 万 ~ 30 万法郎。其他元帅收到的钱不足 20 万法郎，而圣西尔只有 30211 法郎，拿破仑尊重他的军事能力，但无法同他本人亲近。[106]

除了封帅，1804 年 5 月 18 日，拿破仑又合并执政卫队和立法院卫队，正式建立帝国近卫军。近卫军包括参谋部、步兵、骑兵、炮兵，附有战斗工兵和海军的营，它后来分成三部分：老近卫军，由服役多年的老兵组成；中年近卫军，由 1807 ~ 1809 年的参战士兵组成；青年近卫军，由每年征召的优秀新兵组成。精锐部队帝国近卫军迅速膨胀，1804 年它有 8000 人，1812 年时却已扩充到 10 万人。近卫军清楚自己比普通的常规部队优越，拿破仑常把他们留作战略预备，就算把近卫军投入战场，那也只是在关键时刻。近卫军士气被公认为全军最高，不过他们也惹得大军团其他人不满。常规部队正确地认为拿破仑偏袒近卫军，于是嘲笑道，近卫军的绰号"不朽"源自皇帝保护他们的方式。

1804 年 6 月，法院开庭审理莫罗与卡达杜尔重大阴谋案，但是当局差点搞砸了审判。公众依然认为莫罗是仅次于拿破仑的法国著名大英雄，他没留下任何危及信誉的书面记录，所以指控他的罪证多是道听途说和间接证据。他对平民法官组成的特别法庭做了一番动人的陈述，承认阴谋者们"向我提议（正

346

如人尽皆知的一般），我应当指挥类似雾月十八日事变的广泛暴动"，但他声明自己拒绝了他们，因为尽管他有统军之才，但他"无意领导共和国"。[107]法庭根据紧急状态法律审问莫罗，目睹了对他的普遍真实的同情。法官尽力做出最轻判决，仅判莫罗两年徒刑，这令拿破仑大怒，他随后改判将莫罗流放美国。莫罗夫人拜访拿破仑，恳求减刑，他反驳道："法官们已经减到底了！"[108]审判期间，莫罗在德意志的前副将克洛德·勒古布（Claude Lecourbe）当众和他握手。事后不久，勒古布去杜伊勒里宫，拿破仑便大叫："你怎么敢进来！你脏了我的宫殿！"[109]

共21人无罪释放，但除了莫罗，还有4人被判监禁，而卡达杜尔和另外19人（包括贵族波利尼亚克兄弟中的一人）被判死刑。[110]莫罗前往费城，两周后，拿破仑减轻了一些死刑犯的刑罚，其中有布韦·德·洛奇耶、波利尼亚克及另一名贵族里维埃侯爵。6月25日，连同皮科在内的其余罪犯在沙滩广场（Place de Grève）走上断头台，这是拿破仑治下唯一一起大规模斩首。[111]缪拉恼火地发现阿尔芒·德·波利尼亚克（Armand de Polignac）得以减刑，他认为免死原因是其阶级背景，但阿尔芒是拿破仑的布列讷同窗，这点可能也起了作用。"我们超额完成了计划。"卡达杜尔在去断头台之时说道，"我们到法国来是为了给它一个国王，现在给了它一个皇帝。"[112]有谣言称卡达杜尔已接受赦免，同党死后他将被宽恕，为免他们相信传言，他坚持率先赴死。

1804年6月12日，新的帝国政务会（本质上是原参政院）①

---

① 作者在后文仍使用"Conseil d'État"，译者从。——译者注

在圣克卢宫开会，商讨拿破仑的加冕形式。参政们短暂考虑了兰斯（法国国王的传统加冕地）、战神广场（因为天气可能不佳被否决）、艾克斯－拉－沙佩勒（因为它与查理曼有联系），最后决定在巴黎圣母院加冕。加冕日为 12 月 2 日，这个日期是拿破仑和教皇折中的结果，前者选择了雾月政变五周年纪念日 11 月 9 日，后者选择了公元 800 年查理曼加冕之日圣诞日。[113]政务会接着讨论帝国的纹章标记与官方徽章，克雷泰的特别委员会一致推荐象征古高卢人的小公鸡，不过若此议案未获通过，还会有人支持鹰、狮子、大象、密涅瓦之盾、橡树和玉米穗。勒布伦甚至主张征用波旁的百合花（fleur-de-lis）。[114]米奥正确地批评道，百合花是个"蠢主意"，他转而提出用王座上的拿破仑当徽章。

"公鸡属于农场，"拿破仑说，"它太孱弱了，算不上造物。"塞居尔伯爵赞成狮子，因为它据信是猎豹克星，让·洛蒙（Jean Laumond）则赞成公认不会下跪的王家动物大象（这种观点是错的）。康巴塞雷斯提议用蜜蜂，因为它们有一个强大的领袖（尽管是女王），拉屈埃将军补充道，蜜蜂既能蜇刺又能酿蜜。德农建议用鹰，可问题在于鹰已经是奥地利、普鲁士、美国和波兰的象征。政务会没有投票，但拿破仑选择了狮子。会议继续讨论新铸币上的题字，相当奇怪的是，大家同意保留"法兰西共和国"，这种情况一直持续到 1809 年。散会后不久，拿破仑决定把狮子改成展翅雄鹰，因为它"确认帝国威严，引人追忆查理曼"。[115]鹰也能让人回想古罗马。

单单一个徽章满足不了拿破仑，他又把蜜蜂定为本人和家族的徽记，它后来成了地毯、窗帘、服饰、御座、盾徽、权杖、书籍等很多帝国行头的装饰主题。1653 年在图尔奈

348

(Tournai)，克洛维（Clovis）之父、5 世纪的法兰克国王希尔代里克一世（Childeric Ⅰ）之墓重见天日，墓中出土了数百只用黄金与石榴石制成的蜜蜂（也可能是蝉，甚至是画错了的鹰），它们象征不朽与繁衍。[116]拿破仑就这样挪用了希尔代里克的蜜蜂，故意将波拿巴家族同法国本身的开国者古墨洛温王朝相连。

8 月 7 日，是否创建世袭帝国的全民公决结果公布。[117]陆军中有 120032 人赞成、海军中有 16224 人赞成，内政部长波塔利斯给拿破仑看军队的赞成票，而他仅仅掏出钢笔，把两个数字四舍五入，于是陆海军的赞成票数变成了 40 万和 5 万，反对票则无记录。[118]即便如此，比起终身执政的全民公决，此次公决最终结果（3572329 人赞成，2579 人反对）的赞成票还是少了 8 万张。[119]有证据表明某些军官因投反对票而被革职，不过日后他们通常也回归了军队，索利尼亚克（Solignac）将军便是其中之一。四年后，他亲自恳求皇帝"恩准他去西班牙分享军事荣誉、承担军事风险"，于是他成了师级将军。[120]

1804 年 7 月 14 日，伟大的法军元帅沃邦与蒂雷纳的遗骨迁葬入荣军院。值此场合，拿破仑初次封赏法国的新勋位阶层荣誉军团，不计出身地褒奖法兰西卓越功臣。首批荣誉军团勋章是纯白色珐琅彩"五星"①，上系红色绶带，但是除了勋章，受勋者还能根据自己在组织中的地位领取经济津贴。荣勋团有 15 支分队，成员等级有大军官级、指挥官级、军官级和士兵

---

① 最初的荣誉军团勋章呈"马耳他五星"形，末端带分叉，因此其实有十个角。——译者注

级。每支分队领受 20 万法郎，以便每年给适格人员发放奖金。

一些左派人士抱怨道，恢复荣誉称号彻底违反了大革命的社会平等理念。拿破仑先前也想重建荣誉制度，莫罗嘲讽此事道，这是授予自己的厨师"炖锅勋章"。然而，荣誉军团在军中可谓立竿见影。众所周知，要弄清楚在多少壮举背后"星星"至少是部分动因是不可能的。所有法军军旗上都绣着"祖国与荣誉"，拿破仑把这句话定为荣誉军团箴言。[121] 19 世纪80 年代，雅各宾派努力向"美德共和国"的军队灌输革命理论，教导他们为公众幸福牺牲自我，和那些理念相比，现在士兵们明显更看重直接来自拿破仑的奖章、晋升、津贴和认可。[122]

吸收平民进入荣誉军团系刻意之举。只要其余社会成员效法军事品德，特别是忠诚和服从，他们就能获得荣誉。拿破仑任军团长，但是"人们认为荣誉军团偏向军队，正是为了消除这一看法"，他拒绝任命协助创建军团的马蒂厄·迪马将军为大总监，反而选择自然主义者、元老院议员、法兰西学院副院长贝尔纳·拉塞佩德（Bernard Lacépède）管理军团。[123] 拿破仑授予 3.8 万人红绶带（rubans rouges），其中 3.4 万人（或者说 89% 的人）是军人或水手，不过拉普拉斯、蒙日、贝托莱、沙普塔尔等学者也受封，省长及数名参与法典编撰的法学家亦然。拿破仑还在圣但尼（Saint-Denis）建立优异寄宿制学校荣誉军团教育学院（Maison d'Éducation de la Légion d'Honneur），为服现役时死亡的受勋者之女提供免费教育。教育学院和圣日耳曼－昂莱（Saint-Germain-en-Laye）的军团公立中学保留至今。

1802 年 5 月，在某次参政院会议上，参政们正讨论创立

349

荣誉军团，律师泰奥菲勒·贝利埃对整个构想嗤之以鼻，拿破仑回答道：

> 你对我说，阶级殊荣是君主的花哨小伎俩。我不同意，古代的也好，现代的也罢，你来给我找一个没有殊荣的共和国。你叫这些勋章和绶带花哨小玩意儿，好吧，正是这些小玩意儿能使唤人。我不会对公众说下面的话，但是我应该在贤明政客的集会上说：我看法国人并不热爱自由与平等，他们没有在十年革命中改变，依然是野蛮善变的高卢人。他们有一种感情——荣誉感。我们必须助长这种情怀。人民大声疾呼，要求殊荣。看看群众如何敬畏外国外交官佩戴的奖章和勋章。我们得恢复这些殊荣。已经有太多摧毁，我们必须将之重建。政府存在着，获得拥护与权力，可国家本身是什么？一盘散沙。[124]

350

为了改变这种状况，拿破仑说："我们必须在法兰西土壤中埋入一些充当支柱的花岗巨岩。"引用"正是这些小玩意儿能使唤人"时，人们常常严重脱离语境，暗示拿破仑在冷嘲热讽，然而完整的引文表明，事实上他在称赞作为荣誉物质载体的"小玩意儿"。出席会议的 24 名参政中，有 10 人投票反对成立荣誉军团，因为他们不赞成照它的方式重建阶级殊荣。不过，其中 9 人后来接受了星章或伯爵头衔。[125]（贝利埃本人二者兼得。）

1804 年 8 月 16 日（周四），布洛涅军营举行盛典。典礼上，拿破仑在军中分发第一批荣誉军团星章。展示的勋章搁在百年战争将领贝特朗·杜盖克兰的盔甲上，盔甲旁边还摆着

16 世纪法国骑兵代表人物巴亚尔骑士的头盔。布洛涅、安特卫普和瑟堡响起炮声，宣告拿破仑当着 6 万名士兵和 2 万名观众的面授予 2000 人勋章。1000 多名鼓手演奏《在田野》（*Aux Champs*）的军乐调子，加农炮及时鸣炮回应。一名旁观者记载道，从法国的敌人手中缴获的 200 面军旗"血迹斑斑，被加农炮轰得破破烂烂，此时它们成了恰当的华盖"。[126]次月，拿破仑致信教皇时首次使用"我的人民"。[127]他也像亨利四世称呼玛丽·德·美第奇一样，开始叫约瑟芬"夫人与爱妻"。[128]

10 月 2 日，西德尼·史密斯爵士进攻布洛涅舰队未遂，拿破仑不禁担忧港内火攻船的作用。他照例想着其他大大小小的事，命令富歇四天后取消皮埃蒙特剧院的禁令，允许观众对不喜欢的表演吹口哨。[129]史密斯进攻失败后第四天，皇家海军又对西班牙宝船舰队不宣而战，这回英军的战果丰硕得多。他们击沉了 1 艘船，俘获其余 3 艘船，且被俘船只装载的西班牙银币与金锭一共价值 90 万英镑。此乃公然的海盗行径，但《圣伊尔德丰索密约》签订后西班牙一直是法国的盟友，英国怀疑，一旦这批财物在加的斯（Cádiz）安全卸下，西班牙就会对英宣战。

单单 1804 年 10 月某日，拿破仑就写了 22 封信，充分展示其娴熟的统治手腕。这些信的内容涵盖西班牙耶稣会的重建（"我绝不允许法国发生这种事"）、巴黎的英国人人数（"找到的那些都送走了吗？"）、对海军部长德克雷的质问（"留海军将领在巴黎究竟是图什么？"）、整合 40 座巴黎修女院对女性教育的益处、英国狩猎法的移植、对法律界人士的谴责

351

（"只有犯罪和腐败能激励这帮话匣子与革命煽动者"）以及大量其他事务。[130]拿破仑经常烦扰德克雷，也不时穿插片刻亲和力。"抱歉惹你生气了，"12 月，他致信德克雷时提及自己的怒意，"气头终于过去了，一点都没留下，所以我希望你对我不再有一丝怨恨。"[131]

10 月 24 日晚，法国人来到普鲁士保护的汉萨同盟（Dudesche Hanse）自由城市汉堡（Hamburg）附近，在英国外交官乔治·朗博尔德（George Rumbold）爵士的乡下住宅绑架了他，把他押至圣殿塔监狱，此举就像不久前皇家海军的做派一样不尊重国际法。像慕尼黑的弗朗西斯·德雷克与斯图加特的斯潘塞·史密斯一样，朗博尔德支持流亡者的阴谋，在四十八小时的审讯后，他获释并返回了英国。普鲁士国王慎重地抗议法国侵犯汉堡主权。拿破仑认为，大使照理是"负责调解的官员，永远肩负道德基础上的神圣职责"，但是英国政府把朗博尔德"当成有权做任何事的战争工具"。他命令塔列朗提出对英国人的质疑："难道欧洲君主至多是一大群印度土豪吗?"[132]

加冕礼正在筹备。"服装制作有些滞后，"康巴塞雷斯警告拿破仑道，"可我的已经做好了。"[133]11 月 2 日，教皇从罗马去巴黎，尽管众人皆知他曾为"伟大的无辜牺牲品"昂吉安公爵落泪。[134]25 日，拿破仑在内穆尔（Nemours）和枫丹白露（Fontainebleau）之间同教皇会面，三天后他们一起进入巴黎。拿破仑命令军官们把教皇当作身后聚集 20 万大军的人物来接待，这差不多是他对别人的最高赞誉。[135]为了确保教皇主持加冕礼，他答应不再依靠 1796 年举办的政府婚礼的效力，而是按照天主教仪式同约瑟芬结婚。于是，12 月 1 日晚，红衣主教费施在杜伊勒里宫当着塔列朗、贝尔蒂埃和迪罗克的面主持宗教婚礼。[136]约瑟芬把婚姻证明交给欧仁保管，以防拿破仑矢口否认此事。

　　加冕使波拿巴家族和博阿尔内家族潜藏的矛盾浮出水面。约瑟夫反对约瑟芬加冕，因为这意味着奥尔唐斯和路易的孩子将是皇后的孙子，而他的子女只是中产阶级的孙子。[137]拿破仑的三个妹妹都不肯捧约瑟芬的拖裙。吕西安根本不想参加典礼，太后也支持他，决定和他一同待在罗马，尽管拿破仑已经送给她一幢巴黎大宅。[138]"在法国，有成千上万人对国家的贡献比他们的大，"拿破仑怒从中来，对勒德雷尔说起自己的兄弟，"包括你。"[139]相形之下，他疼爱欧仁和奥尔唐斯。"我喜欢这些孩子，因为他们总是急着取悦我。"[140]欧仁曾在埃及负伤，所以皇帝对他评价很高："假如加农炮开火，是欧仁看见发生了什么；倘若要跨过河沟，是欧仁帮了我一把。"兄弟姐妹们诽谤博阿尔内家族，拿破仑耸耸肩："他们说我的妻子虚伪，说她的孩子们故意对我热情过头。嗯，我希望他们当我是老叔父，这为我的生活增添一分甜蜜，我正在变老……我想休息一下。"[141]当时他才 35 岁，但这一观点和他对约瑟芬的支持都成立。"我的妻子是个贤淑的女人，不曾伤害他们。她靠钻石、华服与衰老的不幸……满足自己。我对她的爱从不盲目。立她为后彰显公平。我归根到底是个公正的人。"[142]7 月，她去艾克斯泡温泉，他坚持要她在华盖下做礼拜，祭坛右侧也安排了她的御座。[143]此后她莅临城市时，加农炮亦鸣炮致敬。

　　拿破仑对妹妹们几乎像对兄弟们一样慷慨。埃莉萨最先得到亲王国卢卡，但她依然不停地发牢骚。波利娜没什么政治野

心，1806 年 3 月，拿破仑封她为瓜斯塔拉藩属女公爵，还封
卡罗琳为贝格（Berg）大公夫人。她们好像都没什么感激之
353 情。1805 年 6 月，拿破仑赠予太后布列讷附近的蓬城堡及其
翻新维护费 16 万法郎，"在那儿，你拥有法国最美丽的一些
乡村"，至少她表达了感谢。太后很可能比她的所有女儿都更
适合统治，但她对权力没兴趣。[144]她积攒多年的财物估计有 40
万法郎。[145]拿破仑将头衔与财富倾泻在家人身上，与此同时，
他也怀有更世俗的忧虑，担心士兵们分到的面包品质不佳。他
冲贝尔蒂埃抱怨道，军队采购劣质谷物，下令"今后一律用
黄豆取代白豆"。[146]

1804 年 12 月 2 日（周日），拿破仑和约瑟芬在巴黎圣母
院加冕。虽说组织工作一定程度上拖到了最后一刻，加冕礼仍
是一次壮丽的盛典。早上 6 点，雪花飘落，第一批客人开始到
场，他们步入抹有灰泥的木质新哥特式天棚，此物用于掩盖大
革命时期偶像破坏行动造成的毁坏痕迹。四天前，暴风雪刮倒
天棚，弄坏了它的固定物和木头支柱，直到上午 10 点 30 分教
皇队列到达时，最后的风暴冲击才逐渐减弱。[147]立法机关、上
诉法院（上诉法院代表身着火焰色长袍）、地方诸省、荣誉军
团、最高检察院、军需部、殖民地、商会、国民自卫军、法兰
西学院、政府各部门、农会及很多其他团体的代表们（军方
代表人数尤多，他们的最低军衔是旅级将军）将请柬交给 92
名收票员。入场后，代表们随即在看台上闲逛，他们聊天、妨
碍工作人员，大体上是在制造混乱。早上 7 点，460 名音乐家
与合唱队成员开始在教堂侧廊集合，其中有帝国教堂管弦乐队
全员，还有人来自巴黎国立音乐学院（Conservatoire de Paris）、

费多剧院、歌剧院、近卫掷弹兵与近卫猎兵。① 典礼组织工作的负责人之一路易·德·丰塔纳最后只好指示士兵们命令大家坐下。[148]

上午 9 点 30 分，外交使团成员大都到场。昂吉安公爵尸骨未寒，但是俄国和瑞典大使照样来了。57 辆大车装载的塞纳河河沙铺撒在杜伊勒里宫庭院的一小片泥泞土地上，工人们工作一晚能拿 4 法郎，这是史无前例的薪水。当日早晨，新任侍从泰奥多尔·德·蒂亚尔（Théodore de Thiard）进入拿破仑的更衣室，发现他"已经换上点缀着金色蜜蜂的白色天鹅绒长裤、亨利四世风格蕾丝立领，外面还套着一件猎骑兵制服"。[149] 蒂亚尔记载道，"若不是因为此刻气氛肃穆"，他"看到这不搭调的穿着会忍俊不禁"。拿破仑在去巴黎圣母院之前脱掉了军装。

354

上午 10 点，礼炮轰鸣，宣告拿破仑和约瑟芬从杜伊勒里宫启行。"加冕马车非常华丽"，一名侍臣写道，"它装着玻璃，没有挡板……陛下们上车时搞错了边，坐到前面去了，但他们立刻察觉到了错误，大笑着栽回后座。"[150] 队伍规模太大，有好几次他们不得不中途停下，等待通过堵塞的地段。巴黎总督缪拉走在最前头，身后跟着他的部下和四个卡宾枪骑兵中队，他们之后是胸甲骑兵、近卫猎骑兵和一个马穆鲁克中队（衣着最光鲜）。再往后则是传令兵，他们骑着马，身穿绣着雄鹰的紫色天鹅绒无袖制服，并携带饰有蜜蜂的权杖。

八匹佩戴白色羽饰的白马拉着拿破仑和约瑟芬的马车，车夫塞萨尔穿着镶金色蕾丝绿色长外套。拿破仑身着镶嵌黄金与

---

① 加冕礼耗资 194436 法郎，这个数字几乎是初始预算的四倍。

宝石的紫色天鹅绒无袖制服。约瑟芬"妆化得相当好，衬得她仿佛只有 25 岁"，她穿着白色礼袍和镶嵌金银的丝缎披风。她的小冠冕、耳环、项链和腰带上都有钻石。只有沿途列队的掷弹兵穿着那个时代的制服，否则一切派头纯属兼备古典与哥特风格的奢侈品。军人众多，有的说法估计他们有 8 万人。军队容易挡住群众视线，此外天气寒冷，所以观众虽在欢呼但也保持了冷静。[151]

上午 11 点，队伍来到大教堂旁边的大主教宫殿。拿破仑为典礼更衣，众人则坐在长木椅上发抖。拿破仑身着拖到脚踝的镶金丝缎长袍，外面套着内衬貂皮的绯红色天鹅绒披风，这件披风以金色蜜蜂为主题，其边缘镶着橄榄树叶、月桂树叶与橡树叶。披风的重量超过 80 磅，所以约瑟夫、路易、勒布伦和康巴塞雷斯合力才把它披到他身上。[152]"要是爸爸现在能看着我们就好了。"拿破仑和约瑟夫互相端详对方的华服时，他用意大利语对哥哥说。[153]上午 11 点 45 分，拿破仑和约瑟芬已换上庆典礼服，准备好去见巴黎大主教、红衣主教贝卢瓦，他将在大教堂入口迎接皇帝夫妇，向他们泼洒圣水。[154]

侍女阿布朗泰斯公爵夫人洛尔距拿破仑只有十步，她指出："典礼时间长，他好像倦了，我见他多次压住哈欠。不管怎么说，他恰当地完成了所有该做的事。教皇在他的头部和双手涂抹三层香油时，根据他的目光所指，我猜他只想着擦掉那些油。"[155]仪式以波旁王朝礼制为基，但拿破仑打破了传统，他没有忏悔，也没有食圣餐。

拿破仑在加冕时用了两顶皇冠。第一顶是金色月桂花冠，这顶皇冠旨在引人回想罗马帝国，从进入大教堂到加冕礼结束，他始终戴着它；第二顶是查理曼加冕冠的复制品，大革命时期，传统的法国国王加冕冠被毁，奥地利人又不肯出借查理曼加冕冠，所以这顶皇冠需特别制作。就像和教皇事先排练过的一样，拿破仑将查理曼加冕冠复制品举过自己的头顶，但他实际上没有戴这顶皇冠，因为他已经戴着月桂冠。他的确为跪在自己面前的约瑟芬加冕了。[156] 阿布朗泰斯公爵夫人洛尔注意到，约瑟芬祈祷时泪如雨下，眼泪滴到了手上。[157] 拿破仑非常细心地把小皇冠放在她的钻石头饰后面，然后他轻轻拍打几下，直到它安稳戴好。教皇祝福他们，拥抱拿破仑，吟咏"皇帝万岁，永垂不朽"（Vivat Imperator in aeternam）。弥撒也做完之后，拿破仑发表加冕誓言：

> 我立誓护得共和国领土完整；我发誓尊重《政教协定》、礼拜自由、政治与公民自由以及国有财产交易不可撤销的准则，并使它们受尊重；我发誓无法律规定绝不加税；我发誓维护荣誉军团制度；我发誓只为法兰西人民的利益、幸福与荣耀而统治。[158]

拿破仑的自我加冕既是自强人物的终极胜利，某种意义上亦是界定启蒙运动的时刻。此举本质上也是真诚的，他能走到那一步的确是靠自己。然而，他事后也许后悔了，因为它彰显了高调的自我主义。伟大的古典主义画家雅克－路易·大卫（Jacques-Louis David）奉命作画纪念加冕礼。1806 年 8 月，他致信拿破仑的高级廷臣皮埃尔·达吕（Pierre Daru），询问"惊动观众"的"非凡时刻"（彩图 32 为大卫的自我加冕图草稿），结果他反而收到描绘拿破仑为约瑟芬加冕之刻的命令。[159] 1808 年 2 月，大卫的正式作品《拿破仑一世皇帝与约瑟芬皇

356

后加冕》在卢浮宫展出，观者甚众。大卫并不想准确地刻画史实：太后出场了；奥尔唐斯与拿破仑的三个妹妹站得离约瑟芬的拖裙远远的，事实上她们被说服了，同意在约瑟芬加冕时为她捧拖裙。[160]红衣主教卡普拉拉不喜欢他在画中的秃头造型，要塔列朗强迫大卫给他画顶假发，但是大卫犹豫不决。[161]玻利维亚独裁者曼努埃尔·马尔加雷霍（Manuel Malgarejo）以为波拿巴和拿破仑是两个人，进而对比"二人"相较对方的优点。马尔加雷霍的无知沦为后日笑柄，但某种程度上他是对的。波拿巴将军很少觉得有必要在典礼上摆出某种姿态，拿破仑皇帝则不然。

波旁家族当然嘲笑加冕。一名评论者将拿破仑的无袖制服比作扑克牌里方片国王的穿着。另一人则嘲讽道："这幕创举体现了少女学校绘画教师的水平。"[162]然而，加冕礼针对士兵和观众，而非老于世故的旧王朝人士，不管它采用什么形式都会惹他们反感。巴黎人民享受加冕礼，重要原因之一是当晚有盛大的烟火表演和现金分发活动，公共喷泉还喷涌葡萄酒。[163]有人向太后道贺，祝贺她的儿子帝王紫袍加身。太后没有出席加冕礼，但她的回答充满天生的宿命观与深邃的常识。"但愿长久，"她说，"让我们愿它长久。"[164]

第十六章　奥斯特利茨

战斗中某刻，最小的机动决定战局、赢来优势；正如
洪峰起于滴水。

　　　　　　　　　——拿破仑论恺撒的蒙达之战

胜利是我的唯一要求。

　　　　　　　　　——1805 年 8 月，拿破仑致德克雷

加冕礼告一段落。几天后，军队上校突然来到巴黎，他们去战神广场出席典礼，并领取御赐鹰旗。"战士们！"皇帝对上校们说，"这是你们的旗帜！这些雄鹰永远是你们的集结点……你们发誓用生命捍卫它们吗？""我们发誓！"他们郑重地齐声回答。[1] 镀金鹰由六片焊合的铜片铸成，其耳尖至鹰爪长 8 英寸，翼长 9.5 英寸，重达 3.5 磅。① 鹰像立于蓝色橡木团旗杆顶上，鹰旗手之职非常光荣，不过士兵们向来不恭，因此军旗很快得到绰号"杜鹃"。[2]1807 年，拿破仑在第 55 期大军团公报中说："丢失鹰旗抹黑团的荣誉，哪怕一百次胜仗、一百项战场荣誉也无法挽回颜面。"[3]

在英吉利海峡沿岸的军营中，军队继续训练，预备侵英。

---

① 六面鹰旗今展示于伦敦的切尔西王家医院（Royal Hospital，Chelsea），荣军院陆军博物馆的鹰旗更多。

358　马尔蒙从乌得勒支营地向拿破仑报告："我们每周以师为单位
进行三次演习，每月实行两次三个师的合并演习。军队已然训
练有素。"[4] 拿破仑命令马尔蒙：

> 密切关注士兵，细心安排他们的生活。初到营地时，你
> 让各营列队，然后一口气花上八小时，一个接一个见士兵。
> 你要聆听抱怨、检查武器，确保他们什么也不缺。七八小时
> 的检阅益处多多。士兵习惯了武装和值勤，检阅向他证明，
> 上司关怀他、全面照料他，这能大大激发士兵的信任。[5]

1804 年 12 月，小威廉·皮特与瑞典结盟。1805 年 4 月，英俄
签署《圣彼得堡条约》，第三次反法同盟核心随之成形。俄国
每投入 10 万兵力对付法国，英国就用金几尼付它 125 万英镑。
后来，奥地利和普鲁士也加入了同盟。[6] 拿破仑极尽外交威胁
手段，力阻其他国家入盟。早在 1 月 2 日，他就致信玛丽·安
托瓦内特的姐姐、弗朗茨皇帝的姑姑、那不勒斯与西西里联合
王国王后玛丽亚·卡罗利娜（Maria Karolina），坦率地警告
她，"我手上有陛下写的好几封信，它们证实你暗中寻思"加
入新同盟。"你已经亡过一次国，你引发了两场威胁全灭您的
父系家族的战争（此言暗指那不勒斯支持先前的两次反法同
盟），"他写道，"你想引发第三场吗？"国王费迪南德四世和
妻子卡罗利娜儿女满堂，两人共有 18 名子女，拿破仑预言道，
倘若战争因卡罗利娜爆发，"你和你的后嗣会失去权位，你那
些不守规矩的小孩将在欧洲各国乞讨"。[7] 他要求她罢免其英籍
首相（兼情夫）约翰·阿克顿（John Acton）爵士、驱逐英国
大使、召回那不勒斯驻圣彼得堡大使、解散民兵。她什么也没

做，但是 1805 年 9 月 22 日，两西西里王国（Two Sicilies）①
的确同法国缔结了严格中立条约。

　　拿破仑加冕后没有休假，就连圣诞日那天，他也下令不得　359
逮捕与凡尔登赌场庄家决斗的英国人戈尔德（Gold），因为
"假释的战俘有权决斗"。[8]后来在 1 月，拿破仑致信土耳其苏
丹，整封信都用了非正式的"你"，因为这是同辈君主间的适
当称呼。"伟大的奥斯曼王朝的后裔、统治世上最伟大王国中
的一员的皇帝，"他问道，"你退位了吗？你怎么听从俄国摆
布？"[9]土属摩尔达维亚（Moldavia）②和瓦拉几亚（Wallachia）
的亲俄总督出了问题。他警告道，在希腊支持下，克基拉岛的
俄军"有朝一日会进攻你的首都……你的王朝将陷入沉睡的
暗夜……醒醒吧，塞利姆！"拿破仑也给波斯沙阿（Shah）法
特赫·阿里（Fat'h Ali）写了封辞藻华丽的信，自埃及战局以
来，他致信东方君主时就使用这种文风。"传播一切的名望已
经告诉你我的身份和业绩，告诉你我如何让法国登临西方诸国
之首，又用何其惊人的方式展示对东方国君的兴趣。"他谈及
昔日的伟大沙阿，然后说起英国："像先祖们一样，你不会听
信在印度买卖君主性命和王冠的店老板民族③，你也会让你的
人民英勇抵抗俄国侵略者。"[10]若说小皮特为防侵英花钱买盟
友，拿破仑则奉承其他君主，他希望马屁至少能让他们保持中
立。1805 年 4 月，他致信普鲁士国王，称维持俄法和平希望
渺茫，并把全部责任推到沙皇头上："沙皇亚历山大太善变、

---

①　始于 1443 年的那不勒斯与西西里联合王国国号。

②　今摩尔多瓦（Moldova）。——译者注

③　"店老板民族"最早出自亚当·斯密的《国富论》，他用这个短语刻画不
　　列颠民族。1776 年《国富论》出版，1802 年该书被译成法文。

太软弱，按道理，我们一点儿也不能指望他促进普遍和平。"[11]

早在 1793 年，小皮特就雇佣德意志诸侯的军队去低地国家战斗，由此开创了资助法国之敌的先例，但他经常对投资深感失望，因为 1795 年普鲁士更乐意和波兰人作战，1797 年奥地利又在坎波福米奥索取威尼斯，以之作为割让比利时（与媾和）的补偿。然而总的来说，后任英国政府认为资助政策物有所值。拿破仑自然说，此政策的特色就是英国肯让盟友战斗至最后一滴血。"请让人画些漫画，"1805 年 5 月，拿破仑命令富歇，"画英国人手握钱包请各国取钱，诸如此类。"[12]1794 年，英国政府花费 14% 的收入资助盟友；二十年后，威灵顿的军队其实已进入法国，而这一比例仍是 14%，但这些年中英国经济增长迅猛，14% 的收入就成了巨款 1000 万英镑。英国政府与继承了法国大革命义务的拿破仑为敌，它靠工业革命的利润支撑自己，也愿意为了事业分享这笔利润。1793 ~ 1815 年，英国一共给了法国的敌人 65830228 英镑，这是个天文数字，但远远少于大规模正规军的维持费和作战费。

1805 年 2 月 1 日，路易·德·博塞 – 罗克福（Louis de Bausset-Roquefort）男爵就任宫廷总管，这道任命状蕴含拿破仑及其最亲昵友人、宫廷司礼官迪罗克对他的私人照顾。正如某位熟识晚年拿破仑的人所说的："一切顾虑都得为拿破仑的雄心让步，只要抱负不受影响，他就敏感多情，可以情深义重。"[13]最高统治者的真实友情因难以维系而著称，随着时间流逝，拿破仑最亲近的四名好友相继捐躯，亲密到能犯颜直谏他的人于是越来越少。虽然博塞只是廷臣，还算不上他的朋友，但除了他的家人，博塞待在他身边的时间几乎最长，此人忠心服侍他至 1814 年 4 月，几乎陪他度过所有旅途与战役。要说有谁私下熟悉拿破仑，这人就是博塞。拿破仑逝世六年后，法国非常不提倡偏向波拿巴分子的著作，而博塞出版了回忆录。此外，博塞的政治身份可是保王党人，他也不属于拿破仑遗嘱里提到的几十人，可就算这样，他对拿破仑的感情也只有仰慕。"他的前额开阔高挺，彰显天才与权力。"博塞写道，"他的双目焕发火焰，表达思虑与情感。但是，只要他的和蔼性情未遭烦扰，他的高贵脸庞上就会浮现一抹最宜人的微笑，笑容随后让位于我在别人身上从来见不到的难言魅力。这种时候，看见他的人无法不爱他。"博塞随拿破仑一同生活，为他效力，如准备饭食、管理家务、下棋时允许他作弊，这种日子过了将近十年，但对博塞来说，他的魅力不曾减退。博塞说，拿破仑的"风度和举止永远不变，它们是天生的、自然的。我可以毫不过分地说，他是世上唯一配得上'越近观越显伟大'这句话的人"。[14]

1805 年 3 月 17 日（周日），拿破仑在杜伊勒里宫御座大殿（Throne Room）举行盛大典礼，接过新生的意大利王国王位。他本来就是意大利共和国最高行政官，成为法国皇帝后，加封意大利国王顺理成章。拿破仑致信弗朗茨皇帝，谴责他对英军和俄军的决策，并争辩道，既然英俄继续占领马耳他岛和克基拉岛，"分离法国和意大利的王冠就是幻想"。[15]两天后，拿破仑封妹妹埃莉萨和妹夫费利切·巴乔基为卢卡与皮翁比诺君主。①[16]

---

① 《战争与和平》开篇时，安娜·帕芙洛夫娜－谢列尔说："好吧，我的公爵，那么热那亚和卢卡现在只是波拿巴家族的私产了。"不过她搞错了热那亚的地位，它是帝国省。

　　拿破仑去米兰自封意大利国王，他中途在里昂逗留了六日，虽有约瑟芬随行，他却同富裕金融家之妻弗朗索瓦丝－玛丽·德·佩拉法拉·内·勒鲁瓦（Françoise-Marie de Pellapra née LeRoy）欢好。①[17]5 月 26 日，加冕礼在壮观的米兰大教堂举行，出席人士有卡普拉拉等 8 名红衣主教以及约 3 万名观众。"教堂非常美丽，"拿破仑告诉康巴塞雷斯，"典礼就像巴黎的一样好，区别是这回天气极佳。我接过铁冠，戴上它，同时补充了一句话：'上帝赐我此冠，他人碰触必遭灾祸。'我希望此言成为预言。"[18]伦巴第铁冠呈椭球形，相当沉重，由黄金制成，据说此冠中的一些金属来自真十字架②上的钉子。1155 年，"红胡子"弗里德里希戴上铁冠，从那以后，每一位神圣罗马帝国皇帝都戴过它，因此用铁冠加冕是拿破仑对现任神圣罗马帝国皇帝、奥皇弗朗茨的进一步武力恫吓。

362

　　马伦戈会战五周年纪念日那天，拿破仑重游战场。博塞回忆，他穿着"有些破烂的旧"制服，"拿着被打穿的老旧金边

---

① 佩拉法拉之女、希迈（Chimay）王妃埃米莉（Émilie）自称是他们的结晶，此言可以不予考虑，因为她生于当年 11 月。Pellapra, *Daughter of Napoleon passim*. 国家参政夏尔－雅各·迪沙泰尔（Charles-Jacques Duchatel）之妻阿黛勒·迪沙泰尔（Adèle Duchatel）也是拿破仑的情妇，与她相比，佩拉法拉算是次要调剂品。1804 年 12 月 22 日，皇帝给了阿黛勒 6000 法郎，1805 年 1 月 10 日，他又给了她 19000 法郎。Branda, *Le prix de la gloire*, p. 57. 但她不欣赏他的床技，并说出了看法。"皇后说你无能，"她笑话他（或者和他一起笑），"做了跟没做一样。"Tulard, *Dictionnaire amoureux*, p. 218. 在其他生活领域，拿破仑非常骄傲，但惊人的是，他似乎不介意阿黛勒的话。当时，他不止在她身上花钱。1805 年 7 月，他给了格拉西尼小姐 15000 法郎。那时他很可能又勾搭了一名新人，因为 6 月上旬的开支记录显示，他赠予"一个热那亚美人"24000 法郎。Branda, *Le prix de la gloire*, p. 57.

② 耶稣受难十字架，系基督教圣物。——译者注

大帽子"。[19]马伦戈会战时，他穿的就是这身制服，不管帽子上的洞是不是弹孔，这套衣服都让人想起他的公关天才。次月，拿破仑去了布雷西亚、维罗纳、曼托瓦、博洛尼亚、摩德纳、皮亚琴察、日内瓦和都灵，离开都灵后，他仅用八十五小时便在 7 月 11 日晚返回了 300 英里开外的枫丹白露宫（原波旁狩猎行宫，他喜欢在此游玩）。事实证明，这是他最后一次踏上意大利土地。拿破仑任命 23 岁的继子欧仁为意大利总督，后者温和明智，因而深得意大利民心。[20]前意大利共和国副主席梅尔齐不停诉苦，但拿破仑不准他退休，于是他依然负责实际日常管理，即便如此，当年 6 月，拿破仑在三天内给欧仁写了至少 16 封信，谈论统治艺术："学会倾听。你要相信，沉默和明晓经常产生同样的效果"；"不要耻于提问"；"若身处意大利总督之外的任何立场，法国国籍都是荣耀，但在这儿，你必须学会轻视它"。[21]意大利的人才信任近代法国的行政体制，梅尔齐毫不费力地把他们招入政府。欧仁晋升之后，约瑟夫和路易自然懊恼，虽说只要肯放弃法国皇位继承权，他俩都能当意大利国王。[22]

"我的大陆秩序已定好，"1805 年 6 月，拿破仑对塔列朗说，"我不想渡过莱茵河或阿迪杰河。我希望和平相处，但忍不了糟糕的争吵。"[23]拿破仑并不渴求意大利与莱茵河之外的土地，但他的确希望法国保留欧洲最强国的地位和域外事件仲裁者的角色，不论哪个国家或国家集团想"争吵"，他已做好充分的应对准备。

英国抵制拿破仑的欧洲蓝图，态度非常坚决。夏初，拿破仑似乎终于占了英国的上风：一场暴风雨把纳尔逊的封锁舰队吹离土伦，3 月 30 日，海军将领维尔纳夫趁机逃脱，他穿过

363 直布罗陀海峡，同加的斯的西班牙舰队会合，随后驶往马提尼克岛，并于 5 月 14 日抵达目的地。纳尔逊发现维尔纳夫没有去埃及，立刻横渡大西洋追踪他，于 6 月 4 日到达西印度群岛。拿破仑的侵英总计划的下一阶段已就位。"只要我们做六个小时的海峡之主，" 6 月 9 日，拿破仑致信德克雷，"英格兰就不复存在。随便哪个渔民、倒霉记者、梳妆打扮的女人都知道，没法阻挡在布洛涅之前现身的海军分舰队。"[24]事实上，皇家海军一心阻止任何规模的海军分舰队在布洛涅及一切侵略港口露面。然而，此时维尔纳夫再度横穿大西洋，试图打破布雷斯特的封锁，7 月中旬时拿破仑便相信，也许期盼已久的入侵终于能开始了。"情况可能随时有变。让全军上船，" 20 日，拿破仑命令贝尔蒂埃，"以便整个远征可在二十四小时内启动……我打算在相距不远的四个不同地点登陆……通知四位元帅（奈伊、达武、苏尔特、拉纳）不得延误片刻。"[25]意大利的信件在寄发前得花一天时间用醋消毒，拿破仑也下令取消这种做法，"要是瘟疫来自意大利，那么传播途径是旅行和军队调动。给信消毒纯属找麻烦"。[26]

　　在大雾弥漫的菲尼斯特雷角（Cape Finisterre），维尔纳夫迎战海军少将罗伯特·考尔德（Robert Calder）的规模更小的舰队，损失 2 艘船。7 月 23 日，他按照拿破仑的命令驶向西班牙北部港口拉科鲁尼亚（La Coruña）附近的费罗尔（Ferrol），结果丧失了在大西洋横渡航程中赢取的关键时间优势。拿破仑在厄尔巴岛上批评考尔德战后次日不出击，放跑维尔纳夫。与他交谈的英国人指出，考尔德位于下风处，无法进攻，他否认此言，说对方"只是碍于国家荣誉感找借口，因为 23 日晚那个将军逃走了"。[27]拿破仑不懂下风和上风的区别，再次证明自己是个海战白痴。

迫于拿破仑的不断烦扰（"欧洲屏息等待正在筹备的壮举"），8月10日，维尔纳夫率33艘战列舰驶出费罗尔，打算和位于布雷斯特、隶属冈托姆的21艘舰船会师，如果加上位于罗什福尔、隶属扎沙里·阿勒芒（Zacharie Allemand）上校的海军分舰队，联合舰队将拥有不下59艘战列舰。[28]次日，维尔纳夫却担心皇家海军正追踪他，于是他没去北边的英吉利海峡，反而南下至加的斯。8月20日，维尔纳夫在加的斯抛锚，不久即被纳尔逊封锁，后者已从大西洋彼端折返，靠直觉找到了前者。

拿破仑加冕为意大利国王，兼并热那亚，和拜恩、符腾堡、巴登结盟，这些举动都惹恼了奥地利。8月9日，奥地利秘密加入第三次反法同盟，而拿破仑不知情。8月3日，他曾私下对塔列朗说"没必要开战"，尽管如此，他也做好了战争爆发的准备。[29]8月上旬的几天中，拿破仑插空命令圣西尔做好必要时从北意大利入侵那不勒斯的准备，授予马塞纳在意大利境内的指挥权，并派萨瓦里去法兰克福，要他尽量弄到最好的德意志地图、努力刺探维也纳宫廷会议的情报。[30]

8月13日（周二），拿破仑忙得脚不沾地。凌晨4点，他在蓬德布里克收到菲尼斯特雷角之战的消息。皇家军务总监皮埃尔·达吕应召而来，他后来说，皇帝"看上去完全气疯了，他的帽子压到眼睛，整个脸色都难看"。拿破仑确信维尔纳夫被堵在费罗尔（虽说此时维尔纳夫其实已离开），大叫："什么海军！什么将军！什么付出，都白费了！"[31]独立消息称奥军似乎在动员，所以侵英行动显然得推迟了。"想和我开战的人一定彻底疯了，"他致信康巴塞雷斯，"时至今日，其他欧洲军队肯定比不上我的。"[32]然而，当天晚些时候，情报表明奥军的确在动员，拿破仑立刻变得强硬。"我已下定决心，"他致信塔列朗，"我要在 11 月前进攻奥地利，侵入维也纳，以便迎战俄军，如果他们出现的话。"在同一封信中，他命令塔列朗努力恐吓"瘦骨嶙峋、靠祖宗本事登上帝位的弗朗茨"，使对方不敢开战，因为"我希望和英国作战时不受干扰"。[33]拿破仑指示塔列朗对奥地利驻巴黎大使、外交大臣路德维希·冯·科本茨尔的堂亲说："科本茨尔先生，那么你们想要战争了！那就给你们战争。开战的可不是皇帝。"[34]拿破仑不知道塔列朗能否成功吓倒奥地利，于是命令维尔纳夫（他对德克雷说，维尔纳夫"这个可怜家伙看东西眼带重影，他的勇气不及洞察力"）北上，他写道："只要你在这儿待三天、哪怕二十四小时，你就完成了任务……为了入侵六个世纪来一直压迫法国的国家，我们都死而无憾。"[35]

拿破仑仍不想放弃侵英计划，但他明白双线同时作战不可取。现在他需要征服奥地利的详细方案，命令达吕坐下来记录自己的口述。达吕后来告诉塞居尔：

> 没有一点过渡，没有一次明显沉思，他毫不犹豫地向（我）口授从乌尔姆直到维也纳的全部战役计划，语气简洁明快、飞扬跋扈。滨海军团原本面海布阵，排成长达 200 里格（600 英里）的战线，一声令下后，他们将解散成多个纵队，向多瑙河（the Danube）进军。这次匆忙口授预设了一切：关于各部队的行军与其时长的命令；各纵队应该集中或重新集合的地点；意外；全力进攻；不同调动；敌人的错误。[36]

"拿破仑果断放弃如此庞大的准备工作"，达吕于是佩服"那明确果敢的决心"。[37]

　　未来战役的基础之一是贝尔蒂埃的详细文书系统（堪比教练指导），之二则是拿破仑采用的军体系（corps system）——本质上大大放大了他在意大利和中东作战时使用的师体系（division system）。1803～1805年，拿破仑利用在布洛涅军营驻扎和实施持续机动的时间，把军队分成各单位紧张训练，每个单位有2万～3万人，有时甚至达4万人。为了和其他军密切配合，每个军实际上是一支微型军队，有自己的步兵、骑兵、炮兵、参谋部、情报人员、工兵、运输队、军粮部、军饷部、医疗部和军需部。行进时，各军始终相隔一天内的行军里程，拿破仑便可根据敌军动向瞬间调换后卫、前卫或预备队。所以，不论进攻还是撤退，整个大军都能绕着轴线井然旋转。各军也能靠行军拉大彼此距离，避免在乡间造成食物供应的问题。

　　每个军必须有足够的兵力，以便将整个敌军钉在战场上。其他军能在二十四小时内赶来支援或救急，抑或采用更有效的侧翼包抄，甚至可以包围敌军。独立军司令常是元帅，他们奉命在指定日期到达指定地点，除此之外自主处理一应军务。拿破仑从没指挥过步兵或骑兵部队的连、营、团、旅、师或军作战，而且他信任元帅的经验和能力，一般说来，只要能完成任务，他乐意让他们自行安排后勤和战术。[38]军也应具备在进攻时重创敌军的能力。[39]

　　这个颇具创意的系统原是吉贝尔和萨克斯元帅的构想。[40]马伦戈会战中，拿破仑的军队太过分散，他不想重陷这种险境，遂在几乎所有未来的胜仗中采用军系统，这一点在乌尔

366

姆、耶拿（Jena）、弗里德兰（Friedland）①、吕岑（Lützen）、
包岑（Bautzen）与德累斯顿（Dresden）最为显著。若军系统
运用不当，拿破仑就会战败，阿斯佩恩－埃斯灵、莱比锡
（Leipzig）和滑铁卢便是突出例子。

　　"革命战争时期，作战计划是拉长阵线，左右移动纵队，"
多年后，拿破仑说，"这没什么用。老实说，我之所以赢得那
么多战斗，那是因为开战前夜我没有下令延长战线，而是努力
让全军齐聚我想要进攻的地点。我在那儿集中他们。"[41]拿破仑
开创了战略与战术之间的军事行动级别。1812～1945 年，他
创设的军一直是欧洲所有军队的标准部队单位。这是他对战争
艺术的独特贡献，其在 1805 年的首次使用也当属现代战争诞
生的先兆。

　　"看来奥地利想要战争，" 8 月 25 日，拿破仑致信盟友拜
恩的马克西米利安－约瑟夫选侯（Elector Maximilian-Joseph），
"我解释不了这么奇怪的行为。然而战争会来临，并且比它希
望的早。"[42]次日，法国驻慕尼黑公使路易－纪尧姆·奥托传来
消息，确认奥军将渡过因河，入侵拜恩。因为拿破仑已有所
料，8 月 23～25 日，大军团（滨海军团现已正式改称大军团）
的一些法军部队离开了布洛涅。[43]拿破仑称此举为他的"单脚
尖旋转"，他和部下们谈论侵英计划时终于说："好吧，如果
我们必须放弃，至少还能去维也纳听午夜弥撒。"[44]直到 1813
年，布洛涅营房才真正拆除。

　　为防普鲁士加入反法同盟，拿破仑要塔列朗提议出让汉诺

————————

　　①　今普拉夫金斯克（Pravdinsk）。

威，"但他们必须明白，两周之内我不会再提这一好处"。[45]普鲁士宣布中立，但依然坚称瑞士和荷兰应当独立。拿破仑着手备战，8 月 31 日，他寄了一些信，贝尔蒂埃收到 3 封，贝西埃、康巴塞雷斯和戈丹各收到 2 封，德克雷、欧仁、富歇与巴尔贝－马尔布瓦各收到 1 封。虽说正在筹备战事，他还是下令："帝国诸省应举办赛马，组织其境内饲养的最优良马匹参赛，并奖赏速度最快者。"[46]赛马自然有军事用途，但它说明即便身陷危机他的思绪仍然庞杂，或者说，身陷危机时他的思绪格外庞杂。当月，拿破仑宣布不得禁止人们在教堂附近跳舞，"因为跳舞不是恶行……若完全听信主教们，那么舞会、戏剧、时尚都该被禁，帝国也得变成大修道院"。[47]

9 月 1 日，拿破仑从蓬德布里克去巴黎，以便让元老院征募 8 万名新兵，他对康巴塞雷斯说："布洛涅只剩下保卫港口所需的人手。"[48]他完全封锁了部队动向，叫富歇禁止一切报纸"提及军队，就当它不复存在"。[49]他也想出了追踪敌军行迹的点子，命令贝尔蒂埃找一个说德语的人"持续关注奥军各团的进度，把信息存入特制盒子的隔层……各团名称或番号要记在扑克牌上，某团调动后，对应它的扑克牌也要相应换层"。[50]

次日，奥军将领卡尔·马克·冯·莱贝里希（Karl Mack von Leiberich）越过拜恩边界，很快就攻克设防城市乌尔姆。他指望米哈伊尔·库图佐夫将军的俄军会马上来援，如此这片战场的联军总兵力会增至 20 万人。然而，对于尚未直接联系上俄军的奥军来说，乌尔姆太靠前了，超出他们的安全范围。由于某些原因（有的说法归咎于糟糕的参谋工作，有的归咎于俄国历法儒略历和欧洲其他地区的历法格里高利历之间的十一天时差），俄军的部署非常滞后。[51]与此同时，卡尔大公准备

370

多佛尔

英吉利海峡

加来

昂布勒斯特
布洛涅

埃塔普勒

卡塞勒
巴约勒
利斯河
埃斯科河
里尔
圣奥梅尔
贝蒂讷
图尔奈
阿特
蒙特勒伊
朗斯
杜埃
蒙斯
那慕尔
圣波勒
艾尔
埃丹
阿拉斯
康布雷
朗德勒西
沙勒罗瓦
马尔什
阿韦讷
巴波姆
佩罗讷
索姆河
圣康坦
色当
拉费尔
瓦兹河
拉昂
梅济耶尔
斯特奈
克拉奥讷
埃纳河
兰斯

布鲁塞尔

塞纳河

巴黎

马恩河
莱斯珀蒂泰-洛日
马恩河畔沙隆
巴尔-勒

拉纳 ××× 第五军
奈伊 ××× 第六军
维特里-勒弗朗索瓦
贝西埃 ×××

圣迪济耶

塞纳河

N
W E
S

| 0 | 20 | 40 | 60 | 80 英里 |

| 0 | 20 | 40 | 60 | 80 | 100 千米 |

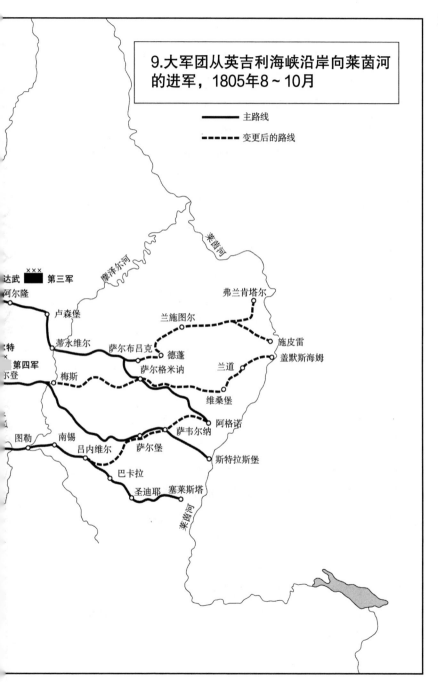

9.大军团从英吉利海峡沿岸向莱茵河的进军，1805年8～10月

—— 主路线

----- 变更后的路线

进攻意大利，而拿破仑已让马塞纳接替儒尔当任当地司令。9
月 10 日，拿破仑提醒欧仁及其将领提防奥军出击，并指示 53
岁的热那亚省省长皮埃尔·福尔费（Pierre Forfait）别再带他
的年轻情妇（"这罗马女孩不过是妓女"）去剧院。[52]

　　大军团的七个军分别由元帅贝纳多特、缪拉、达武、奈
伊、拉纳、马尔蒙和苏尔特指挥，总兵力达 17 万人。七个军
向东进发，速度惊人，于 9 月 25 日渡过莱茵河。士兵们将在
干燥的土地上战斗，不必乘脆弱的平底船冒险横渡英吉利海
峡，所以他们心情愉悦，一边唱着《出征曲》，一边欢快地启
程。（一个团能记住多达 80 首歌并不稀奇，乐手既能在行军
时和进攻前鼓舞士气，又能在战斗中兼任担架队员和卫生
员。）当天，拿破仑对奥托说："一切总算有起色了。"[53]当时，
这是法军史上规模最大的单次战役。部队从布洛涅、荷兰等地
奔赴前线，它北起科布伦茨，南至弗赖堡（Freiburg），几乎长
达 200 英里。

　　大军团抵达莱茵河前一天，流言在巴黎大肆传播。谣言
称，拿破仑为了支付作战费用强行拿走法兰西银行的全部金银
储备，因此流通的纸币缺乏足额的信用保障。（其实根本没人
挪用黄金，但法兰西银行发行了总价值为 7500 万法郎的纸币，
其中仅 3000 万有硬通货担保。）群众包围了银行，它先是慢慢
兑现纸币，然后突然统统不兑，后来又以 90% 的兑换比龟速
兑现。[54]危机中，公众担心纸币指券时代重现，人心惶惶，当
局只有召集警察平定慌乱。拿破仑极其关注这次危机。他觉得
巴黎银行家看上去不够信任法国，意识到速胜及有利的和平比
以往任何时候都更重要。

　　9 月 24 日，拿破仑离开圣克卢宫。两天后，他在斯特拉

斯堡与军队会合，让约瑟芬留在当地，然后他前往乌尔姆东边的多瑙河，力图包围马克，切断其与俄军的联系。乔治·穆顿（Georges Mouton）将军奉命去见符腾堡的选侯，为 3 万人的奈伊军索取通行权，选侯难以拒绝，并询问符腾堡是否可以升为王国，拿破仑大笑："嗯，对我来说那再好不过。要是他只想着当国王，就让他当吧！"[55]

　　法军一过莱茵河，拿破仑便借助军体系让全军右转 90 度。塞居尔说，这次调动是"史上最大规模的前线变动"，它意味着 10 月 6 日大军团已在多瑙河畔面南列阵，其阵线从乌尔姆一路沿河而上至英戈尔施塔特（Ingolstadt）。[56]庞大的军队动作敏捷，迅速就位，不费一兵一卒切断马克的退路，而此人甚至不知道发生了什么，这堪称拿破仑最显赫的战绩之一。"与奥军媾和没有别的前提，"当时他告诉贝纳多特，"除了加农炮炮击。"[57]巴登、拜恩和符腾堡的军队现在皆已加入大军团，这鼓舞了拿破仑。

　　战役结束后某年，拿破仑的玩具制造商制了一辆四只老鼠拉拽的微型马车，供皇帝身边的孩子玩耍。马车动不了后，拿破仑告诉孩子们，掐"前面两只的尾巴，它们动了，另外两只会跟上"。[58]从 9 月下旬至 10 月上旬，他一直掐着贝纳多特和马尔蒙的尾巴，把他们推向斯图加特以远。贝纳多特穿过安斯巴赫（Ansbach）和拜罗伊特（Bayreuth）的普鲁士领地，柏林方面私下愤怒不已，但未做任何公开表态。"我在符腾堡宫殿。虽然是战争时期，但我正倾听非常美妙的音乐，"10 月 4 日，拿破仑从路德维希致信内政部长尚帕尼（Champagny），评论莫扎特的"绝佳"作品《唐璜》（Don Juan）道，"然而，看来德式唱法确实有些巴洛克风。"[59]他给约瑟芬的信补充道，

371

天气极好，漂亮的选侯夫人"似乎非常友好"，尽管她是乔治三世之女。[60]

照塞居尔的说法，拿破仑"迫不及待地想见多瑙河第一面"[61]，10月6日晚，他前进至多瑙沃特（Donauwörth）。塞居尔的叙述里经常出现"迫不及待"，它几乎被视作拿破仑的全部军事特色，确切说来全部个人特质中最稳定的部分。战时最贴近他的人——贝尔蒂埃、莫尔捷、迪罗克、科兰古、拉普和塞居尔——都说过整场战役中他迫不及待，哪怕他的计划已超前运行。

尚在班贝格（Bamberg）时，拿破仑写了37期公报中的第1期，预言敌军将"全灭"。[62]10月8日，缪拉和拉纳击败一股奥军，拿破仑在此战报告中写道："莫珀蒂（Maupetit）上校冲在第9龙骑兵团前头，攻入韦尔廷根村（Wertingen）。他受了致命伤，留下遗言：'告诉皇帝，第9龙骑兵团已证明自己名副其实，他们冲锋陷阵、克敌制胜，高呼皇帝万岁！'[63]拿破仑的公报当小说来读也激动人心。他用公报告诉军队他举行的会议、城市的装饰，甚至说拜恩首相之妻蒙特格拉斯夫人是"绝色佳人"。[64]

10月9日，法军在金茨堡（Günzburg）小战中取胜，11日，他们又在哈斯拉赫－永京根（Haslach-Jungingen）战胜对手。次日晚上11点，贝纳多特已占领慕尼黑，此时距拿破仑前往伊勒河（the Iller）上的布尔高（Burgau）还有一小时，他正给约瑟芬写信，已然这么说："敌军败了，掉了脑袋，一切都表明，这是迄今为止我最快乐、最迅捷、最出色的战役。"[65]这一说法当然傲慢，但事实最终证明他没错。为了让马克待在没有掩护的位置，法军情报人员在奥军俘房中安插了一些"逃兵"，他们告诉奥军，法军准备发动兵变并回国，甚至说巴黎传出了政变流言。

乌尔姆包围圈几近完成，10 月 13 日，拿破仑命令奈伊返回多瑙河对岸，夺取乌尔姆面前最后一处主要障碍——埃尔兴根（Elchingen）的高地。在埃尔兴根修道院可非常清楚地纵览河漫滩（floodplain），视野远及 6 英里外的乌尔姆总教堂。次日，奈伊攻克目标。腾跃兵（voltigeurs）、卡宾枪手和掷弹兵冲上埃尔兴根的斜坡，拿下修道院。若端详此地斜坡，便会明了拿破仑在军中奋力培养的高昂士气与军旅精神多么重要。战斗时，曾在埃及军团服役的某个掷弹兵背部负伤，滂沱大雨中，他躺在地上，大叫"前进！"拿破仑认出了掷弹兵，遂脱下斗篷丢给他，说："想法子把这个还给我，我拿你非常当之无愧的勋章和津贴来换。"[66]当日的战斗中，拿破仑一度在奥地利龙骑兵的手枪射程内。

当晚，一名副官给拿破仑做了一只煎蛋卷，但他找不到酒或干衣服。皇帝相当幽默地评价道，此前在外征战时自己从不缺香贝坦葡萄酒（Chambertin），"哪怕是在埃及沙漠中"。[67]"天气糟透了"，他描述攻克埃尔兴根之战时称，"泥泞一直浸到士兵的膝盖"[68]，但他现在完全包围了乌尔姆。 373

10 月 16 日，在乌尔姆附近的哈斯拉赫村农舍，塞居尔发现拿破仑"和一个年轻鼓手分别在炉子两边打盹"。拿破仑有时仅小睡十分钟，但他能补足数小时精力。塞居尔回忆这个不和谐场面道："皇帝和鼓手在一起睡觉，将军和显贵在旁待命，围着他俩站成一圈。"[69]次日，马克开始谈判，他承诺道，若二十一天内俄军未解围就投降。拿破仑的补给开始不足了，他想一鼓作气，说最多只给马克六天。[70]10 月 18 日，缪拉在特罗赫特尔芬根（Trochtelfngen）击败陆军元帅韦内克（Werneck）的援军，并俘虏15000人，消息传来，马克大受打击，胸口如同挨了一拳，"他站不住，只能靠在公寓墙上"。次日，拿破仑从埃尔兴根致信约瑟芬："八天来我一直湿淋淋的，脚冻得冰凉，有点不适，但今天我一整天都没出去，休息了一下。"[71]他在某期公报中甚至夸口一周没脱靴。[72]

　　10月20日下午3点，马克投降，他交出乌尔姆以及约2万名步兵、3300名骑兵、59门野战炮、300辆弹药马车、3000匹马、17位将军和40面军旗。[73]一名法军军官不认识马克，问他是谁，奥军司令回答："你眼前的就是倒霉的马克！"[74]此后人们一直记得他这绰号。拿破仑告诉约瑟芬，"我实现了全部计划，我只靠行军就消灭了奥军"，然后他又说谎道，"我俘虏6万人和30多名将军，缴获120门大炮和90多面军旗"。[75]他在第7期公报中写道，"10万敌军中，最多只有2万人逃走"，即便算上从金茨堡开始的战斗，这也是大肆的夸张。[76]

　　投降仪式在乌尔姆城外的米歇尔斯贝格高原（Michelsberg plateau）举行。站在紧邻老城的瞭望塔（Aussichtsturm tower）上，便可看见奥军鱼贯出城的地方以及他们放置滑膛枪和刺刀的场所（部分地面现已造林）。这些人后来成了阶下囚，在法国的农场和巴黎的建筑工地上劳动。一名奥军军官评论拿破仑身上泥点斑斑的制服，他说天气如此潮湿，战役必然十分艰苦，拿破仑则说："你的上司想提醒我，我不过是个当兵的。我希望他承认，帝王紫并未让我忘记我的第一职业。"[77]他对被俘的奥军将领讲话时补充道："你们的名字在你们战斗过的所有地方传颂，可奥地利内阁只会妄想疯狂的计划，他们危害国家威严时毫不脸红，遗憾啊，你们这样勇敢的人竟沦为这种愚

374

蠢内阁的牺牲品。"[78] 他试图说服他们，称开战纯属多此一举，战争起因不过是英国为防伦敦沦陷而收买了维也纳。拿破仑在某日公告中称，俄国和奥地利只是英国的"米娘"（mignons，指"玩物"或"巴儿狗"，不过这个词也有一点色情内涵，可指娈童）。

拉普回忆道，拿破仑"战胜后得意扬扬"，他完全有理由这样高兴，因为整场战役完美无缺，几乎兵不血刃。[79] "皇帝发明了新的作战方式，"拿破仑在一期公报中引用士兵的话称，"他只用我们的腿和刺刀。"[80]

尽管拿破仑四周后才知情，但反法同盟恰恰在乌尔姆投降后第二天就实施了复仇，这个时机选得几乎像写诗一般。在加的斯以西 50 英里处的特拉法尔加角（Cape Trafalgar），纳尔逊将军摧毁了维尔纳夫的法西联合舰队。联合舰队的 33 艘战列舰丢了 22 艘，而英军的 27 艘战列舰无一折损。[①] 英军将领指挥时发挥灵感，展示了日后为人著称的"纳尔逊式接敌"（the Nelson touch）。他把舰队分成两个中队，垂直切入联合舰队战线，敌军于是断成三股，其中两股后来被摧毁。大军团在多瑙河边，所以维尔纳夫完全不用开战，就算他赢了，侵英行动最早也得等到次年初，然而拿破仑执意作战的命令直接导致了灾难发生。[②] 因为此战，之后一个世纪英国海军称霸海洋。正如哲学家贝特朗·德·茹弗内尔（Bertrand de Jouvenel）所说的："拿破仑是欧洲的主人，但他也是欧洲的囚徒。"[81] 纳尔逊战死

① 此战中，英军损失 1666 人，法西联军损失 13781 人。
② 维尔纳夫在特拉法尔加被俘，后获准返回法国，1806 年 4 月，他在雷恩（Rennes）自尽。

375 沙场，这对拿破仑来说是唯一的小补偿。"纳尔逊的才华不是后天产物，"他后来在圣赫勒拿岛上说，"那是天才。"[82]英军在特拉法尔加取胜后，英国得以抓紧开展对法经济战。1806 年 5 月，英国政府颁布枢密令（本质上是法令），彻底封锁了从布雷斯特至易北河的欧洲海岸。

拿破仑没有完全放弃侵略梦想，反而继续花费大量金钱、时间与精力，力图重建舰队。他觉得舰队只靠数量优势就可再次威胁英国，却从来不明白一件事：皇家海军的战斗力正处巅峰，要是舰队八分之七的经历仅仅是港口待命，它就无法掌握击败皇家海军所需的航海技术。大军团新兵可以在开赴前线时接受操练、练习射击，事实上这种情况非常普遍，但在陆地上，水手没法学会如何对付被狂风从高处刮落的重物、如何在翻腾的大海上操作两次以上侧舷开炮，而他们的对手接受过训练，可在同等时间内操作两三次侧舷开炮。[83]1805 年秋的事件将证明，拿破仑精通陆军战事，英军则擅长海战，二者完美制衡。

到达维也纳之前，没有什么能阻挡大军团。可战役远远没有结束，因为库图佐夫的 10 万名俄军士兵正向西移动，卡尔大公的 9 万名奥军士兵则在意大利，拿破仑必须阻止两军会师。10 月下旬，马塞纳在卡尔迪耶罗与奥军鏖战三天，设法战成平局，于是卡尔如拿破仑所愿未能守卫维也纳。

"我在大行军途中，"11 月 3 日，拿破仑从豪斯鲁克山区哈格（Haag am Hausruck）致信约瑟芬，"天气严寒，这个国家的雪积了一英尺……好在不缺木头。我们总是在林间。"[84]虽然拿破仑不可能知道，但普鲁士在当天与奥地利、俄国签署《波茨坦条约》，承诺收到英国资助后对法国实施武装"调停"。11 月 15

日，《波茨坦条约》获批，少有条约像它这样迅速落后于事态进展。法军战线拉得太长，所以普鲁士国王弗里德里希·威廉三世（Frederick William III）愿意对法施压，可他胆子太小，不敢出击，而且他也没能从英国那儿要到汉诺威当"调停"费。

拿破仑继续向维也纳进军。法军补给陷入混乱，列兵中传出抱怨之声，就连皮埃尔·马孔（Pierre Macon）将军这样的高级军官也发牢骚，但是拿破仑依然驱使军队向前。11 月 7日，他用一道"最严厉的命令"禁止抢劫，数百人在布劳瑙（Braunau）等地挨罚，他们失去战利品，甚至被战友鞭笞（这在法军中非常罕见）。[85] 11 月 10 日在梅尔克（Melk），他可以对军队说，"我们身处酒的国度！"，但士兵只能喝军需官征收的酒。[86] 公报结尾是激烈斥责"欧洲悲剧缔造者"英国人的大篇文字，这种抨击此时已成惯例。[87]

11 月 13 日上午 11 点，法军几乎是只靠吹牛便拿下了横跨多瑙河的要地塔博尔桥（Tabor bridge）。他们到处说和约已经签订，而且当局宣布维也纳是不设防城市，这纯属谎言。陆军元帅奥尔施佩格（Auersperg）亲王的奥军炮兵和步兵准备迎敌，并且布下弹药，预备炸桥。乌迪诺的两个掷弹兵营正在前进，但是缪拉和军官们遮住了他们。掷弹兵们便"把可燃物丢进河里，往火药上洒水，切断引线"。有一则故事称，一名掷弹兵从奥军士兵手中抢下引火棒。[88] 真相大白时已然太迟，缪拉不容分说，命令奥军撤离。除了炸毁大桥，奥军高级指挥官没安排多少抵抗措施，但维也纳落入法军之手完全是因为军事诈术。拿破仑得知消息后"欣喜若狂"，他迅速前进，占领了哈布斯堡的美泉宫（Schloss Schönbrunn），当晚他在那儿过夜。次日，维也纳举办盛大的入城式，迎接他和法军入城，弗

376

朗茨及其宫廷退往东边，投奔正在赶来的俄军。[89]11 月 15 日，霍拉布伦（Hollabrunn）的俄军①从缪拉手中逃脱，这是这次胜利唯一的瑕疵。

拿破仑急着继续奔往他需要的胜利，16 日，他带着对缪拉的"一腔怒火"离开美泉宫。[90]皇帝对贝纳多特的态度也没见更好，他致信约瑟夫时提及此人："一天就能决定命运，他却让我浪费了一天。我不允许一个人逃走。"[91]17 日，拿破仑在茨纳伊姆（Znaïm）获知特拉法尔加之战。他建立的审查制度滴水不漏，以至于大部分法国人直到 1814 年才初次听闻这一灾难。[92]

拿破仑想和敌军对战，11 月下旬，他又向东走了 200 英里。由于法军需要驻守占领的城市、保卫补给线，其野战军便减至 7.8 万人。大军团的处境似乎非常危险：普鲁士威胁北方；约翰大公与查理大公从南面赶来；库图佐夫在东边的摩拉维亚（Moravia），拿破仑尚未追上他。法军走了整整三个月，现在又累又饿。帝国近卫军上尉让－罗克·夸涅（Jean-Roch Coignet）估计，六周内他走了 700 英里。拿破仑在日后某份和约中借某一条款索要鞋革，以之作为部分战争赔偿。

布吕恩（Brünn）②的武器与给养充足，11 月 20 日时，该城投降，拿破仑"又惊又喜"，把这里当作下一个基地。[93]在布吕恩以东 10 英里处的"公路旁有一座小山"，它叫桑顿山（Santon），邻近奥斯特利茨村（Austerlitz）③。次日，拿破仑在桑顿山上停下，下令挖空面向敌军的底层山体，好让小山更加陡峭。[94]接着他驰过这一地区，细心留意两片湖泊及无遮蔽的

---

① 原文误作"奥军"。——译者注

② 今布尔诺（Brno）。

③ 今斯拉夫科夫（Slavkov）。

区域。他"多次在较高点停留",而且大部分时候停在名唤普拉岑高地(Pratzen heights)的高原上,然后他对部下宣布:"先生们,仔细查看这片土地。这里将是战场,而你们将参战!"[95]蒂埃博的版本如下:"好好看看那些高地,不出两个月你们就要在那作战。"[96]这次侦察中,拿破仑还去了格日科维茨村(Grzikowitz)、蓬托维茨村(Puntowitz)、科贝尔尼茨村(Kobelnitz)、索科尔尼茨村(Sokolnitz)、泰尔尼茨村(Tellnitz)和默尼茨村(Mönitz),他对随员说:"如果我想阻止敌军通过,我就应该在此布阵,但那样的话我只能打一次普通战斗。另一方面,要是我调回右翼,让它撤往布吕恩,敌军(就算)有30万人也会陷入无处可逃的绝境。"[97]由此可见,拿破仑一开始就想打歼灭战。

俄军和奥军计划夹击拿破仑。两位皇帝将伴野战军主力8.6万人从奥尔米茨(Olmütz)①向西进军,与此同时,费迪南德大公从布拉格(Prague)向南出击,切入拿破仑敞开的后方。拿破仑让军队在布吕恩稍事休整,他一直在那待到11月28日。塞居尔回忆道,"我们的位置孤立遥远,每过一天就更危险一分",而拿破仑决定利用这一事实。[98]11月27日,他在布吕恩会见奥地利使臣约翰·冯·施塔迪翁(Johann von Stadion)伯爵和久洛伊将军。为了让敌军变成骄兵,他假装担心法军的位置和孱弱的整体实力,还当着奥地利人的面下令撤退。蒂埃博将军描写了这一策略:

　　俄军以为法军不敢开战。法军放弃了俄军威胁的所有

① 今奥洛莫乌茨(Olomouc)。——译者注

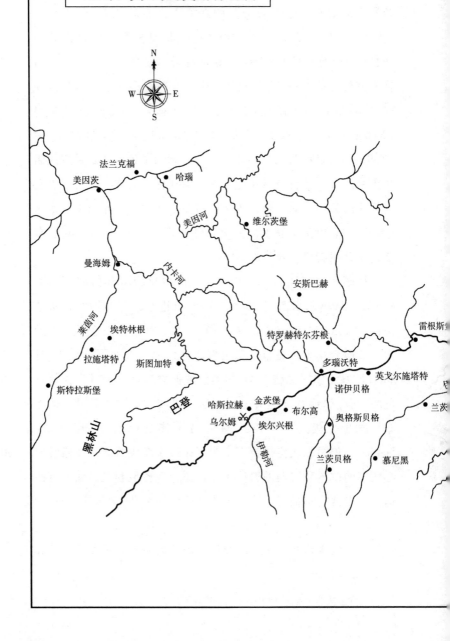

10. 从乌尔姆到奥斯特利茨

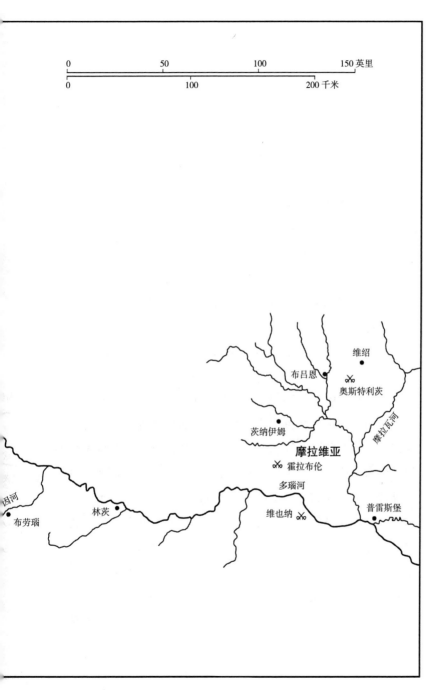

地点，趁夜从维绍（Wischau）、劳斯尼茨（Rausnitz）和奥斯特利茨溜走，一口气撤了 8 英里。法军没有威胁俄军侧翼，反倒集结队伍。俄军觉得，这些犹豫停顿的迹象和撤退的样子既充分证明我们的勇气已动摇，又预示他们定将取胜。[99]

次日上午，拿破仑接见弗里德里希·威廉的使臣克里斯蒂安·冯·豪格维茨（Christian von Haugwitz）伯爵，他显得强势些，否决了一切"调停"概念。中午时分，他去了波索西茨（Posorsitz）的驿站和驿车旅馆——旧驿站（Stara Posta）。

　　一名逃兵告诉拿破仑联军肯定会进攻，萨瓦里的情报人员也说，敌军不会等待 1.4 万名俄军士兵来援。拿破仑于是集中兵力，他需要让所有的军齐聚战场：马尔蒙在格拉茨（Graz）；莫尔捷在维也纳；贝纳多特在后方监视波希米亚（Bohemia）；达武去普雷斯堡（Pressburg）监视目前还算安静的匈牙利；拉纳、缪拉和苏尔特的部队散布在他前方的布吕恩–维绍–奥斯特利茨轴线上。11 月 28 日，他在波索西茨之外的奥尔米茨公路上会见沙皇的骄傲副官、27 岁的彼得·彼得罗维奇·多尔戈鲁基（Peter Petrovich Dolgoruky）公爵。"我和这个自以为是的小年轻交谈，"一周后，拿破仑告诉符腾堡的弗里德里希二世（Friedrich II）选侯，"他口吻傲慢，拿我当他要送往西伯利亚的波雅尔（boyar）[①]。"[100]多尔戈鲁基要求拿破仑把意大利交给撒丁国王、把比利时与荷兰交给普鲁士或英国亲王，他报以适当的冷淡回应。然而，直到多尔戈鲁基瞧

_____

　　① 俄国贵族阶层，地位仅次于王公。——译者注

见看上去像撤退预备的场面，拿破仑才打发他走。[101]

第 17 轻步兵团的一名哨兵偶然听见公爵的要求。拿破仑对他说："你知道吗，这些家伙以为他们会吞掉我们！"哨兵回答："让他们随便试，我们马上叫他们噎着！"[102]这让拿破仑好受了些。他与列兵的互动短暂却充满诚意，构成他对部下的影响中不可或缺的一部分，换作大部分联军将领，这种交往则是不可思议的行为。当晚，拿破仑下令紧急召回贝纳多特和达武（达武得令后仅用四十八小时便完成 70 英里行军），随后在旧驿站过夜。

381

拿破仑的原计划如下：苏尔特、拉纳和缪拉打防守战，引诱俄奥联军的 69500 名步兵、16565 名骑兵及 247 门火炮前进；一旦敌军全部参战，明显暴露其弱点，达武和贝纳多特就上场。拿破仑身边一共只有 50000 名步兵和 15000 名骑兵，但他有 282 门大炮，而且他在奥斯特利茨集中的兵力甚至比联军（他们的情报部门办事不力）掌握的法军总兵力还多。拿破仑命令苏尔特仓促离开普拉岑高地，进一步欺骗敌军相信法军要撤离。虽说叫高地，普拉岑高地与其说是峭壁不如说是丘陵，其地面褶皱也能让较大规模的军队藏在相当接近高原顶点的地方。有些地段会令人误以为它陡直，而冒着火力上山时，这种错觉必然更强。

11 月 29 日~30 日，法军组织阅兵和侦察，围绕战场北端的小丘陵桑顿山挖战壕（土木工事今仍可见），并等待达武和贝纳多特。"这四天来，我和掷弹兵住一起，"30 日下午 4 点，拿破仑致信塔列朗，"我只能在膝盖上写信，所以我没法对巴黎说什么，只能说我非常好。"[103]

联军也明白普拉岑高地多么重要。奥军参谋长弗朗茨·冯·魏罗特尔（Franz von Weyrother）将军为联军草拟作战计划：弗里德里希·冯·布克斯赫登将军监督（五路纵队中的）三路纵队从高地南下，进攻法军右翼，然后他掉头向北，席卷法军战线，与此同时，联军全军包围敌人。结果，南部战场的破碎地面上集中了太多人，兵力较少的法军便可阻挡他们，而大大敞开的中部也方便了拿破仑反击。[104]沙皇亚历山大批准了这些计划，尽管他的战场指挥官库图佐夫不同意。相形之下，法军战略完全出自一名最高领导。

11 月 30 日，帝国近卫军列兵托马·比若（Thomas Bugeaud）致信妹妹：

382

　　"（在离敌人不出 2 英里的地方，）皇帝亲临，他的马车停在我们的营地中，而他就在里面过夜……他一直在所有军营走动，与官兵交谈。我们围着他。他的话我大都听见了。他总是依据军事义务说一些非常简单的东西。"拿破仑对士兵承诺，只要法军取胜他就远离战线，"可是，如果你们不幸有点犹豫，就会瞧见我冲进你们中间重整秩序"。[105]

12 月 1 日，拿破仑得知贝纳多特已在布吕恩，次日可到战场，所以他能参战。傍晚 6 点，皇帝给将军们下达命令，随后口授了为荣誉军团成员之女建立圣但尼寄宿学校的一些构想。[106]后来在 8 点 30 分，为了应对将要爆发的战斗，他口述了军队的整体部署。在这份口述记录和战后公报之间，他没有留下别的现存书面文件。当天深夜，拿破仑在屋外吃了土豆和炸洋葱，然后他和贝尔蒂埃走过一堆又一堆营火，与士兵们聊天。一名在场人士回忆道，"没有月亮，浓重雾气令人难以行路，也使夜色显得更加深沉"，因此近卫军猎骑兵携带松枝和稻草制成的火把。拿破仑和贝尔蒂埃接近营房时，"仿佛施了魔法一般，我们看见士兵们手中的成千上万支火把瞬间点燃整条战线上的全部营火"。[107]贝尔蒂埃的参谋路易-弗朗索瓦·勒热纳（Louis-François Lejeune，他后来跻身最出色的拿破仑战争画家之列）补充道："士兵烧光自己的床来点亮共同的家。在军营里很难搞到睡觉用的稻草，只有知晓这种艰难的人才明白他们做出了多大的牺牲。"[108]马尔博认为，次日是拿破仑加冕一周年纪念日，因为这一吉兆，迎接他的欢呼格外响亮。法军士兵高举大量火把，奥军看见火光后，误以为要撤走的敌人正焚烧营地，这是认知失调的经典例子。所谓认知失调，系指数宗迹象驱使人得出预设的假想。

蒂埃博记得当晚的一些趣谈。有那么一会儿，拿破仑对士兵们承诺，若战斗态势不顺，哪儿最危险他就去哪儿，第28战列步兵团的一名士兵便喊道："我们保证明天你只用动动眼睛！"拿破仑问第46和第57团弹药是否充足，一名士兵回答："不够，但俄国佬在格劳宾登（Graubünden，瑞士州）教了我们怎么对付他们，光刺刀就够了。明天我们证明给你看！"[109]蒂埃博补充道，士兵们跳了法兰多拉舞（farandole）①，高呼 383 "皇帝万岁！"[110]

1805 年 12 月 2 日（周一）凌晨 4 点，法军进入他们在奥

---

① 尼斯一带的舞蹈，不同于吉格舞和加伏特舞。

斯特利茨战场的初始阵地。覆盖低地的浓雾在很大程度上隐去了法军的行迹，战斗前期，它也让联军高层将领搞不清拿破仑的意图。"在这明亮的刺骨寒夜，"蒂埃博回忆道，"我们的师悄悄集结。为了误导敌军，他们生火后丢下了火堆。"[111]

离天亮还早时，拿破仑就开始侦察了。早上6点，他叫缪拉、贝纳多特、贝西埃、贝尔蒂埃、拉纳、苏尔特这六位元帅以及尼古拉·乌迪诺等数名师长来他的野战司令部。拿破仑的司令部位于战场左中心的小丘陵茹兰山（Žurán），接下来的时间中，他可在此地非常清楚地看见将成为战场中心的普拉岑高地，但他看不见前期主要战斗地索科尔尼茨村与泰尔尼茨村。7点30分，拿破仑确信每个人都准确理解了自己的任务，会议这才结束。

拿破仑的计划如下：右翼示弱，引诱敌军进攻南部，不过达武的部队正奔赴战场，他们将充分掩护右翼；在桑顿山上放置18门加农炮，拉纳的步兵和缪拉的骑兵预备军驻守此地，稳住北部的左翼阵线；克洛德·勒格朗指挥苏尔特军第3师，在中路抵御奥军，与此同时，贝纳多特军（拿破仑将该军调离桑顿山，让它在格日科维茨和蓬托维茨间重组）支援当天的主要攻势；主攻方向是普拉岑高地，苏尔特负责主攻，一旦联军开始走下高地去南部战场攻击法军，圣伊莱尔师和旺达姆师就会攻上去。

"参战，"拿破仑论及自己的战争艺术时道，"然后拭目以待。"[112]因此，他把帝国近卫军、缪拉的骑兵预备军、乌迪诺的掷弹兵留作预备，以便在南部侧翼投入应急兵力，抑或在拿下普拉岑高地后马上包围敌军。拜恩州档案馆有一份拿破仑的草稿，它记录了实际战斗过程的概要，其内容同他的最初构想惊

人相似。拿破仑经常顺势变更作战计划，但有时战斗确实符合　384
预设，奥斯特利茨会战便是一例。

　　早上 7 点才过不久，会议都没结束，苏尔特的部队也还没
排列好，泰尔尼茨附近就开战了——奥军如拿破仑所料开始向
勒格朗发动进攻。7 点 30 分，苏尔特的部队在蓬托维茨列队，
诱骗敌军相信自己要去右翼，但实际上他们将猛攻普拉岑高
地，杀入战场中心。8 点，俄军（参与了当天大部分战斗）从
普拉岑高地南下，前往法军右翼，联军中路力量于是减弱。8
点 30 分，联军已占领泰尔尼茨和索科尔尼茨，但达武组织反
击，亲率一个旅参战，在 8 点 45 分夺回了索科尔尼茨。35 岁
的元帅第一次指挥大规模战斗，他一进入索科尔尼茨村就收到
泰尔尼茨守军的紧急求援，为了从俄军手中夺回烟雾弥漫的村
庄，他命令襟兄路易·弗里昂（Louis Friant）将军率第 108 战
列步兵团冲入村子。弗里昂的第 2 师乃劲旅，它的有生力量一
度减至 3200 人，仅达其正常规模的一半。第 2 师兵力相当紧
张，但没有崩溃。火药时代常有严重的友军误伤，这回也不例
外。第 108 战列步兵团和第 26 轻步兵团在索科尔尼茨村外对
射，直到看见对方的鹰旗才停手。

　　勒格朗现在用两个团防守索科尔尼茨，其中之一的科西嘉
散兵团（Tirailleurs Corses）绰号"皇帝的老表"（Emperor's
Cousins）。他的对手则是十二个俄军步兵营，他们正向紧挨村
子的带围墙鸡舍进发，防守那儿的法军仅有四个营。争斗中，
第 26 轻步兵团冲入索科尔尼茨，赶跑五个俄军营，恰在此时，
弗里昂的第 48 团让另外 4700 名俄军士兵掉头。然而，俄军对
索科尔尼茨城堡发起了猛烈总攻，9 点 30 分，城堡已陷落。
索科尔尼茨战场上，级别最高的 12 名法军指挥官中有 11 人死

伤。一般说来，最后一支整好队伍的生力军登场时，他们就会影响战局，索科尔尼茨的战斗也不例外，这证明拿破仑向来保留预备队的决策是明智的。达武留下骑兵，缓缓投入步兵和炮兵，10 点 30 分时，他的 10000 人已经抵御了敌军的 36000 人。

385 达武为拿破仑争得了时间，这对占领中心来说至关重要。此外，战场决胜点普拉岑高地上有 17000 名俄奥联军士兵，因为达武的战斗，拿破仑也能在那儿投入 35000 人，从而逆转兵力劣势。

普拉岑高地上有四路敌军纵队，上午 9 点，拿破仑在茹兰山焦急地等待其中两路下山。他问苏尔特："你的部队登上高地要多久？"元帅回答二十分钟足够了，他便说："非常好，那我们再等一刻钟。"十五分钟后，拿破仑立刻总结道："让我们用雷霆一击结束这场战争！"[113]圣伊莱尔师待在哥德巴赫山谷内，藏身于丘陵和久久不散的雾气中，此刻他们率先进攻普拉岑高地。10 点，太阳升起，大雾消散，此后"奥斯特利茨的太阳"成了经典象征，代表拿破仑的天才和幸运。苏尔特鼓动第 10 轻步兵团，给了士兵三倍的白兰地份额，然后派他们上坡。法军采用横纵混合队形进攻，前方的一排散兵直接冲入正在下山的第四路俄军纵队之中。库图佐夫察觉到了危险，派科洛夫拉特的奥军填补俄军纵队之间的缺口。此后双方陷入激战，俘虏寥寥，伤员几乎都死了。

鏖战中，圣伊莱尔拿下普拉岑村和高原大部分制高点。士兵们折返，拾起先前撤退中丢下的武器。这时皮埃尔·普泽（Pierre Pouzet）上校提议由他在极其不利的环境中发起新攻击，以防敌军计算不断减少的法军兵力，他的建议似乎成功了。11 点 30 分，圣伊莱尔已经到达高原。等苏尔特能投入数量远超俄军的法军时，他立刻这么做了。绰号"恐怖"（Les

Terribles）的第 57 战列步兵团又一次表现出色。

尚在高地上的 12000 名联军士兵迎战 24000 名法军士兵。库图佐夫心灰意冷地观战，他让最后一路南下的纵队掉头，但这太迟了。拿破仑在茹兰山观战，他能看见密集的纵队爬上普拉岑的斜坡，副官也源源不断地送来报告。11 点 30 分，他命令贝纳多特前进。贝纳多特要求带上骑兵，但他仅草率地回答："我没人可拨了。"难以指望人们在战场上礼貌相处，这句答复也只是表述事实，可要说拿破仑的宫廷里谁最招他厌，那就是贝纳多特。

上午 11 点，在普拉岑高地的小丘陵旧葡萄园山（Stare Vinohrady）上，旺达姆师已经力克沙皇亚历山大的司令部。伴着成群乐队的音乐声，法军狂热地进攻，夸涅回忆道，那音乐声"能让瘫子动起来"。康斯坦丁（Konstantin）大公派俄军皇家近卫（包括骑兵，共 30000 人）上前进攻旺达姆，法军战线于是动摇了。俄军近卫胸甲骑兵冲向比加雷（Bigarré）少校指挥的第 4 战列步兵团（但其名誉上校乃约瑟夫·波拿巴），该团崩溃了，士兵回身逃跑，不过他们跑过拿破仑身边时还能镇定地喊一声"皇帝万岁！"[114]

下午 1 点，拿破仑派贝西埃和拉普协助旺达姆，以图从俄军皇家近卫手中夺回普拉岑高地上的主导权。他先是拨给两人五个近卫骑兵中队，后来又增派了两个（后两队之一是马穆鲁克中队）。马尔博目击了下面这幕场景：拉普归来，他头部负剑伤，身挂破损马刀，向皇帝献上部队缴获的军旗以及他抓获的俄军近卫中队指挥——尼古拉·列普宁 - 沃尔孔斯基（Nikolai Repnin-Volkonsky）亲王。一名在场人士回忆道："有一个猎兵受了致命伤，他呈上军旗，旋即倒地死亡。"[115]弗朗

388

11. 奥斯特利茨会战

通往布吕恩

贝纳多特
第五军

博瑟尼

拉纳
第五军

贝洛维茨
近卫军
乌迪诺
5500人

吉尔齐科维茨

楚尔兰山

博瑟尼茨河

拉潘茨马克特

缪拉
5600人

拿破仑 66800人
不包括第三军

大军团

图拉斯

圣伊莱尔

旺达姆
蓬托维茨

苏尔特
23600人

第四军

科贝尔尼茨

普拉岑

科贝尔尼茨湖

哥德巴赫河

达武
6600人

勒格朗

第三军

金迈尔
5100人

索尔科尼茨

泰尔尼茨

奥格茨德

圣秫图罗夫

通往赖根和维也纳

萨钱湖

通往奥尔米茨

哥德巴赫高地

拉季翁
000人

布拉齐奥维茨

利希滕施泰因
4600人

康斯坦丁
3500人

普日贝谢夫斯基
10000人

克雷诺维茨

奥斯特利茨

朗热隆
1700人

科洛夫拉特
23900人

俄奥联军

库图佐夫
85400人

霍斯蒂拉德克

N
W   E
S

0   1   2 英里

0   1   2   3 千米

索瓦·热拉尔（François Gérard）为战斗作画时，拿破仑要他画拉普到来之刻。马穆鲁克穆斯塔法（Mustapha）就没那么光荣了，虽然缴获了一面军旗，但此人对拿破仑说，要是他杀了康斯坦丁大公，他会献上大公的脑袋，皇帝回嘴："野蛮人，管管你的舌头好吗？"[116]

在北部战场上，缪拉和拉纳迎战彼得·巴格拉季翁（Pyotr Bagration）将军，俄军遭受了大量伤亡。中午时分，拿破仑完全可以满足了：苏尔特已拿下普拉岑高地；桑顿山的防御稳住了北部阵线；南部的达武岿然不动。下午1点，拿破仑司令部前进至旧葡萄园山，他可以在那儿俯瞰哥德巴赫山谷，并制订歼敌计划。皇帝的侍从蒂拉尔看见苏尔特来司令部找他，当时他称赞苏尔特表现出色。他说："至于其他的，元帅先生，你的军是我取胜的头号功臣。"[117]拿破仑随后把圣伊莱尔师和旺达姆师派往靠近俄军后方的索科尔尼茨。达武依然以一敌三，但他下令在泰尔尼茨和索科尔尼茨之间发起总攻。下午2点时，战局已无悬念。

389　　有贝纳多特占据普拉岑高地，拿破仑便能命令乌迪诺、苏尔特和帝国近卫军南下包围布克斯赫登，此时达武的骑兵也开始进攻南部的奥格茨村（Augedz）。拿破仑接着迅速离开普拉岑高地，去可以俯瞰整个湖区的圣安东尼（Anthony）小教堂塔楼指挥末段战斗。布克斯赫登的俄军分成两半，逃往对面的冰湖东岸，拿破仑则命令炮兵轰击冰面。此事后来成了一桩传说：冰层断裂，数千俄军溺毙。然而，近日有人挖掘了萨钱湖（Lake Satschan）的退耕土地，但仅找到12具尸骨和几门大炮。[118]然而，联军逃离战场时，法军骑兵紧追不舍，拉到高地上的大炮也冲他们开火，所以总的来说联军损失惨重。（奥军骑兵的胸甲没有背甲，因此他们进攻时更轻便，但撤退时很容易被剑枪戳刺和霰弹轰击所伤。）一个俄军团和两个奥军营把自己关进了索科尔尼茨城堡，后遭法军屠戮，但从鸡舍往前，很多地方的大批联军得以投降，这时法军乐队奏响《胜利属于我们》（*La Victoire est à Nous*）。

晚上 10 点，拿破仑返回了旧驿站。"正如可以想象的那样"，马尔博回忆道，"他容光焕发，但经常遗憾地说"，哥哥约瑟夫的团竟被亚历山大之弟康斯坦丁大公夺去了鹰旗。[119]次日，拿破仑批评士兵把鹰旗丢给俄军近卫骑兵。有人目睹了这通严厉的训斥，虽说此人不是第 4 团的士兵，但他回忆道："我必须承认自己心惊肉跳。我浑身冒冷汗，双眼一度流泪。我毫不怀疑，要是这个团刚好在下个瞬间奉命战斗，他们会创造奇迹。"[120]

奥斯特利茨会战当晚，拿破仑对胜利之师写了一番话，措辞照样华丽：

> 大军团的战士们，这个伟大的日子即将过去，从此淹没于永恒之海。即便是在这个时刻，你们的皇帝也必须对你们致辞，他得说，这场战斗名垂青史，而他欣赏所有有幸参战者的表现。士兵们，你们是世上最好的战士！人们将永远铭记今日与你们的事迹！千年之后，只要宇宙的故事继续流传，人们就会说，在奥尔米茨平原上，你们消灭了英国黄金买来的 76000 名俄军士兵。[121]

拿破仑补充道，法军缴获 140 门加农炮，俘虏 10000 人，"在

390

战场上留下 26000 具尸体"。次日，他把加农炮数减至 120 门，但把战俘数扩大两倍，还添上 20 名将军。有可靠的近代资料称，俄奥联军共有 16000 人死伤（含 9 名将军和 293 名军官）、20000 人被俘，还有 186 门大炮、400 辆弹药马车和 45 面军旗被缴。[122]法军折损达 8279 人，其中有 1288 人死亡。圣伊莱尔师和旺达姆师分别承受了 23% 和 17% 的损失，但是伤员中仅有 2476 人需要长期疗养。

大股俄军尚未参战，卡尔大公正从意大利赶来，普鲁士威胁对法宣战，因此联军理论上可以再战，但是奥军在奥斯特利茨被吓破了胆，亚历山大也害怕了，退往匈牙利。战后不久，利希滕施泰因（Liechtenstein）亲王约翰来旧驿站协商条约。迪马将军指出："任何欧洲宫廷的政事也许都不及这破房子里的事情重要。"[123]拿破仑对约瑟夫解释他的胜利，称敌军"实施机动时陷入无处可逃的绝境"（他显然喜欢这个短语）。他给约瑟芬的信几乎一样简洁："我击败了两位皇帝指挥的俄奥联军。我有点累。我露宿了八天，晚上非常冷……俄军不止战败了，而且毁灭了。"[124]精湛的计划，对地形的把握，卓越的时机安排，坚毅的勇气，布洛涅军营带来的纪律和训练，军体系，在决胜点利用瞬时数量优势的战术，高昂的军旅精神，当日弗里昂、达武、旺达姆、苏尔特和圣伊莱尔的出色表现，意见不一且时不时无能的敌军（布克斯赫登醉酒参战）：这些要素铸就了拿破仑军事生涯中最辉煌的胜利。[①]

---

① 欧洲上下广泛传播并细致分析了拿破仑的战斗，特别是著名战斗。整个 19 世纪，这些战斗都是欧洲大陆集体记忆和文化遗产的一部分。1807 年，沙皇的弟弟康斯坦丁大公对达武的一名部下说，打赢奥斯特利茨会战的是弗里昂的第 48 团。

第十七章 耶拿

普鲁士是加农炮炮弹孵出来的。

> ——据信出自拿破仑

陆军和海军的每月军情报告有厚厚的二十卷，收到它们后……我会开心地阅读，比年轻女士读小说还高兴。

> ——1806 年 8 月，拿破仑致约瑟夫

奥斯特利茨会战结束了。次日一早，拿破仑换了套衣服，这是八天来的第一次，然后他驰过战场。在萨钱湖畔，皇帝看见一名大腿中弹的立陶宛中士躺在一块浮冰上。"他的血把冰染得通红，"马尔博回忆道，"可怕啊。"[1]中士呼喊拿破仑，他便派两名士兵游了过去。事后他赏给两人朗姆酒，问他们有多喜欢这次泡澡。[2]（中士后来加入近卫枪骑兵。）

12 月 4 日，拿破仑同意了弗朗茨的会面请求。下午 2 点，两人在名为焦磨（Spaleny Mlýn）的风车磨坊的墙角火堆旁会见，该地位于奥斯特利茨西南方 10 英里处通往匈牙利的公路上。他们热情地拥抱，谈了九十分钟。"他急着媾和，"拿破仑后来对塔列朗说，"迎合我的细微感受。"[3]拿破仑回身上马，对参谋们说："先生们，我们回巴黎；已经和平了。"[4]他随后驰往奥斯特利茨村，探视伤员拉普。"哲学家会回顾这奇怪一

392　幕!"一名目击者回忆道，"这个科西嘉小族之子不久前还是炮兵少尉，眼下德意志皇帝却向他求和，变得低声下气。他的才干、运气与法军将士的勇气使他登临诸国之首，造就欧洲命运的裁决者。"[5] 拿破仑致信塔列朗时不肯写下他对弗朗茨的看法："我会口头上告诉你。"多年后，他说弗朗茨"恪守道德，只对妻子示爱（奥皇有四位妻子）"。[6] 俄国沙皇亚历山大没有求和，拿破仑对他的评价就不那么厚道了。他致信约瑟芬时写道："沙皇是个没本事的胆小鬼。"[7]

　　塔列朗建议拿破仑趁机和奥地利结盟，把它变成"能充分抵御野蛮人（指俄国人）的必要屏障"。[8] 拿破仑否决了此言，他认为只要法国掌控意大利，奥地利就会一直求战心切，愤愤不平。正如蒂埃博将军的一位朋友当年所说的："他会征服，但不会将就"。[9]

　　战后不久，拿破仑颁布法令：奥斯特利茨会战中所有战死士兵的遗孀领受 200 法郎终身抚恤年金，所有战死将军的遗孀领受 6000 法郎终身年金。他也包办了战死士兵之子的就业，并允许他们用"拿破仑"当教名。他能负担得起这件事，因为捷报传来后，法国政府公债价格从其面额的 45% 跃升至66%，全国上下恢复了对财政的信心。[10] 然而，他还是未能原谅战局初期不够信任自己的银行家。国家参政约瑟夫·珀莱·德·洛泽尔指出，"他提到银行家和他所谓的'银行家集团'时总是言辞激烈"。[11]

　　12 月 15 日，豪格维茨伯爵拿到普法《美泉宫条约》，该条约承诺，法国将用英国君主的世袭领地汉诺威向普鲁士换取面积小得多的安斯巴赫、纳沙泰尔（Neuchatel）和克莱沃

（Kleve）。条件相当诱人，豪格维茨立刻自作主张签了条约。上个月才和英国签订《波茨坦条约》的普鲁士放弃了该条约下的对英承诺，拿破仑在普鲁士与其前盟友之间打入有效楔子。《美泉宫条约》也要求普鲁士对英封闭港口。1806 年 3 月，豪格维茨强迫对手卡尔·冯·哈登贝格（Karl von Hardenberg）辞去普鲁士外交大臣一职。当年夏天，他写道："法国无比强大，拿破仑又是世纪人物，若同此人联手，我们还有何惧？"[12] 然而，弗里德里希国王夫妇仍派哈登贝格处理秘密政务，此举的重要目的之一是保持俄普外交渠道畅通。梅克伦堡（Mecklenburg）公爵之女、弗里德里希·威廉的妻子路易丝皇后是个美人，她具有独立自主意识，激烈反对拿破仑。

　　《巴黎日报》等法国报纸随便写了写和平的福祉，这惹恼了拿破仑。"重要的不是和平，而是和平条件，"他对约瑟夫说，"而巴黎市民会觉得条件复杂得看不懂。我不习惯跟着巴黎懒汉的谈话决策。"[13] 他一反常态地迷信，告诉塔列朗他想等来年再和奥地利签约："因为我还有点偏好，而且我想让和平始于格里高利历的新循环之初，我希望这能预示我的统治和旧时的一样安乐。"[14] 塔列朗没有及时收到信，1805 年 12 月 27 日，他在匈牙利古都签署《普雷斯堡条约》，第三次反法同盟战争随之结束。

　　《普雷斯堡条约》内容如下：确认拿破仑的妹妹埃莉萨享有亲王国卢卡和皮翁比诺；奥地利将此前从威尼斯分来的领土（主要是伊斯特拉和达尔马提亚）割让给意大利王国；承认拜恩为新王国，将蒂罗尔、弗兰科尼亚（Franconia）和福拉尔贝格（Vorarlberg）划归该国；符腾堡也成为王国，吞并五座多瑙河城市、一个郡、一处伯爵封地、一个专区；巴登成为大

393

公国，攫取更多奥地利领土。弗朗茨无可奈何，只能承认拿破仑是意大利国王、支付 4000 万法郎赔款、保证与拿破仑"永远和平友好相处"。[15]奥皇一夜之间失去 250 万臣民、六分之一的收入以及哈布斯堡王朝统治了数百年的土地，所以他几乎不可能同拿破仑永远友好相处。[16]与此同时，拿破仑承认瑞士与荷兰"独立"，担保奥地利帝国剩余版图的完整性，答应在他死后分离法国与意大利的王位，这三件事既无任何意义，也没让他付出一点儿代价。[17]

维旺·德农向拿破仑展示了一系列金制奥斯特利茨会战纪念勋章，其中一枚刻画法国雄鹰用爪子抓着英国狮子，拿破仑"猛地"把它扔到"房间另一头"，说："卑鄙的马屁精！你怎么敢说法国鹰扼杀了英国狮子？我让单单一艘小渔船下海都是给英国人送俘虏。事实是狮子扼杀了法国鹰。把这枚勋章丢去制造厂，别再让我看见另一枚！"[18]他也让德农熔掉其他奥斯特利茨纪念章，想一个平实得多的设计，后者照办（新勋章背面是弗朗茨和弗里德里希·威廉的头像）。1805 年时，拿破仑身上还残留一点谦逊。克勒曼提议建造永久纪念碑为他记功，他拒绝了；大卫为他塑造了太过吹捧的镀金模型，他便命令对方销毁它。

《普雷斯堡条约》未提及那不勒斯。1804 年 1 月，拿破仑非常明确地警告那不勒斯王后玛丽亚·卡罗利娜，两国随后签订中立条约，但那不勒斯依然加入了第三次反法同盟。11 月 20 日，波旁王室欢迎英俄联军 19000 人在那不勒斯登陆，不过联军收到奥斯特利茨的消息后又离开了。相关文献记载，玛丽亚·卡罗利娜管拿破仑叫"那野蛮的畜生……那科西嘉杂种，那暴发户，那条狗！"[19]因此，12 月 27 日拿破仑仅仅宣布："那不勒斯王朝不再统治。欧洲和平与我的帝王荣耀不容它存在。" 玛丽亚·卡罗利娜声称联军登陆事件是个意外,拿破仑断然回绝了这番虚伪之辞。据传他对塔列朗说,"我最后会收拾那婊子",可见他的恶言谩骂能力和王后的一样鲜明。[20]

马塞纳从米兰进军,很快征服那不勒斯大部分地区,1806年11月,他绞死土匪头目米凯莱·佩扎(Michele Pezza,号称魔鬼老兄)。尽管如此,波旁家族还是成功逃往西西里岛,卡拉布里亚山区也出现肮脏战争①。多年来,卡拉布里亚农民游击队一直在抗击法军,这场冲突充满了血腥报复,拿破仑任命夏尔·马内斯(Charles Manhès)将军为当地军事总督后,嗜血复仇变得更加激烈。游击战争耗尽法军的能量、人力与士气,也摧毁卡拉布里亚及其人口。英国有时会帮忙,一小股英军曾在当地登陆,于1806年7月赢得马伊达(Maida)之战,但英国的主要贡献是防守墨西拿海峡(Straits of Messina)。"要是西西里岛再近些,我又和前卫在一起,"当月,拿破仑对约瑟夫说,"我就会出手。经验告诉我,我用9000人就能击败英军30000人。"[21]这再次表明他对英军的评估低得离谱。直到滑铁卢会战,他本人才在战场上首会英军。

从1799年开始,新加封的拜恩国王马克西米利安一世(Maximilian I)就以普法尔茨(Pfalz)的马克西米利安-约瑟夫四世(Maximilian-Joseph IV)选侯的名义统治拜恩。为了巩 395

---

① 指军警针对国内民众的暴力回应,以绑架、恐吓、折磨平民为特征。——译者注

固法国与拜恩的同盟，拿破仑要求他将长女奥古丝塔（Augusta）公主嫁给欧仁，虽说她已同巴登的卡尔·路德维希（Karl Ludwig）亲王订婚，而欧仁也另有所爱。拿破仑送给欧仁印有奥古丝塔画像的杯子，向他保证现实中的她"漂亮得多"。[22] 1806 年 1 月 14 日，他们成婚。为了让自己的宫廷体面些，拿破仑坚持操办数桩婚事，事实证明，欧仁和奥古丝塔的姻缘要比其中的一些成功得多，譬如他强加给拉普和塔列朗的孽缘。奥古丝塔怀孕后，拿破仑只是半开玩笑地说，"千万不要给我们女孩"，并建议她"每天喝一点未稀释的葡萄酒"，以免造成那不幸局面。[23] 1807 年 3 月，奥古丝塔诞下一女。拿破仑下令给她取名为约瑟芬（Josephine），他致信欧仁，祝贺对方："现在你要做的就是确保明年生个男孩。"[24]（他们后来又生了个女儿。）

拿破仑为巴登的 19 岁亲王卡尔·路德维希另行安排终身大事。1806 年 4 月 8 日，他娶了约瑟芬的堂侄女斯特凡妮·德·博阿尔内（Stéphanie de Beauharnais），不过两人一直分居，直到 1811 年 6 月他成为大公，此后七年中，他俩生育了 5 个孩子。热罗姆终于同漂亮的美国妻子、巴尔的摩的伊丽莎白·帕特森离婚，1807 年 8 月，他娶了符腾堡的卡塔琳娜公主。为使他的王朝合法化并缔结战略级重要军政同盟，在短短十九个月内，拿破仑就让亲族和统治莱茵河与多瑙河之间的三个重要缓冲国的家族联姻。

根据 1806 年 1 月的一份大军团税官报告，我们可知奥斯特利茨的胜利究竟给法国带来了多大利益。[25] 法国依据《普雷斯堡条约》从施瓦本征集 1800 万法郎，向奥地利索取 4000 万法郎。新征服领土中，英国货物被没收、变卖。法国的收入总计达 7500 万法郎，扣除费用和欠德意志国家的债务后，它将近盈利 5000 万法郎。[26] 拿破仑总是对兄弟们说，政府的首要职责是支付军饷，但士兵通常等战役结束才拿到钱，这样做有两个原因：抑制逃兵现象；彻底免除向死者和被俘者付饷的需要。[27] 1810 年 7 月 14 日，拿破仑致信约瑟夫和苏尔特，对两人都说："必须以战养战。"他试图用三种方法达此目的：直接从敌人处征收现金和财产（所谓的"普通捐赠"）；要求敌国国库支付和约中达成的款项（"特别捐赠"）；让外国或盟国负担法军的宿营及维护。法国为法军提供训练、装备和军服，然后就指望他们大体上自筹资金。[28]

396

法国靠普通捐赠和特别捐赠取得了如下财物：第三次反法同盟战争，他国支付 3500 万法郎；第四次反法同盟战争，他国支付 25300 万法郎；1807 年，普鲁士用实物抵偿 9000 万法郎征收款；1809 年，奥地利支付 7900 万法郎；1808～1813年，西班牙支付巨款 35000 万法郎；意大利支付 30800 万法郎；1810 年，荷兰境内价值 1000 万法郎的货物被征收，汉堡支付特别捐赠款 1000 万法郎。[29] 法国利用盟友部队，派法军去卫星国宿营，这两招分别省下 25300 万法郎和 12900 万法郎，加上普通捐赠总额 80700 万法郎与特别捐赠总额 60700 万法郎，十多年来，法国的收入几乎达到 18 亿法郎。可是钱仍然不够，因为从《亚眠条约》废止到 1814 年，拿破仑的战役至少需要 30 亿法郎军费。[30] 他需要筹集超过 12 亿法郎来弥补差额，其中 8000 万来自税收（1806 年，君位既已稳固，他便对烟草、酒、盐征收旧王朝的间接税，此政策非常不受欢迎）、13700 万来自关税、23200 万来自国有财产与集体财产出售额，此外他还向法兰西银行贷款。国家官员（连同拿破仑本人）另外捐赠 5900 万法郎。[31]拿破仑曾对参政院说："我们得当心，不能给我们的驴子过多负担。"

由上可知，以战养战不成立，战争收入只能偿付 60% 的战争开支，剩余 40% 借各色名目落在法国人民头上。然而，除了针对饮酒者与吸烟者的自由裁量税，这些征款方式既不包括对拿破仑的最有力支持者——法国零售商、批发商、专业人员、农民——直接征税，也不包括对中产阶级和上层阶级直接征所得税，即便英国采用了史无前例的税制，对一切 200 英镑以上的年收入征收 10% 的所得税。1814 年，拿破仑第一次退位，彼时法国公共债务仅剩 6000 万法郎，而税收等征收款的年收入在 4.3 亿法郎和 5 亿法郎之间。[32]拿破仑不征任何所得税却能支付十五年的战争费用，这是项了不起的成就。旧王朝倒台的部分因素是支持美国革命的费用，考虑到那笔支出要比拿破仑的军费少得多，他的业绩就更显不凡了。1806 年 5 月，拿破仑对参政院许诺："等我拿下英格兰，我就取消 2 亿法郎税收。"[33]此事不曾发生，可若他征服英国，他定会这么做，这一点毋庸置疑。

1806 年 1 月，拿破仑铸成政客生涯中第一个真正的大错。他把那不勒斯王位给了哥哥约瑟夫，说："它会像意大利、瑞士、荷兰和三个德意志国家一样变成我的盟国，或真的并入法兰西帝国。"[34]3 月 30 日，约瑟夫加封国王，6 月，路易成为荷兰国王。这是革命前的统治体系的复归，它打击了拿破仑最初主张的精英体制，给严重不合格的波拿巴兄弟安排关键职责，并给未来的问题埋下伏笔。1805 年 12 月，拿破仑致信约瑟夫时提及热罗姆："我的意图非常明确，要是他的津贴不够，就任他因负债入狱……这个年轻人只会给我惹麻烦，对我的体制完全没用，我为此付的钱多得不可思议。"[35]然而没过两年，拿破仑就封一点没变的热罗姆为威斯特伐利亚国王。他可以扶持不少本地亲法改革者上位，如意大利的梅尔齐、荷兰的吕特赫尔·扬·斯希梅尔彭宁克（Rutger Jan Schimmelpenninck）、德意志的卡尔·达尔贝格（Karl Dalberg）、波兰的波尼亚托夫斯基公爵乃至西班牙王储费迪南德（Ferdinand）王子，他们会比大部分法国人干得好，更别提吵闹、虚荣、不忠、经常无能的波拿巴家族成员了。

拿破仑给约瑟夫写了几十封信，粗鲁暴躁地斥责其统治方式，"你必须变成国王，像国王一样谈吐"，但他的确深爱哥哥。[36]约瑟夫抱怨道，拿破仑不是他认识的弟弟了。1806 年 8月，他从朗布依埃狩猎城堡致信兄长（约瑟夫称呼他时用第三人称，他写这封信时也如此自称），称对方的这种感受令自己难过："等他 40 岁时，他对你的感情不像 12 岁时那样了，这是正常现象，但这份情谊更加真实，并大大深化。他的友谊承受灵魂印记。"[37]

荷兰曾在全盛时期震惊世界：它违抗西班牙帝国，并派其省督奥兰治的威廉去英格兰称王；它建立黄金帝国，买下曼哈顿；它创造资本主义制度，陶醉于格劳秀斯、斯宾诺莎、伦勃朗和弗美尔的黄金时代。然而 18 世纪晚期，荷兰却是这样：英国已攫取它的大部分殖民地，且夺地常常不费一战；船运及海上贸易体系几乎全毁；城市人口衰减（同欧洲其他地区形成鲜明对比），制造业中只有杜松子酒酿造业经营良好。[38]拿破仑封路易为荷兰国王（荷兰人没有反对），给了荷兰主权致命一击。从很多方面看，路易都是明君。盲眼荷兰老兵、大议长（raadspensionaris）① 斯希梅尔彭宁克开始逆转这个国家的长期颓势，着手推动邦联诸省向统一国家演变，路易上台后继续推行这一政策。1807 年，地方政府实施改革，消除各省和本地贵族的影响力；1808 年，古老行会废止；1809 年，司法系统精简。路易的宫廷从海牙经乌得勒支迁至阿姆斯特丹（Amsterdam），当地市政会腾空了市政厅，用它当王宫。[39]

路易对立法机关说："从踏上荷兰土地的那一刻起，我就成了荷兰人。"此言解释了其后越发不快的四年中他和拿破仑之间的问题。[40]路易统治时期，拿破仑的粗暴信件如潮水般不停涌来，他埋怨弟弟太"善良"，当不了严厉冷酷、毫不妥协的君主，不能满足他的需要。一封典型信件写道：

> 要是你继续靠哀鸣统治，要是你继续任自己被欺负，那么……对我来说，就连巴登大公也比你有用……你给我惹出不必要的麻烦……你思想狭隘，不怎么关心共同事业……别再拿贫穷当借口了，我了解荷兰人……女人才会哭诉，男人会付诸行动……如果你不强势点，你终将后悔自己的软弱……更强势，更强势！[41]

唯一令人惊讶的是，路易尽力保住了王位。妻子奥尔唐斯没怎么帮他。虽然她认真履行王室职责，深得荷兰的民心，但她痛恨路易，很快就和塔列朗的私生子、时髦的夏尔·德·弗拉奥

---

① 这个职务原指中央派驻各省的专员（而非政府首脑），他们辅助省督管理行政事务，并担任省议会议长。由于荷兰省实力较强，荷兰专员也成为共和国二把手，其权力仅次于荷兰省督。——译者注

（Charles de Flahaut）伯爵私通。1811年，她为他生下一子，即莫尔尼（Morny）公爵。

拿破仑花了太多时间抱怨兄弟们，甚至拿其中一个开玩 399
笑，"真可惜，他不是私生子"，但在他们明显失败后很久，
他依然保全他们。[42] 某个紧迫问题在于教皇，他拒绝承认约瑟
夫的那不勒斯王位，还认定热罗姆的婚礼违背教规，这导致拿
破仑和庇护七世之间产生了根本没必要的争执，结果1809年
6月法军占领教皇国，而拿破仑也被革除教籍。他觉得兄弟姐
妹们比外人更值得信任（尽管事实并未证明这一点），也想效
仿哈布斯堡、罗曼诺夫和汉诺威家族的王朝扩张。多年后，拿
破仑在一次典型的诚实自我评价中承认，"兄弟们给我造成很
多伤害"，但那时已经太迟太迟了。[43]

1806年，拿破仑开始向帝国领导阶级分发头衔和土地，
此举比分封亲人更合理。4月，缪拉成为藩属贝格大公，其辖
域近似今鲁尔河谷（Ruhr valley）；塔列朗成为意大利的贝内
文托（Benevento）亲王，该地是那不勒斯西南方的前教皇领
地；贝纳多特成为蓬泰科尔沃亲王，该地纯属新建亲王国，原
为南拉齐奥（Lazio）的另一片教皇领地，邻近那不勒斯；富
歇成为奥特朗托（Otranto）世袭公爵；贝尔蒂埃成为纳沙泰
尔亲王，条件是他得结婚。[①][44] 拿破仑致信缪拉，要求他精心治
理贝格，"让邻国心生嫉妒，渴望融入同一版图"。[45] 加冕之后，
他已经封了一批帝国大显贵，如首席司法官欧仁、海军元帅缪
拉（虽说他是骑兵）、大司库勒布伦、大司法官康巴塞雷斯、

---

① 贝尔蒂埃当时恋慕维斯孔蒂侯爵夫人朱塞帕·卡尔卡诺（Giuseppa
Carcano），不愿结婚。值得一提的是，贝尔蒂埃按拿破仑的要求成婚后
不久，侯爵夫人就守寡了，据说他因此抱憾终身。——译者注

侍从长塔列朗、大施赈官费施、宫廷司礼官迪罗克。不少职位
享有慷慨的预算：1806 年，侍从长领受近 200 万法郎，御厩
总管（科兰古）领受 310 万法郎，大施赈官领受 20.6 万法
郎，其他很多人也拿到了钱。[46]其中一些头衔无疑有鲁里坦尼
亚风格①，不出所料，波旁的势利之辈与宣传人员也冷嘲热
讽，但头衔带来的土地与收入却是足够真实。②

1806 年，拿破仑不止赏赐了元帅和大臣。3 月 24 日，他
从皇家金库拨出 1 万法郎，赠予 17 岁的情妇埃莱奥诺尔·德
400 努埃勒·德·拉普莱涅（Éléonore Denuelle de la Plaigne），她
是位"美人，发色深棕，眼睛黝黑"。[47]埃莱奥诺尔是卡罗琳·
缪拉的侍读女郎，她的丈夫因欺诈服刑时，卡罗琳把她介绍给
拿破仑，此举的目的依然是打击约瑟芬。当年 4 月，拉普莱涅
夫妇离婚。拿破仑急于证明自己有生育能力，他让埃莱奥诺尔
怀孕了，12 月 13 日，她诞下私生子莱昂（Léon）伯爵（孩子
的名字是父亲名字的后四个字母，给他取名的用意相当明
显）。这次尝试后，拿破仑恢复了信心，确认若同约瑟芬离婚
他可创建王朝。此事也解决了埃莱奥诺尔的经济问题，尤其是
她出嫁后。拿破仑把她嫁给陆军中尉，给了她一笔丰厚嫁妆。

1806 年 1 月 23 日，小威廉·皮特死于消化性疾病胃溃
疡，享年 46 岁。今天，一个短期疗程的胃酸抑制药片便能治

---

① 鲁里坦尼亚（Ruritanian）是虚构的国家，出自英国作家安东尼·霍普的
浪漫风冒险小说《曾达的囚犯》，鲁里坦尼亚风格也就是浪漫国风
格。——译者注

② 1799 年，纳尔逊将军接受那不勒斯国王费迪南德四世的赏赐——布龙泰
（Brontë）公国与其 3000 英镑岁入。

愈此疾。1806 年 2 月至 1807 年 3 月，小皮特继任者威廉·格伦维尔（William Grenville）领导所谓的"贤能内阁"，该内阁外交大臣查尔斯·詹姆斯·福克斯长期同情法国大革命和拿破仑。奥斯特利茨战后，拿破仑送列普宁公爵回圣彼得堡，借此向沙皇亚历山大求和，现在他也想靠福克斯实现和平。2 月 20 日，福克斯从唐宁街写信来，从而"尽我君子之道"。他警告塔列朗，巴黎第 16 区的帕西藏有企图谋杀拿破仑的阴谋者，甚至列出了刺客名单。[48]福克斯补充道，乔治三世会对"这桩卑鄙任务""持同样态度"。福克斯的正直行为拉开全面和谈的序幕，整个夏天，英法两国都在磋商，主要谈判人是英国的雅茅斯（Yarmouth）勋爵、劳德代尔（Lauderdale）勋爵和法国的尚帕尼、克拉克。会谈甚至进展到所提议条约的准备阶段。

和谈秘密进行，因为倘若谈崩，双方都不想承认曾谈判，然而法国外交部档案中至少有 148 份独立文件源自 1806 年 2~9 月。[49]持久谈判涉及马耳他岛、汉诺威、汉萨城镇、阿尔巴尼亚（Albania）、巴利阿里群岛（Balearic Islands）、西西里岛、好望角、苏里南和本地治里，8 月 9 日，福克斯患病，和谈实际上停止了，但是 9 月 13 日谈判才彻底失败，因为 57 岁的英国外交大臣在那天去世了。[50]"我完全清楚，英国只是世界一角，巴黎则是世界中心，"和谈告败后，拿破仑致信塔列朗，"在巴黎有个立足点对英国有利，哪怕是战时。"[51]所以比起无法带来和平的关系，他情愿再也不同英国往来。1807 年 3 月，格伦维尔政府下台，第三代波特兰（Portland）公爵上台组阁，重新奉行小皮特的对法求战政策，媾和希望于是彻底破灭。

1806 年前九个月，拿破仑大都待在参政院，照例处理一

堆范围甚广的议题。3 月时，他抱怨装潢商给他的御座和六把
扶手椅开出 30 万法郎账单，不肯付账，并坚称教士为穷人办
葬礼时至多能要价 6 法郎。"不能仅仅因为人们贫穷，就剥夺
其贫穷处境的宽慰，"拿破仑说，"宗教是一种疫苗，它满足
我们热爱奇迹的天性，使我们避开江湖郎中和魔术师。教士们
比卡廖斯特罗们、康德们和德意志所有空想家都好。"①52

　　1806 年 3 月，拿破仑想出黄油和鸡蛋市场的征税办法，
即宣布收益全归巴黎医院，所以市政府可相应减少投入医院的
资金。53他批准加于报纸的一项义务，称针对媒体时，"必须温
和谨慎地贯彻著名的自由箴言，尺度太松会引发危险"。54几天
后，他对参政院说，在新《消费税法》（Excise Act）中写入
"批发""零售""品脱""罐子"这些词毫无不妥，因为法案
"绝不是史诗"。553 月 11 日，他告诉参政院，自己的床头读物
是"三至六世纪的旧编年史"，他从中获知，古高卢人不是野
蛮人，而"政府给了神职人员太多教育权"。56

　　当月，拿破仑并非全身心地忙于民生事务。他也冲战争管
理部长让·德让（Jean Dejean）将军抱怨道，八天前当局已承
诺拨给第 3 轻步兵团数千套军服与子弹带，但他们仍未收
到。57参政院还讨论大军团制服的颜色，因为靛蓝染料价格昂贵，
且产自英国。"白军服可以省一大笔钱，"拿破仑说，"尽管可以
说，军队穿蓝军服时的确挺成功。然而我认为大军团不是参孙，

──────────

① 约瑟夫·巴尔萨莫（Joseph Balsamo）又名亚历山德罗·迪·卡廖斯特罗
（Alessandro di Cagliostro，1743～1795 年），乃著名术士、骗子。巴尔萨
莫生前，其骗术未被揭穿。伊曼纽尔·康德（Immanuel Kant）是伟大的
理性主义者、德意志唯心主义奠基人之一，所以拿破仑一并否认康德和
如此臭名昭著的江湖郎中可谓奇怪。

402

参孙的力量受制于头发长度，大军团的力量不在于外套颜色。"[58]其他的反对理由则是，白制服会变得脏兮兮、血淋淋。

拿破仑拼命工作，但他相信"工作是放松方式"。[59]4 月 19日，他致信欧仁，认为只要起得够早，"就可以在短时间内完成大量工作。我俩的生活一样，可我的妻子老了，她不用我陪同取乐，我也比你更忙，可我留给自己的休息和娱乐比你的多……前两天我和贝西埃元帅在一起，我们像 15 岁小孩一样玩耍"。当天拿破仑写了 14 封信，欧仁收到其中 6 封，所以确切说来他很可能并未像 15 岁小孩一样玩耍，但他觉得自己在放松，大概这种想法本身就有疗效。

4 月，拿破仑寄给欧仁的一些信太像保姆说教，堪称荒唐。他在其中一封中下令道："意大利贵族学习骑马乃要务。"[60]他还对约瑟夫说了如何避免在那不勒斯被刺，这些建议要实际得多：

> 你的贴身男仆、你的厨师、在你的寓所过夜的警卫、夜里叫醒你的急件送信人必须是法国人。任何人夜间一律不得入内，唯你的副官例外，而他的卧室必须在你的前面。你必须从里面锁门，认出副官的声音才能开门；他不能敲你的门，除非他已锁上自己的卧室，确定无人跟踪，仅他在场。这些是重要的预警措施，不是麻烦事。它们能保全你的性命，还赋予你自信。[61]

1806 年 5 月 30 日，拿破仑颁布《犹太人与高利贷法令》(Decree on Jews and Usury)，该法令谴责犹太人"怀有贪婪恶念"、缺乏"公民道德情感"，给予阿尔萨斯一年债务宽限期，并召集犹太教大公会（Grand Sanhedrin），以图减少"可耻的权宜之计"——发放贷款（当然，他自己的法兰西银行天天干这事）。[62] 目前为止，拿破仑善待并尊重犹太人，这是他第一次露出反犹迹象。从此以后，他制定犹太人相关政策时似乎一反常态，举棋不定。童年和学生时代，拿破仑见过的犹太人不多，他也不曾结交犹太友人，但是意大利战局中，他在威尼斯、维罗纳、帕多瓦、里窝那、安科纳和罗马设立犹太人聚居区，下令不再强迫犹太人佩戴六芒星。[63] 在马耳他岛，他禁止贩卖犹太人为奴，允许他们建造犹太教堂。叙利亚战役中，他认可犹太人的宗教和社会结构。1799 年 4 月 20 日，他甚至写了一篇宣言，主张在巴勒斯坦建立犹太人的祖国，因为阿克之败，这番说辞成了废话（但《箴言报》仍然刊登了它）。[64] 所有的战局中，他都将平等公民权延伸到法国境外的犹太人身上。① 可是奥斯特利茨战后，拿破仑一回巴黎就收到萨尔茨堡商人和银行家的请愿，他们要求限制犹太人借钱给阿尔萨斯农民。法国共有 5.5 万名犹太人，阿尔萨斯犹太人占了近一半，在这幕奇怪的反转剧（根据自由契约在公开市场借钱的人指责自己的债主）中，他们被控"过度"发放高利贷。[65] 参政院进一步调查此事，产生了严重分歧。拿破仑对参政们说，他不想因为认同阿尔萨斯反犹法律而"玷污我的后世荣誉"，于是接下来几个月他逐条废除了这些法令。[66]

犹太教大公会缓解了拿破仑的很多烦恼，也暴露了他对犹太教的无知——他似乎以为犹太教推行一夫多妻制。犹太老者

---

① 1858 年，英国在职犹太议员、伦敦代表莱昂内尔·德·罗斯柴尔德（Lionel de Rothschild）首次出席议会，不过此前他已三度当选下院议员，这还是在宗教相对宽容的国家。

睿智地回答拿破仑的提问,他们指出:犹太教徒就像基督徒一样不欢迎异族通婚;利率反映债务不能偿还的风险;法国犹太人热爱并支持拿破仑帝国。[67]拿破仑于是宣布将犹太教列入法国三大官方宗教,说:"我希望所有法国居民享受平等公民权,受我国法律眷顾。"[68]奥地利、俄国、普鲁士特别是教皇国普遍限制犹太人的权利,至少同上述国家相比,拿破仑对犹太人更宽容,自私也许是原因之一。正如他后来所说:"我国给犹太人的权利比他国给得多,他们人口众多,可成群结队而来。所以我觉得宽待犹太人能吸引很多富人来法国。"[69]

404

尽管如此,若拿破仑认为犹太人和他的天然选民——法国地主、商人、富农——存在利益冲突,他就不太在乎自然正义,而是选择支持天然选民。1808 年 3 月 17 日,他颁布《声名狼藉法令》,进一步限制犹太人,于是他们更难募集债务、回避兵役,还必须购买新的商业许可证。[70]之后几个月,拿破仑在不少省份取消了《声名狼藉法令》的很多规定,但是它们在阿尔萨斯省保留至 1811 年。[71]1807 年,拿破仑下旨建立威斯特伐利亚,根据此诏令,德意志犹太人获得完全公民权,不再负担特别税。类似地,1811 年,法兰克福犹太聚居区的 500 个犹太家庭、巴登所有犹太人(除放债人)也获得完全公民权。拿破仑的军队开进汉堡、吕贝克(Lübeck)和不来梅(Bremen)后,这些地区的犹太人获得公民权,不论当地统治者和民众多么憎恨这一点。[72]

拿破仑的广袤帝国仅有 17 万犹太人,其中三分之一在法国旧疆界内,但是帝国内反犹风气强劲,费施、莫莱、雷尼耶和克勒曼元帅尤其排斥犹太人。军中盛行反犹主义,将军里只有亨利·罗滕堡(Henri Rottembourg)是犹太人,跟着辎重车

405

12.莱茵邦联，
1807年
丹麦
哥本哈根
瑞典
波罗的海
北海
瑞典属波美拉尼亚
梅克伦堡
汉堡
荷兰
奥尔登堡
不来梅
汉诺威
阿伦贝格
威悉河
易北河
普鲁士
柏林
阿姆斯特丹
海牙
不伦瑞克
威斯特伐利亚
奥德河
埃尔斯特河
科特布斯
贝格
杜塞尔多夫
萨克森
莱比锡
黑森
莱茵河
魏玛
爱尔福特
德累斯顿
默兹河
拿骚
摩泽尔河
法兰克福
美因河
美因茨
维尔茨堡
拜罗伊特
奥地利
法兰西帝国
安斯巴赫
卡尔斯鲁厄
雷根斯堡
拉施塔特
斯图加特
多瑙沃特
多瑙河
斯特拉斯堡
符腾堡
拜恩
乌尔姆
慕尼黑
因河
埃滕海姆
莱茵河
莱希河
巴塞尔
博登湖
利希滕施泰因
莱奥本
格拉茨
瑞士
克恩滕
蒂罗尔
日内瓦湖
戈里齐亚
0 50 100 150 英里
0 100 200 千米
意大利

队的食腐乌鸦也被戏称为"犹太人"。[73]亦有人引用过拿破仑的反犹言论，他曾对一位秘书说，《圣经》中的犹太人是"懦弱残忍的卑鄙民族"。[74]1806 年 1 月，参政院开会讨论《犹太人与高利贷法令》，拿破仑在会上管犹太人叫"卑劣下贱的民族……国中之国……非公民"以及"蹂躏法国全境的毛毛虫灾和蝗灾！"他补充道："那些犹太人吸真正法国人的血，我不能把他们看作法国人。"他还提到"贪婪无情的放债人"，尽管参政院助理办事员证明，阿尔萨斯的债务与抵押是"自愿达成的交易"，而且契约法则"神圣不可侵犯"。当代文明人都反感拿破仑的这些论调，但是 19 世纪早期，它们在中上层法军军官中相当普遍。看来，虽说拿破仑本人对犹太人的偏见和同阶级、同背景之人的差不多，但他发现，若比欧洲其他地区更善待犹太人，则法国有利可图，所以拿破仑很难配得上今日犹太人给他的非犹裔君子之名。

拿破仑一向对大部分臣民信仰的宗教的本质无感，他对宣传活动的常见敏锐反应力也失灵了一次，结果他规定 8 月 15 日——他的生日和圣母升天节——为圣拿破仑日，并将这个新圣徒日写入法国天主教历。即便对通常静默的法国天主教会来说，这一步也太过了。拿破仑的想法在天主教徒中彻底失败，他们理所当然地认为这是渎神。他曾要求卡普拉拉红衣主教为他的生日封一个新圣徒。卡普拉拉找到了罗马殉道者内奥波利斯（Neopolis），据说此人不肯向马克西米利安皇帝宣誓效忠，以身殉教，但他纯属梵蒂冈虚构的人物。[75]

神圣罗马帝国的逻辑源自中世纪，当时，为了促进相互交易、保障彼此间的安全，数百德意志和中欧小国在此概念下结成松散集合体。然而，1648 年的《威斯特伐利亚条约》已经为近代民族国家奠定了合法基础。待到 1803 年的帝国诏书确认德意志合法性时，神圣罗马帝国便彻底丧失存在的理由（奥斯特利茨会战消除德意志大部分地区的奥地利势力后，情况更是如此）。1806 年 7 月 12 日，拿破仑自封莱茵邦联（Rheinbund）保护人，此后这一概念愈发无关紧要。新德意志政治实体莱茵邦联包括法国的 16 个附庸国盟友，引人注目的是，它没有吸纳奥地利和普鲁士。1806 年年末，莱茵邦联已包括拜恩王国、萨克森王国、符腾堡王国、雷根斯堡亲王国、霍亨索伦－锡格马林根（Hohenzollern-Sigmaringen）亲王国、霍亨索伦－黑兴根（Hohenzollern-Hechingen）亲王国、伊森堡－比施泰因（Isenburg-Birstein）亲王国、莱恩（Leyen）亲王国、利希滕施泰因亲王国①、扎尔姆（Salm）亲王国、巴登大公国、贝格大公国、黑森－达姆施塔特（Hesse-Darmstadt）大公国、维尔茨堡大公国、阿伦贝格（Arenberg）公国、拿骚（Nassau）公国、萨克森－科堡（Saxe-Coburg）公国、萨克森－哥达（Saxe-Gotha）公国、萨克森－希尔德堡豪森（Saxe-Hildburghausen）公国、萨克森－迈宁根（Saxe-Meiningen）公国、萨克森－魏玛（Saxe-Weimar）公国。1807 年，威斯特伐利亚王国、9 个亲王国和 3 个公国也加入邦联。美因茨大主教、神圣罗马帝国前掌玺大臣卡尔·达尔贝格就任邦联首席主教亲王，此人深深仰慕拿破仑。

成立莱茵邦联对欧洲产生了深远影响，其中最直接的是，

---

① 今译作"列支敦士登"。——译者注

由于邦联成员同时退出帝国，1806 年 8 月 6 日，弗朗茨正式　　407
宣布源起自公元 800 年查理曼加冕的神圣罗马帝国就此终结。
（当日歌德指出，在他居住的旅馆里，比起帝国末日，旅客们
明显更关心自己的车夫和旅馆老板的争吵。）神圣罗马帝国既
已不存在，神圣罗马帝国皇帝弗朗茨二世（Franz II）就成了
单纯的奥地利皇帝弗朗茨一世（Franz I，1804 年 8 月，他已
宣布建立奥地利帝国），因此他是历史上唯一有两个帝号
（Doppelkaiser）的皇帝。[76]

　　根据莱茵邦联创立时的条款，拿破仑现在可额外调配
63000 名德意志人，这个数字迅速增长，事实上，从 1806 ~
1813 年邦联瓦解，"法军"这个词成了一种误称。① 另一后果
是，普鲁士国王弗里德里希·威廉三世今后得彻底打消在本国
疆界外发挥重要领导作用的盼头，除非他准备参加第四次反法
同盟。与此同时，莱茵邦联催生了新兴德意志民族主义，使德
意志人梦想建立自主统治的独立德意志国家。拿破仑竟然促成
了半个世纪后灭掉其亲侄子拿破仑三世的法兰西帝国的国家，
此乃无心结果的历史规律的最佳例证。

　　"陛下，您正处于同时和俄法结盟的奇怪立场，"1806 年
6 月，前普鲁士外交大臣卡尔·冯·哈登贝格致信弗里德里
希·威廉，"这种局面不会持久。"[77]7 月上旬，弗里德里希·
威廉决定对法开战，但他担心此时作战对普鲁士不利，于是直
到 10 月才付诸行动。普鲁士最先承认拿破仑的帝位，驱逐了
领土内的波旁家族，头年 12 月还与法国签署《美泉宫条约》，
可 1806 年 10 月它却同法国交战。[78]弗里德里希·威廉渴望保持

---

　　① 方便起见，本书有时仍用"法军"指代拿破仑的军队。——译者注

13. 普鲁士与波兰战局，
1806～1807年

波罗的海

斯德丁

普

易北河

夏洛滕堡宫

施潘道 ■ ◎ 柏林

屈斯特林

勃兰登堡 ● ● 波茨坦

奥德河

格洛高

赖兴巴赫

霍夫

涅曼河

蒂尔西特

柯尼希斯贝格　普雷戈尔河

施洛迪滕

埃劳　弗里德兰

兰茨贝格　塞帕伦

阿勒河　罗滕恩

海尔斯贝格

古特施塔特

阿伦施泰因　约翰尼斯堡
森林

但泽

埃尔宾

帕萨格河

鲁

士

维斯瓦河

托伦

于克河　马库夫　纳雷夫河
奥斯特罗文卡

戈维明

普乌图斯克　布格河

莫德林施
托尔希奈斯特　华沙

波森

瓦尔塔河

卢布林

| 0 | 20 | 40 | 60 | 80 | 100 英里 |

| 0 | 50 | 100 | 150 千米 |

维斯瓦河

不受法奥影响的区域霸权，渐渐害怕法军入侵北德意志。[79]哈登贝格的继任者冯·豪格维茨曾称赞普法联盟，1806 年 6 月下旬和 7 月上旬他的三份备忘录却总结道，拿破仑正在寻找针对普鲁士的开战借口（casus belli），还设法让黑森脱离普鲁士的轨道。豪格维茨建议普鲁士同萨克森、黑森和俄国结成反法同盟，并放弃兼并汉诺威，以确保英国资助战争。颇具分量的恩斯特·冯·吕歇尔（Ernst von Rüchel）将军赞同豪格维茨的立场，但他对国王承认，在奥斯特利茨会战后一年内与法国开战是场危险游戏（Hazardspiel）。[80]

410

与此同时，7 月 20 日在巴黎，沙皇使臣彼得·雅科夫列维奇·乌布里（Peter Yakovlevich Ubri）认可了俄法"永久和平与友谊"之条约的文本。只要圣彼得堡的沙皇批准条约，普鲁士就根本无望组建第四次反法同盟。可沙皇接到报告，获知法国驻君士坦丁堡大使塞巴斯蒂亚尼将军唆使土耳其人进攻俄国，他一怒之下保持了静待，暂未在法国和普鲁士之间选择盟友。我们不知道塞巴斯蒂亚尼的行为在多大程度上是奉拿破仑或塔列朗的命令，但奥斯特利茨会战后俄法未缔结和约，所以对法国来说，在君士坦丁堡采用这种外交手段合乎情理。① 然而，拿破仑并不想与俄或普开战，更不用说同时和两国交战了。8 月 2 日，他命令塔列朗告诉法国驻柏林大使安托万·拉福雷（Antoine Laforest），"我希望不计一切代价保住与普鲁士的友好关系。有必要的话，让拉福雷坚信我不会真的拿汉诺威换英国的和约"。[81]当天，拿破仑致信鲁尔河谷地国家贝格大公国的缪拉，下

---

① 拿破仑照例一边关注国际形势，一边非常积极地投身帝国微观管理。"显而易见，昨日一车夫酿成事故，致一名幼童死亡，" 7 月 16 日，他致信富歇，"逮捕并重罚此人，不管其雇主是谁。" CG6 no. 12507，p. 616.

令不得采取任何可能被视作反普之举的行动。"你的职责是安抚、大大地安抚普鲁士人，万不可让他们难受，"他写道，"面对普鲁士这样的国家，行事再缓慢也不为过。"[82]此信原件上有一句划掉的话："不管你做什么，结果只有一个——你的国家会遭劫。"

1806 年 8 月上旬，拿破仑初会新任奥地利驻巴黎大使克莱门斯·冯·梅特涅伯爵。皇帝在圣克卢宫室内戴着帽子，梅特涅指出："这怎么说也不合适，因为他的听众不是公众，而且我认为此举是错位的虚荣，表明他是个暴发户。"[83]除了戴帽子，拿破仑给梅特涅留下的第一印象大体上还不错，因为奥地利大使后来成了皇帝的死敌，他记下的第一印象尤其令人感兴趣。梅特涅写道：

> 一开始，我震惊地发现他的思维及其过程特别简明。我总是沉醉于和他交谈，这对我的吸引力难以言表。他的谈话永远充满趣味：他抓住主题本质，抛开无用的次要成分；他陈述、不断阐释自己的观点，直到它非常清楚和毋庸置疑；他总能找到描述事物的贴切用词，若言语意像没有这个词，他就自创词汇。可他并非不听针对自己的评价和反对，而是接受、提问并反驳，始终保持公务会谈的语气和边界。我和他说起我认为的事实时，就算此事多半不能取悦他，我也丝毫不觉得困难。[84]

后来梅特涅的回忆录把拿破仑写成暴怒的自大狂，至少在两人关系的现在这一阶段，他还不这么想。

符腾堡人士、图书出版销售商约翰·帕尔姆（Johann

Palm）售卖德意志民族主义和反拿破仑的作品，他住在中立的纽伦贝格（Nuremberg），后被逮捕。8月25日，法庭审理帕尔姆一案，激怒了普鲁士人。帕尔姆曾出版小册子《德意志的严重衰落》，其作者据信是德意志民族主义者菲利普·耶林（Philipp Yelin）。帕尔姆不肯供出作者，次日便在布劳瑙遭枪决。① 拿破仑对贝尔蒂埃说，"在法军占领地散布诽谤言论，以图激起居民反抗，这可不是寻常犯罪"，但帕尔姆很快就被视为殉道者。[85]

帕尔姆被诉当天，弗里德里希·威廉在路易丝王后和柏林主战派（包括他的两个弟弟、弗里德里希大王的侄子以及冯·哈登贝格）影响下向拿破仑发出最后通牒，要求对方最迟在10月8日撤走莱茵河西岸的所有法军。愚蠢的是，此时弗里德里希·威廉还没和俄国、英国或奥地利做好准备工作。[86]普鲁士青年军官甚至在法国驻柏林大使馆门前的台阶上磨马刀。[87]

412　　9月初，拿破仑意识到，既然沙皇亚历山大没有批准条约，那么只要战争爆发，俄国多半就会与普鲁士联手。5日，他命令苏尔特、奈伊、奥热罗在普鲁士边境集结。拿破仑估计，若他能在八天内让军队行过克罗纳赫（Kronach），那么进军柏林只需十天，所以他或许能在俄国来援之前打垮普鲁士。他召集5万名新兵，动员3万名后备兵员，并派间谍侦察班贝格至普鲁士首都的道路。

假如拿破仑要让总计20万人的六个军与帝国近卫军、骑兵预备军深入敌境数百英里，他就需要敌国地形的准确情报，

---

① 在某次文学界宴会上，苏格兰诗人托马斯·坎贝尔（Thomas Campbell）提议为拿破仑干杯，席上嘘声一片，坎贝尔便高声辩解道："可他枪毙过出版商啊，先生们！"

特别是其河流、资源、烤炉、磨坊和军火库的情报。地形工兵为他绘制地图，奉命提供一切可想到的信息，尤其是"道路的长宽与路况……必须追踪河流流向，仔细测量其桥梁、浅滩、河深、河宽……应注明城村房屋数量与人口……应标出丘陵和山脉高度"。[88]

与此同时，拿破仑应当为敌人制造假情报。"明天你必须送走我的 60 匹马，"9 月 10 日，他对科兰古说，"尽量办得隐秘些。争取让人们相信我是要去贡比涅打猎。"他补充道，他想要一个"结实的"行军帐，而非"看戏用的"观剧帐（tente d'opéra），"你要在帐子里添些厚地毯"。[89]当日，他命令路易在乌得勒支集结 3 万人，"假称准备对英战争"。9 月 18 日晚 11 点，帝国近卫军乘驿站马车从巴黎去美因茨，拿破仑则对战争部长亨利·克拉克口授"大军团重新集合的总体部署"。这份口述记录是这场战役的奠基文件，它准确列出 10 月 2～4 日何元帅应于何日率何部至何地。单单 9 月 20 日一天，他就写了 36 封信，创了他在 1806 年的记录。[①]

◆

9 月 25 日凌晨 4 点 30 分，拿破仑携约瑟芬离开圣克卢宫，十个月后他才返回巴黎。[90]四天后，他在美因茨收到贝尔蒂埃的报告，它和两名间谍的汇报完全改变了他对战略形势的看法。贝尔蒂埃曾担心普军占领前线阵地，但事态现已明朗，他们仍在爱森纳赫（Eisenach）、迈宁根、希尔德堡豪森附近，

413

---

① 其中一封下令把撒丁国王的车夫关进费内斯特雷莱监狱（Fenestrelle prison），因为拿破仑怀疑此人是间谍。次日，他致信德农，谈及卢浮宫的短暂开放时间，抱怨道："公众必须等待。这最违背我的旨意。"1806 年，他一共写了 2679 封信。

因此法军翻越山脉、渡过萨勒河、展开队列时不会受阻。拿破仑遂全盘变更计划，加之缪拉和贝尔蒂埃也正在发出指示，导致法军陷入一阵短暂的混乱。"我打算在右侧集结兵力，"拿破仑对路易说，"完全敞开莱茵河与班贝格之间的地面，以便在同一战场聚约 20 万人。"[91]法军得走很多路。奥热罗的第七军在连续三天中分别走了 25 英里、20 英里、24 英里。两个团在连续九天中平均每日行军 24 英里，这是项了不起的速度，而且最后三天他们行经山地。[92]

达武很快占领了克罗纳赫，拿破仑惊讶地发现普军没有守城。"这些先生很不在乎阵地，"他对拉普说，"他们想等大攻击时再出手。我们会满足他们的愿望。"[93]10 月 2 日，他已经在符腾堡，约瑟芬则留在美因茨。此时拿破仑的全局计划已成形，即一边夺取柏林一边谨慎地保卫交通线。7 日，法军做好了出击准备。一周后，约瑟芬从美因茨致信贝尔蒂埃，请对方"精心照顾好皇帝，确保他不要（在危险面前）太暴露自己。你是他交情最久的朋友之一，我信赖的正是这份感情"。[94]

7 日，拿破仑在班贝格等待敌军露出意图。他指望他们退往马格德堡（Magdeburg），或经富尔达（Fulda）前进。当天，普鲁士的宣战书到了，一并送来的还有长达 21 页的宣言。宣言的内容太好猜了，拿破仑都没读完，他嘲讽道，这不过是抄袭了英国报纸。拉普回忆道："拿破仑轻蔑地丢开宣言，说：'他（指弗里德里希·威廉）以为他在香槟（指 1792 年的普军胜绩）吗？'。"然后，拿破仑说："真的，我同情普鲁士，我可怜威廉。他不知道别人都让他写了什么狂想，这太荒唐了。"[95]10 月 12 日，拿破仑的军队正前往图林根（Thüringen），他也送出了给普鲁士的私下回复：

　　　陛下将战败，并毫无理由地危及自身安逸与子民生　　414
存。现在普鲁士完好无损，它可以用适合自己尊严的方式
对待我，不出一个月，它将堕入完全不同的境遇。您仍可
挽救你的臣民，让他们免受战火的浩劫与痛苦。战争才刚
刚开始，您可以阻止它，全欧洲都会感激你。[96]

这封信落下骂名："混杂傲慢、挑衅、讽刺与假意求和，令人
窒息。"[97]但也可以这么理解：它给了弗里德里希·威廉（仅剩
的）最后一次体面退出的机会，并极精确地估计了未来战争
中普鲁士的运气。事实上，说"不出一个月"灾难会降临还
是低估了事态，因为没过两周时间，耶拿与奥尔施泰特
（Auerstädt）会战就爆发了。真正傲慢又挑衅的是下达最后通
牒的普鲁士亲王、将军与大臣。

　　普军潜在兵力庞大，达22.5万人，但其中9万人得守卫
要塞。普鲁士也不能指望英俄会马上增援。普军指挥官们十年
未上战场，尽管其中有些人曾在弗里德里希大王麾下作战。总
司令不伦瑞克公爵现年70多岁，另一名高级将领约阿希姆·
冯·默伦多夫（Joachim von Möllendorf）已然80多岁。更糟的
是，不伦瑞克与普军左翼主将弗里德里希·冯·霍恩洛厄
（Friedrich von Hohenlohe）亲王持相左战略，并且互相敌视，
所以军事会议决策前可能先得恼火地讨论上三日。整场战役
中，拿破仑不曾组织任何军事会议。[98]

　　在战役中，有些更奇怪的普军调动系委员会领导制的产
物，哪怕从普军自身角度看，它们也都难以理解。10月9日
晚，拿破仑根据报告断定，敌军正从爱尔福特向东进军，将在
格拉（Gera）集中。其实，普军的真实机动是渡过萨勒河

(the Saale)，不过他们或许应该去格拉，因为去那儿可以更好地掩护柏林和德累斯顿。[99]拿破仑的假设错了，次日他发现不对头，随即飞快地纠正错误，以利用新形势。

415 　　法军前卫进入普军占领的萨克森，其掩护部队只有缪拉的六个轻骑兵团。跟在他们后面的则是：贝纳多特，在前；拉纳和奥热罗，在左；苏尔特和奈伊，在右；帝国近卫军，在中；达武和骑兵主力，组成预备队。10 月 10 日，萨尔费尔德（Saalfeld）之战爆发，拉纳击败普军与萨克森军后卫。敌军统帅路易·费迪南德（Louis Ferdinand）亲王是弗里德里希·威廉的侄子，他孤注一掷，率队冲向法军中央，结果被第 10 骠骑兵团军需官甘代（Guindet）砍死。普军有 1700 人死伤或被俘，法军只损失 172人。这次败仗打击了普军士气。大军团随后背对柏林和奥德河（the Oder）列阵，切断了普军的交通线、补给线与退路。[100]11 日上午，大军团已经部署在萨克森平原上，准备好投身战役的下一阶段。拉萨尔迅速移动，晚上 8 点，他在格拉俘虏了霍恩洛厄的补给车队，迫使普军经耶拿离开。10 月 12 日凌晨 1 点，拿破仑从缪拉处获知此事，他沉思两小时，然后开始下达铺天盖地的命令，全军遂往西旋转，变为背靠萨勒河、面朝普军。[101]

　　10 月 12 日，缪拉的骑兵和间谍证实普军主力待在爱尔福特。缪拉让骑兵朝北展开，达武拿下瑙姆堡（Naumburg）渡口，导致不伦瑞克再也无法采取前进式防御。普军又一次开始大撤退，退往东南方。他们士气低落，心理上已落下风，哪怕大战压根还没上演。13 日，拉纳率前卫冲入耶拿镇，赶走普军前哨。在反俄的萨克森籍教区神父的指引下，他马上派兵占据了兰德格拉芬贝格高原（Landgrafenberg plateau）。

　　此时，拿破仑已正确推断出当前的态势：普军正退往马格德堡，所以拉纳被孤立了，他报称附近约有 3 万普军，而敌人可能发起强力攻击，置他于险境。拿破仑命令大军团全军于次日在耶拿集结。达武和贝纳多特奉命经瑙姆堡和多恩堡（Dornburg）去耶拿击退敌军左翼。达武不可能知道其实普军主力正冲他而来，也没向贝尔蒂埃报告自己已遇上大股敌军，或许他太乐观了。贝纳多特和骑兵预备军疲惫不堪，他们前往耶拿的速度更慢。

　　10 月 13 日下午，拿破仑驰过耶拿，哲学家格奥尔格·威廉·弗里德里希·黑格尔（Georg Wilhelm Friedrich Hegel）看向书房窗外时瞧见了他。当时，黑格尔正在写《精神现象学》的结尾，他对一位朋友说，他看见 "身为世界精神（Weltseele）的皇帝骑马出城……这个人在马背上扬手指点天下，统治世界，观之者的确会深深震撼"。[102]黑格尔在《精神现象学》中提出，世上存在 "优美灵魂"，那是不顾传统与他人关切、自主行事的力量。有人指出，这个词对拿破仑来说是个 "不坏的描述"。[103]

　　13 日下午 4 点左右，拿破仑到达俯瞰耶拿的兰德格拉芬贝格高原。他看着高原更远处的敌营，命令拉纳军全军和帝国近卫军登上高原，这是个危险的举动，因为他们离敌军大炮只有 1200 码。① 今人在此地走一走便会立刻明白，只要没有持

418

---

① 俯瞰耶拿市市区的兰德格拉芬贝格高原上有一座拿破仑石碑（Napoleonstein），上刻此地距拿破仑一生中众多重要地点的距离。所以说，石碑上写着耶拿距巴黎 700 公里、距开罗 2838 公里、距马伦戈 707 公里、距马德里 1657 公里、距奥斯特利茨 429 公里、距博罗季诺 1683 公里、距滑铁卢 503 公里、距圣赫勒拿岛至少 7626 公里。石碑强有力地提醒人们此人精力充沛，那时还是马车与帆船的年代，而他在十七年中就经历了上述旅程，走过了这么多道路。

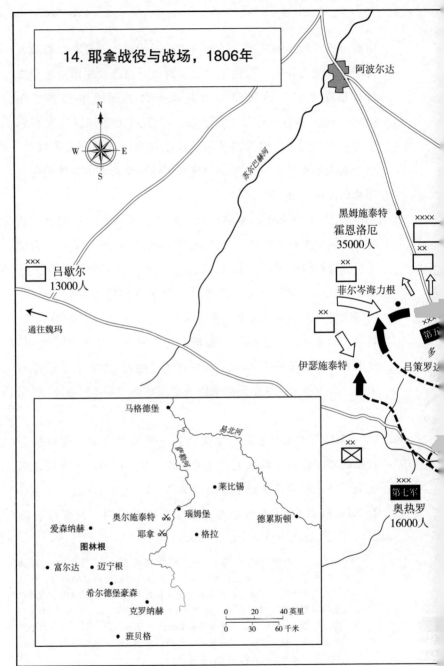

14. 耶拿战役与战场，1806年

阿波尔达

苏尔巴赫河

N
W E
S

吕歇尔
13000人

通往魏玛

黑姆施泰特
霍恩洛厄
35000人

菲尔岑海力根

第五

伊瑟施泰特

吕策罗

第七军
奥热罗
16000人

马格德堡

易北河

萨勒河

莱比锡

奥尔施泰特
瑙姆堡
耶拿
格拉
德累斯顿

爱森纳赫
图林根

富尔达 迈宁根

希尔德堡豪森

克罗纳赫

班贝格

0   20   40英里
0   30   60千米

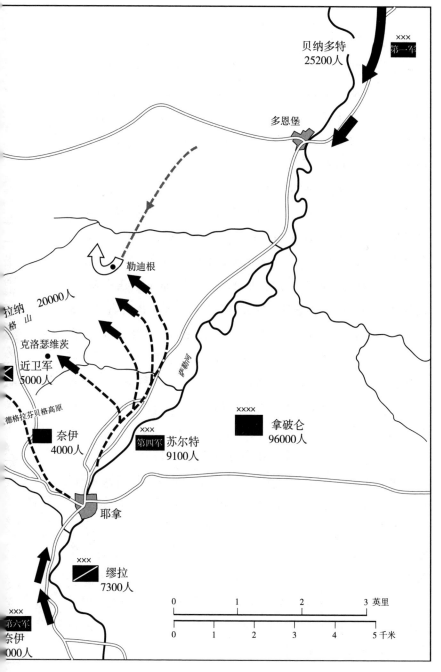

久炮击，高原上广阔平坦的荒野非常适合两个军布阵。当晚，拿破仑让拉纳的炮兵去高原上加入奥热罗军与帝国近卫军。奈伊正接近此地，苏尔特和骑兵预备军则在路上。拿破仑和贝尔蒂埃指望达武在次日击退敌军左翼，于是给他送去一封言辞草率的信。这封信说，"如果贝纳多特和你在一起，你们可以一同进军"多恩堡镇。[104]

1806 年 10 月 14 日（周二）早上 6 点 30 分，浓雾弥漫，耶拿会战开始。凌晨 1 点时拿破仑就起床了，然后他同拉纳的师长路易·絮歇（Louis Suchet）将军侦察前卫阵地。法军左翼哨岗冲皇帝一行开火，直到鲁斯塔姆和迪罗克大喊他们是法国人。[105]拿破仑返回营帐后，从 3 点开始发布了一连串命令。他的计划如下：拉纳把麾下的絮歇师和奥诺雷·加赞（Honoré Gazan）将军的师都调去进攻博吉斯拉夫·冯·陶恩青（Bogislav von Tauentzien）将军指挥的霍恩洛厄后卫，为大军开辟在高原上实施机动的空间；奥热罗在又称科斯佩达山谷（Cospeda ravine）的耶拿-魏玛公路列队，前进至拉纳左侧，与此同时，奈伊去拉纳右侧；苏尔特守右翼；帝国近卫军和骑兵留作预备，等敌军战线露出弱点后利用它们。

早上 6 点，拿破仑鼓动拉纳军，随后派他们攻击陶恩青。1804 年，军事史学家亨利·德·约米尼男爵写了本战略专著，吸引了拿破仑的注意力，于是他成了皇帝参谋部里的官方史学家。约米尼赞赏道，拿破仑明白"从不激起对敌军的过度鄙视乃必要做法，因为倘若遇上顽强抵抗，士气可能会随之动摇"。于是乎，拿破仑对拉纳军讲话时称赞普鲁士骑兵，但又保证道，"若他的埃及人亮出刺刀，它完全无力抵挡！"此言是指拉纳的老兵曾参加金字塔会战。[106]

絮歇的纵队前进至克洛瑟维茨村（Closewitz），准备一到高原就排成横队，但是他们在雾气中偏离方向，走到了村子左边，并进攻克洛瑟维茨村和吕策罗达村（Lützeroda）之间的敌军。随着雾气逐渐消散，鏖战已持续近两小时，法军陷入混乱，用掉了大量弹药，而大股敌军骑兵在战场最高点多恩贝格山（Dornberg）列队。尽管如此，娴熟的教官拉纳把第二条战线推至前线，靠战斗清扫高原，在此过程中，他打退了来自吕策罗达的反击，转而面向菲尔岑海利根村（Vierzehnheiligen）。菲尔岑海利根以远的战场地形突然变得非常平坦，很适合骑兵。战斗中，霍恩洛厄没有组织协调大规模反击，而是陆续派小股部队抵抗法军，从其手中收复菲尔岑海利根和多恩堡。在会战这一阶段，拿破仑加入拉纳军。雾气全消后，他立刻在 7 点 30 分左右聚集 25 门大炮，并命令第 40 战列步兵团进攻菲尔岑海利根。

苏尔特军赶到战场后，圣伊莱尔逐退克洛瑟维茨的普军，炮兵和骑兵一跟上来，他就前往勒迪根村（Rödigen）。普军顽强抵抗，但到上午 10 点 15 分时，圣伊莱尔已经可以继续穿过黑姆施泰特（Hermstedt）了，此举旨在击退敌军左翼。奥热罗把一整个师塞进了科斯佩达山谷，所以直到 9 点 30 分，他才在高原上露面，可他一到就遇上伊瑟施泰特（Isserstedt）东边的敌军。与此同时，奈伊率约 4000 人到达高原，发现拉纳左侧有缺口。正当拉纳被逐出菲尔岑海利根时，他自作主张跟随其后，进入拉纳左侧的战线。奈伊进攻，夺回村子，法军遂到达多恩贝格山南端。普军大炮猛烈开火，阻挠奈伊的步兵前进，但他们死守燃烧的村庄。普军骑兵冲锋，奈伊被迫躲进步兵方阵。拉纳军力克多恩贝格山，在 10 点 30 分同奈伊军会

420

合。奈伊躲进方阵那会儿，拿破仑再次召唤拉纳。恰在此时，霍恩洛厄派来5000名步兵，在约3500名骑兵与500名炮兵的支援下，他们保持完美的阅兵秩序，同菲尔岑海利根的守军对射，枪声如同雷鸣。至关重要的是，霍恩洛厄的军队没有猛攻村庄。

上午11点，奥热罗已拿下伊瑟施塔特，他和奈伊连上了。中午，苏尔特到达右翼。奈伊的两个师在拉纳左侧，多米尼克·克莱因（Dominique Klein）将军、让–约瑟夫·多特普尔将军、艾蒂安·南苏蒂将军的骑兵也来了，拿破仑遂断定此刻宜大举进攻。根据他的命令，法军密集的散兵线如浪潮般前进，营纵队跟随其后。普军顽强地后撤一小时，但是他们的损失不断增加。缪拉又率骑兵反复冲锋，导致陶恩青麾下的团终于崩溃奔逃。下午2点30分，霍恩洛厄的军队逃离战场，全军一片混乱，只有几个营方阵撤退时听从长官的指挥。缪拉手持马鞭，坚持不懈地追了6英里多，三个军的龙骑兵、胸甲骑兵、轻骑兵都跟着他。一路上，缪拉屠杀并俘虏了成千上万的萨克森人，傍晚6点，他到达魏玛，追击这才停止。耶拿会战后的长途追击乃演示如何最大化胜利的教科书级军事行动，教科书取字面意，因为它仍是当代军校授课的内容之一。

战胜之后，拿破仑才发现他遇上的根本不是不伦瑞克公爵的主力，只是霍恩洛厄的后卫。当日，达武在距耶拿13英里的奥尔施泰特击败弗里德里希·威廉和不伦瑞克，弗里德里希·威廉指挥了数小时后才逃走，战后不久不伦瑞克伤重而死。普军有5.2万人与163门大炮，达武有3万人和46门大炮，他对敌军实施了双重包围。在这场血战中，法军有7000人死伤，但普军的损失几乎是其两倍。[107]奥尔施泰特会战是拿破仑战争中最辉煌的战绩之一，就像奥斯特利茨会战一样，它彻底扭转了达武不受拿破仑待见的局面。达武的副官法尔孔 421 (Falcon) 上校告诉拿破仑，他击退的不是普军主力，只是霍恩洛厄的部队。他不相信法尔孔的话，说："你的元帅一定看重影了。"[108]然而，他获知真相后立刻盛赞达武。拿破仑对法尔孔说，"告诉元帅，我永远感激他和他的将士们"，并授予达武军在 10 月 25 日的胜利入城式上率先进入柏林的荣耀。[109]即便如此，奥尔施泰特会战从未变成绣在军旗上的战斗荣誉，因为达武战胜不伦瑞克的光辉战绩可使拿破仑击败霍恩洛厄的大胜黯然失色。

相形之下，贝纳多特两个战场都没去成，拿破仑和达武都不曾真正地原谅他的行为。拿破仑在圣赫勒拿岛上说，"我应该枪毙贝纳多特"，耶拿会战后他似乎短暂考虑过送此人上军事法庭。[110]10 月 23 日，拿破仑给贝纳多特写了封尖刻的信："你的军不在战场上，这可能对我造成致命打击。"贝纳多特按字面含义执行贝尔蒂埃的命令，向多恩堡行军。10 月 9 日至 12 月 8 日，他没有遇上拿破仑，而在 12 月 8 日之前，皇帝曾写信称赞他从布吕歇尔手中夺取吕贝克，可见关于两人愤怒地面谈的故事纯属传说。[111]贝尔蒂埃的命令很少引起误解，但贝纳多特没在两个战场露面之事表明，假如贝尔蒂埃下达可被误解的命令会造成何等后果。不管怎么说，贝纳多特清楚他又成了拿破仑的出气筒，长期以来，他私下讨厌并嫉妒拿破仑，这只是让情况更糟。

会战结束了，次日凌晨 3 点，拿破仑从耶拿致信约瑟芬，自夸道："我亲爱的，我针对普军实施了一些出色的机动。昨日我大获全胜。敌军有 15 万人，我俘虏 2 万人，缴获 100 门大炮以及诸多军旗。我看见普鲁士国王和王后了,我设法靠近,但没能抓获他俩。我露宿了两天。我好极了。"[112]数字照例是夸大版本,再说弗里德里希·威廉在奥尔施泰特,不在耶拿,所以他不可能看见国王或王后。可是拿破仑的确缴获了83门大炮,达武缴获了53门,而且在近乎完美的会战过后,拿破仑无疑真是"好极了"。

第十八章 受阻

> 人们经常听说拿破仑皇帝摘下自己的荣誉军团星章，亲手将它挂在勇士胸口。路易十四会先问这位勇士是不是贵族，拿破仑则会问这位贵族是不是勇士。
>
> ——帝国近卫军上尉埃尔泽阿·布拉兹

> 疲惫与匮乏时的坚忍不拔乃士兵首要资质。勇气只排第二位。艰苦、贫乏和穷困是最佳士兵学校。
>
> ——拿破仑军事箴言第 58 条

"我从未见过如此彻底的溃败。"耶拿之战后，拿破仑如此评价普鲁士人。[1]可是弗里德里希·威廉没有投降，他知道俄军要来了，于是反而退往东北方继续战斗。战后，普鲁士驻巴黎大使吉罗拉莫·迪·卢凯西尼（Girolamo di Lucchesini）侯爵开始与迪罗克谈判，但两人一无所获。拿破仑怀疑卢凯西尼曾是主战派主心骨，事实的确如此。[2]他致信塔列朗："我觉得再难找到比这老傻瓜更蠢的人了。"[3]

与此同时，大军团继续锲而不舍地穿越普鲁士，不给普军任何机会停留或重新集结。10 月 25 日，施潘道（Spandau）向絮歇投降；29 日，斯德丁（Stettin）① 向拉萨尔投降；11 月

---

① 今什切青（Szczecin）。

1 日，防卫森严的马格德堡向奈伊投降。至此，法军已拿下普鲁士西半部全境。格布哈特·冯·布吕歇尔（Gebhard von Blücher）将军曾在奥尔施泰特力战，11 月 7 日，他在吕贝克用光弹药，被迫率全军投降。

423　　柏林店铺的窗户上挂着很多讽刺拿破仑的漫画，因为城市陷落得太快了，店主们都来不及撤下漫画。[4]就像在威尼斯一样，皇帝下令把柏林勃兰登堡门上的双轮战车和胜利女神四马战车带回巴黎。普军近卫的战俘被押着经过法国大使馆，上个月，他们曾非常傲慢地在同一大使馆门前的台阶上磨马刀。[5]1757 年，弗里德里希大王在罗斯巴赫（Rossbach）羞辱了法军。拿破仑造访罗斯巴赫战场，下令把当地竖立的纪念柱也挪去巴黎。[6]10 月 23 日，他从维滕贝格（Wittenberg）致信约瑟芬，重复道："我好极了，疲惫适合我。"[7]他写给约瑟芬的海量信件都以"我很好"结尾，这种做法后来成了危险的习惯。[8]

当天突降暴雨，拿破仑便在狩猎小屋中避雨。一名年轻的寡妇对皇帝说，她的亡夫曾是第 2 轻步兵半旅少校，他在阿布吉尔之战中身亡，留下她和儿子两人。寡妇给拿破仑看了其子的婚生证明，于是他授予她 1200 法郎抚恤年金，她死后，这笔钱将复归她的儿子。[9]次日，他在波茨坦参观弗里德里希大王的无忧宫（Sanssouci），玩赏原主的宝剑、腰带、肩带和所有装饰物，并把它们送往荣军院，从而继续"报复罗斯巴赫的灾难"。[10]（此后的人生中，拿破仑一直把弗里德里希大王的闹钟放在床头，但没拿他的长笛。长笛今仍展示于无忧宫。）拿破仑评价自己的战利品道："我宁要这些也不要 2000 万。"他和部下凝视弗里德里希大王的陵墓，谦虚地承认："脱帽，先生们。如果此人还活着，现在我不会站在这儿。"[11]

　　拿破仑差点在波茨坦实施了明显更猛烈的复仇。柏林派来的普鲁士代表团成员弗朗茨·路德维希·冯·哈茨费尔德（Franz Ludwig von Hatzfeld）亲王用密码信向霍恩洛厄报告波茨坦的法军兵力与状态。事情败露后，贝尔蒂埃、迪罗克、科兰古和拉普设法平息了拿破仑的怒火，即便如此，皇帝依然想让军事法庭以间谍罪传唤哈茨费尔德，还想枪决他。昂吉安公爵事件必然给科兰古留下了深重阴影，当拿破仑对所有建议者"彻底丧失耐心"时，贝尔蒂埃实际上离开了房间。[12]皇帝察觉自己反应过激，遂安排一幕感人场面，让怀孕的哈茨费尔德夫人在他脚边哭求放丈夫一条生路，然后他大度地销毁证据，把截获的密码信投入火中。[13]

　　达武进入柏林、絮歇夺取施潘道之日，拿破仑致信富歇，　424
谈及皮埃尔·加德尔（Pierre Gardel）所创作的芭蕾剧《尤利西斯的归来》的舞台布景费用，并要求对方提供详细报告，"确保没有一点不良内容，你懂这是什么意思"。（尤利西斯在国外时，有人追求珀涅罗珀①。）[14]然而，拿破仑有些虚伪，虽说害怕某种暗讽，他却非常乐意用完全相同的含沙射影之辞对付路易丝王后，在一期公报中他写道："在波茨坦某间王后寓所中找到了那个亲王赠她的俄皇画像。"[15]

　　拿破仑坚持指责弗里德里希·威廉屈从妻子。"笔记、报告和国家文献都散发麝香味，"10月27日，他在夏洛滕堡宫（Charlottenburg Palace）发布这次战局的第19期公报，"同皇后梳妆台上的围巾等物混在一起。"[16]为防有人忽视要点，公报

---

　　① 珀涅罗珀是尤利西斯的妻子。——译者注

声称，这些"历史文件……证明允许女人干政的王公们多么不幸，如果这还需要证明的话"。就连忠诚的博塞也认为，拿破仑写路易丝王后时"愤怒又无礼"。约瑟芬抱怨公报给王后的待遇，于是他承认："的确，这世上我最讨厌摆布他人的女人。我习惯了贤淑、温柔、富有同情心的女人……但这也许是因为她们令我想起你。"[17]

"士兵们，"10月26日，拿破仑在波茨坦发表讲话称，"俄军夸口说要来我们这儿。我们会向他们进军，帮他们省下一半路程。俄军将在普鲁士心脏地带又一次遭遇奥斯特利茨。"[18] 军队可不爱听这话，普鲁士首都既已陷落，他们就想回家。

27日，拿破仑进入柏林。他走在浩大队伍的最前头，后面跟着2万名身着军礼服的掷弹兵和胸甲骑兵。"皇帝骄傲地前进，他衣着简朴，头戴小帽子，上缀只值一个苏的帽徽，"夸涅上尉回忆道，"而他的部下穿着礼服。穿得最差的人统帅如此壮观的军队，这看起来是幕奇特景象。"[19]1840年，司汤达致信未来的欧亨妮（Eugénie）皇后①，回忆道，拿破仑"在士兵前方二十步处骑马，安静的群众离他的马只有两步远，任何一扇窗户里都能冒出一把来复枪射杀他"。[20]在柏林，拿破仑住进弗里德里希·威廉的洛可可式大宫殿夏洛滕堡宫，并把司令部设在此地。他的金库开支记载，这段时间他给了一名女士23300法郎，她的身份信息仅有"柏林人"。[21]10月30日，拿破仑开出媾和条件，要求普鲁士放弃易北河以西全部领土，弗里德里希·威廉已然准备这样做。可是拿破仑补充道，普鲁士

425

---

① 拿破仑三世的皇后。——译者注

王国必须在接下来的对俄战争中充当法军作战基地，国王便忽视其议事会的多数意见，继续战斗，退往波罗的海沿岸的柯尼希斯贝格（Königsberg）①。[22]

法国每年为拿破仑提供约 8 万名新兵。大群 1806 年度新兵正开赴普鲁士，而他已有野战军 8 万人（不包括所占普军要塞的守军）和莱茵邦联的各部队，所以 1806 年 11 月，拿破仑可在冬季停战期前大举渡过维斯瓦河（the Wisła），进入不久前还是波兰的地区。966 年，波兰成为欧洲国家；1205 年，波兰变成王国；1569 年，卢布林联合体（Union of Lublin）成立，之后波兰和立陶宛结为联邦。② 1772 年、1793 年与 1795 年，俄国、普鲁士、奥地利瓜分波兰，逐渐在地图上抹去波兰国。尽管波兰不再是国家，但这三个瓜分国根本无法削弱波兰人的民族意识。拿破仑一直鼓励这种情结，让波兰人相信有朝一日他会让他们复国。也许他最终会这样做，但短期内他无此计划。1797 年，法国革命军创建"波兰兵团"，此后 2.5 万至 3 万名波兰人在两次意大利战局、德意志战局和圣多明各战局中服役。拿破仑明显同情波兰人的事业，这又激励了很多波兰人来拥护他，他们还组成了一些拿破仑麾下最强的部队，如大军团第一批枪骑兵部队。波兰枪骑兵相当出色，以至于 1812 年时，皇帝已经把九个龙骑兵团改成枪骑兵团。

为筹备未来战局，拿破仑在法国和德意志全境征集马匹，还把意大利军团的马拨给大军团。他在普鲁士征收制服、食物、马鞍、鞋子等物，但波兰路况不佳，因此法军经常缺乏物

---

① 今加里宁格勒（Kaliningrad）。

② 中文惯称波兰立陶宛联邦，但该国国体并非现代意义上的联邦制，带有邦联色彩。——译者注

资。他一直关心士兵穿什么鞋子，光是 11 月和 12 月，他就写了 23 封谈论靴子和鞋子的信，其中一封写给波茨坦骑兵兵站站长弗朗索瓦·布尔西耶（François Bourcier）将军，他在此信中下令用法军的鞋子换普军骑兵的靴子，解释道："他们再也用不上靴子了，需求必须……"[23]

426   11 月 2 日，拿破仑命令达武率博蒙（Beaumont）的龙骑兵前进至东边的波森①，派奥热罗尾随其后。[24]一到波森，他们就设立基地，建造面包房。拉纳军、苏尔特军、贝西埃军、奈伊军和贝纳多特军随后跟来，这五个军共有约 66000 名步兵和14400 名骑兵。拿破仑占据奥德河和维斯瓦河之间的地区，他的主要目的是防止俄军占领此地，但他也希望借此阻止普鲁士复仇，并说服奥地利保持中立。4 日，他得知 86000 名俄军士兵正从格罗德诺（Grodno）向西进军，准备和安东·冯·莱斯托克（Anton von Lestocq）将军的 20000 名普军士兵会师。②"如果我让俄军前进，我就会失去波兰的支持与资源，"他说，"他们也会让奥地利下定决心，它之所以犹豫，仅仅是因为俄军还在远处。他们还会带来普鲁士全体国民。"[25]缪拉、达武、拉纳和奥热罗遂前进至维斯瓦河，在成群返回西岸冬营前建立桥头堡。面对两个敌国（南边还有第三个潜在敌国）的法军穿过一些最贫乏、最穷困的欧洲乡野，从巴黎向东行军 1000 英里，并迎来凛冽寒冬，这始终是个大冒险，不过这不比奥斯特利茨战役的糟。

---

① 今波兹南（Poznań）。——译者注

② 俄国 5000 万人口中有一半是农奴，若沙皇从农奴中征 5% 的人服兵役，他的军队就永远不缺人。Summerville, *Napoleon's Polish Gamble*, p. 19. 俄军普通士兵——农民——要服役二十五年，中途不得离队。这些人多是文盲，常常吃得差、住得差、得不到妥善照顾，而且几乎没有军饷，但他们仍是非常优秀的士兵。Lieven, *Russia Against Napoleon passim*.

战役下一阶段的战斗几乎都在东普鲁士，此地曾是波兰领土，如今则是占地 5830 平方英里的俄属飞地加里宁格勒。东普鲁士大部分地区是平原，地形平坦，沼泽众多，河湖纵横，森林密布。冬季，温度会降至零下 30℃，仅早上 7 点 30 分至下午 4 点 30 分有光照。道路通常是地图上未标出的小径，就连华沙（Warszawa）至波森的主干道也没铺设路面，并且缺乏侧沟。大雨如注，整个乡间成了泥泞的海洋，加农炮在此的行进时速为 0.25 英里。拿破仑调侃道，他发现除了水、火、气、土外还可以加上第五大元素——泥！他派测绘部前进，命令他们绘制乡间地图与速写，并标明每座村庄的名称、人口乃至土壤类型。这些记录旁边都有军官签名，以便他事后传唤此人，询问更多细节。

427

纵然做好了再战俄国的准备，拿破仑的思绪还是转向英国，他认为这个国家对法国长期利益的威胁同样严重。1806 年 11 月 21 日（周五），他签署《柏林敕令》（Berlin Decress）。该法令旨在强迫大不列颠和谈，可一旦他力图在葡萄牙、西班牙和俄国强行推行它，反而导致自己垮台。1806 年 5 月 16 日，英国枢密令规定完全封锁布雷斯特至易北河的海岸线，拿破仑称《柏林敕令》（与其后继者——1807 年的《米兰敕令》、1810 年的《枫丹白露敕令》）创立的"大陆体系"是对此的报复。[26]《柏林敕令》开头写道，"英国根本不承认所有文明人普遍遵守的国际法"，这意味着英国的敌人"享有以其人之道还治其人之身的天然权利"，所以封锁政策支持者塔列朗起草修改的条款语气强硬：

1. 封锁不列颠群岛。
2. 禁止一切与不列颠群岛的贸易与通信。

3. 英国人不论处于何状态或境地……都将成为战俘。

4. 凡英国人所有的仓库、商品、财产，不论其性质为何，皆被认可为合法奖励……

7. 任何港口不得接纳直接来自英国或其殖民地的船只，或自本敕令发布日起已在港口内的上述船只。[27]

英国三分之一的直接出口和四分之三的再出口流向欧洲大陆，因此拿破仑想靠法令对英国政府施加巨大的政治压力，使它重启 8 月时失败的和谈。[28]12 月 3 日，他致信路易，解释道："我将用陆权征服海洋。"[29]后来他声称："只有这种方法能打击英国，迫使它求和。"[30]此言不假。法军舰队在特拉法尔加被摧毁后，唯有经济战可以直接伤害英国。

428 　　拿破仑盼望法国商人接手原属英国的贸易，他认为他们会欢迎《柏林敕令》，但法国商会的报告很快打消了他的念想。早在 12 月，波尔多商会就报称商业呈现危险的衰退势头。拿破仑信奉朴素的科尔贝主义，以为国际贸易是零和游戏，但事情完全不是那样。1807 年 3 月，他得批准用储备金发放特别工业贷款，以图抵消敕令引发的危机。[31]

英国辉格党期刊《爱丁堡评论》（*Edinburgh Review*）颇具影响力，除了那些批评华兹华斯（Wordsworth）诗作的文字，该刊物最激烈的文章呼吁求和以恢复贸易，但英国政府设法扛住了国内的反对意见。相形之下，大陆体系恰恰损害了那些从拿破仑政权得利、目前为止一直给予他最大支持的人——他总是设法保护的中产阶级、零售商、批发商、富农和国有财产所有人。"所有国家的店主都抱怨事态。"国库部长莫利安回忆道。可是拿破仑没心情听，更不用说妥协了。[32]

1807 年 1 月 7 日，英国实施报复，继续颁布枢密令："有待扣押在欧洲敌国港口间贸易的所有中立国船只……禁止敌国和中立国之间的沿海贸易。"[33] 11 月，英国还签发更多枢密令，声明法国及其附庸国处于封锁状态，所有要去法国或来自法国的中立国船只必须先驶往英国，并缴纳税款，获取通行证。美法贸易于是也被禁，除非美国船只在英国港口用高价购买许可证。英国"强征"（也就是绑架）成千上万的美国人去皇家海军服役，此举和 1807 年 11 月的枢密令是 1812 年美英战争的主要原因。

大陆体系有个重大的问题——无法普遍实施。举个例子，1807 年，吕贝克、吕内堡（Lüneburg）、罗斯托克（Rostock）、施特拉尔松德（Stralsund）、不来梅等汉萨城市及汉堡无法生产大军团需要的 20 万双鞋、5 万件厚大衣、3.7 万件马甲等物，各市总督只好凭允许打破封锁的特别许可证从英国制造商处采购物资。未来的波兰战局中，拿破仑的很多士兵穿着哈利法克斯（Halifax）和利兹（Leeds）生产的制服。英国大臣在下院夸口道，要不是靠英国制造商，拿破仑都没法给军官制服绣徽章。[34]

大陆体系在帝国某些地区酿成了真实的惨剧：地方工业失衡混乱，有时全盘崩溃；贝格大公国出现严重的骚乱；法军得派两个团去美因茨统统没收英国及其殖民地的货物；运往全欧洲食品柜的食物被公开焚烧，最接近法国的德意志地区比英国更受罪。[35] 由于拿破仑颁行保护主义法令，迪耶普（Dieppe）和翁弗勒尔（Honfeur）的海岸燃起巨大的篝火，以焚烧没收的英国产品。

另一个问题是削弱体系之风盛行，甚至涉及帝国皇室。路易对荷兰境内的走私睁一只眼闭一只眼，缪拉成为那不勒斯国王后未能完全采用大陆体系，约瑟芬自己也在黑市上买走私货。[36]1807年，忠心耿耿的拉普就任但泽（Danzig）① 总督，就连他也允许城中走私，拒绝焚烧商品。[37] "没我的命令，不管什么被禁货物都不得入境，" 拿破仑愤怒地对财政部长戈丹说，"如果我放任我的家族和滥用职权行径牵扯如此之深，那我显然是玩忽职守。若有法律，则人人皆应遵守。"[38]1810年，他解雇布列纳，此人任汉堡总督时收受商人贿赂、放宽体系禁令。同年，他废黜路易，杀鸡儆猴，但滥用职权的现象几乎一点没少。

拿破仑还没有天真到相信能彻底消灭走私的地步，但他下了大功夫阻止。比如说，1806年他在易北河上安设300名海关官员。然而英国花了更大功夫促进走私，在波罗的海的黑尔戈兰岛（Helgoland）设立巨大的转运基地。[39]1811年，840艘船从事马耳他岛和南地中海港口之间的贸易，它们通常在夜间活动。走私罪的刑罚是十年徒刑和烙印刑，1808年后累犯会被处死，但船只靠岸后，走私人员还是立刻携咖啡和糖入境。[40]（1736年，英国规定走私犯可判死刑，经常处死他们。）

法国海军遭封锁，无望巡查欧洲海岸线。不同数量的英国货物在不同时间通过里斯本、的里雅斯特、雅典、斯堪的纳维亚半岛（Scandinavia）、巴利阿里群岛（the Balearics）、直布罗陀海峡、里窝那、伊奥尼亚群岛、圣彼得堡公开或秘密进入大陆。法国海关官员真的没收走私货后，其中一部分可靠贿赂赎回。伦敦劳埃德保险公司（Lloyd's）也适时推出没收险。与

430

---

① 今格但斯克（Gdańsk）。

此同时，法兰西帝国关税收入从 1806 年的 5100 万法郎跌至 1809 年的 1150 万法郎。1809 年，英国粮食歉收，为耗尽其金银储备，拿破仑允许向英国出口高价谷物，那一年英国进口的小麦中约有 74% 来自法国。[①][41] 因为商人们继续接受英国汇票，大陆体系无法生效，伦敦依然坐享资本净流入。[42] 1808～1810 年，英镑兑欧洲货币的汇率跌了 15%，英国货物更便宜了，这令拿破仑大为光火。1800～1809 年，英国平均年出口额为 2540 万英镑。大陆体系迫使英国商人更灵活、更分化，于是他们大大增加了对亚洲、非洲、近东和拉丁美洲的投资，因此，1810～1819 年，英国平均年出口额涨至 3500 万英镑。相形之下，英国的进口额却跌了，所以它实现了贸易入超，自从 1780 年来这还是头一次。[43]

　　拿破仑阻止大陆消费者购买英国产品，他希望此举既能刺激欧洲工业，特别是法国工业，又能鼓励生产商寻找替代品。1810 年，有人发现法国可种植甜菜和槐蓝，拿破仑便对秘书说，这好比发现了第二个美洲。[44] 圣但尼开办学校，尝试教授制糖方法。1808 年 3 月，拿破仑要求贝托莱研究"芜菁能否制糖"。[45] 可是，他没法说服人们喝瑞士茶，更不用说拿菊苣根代替咖啡了。1810 年，他计划用蓟草生产棉花，但也一无所获。[46]

　　大陆封锁导致英国经济在 1810～1811 财政年度出现下滑，

---

① 大陆体系的确有一个小成功：皇家海军拿不到最爱用的北德意志木材，被迫去非洲弄来更轻的木料，去印度西南部的马拉巴尔海岸（Malabar coast）获取柚木。海军部不喜欢这些木材，因为其纤维含量不够高，战斗时会碎裂，结果造成更大伤亡。Albion, *Forests and Sea Power passim*, *TLS 9/6/27*, p. 399.

假如英国只是"店老板民族",这也许会激发政府的政治危机,但英国内阁成员大多来自上流社会,系小威廉·皮特的前盟友,为了支持反拿破仑战争,他们可以在一切商业顾虑上让步。事实上,1807～1809年,波特兰公爵政府完全抛开辉格和托利的标签,仅仅自称"皮特先生的朋友"。1809年10月,斯潘塞·佩瑟瓦尔(Spencer Perceval)接替波特兰任首相,狂热地推动反拿破仑战争。佩瑟瓦尔对妻舅托马斯·沃波尔(Thomas Walpole)说,拿破仑可以算是《启示录》里"那个娼妓之母①,骑着野兽,喝圣徒的血喝到醉"。[47]1799年,拿破仑在阿克受阻,佩瑟瓦尔便写了本匿名小册子,其标题"旨在指出诗篇第十一篇的预言在法国应验情况的评论"颇引人瞩目,其内容则是争辩《圣经》预示了拿破仑之败。(详细推算经文后,佩瑟瓦尔相信1926年是世界末日。)[48]英国政客们秉持的信念如此排斥理性,所以福克斯死后,难以想象拿破仑究竟得做什么才能劝服英国求和。1812年,佩瑟瓦尔被比他还疯狂的人暗杀。小皮特的另一位追随者利物浦(Liverpool)勋爵(原外交大臣霍克斯伯里勋爵)接任首相,他对毁灭拿破仑一事也同样执着,直到1827年才卸职。

1806年11月25日凌晨3点,拿破仑从柏林去波兰边境观光,还邀请在美因茨的约瑟芬来东边陪自己,[49]他后来懊悔如此提议。27日晚,他到达波兰城市波森,出席当地居民举办的盛大招待会。拿破仑激起波森民众的复国希望,却回避做出任何要满足他们的承诺。日后他承认了不少错误,有一回,他

---

① 《启示录》里的巴比伦大婊子。——译者注

说："我不该渡过维斯瓦河。马格德堡的陷落吸引我进入波兰。我犯了错，导致可怕的战争，但是重建波兰国的想法高尚。"[50]波森官绅恳求拿破仑恢复他们的王国，他谨慎地选择措辞："演说和空洞的愿望还不够……武力推翻的只能靠武力复原……分裂而亡的只能靠团结重铸。"[51]这话听来语调积极、蕴含军事意味，但离保证波兰复国还差得远。

次日，汉诺威籍俄军指挥官莱温·冯·本尼希森伯爵撤离华沙，北上40英里至普乌图斯克附近。当晚，缪拉进入华沙，自封总督。1795年，奥地利、普鲁士和俄国大肆扩张领土，瓜分并毁灭了波兰。波兰人热烈欢迎拿破仑，但这不能驱使他疏远上述三国。"我熟知人性，"12月2日，拿破仑告诉缪拉，"我的伟业也不在于靠几千波兰人帮忙……我不会首先行动。"至于波兰末代国王的侄子、亲法派将军约瑟夫·波尼亚托夫斯基公爵，拿破仑则说："他比大多数波兰人更轻浮、更不重要，那意味着一笔划算的交易。"[52]皇帝要求缪拉向波兰人传达："我不会为家人求取波兰王座，我不缺给他们的王位。"[53]

大军团讨厌维斯瓦河上的生活，认为前方只有"贫困和坏天气"。[54]军队里有个笑话，说整个波兰语可以简化为这句话："面包？没。水？马上！"（Chleba? Nie ma. Woda? Zaraz!）在纳谢尔斯克（Nasielsk）附近，某纵队的一名步兵冲拿破仑大喊："爸，面包呢？"他立刻高声回答："没。"整个纵队顿时放声大笑。[55]军队进入冬营前遇上了暴风雪，另一名士兵便嚷道："你撞坏脑子了？带我们到这种路上来，面包也不给！"拿破仑回答："再耐心等四天，我就不让你们做任何事了，然后你们就能宿营。"士兵回喊："好吧，还不算太久，但你要记着，因为

432

那以后我们就自己扎营了!"⁵⁶牢骚兵的确有牢骚,行军途中,他们有时沦落到喝炖锅里的马血,但萨瓦里回忆战役这一阶段时说:"皇帝喜爱擅自同他说话的士兵,总是和他们一起笑。"⁵⁷

约瑟芬来信称,她不嫉妒拿破仑和波兰女人过夜,12 月 5 日,他回信:

> 我早就发现了,暴躁的人永远坚称他们不暴躁,害怕的人反复声明他们不害怕,所以你犯了嫉妒之罪,我高兴极了!不管怎么说,要是你认为我在波兰荒原思慕美女,你就搞错了。昨晚地方贵族举办舞会,来了很多女人。这些女士漂亮有钱,但穿得差,哪怕她们已经努力模仿巴黎时尚。⁵⁸

下一周,拿破仑的妙计达成:萨克森的弗里德里希·奥古斯特(Friedrich August)选侯的军队曾在耶拿和奥尔施泰特与普军并肩作战,但他和弗里德里希·威廉解除了盟友关系,加入莱茵邦联。12 月 19 日,拿破仑进入华沙,波兰人欣喜若狂地欢迎他。他立刻成立波兰贵族临时政府,虽说它几乎只有顾问权。他认为俄军已做好战斗准备,不会再退很远,于是对维斯瓦河上所有的军下令。拿破仑希望利用德意志籍俄军将领本尼希森和布克斯赫登之间的缺口,遂告知各军指挥官应当预期马上就会实施大举进攻。12 月 23 日,达武军到达布格河(the Bug)上的恰尔诺沃村(Czarnowo)。拿破仑侦察该地后发动夜袭,成功赶走亚历山大·奥斯特曼-托尔斯泰伯爵①麾下过于分散的

---

① 亚历山大·伊万诺维奇·奥斯特曼-托尔斯泰(Alexander Ivanovich Ostermann-Tolstoy)伯爵是《战争与和平》作者的亲戚。

15000 名俄军士兵。战斗结束时，法军控制了华沙北边的水道。[59]

1806 年圣诞日，本尼希森的军队退往东北方，拿破仑力图消灭俄军，派拉纳去切断其退路。与此同时，达武、苏尔特和缪拉北上，奥热罗从弗克拉河（the Wkra）去东北方，奈伊和贝纳多特从维斯瓦河去东南方。恶劣的天气导致每日行军里程减至 7 英里，毁了拿破仑的机会。"我们经过泥沼交错的黏土地带，"拉普回忆道，"路况糟透了。骑兵、步兵、炮兵都陷进泥里，脱身可谓最难。"[60] 次日，法军在普乌图斯克参战，"整场战斗中，很多军官一直困在泥泞里，成了敌人的靶子"。

在普乌图斯克的暴风雪中，本尼希森率 35000 人对战拉纳的 26000 人，他打赢了后卫战，次日撤走。[61] 当日在戈维明（Gołymin），缪拉、奥热罗和达武准备从三面突袭安德烈·戈利岑（Andrei Golitsyn）公爵，但他战至天黑，漂亮地率军脱离拿破仑的陷阱（次年 7 月，拿破仑在蒂尔西特与戈利岑会面，称赞他的脱逃行动）。[62] 次日，拿破仑查看戈维明战场，军人画家勒热纳回忆道："皇帝和贝尔蒂埃亲王停步，听我们唱了几分钟巴黎最新歌剧的调子。"[63]

俄军成功撤退，进入比亚韦斯托克（Białystok）附近的冬营。12 月 28 日，拿破仑休战，让军队沿维斯瓦河扎营。元旦日，他返回了华沙。他没有多少选择，毕竟天气恶劣，路况糟糕，而且任何时候军队里都有 40% 的人因发烧、负伤、饥饿或疲惫脱队。离队者大多去觅食了，但这一带的食物在和平时期都只能勉强养活本地人口，更不用说在战争时期养活两支庞大的军队了。[64] 拿破仑下令设立医院、制造车间、面包房和补给站。此时他也建立桥头堡与设防营地，这样的话，春天时大军团就不用强行渡河了。

法军首席军医皮埃尔·佩尔西（Pierre Percy）男爵指出：

> 这是法军最惨的日子。士兵总是在行军，他每晚宿营，白天就耗在淹到脚踝的泥泞里。他没有一盎司面包，没有一滴白兰地，没时间弄干衣服，又累又饿地倒下。我们发现有人死在侧沟里，一杯葡萄酒或白兰地就能救他们。这些事必然都令陛下心伤，但他向自己的目标进军，铺就他为欧洲准备的伟大前景。若他战败，或只取得平庸战绩，军队就会士气低落、大叫大嚷。[65]

据估计，到圣诞日时已有 100 名士兵自杀。[66]

长期以来，拿破仑非常重视伤员的待遇、撤离与护理，自从十年前意大利战局开始，他已经为此写了约 600 封详细信件。他经常致信他的两位高级医生佩尔西与多米尼克·拉雷（Dominique Larrey），称赞军队医疗卫生部（service de santé）"勇敢、热情、忠诚，最可贵的是，耐心且顺从"。[67]他常常问军医们疾病情况、法国药品同他国药品的区别。[68]"在这儿啊，你这大庸医，"拿破仑揶揄自己的医生让-尼古拉·科维萨尔，"今天杀了很多人吗？"[69]他喜欢并信任科维萨尔，这个医生治好了他的疖疮，让他的整体健康保持至俄国战局，从那以后，一系列恼人的小病开始折磨他。拿破仑有时又犀利地评价医生，1812 年 1 月，他致信让-热拉尔·拉屈埃："没经验的军医比敌军炮群更伤害军队。"[70]

435　　1813 年，拿破仑才把救护服务的建议付诸实践，而缺乏资源使它的实施效果不佳。[71]然而，他的确扩充了法军卫生官员和战场军医编制，1802 年，卫生官员与战场军医分别有 1085 人和

515 人，十年后则分别有 5112 人和 2058 人。[72]这些医生人数不多，波兰战局中他们得治疗规模着实巨大的病人群体：1806 年10 月至 1808 年 10 月，法军医院接待了 421000 名士兵。那段时间，即便是战事最激烈时，真正因战斗负伤者在医院伤患中也占不到四分之一，剩下的都是病人，且大多是高烧患者。[73]

1807 年 1 月 1 日，拿破仑从普乌图斯克返回华沙，中途在布沃涅（Błonie）的驿站换马，这时他邂逅了金发白肤的俏丽女郎、波兰伯爵夫人玛丽·措隆纳 - 瓦莱夫斯卡（Marie Colonna-Walewska），很快发现这位 20 岁的少妇嫁给了比她大整整 52 岁的贵族地主。[74]在他安排下，两人在舞会上再会，没过多久她就成了他最爱的情妇。参加舞会的另一名女士、喜好八卦的日记作者安娜·波托茨卡（Anna Potocka）称，一支舞曲终了时，自己"看见他捏她的手"。波托茨卡认为这是要约会的意思，并补充道，玛丽"长得漂亮，但没长脑子"。[75]

拿破仑马上收回先前的邀请，不让约瑟芬来华沙陪自己。结识瓦莱夫斯卡后第三天，他致信她："美因茨离华沙太远了。我得在这儿处理很多事。我想你应该回巴黎，那儿需要你……我很好。天气糟糕。我全心爱你。"[76]她随后请求他允许自己相伴，但他回答道："对这件事，我比你更烦恼。我渴望与你共度冬日长夜，但人得服从情势。"①[77]

---

① 1807 年头三个月，拿破仑写了 1715 封信，那年他总共写了 3000 多封，比 1806 年写的都多。一半信件寄给军事人员，其中写给巴黎总督克拉克和海军部长德克雷的最多。另一半涉及外交（他给塔列朗写了 200 多封）、行政、家事与私事。鞋子和军靴的事占了 63 封信，有时引发了混乱。"我要面包，却给我送鞋来，"2 月，拿破仑冲迪罗克抱怨道，"我要十九桶鞋干什么？跟着军队到处跑？疯了吧。"CG7 no. 14341，p. 207.

戈维明之战中，拉普左臂负伤，这已经是他第九次受伤了。在华沙时，拿破仑探望拉普，说："好吧拉普，你又伤到**436**了，而且伤的又是你那倒霉的胳膊。"拉普称这不足为奇，因为"我们总是在战斗"。拿破仑回答："也许 80 岁时我们就打完仗了。"[78] 这表明他期盼自己比父亲长寿很多，此时他寄给达尔贝格的一封信也佐证了这一推断，因为他在此信中写道："60 岁时，人生才过三分之二。"[79]

尽管拿破仑挺乐意让俄军在冬季休憩，但奈伊急缺补给。1 月 10 日，他彻底违背军令，突袭北方。奈伊想出其不意地夺取柯尼希斯贝格的主要补给站，他知道如果成功，拿破仑会原谅自己冒险抗命。一周后，他到达海尔斯贝格（Heilsberg），无意中发现莱斯托克的普军，这揭晓了一个事实：本尼希森已然开始奇袭，正悄悄穿过华沙东北边占地 500 平方英里的约翰尼斯堡森林（Johannisburg Forest）。

奈伊和贝纳多特先后抓获若干战俘，拿破仑拼凑这些人提供的情报，得知大股来犯敌军正前往维斯瓦河，他立刻察觉有机会打反击歼灭战。拿破仑在南边有很多军队，因为俄军越往西走越容易被法军切断，他便想出了进攻本尼希森的侧翼，也许乃至后方的办法。他决定从华沙出击，北上 100 英里至阿勒河（the Alle）上的阿伦施泰因（Allenstein）①。1805 年，勒菲弗元帅被现役名单除名。现在他又分到一个军，率领它围攻但泽，但在托伦（Toruń）受阻。奥热罗渡过维斯瓦河。贝纳多特的任务是掩护帕萨格河，做好必要时经埃尔宾（Elbing）②

① 今奥尔什丁（Olsztyn）。——译者注
② 今埃尔布隆格（Elbląg）。——译者注

且战且退的准备。与此同时，拿破仑以托伦为支点，让全军从南边转到北边。达武守卫东岸，直到拉纳接替他，然后他推进至奥斯特罗文卡（Ostrołęka）和马库夫（Maków）。1 月 19 日，拿破仑前卫已经遇上去但泽的本尼希森前卫。天气依然恶劣。"没有比这更艰苦的战役了。"炮兵将军亚历山大·德·塞纳蒙写道。泥泞淹没了塞纳蒙麾下加农炮的车轴和炮兵的膝盖。[80]没过多久，地面结霜，冻得坚硬。大雪积了好几英尺，行军速度便放慢了。

1 月 27 日，大军团仍然向北强行军，与此同时，奈伊和贝纳多特奉命继续西撤，以图引诱本尼希森更加深入拿破仑的圈套。"我的健康达到最佳水平，"他对约瑟夫自夸道，"结果我比以前更风流。"[81]现在他积极求爱，称呼玛丽为"你"，而他原先仅称呼约瑟芬和波斯沙阿为"你"。①"噢，来我身边！来我身边！"他致信她，"你的愿望都会实现。如果你怜惜我可怜的心，我会珍视你的祖国。"几天后，他送给她一枚胸针，写道：

> 请收下这束花，愿它成为我们之间的秘密纽带，让我们穿越周边人群心连心。所有目光注视我们时，我们就有密码。当我的手触摸我的心，你就会知道那里面全是你。作为回应，你的手也会触摸你的花束！爱我，我可爱的玛丽，愿你的手永远放不开你的花束！[82]

他待她也慷慨大方，1809 年 10 月，他已经给了她三笔钱，总

---

①　原文如此，但十六章提到拿破仑也称呼奥斯曼苏丹为"你"。——译者注

计 5 万法郎。①[83]

1 月 30 日，拿破仑离开华沙去前线。次日，隶属俄军将领巴格拉季翁前卫的哥萨克抓获一名法军副官，此人身上带着拿破仑致贝纳多特的明文信，没来得及销毁它。（拿破仑命令副官把信缝进鞋后跟。"副官可以在路上丢裤子，"他有次打趣道，"但绝不能丢信或马刀。"[84]）这封信命令贝纳多特秘密地夜行军，复归大军团左翼。它包括大军团全军部署，表明拿破仑打算从南部进攻，并切断整个俄军。本尼希森保持冷静，下令立刻撤往阿勒河。[85]拿破仑不知计划已遭破坏，继续在严酷的天气中沿劣质道路侵入北方。对统帅拿破仑来说，速度永远至关重要，所以波兰的冬天令他格外沮丧。2 月 2 日，拿破仑得知本尼希森没有进军维斯瓦河，反而退向阿勒河，返回安全地。拿破仑尽快赶到贝格弗里德（Bergfried），试图在本尼希森逃走前钉住他。皇帝身边只有五个步兵师、缪拉的骑兵预备军和一部分帝国近卫军。次日，本尼希森渡过阿勒河，仅留下后卫阻挡法军。拿破仑取消进攻，第二天俄军走了。"我在追赶俄军，"他致信康巴塞雷斯，"要把它赶过涅曼河（the Niemen）。"②[86]

2 月 6 日在霍夫（Hof），缪拉在横跨弗里兴河（the Frisching）支流的桥上追上俄军后卫。让－约瑟夫·多特普尔

---

① 据我们所知，二十年来，拿破仑找了 21 个情妇（也许是 22 个）。1804 年 12 月至 1813 年 8 月，他一共给了她们 48 万法郎，这可是笔巨款。大量款项在他秘藏的情妇账簿上仅记作"给陛下"。

② 然而追击并非一直紧迫。战役期间的某个晚上，拿破仑得空和贝尔蒂埃、迪罗克等人玩牌。他赢了钱，分给马穆鲁克护卫鲁斯塔姆 500 法郎。Cottin ed., *Souvenirs de Roustam*, pp. 140 – 41.

将军命令胸甲骑兵径直冲向俄军加农炮，夺取阵地。多特普尔是个老兵，身材魁梧，嗓门洪亮，言谈粗鄙。半小时后，拿破仑当着整个师的面拥抱了他，然后他一如既往地转身冲部下大吼："皇帝满意你们的表现，我也很满意，所以我亲你们大家的屁股！"[87]缪拉在霍夫折损1400人，苏格兰－立陶宛籍俄军将领米哈伊尔·巴克莱·德·托利（Michael Barclay de Tolly）损失2000人，但本尼希森再度成功脱险。[88]要是本尼希森北上20英里至柯尼希斯贝格，他就逃出了陷阱。为了保卫柯尼希斯贝格，他只能在东普鲁士埃劳镇（Eylau）①开战，该地有1500名居民，距俄国边境130英里。本尼希森身边有58000人，但他预计不久后莱斯托克又会带来5500人。拿破仑有48000人，可奈伊和达武还在路上，他们一个在西边12英里处，另一个在东南边10英里处，两人共有近30000人。然而，俄军在火炮上占据巨大优势，他们有336门大炮，而拿破仑只有200门。

兰茨贝格（Landsberg）至柯尼希斯贝格的主干道在平原和森林之间穿行约9英里，然后进入地形起伏的平原，该平原距埃劳1.5英里，其末端为小高地。拿破仑可以在那儿清楚纵览宽阔山谷，只见它通往有俄军布阵的显著山脊。他的左前方是滕克尼滕湖（Lake Tenknitten），右前方是瓦施凯滕湖（Lake Waschkeiten）。两湖之间有个长1000码的小坡，它在距埃劳只剩0.5英里的路口更加明显。在此路口和埃劳之间，道路变成平缓的下坡路。1807年，由牢固房屋组成的埃劳镇坐落在一处重要的十字路口，镇子右侧的小丘陵上有一座带公墓

---

① 今巴格拉季奥诺夫斯克（Bagrationovsk）。

439　的教堂。这一带冰湖和冰冻沼泽星罗棋布，在平原最高点塞帕伦村，有些地方雪深 3 英尺。

1807 年 2 月 7 日（周六）午前，本尼希森的军队列阵备战。下午 2 点，缪拉的骑兵和苏尔特麾下步兵的先头部队到达格林霍夫申村（Grünhofschen）外面的树林。接着奥热罗赶到，面向滕克尼滕湖布阵。苏尔特派第 18 和第 46 战列步兵团进攻俄军前卫，但没安排增援。第 18 战列步兵团冒着敌军的密集炮火，走过冻住的滕克尼滕湖末段，但他们偏离方向，到了湖的右边。第 18 团严重动摇，又被刺刀攻击。为报霍夫之仇，圣彼得堡龙骑兵驰过冰湖，进攻第 18 团左后方。两个混乱的营都被俄军骑兵逮住，并被他们冲散，所以第 18 团丢了鹰旗。① 法军龙骑兵及时赶到，反击俄军，第 18 团于是逃过灭顶之灾，但很多人被杀。第 46 战列步兵团得以有序撤退。苏尔特在施韦亨（Schwehen）和格林霍夫申之间部署炮兵，但俄军前卫开始返回主力部队。

拿破仑现在占领了直到山谷的所有平原，但他损失惨重，三周后，战场上堆积的尸首依然显眼。他情愿等奈伊和达武到达，没打算当晚就猛攻埃劳，但实用短语"战争迷雾"（fog of war）概括的种种意外和误解驱使他发动了进攻。苏尔特的解释大概是最好的：骑兵预备军的一些士兵随俄军进入埃劳，他的第 24 战列步兵团跟着去了，于是教堂和公墓处爆发广泛的战斗，随着战事进展，自然有更多人被卷入战端。不管原因为何，现在埃劳会战将持续两天，在此期间，11.5 万人在区区 5

---

① 俄军未缴获鹰旗，所以有人推测它可能丢在了湖底。此后拿破仑只给第 1 营鹰旗，并且完全禁止轻骑兵携鹰旗上阵。CG6 no. 13006, p. 879.

平方英里的土地上战斗。

圣伊莱尔师力克教堂和公墓。战斗中，俄军一流将领巴克莱·德·托利身中葡萄弹，他伤势严重，十五个月后才恢复战斗力。巴格拉季翁本想撤离埃劳，但本尼希森要他不计一切代价夺回小镇，于是他率三个纵队步行进入埃劳，对战法军步兵和发射霰弹的火炮。傍晚 6 点，俄军已收复城镇的大部分地区，不过尚未拿下教堂和公墓。本尼希森改变了主意，6 点 30 分，他命令俄军退出城镇，前往小高地（当时的作者们称之为东边"高地"），法军遂再度占领埃劳。

夜幕开始降临。勒格朗师刚从埃劳前进了一点；圣伊莱尔师在罗滕恩（Rothenen）附近露营；米约（Milhaud）的骑兵在采森（Zehsen）；格鲁希在埃劳后方；奥热罗位于施托尔希奈斯特（Storchnest）和滕克尼滕湖之间的第二条战线；帝国近卫军在当日巴格拉季翁的开战地过夜，那儿地势较高。雪花飘落，两军将士挤在营火边。强行军时，补给马车跟不上快速前进的军队，所以不少士兵已经三天没吃过面包了，于是有人就啃战场上死马的肉。某士兵冲帝国近卫军上尉布拉兹抱怨道，他只能拿干草当烟抽。[89]马尔博说，法军"数日来仅靠土豆和融雪为生"。[90]

离天黑还有一小时的时候，拿破仑查看了埃劳。"多么惨烈的景象，"弗朗索瓦 - 弗雷德里克·比永（François-Frédéric Billon）上尉回忆道，"街上遍布尸体。皇帝的眼里满含泪光。没人相信这位伟大战将能有那种情感，但我亲眼看见了这些泪水……皇帝尽力阻止坐骑践踏遗体，他失败了……就在这时，我看见他哭了。"[91]这天晚上天气严寒，午夜后开始下雪。在齐格尔霍夫（Ziegelhof）下方被毁掉的驿站内，拿破仑睡在了椅

442

440

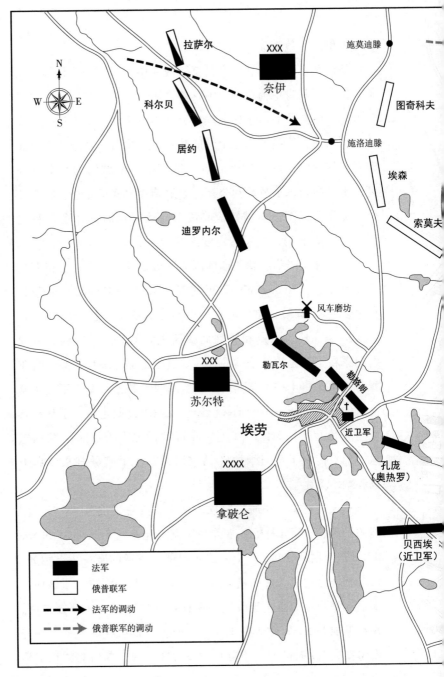

拉萨尔

XXX

奈伊

施莫迪滕

图奇科夫

科尔贝

居约

施洛迪滕

埃森

索莫夫

迪罗内尔

风车磨坊

勒瓦尔

勒格朗

XXX

苏尔特

埃劳

近卫军

XXXX

拿破仑

孔庞
（奥热罗）

贝西埃
（近卫军）

■	法军
□	俄普联军
➡	法军的调动
➡	俄普联军的调动

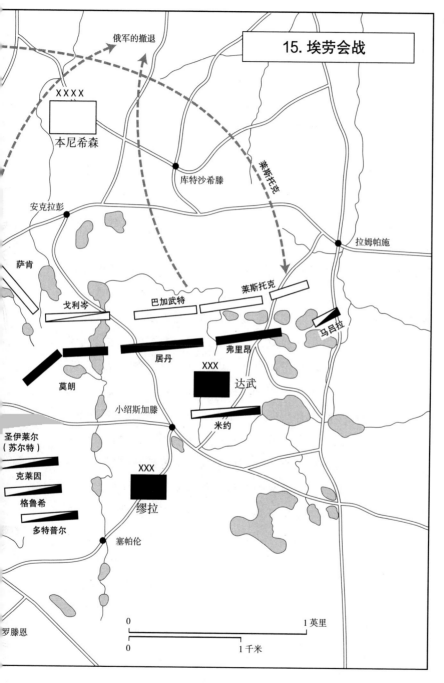

15. 埃劳会战

俄军的撤退

XXXX
本尼希森

库特沙希滕

莱斯托克

安克拉彭

拉姆帕施

萨肯

莱斯托克

戈利岑　　巴加武特

马吕拉

居丹　　弗里昂

莫朗

XXX　达武

小绍斯加滕

米约

圣伊莱尔
（苏尔特）

克莱因

XXX
缪拉

格鲁希

多特普尔

塞帕伦

罗滕恩

0　　　　　　　　　　　1 英里

0　　　　　　　　　　　1 千米

子上，没有脱靴。

2月8日（周日）上午8点，俄军开始猛烈地炮轰埃劳，他们的火炮靠庞大数量弥补了欠佳的准度。法军炮兵还击，暴露在风雪中的俄军队列损失惨重。寒风呼啸，大雪阵阵，可视度成了当日主导因素。能见度不时缩至10码，所以高地上的俄军有时看不见法军，指挥官也动不动就看不见部下。

9点30分，拿破仑命令苏尔特从阵线最左端向埃劳西北方移动。达武军也从反方向接近城镇，皇帝希望这能分散本尼希森的注意力。10点时，苏尔特却被俄军逼回埃劳。"两边各有300门加农炮，它们近距离倾泻葡萄弹，造成极大恐慌。"勒热纳回忆道。达武军来到拿破仑右侧，但奥斯特曼－托尔斯泰的骑兵猛攻弗里昂的前卫，阻挠了达武。左翼的苏尔特力量薄弱，达武又在缓慢痛苦地布阵，因此拿破仑得在右翼发起大规模佯攻。他指示奥热罗率9000人进攻俄军左翼，设法和达武连上。战前奥热罗病得很重，他觉得很冷，用围巾裹住头，把元帅帽塞在头顶。奥热罗靠副官帮忙才上了马，他冒着暴风雪前进，但迷失方向，直冲俄军炮群去了。炮群在极近射程内发射葡萄弹，其方位只能靠炮管射出的火花辨认。（奥热罗在埃劳的进攻路线经过很多坡地和洼地，今人沿这条路走一走就能明白为何他麾下的旅在暴风雪中完全迷路。）十五分钟内，5000名官兵战死或负伤，奥热罗自己也受了伤。[92]圣伊莱尔师坚持到底，力图解救达武，但也被逐退。尽管俄军炮兵轰击埃劳教堂，拿破仑仍在那观战。法军左翼实际上已溃败，右翼损伤严重，而增援又滞后。一路俄军纵队设法在战斗中进入埃劳，并接近教堂，这时皇帝发现自己也有危险。教堂随后经历一番检查，然后被毁。

上午 11 点 30 分，奥热罗显已失败，拿破仑随即突然发动其军事生涯中一次非常大胆的行动。暴风雪减弱后，他几乎把缪拉的骑兵预备军全部投入冲锋，这是拿破仑战争中规模最大的骑兵冲锋。当时俄军骑兵正进攻崩溃的奥热罗军，拿破仑指向那儿，他要么对缪拉说了"你想让那些家伙吞掉我们吗？"，要么说了"带你所有的可用骑兵去击溃那纵队"（抑或两句都说了）。[93]缪拉当时身着绿色波兰斗篷，头戴绿色天鹅绒无边软帽。他只拿了根马鞭，率领 7300 名龙骑兵、1900 名胸甲骑兵和 1500 名帝国近卫军骑兵发动迅猛进攻。[①]　"看在上帝份儿上，抬头！"近卫掷弹骑兵上校路易·勒皮克（Louis Lepic）大喊，"那是子弹，不是屎！"俄军骑兵遭到驱逐，退向自己的步兵战友；俄军炮兵在其大炮边被马刀砍死。法军夺回塞帕伦，缪拉冲到安克拉彭（Anklappen）才停下。（俄军反击时，勒皮克拒绝投降。因为勒皮克作战勇敢，拿破仑后来奖励他 5 万法郎，他同部下分享了这笔奖金。）

缪拉的冲锋阻挡了俄军中路，为拿破仑赢回主动权，但骑兵预备军伤亡惨重，折损 2000 人。多特普尔也身中葡萄弹，数日后死亡。与此同时，奈伊在暴风雪中沿糟糕的道路奔赴战场，速度慢得令人揪心。下午 3 点 30 分，达武已设法绕到本尼希森后方，几乎到达安克拉彭。拿破仑正要一把收紧陷阱来包围俄军时，莱斯托克突然出现，并攻击弗里昂师。离天黑仅剩三十分钟时，他把法军赶出安克拉彭，挽救了本尼希森左

444

---

①　实际上仅有克莱因·格鲁希的两个龙骑兵师，多特普尔的胸甲骑兵师和近卫骑兵参战，合计约 7000 人。——译者注

翼。傍晚 7 点，奈伊终于到了，但他来得太迟了，没法实施拿破仑一直期盼的毁灭性进攻。夜幕降临时，双方都精疲力竭，无力再战，战事于是渐渐缓和。午夜时分，本尼希森急缺弹药，他察觉奈伊已到，遂下令撤退，把战场留给了法军。

"若两军一整天都在重创对方，"拿破仑评论道，"那么始终武装、不肯撤离的军队必将赢得战场。"[94]可是拿破仑在埃劳赢来的只有战场。他不清楚自己面对的是俄军后卫还是本尼希森主力，所以他的进攻杂乱无章、代价高昂，而且埃劳巷战是不必要的意外。因为 8 日上午缪拉错报俄军撤退，直到 8 点时拿破仑才召唤奈伊，那时已经非常迟了。冒着暴风雪进攻的奥热罗军损失太惨重，他康复期间，拿破仑便解散了这个军，把它的各部队划归其他元帅名下。因为此事，奥热罗从没真正原谅拿破仑。缪拉的骑兵冲锋壮观且有效，但这是绝望的补救措施，理由很明显——拿破仑自己的卫队都上场了。为了掩饰拿破仑的兵力劣势，近卫步兵直面敌军炮火，损失惨重。[95]

这的确是可怕的两天。鲁斯塔姆暴露在俄军面前，差点死了。他回忆道，埃劳"没多少俘虏，但有很多尸体。伤员被雪覆盖，你只能看见他们的头"。[96]拿破仑照例试图最小化损失，声称仅有 1900 人死亡、5700 人负伤，但更可靠的出处称，共有 23 名将军、924 名军官以及约 21000 名士兵死伤。战后第 12 天，莱斯托克掩埋了约 10000 具尸体，其中法军占了一半以上。[97]类似地，俄军有 18000 人死伤、3000 人被俘，还有 24 门大炮被缴。普军损失了约 800 人。本尼希森仅损失不到总数 1% 的大炮，可见他的撤退有序，但他对沙皇说仅折损 6000 人，这证明不止拿破仑一人"像公报一样撒谎"。拿破仑对迪罗克承认道："双方损失都很大，但我离基地更远，

445

所以我的更严重。"[98]

　　随着法国大革命战争和拿破仑战争逐渐进行，战场折损率呈指数增长：在弗勒吕斯（Fleurus），总参战人员的折损率为6%；在奥斯特利茨，折损率达 15%；在埃劳，折损率达26%；在博罗季诺，损失率达 31%；在滑铁卢，折损率达45%。之所以会这样，原因之一是招募的兵员越来越多，于是战斗时间经常延长（阿尔科莱会战后，埃劳会战是拿破仑的第一次两日战斗；1809 年的埃克米尔会战、阿斯佩恩－埃斯灵会战、瓦格拉姆会战和 1813 年的德雷斯顿之战也持续两日；1813 年的莱比锡会战持续三日），然而主要原因则是战场上的加农炮数量大大增加了。在奥斯特利茨，每 1000 人有 2 门加农炮，但这一比例在埃劳跃升至 4 门、在博罗季诺达到 4.5门。所以说，埃劳会战代表了拿破仑战争中的一种新型战斗。埃劳战事结束时，奈伊说了句话，最好地概括了这种战斗："多残忍的屠杀！又没一点战果！"[99]

第十九章　蒂尔西特

　　胜利吸引不了丧子之父。心灵开口时，就连荣誉也无幻象。

> ——拿破仑论埃劳会战

　　除了打仗，我也能做别的事，但责任最要紧。

> ——1807 年 3 月，拿破仑致约瑟芬

　　"我亲爱的，昨天我们大战一场，"会战日晚上（2 月 10 日凌晨 3 点），拿破仑从埃劳致信约瑟芬，"我是决胜者，但是折损了很多人。敌军的损失更严重，但我并未因此宽心。"[1]当晚，他又给她写信，"为免你感到不安"，他声称法军有 1600 人死亡、3000 ~ 4000 人受伤，并俘虏敌军 12000 人。约瑟芬的前掌马官、皇帝的副官克洛德·科尔比诺（Claude Corbineau）将军也战死了。"我非常喜欢这名军官，他有很多优点，"拿破仑写道，"我哀痛他的逝世。"

　　耶拿战役之后，大军团曾乘胜追击，但这回它损耗太多，无力再追。埃劳会战后，苏尔特的副官阿尔弗雷德·德·圣沙曼（Alfred de Saint-Chamans）上校回忆道："皇帝走过士兵面前，他们高呼'皇帝万岁！'但我听见其中很多人喊'和平万岁！'还有人喊'和平与法兰西万岁！'甚至有人喊'面包与

和平！'"[2] 圣沙曼头一次见到大军士气"有点动摇"，他认为原因是"埃劳的屠杀"。战后次日，拿破仑的公报称丢了一面鹰旗，"等这个营从敌军处缴获军旗后，皇帝会再赐他们一面"。[3] 他没有指明部队的名称，因为法军实际上丢了五面鹰旗。① 447

2 月 14 日，拿破仑仍在埃劳，他致信约瑟芬："这一带到处是死伤者。这不是战争最光鲜的一面。人会遭遇磨难，这么多牺牲者的景象也令灵魂崩溃。"[4] 不久之后，他开始担心军官们寄往巴黎的信太详写损失了。他致信富歇，称"他们所知军队内情就和杜伊勒里宫花园的行人所知内阁内情一样多"，并无情地补充道："一场大会战中死掉 2000 人算什么？路易十四和路易十五的战争中，每一场战斗的死者都要多得多。"此言错得离谱。诚然，布林德海姆会战、马尔普拉凯会战、丰特努瓦会战和罗斯巴赫会战的死者更多，但绝不能说西班牙王朝继承战争、奥地利王朝继承战争、七年战争的每场战斗都如他所言。埃劳会战中，法军有近 6000 人死亡、约 15000 人受伤，而拿破仑照例掩饰死亡人数。[5]

埃劳会战后双方有两次大交锋。2 月 16 日，两军在奥斯特罗文卡对战。2 月下旬，贝纳多特与莱斯托克交手。然而除此之外无甚战事，法军和俄军分别进入帕萨格河畔与阿勒河畔的冬营，等待 5 月中旬战季再临。当然，这并不意味着拿破仑可以休息了。1807 年 3 月，战时皇家军务总监皮埃尔·达吕的往来书信中有几十封涉及军队缺乏的物资：现金、马匹、烤炉、牛羊肉、制服、衬衫面料、帽子、床单、面粉、饼干，特

---

① 第 10 轻步兵团与第 18、第 24、第 44、第 51 战列步兵团丢了鹰旗。

别是鞋子和白兰地。[6] 达吕尽了全力，比如说 3 月 26 日，他向
拿破仑夸口道，军队有 231293 双鞋子。然而，士兵依然在受
罪。12 月，达吕在 8 个德意志城市征收 5000 匹马，其中 3647
匹于当月月底送出。[7] 至于法军在何时何地征集了多少黑麦、
小麦、干草、肉、稻草、燕麦和面包，拿破仑总能收到列有上
述信息的简洁清单。类似地，也有人向他通报他在德意志和波
兰的 105 座医院里有多少人。（举个例子，7 月 1 日，住院人
员包括 30863 名法国人、747 名法国盟国人、260 名普鲁士人
和 2590 名俄国人。[8]）在极其严酷的战役结束后，法军需要时
间来休整复原。

448　　　那不勒斯军团正同卡拉布里亚起义者战斗，约瑟夫试图把
他们的艰辛和大军团的相提并论，但拿破仑完全不乐意：

　　　　参谋官、上校和军官两个月没脱衣服，其中有人四个
月没脱了（我自己十五天没脱靴）。我们置身在雪与泥
中，没有面包、葡萄酒、白兰地、土豆和肉。在长途来回
行军中，我们拼刺刀时经常冒着枪弹与炮火，而且我们得
疏散伤员，用敞开的雪橇拉着他们走过 50 里格（130 英
里），这些艰苦没有丝毫宽慰。那不勒斯军团在美丽的那
不勒斯乡间作战，那儿有葡萄酒、面包、土壤、衣服、床
具、社交生活乃至女人，所以拿我们同他们相比有失品
位。我们已经消灭普鲁士君权，正同剩余普军、俄军、哥
萨克、（伏尔加）卡尔梅克人（Kalmyks）以及曾侵略俄
罗斯帝国的北方民族战斗。[9]

因为俄国与普鲁士仍在同法国交战，拿破仑也利用这段

时间补充兵员：他组建一支 10000 人的拜恩师，征募 6000
名波兰人；他从法国、意大利与荷兰调来援军，提前一年征
召 1808 年度新兵。埃劳冲击了他的不败神话，如果他想让
奥地利保持中立，就得抹去这个污点。这一需要在 2 月下旬
尤为明显：法国提出的媾和条件已经比迪罗克呈给普鲁士驻
巴黎大使卢凯西尼侯爵的宽松很多，但弗里德里希·威廉仍
然不肯讲和。

　　若拿破仑想在春季发动进攻战役，他就得拿下防卫森严
的富庶港口但泽，否则俄军可在皇家海军的帮助下袭击他的
后方。1807 年 1 月 20 日，25 名普军士兵乔装成农民，在斯
德丁绑架了维克托。此后勒菲弗元帅领到攻打但泽的任务，
他时年 52 岁，头发斑白。5 月 24 日，勒菲弗攻克但泽，稳
固了法军左翼，拿破仑便送他一盒巧克力。元帅不以为意，
直到打开盒子——他发现里面塞了 30 万法郎的钞票。一年
后，骄傲的共和党人、雾月十八日拿破仑的代表勒菲弗加封
但泽公爵。

　　拿破仑一边重建军队、筹备战役，一边继续管理帝国小
事。得知但泽陷落（因为此事，克拉克奉命在巴黎安排礼炮
齐射和《感恩赞》演唱）之日，皇帝命令荣誉军团总监拉塞
佩德"致信第 13 战列步兵团下士贝尔诺达（Bernaudat），叮
嘱他将饮酒量控制在有益的范围内。他凭借勇气受赏勋章，不
能仅仅因为他喜欢喝点酒就收回奖励。叫他别陷入可能有损他
佩戴的勋章的境地"。[10]1807 年 4 月大概是整个拿破仑统治时期
中最安静的月份，但他依然写了 443 封信。他住在芬肯施泰因
城堡（Finkenstein Castle），那儿有很多火炉。（"我经常夜里
起来，所以我喜欢看见明火。"）歌手奥布里（Aubry）小姐在

巴黎歌剧院（Paris Opéra）① 演出时坠下机械云，摔断了手臂。舞台总管布特龙（Boutron）与其代理人格罗迈尔（Gromaire）争论谁是事故责任人。在 1000 多英里外的芬肯施泰因，拿破仑站在格罗迈尔这边，他致信富歇："我总是支持弱者。"11

4 月 26 日，俄普签订《巴滕施泰因条约》，双方确认依然进行第四次反法同盟战争，邀请英国、瑞典、奥地利与丹麦加入。前两个国家积极响应：6 月，英国加入反法同盟，它用出资的方式出力，同时继续靠海军钳制法国的海外贸易；第三次反法同盟战争在奥斯特利茨结束后，瑞典没有与法国媾和，这时它也派来一小股军队。拿破仑从未原谅瑞典国王古斯塔夫四世（Gustav IV），说此人"是个疯子，比起斯堪的纳维亚的勇士国度，他更应该去小屋（Les Petites Maisons，巴黎疯人院）称王"。12

5 月下旬，拿破仑完成了筹备工作：但泽已然拿下；病号离开了前线；补给足以维持八个月。他的野战军包括 123000 名步兵、30000 名骑兵、5000 名炮兵。拿破仑决定在 6 月 10 日大举进攻，但就像 1 月时一样，本尼希森抢先动手。6 月 5 日，他在古特施塔特（Guttstadt）攻击奈伊。次日，拿破仑离开芬肯施泰因，天气极热，他便坐进敞篷马车，打趣道："我非常高兴敌军不愿让我们去找他们。"13皇帝照样渴望来一场可能终结战役的决定性会战，当天他调动了所有的军。达武已命令阿伦施泰因的两个师上前威胁俄军左翼。他故意让一个信使被捕，此人身上的假消息称，达武的 40000 人已准备好进攻俄

① 即前文提过的歌剧院，事实上，当时它的名称是帝国音乐剧院（Académie Impériale de Musique）——译者注。

军后方，其实他的军总共只有 28891 人。次日，本尼希森下令　450
撤退。与此同时，苏尔特军的大量士兵渡过帕萨格河，逼退俄
军右翼。

6 月 8 日，拿破仑盘问来自本尼希森后卫的战俘，得知他
正进军古特施塔特。看来本尼希森可能在那儿开战，但他没有
那样做，反而退回防卫森严的海尔斯贝格营地。拿破仑率军前
进，缪拉、奈伊打头，拉纳、帝国近卫军跟随其后。后面的莫
尔捷距他们有一日行军里程。达武在右，苏尔特在左。军体系
运转良好。巴格拉季翁掩护本尼希森撤退，他的军队冒着酷热
走过尘土飞扬的长路，摧毁身后的桥梁和村庄。拿破仑认为本
尼希森或许正前往柯尼希斯贝格，6 月 9 日，他下令进攻。他
以为对手只是敌军后卫，但他遇上的其实是整支俄军，对方有
53000 人与 150 门大炮。

海尔斯贝格镇位于阿勒河左岸谷地，系俄军的设防作战基
地。数座桥梁通往右岸郊区。俄军建好了四个大多面堡掩护渡
口，多面堡之间散布着箭头堡（flêches，箭头形土木工事），
从 6 月 10 日清晨开始，他们便在那些工事中拼杀。缪拉和苏
尔特指挥战斗，折损甚多人马，丢了 3 面鹰旗。下午 3 点时
分，拿破仑赶到，冲他俩的作战方式大发脾气。战斗旋涡一度
极其逼近皇帝，乌迪诺请他离开，称若他不走，自己的掷弹兵
会带他走。"晚上 10 点，皇帝经过我们中间，"青年副官艾
马－奥利维耶·德·戈纳维尔（Aymar-Olivier de Gonneville）
中尉回忆道，"他似乎没注意到欢呼致敬，看上去忧郁消沉。
我们后来得知，先前猛攻俄军不是出于他的意思，他尤其不想
动用骑兵。（缪拉）为此挨批，颇为尴尬地跟着皇帝。"[14]晚上
11 点战斗才结束，战后双方随营人员抢劫死伤者，此景令人

作呕。法军有 10000 多人受伤，俄军伤员多达 6000 人，黎明降临在这片万分凄凉的战场上。日上三竿时，两军都离开了尸臭弥漫之地。

拿破仑在海尔斯贝格缴获大量库存和补给，但他盯上了柯尼希斯贝格，那里的给养远比海尔斯贝格的丰富。如果俄军想去柯尼希斯贝格，他们就得返回阿勒河对岸。拿破仑知道小集**451** 镇弗里德兰有座桥，遂派拉纳侦察该地。与此同时，他把其余军队分为两半：缪拉领自己的骑兵、苏尔特军、达武军（共60000 人）攻打柯尼希斯贝格；他自己领 80000 人返回埃劳。

中型城镇弗里德兰掩映在马蹄形河湾中。6 月 13 日，拉纳的前卫报称大股俄军在弗里德兰集结。他按照军的宗旨开战，设法守了整整九个小时，直到援军赶来。下午 3 点 30 分，俄军前卫的 3000 名骑兵渡过阿勒河，赶走了弗里德兰镇的法军。埃劳在弗里德兰以西 15 英里处，本尼希森似乎以为，次日他可以渡过阿勒河，消灭拉纳，然后趁埃劳的拿破仑赶来前返回对岸。低估拿破仑的速度永远是不明智的，何况夏日将其行军地带的地面晒得坚硬。

阿勒河在弗里德兰拐弯，环绕小镇南面和东面，镇东则是米尔施特里姆湖（Lake Millstream）。阿勒河又深又急，岸高30 多英尺。小镇前方的平原宽广肥沃，将近 2 英里宽，遍布齐腰高的小麦和燕麦。平原紧挨一片密林——索尔特拉克树林（Sortlack Wood）。米尔施特里姆湖亦有陡峭岸壁，并把平原分为两半。除了小镇的石桥，本尼希森在河上增修三座浮舟桥。俄军统帅携部下和他的英籍联络官约翰·希利－哈钦森（John Hely-Hutchinson）上校登上弗里德兰教堂钟楼，此乃明智之举，因为在那儿可以非常清楚地纵览战场全景，但他们没察觉

16. 弗里德兰会战

通往韦劳

通往柯尼斯贝格

第9骠骑兵团

格鲁希

博蒙

乌瓦罗夫

科洛格里沃夫

阿勒河

海因里希斯多夫

莫尔捷

格奥尔根奥
树林

拉纳

南苏蒂

韦迪耶

风车磨坊

戈尔恰科夫

本尼希森

近卫军

米伦巴赫河

近卫军

弗里德兰

预备队

波斯滕恩

拉乌赛

巴格拉季翁

维克多

比松

马尔尚

杜邦

索尔特拉克

拉图尔-
莫堡

奈伊

通往巴滕施泰因

索尔特拉克树林

0   1   2 英里

0   1   2   3 千米

俄军左翼与其后方的三座浮舟桥相距太远，也没发现弗里德兰的危险性：小镇位于同牛轭湖相差无几的米尔施特里姆湖湖湾，一旦桥梁被毁，或被人群堵塞，它就会变成巨大的死亡陷阱。

6月14日（周日）——马伦戈会战纪念日——凌晨2点至3点间，乌迪诺到达波斯滕恩村（Posthenen）前方的平原。军人中的军人乌迪诺冲动强悍，深受部下爱戴。终其军事生涯，他挺过了34次负伤，1805年的战事中，他丢了好几颗牙齿，还几乎失去一部分耳朵。[15]乌迪诺的父母生育了9名子女，但另外8个都夭折了。乌迪诺自己有10个孩子，他是个业余画家，爱收集陶制烟斗。这次战役期间，晚上他和达武用手枪射烛火。此刻乌迪诺派兵进入索尔特拉克树林，前线也出现了密集的散兵火力和加农炮炮击。萨克森轻骑兵已同拉纳会合，等出色的骑兵指挥官、贵族子弟埃马纽埃尔·德·格鲁希（Emmanuel de Grouchy）将军率一个龙骑兵师赶到后，他便有足够兵力在拿破仑到来之前阻击约46000名俄军士兵。

俄军可在海因里希斯多夫（Heinrichsdorf）威胁法军后方。本尼希森派大队人马渡过阿勒河，进入弗里德兰，命令他们面向海因里希斯多夫展开。南苏蒂的胸甲骑兵奉拉纳的指令前往海因里希斯多夫，逐退俄军先头部队。波斯滕恩的格鲁希随后迅速上前，他从侧面冲锋，攻入俄军大炮之间，砍杀无人掩护的炮兵。此时法军骑兵阵型混乱了，俄军反冲回去，但上午7点时格鲁希已稳住海因里希斯多夫东边的法军阵线。

接下来的战斗乱作一团，狡猾敏锐的加斯科涅人（Gascon）拉纳元帅得心应手地指挥战事，他要阻拦已经过河的六个俄军师，但手头仍然只有 9000 名步兵和 8000 名骑兵。于是乎，拉纳在挺拔的庄稼间排出特别密集的散兵线，借其掩护，他不断派小股步兵和骑兵上上下下、进出树林，从而夸大自己的兵力。幸运的是，正当本尼希森列队进攻时，莫尔捷军到达战场。他冲进海因里希斯多夫，正好打退俄军步兵。迪帕在村里留下乌迪诺的三个掷弹兵营，然后在村子右边列阵。之后莫尔捷的波兰师也赶到了，亨利·东布罗夫斯基（Henri Dombrowski）将军的三个波兰团进入阵地，支援波斯滕恩的炮兵。索尔特拉克树林爆发了可怕的战斗，乌迪诺师牺牲自己，成功阻挡俄军步兵。上午 10 点，让 - 安托万·韦迪耶（Jean-Antoine Verdier）将军的师已同拉纳会合，他的总兵力遂达到40000 人。

　　拿破仑尽快驰往弗里德兰。本尼希森意识到，战场外的拿破仑正投入越来越多的兵力对付他，遂更改了自己的预期战果。现在他仅仅希望守住战线，等天黑后再次成功撤退。然而在那个纬度，仲夏夜晚来得非常迟，而且中午时分拿破仑就已到达战场。他骑着阿拉伯骏马从埃劳赶来，旁边跟着拼命追赶的警卫。乌迪诺的制服被子弹打穿了，他骑着一匹受伤的马来到皇帝面前，恳求道："给我援兵，我就把俄军扔下河！"拿破仑在波斯滕恩后方的小山上观望，立刻察觉本尼希森犯了严重的战术错误：米尔施特里姆湖分割平原，俄军左翼易被推往河边。

454

　　拿破仑确信本尼希森即便发现损害也无法弥补它，于是他一边和乌迪诺等待增援，一边允许两军暂歇。双方将士都高兴能有机会去找遮阴处和水。这个仲夏日万里无云，热浪令人窒息，阴凉处的气温也有 30℃，士兵们又花了几小时不断咬开子弹袋（子弹内含硝石）①，更是渴得发狂。拿破仑坐在简陋的木椅上，在俄军炮兵射程内吃午饭——黑面包。侍者求他退后，他则说："和我的午餐比，他们的晚饭会吃得更不痛快。"¹⁶有些人担心现在进攻已然迟了，建议将攻势推迟到次日，拿破仑回答："敌人不会让我们两次逮到这种错误。"¹⁷军人兼外交官雅克·德·诺万（Jacques de Norvins）称，他看见拿破仑走上走下、用马鞭抽打长长的野草，还对贝尔蒂埃说："马伦戈日！胜利日！"¹⁸拿破仑一直擅长抓住机会宣传纪念日，而且他也很迷信。

下午 2 点，拿破仑下令 5 点时恢复战斗：奈伊向索尔特拉克进攻；拉纳继续守中路，乌迪诺的掷弹兵倾向左边，将敌人对奈伊的注意力转移到自己身上；莫尔捷拿下海因里希斯多夫后驻守该地，维克托②和帝国近卫军则在中后方留作预备。希利·哈钦森记载道，本尼希森与其部下在教堂钟楼上眺望，只见"地平线如同系上一条钢制厚腰带，闪闪发光"。¹⁹本尼希森命令俄军撤退，但是太迟了。面对正在赶来的敌军，试图撤离太危险，于是他立刻取消撤军。

下午 5 点，20 门大炮齐射三轮，宣告大军团开始进攻。奈伊的 1 万名步兵拥入索尔特拉克树林，6 点时已扫清林子。他的纵队随后向俄军左翼进军。让 - 加布里埃尔·马尔尚（Jean-Gabriel Marchand）师冲入索尔特拉克村，把很多守军赶

---

① 拿破仑战争使用的子弹一般是定装弹药，也就是说，在发射之前把定量的发射药、底火和弹头用一个纸或者金属的弹壳装起来，使之成为一颗完整的子弹。士兵在咬开纸袋再往枪管里倒火药时，嘴唇和牙齿可能会触碰到火药（含有硝石）。——译者注

② 大军团已用布吕歇尔换回了维克托。——译者注

下了河。马尔尚接着沿河西行，封锁弗里德兰半岛，俄军被关在里面，很容易被法军炮兵击中。拿破仑命令维克托军顺着埃劳公路上行，从西南方前往弗里德兰。

奈伊军筋疲力尽，开始后退。塞纳蒙遂把他的 30 门大炮平分为两组，其火力配置为加农炮每门 300 发弹药、榴弹炮每门 200 发弹药。他用喇叭吹奏"向前进攻"的号令，炮兵队迅速跑上前，卸下大炮后开火。大炮的射程先是 600 码，再是 300 码，然后是 150 码，最后炮兵仅在 60 码内发射霰弹。俄军伊斯梅洛夫斯基近卫团（Ismailovsky Guards）和帕弗洛夫斯基掷弹兵团（Pavlovsky Grenadiers）奋力攻击炮群，但二十五分钟内，约 4000 人死在炮火之中。两发霰弹消灭了一整队冲锋的骑兵。俄军左翼一败涂地，又被阿勒河困住。塞纳蒙折损了一半炮兵，但他的行动成了军事教科书里著名的"炮兵冲锋"。奈伊军重整队伍，由第 59 战列步兵团开路，从西边杀过弗里德兰街道。晚上 8 点时，他们拿下城镇。俄军被逼得退到桥边，桥梁起火，很多士兵在试图渡过阿勒河时淹死了。

这时，拉纳和莫尔捷的师倾泻在平原上，弗里德兰右边的俄军部队纯粹是被他们推下了河。很多俄军士兵用刺刀战至最后一刻，尽管依然有二十二个骑兵中队沿阿勒河左岸逃走了。弗里德兰会战后，拿破仑没有像耶拿会战后那样追击俄军，人们对此提出了各种解释：天热；军队疲惫；夜幕降临；士兵在镇里抢食物。拿破仑可能也担心大举屠杀俄军会令亚历山大更不愿妥协，而那时他非常需要和平。他对康巴塞雷斯说："他们的兵总体来说不错。"[20]拿破仑先前没承认过这点，五年后他本该好好记住自己的话。

通力合作使弗里德兰会战成为奥斯特利茨和乌尔姆会战后

拿破仑最辉煌的胜利。法军有 11500 人死亡、负伤和失踪；俄军彻底溃败，虽说只丢了 20 门大炮，但据估计他们损失约 20000 人，占其总兵力 43%。[21] 佩尔西的 100 名军医得连夜工作，一名将军回忆道："军队称之为野战医院的那些可怕地儿在搞截肢和解剖，草坪上满是从人身上切下来的肢体。"[22]

战后次日，莱斯托克撤离柯尼希斯贝格，拿破仑也发布了一期经典公报：

456　　　　士兵们！6 月 5 日，俄军袭击我们的营地，他们误解了我军不行动的原因。俄军后来察觉我们的休憩只是狮子的休整，但为时晚矣，现在他们得为自己的错误付出代价……我们从维斯瓦河出发，像鹰一样迅猛奔向来自涅曼河的军队。你们在奥斯特利茨庆祝加冕纪念日，今年你们当之无愧地庆祝了终结第二次反法同盟战争的马伦戈会战纪念日。法军将士们，你们不负自己，也不负我。你们赢取了可确保自身持续性的和平，你们将戴着桂冠返回法兰西。现在我们的国家可以安逸下来，不受英国的恶毒影响。我给你们的奖励将证明我感激你们，深爱你们。[23]

6 月 19 日，俄军返回涅曼河对岸，将蒂尔西特最后一座普鲁士城镇中的桥梁付之一炬，沙皇亚历山大也派德米特里·洛巴诺夫 - 罗斯托夫斯基（Dmitry Lobanov-Rostovsky）公爵请求停火。下午 2 点，拿破仑到达蒂尔西特。没有俄军相助，普军无力再战，只能完全跟随沙皇的外交步调。两日的和谈后，双方同意停火一个月。第三日晚上，拿破仑请洛巴诺夫 - 罗斯托夫斯基共进晚餐。他举杯祝福沙皇健康，提议两大帝国以涅曼河为天然疆界，此言暗示道，若达成完全友好的和平，他不会索求任何俄国领土。在此基础上，双方立刻安排拿破仑与沙皇会面。蒂尔西特附近的正式停火线涅曼河中央漂着一只木筏，其缆绳牢牢系于皮克图珀嫩（Piktupönen）两岸。近卫炮兵指挥官让－安布鲁瓦兹·巴斯东·德·拉里布瓦西埃（Jean-Ambroise Baston de Lariboisière）在筏子上支起一顶帐篷充当中立地。[24]拿破仑在第 85 期战局公报中写道："少有比这更有趣的场景了。"两岸确实有大群士兵围观会面。[25]拿破仑重复道，会见旨在至少保证"现存一代的和平"。战争打响八个月后，他热盼和平，也急着返回巴黎继续监督深深影响法国人生活诸多方面的改革。

1807 年 6 月 25 日（周四），两位皇帝会面。这次会见是史上最伟大的峰会之一，它本身比其古怪地点著得多。虽说最高统治者不可能产生真实友情，但拿破仑用尽一切手段令 29 岁的俄国绝对主宰为己倾倒，同他建立融洽的私人关系与有效的合作关系。7 月 7 日，俄国签署谈判达成的和约，两天后普鲁士签约。此后，欧洲实际上划分为法国与俄国的势力范围。

拿破仑先到木筏上。亚历山大身着普列奥布拉任斯基近卫团（Preobrazhensky Guards）的深绿色制服，走上筏子同拿破仑拥抱。沙皇的开场白是："我将是仅次于你的英国之敌。"[26]（另一个帝威较少的版本是："我像你一样憎恨英国人。"）多年来亚历山大乐意接受英国的黄金，他并不像这番话说的那样讨厌这些金子。然而，不管他用了什么说法，拿破仑立刻意识到法俄可能达成广泛协议，事实上，正如他后来所说的，"那些话改变了一切"。[27]然后，他们步入帐篷里的豪华沙龙，单独

457

谈了两个小时。"我刚刚见了沙皇亚历山大，"拿破仑致信约瑟芬，"我对他非常满意。这位青年皇帝一表人才、贤德明智，比人们想象的聪明。"[28]

拿破仑称筏上帐篷的门造型华丽。门的顶端立着分别象征俄国和法国的鹰以及上了漆的巨大花押字"N"（代表拿破仑）与"A"（代表亚历山大），但那里没有"FW"（代表普鲁士国王弗里德里希·威廉）的位置。弗里德里希·威廉也去了蒂尔西特，可现场情况令他觉得自己是个非常卑微的君主。第一天压根没人请他上筏，他只好裹了件俄军厚大衣，在右岸等待筏上两人决定普鲁士的命运，而他们对他的王国并无本能感情。[29]次日，即 6 月 26 日，弗里德里希·威廉获准上筏，以便亚历山大把他介绍给拿破仑。这时他发现，普鲁士得为法俄结盟的巨大成本埋单。木筏上的第二次会议结束后，亚历山大在下午 5 点进入蒂尔西特镇，100 门大炮鸣炮致敬，拿破仑亲自迎接，而且他住进了镇上最好的宅邸。弗里德里希·威廉来了后，没有鸣炮、没有迎接，分给他的住处则是当地的磨坊主家。[30]拿破仑和亚历山大都认为普鲁士国王迂腐狭隘、惹人厌烦、只能谈有限话题，这无助于改善他的地位。[31]"他和我谈了半小时我的制服和纽扣，"拿破仑回忆道，"所以最后我说：'你得去问我的裁缝。'"[32]之后的每个夜晚，三位君主早早用晚餐，然后互道晚安，接着亚历山大瞒着弗里德里希·威廉返回拿破仑的寓所，同他长谈到下半夜。

458

拿破仑和沙皇经常交相检阅对方的近卫军、交互发放勋章与饰物（在亚历山大的请求下，拿破仑授予一名俄军掷弹兵荣誉军团勋章），还在盛宴上互相恭维祝酒，但两人关系的缔结归功于深夜的哲学、政治和战略谈话，有时他们一口气谈上四个小时。亚历山大致信妹妹时提过这些会谈。两人谈大陆体系、欧洲经济、奥斯曼帝国的未来以及如何让英国走上谈判桌。"我在蒂尔西特时常常聊天,"拿破仑回忆道,"我叫土耳其人野蛮人,说应该把他们赶出欧洲,但我没打算这样做,因为……不论君士坦丁堡落入奥地利还是俄国之手,对法国都无益。"[33] 有一次他们聊到更超现实的话题——什么政体最好。专制君主亚历山大推崇君主选举制,拿破仑的皇冠好歹经全民公决确认过,但他支持独裁制。"因为谁有资格当选呢?"拿破仑问道,"一个世纪才出一个恺撒、一个亚历山大,所以选举肯定得靠运气,而继承无疑比掷骰子好。"[34]

俄国皇太后玛丽亚·费奥多罗芙娜(Maria Feodorovna)认为,俄军为霍亨索伦王朝流的血够多了,而沙皇的弟弟康斯坦丁也坦率地仰慕拿破仑。他们两人给亚历山大施压,要他求和。沙皇在蒂尔西特达成的交易没怎么反映他的失败程度:普鲁士几乎承担了全部代价,俄国除了伊奥尼亚群岛(包括克基拉岛,拿破仑称它为"亚得里亚海的钥匙")外未失寸土。[35] 拿破仑保证不强迫奥尔登堡等沙皇近亲统治的德意志国家加入莱茵邦联。亚历山大同意撤出不久前占领的土耳其领地摩尔达维亚和瓦拉几亚(它们从来不是俄国领土),并获准自由入侵瑞典属芬兰。沙皇必须在蒂尔西特做出的大让步仅仅是答应加入大陆体系,拿破仑希望借此大大增加英国的求和压力。与此同时,亚历山大邀请拿破仑去圣彼得堡。"我知道他怕冷,"沙皇对法国大使说,"但我定要他来。我会叫人把他的住处加热到像埃及一样暖和。"[36] 亚历山大还在俄国下令焚烧反拿破仑的文学作品,此后俄国人民绝不能叫他的新盟友"波拿巴",只能用"拿破仑"。[37]

拿破仑极其宽待俄国,但他对普鲁士完全相反,严厉惩罚

459

该国。"没有废黜普鲁士国王是我在蒂尔西特犯下的最致命错误，"他后来说，"我本该那样做。我犹豫了一会儿。我确信亚历山大不会反对，只要我自己不戴上普鲁士王冠。"[38]沙皇从普鲁士割走波兰东部的比亚韦斯托克地区，此举难以称得上盟友的行为，然而其他沉重义务都得由拿破仑履行。普鲁士参加了第二次、第三次瓜分波兰，拿破仑便在这两次瓜分中新增的普鲁士省土地上创建华沙大公国。波兰人希望这是重建波兰王国的第一阶段，但华沙大公国没有对外的外交代表权，其大公弗里德里希·奥古斯特（萨克森国王）是德意志人，其议会也没多少实权。易北河以西的普鲁士领土组成新王国威斯特伐利亚，科特布斯（Cottbus）划归萨克森。拿破仑索要巨额战争赔款 1.2 亿法郎，为了付钱，弗里德里希·威廉只好变卖土地，并把整体税负占国民财富的比例从 10% 提至 30%。拿破仑还强迫普鲁士加入大陆体系，禁止它在内策河（the Netze）①、布龙贝格运河（Bromberg Canal）② 等水路收费。[39]约瑟夫的那不勒斯王位、路易的荷兰王位、拿破仑的莱茵邦联保护人身份将获承认，法军继续在维斯瓦河、易北河与奥德河上的要塞驻军。普鲁士的人口缩至 450 万（为战前人口的一半），其领土减少三分之一，其军队只能留下 42000 人。在莱茵河与易北河之间的几乎所有领土上，普鲁士国王的一切"实际或最终权利将被彻底抹去"。萨克森国王甚至有权借道普鲁士向华沙大公国派兵。拿破仑如此羞辱弗里德里希大王的侄孙，普鲁士必然永怀怨愤，但他估计自己与俄国的新友谊可

---

① 今诺泰奇河（Noteć）。——译者注
② 布龙贝格即今比得哥什（Bydgoszcz）。——译者注

以压制奥地利和普鲁士，阻止它们报复《普雷斯堡条约》与《蒂尔西特条约》。

英国一直算得上拿破仑的敌人，但随着权力开始接近巅峰，现在他的战略旨在确保俄国、奥地利、普鲁士这三个大陆国家绝不会同时对付他。所以，他既要让它们互相敌对，又得尽量让它们敌视英国。他利用普鲁士对汉诺威的渴望、弗里德兰会战后俄军无力再战的局面、与奥地利的联姻、俄奥对奥斯曼帝国看法的分歧以及三国都害怕的波兰复国运动，以防四国一同与己开战。[40]《亚眠条约》废止后的十年间，虽说法国成了四国最害怕的欧洲霸主，但拿破仑避免了同时与它们为敌，这证明了他的政治才干。欧洲实际上划分为法国与俄国的势力范围，此乃这一战略的决定性时刻。 `460`

某晚，晚年拿破仑在流放地圣赫勒拿岛谈论自己一生中最幸福之时，随员们提出了不同答案。"是的，就任第一执政时、结婚时、罗马王（他后来添的儿子）出生时，我都高兴，"他同意他们的看法，"但那时我并不完全相信自己地位稳固。也许我在蒂尔西特时最幸福。我刚刚克服埃劳会战等诸多动荡与焦躁，正决胜沙场、指点律令，皇帝与国王们向我献殷勤。"[41]选择这个时刻是明智的。

离法普签订条约仅剩三天时，普鲁士王后路易莎在 7 月 6 日到达蒂尔西特。她会见拿破仑，同他谈了两小时，恳求他归还易北河西岸的马格德堡。普鲁士王后乃倾城绝色，以至于 1795 年约翰·戈特弗里德·沙多（Johann Gottfried Schadow）为路易莎与其妹妹弗里德里克（Friederike）所创作的雕像被裁定为太过撩人，不可公开展出。[42]（拿破仑仅仅评论道："身为 35 岁人士，她的容貌达到了人们能想到的最佳水平。"[43]）他致信贝尔蒂埃时提起这次会面，说"美丽的普鲁士王后的确哭了"，并补充道，"她认为我来这儿就为了看她的漂亮眼睛"。[44]拿破仑曾研究古斯塔夫·阿道夫的战役，非常清楚马格德堡乃战略要地，他不会被王后的泪眼征服，让出重要的军事要塞，他绝不可能如此轻率。[①] 他后来把路易莎求取马格德堡一事比作高乃依剧作《熙德》（Le Cid）中希梅纳索求罗德里格伯爵头颅的"悲剧风格"场景："'陛下！公正！公正！马格德堡！'最后为了让她停下，我求她坐下。我清楚这个办法最能缩短悲剧情节，因为一旦坐下，后面就变成喜剧了。"[45]他声称某日晚宴上，路易莎从头到尾只说马格德堡的事，弗里德里希·威廉和亚历山大离开后，她继续力争。拿破仑说要送她一朵玫瑰。"我收下了，"她说，"但我一并收下马格德堡！""啊，夫人，"他回答道，"是我给你玫瑰，不是你给我。"[46]

马格德堡没有复归普鲁士，而是划归威斯特伐利亚。这个新王国由不伦瑞克、黑森－卡塞尔、易北河西岸的普鲁士领土组成，后来又兼并了部分汉诺威领地，占地 1100 平方英里。这个新政治实体具有相当重要的战略地位，拿破仑却让一个 22 岁的男孩当它的国王，而他之前的成就不过是擅自在美国休假、没头没脑地缔结了一桩在法律上仅算半作废的婚姻、在近期战役中非常称职地指挥拜恩与符腾堡军队（但仅仅是称

---

① 那不勒斯王后玛丽亚·卡罗利娜、俄国皇太后玛丽亚·费奥多罗芙娜、普鲁士王后路易莎与斯塔埃尔夫人意识到拿破仑深深厌恶女性干政，她们都痛恨他。"看看这个妓女（catin）能干什么，她长得又丑！"当年 4 月，他如此描写斯塔埃尔夫人，"要想不生气可真难！"CG7 no. 15337, p. 650.

职）。[47]热罗姆资历不够，当不来国王，可拿破仑依然觉得家人最可靠，尽管反面证据已然显著：吕西安流亡；热罗姆结婚；那不勒斯的约瑟夫无能；波利娜大肆通奸；荷兰的路易对英国的走私行为视而不见。

拿破仑希望威斯特伐利亚为其他德意志国家树立榜样，鼓励它们加入莱茵邦联，或者至少脱离普奥轨道。11 月 15 日，他致信热罗姆："你的人民要享受德意志人不知道的自由、平等与幸福，这至关重要。"他随信附上新王国宪法，预言道，一旦人们"尝到开明自由政府的好处"，就再没人想恢复普鲁士的统治了。拿破仑命令热罗姆"忠实遵循宪法……《拿破仑法典》的优势、公开审判与新设立的陪审团将决定你的统治……比起最伟大的战绩……我更看重它们的影响"。然后他开始称赞精英政权的益处："德意志人民急切盼着非贵族出身的人才享有平等就业权之时，盼着农奴制等主权和人民之间的一切隔阂消亡之时。"考虑到收信人是谁，此言可谓讽刺。拿破仑没打算公开这封信，但它表露了他的最佳理念。"德意志人民和法兰西人民、意大利人民、西班牙人民一样，要求获得平等与自由的价值。"他写道，"我已经变得相信特权阶级施加的负担违背了普遍民意。当一个行宪政的国王。"[48]

拿破仑经常批评约瑟夫、路易和欧仁，热罗姆亦常常挨训。有一次，拿破仑甚至指责他太幽默："你的信太风趣。战时不需要俏皮话。你的文字必须准确，并显得坚毅简洁。"[49]兄弟们都不是合格君主，拿破仑无休止地对他们吹毛求疵，但这样做帮不上忙。"他具备成才的素质，"拿破仑对约瑟夫说起热罗姆，"但他听到这话会吃一惊，因为我给他的信全是训斥之辞……我故意把他放在孤立的领导位置上。"[50]拿破仑知道自己对家人的要求有多严，可他的法子屡屡失败。

  "你读到这封信时，"7月7日，拿破仑致信约瑟芬，"我已同俄普媾和，热罗姆的威斯特伐利亚王冠已得到承认，他的国家有 300 万人。这消息我只跟你说了。"[51]拿破仑经常把寄给约瑟芬等人的信当作精妙的宣传工具，最后一句话表明他做到了何等地步。他还说："我非常想见你，而命运决定何时适宜见你。也许快了。"前一天他在信中写道，"小克庞男爵有些盼望拜访"，这隐隐表示想见约瑟芬是实情。[52]玛丽将留在波兰。

  拿破仑昼夜兼程坐了 100 小时马车，在 7 月 27 日早上 7 点返回圣克卢宫。特地为他建造的凯旋门前有路障，而他走得太快了，护卫们都来不及挪开障碍（他仅仅命令车夫绕行）。[53]他在国外待了 306 天，这次离国是他军政生涯中最久的一次。"我们看着拿破仑从波兰腹地马不停蹄地赶回，"沙普塔尔回忆道，"他回来后就召集参政院。他就像前夜睡在自己的卧室一般，依旧头脑精明、思维连贯、思辨有力。"[54]拿破仑从圣克卢宫给玛丽寄去自己的肖像和一些书，并写道："我温柔可爱的玛丽，我离开法国近一年后回国，你如此热爱你的国家，会理解我此刻的喜悦。如果你在这儿，这份喜悦会更完满，但我的心里有你。"[55]接下来的 18 个月，他再没联系她。

463